VERLAG
FRITZ
MOLDEN

Charles A. Lindbergh

KRIEGSTAGEBUCH
1938–1945

VERLAG FRITZ MOLDEN · WIEN-MÜNCHEN-ZÜRICH

Schutzumschlagfoto: Pete Thurner

1. Auflage

Aus dem Amerikanischen übertragen von
HANSHEINZ WERNER

Titel der amerikanischen Originalausgabe
THE WARTIME JOURNALS OF CHARLES A. LINDBERGH

Verlag Fritz Molden, Wien-München-Zürich
Schutzumschlag und Ausstattung: Hans Schaumberger, Wien
Lektor: Günter Treffer
Technischer Betreuer: Franz Blumentritt
Schrift: Garmond Garamond-Antiqua
Satz: Filmsatzzentrum Deutsch-Wagram
Druck: Carl Ueberreuter, Druck und Verlag (M. Salzer), Wien
Bindearbeit: Albert Günther, Wien
ISBN 3-217-00348-9

Inhalt

Vorwort des Verlages

Charles A. Lindbergh lebt im Bewußtsein der Welt als einer der großen Flugpioniere unseres Zeitalters. Nur wenige wissen von seinem leidenschaftlichen Eintreten für den Frieden, von seiner Stellungnahme gegen die politische Entwicklung in den letzten Jahren vor 1939, die in seinen Augen zur Selbstzerstörung Europas führen mußte und die abendländische Zivilisation tödlich bedrohte. Kurz vor dem Ausbruch des Konflikts in die Vereinigten Staaten zurückgekehrt, unternahm er alles, um sein Land aus dem Krieg herauszuhalten. Dieses Engagement führte dazu, daß Präsident Roosevelt ihn öffentlich zum „Verräter" stempelte.

Das Tagebuch, das Oberst Lindbergh in jenen entscheidenden Jahren führte, ist ein Zeitdokument von außerordentlichem Rang. Hier spricht ein Mann, der in allem, was er tat, seinem Gewissen folgte. Seine Aufzeichnungen sind von einer Schlichtheit der Zielsetzung, von einer Aufrichtigkeit und Standhaftigkeit, die am besten in dem folgenden Brief des Autors an seinen amerikanischen Verleger zum Ausdruck kommt:

18. Dezember 1969

Lieber Bill:

Du fragst, warum ich fünfundzwanzig Jahre gewartet habe, ehe ich meine Tagebücher aus dem Zweiten Weltkrieg veröffentliche. Verschiedene Gründe kommen mir da in den Sinn. Vor allem hatte ich nicht die Absicht, sie veröffentlichen zu lassen, als ich sie schrieb. Sie enthalten private Aufzeichnungen. Zum zweiten sind einige der Fakten, die sie enthalten, zu heikel, um veröffentlicht zu werden, ehe nicht einige Zeit verstrichen und ihre mögliche Wirkung etwas abgeschwächt ist. Und drittens stellt sich erst mit den Jahren, wenn eine neue Generation herangewachsen ist, eine gewisse Objektivität ein. Selbst heute noch wirkt die damalige Bitterkeit nach, und die Propagandatöne des Zweiten Weltkriegs sind noch nicht völlig verschwunden.

Ich glaube nicht, je an die Veröffentlichung der Tagebücher gedacht zu haben, ehe wir beide zu Anfang 1969 auf die Kommentare zu sprechen kamen, die ich angesichts der zahlreichen Irrtümer in den verschiedenen Biographien über meine Person schriftlich festgehalten habe. Besonders während der Kriegsjahre liefen viele falsche Behauptungen über mein Leben und meine Tätigkeit um. Nach unseren Gesprächen dachte ich an meine Kriegstagebücher und schlug Dir ihre Veröffentlichung vor, denn sie stellen nach meinem besten Wissen und Gewissen einen wahrheitsgetreuen Bericht dar.

Bei den Vorbereitungsarbeiten für die Veröffentlichung habe ich meine Tagebücher zum erstenmal, seitdem ich sie niederschrieb, in voller Länge wieder gelesen. Diese Lektüre hat mich fasziniert. Ich fand, daß ich im großen und ganzen heute die gleichen Anschauungen vertrete wie zur Zeit der Niederschrift des Tagebuches. Ich wünsche nur, daß mir Zeit und Umstände gestattet hätten, mehr ins Detail zu gehen: soviel blieb unerwähnt, so oft wurden Dinge von größtem Interesse aus Müdigkeit oder Zeitmangel weggelassen oder mit ein paar Worten abgetan. Und weiter waren da natürlich die militärischen Geheimsachen, über die ich überhaupt nicht schreiben durfte.

Mit der Niederschrift des ersten Tagebuchs begann ich 1937 in England. Ich hatte schon früher bei mehreren Gelegenheiten ein Tagebuch geführt – aber nie länger als ein paar Wochen. Das aktive Leben, das ich inner- und außerhalb der Fliegerei führte, war der Niederschrift eines Tagebuchs nicht förderlich, aber dieses Leben war so interessant, daß ich oft bedauert habe, keines geführt zu haben. Endlich nahm ich mir vor, ein Tagebuch zu beginnen und wenigstens für ein Jahr tagtäglich darin Eintragungen zu machen.

Ein Hauptgrund für diese Entscheidung lag in meiner Erkenntnis, daß ich mich mitten in einer der großen Krisen der Weltgeschichte befand. Europa stand am Rand eines Krieges, eines Krieges, der meiner Ansicht nach eine Katastrophe für unsere Zivilisation bedeuten würde, eines Krieges, der vielleicht aber noch verhindert werden konnte. Das Flugzeug war ein neues und vielleicht entscheidendes Mittel zur Verhinderung oder Durchführung eines Krieges, und ich befand mich in einer einzigartigen Position, mir ein Bild von der europäischen Luftfahrt, besonders auf dem militärischen Sektor, zu machen. Ich besaß die volle Unterstützung unserer amerikanischen Botschaften und konnte mit viel größerer Ungezwungenheit umherreisen als die ihnen zugeteilten Militärs. Zwei Jahre vorher hatte mir eine Einladung von Feldmarschall Göring, die deutsche Luftwaffe zu inspizieren, einen beunruhigenden Einblick in die Reichweite von Hitlers Ambitionen gegeben. Vielfältige Entwicklungen mußten die Führung eines Tagebuchs lohnen.

Bald nach Beginn des Tagebuchs brachen aber Anne und ich zu einem mehrwöchigen Besuch in Amerika auf. Die Eintragungen während dieser Periode beziehen sich fast ausschließlich auf Routine und auf familiäre Dinge. Die Tagebuchaufzeichnungen, die ich Dir zur Veröffentlichung sende, beginnen daher im Frühjahr 1938 mit unserer Abfahrt nach Europa.

Während unseres Amerikaaufenthaltes wohnten Anne und ich im Haus ihrer Mutter, Next Day Hill, am Rand von Englewood, New Jersey. Während unserer Wochen in den Vereinigten Staaten arbeitete ich, neben meiner fliegerischen Tätigkeit, mit dem französischen Biologen und Chirurgen Dr. Alexis Carrel an dem Manuskript eines gemeinsamen Buches, das neue Apparate und Techniken für die Kultur isolierter Organe beschrieb. Anne schrieb an einem Buch über einen unserer Atlantikflüge, das unter dem Titel *Listen! The Wind* [Horch, der Wind] erschien.

Etwas über zwei Jahre vorher, Ende 1935, hatten wir wegen des ungezügelten Presserummels in Amerika unseren Wohnsitz vorübergehend nach Europa verlegt.

Du wirst in den Tagebüchern zwischen dem November 1942 und dem Dezember 1943 eine Lücke feststellen. (Wir lebten damals noch in Michigan.) Diese einjährige Unterbrechung ergab sich durch die wachsende Belastung infolge meiner Tätigkeit im Krieg. Während dieser Monate hatte die Bomberproduktion in Willow Run begonnen; zusätzlich zu meiner beratenden Tätigkeit bei den Ford-Werken hatte ich auch eine beratende Funktion bei der United Aircraft Corporation übernommen.

Als Berater der United arbeitete ich in erster Linie mit den Vought-Sikorsky-Werken an einem Forschungs- und Entwicklungsauftrag für Jagdbomber. Vought stellte den Navy Corsair (F4U) her; noch leistungsstärkere Typen waren in Vorbereitung.

Meine Reise auf den pazifischen Kriegsschauplatz im Jahre 1944, die im nächsten Abschnitt des Tagebuches geschildert wird, galt der

Betrachtung der Corsair unter kriegsmäßigen Bedingungen, gleichzeitig
sollten in direktem Kontakt mit dem fliegenden Personal der Kampfeinheiten die Erfordernisse erörtert werden, die an die nächste Generation
von Jagdflugzeugen zu stellen waren.

Meine starke berufliche Inanspruchnahme nach der Rückkehr von
dieser Mission im Pazifik führte zu einer neuerlichen Lücke in dem
Tagebuch. Ich begann im Frühjahr 1945 wieder mit der Niederschrift,
kurz vor einer Reise nach Deutschland, die ich unmittelbar nach der
deutschen Kapitulation unternahm. Diese Reise, die ich im Auftrag der
Technischen Marinemission für Europa durchführte, hatte die Aufgabe, den neuesten Entwicklungsstand bei deutschen Flugzeugen und
Raketen zu erforschen.

Mit der Reise in das Nachkriegseuropa habe ich meine Tagebücher
absichtlich beendet. Ich wollte meine Gedanken und die Zeit, die mir
zum Schreiben blieb, auf die Fertigstellung eines Manuskripts verwenden, das dann unter dem Titel *The Spirit of St. Louis* [deutsch: *Mein
Flug über den Atlantik*] veröffentlicht wurde.

Ich setzte meine Tätigkeit bei der United Aircraft bis zur Kapitulation
Japans fort, dann arbeitete ich über ein Jahrzehnt aktiv auf militäri-
schem Gebiet: an einem Projekt des Heereszeugamtes an der Universität Chicago; als Berater des Staatssekretärs der Luftwaffe in
Washington; bei der Reorganisation des Strategischen Luftwaffenkom-
mandos; und als Mitglied wissenschaftlicher Ausschüsse für Ballistik und
Raketenwesen, zuerst im Rahmen der Air Force und dann im Verteidi-
gungsministerium im Rang eines Brigadegenerals der Reserve.

Du fragst, zu welchen Schlüssen ich gelange, wenn ich meine Tagebücher wieder lese und aus einem Abstand von einem Vierteljahrhundert
auf den Zweiten Weltkrieg zurückblicke. Wir haben den Krieg im militärischen Sinn gewonnen; in einem viel weitgehenderen Sinn jedoch
scheinen wir ihn verloren zu haben, denn unsere westliche Zivilisation
ist jetzt weniger geachtet und gesichert als vorher.

Um Deutschland und Japan zu besiegen, haben wir Rußland und
China unterstützt, die wesentlich größere Bedrohungen bedeuten und
mit denen wir uns jetzt in dieser Epoche der Kernwaffen auseinander-
zusetzen haben. Polen konnte nicht gerettet werden. Das britische
Empire ist unter viel Leid, Blutvergießen und Verwirrung zusammengebrochen. England ist zu einer wirtschaftlich beschränkten zweit-
rangigen Macht geworden. Frankreich mußte seine großen Kolonien
aufgeben und sich selbst einer sanften Diktatur in die Arme werfen.
Ein großer Teil unserer westlichen Kultur wurde zerstört. Wir haben

das genetische Erbe verloren, das sich über Äonen in Millionen von Menschenleben bildete. In der Zwischenzeit haben die Sowjets ihren Eisernen Vorhang herabgelassen, um Osteuropa abzuschirmen, und ein feindseliges China bedroht uns in Asien.

Ein Menschenalter nach Kriegsende sind unsere Besatzungsarmeen immer noch in fremdem Land stationiert, und die Welt ist immer noch nicht für die Demokratie und die Freiheit gesichert. Ganz im Gegenteil, unser eigenes demokratisches Regierungssystem ist der größten Gefahr ausgesetzt, die einer Regierung drohen kann: der Unzufriedenheit und Unruhe im Inneren.

Es ist erschreckenderweise möglich, daß der Zweite Weltkrieg zum Zusammenbruch unserer westlichen Zivilisation führen wird, wie er bereits den Zusammenbruch des größten Reiches herbeigeführt hat, das je von Menschen errichtet wurde. Sicherlich wird das Weiterbestehen unserer Zivilisation davon abhängen, ob wir uns den Herausforderungen stellen, die in einem noch nie dagewesenen Ausmaß auf fast jedem Gebiet des modernen Lebens auf uns einstürmen. Die meisten dieser Herausforderungen wurden durch den Zweiten Weltkrieg zumindest verstärkt.

Befinden wir uns jetzt auf dem Weg zu einem dritten und noch verheerenderen Krieg zwischen den Nationen? Oder können wir die menschlichen Beziehungen hinreichend verbessern, um eine derartige Katastrophe zu verhindern? Da es in der Natur der Sache liegt, daß es zwischen den Menschen immer Streitfragen geben wird, glaube ich, daß die menschlichen Beziehungen nie anders als dadurch verbessert werden können, daß man diese Streitfragen und deren nähere Umstände zu klären versucht.

Ich hoffe, daß meine Tagebücher aus dem Zweiten Weltkrieg dazu beitragen, die Streitfragen und Begleitumstände der Vergangenheit zu klären und damit gleichzeitig Streitfragen und Begleitumstände der Gegenwart und Zukunft zu erhellen.

Herzlichst, Dein Charles

EUROPA VOR DEM KRIEG

Freitag, 11. März
Anne und ich fuhren gegen 22.45 Uhr von Next Day Hill [dem Anwesen
der Eltern von Lindberghs Frau Anne*] ab. Wichtiges Material verpackt
und weggeschlossen, alles vorbereitet.

An der Ecke der Sechsundvierzigsten Straße trafen wir Herrn von
Glahn und einen Vertreter des Norddeutschen Lloyd. Sie stiegen in
unseren Wagen. Wir fuhren zum Frachteingang und bestiegen die
„Bremen" ohne Mühe über die Mannschaftsgangplanke. Man brachte
uns in einem Raum in den Mannschaftsquartieren unter, wo wir warten
sollten, bis das Schiff ablegte und wir unsere Kajüte aufsuchen konnten.
Nach einer Viertelstunde kam ein Offizier und sagte uns, die Presse
habe erfahren, daß wir an Bord seien, und suche überall nach uns.

Legten etwa um 0.30 Uhr ab. Ein Offizier klopfte an unsere Tür und
sagte, daß alle Besucher an Land gegangen seien. Er geleitete uns zu
unserer Kabine, die sehr gut ausgestattet ist. Das Schiff gefällt mir.

Kann jetzt wirklich daran denken, Jon und Land [die beiden Lind-
bergh-Söhne] wiederzusehen.

Samstag, 12. März
Die Zeitungen bringen Berichte über die deutsche Invasion in Öster-
reich – Schlagzeilen: DEUTSCHE TRUPPEN ÜBERSCHREITEN
DIE ÖSTERREICHISCHE GRENZE! Die Berichte sind für akkurate

---

* in eckigen Klammern: Anmerkungen des Übersetzers.

Schlußfolgerungen zu wirr. Hoffe, daß England und Deutschland einen
Weg zur Zusammenarbeit finden. Wenn sie das könnten, bräuchte es
auf viele Jahre in Europa keine größeren Kriege zu geben. Wenn sie
wieder kämpfen, wird es zum Chaos kommen.

Spätes Frühstück mit Anne im Speisesaal. Gehen nachher auf das
Sonnendeck. Keine Sonne, niemand sonst an Deck. Bei schlechtem Wetter ist es immer leicht, allein zu sein. Ein wunderschönes, gut geführtes
Schiff.

Montag, 14. März
Der Rundfunk berichtet, daß deutsche Truppen Österreich durchquert
und an der italienischen Grenze Stellung bezogen haben. Beobachte die
englische Politik. Glaube, daß Friede oder Krieg davon abhängen.

Mittwoch, 16. März
Es war eine sehr angenehme Reise. Eine sehr rücksichtsvolle Besatzung
und fast keine Belästigung durch Passagiere. Ich mag einfach die
Deutschen. Sie sind wie unsere eigenen Leute. Wir sollten mit ihnen
zusammenarbeiten und nicht ständig die Klingen kreuzen. Wenn wir
gegeneinander kämpfen, werden unsere Länder nur ihre besten Männer
verlieren. Wir können nichts gewinnen. Dafür haben beide Länder zu
gute Soldaten, obwohl die Deutschen im Augenblick besser für den
Krieg gerüstet sind als wir. Es darf nicht dazu kommen.
    Kapitän Ahrens besuchte uns heute nachmittag. War etwa fünfzehn
Minuten da. Wir haben Verspätung und werden Southampton nicht
vor morgen 18 Uhr erreichen.

Donnerstag, 17. März
Gehen 13 Uhr in Cherbourg vor Anker. Ein Schiffsoffizier bringt eine
Nachricht vom Büro Southampton der Hapag: man rät uns, im
Gepäcktender an Land zu gehen, um Schwierigkeiten mit der Presse
zu vermeiden. Es wird für uns eine eigene Zollkontrolle geben.
    Kommen gegen 18 Uhr in Southampton (in Wirklichkeit auf dem
Fluß unterhalb von Southampton) an. Chefsteward bringt uns auf den
Gepäcktender, Mr. Gregory von Morgan Grenfell erwartet uns. Er
hat alle Vorkehrungen für die Gepäcksabfertigung getroffen. Ein Zoll-

inspektor geht mit uns an Bord, ein freundlicher, rücksichtsvoller Mann, der nicht einmal verlangt, daß wir das Gepäck öffnen. Wir geben ihm eine Liste aller Einkäufe, die wir im Ausland gemacht haben, aber es ist kein Zoll zu bezahlen, da es sich nur um getragene Kleidungsstücke handelt. Für Jon und Land hatten wir neues Spielzeug im Wert von etwa 5 bis 10 Dollar dabei, er ließ es aber ohne Zoll passieren. Was mir an den Engländern gefällt, ist, daß sie die Menschen so behandeln, als ob sie alle ehrlich wären. Ich glaube nicht, daß sie mit dieser Politik auf lange Sicht schlecht fahren werden. In vielen Ländern lassen die Beamten einen fühlen, man stünde dauernd unter Verdacht, etwas Ungesetzliches zu versuchen.

Während unserer Fahrt flußaufwärts zu den Docks in Southampton sprechen Gregory, der Zollbeamte und ich über die allgemeine Lage. In England scheint man sich wegen der deutschen Invasion in Österreich weniger Sorgen zu machen als in Amerika. Die Engländer stehen den Problemen in Europa nüchterner gegenüber als wir.

Es ist für uns eine solche Erleichterung, daß alles, was wir sagen, nicht schon ein oder zwei Stunden später in den Zeitungen steht. Ein Engländer tut das einfach nicht. Ich wollte, ich könnte von unseren Landsleuten das gleiche sagen.

Wir werden am Dock von Miß Hutchinson [Lindberghs Sekretärin] mit dem Wagen erwartet. Kommen gegen Mitternacht in Long Barn [das Haus der Lindberghs in Sevenoaks, Kent] an. Der Mond ist aus den Wolken gekommen, es ist wunderschön.

Freitag, 18. März
Frühstück um 8 Uhr. Ich machte den Fehler, nach dem Frühstück Zeit sparen zu wollen, indem ich das englische Telefon benützte. Es funktioniert nie! Anne und ich fuhren Jon zur Schule nach Tonbridge. Ihm gefällt die Schule, er kommt gut voran.

Samstag, 26. März
Arbeitete nach dem Frühstück kurz an Papieren und fuhr dann zum Flughafen Croydon, um Mme. Carrel abzuholen.

Mme. Carrel kam in erster Linie, um mit uns über den Kauf von Illiec [der größten Insel der Nordküste der Bretagne vorgelagerten Gruppe] zu sprechen. Die näheren Einzelheiten waren für einen Brief zu kompliziert. Sie wollte auch nicht, daß ich sie in Paris treffe, da sie fürchtete, die Besitzer der Insel würden merken, daß sie in unserem Namen kauft, und dann den Preis erhöhen. Die Besitzer wollen die Kaufsumme in amerikanischen Dollar festsetzen, da sie wissen, daß Dr. Carrel in New York lebt. Sie führen einen typisch französischen Handel durch. Einer der Söhne will nicht verkaufen usw. Es wäre für uns sehr schwierig gewesen, nach Paris zu fahren, ohne eine gewisse Publicity und Spekulationen hinsichtlich des Grundes meiner Reise heraufzubeschwören.

Mittwoch, 30. März
Besuch von Herrn Merkel; er blieb über Nacht. Wir sprachen über Deutschland und die Zustände in Europa. Er berichtete uns ausführlich über die Steuern und die Wirtschaftspolitik unter Hitler. Wir sprachen auch über die Luftfahrt und besonders über den Focke-Wulf-Hubschrauber. Merkel ist vor kurzem in die Nazi-Partei eingetreten.

Donnerstag, 31. März
Ein Brief von. Mme. Carrel. Illiec gehört uns! Ich fuhr mit dem 11.30-Uhr-Zug nach London, um Geld aus New York nach Paris für die Zahlung transferieren zu lassen. Schlechter Lunch in der Nähe des Bahnhofs Charing Cross, dann zu Grenfell Morgan Ltd., um alles zu arrangieren. Depesche an J. P. Morgan & Co., New York, usw.

Wir freuen uns alle auf den Sommer in Illiec. Jetzt gehört uns die allerschönste Insel auf der Welt; ja, in gewisser Hinsicht ist Illiec sogar noch schöner als Saint-Gildas [die Nachbarinsel von Illiec, im Besitz der Carrels]. Das ist die einzige Rechtfertigung für den Kauf. Ich weiß nur zu gut, daß die Zustände in Frankreich übel genug sind, ja daß sie zu einer Revolution führen können. Aber schon ein einziger Sommer in Illiec würde den Kauf rechtfertigen. Die bloße Erinnerung an einen solchen Sommer würde Kraft für den Rest des Lebens geben. Ich habe nie einen Ort gesehen, wo ich so gern leben wollte. Nichts könnte für Anne, Jon und Land besser sein.

Freitag, 1. April
Am Morgen diktiert und nachgedacht. Überlege Pläne für den Sommer und den nächsten Winter. Versuche auch, in die Zukunft zu sehen. Wird es in Europa einen großen Krieg geben? Und wenn, wird Amerika

hineingezogen werden? Welcher Trend herrscht in Amerika vor? Und in England? Wie lange kann dieser Trend zur Mittelmäßigkeit noch andauern? Was ist mit den Engländern geschehen? Was wird unserem Volk geschehen? Wird Francos wahrscheinlicher Sieg eine Revolution in Frankreich verhindern? Wie können die Franzosen aus dem Durcheinander herauskommen, in dem sie sich jetzt befinden? Welcher Politik sollte ich um der Zukunft meiner Familie willen folgen? Das einzige, was sicher ist, ist, ihnen Gesundheit, Erfahrung und die richtige Ausbildung zu geben. Ich muß meine Kinder lehren, die Erde kennenzulernen und zu lieben. Wenn sie in Kontakt mit dem Land, dem Wasser und dem Himmel bleiben können, können sie alles Wertvolle erhalten, solange dieses Leben währt.

Meine Kinder müssen zum Kampf erzogen werden, um am Leben zu bleiben. Eine militärische Ausbildung ist für sie wünschenswert und wesentlich. Sie müssen lernen, sich unter den Menschen einen Lebensunterhalt zu erwerben, aber auch, den Erfolg nicht allein nach materiellen Werten zu messen. Ich muß sie lehren, wie sie verhüten können, daß die Zivilisation, die wir aufbauen, ihre wahren Sinne abstumpft.

Samstag, 2. April
Frühstück in Long Barn, fuhr dann im Ford zum Woodley-Flugplatz. Flog eine Stunde und fünfunddreißig Minuten eine Mohawk, machte insgesamt etwa zwölf Landungen. F. G. Miles zeigte mir einige seiner neuen Maschinen – die Monarch und die im Versuchsstadium befindliche Peregrine mit den Grenzschicht-Kontroll-Tragflächen und einem zusätzlichen Motor im Rumpf. Miles ist ein ausgezeichneter Ingenieur und hat Phantasie. Trotz der vielen Schwierigkeiten bei der Expansion hatte er mit der Fabrik in Reading offensichtlich Erfolg (einer von William Randolph Hearsts Söhnen war mit seiner Braut – einem siebzehnjährigen Mädchen – auf dem Flugplatz).

Der Kontrast zwischen einer englischen und einer amerikanischen oder einer deutschen Flugzeugfabrik ist unverständlich. Die Briten scheinen hier einfach nicht die äquivalenten Fähigkeiten zu besitzen. Gott, wie werden sie im nächsten Krieg dafür bezahlen müssen! Das Land hat weder die Gesinnung noch die Fähigkeiten, die man in einem neuen Krieg brauchen wird. Das Schlimmste aber ist, daß zahllose Briten aus Mangel an Ausbildung und Ausrüstung sinnlos sterben werden. Sie liegen nicht nur im Flugwesen im Hintertreffen. Manchmal frage ich mich, ob die Geschichte nicht schließlich aufzeigen wird, daß das britische Empire seine größte Periode bereits hinter sich hat. Ich kann keine Zukunft für dieses Land sehen. Der Wert des Kanals nimmt mit jedem Fortschritt in der Militärfliegerei ab. Die Kolonien fabrizieren ihre eigenen Produkte aus ihren eigenen Rohstoffen. Selbst die Qualität der britischen Waren ist oft mittelmäßig. Und die Menschen scheinen sich nicht zu ändern. Sie brauchen einen völlig neuen Geist, wenn die britische Größe Bestand haben soll.

Sonntag, 3. April
Francos Vormarsch hält an. Nur mehr 40 Kilometer bis zum Mittelmeer.

Wieder ein klarer, sonniger Tag. Wundervolles Wetter, seit wir im letzten Monat hier ankamen. Wurde wegen des englischen Wetters bereits enthusiastisch, bis Anne heute morgen im *Observer* las, es sei der wärmste März seit 150 Jahren gewesen. Habe begonnen, Tolstojs *Krieg und Frieden* zu lesen. Ersten Entwurf des Vorworts zu Annes Buch beendet.

Dienstag, 5. April
Fuhr gegen 6.15 Uhr von Long Barn nach London, um am Dinner des Ends-of-the-Earth-Clubs teilzunehmen. Fuhr mit dem Ford statt mit dem Zug, da ich dachte, das Dinner könnte so lange dauern, daß ich vielleicht den Zug nach Hause versäumen könnte. Hatte eine so ausführliche Korrespondenz mit Mr. Bigelow [Präsident des Klubs, englischer Forscher und Weltumsegler, geb. 1855] über den Klub, daß ich seine Mitglieder kennenlernen und einem Meeting beiwohnen wollte. Aber letztlich bin ich nur gefahren, um dem alten Mann eine Enttäuschung zu ersparen. Ich habe ihn durch seine Briefe schätzengelernt.

Vor dem Dinner sprach ich mit Mr. Bigelow und zwei Engländern, von denen einer im Luftfahrtministerium gewesen war. Er ist jetzt pensioniert – ein Mann von etwa fünfundsechzig. Bigelow sprach über die japanischen Bombenangriffe in China.

„Aber", so sagte der Mann vom Luftfahrtministerium, „natürlich konnten sie nichts treffen, wissen Sie. Mit Bomben kann man nie genau zielen. Denken Sie doch an den letzten Krieg: sie haben nie getroffen, worauf sie gezielt haben!" Er wandte sich an mich. „Haben

Sie je jemand am Fallschirm herunterkommen sehen?" Ich bejahte.
„Sie landen nie dort, wo sie wollen, wissen Sie. In der Luft gibt es
zu viele Querströmungen. Genauso ist es mit einer Bombe."

Ich wies darauf hin, daß man im letzten Krieg noch kein Kreisel-
kompaß-Bombenvisier benützte – aber man hörte nicht einmal auf
mich. Sobald ein Engländer seine Meinung geäußert hat, hat alles, was
man noch sagen mag, soviel Wirkung wie etwas Gischt auf einen
Felsen. Er sprach weiter, bis das Dinner angesagt wurde. Man sehe
den Krieg in China an. Nun, die chinesischen Flugzeuge konnten die
japanischen Schiffe nicht einmal treffen, wenn sie sie aus sehr geringer
Höhe bombardierten. Und in Spanien ... Aber jetzt war es Zeit zum
Dinner.

Das Dinner war eines jener formellen Herrenessen, wahrscheinlich
etwas interessanter als der Durchschnitt. Vielleicht deshalb, weil ich
zwei interessante Tischnachbarn hatte – Admiral Sir W. Goodennogh
und Sir Harry F. Batterbee.

Die Ansprachen waren vom rednerischen Standpunkt aus gut, von
allen anderen aus aber sehr langweilig. Dennoch hatte ich das Gefühl,
der Abend habe sich ausgezahlt – und sei es nur aus dem einen Grund,
daß mir die Gelegenheit geboten wurde, festzustellen, wie der Gedanke
an den Krieg im gegenwärtigen Augenblick immer wieder in den
Köpfen führender Engländer herumspukt. Das war aus jedem Gespräch
ersichtlich. Die Besetzung Österreichs durch die Deutschen und Francos
Erfolg in Spanien scheinen die Hauptgründe für diese Änderung der
Einstellung gewesen zu sein, denn sie war keineswegs so auffällig, als wir
im letzten Dezember nach Amerika abreisten.

Mittwoch, 13. April
(Illiec.) Am Abend wieder an Annes Buch gearbeitet. Es ist gut geschrieben. Sogar noch besser als *North to the Orient.*

Illiec ist ein wundervoller Platz für die Arbeit. Wenn man des
Sitzens müde ist, findet man an jeder Tür und an jedem Fenster eine
fast unbeschreibliche Schönheit. Ein Spaziergang von fünf Minuten
erfrischt einen mehr als lange Wanderungen durch Großstadtparks.
Ich habe nie so viel Vollkommenheit gesehen, ehe ich auf diese Insel
kam. Kein irdischer Wunsch könnte die Schönheit dieses Platzes steigern.

Samstag, 16. April
Wetter bedeckt und neblig. Nach dem Lunch gingen wir auf die Muschelsuche. Man nimmt einen Topf Salz und einen Korb und geht zu den Sand- und Schlammlöchern aufs Watt. Wenn man ein schiefes Loch findet, wirft man eine Prise Salz darauf. Bald bewegt sich das Wasser am Eingang des Lochs, und wenn man dann Glück hat, schiebt einige Sekunden später eine lange Muschel ihre Schale aus dem Sand. Es war noch etwas früh im Jahr, aber wir fanden genug fürs Abendessen.

Sonntag, 17. April
Franco hat das Meer erreicht – die Streikenden in Frankreich gehen wieder an die Arbeit.

Wetter schlecht. Beschloß, heute nicht aufzubrechen.
    Am Nachmittag gingen Anne und ich zu einer der kleinen Inseln. Es ist seltsam, über den Meeresboden zu gehen, wo man einige Stunden später mit dem Motorboot fahren kann.

Montag, 18. April
Um 13.55 Start zu unserem Rückflug nach England. Nachdem wir – Anne und ich – für die Zollformalitäten in Saint-Inglevert und Lympne gelandet waren, trafen wir um 19 Uhr auf dem Flugplatz Woodley ein. Mr. und Mrs. Miles fuhren zum Hangar herüber und baten uns in ihr Haus, ehe wir die Rückfahrt nach Long Barn antraten. Mehrere Gäste – alle von der Luftwaffe – waren zugegen, wir sprachen, wie unter solchen Umständen üblich, von der Fliegerei. Miles sagte, das antideutsche Gefühl nehme zu. Ich sagte ihm, ein Krieg zwischen Deutschland und England würde Europa wahrscheinlich auf unbestimmte Zeit in ein Chaos stürzen. Die einzige Hoffnung für Europa sei eine Übereinkunft zwischen Deutschland und England. Wir sprachen auch über die Möglichkeit, daß England Militärflugzeuge in den Vereinigten Staaten einkaufe.

Montag, 25. April
Anne ist bei der Fahrprüfung durchgefallen!!! Nachdem sie fünfzehn Jahre lang unfallfrei gefahren ist. [Da ihr alter Führerschein erloschen war, mußte sie eine Nachprüfung ablegen.] Der Prüfer sagte ihr, sie

sei etwas schnell und nicht weit genug links gefahren. Unsere Nurse, die gar nicht gut Auto fährt — keine schnellen Reaktionen und schlechte Koordination —, läßt man durchkommen, und Anne, die hervorragend chauffiert, die im Großstadtverkehr von New York jahrelang keinerlei Schwierigkeiten gehabt hat, ebensowenig wie in über einem Jahr in England, besteht die Prüfung nicht. Etwas daran ist sehr seltsam.

Entweder wollte der Prüfer smart sein, oder er war so stupid, daß er Erfahrung und Geschick fälschlich für Inkompetenz hielt.

Mittwoch, 27. April

Fuhr mit dem Zug nach London zu einer Verabredung mit Oberst Scanlon. Wir sprechen über das englische Militärflugwesen und das Wiederaufrüstungsprogramm im allgemeinen. Oberst Lee kommt herein und beteiligt sich am Gespräch. Warum ist das Land so rückständig, und was geschieht mit den Engländern? Selbst wenn England eine genügende Anzahl moderner Flugzeuge von den USA kaufen würde, wäre es auch in der Lage, sie einzusetzen? Wir alle haben England gern und sind über die gegenwärtigen Zustände und Trends bekümmert. In militärischer Stärke scheint das Land gegenüber Deutschland hoffnungslos zurückzuliegen. Und das moderne Kriegsgerät ebenso wie die moderne militärische Taktik wirken alle den Eigenarten des englischen Volkes und den alten geographischen Vorteilen seiner Insel entgegen.

Der Eindruck, den die britische Presse von der Stärke des Landes im Kriegsfall erweckt, hält mit den Tatsachen nicht Schritt. In den Briten steckt eine Kombination von Bluff und Eitelkeit, die sie einem Feind gegenüber, der diese Eigenschaft kennt, außerordentlich verwundbar macht. Persönlich glaube ich, daß die Vorzüge des englischen Charakters mehr im Selbstvertrauen als im Können liegen, mehr in der Hartnäckigkeit als in der Stärke, mehr in der Entschlossenheit als in der Intelligenz. Doch jede Regel, die man hinsichtlich der Engländer aufstellt, wird immer aufs neue durch Ausnahmen erschüttert. Man muß sich vergegenwärtigen, daß England ein Land mit einer großen Masse langsamer, geistig etwas träger, gleichgültiger Menschen und einer kleinen Gruppe genialer Persönlichkeiten ist. Diesen verdankt es das Empire und seinen Ruf. Sie führen und erobern, während die Masse in einer bewußten, halb anerkennenden Art festhält, was ihre Führer errungen haben.

Ist das aber eine ausreichende Erklärung für das gewaltigste Reich der Erde? Es muß auch andere Gründe geben. Einer davon ist die ehemalige Bedeutung des Kanals und die Zeit, die er den Briten verschafft, sich auf einen Krieg vorzubereiten. Zweifellos war der Kanal für das Empire ein Faktor von höchster Bedeutung. Da die Engländer auf einer Insel leben, hatten sie eine gute Flotte, die dazu diente, sie vor allen Feinden zu schützen, und sie gleichzeitig ermutigte, eine unbekannte Welt zu erforschen. England bot nach einem Fehlschlag stets ein sicheres Asyl für neue Versuche, den Erfolg zu erringen. Ein Platz, wo die Briten sicher ruhen, abwarten und erfrischt wieder losschlagen konnten.

Ferner war da die Überlegenheit der britischen Industrieprodukte, eine Überlegenheit, die heute kaum noch besteht. Die englischen Kolonien – und andere auch – waren früher nur zu froh, ihre Rohstoffe gegen Fertigwaren eintauschen zu können. Jetzt haben die Kolonien ihre eigenen Fabriken.

Aber was ist mit der Zukunft? Ich glaube, daß das Empire dahingeht, es befindet sich bereits jetzt auf dem Abstieg. Nicht alle englischsprechenden Völker sind im Verfall, dazu sind sie zu universell und zu jung. Aber die Bedeutung Englands wird abnehmen. In den großen Umwandlungen der heutigen Zeit kann nicht einmal das Genie der kleinen Gruppe englischer Führer die Auswirkung der Luftfahrt auf den Kanal, der reif gewordenen Kolonien auf Fabrikation und Handel und die Antithese von demokratischen Idealen und der Idee des Empire überwinden.

Donnerstag, 28. April
Flog (allein) nach Brooklands, rollte zu den Hangars nahe den Montagehallen der Hawker-Werke und traf, wie vereinbart, Burdette Wright. Man führte uns durch die Werkhallen. Eine Anzahl von Hurricanes und eine Henley sind in Bau und in der Montage. Gute Konstruktion, anständige Verarbeitung.

Nachdem wir die Hawker-Werke besichtigt hatten, fuhr man uns zu den Vickers-Werken. Dort hat man einen Auftrag von Wellesleys fertiggestellt und beginnt mit der Produktion von Wellingtons. Beide verkörpern den geodätischen Bautyp. Gute Konstruktion, hervorragende Verarbeitung, ich zweifle aber immer noch, ob die geodätische Bauweise für die Massenproduktion wünschenswert ist. Ich bin auch hinsichtlich der Stoffbespannung skeptisch, obwohl man diese Bespannung bei Vickers ausgezeichnet macht. Weder die Vickers- noch die Hawker-Werke bei Brooklands sind nach amerikanischen Maßstäben für eine Massenproduktion gut angelegt.

Nach dem Lunch starteten wir nach Southampton. Wright flog eine Falcon und ich meine Mohawk. Man erwartete uns am Flughafen von Southampton und brachte uns zu den Vickers-Werken. Die Fabrik produziert einen Flugboot-Doppeldecker, der mindestens um fünf Jahre veraltet zu sein scheint. Sie produzieren auch die Spitfire, einen sehr sauberen Eindecker mit tiefliegenden Tragflächen, einen einsitzigen Jäger. Für diesen gab es etwa sechzehn Schablonen für die Reihenfertigung.

Nach etwa einer Stunde Aufenthalt in der Fabrik fuhren wir zum Flugplatz und starteten zum Rückflug.

Samstag, 30. April
Anne, Margaret Morgan und ich fuhren zum Tee bei Mrs. Nicolson nach Sissinghurst Castle. Harold Nicolson ist auf dem Kontinent. Wir kehrten gegen 18.30 Uhr nach Long Barn zurück. Mr. und Mrs. Burdette Wright und Oberst Scanlon kamen zum Abendessen. Den Abend über plauderten wir über die Luftfahrt in Amerika und Europa. Wright schätzte, daß die Produktivität in England etwa 25 bis 30 Prozent unter der in den USA liegt. Der englische Arbeiter scheint in der Fertigung mit dem amerikanischen nicht konkurrieren zu können. Unser Tempo in Amerika ist, vermutlich zu unserem eigenen Nachteil, zu schnell. Anderseits erscheint alles in diesem Land unglaublich langsam.

Sonntag, 1. Mai
Lady Astor rief heute morgen an und lud uns ein. Wir (Anne, Margaret Morgan und ich) fuhren zum Lunch nach Cliveden und kehrten nach dem Tee zurück. Fünfzehn oder zwanzig andere Gäste waren zugegen, darunter auch Sir Thomas Inskip. Er, Lord Astor und ich verließen die anderen nach dem Lunch und sprachen eine halbe Stunde lang über das Militärflugwesen in England, Deutschland und den Vereinigten Staaten. Nachher brachte uns Lord Astor zu seinem Landsitz, um uns seine Milchfarm und das moderne Melksystem zu zeigen. Er sagte, daß er damit über 160 Kühe melke. Beim Tee saß ich wieder neben Lady Astor. Sie nimmt heftig Stellung gegen jegliche Verpflichtungen gegen-

über Frankreich. Sie wünscht ein besseres Verhältnis zu Deutschland. Die Einstellung der meisten Anwesenden Deutschland gegenüber gibt mir Hoffnung. Sie verstehen die Situation besser als die meisten Engländer heutzutage.

Inskip sagte, die Bombardierungen in China und Spanien seien nicht so wirkungsvoll gewesen, wie viele erwartet hatten. Er sagte, die Bomber hätten mit ihren Würfen nicht viel Erfolg gehabt. Ich erwiderte, meiner Meinung nach könne man aus den Bombenabwürfen der Japaner nicht viel schließen, da ihr Flugwesen so schlecht ist. In Spanien dürfte es dagegen moderne Maschinen und geübte Piloten aus Deutschland und Italien geben.

Inskip fragte mich nach amerikanischen Flugzeugen, potentiellen Fertigungszahlen usw. Er fragte auch nach der Möglichkeit, ob große Bomber im Notfall den Ozean überqueren könnten. Ich glaube nicht, daß die Leute der englischen Luftfahrt die große Kapazität der deutschen Luftfahrtindustrie voll erkennen. Ich glaube, daß die Deutschen in den jetzt bestehenden Anlagen mehr Flugzeuge produzieren können als das britische Empire und die Vereinigten Staaten zusammen. Natürlich könnten wir in den Vereinigten Staaten unsere Produktion sehr schnell vergrößern.

Donnerstag, 5. Mai

Anne und ich fuhren mit dem Zug nach London zu einem Lunch bei Lady Astor. Neben Lord und Lady Astor waren unter anderem auch Mr. und Mrs. Bernard Shaw, Botschafter Kennedy, Botschafter Bullitt und ein Redakteur der *Times* (London) anwesend. Es war einer der interessantesten Lunches, an denen ich je teilgenommen habe.

Kennedy interessierte mich sehr. Er ist nicht der übliche Typ von Politiker oder Diplomat. Seine Ansichten über die europäische Situation erscheinen intelligent und interessant. Ich hoffe, ihn öfter zu sehen. Jerry Land sagte mir, er sei es wert, ihn zu kennen. Die Gespräche bei Tisch und nachher berührten zu viele Themen, um sie im einzelnen aufzuzählen – England, Amerika, Rußland, Frankreich und Deutschland wurden diskutiert, genauso wie das Zivil- und Militärflugwesen in Gegenwart und Zukunft.

Sonntag, 8. Mai
Mrs. Morrow kam gegen 17.30 Uhr, nachdem sie von Southampton hergefahren war. Sie und Jon verstehen sich prachtvoll.

Dienstag, 17. Mai
Fuhr mit Anne und Mrs. Morrow zum Dinner in die amerikanische Botschaft in London.

Vor dem Essen plauderte ich einige Minuten mit Mr. Hoare-Belisha über die englische und die deutsche Luftfahrt. Er fragte mich, ob England meiner Meinung nach in der Zukunft schnell genug Flugzeuge würde produzieren können. Ich sagte ihm, daß ich mir über die Situation, wie sie jetzt in der englischen Luftfahrt bestehe, große Sorgen mache. Er deutete an, daß es unter dem gegenwärtigen Wirtschaftssystem in England nicht möglich sei, mit der deutschen Produktion zu konkurrieren, daß Deutschland für die Wiederaufrüstung alles opfere und so weiter. Die Ankündigung des Dinners beendete unser Gespräch, später gab es keine Gelegenheit mehr, es wieder aufzunehmen.

Sonntag, 22. Mai
Nach dem Lunch fuhren Anne, Mrs. Morrow und ich zum Tee nach Sissinghurst. Mr. und Mrs. Nicolson, Ben Nicolson und Mrs. Aubyn waren anwesend. Harold Nicolson und ich sprachen über die Krise in der Tschechoslowakei. Er macht sich große Sorgen und ist sehr antideutsch. Ich ergriff, vielleicht zu hitzig, die deutsche Partei, wie es bei Auseinandersetzungen dieser Art gewöhnlich der Fall ist. Letzten Endes gibt es bei den Deutschen viele Dinge, die ich selbst nicht verstehe.

Montag, 23. Mai
Dinner im Haus von Lady Astor, anschließend Ball. Der König und die Königin waren zugegen, ebenso der Herzog und die Herzogin von Kent.

Ich saß etwa zwanzig Minuten mit der Königin zusammen. Sie ist eine prächtige Frau. Sehr natürlich. Würdevoll, aber nicht steif. Sie bemüht sich sehr, ihrer Rolle als Königin von England gerecht zu werden. Sie macht es wunderbar, man konnte aber leicht erkennen, unter welcher Spannung sie stand. Sie stellte Fragen über die Fliegerei, sprach über die Schwierigkeiten in der Welt und fragte nach der Hearst-Presse

und den amerikanischen Zeitungen. Sie schien erleichtert, wenn immer
ich sprach, so als ob sie froh war, eine Ruhepause einzuschalten.
Sie gefiel mir sehr gut und tat mir außerordentlich leid. Sie kämpft
verzweifelt darum, den Charakter zu wahren, den sie hatte, als sie noch
ein verhältnismäßig normales Leben führte. Möge Gott ihr helfen. Ich
glaube, es ist für die Königin von England eine fast unmögliche Aufgabe. Ich werde sie nach diesem Abend immer achten und gern haben.
Anne und ich gingen gegen 2 Uhr.

Dienstag, 31. Mai
Die Packer kamen gegen 10.30 Uhr und blieben den ganzen Tag.
Glenn Martin und seine Mutter kamen zum Abendessen. Glenn ist
hinsichtlich der Lage in den Vereinigten Staaten sehr pessimistisch. Er
erwartet in „etwa zweieinhalb Jahren" ernste Schwierigkeiten. Er
erwartet dort früher Schwierigkeiten als in Frankreich. Wir verbrachten den Abend vor einem großen Holzfeuer im „Langen Zimmer"
und sprachen über die Fliegerei und die allgemeine Lage in der ganzen
Welt.

Freitag, 3. Juni
Juan Trippe rief aus New York an. Er sagte, er sei gebeten worden,
sich mit mir in Verbindung zu setzen und vertraulich in Erfahrung zu
bringen, ob ich bereit sei, den Vorsitz der neuen Zivilen Luftfahrtkom-
mission zu übernehmen, die jetzt in den Vereinigten Staaten gebildet
wird. Ich sagte ihm, daß ich es unter den gegenwärtigen Umständen
nicht für ratsam hielte, meine Familie wieder in die Vereinigten Staaten
zu bringen, und daß ich daher keine Möglichkeit sähe, den Posten anzunehmen. Es war nicht an der Zeit, ihm über das transatlantische Telefon
mehr zu sagen oder Einzelheiten zu erörtern. Trippe sagte, die Anfrage
komme aus dem „Hauptquartier", das bedeutet Präsident Roosevelt.
Ich frage mich, was dahintersteckt. Eine politische Geste? Druck
von außen? Das Wissen, daß ich sehr wahrscheinlich nicht annehmen
würde? Ich wünschte, ich könnte glauben, daß der Präsident den
Vorschlag ohne Druck und ohne zuerst an die politische Wirkung
zu denken gemacht hat. Es wäre eine große Ehre, obwohl der Posten
für einen Mann meines Temperaments nicht sehr gut geeignet wäre.
Es hätte sich um einen Sechsjahresvertrag gehandelt, und diese sechs
Jahre wären wahrscheinlich die unglücklichsten meines Lebens gewor-

den. Es gibt Menschen, die diese Art Arbeit lieben und dabei ihr Bestes geben können. An sie sollten derartige Ernennungen gehen. Ich hätte durch große Mühe erfolgreich sein können, aber man kann sein Bestes nur bei der Arbeit leisten, für die man sich am meisten interessiert. Ich war nie gut für eine Routinetätigkeit geeignet und werde das auch nie sein. Meine Interessen, meine Fähigkeit und mein Leben liegen auf anderen Gebieten.

Dienstag, 7. Juni

Letzte Vorbereitungen. Anne und ich nahmen den Zug nach London. Die Mohawk stand im Hangar, sonst war aber niemand dort – alle Arbeiter waren zum Lunch gegangen, nicht einmal eine Wache war geblieben. Wir packten unsere Bündel hinein und überprüften Flugzeug und Motor. Schließlich kam ein Mann über das Feld geschlendert und half uns gefälligerweise, die Maschine auf das Rollfeld zu schieben. Wir ließen den Motor warmlaufen und starteten. Zur Erledigung der Zollformalitäten landeten wir in Lympne und St. Inglevert. Dann nahmen wir Kurs auf Morlaix, wir machten einen Umweg längs der Küste. Unser neuer Menasco-Motor und der regulierbare Ganghöhenpropeller waren wenige Tage vor unserem Aufbruch aus England eingebaut worden. Der Propeller scheint unsere Reisegeschwindigkeit um etwa zehn Knoten zu steigern.

Mme. Carrel und M. und Mlle. Masson erwarteten uns am Rollfeld in Morlaix. Miß Ford war mit dem kleinen Fordwagen und den Hunden Thor und Skean ebenfalls zur Stelle. Die Nacht verbrachten wir in Saint-Gildas. Es war Ebbe, als wir zu der Insel übersetzten. Jedesmal, wenn wir kommen, scheint sie noch schöner zu sein.

Mittwoch, 8. Juni

Fuhren im Motorboot nach Illiec. Mme. Carrel, Anne und ich. Die Arbeiter waren noch lange nicht fertig und hatten eben erst den Verputz beendet. Es war offenkundig, daß wir frühestens in einer Woche einziehen konnten! Kehrten nach Saint-Gildas zurück.

Donnerstag, 23. Juni

Eine laute Nacht in Paris. So schlimm wie New York – nach dem Frieden und der Stille auf Saint-Gildas und Illiec erscheint es aber noch schlimmer.

Frühstück im Hotelzimmer. Wäre lieber in den Speisesaal gegangen, es könnten aber Presseleute da sein, und falls nicht, ziemlich sicher amerikanische Touristen. Ich bleibe besser in meinem Zimmer und beginne den Tag frisch. Zudem schaut mein Fenster auf die Place de la Concorde, und ich kann den Verkehr beobachten. Es ist erstaunlich, wenn man sieht, wie die Autos und Lastautos durch die Kreuzungen der Place de la Concorde sausen. Es gibt keine Verkehrsregelung, sie fahren schnell, jagen im rechten Winkel aufeinander zu, verfehlen einander nur um wenige Zoll. Es ist, als ob alle Räder einer komplizierten Maschine ihre Zapfen verloren hätten, die Maschine aber doch weiterläuft.

Rief Botschafter Bullitt an. Ging in die Botschaft und sprach eine Viertelstunde mit Bullitt und dann eine Stunde mit dem Militärattaché. Wir unterhielten uns über die allgemeine Lage in Europa und besonders über die Militärluftfahrt. Frankreich scheint sich, vom fliegerischen Standpunkt aus betrachtet, in einem noch schlimmeren Zustand zu befinden, als ich annahm, und ich wußte, daß die Lage schlimm war. Das Land besitzt nicht genug Militärmaschinen, um im Fall eines Krieges auch nur eine „Show abzuziehen". In einem Konflikt zwischen Frankreich, England und Rußland auf der einen und Deutschland auf der anderen Seite würde Deutschland sofort die Luftherrschaft erringen. Selbst wenn das gegenwärtige französische Programm während der nächsten zwei Jahre durchgeführt wird, wird nur eine verhältnismäßig kleine Zahl von Maschinen zur Verfügung stehen. Deutschland hat eine riesige Luftwaffe entwickelt, während England geschlafen und Frankreich sich Hoffnungen auf ein Bündnis mit Rußland gemacht hat.

Es scheint, daß das französische Fliegerkorps vom Kommunismus infiltriert ist, inbesondere die höheren Offiziere. Die französische Armee anderseits ist (den Leuten zufolge, mit denen ich sprach) noch in sehr guter Verfassung und steht kaum unter kommunistischem Einfluß.

Verließ die Botschaft gegen 12 Uhr und speiste mit Captain (Townsend) Griffis, meinem Kommandeur, als ich in Brooks Field Kadett war. (Er war Kommandeur der Kadettenabteilung, nicht des gesamten Bereichs.) Er war kürzlich aus Spanien zurückgekehrt, wo er amerikanischer Luftwaffenattaché gewesen war. Wahrscheinlich kennt er die Lage der spanischen Fliegerei ebensogut wie irgendeiner, der nicht direkt an den Kämpfen beteiligt war. Er erwartet den Sieg Francos, aber nicht ohne vorherige weitere harte Kämpfe. Er sagt, die Militärflugzeuge seien in Spanien von beiden Seiten nicht sehr gut eingesetzt worden, als Folge davon sei es gefährlich, daraus Schlüsse zu ziehen. Die Bombardierungen seien ungenau und die Piloten nicht sehr gut ausgebildet gewesen. Viele seien geradewegs von der Ausbildung zum Einsatz gekommen. Beim fliegenden Material habe es einen Typensalat gegeben – moderne und alte, gute und schlechte Maschinen.

Griffis sagt, daß beide Seiten jeden Piloten abknallen, der aus einer Maschine aussteigt. Es sei praktisch die einzige Hoffnung für einen Piloten, abzuwarten, bis seine Maschine nahe am Boden ist, ehe er die Reißleine zieht. Er erzählte mir von einem Piloten der Regierungsarmee, der vor einigen Monaten in der Nähe von Bilbao abgeschossen wurde und aus seiner Maschine sprang. Eine deutsche Heinkel nahm Kurs auf ihn, als er in seinem Fallschirm hing, und wollte ihn offensichtlich abschießen. Der Flieger zog seine Pistole, setzte sie sich an den Kopf und ließ sich in die Gurten fallen, so als ob er sich erschossen habe. Der Deutsche, offensichtlich im Glauben, der Mann sei tot, drehte ab.

Griffis meint, eine der größten Gefahren im Spanienkrieg sei es, von den eigenen Bodentruppen abgeschossen zu werden. Man habe den himmelblauen Anstrich an der Unterseite der Maschinen aufgegeben und bemühe sich ernstlich, das Flugzeug für die Bodentruppen klar erkenntlich zu machen. Die Bodentruppen, so sagt er, neigen zu der Annahme, es sei sicherer, zuerst zu schießen und erst hinterher nachzusehen. Griffis sagt, alle amerikanischen Piloten hätten die Regierungsseite verlassen, viele russische Piloten flögen aber noch gegen Franco. Er (Griffis) ist ein entschiedener Befürworter des einsitzigen Jägers, sowohl als Abwehr gegen Bomber wie für Tieffliegerangriffe.

Samstag, 2. Juli
Mutter reist heute ab und wird in einer Woche hier sein. Sie hat Land überhaupt noch nicht gesehen und Jon nicht mehr seit 1936 – also vor zwei Jahren.

Ich ging nach Saint-Gildas, um Dr. und Mme. Carrel zu besuchen. Dr. Carrel beginnt eben sein neues Buch. Wir sprachen über die Schließung seiner Abteilung am Rockefeller-Institut im nächsten Jahr und über seine Zukunftspläne. Ein bestimmtes Pensionsalter ist eine stupide Regelung, es zeigt die Schwäche der Beamten und Direktoren einer Institution. Manche Leute sollte man mit dreißig pensionieren – andere aber sollte man arbeiten lassen, bis sie sterben. Wie dumm ist es, ein wirkliches Genie zu pensionieren, bloß weil es fünfundsechzig ist, und gleichzeitig vierzigjährige Narren zu behalten, weil sie jung sind. Hinter Carrels Pensionierung im nächsten Jahr steckt aber mehr. Viele Leute im Institut können ihn nicht leiden und verstehen ihn falsch. Carrel hat sich nie um die Freundschaft anderer bemüht – anderseits hat er sich viele Feinde gemacht. Bei einer starken Persönlichkeit ist das oft der Fall. Carrel möchte seine Arbeit fortsetzen, und man sollte ihm die Möglichkeit dazu geben. Ich hoffe, daß ich ihm irgendwie helfen kann. Ich halte sein neues Buch im Augenblick für seine wichtigste Arbeit, er kann aber nicht den Rest seines Lebens der Schriftstellerei widmen. Gutes Schreiben sollte immer langsam vorangehen. Man kann nicht acht Stunden am Tag und gut dazu schreiben.

Donnerstag, 7. Juli
Mme. Carrel kam am Vormittag, um uns zu warnen, daß ein Boot voll Reporter unterwegs nach Illiec sei. Sie kamen auch, kehrten aber nach einer halben Stunde um, nachdem Kerleau und Louis sie erwartet hatten.

Samstag, 9. Juli
Nach dem Lunch segelten Jon und ich mit Louis und Kerleau nach Buguélès und fuhren nach Plourat, um Mutter zu treffen. Ihr Zug hatte Verspätung, und wir kamen zu spät für die Flut, als wir Buguélès erreichten. Wir alle gingen über den Steinstrand nach Illiec. Mutter wollte nicht warten, bis wir fahren konnten. Anne hatte Land aufbleiben lassen, damit Mutter ihn sehen konnte. Alle sind sehr glücklich, Mutter hat das Turmzimmer, das über das Wattland hinausschaut.

Dienstag, 2. August
Telegramm von Oberst Lee, der uns vorschlägt, zwischen dem 10. und 20. August nach Rußland zu fliegen. Ging Flugpapiere, Pässe usw. durch, um sicherzustellen, daß alles in Ordnung ist.

Bin in diesen Aufzeichnungen so weit zurückgeblieben, daß ich gar nicht versucht habe, alle Einzelheiten des Lebens auf der Insel zu erwähnen. Wir waren oft beim Schwimmen, ich war häufig in Saint-Gildas, und wir haben – besonders an den Abenden – viele Stunden auf den Felsen zugebracht.

Freitag, 5. August
Anne und ich machen Pläne für die Moskaureise. Ich will Mutter nicht so schnell verlassen, aber sie muß ohnehin bald abreisen, und wir werden sie im Winter wahrscheinlich in den Vereinigten Staaten sehen. Ich halte es für wesentlich, soviel wie möglich von Europa zu sehen, um vernünftig über die hier bestehenden Probleme nachdenken zu können. Ich möchte nicht, daß ein Krieg ausbricht, ohne daß ich eine gute Vorstellung von seinen Ursachen und wahrscheinlichen Folgen hätte. Ich habe die Absicht, mir in den nächsten Monaten soviel wie möglich von der europäischen Situation anzusehen.

Samstag, 6. August
Treffe Vorbereitungen für die Rußlandreise – Packen, Durchgehen der Ausstattungsliste, Diktat von Briefen. Verbrachte soviel Zeit wie möglich mit Mutter. Machte mehrere Inspektionsgänge um Illiec. Die Arbeiter bauen eine Seemauer vor den zwei Bäumen auf dem Felsen und entfernen Mörtel von den Wänden der Kapelle. Ging am Abend nach Saint-Gildas, um Dr. und Mme. Carrel zu sagen, daß wir am Morgen aufbrechen werden. Kehrte im Mondschein zurück.

Sonntag, 7. August
Mutter, Anne, Miß Hutchinson und ich fuhren zum Flugplatz Morlaix. Ich machte einen Alleinflug, um die Maschine zu testen, dann nahm ich Mutter zu einem Dreißigminutenflug über Illiec mit. Anne und ich starteten gegen 14 Uhr und überflogen dabei Illiec, ein Umweg von nur zehn Minuten von unserer Flugroute. Wir landeten in Le Havre, weil es etwas nach heißem Gummi roch und viel Öl an der Windschutzscheibe war; es war aber alles in Ordnung. Starteten wieder und flogen via Saint-Inglevert nach England. Stießen auf Regen und Nebel – lange Umwege. Kamen bis auf fünfzehn Meilen von Saint-Inglevert, mußten aber umkehren. Landeten in Le Bourget und fuhren mit dem Taxi nach Paris – Hotel Crillon.

Jetzt ist es 22.30 Uhr; bin zu müde, um noch mehr zu schreiben.
Am Ende eines sehr erfüllten und interessanten Tages ist das immer so,
man kann sich einfach nicht aufs Schreiben konzentrieren.

Montag, 8. August
Gerüchte, daß Deutschland am 15. August den Krieg beginnt.

Traf gegen 11 Uhr am Flughafen ein. Wetter längs der Route immer
noch schlecht, obwohl die Wolken hoch stehen und bei Le Bourget
der Himmel durchkommt. Entschied mich zum Abflug; bei allzu
schlechten Wetterverhältnissen kann man zwischenlanden. Hatte jedoch
keine Schwierigkeiten, Saint-Inglevert zu erreichen, da sich der Nebel
verzog. Kanal von Tiefnebel bedeckt, Lympne aber ziemlich klar, nur
leichter Dunst und einige vereinzelte Wolken.
    Maschine des Kriegsministers auf dem Flugplatz. Er inspizierte
Truppen in der Umgebung. Verließ Lympne, sobald Zollformalitäten
erledigt waren, überflog Long Barn und landete in Reading. Mit dem
Zug nach London und dem Taxi ins Hotel. Rief Oberst Lee an und ging
dann in die amerikanische Botschaft. Lee und ich fuhren zur russischen
Botschaft, um Erlaubnis für den Rußlandflug zu beantragen.

Donnerstag, 11. August
*Die Leute sprechen unaufhörlich vom Krieg. Es gibt ein hartnäckiges
Gerücht, daß Hitler um den 15. August losschlagen und daß sich
daraus ein allgemeiner europäischer Krieg entwickeln wird. An der
sibirischen Grenze Waffenstillstand zwischen Japan und Rußland geschlossen.*

Ging nach dem Frühstück in die amerikanische Botschaft zu einer
Besprechung mit Oberst Lee. Russische Genehmigung noch nicht eingetroffen. Lee und ich gingen wegen Visa zur polnischen Botschaft.
Das Flugzeug sollte morgen zum Start fertig sein. Warten jetzt nur mehr
auf die Freigabe von Moskau.
    Dinner bei Oberst Lee mit Oberst und Mrs. Scanlon. Die Gespräche
laufen immer auf die Möglichkeit eines Krieges hinaus, in diesem Monat,
im nächsten Monat, im nächsten Jahr. Noch nie, seit wir in Europa
sind, ist so viel über den europäischen Krieg geredet worden wie jetzt.
Die französische Armee, die englische Flotte und die deutsche Luft-

waffe sind die Faktoren technischer Stärke – niemand weiß, welche Wirkung die Luftwaffe auf die Land- und Seestreitkräfte haben wird. Deutschland besitzt die Größe X.

Freitag, 12. August
Offensichtlich überall Spannungen. Die Leute erwarten, daß an diesem oder dem nächsten Wochenende etwas geschieht. England ist nicht in der Verfassung für einen Krieg – man kann aber unmöglich voraussagen, ob es sich heraushalten kann, wenn in Europa ernsthaft gekämpft wird. Wahrscheinlich nicht.

Sonntag, 14. August
Deutsches Flugzeug (viermotorige Focke-Wulf) landet nach Nonstop-Rückflug von New York in Berlin.

Die Morgenzeitungen bringen Berichte: „Morgen deutsche Manöver." In Deutschland sind offensichtlich sehr ausgedehnte militärische Vorbereitungen angelaufen. Und England ist jetzt aufgewacht, aber noch sehr verschlafen. Ich fürchte, daß ein harter Schlag erforderlich ist, damit sich die Engländer ihrer wahren Lage bewußt werden. Fast jedes Anzeichen deutet darauf hin, daß Englands Stärke schwindet. In der Rüstung und im Handel hat England in den letzten Jahren viel Boden verloren.

Und sein Rückstand in der Luft ist so groß wie seine Überlegenheit zur See. London ist nur wenige Flugminuten von der Küste entfernt. Das Land ist zu klein für den Ausbau großer Fluglinien, die Wetterverhältnisse sind für die Ausbildung von Fliegern ungünstig. Der Nebel, der wahrscheinlich Englands Punktziele schützen wird, könnte seine Städte noch verwundbarer machen.

Das Wochenende ist vorbei und kein Krieg – oder besser gesagt, kein weiterer Krieg in Europa.

Telegramm von der Botschaft: die russische Erlaubnis wurde erteilt.

Montag, 15. August
Fuhr mit dem Taxi in die russische Botschaft, sprach mit dem Botschafter. Wir unterhielten uns über unsere Flugroute. Der Botschafter lud Anne und mich zum Tee ein.

Die europäische Situation ist sehr gespannt – alles steht jetzt auf des Messers Schneide. Gerüchte, daß die britische Flotte auf Kriegsstation beordert wurde. Oberst Scanlon rief die deutsche Botschaft an, um nach unserer Route über Deutschland zu fragen. Man sagte ihm, daß General Wanninger auf Urlaub in Frankreich sei. Ein weiterer Hinweis, daß Deutschland eine militärische Aktion planen könnte. Zu viele Deutsche sind „auf Urlaub" oder nehmen an „Routinemanövern" teil.

Machten nach dem Lunch unsere Karten fertig. Um 16.30 Uhr zum Tee in der russischen Botschaft. Sprachen über Rußland und unsere früheren Reisen von 1931 und 1933 dorthin. Der Botschafter sprach über die Fliegerei in verschiedenen Ländern; es dauerte nicht lange, und wir unterhielten uns über Deutschland und Japan.

Die deutsche Botschaft schickte die Fluggenehmigung um 18 Uhr in unser Hotel.

Dienstag, 16. August
Wir starteten knapp vor 8 Uhr, landeten zur britischen Zollabfertigung in Lympne, umflogen Saint-Inglevert und nahmen Kurs auf Hannover, unterwegs umflogen wir Sperrzonen. Das Wetter war überwiegend wolkig, mit gelegentlichen Stürmen und teilweisem Nebel. Am schlimmsten war es in Belgien, niedrige Wolken und Regen. Zwischenlandung in Hannover, von dort nach Warschau.

Am Flughafen in Warschau mehrere Presseberichterstatter. Wie üblich verursachten sie Verzögerungen und Unannehmlichkeiten. Bestanden darauf, sich mit uns in den Zollabfertigungsraum zu drängen, und mußten hinausgewiesen werden. Forderten Interviews, Bilder usw. Wenn wir Presseleute sehen, gibt es immer Schwierigkeiten.

Anne und ich fuhren zur amerikanischen Botschaft und statteten Botschafter Drexel Biddle einen Besuch ab. Wir wollten, wir hätten mehr Zeit gehabt, uns über die wahren Zustände in diesem Land zu informieren.

Wenn alles gutgeht, sind wir morgen in Moskau.

Mittwoch, 17. August
Starteten schließlich um 9.26 Uhr Greenwich-Zeit. Wetter gut, teilweise bedeckt und kleine Regengebiete längs der Route. Wolkendecke
aber selten niedriger als 700 Meter. Folgten dem Kompaßkurs zur
russischen Grenze und dann der von den russischen Behörden festgelegten Route – Negoreloje–Minsk–Mogilew–Roslawl–Medyn–
Moskau. Konnte Negoreloje auf der Karte nicht finden, folgte aber
der Bahnlinie über die Grenze und wußte, daß es an der Bahn liegt.
Hatte vor, zum Auftanken in Minsk zu landen (die russische Botschaft
in London hatte mir ein Schreiben in englischer Sprache mitgegeben,
mit der zu befolgenden Flugroute und zwei Orten, wo wir tanken
konnten – Minsk und Mogilew). In Minsk befand sich aber dort, wo
wir landen sollten, das heißt, 13,5 Kilometer südwestlich der Stadt,
kein Flugplatz. Wir sahen jedoch einen am Südwestrand von Minsk.
Mehrere Hangars, alle geschlossen, keine Maschinen auf dem Rollfeld,
kein Lebenszeichen. Umkreisten den Flugplatz und beschlossen, nach
Mogilew weiterzufliegen.

Fanden Flugplatz von Mogilew an der Südwestseite der Stadt.
Militärflugplatz. Mehrere moderne russische Jäger um die vier Hangars aufgereiht. Landeten um 12.53 Uhr Greenwich-Zeit. Mehrere
Offiziere in der Mitte des Flugplatzes. Offensichtlich Flugausbildung,
obwohl sich keine Maschine in der Luft befand. Man winkte uns auf
die Mitte des Feldes. Das Benehmen und die finsteren Mienen der
Offiziere verrieten, daß sie nicht erfreut waren. Einer kam zu unserem
Flugzeug und schrie etwas auf russisch. Ich schüttelte den Kopf. Verwirrung bei einem Teil der russischen Offiziere. Dann winkten sie uns
zu einer Stelle nahe einer Linie roter Flaggen und signalisierten, wir
sollten den Motor abstellen. Ich sprang heraus und übergab unsere
Papiere und die Briefe von der russischen Botschaft in London. Während der leitende Offizier sie prüfte, begannen die Maschinen zu
landen – sie hatten wohl einen Auftrag erfüllt. Alles Tiefdeckerjäger.
Schnell und sehr hohe Landegeschwindigkeit. Stoffbezogene Tragflächen, einziehbares Fahrgestell, strahlig angeordnete luftgekühlte
Motoren. Während wir auf dem Feld waren, landeten zwischen zehn
und zwanzig Maschinen. In den Hangars standen noch mehr.

Ein höherer Offizier kam, um unsere Papiere zu prüfen, und dann
auch der Kommandant des Flugplatzes. Ein Lächeln verdrängte das
Stirnrunzeln. Ein junger Soldat wurde beigebracht, der einige (sehr
wenige) Worte Englisch sprechen konnte. Was wir wollten? Flugbenzin?
Von welcher Art? Wieviel? (Alles mit großer Mühe, Bleistiftzeichnungen

und vielen Gesten.) Ich antwortete „Einhundert Liter", konnte ihnen
aber nicht begreiflich machen, welche Sorte. „Benzin oder Gasolin?"
Ich sagte ihnen, wir wollten die gleiche Sorte, die sie verwendeten,
aber sie konnten nicht verstehen. Schließlich fragten sie (mit Hilfe von
Zeichnungen) nach dem Kompressionsquotienten unseres Motors und
sagten, ja, sie hätten Gasolin für derartige Motoren. Nach einer weiteren
Wartezeit wurde ein Brennstofftank zu unserer Maschine gezogen. Ich
ließ das Gasolin in die Außenbordtanks pumpen, damit ich für den
Start einen Brennstoff zur Verfügung hatte, dessen Oktanzahl ich
kannte.

Wir wußten, daß wir auf dem Flughafen von Moskau erwartet
wurden, wir waren daher darauf bedacht, zu starten, sobald der Tank
voll war. Jetzt aber sagte der Dolmetscher:

„Der – Kommandeur – wünscht, – daß – Sie – in – seinem – Haus –
etwas – essen."

Er sprach langsam, mit gutem Akzent, die Worte waren leicht zu
verstehen. Er konnte aber fast nichts verstehen, was wir sagten.

„Wir müssen starten, wir werden auf dem Flughafen in Moskau
erwartet."

„Ich – verstehe – nicht – was – Sie – sagen."

„Wir müssen schnell – bald – starten, wir werden in Moskau
erwartet."

„Was – ist – schnell?"

Und so weiter – ohne Ergebnis. Die Offiziere umstanden uns mit
verdutzten und lächelnden Gesichtern.

Schließlich sagte ich: „Wir müssen vor der Nacht in Moskau landen."

„Nacht – Nacht – was – ist – Nacht?"

„Nacht – Tag – Sonnenuntergang", erwiderte ich. „Wir müssen
nach Moskau kommen, ehe die Sonne untergeht."

Er verstand. „Die – Sonne – geht – in – Moskau – um – neun –"
(er zählte an den Fingern ab), „eins – zwei – drei – vier – fünf –
sieben –" Ich begann an meinen Fingern abzuzählen, als er „sechs"
ausließ – neun Uhr schien aber wirklich die richtige Zeit zu sein. Er
fuhr fort: „Sie – fliegen – zwei – hundert – Kilometer – jede – Stunde –
Es – sind – sechs – hundert – Kilometer – bis – Moskau. Sie – brauchen
– drei – Stunden. Sie – starten – hier – um – halb – sechs. Landen – in –
Moskau – ehe – die – Sonne – untergeht." Alles war deutlich gesprochen. Er merkte sich die Worte gut und sprach sie auch gut aus. Er
konnte aber kein Wort verstehen, das wir antworteten.

Nach weiteren Einwänden unsererseits, die durch ausdruckslose

Blicke der Offiziere erwidert wurden, stiegen wir schließlich in den Wagen des Kommandanten. Wir fuhren zu einem Gebäude in der Nähe der Hangars. Wir warteten fünf Minuten, während der Kommandeur hineinging. Dann fuhren wir über die Straße zu einem großen Holzbau – dem Restaurant. Drinnen viele Tische. Etwa ein Dutzend Personen aßen. Einige trugen Sakkos, die andern waren in Hemdsärmeln. Das Restaurant machte einen ziemlich sauberen Eindruck, die Menschen etwas weniger. Wir setzten uns mit mehreren Fliegeroffizieren und unserem Dolmetscher an einen der Tische. Alle an unserem Tisch waren guter Laune und lachten. Das Essen war gut und das Geschirr sauber. Milchsuppe, Tomaten, Steak und Zwiebel. Apfelwein und so weiter. Nach jedem Gang versuchten wir zu gehen – vergeblich. Sie dachten, wir wollten vor Sonnenuntergang in Moskau landen, sie würden uns auch rechtzeitig dafür weglassen, aber nicht früher. Zum Abendessen war reichlich Zeit.

Wir starteten schließlich um 17.52 Uhr russischer Zeit. Die Sonne ging lange vor 21 Uhr unter, aber das Wetter war gut, und die Dämmerung währte lange. Das Leuchtfeuer am Moskauer Flughafen blinkte, als wir uns der Stadt näherten. Landeten um 17.43 Uhr Greenwich-Zeit. (Auf dem Flugplatz mehrere Pressekorrespondenten, aber nicht so viele Schwierigkeiten wie üblich. Allmählich gewöhnen sie sich an die Tatsache, daß wir nicht interviewt werden wollen.)

Botschafter Kirk, Oberst Faymonville und andere Herren waren am Nachmittag mehrmals auf dem Flugplatz gewesen. Berichte hatten besagt, daß wir mittags, um 15 Uhr, 18 Uhr und schließlich um 21 Uhr in Moskau landen würden. Zuletzt war eine Nachricht aus Mogilew gekommen, daß wir dort gelandet seien und zum Abendessen blieben.

Wir begannen zu erklären, aber jedermann zeigte Verständnis. Fuhren mit Mr. Kirk zur amerikanischen Botschaft und aßen (noch einmal) sehr spät mit ihm und Oberst Faymonville zu Abend.

Donnerstag, 18. August
Wir standen spät auf, frühstückten und fuhren eine Stunde lang mit Mr. Kirks italienischem Chauffeur in Moskau spazieren. Große Veränderungen in der Stadt, seit wir 1933 zum letzten Mal hier waren. Alles ist viel heller. Bessere Straßen und Gebäude. Die Leute sind besser gekleidet. Viel mehr Autos, Lastautos und Busse. Die Menschen machten allerdings keine fröhlichen Gesichter, man hatte den Eindruck

von Unterernährung. Die besten Leute schienen in der Armee und in den Regierungsämtern zu stecken.

Früher Lunch in der Botschaft, dann fuhren wir zum Flughafen, wo die Vorführung stattfinden sollte. Anne, Oberst Faymonville und ich erhielten Sonderkarten auf dem Dach (des Klubhauses), von wo aus die Mitglieder des Zentralkomitees der Sowjets die Vorführung beobachteten. Dem Typ nach waren sie sehr interessant, da sie aus allen Teilen der Sowjetunion kamen. Einige sahen wie Chinesen, andere fast indisch aus. Andere hätte man leicht für Zigeuner halten können. Männer und Frauen in allen nur denkbaren Trachten und Gewändern waren erschienen, das waren die Menschen, die unseren Abgeordneten zum Kongreß und Senat entsprechen. (Ich fragte mich, ob die Mitglieder unseres Senats und Kongresses intelligenter ausgesehen hätten, wenn sie ähnlich gekleidet gewesen wären.)

Der Flugplatz war voll von Menschen. Die Menge wurde auf 800.000 geschätzt. Sie hielten sich auf beiden Seiten des Feldes auf, dazwischen war der Raum, auf dem die Maschinen starteten und landeten.

Insgesamt wurde die russische Vorführung ziemlich langsam abgewikkelt – ein Hinweis darauf, daß hier die Entwicklung der Fliegerei weniger weit gediehen ist als in den Vereinigten Staaten, Deutschland oder England. Das Fliegen selbst war gut, aber in den meisten Fällen nicht von bester Klasse. Keine der Maschinen war so gut wie die der in der Luftfahrt führenden Länder.

Wir mußten lange warten, ehe das Programm begann. Dann stiegen etwa ein Dutzend Ballons mit den riesigen Bildern politischer Führer auf. Als nächstes folgte eine Formation von etwa fünfundsiebzig Schuldoppeldeckern, geflogen von Flugschülern, „die untertags in der Fabrik arbeiten und nach der Arbeit fliegen lernen". Dann etwa fünfundzwanzig Schüler in Eindeckern. Zwischen den Vorführungen kam über den Rundfunk Musik, darunter auch ein amerikanischer Jazzsong mit englischem Text.

Die interessanteste Demonstration war das Schleppen von Gleitflugzeugen sowie das Fallschirmspringen. Diese beiden Dinge macht man in Rußland besser als in anderen Ländern. Neun Gleiter wurden von einem Flugzeug gezogen, und etwa fünfundsiebzig bis einhundert Fallschirmspringer sprangen aus drei großen viermotorigen Bombern (alten Typs) ab. Diese Ereignisse waren Höhepunkte der Show – sie demonstrierten, vom praktischen Standpunkt betrachtet, keine großen Fortschritte in der russischen Fliegerei.

Wir sahen gute Einzelkunstflugleistungen und einen interessanten

Formationsflug und Scheinkampf der „Roten Fünf" – fünf Tiefdecker-Einsitzer von derselben Type, die in Spanien von der spanischen Regierung eingesetzt wurde und die den Deutschen und den Italienern soviel Schwierigkeiten bereitet hat.

Freitag, 19. August
Anne und ich besuchten am Morgen die Konferenz, wo die Pläne für unseren Besuch festgelegt wurden. Mehrere Tage sollten wir in Moskau zubringen und mehrere weitere auf Flügen nach anderen Orten in Rußland. Nach der Konferenz lunchten wir in der Botschaft. Am Nachmittag wurden wir in das Museum der Schönen Künste und ein weiteres Museum gefahren, das den letzten Widerstand der Weißen Armee zeigte.

Dieses Museum war voll Propaganda: besonders der Vortrag, der für uns übersetzt wurde. Die Weiße Armee lief immer davon und die Rote Armee siegte immer, trotz großer Entbehrungen usw. Es war der erste Fall von Propaganda, dem wir auf unserer Reise begegneten. Es erinnerte uns an unseren Rußlandbesuch von 1933. Die Schlachtengemälde waren nicht sehr mitreißend und bestimmt keine großen Kunstwerke. Man sagte uns, daß sie, auf das Vierfache vergrößert, in einem eigenen Gebäude untergebracht werden sollten. Alles war so heiß und uninteressant.

Von diesem zweiten Museum fuhren wir in die Botschaft, mit der neuerbauten Moskauer U-Bahn, heute wahrscheinlich der besten auf der Welt. Geräumige Bahnhöfe und gute Züge. Es war das Sauberste, was ich in Moskau gesehen habe.

Um 18 Uhr fand in der Botschaft ein Cocktail statt, hier trafen wir die Botschaftsangehörigen und einige weitere Amerikaner, die in Moskau lebten. Nach dem Abendessen eine Operette – nicht sehr gut –, eine Geschichte um eine Staatsfarm.

Samstag, 20. August
Fuhren am Morgen zur Teststation der Armee. Man zeigte uns die Flugzeugtypen, die jetzt von der russischen Luftwaffe verwendet werden. Konnte sie genau untersuchen und durfte auch in die Kanzel. Am anderen Ende der Reihe stand eine Maschine, die ich nur aus der Entfernung sah – ein doppelsitziger einmotoriger Tiefdecker.

Die modernen Militärflugzeuge, die jetzt in Rußland verwendet werden, gehören offensichtlich zwei Haupttypen an: einem einmotorigen Jäger und einem zweimotorigen leichten Bomber. Ich war in beiden. Der Jäger hat ein Cockpit mit einer Schiebeluke, Tiefdecker (Stoffbespannung), ovaler hölzerner Rumpf. Er hat Landeklappen, ich sah aber nicht, daß sie benützt wurden, als Flugzeuge eines ähnlichen Typs auf dem Rollfeld in Mogilew landeten. Der Jäger hat ein einziehbares Fahrgestell und zwei Maschinengewehre in den Tragflächen außerhalb des Propellers. Folgende Leistungsdaten wurden mir freiwillig angegeben: Höchstgeschwindigkeit 500 Stundenkilometer, Landegeschwindigkeit 100 Stundenkilometer. Brennstoff für zweieinhalb bis drei Stunden. Der Motor war ein in Rußland gebauter Cyclone. Wahrscheinlich 900 PS.

Der Bomber war ein Tiefdecker, ein Ganzmetallflugzeug. Glatte Bespannung vor dem Holm, Rundkopfnieten dahinter. Besatzung drei Mann, Bombenschütze in der Nase. Einsitziges Pilotencockpit. Funker im Heck. Zwei MGs in der Nase, zwei im Heck, von denen eines nach oben, das andere nach unten feuert. MGs besser geschützt als bei entsprechenden deutschen und englischen Typen, die ich gesehen habe. Hispano-Suiza-950-PS-Motoren (zwei). Die russischen Offiziere nannten mir folgende Daten: Höchstgeschwindigkeit 450 Stundenkilometer, Steighöhe 10.500 Meter, Reichweite 1500 bis 2000 Kilometer, Bombenlast 600 bis 800 Kilogramm. Ein horizontaler Bombenschacht. Man erklärte mir, daß dieser Typ in Rußland seit drei Jahren gebaut wird. Im Cockpit ein Kreiselkompaß.

Es gab auch einen Doppeldeckerjäger, der wahrscheinlich in gewissen Stückzahlen gebaut wird. Einsitzer, Schiebeluke, Cyclone-(900 PS?) Motor, vier synchronisierte MGs im Cockpit. Soll langsamer, aber manövrierfähiger sein als der Eindecker.

Im allgemeinen sind diese Maschinen nicht so gut wie die entsprechenden Typen in Amerika, Deutschland oder England. Sie sind jedoch gut genug, um in einem modernen Krieg wirksam eingesetzt werden zu können.

Mir fiel wieder die Tatsache auf, daß die Gesichter der Offiziere und der Soldaten auf dem Flugplatz einen weit besseren Eindruck machten als anderswo in Rußland.

Nach einer schweren russischen Mahlzeit – der Tisch bog sich unter der Last der Speisen: Kaviar, Obst, alle Arten von Weinen, natürlich Wodka, Büchsenfleisch, Süßigkeiten und alles, was man sich nur denken konnte – wurde ich in die Flugakademie, einem großen Gebäude mit dem üblichen heruntergekommenen Äußeren, gebracht. Lange Führung durch Räume mit Reißbrettern, Hörsälen, Klassenzimmern usw. Die meisten Studenten waren auf Urlaub.

Um 18 Uhr Cocktailparty bei Oberst Faymonville; das Haus war voll von Russen und Amerikanern – russischen Offizieren, Fliegern und Diplomaten. Man sagte, es sei seit langer Zeit die erste Party, an der Russen teilnahmen. Seit der letzten Hinrichtungswelle kommen sie nicht viel mit Ausländern zusammen, sagte man mir.

Am Abend Dinner in der amerikanischen Botschaft, dem auch der britische Botschafter und einige Angehörige der italienischen Botschaft beiwohnten. Hörte, wie einer der Italiener dem britischen Botschafter sagte, in Italien hasse man Anthony Eden: „Der meiste Schaden in der Welt wird durch Fanatiker wie Eden angerichtet."

Sonntag, 21. August

Am Morgen in der Motorenfabrik Nr. 24 am Stadtrand von Moskau. Die Fabrik war mit amerikanischen und hier und dort einigen deutschen Maschinen ausgestattet. Es hatte den Anschein, daß die Russen eine komplett ausgerüstete Fabrik für die Fabrikation von Wright-Cyclone-Motoren einschließlich der besten Typen von Hochleistungsmaschinen aus Amerika hierher transportiert haben. Ich sah in den Werkshallen fast keine russischen Maschinen – außer einigen baufällig aussehenden Drehbänken.

Es ist schwierig, die Produktion der Fabrik abzuschätzen. Nach amerikanischen Maßstäben wahrscheinlich zwanzig oder mehr Motoren pro Tag. Die Anordnung der Gebäude ist nicht sehr glücklich. Die Maschinensäle sind beengt, es mangelt allgemein an Ordnung, selbst wenn man in Rechnung stellt, daß eine Änderung des Programms vorgenommen wurde. Wir gingen durch die ganze Fabrik, von der Gießerei bis zum Prüfstand. Es ist anscheinend eine komplette Produktionseinheit mit wenig oder keiner Zulieferung von Teilen von außen. Ich sah insgesamt achtzehn Prüfstände. Die Arbeiter schienen mir nicht allerbester Klasse zu sein. Unter ihnen waren viele Frauen. Es handelt sich hier tatsächlich um eine amerikanische Fabrik, die man einfach nach Rußland transportiert hat und die jetzt von russischen Arbeitern bedient wird.

In der Fabrik wieder ein endloser schwerer Lunch. Dann am Nachmittag in die Versuchsabteilung für Motoren. Nicht sehr eindrucksvoll. Große Möglichkeiten, aber mittelmäßige Ausstattung, fast alle Instrumente und Testgeräte waren ausländischer Herkunft, einige sehr mo-

derne Maschinen (vorwiegend deutsch). Das Gebäude alt. Angeblich ist
es schon von Napoleon benützt worden.

Montag, 22. August
Besuchte am Vormittag eine große Flugzeugfabrik, wie immer in Begleitung von Oberst Faymonville. Ebenso stets dabei unsere Dolmetscherin
von Intourist, eine junge Ukrainerin, unermüdlich, nicht sehr intelligent,
etwas übergewichtig, aber eine gute Dolmetscherin und sehr willig.
(Kein Wunder, daß sie so dick ist, wenn sie von Mahlzeiten lebt, wie
wir sie hier vorgesetzt bekommen.) Anwesend sind auch ein Major der
Roten Armee, der Flieger, der vor einigen Wochen nach Wladiwostok
flog, und mehrere andere. Außerdem schließt sich uns immer eine Zahl
Funktionäre der Fabrik an, die wir besuchen. Oft umfaßt unsere
Gruppe zehn oder zwanzig Personen.
  Die Fabrik produzierte die zweimotorigen Bomber, die ich zuvor
auf dem Probegelände der Armee gesehen hatte. Auch einige kommerzielle Transportmaschinen (zweimotorige Ganzmetall-Tiefdecker) wurden gebaut. (Ich sah insgesamt nur sechs.) Die Fabrik war groß, mit
einer guten (ebenfalls amerikanischen und deutschen) Maschinenaus-
stattung. Etwa fünfundzwanzig Bomber waren in der Endmontage,
Hispano-Suiza-Motoren, angeblich 950 PS. Die Montage erfolgte auf
Schienen und machte einen ziemlich effektvollen Eindruck. Ich schätzte
die Produktion auf etwa einen bis zwei Bomber pro Tag. Für die verschiedenen Teile gab es zwischen zehn bis zwanzig Schablonen für die
Reihenfertigung. Auf dem Flugfeld neben der Fabrik standen etwa
fünfundsiebzig dieser Maschinen.
  Es war die größte und beste Fabrik, die ich seit meiner Ankunft in
Rußland gesehen hatte. Wieder schien sie komplett und in der Lage zu
sein, alle für die Flugzeuge nötigen Einzelteile selbst zu produzieren.
Was mich am meisten beeindruckte, war, daß hier wiederum eine
amerikanische Fabrik nach Rußland transportiert worden war. Diese
Leute müssen amerikanische Fabriken bestellen wie andere Leute Lebensmittel.

Dienstag, 23. August
Am Vormittag im hydroaerodynamischen Forschungslaboratorium.
Ziemlich große Baulichkeiten, es gab aber nichts besonders Interessantes
zu sehen. Alle waren rücksichtsvoll und gefällig. Sie ließen es sich

nicht nehmen, viele wohlbekannte Geräte in allen Einzelheiten zu demonstrieren. Man nahm uns zu zwei Fahrten in dem Testbeckenfahrzeug mit. Der gleiche Windkanal, den ich vor fünf Jahren kennengelernt hatte, wurde mir nochmals in fast ebenso vielen Einzelheiten vorgeführt. Und so ging es den ganzen Vormittag weiter. Wieder waren die meisten Maschinen und Laborgeräte ausländischer, und zwar diesmal deutscher Herkunft.

Wieder ein russischer Lunch, der bis 16 Uhr dauerte. Das Essen schmeckt mir, es ist ausgezeichnet zubereitet, aber ich sitze ungern so lange herum. Nach einer Stunde werden die Gespräche langweilig und dumm, wie immer, wenn etwas zuviel ist.

Donnerstag, 25. August

Wir sind hier in Moskau ohne Kontakt mit den Weltnachrichten, aber die Kriegsspannung ist in Europa immer noch akut. Jedermann fürchtet natürlich Deutschland.

Besuchte am Vormittag die Kriegsakademie, um mich davon zu überzeugen, welche Aufmerksamkeit der Instruktion aller Stabsoffiziere und des fliegenden Personals der Luftwaffe gewidmet wird. Die Rote Armee legt großes Gewicht auf ihre Fliegerei. Deshalb verwendet man viel Zeit darauf, die Offiziere in allen ihren Möglichkeiten auszubilden.

Der Besuch sollte um 10 Uhr beendet sein, wir brachen um 11.30 Uhr nach einem schweren Frühstück auf. Ich fuhr zum Flughafen und sagte den Mechanikern wegen des Services bei unserer Maschine Bescheid. Ich hatte sie selbst versorgen wollen, hatte aber festgestellt, daß die Mechaniker sehr geschickt sind. Die Russen sind bei solchen Dingen außerordentlich hilfsbereit. Ich komme mit den Leuten, die ich hier treffe, in der Mehrheit der Fälle sehr gut aus. Aber dieses System wird nicht funktionieren. Seit der Revolution hat sich bereits vieles verändert, und das wird noch eine lange Zeit hindurch weitergehen. Man hätte noch viel größere Fortschritte erzielt, wenn man nicht so viele der besten Leute umgebracht oder hinausgeworfen hätte.

Kam auf dem Rückweg vom Flugplatz an der amerikanischen Botschaft vorbei, um die Flugerlaubnis über Rumänien und die Tschechoslowakei zu beantragen.

Ein französischer Zeitungskorrespondent hat die amerikanische Botschaft angerufen und ihr mitgeteilt, die Presse bringe einen Bericht, daß ich einen Streit mit einem russischen Polizisten gehabt hätte. Offensichtlich wurde die Geschichte im Ausland bereits veröffentlicht. Natürlich ist die Sache frei erfunden.

Trafen kurz vor 11 Uhr auf dem Flugplatz ein. Viele Russen und Amerikaner waren zur Verabschiedung gekommen. Es war unmöglich, sie daran zu hindern, obwohl es ihnen viel Mühe macht und unseren Start verzögert. Starteten um 11.15 Uhr.

Wir werden Mr. Kirk vermissen. Die meisten Leute halten ihn für etwas exzentrisch, und er ist so „anti", daß er an dem jetzigen russischen System nichts Gutes finden kann. Er ist groß und hager, sieht wie vierzig aus, ist aber bereits fünfzig. In all dem Durcheinander des diplomatischen Daseins hat er seine interessante, originelle Eigenart bewahrt. Er kam zu unserer Verabschiedung auf den Flugplatz.

Auch Oberst Faymonville war anwesend. Er war uns auf unserer Reise von allergrößtem Nutzen. Hat wahrscheinlich bessere Kontakte zu den Russen als irgend jemand sonst in unserer Botschaft. Vielleicht ist er infolge seiner Vorliebe für die Russen etwas blind. Hier scheint tatsächlich jedermann entweder „pro" oder „anti" zu sein, deshalb ist es ziemlich schwierig, ein objektives Gespräch zu führen.

Wir flogen zuerst nach Tula, dann nach Orel und schließlich nach Charkow, wo wir zum erstenmal landeten. Nach einer halben Stunde Aufenthalt in Charkow flogen wir direkt nach Rostow am Don weiter. Unsere Flugroute war von den russischen Behörden festgelegt worden, und wir versuchten, ihr genau zu folgen. Ich vermisse die Freizügigkeit der Flugrouten in den Vereinigten Staaten.

In diesem heißen Wetter haben wir hohe Öltemperaturen – manchmal über 90° C. Alles andere ist in Ordnung, nur das Volt- und das Ampèremeter fluktuieren ausnehmend stark. Die englischen Mechaniker verstehen mit diesen Instrumenten nicht umzugehen, obwohl Phillips & Powis die Agenten unseres Menasco-Motors sind. Die englischen Vorschriften belasten einen Piloten mit Logbüchern, Lizenzen und anderem Papierkram, aber ein guter amerikanischer Mechaniker ist zehnmal wertvoller als sie alle, einschließlich der Inspektionen durch das Luftfahrtministerium. Ich führe die Logbücher nur so weit, daß ich den Vorschriften entspreche. Sie haben meiner Meinung nach keinerlei Wert; wenn ich aber eine Bruchlandung machen sollte, bin ich sicher, daß die Behörden einer vergessenen Eintragung oder etwas Übergewicht – ungeachtet der wirklichen Ursache – die Schuld geben würden.

Dem toten Piloten die Schuld an einem Unglück zuzuschieben, ist zum Kotzen. Solange ich mich erinnern kann, war es aber stets so.

Welcher Pilot ist noch nie in einer gefährlichen Situation gewesen, wo er nach den Regeln der Vernunft den Flug nicht hätte antreten sollen? Wenn aber ein Mann in eine derartige Lage gerät, wird er nach seinem Fehler beurteilt und nicht nach den vielen Malen, in denen er sich aus viel schlimmeren Situationen befreit hat. Am schlimmsten ist es jedoch, wenn ihm andere Piloten die Schuld geben, die ähnliche Situationen erlebt haben, ohne dabei verunglückt zu sein.

Wenn man nichts riskieren will, sollte man besser überhaupt nicht fliegen. Die Sicherheit liegt in der Beurteilung des Risikos, das man eingeht. Dieses Urteil wiederum muß auf den Lebensanschauungen des Mannes beruhen. Jeder Feigling kann bequem daheim sitzen und einen Piloten kritisieren, weil er im Nebel gegen einen Berg fliegt. Ich meinerseits würde viel lieber an einer Bergwand als im Bett sterben. Warum sollten wir, wenn ein tapferer Mann stirbt, nach seinen Fehlern suchen? Falls wir nicht aus seiner Erfahrung lernen können, ist es nicht nötig, nach Schwächen zu suchen. Wir sollten eher den Mut und das Feuer in seinem Leben bewundern. Welcher Mann wollte dort leben, wo es keinen Wagemut gibt? Ist das Leben wirklich so wertvoll, daß wir Männer tadeln sollten, die bei einem Abenteuer sterben? Gibt es einen besseren Tod?

Landeten um 19.01 Uhr in Rostow. Wir wurden neben anderen vom Bürgermeister und dem Leiter der örtlichen Intourist erwartet und auch vom Chef der Fliegerschule, die wir besuchen wollten.

Oberst Slepnew war auch anwesend, er war von Moskau aus vor uns hergeflogen. Die Russen tun für uns, was nur möglich ist. Ich fühle mich verlegen, weil es so viel ist. Ich mache ungern so viel Mühe. Oberst Slepnew hat letzte Nacht nur eine Stunde geschlafen. Die russische Gastfreundschaft hat nicht ihresgleichen. Auch waren sie insofern sehr rücksichtsvoll, als sie unsere Tage nicht mit allzu vielen Verpflichtungen vollstopften.

Samstag, 27. August
Man fuhr Anne und mich zu der Fliegerschule außerhalb der Stadt. Es ist eine zivile Schule – bei der Grundausbildung scheint aber wenig Unterschied zwischen einer Zivil- und einer Militärschule zu bestehen. Zuerst wurden wir zu dem Teil des Feldes gebracht, wo Studentinnen „im zweiten Jahr" flogen. Die Mädchen, die nicht flogen, standen in Habtachtstellung, als wir ankamen. Sie hatten gute Gesichter und standen offensichtlich weit über dem Durchschnitt. Für die Ausbildung

wurden nur Mädchen zwischen zwanzig und dreiundzwanzig angenommen. Man sagte uns, daß fast alle, die angenommen wurden, auch
die Prüfung bestanden. In den meisten Fällen wurden sie als Handelspilotinnen ausgebildet.

Es gibt aber auch eine Reihe von Pilotinnen in der sowjetischen
Luftwaffe. Eine haben wir in Moskau kennengelernt, ein Mädchen
von etwa fünfundzwanzig, ein prächtiges Mädel. Man sagte uns, daß
Frauen genauso in die Luftwaffe passen wie Männer. Sie befehligen
Männer und nehmen von Männern Befehle entgegen, sie erhalten die
gleichen Aufträge ganz ohne Rücksicht auf das Geschlecht usw. Ich
glaube nicht, daß das gutgeht. Letzten Endes besteht ein von Gott geschaffener Unterschied zwischen Mann und Frau, den selbst die Sowjetunion nicht auslöschen kann.

Warum werden Mädchen im Transportflug ausgebildet? Ich glaube
nicht, daß sie das im späteren Leben glücklich machen wird. Vor allem
aber: warum werden sie als Jagdfliegerinnen ausgebildet? In der
Sowjetunion besteht kein Mangel an Männern, und falls die Lehren
der Geschichte nicht umgedreht werden sollen, wäre es weit zweckmäßiger, hierzu Männer auszubilden. Es gibt keinen Grund, warum
Frauen nicht fliegen sollten, man sollte sie aber nicht ermutigen, die
Fliegerei zu ihrem Beruf zu machen. Sie können auf andere und weit
weniger materielle Weise einen viel größeren Beitrag zum Leben
leisten. Wie kann man eine Zivilisation als „hochstehend" bezeichnen,
wenn Frauen aus dem Heim in die Industrie verpflanzt werden, wenn
die materielle Lebensleistung an erster Stelle und das Gebären von
Kindern erst an zweiter, wenn nicht an dritter Stelle kommt?

Von der Fliegerschule ratterten wir über die gleichen holprigen
staubigen Wege, über die wir gekommen waren, zu dem neuen
Theater von Rostow. Dann fuhr man uns in eine Eiscremefabrik.

So etwas geschieht immer, wenn man die Tagespläne von jemand
anderem aufstellen läßt. Warum uns in eine Eiscremefabrik führen?
Eine stille Stunde zum Schreiben oder Lesen wäre viel nützlicher gewesen. Man kann jedoch einen Ort auch dann besser kennenlernen,
wenn man nur durch eine Eiscremefabrik geht.

Tatsächlich bestätigte der Besuch meinen Eindruck von den Zuständen in der heutigen Sowjetunion. Hier gibt es nur weniges, das
wirklich erstklassig ist. Gut sind die Verhältnisse nur im Vergleich mit
der russischen Vergangenheit. Seit unserem ersten Rußlandbesuch
1933 gibt es deutliche Verbesserungen (nach Moskau und dem allgemeinen Eindruck des Landes zu schließen, das wir überflogen).

Aber die Zustände waren damals ziemlich übel. Wenn sie vor der Revolution noch schlimmer waren, müssen sie wahrhaft unerträglich gewesen sein.

Die Eiscremefabrik war nicht sehr sauber, wenn auch sauberer als andere Fabriken, die wir besichtigt hatten. Es gab ziemlich viele Fliegen – an verschiedenen Stellen sahen wir Fliegenpapier. Die Maschinen funktionierten nicht allzugut, kein Vergleich mit einer amerikanischen Fabrik. Die Produkte aber waren erstklassig. Es gab einen eigenartigen süßen Käse, wie ich ihn noch nie gegessen hatte. Er war ausgezeichnet. Ich wollte, wir könnten ihn auch daheim bekommen. Die Eiscreme war besser als die in England. Natürlich setzte man uns das Mehrfache von dem vor, was wir essen konnten.

Rußland ist ein seltsames Land. Man predigt die Lehre, zwischen den Menschen entsprechend ihren Bedürfnissen zu teilen. Es herrscht große Armut und manchmal akute Hungersnot. Und trotzdem habe ich nie eine größere Vergeudung von Lebensmitteln erlebt als bei einigen Dinners und Lunches, an denen ich teilgenommen habe. Die „Besitzenden" in Rußland scheinen sich um die, die „nichts haben", nicht sehr zu kümmern.

Ich glaube nicht, daß diese Idee von Teilung, Gleichheit und Staatseigentum lange Bestand haben wird. Wenn sich eine Chance ergibt, werden sich die sozialen Klassen genauso entwickeln wie in der Vergangenheit. Anzeichen dafür sieht man bereits auf Partys, bei Dinners, an der Kleidung der Frauen, den Orden und Ehrenzeichen usw. Natürlich besteht auch bereits ein starker Unterschied in den Gehältern und den Privilegien der sowjetischen Bürger.

Montag, 29. August

Eine einstündige Fahrt zu einer Kolchose auf dem Land. Ich war erstaunt, daß man uns gerade diese Farm zeigte. Sie war schlecht geführt und von Unkraut überwuchert, die Saat stand schütter, obwohl die Dolmetscherin sagte, es sei ein gutes Jahr. Die Obstbäume waren in miserablem Zustand, die Äpfel armselig und von Flecken übersät. In den Vereinigten Staaten hätte man gesagt, die Farm sei in schlechten Händen. Die Bauern sahen jedoch gut und einigermaßen glücklich aus. Die etwa 900 Hektar große Kolchose wurde von zweihundert bis dreihundert Familien bewirtschaftet. Jeder Arbeiter erhielt für einen Arbeitstag normalerweise drei Rubel. Die Kolchose ist (für russische Verhältnisse!) erfolgreich und bezahlt daher den Lohn von anderthalb

Tagen für einen Tag tatsächliche Arbeit. Statt Geld konnte man die
Zahlung auch in Naturalien bekommen. Mit anderen Worten, statt der
drei Rubel für einen Arbeitstag konnte man sich auch für fünfzehn
Kilogramm Kartoffeln entscheiden. (Das alles erfuhren wir von unserer
örtlichen Dolmetscherin.)

Dienstag, 30. August

Landeten um 10.35 Uhr Greenwich-Zeit in Odessa. Wieder Funktionäre und Blumen. Wir fahren zum Hotel – ziehen uns um und dann
weiter zum Pionierklub zum Lunch.

Die Kinder hatten aber bereits gegessen und schliefen, wir kehrten
daher zum Hotel zurück, nachdem wir durch das Lager gegangen waren.
(Unsere lokale Dolmetscherin in Kiew hatte auf ein großes Gebäude
gewiesen und gesagt: „Hier ist das Haus der ‚Jungen Pioniere'. Hierher
werden die besten Sowjetkinder gebracht, um gezeigt zu werden!"
Wie wahr!) Das Camp war eine der besten Institutionen, die wir in
Rußland gesehen haben. Es liegt am Ufer des Schwarzen Meers, die
Gebäude sind sauber und gut angeordnet. Die Kinder, Jungen und
Mädchen, sahen prächtig aus.

Spätes Dinner, das erst gegen 22 Uhr begann und bis gegen 1 Uhr
dauerte. Toasts und Reden, ich mußte antworten. (Wie unerwünscht
mir diese „Große Ehre" ist!) Es sollte unsere letzte Nacht in Rußland
sein, also mußte sich jedermann dementsprechend verhalten. Die Russen sagten, welche Ehre unser Besuch gewesen sei, und wir, wie interessant und erfreulich wir den Besuch empfunden hätten. Und so weiter
bis tief in die Nacht.

Mittwoch, 31. August

Telegramm von Oberst Faymonville: Wir könnten die rumänische
Grenze an einem Punkt in der Nähe von Odessa überfliegen und seien
dann hinsichtlich unserer weiteren Route keinerlei Beschränkungen
mehr unterworfen.

Starteten um 10.05 Uhr Greenwich-Zeit und landeten um 13.13 Uhr
in Cluj.

Freitag, 2. September
Olmütz. Wetterbericht gut. Wir fahren zum Flugplatz. Viele tschechi-
sche Offiziere zugegen. Gutaussehende Männer, entsprechen dem, was
ich von der tschechischen Armee gehört habe. Wir starteten, von drei
Jägern eskortiert, nach Prag. Etwa eine Stunde Flug. Die Menschen-
menge auf dem Flugplatz von Prag rannte, an der Spitze natürlich
Pressefotografen, auf die Maschine zu, als wir zum Hangar rollten.
Wir stiegen schließlich in den Gesandtschaftswagen und fuhren zur
Amerikanischen Gesandtschaft, wo uns Gesandter Carr zum Bleiben ein-
lud. Am Nachmittag mit dem Militärattaché Besuch von Flugzeug-
fabriken. Zwei tschechische Offiziere begleiteten uns. Besuchten die
Avia-, die Letow- und die Aero-Werke.

Samstag, 3. September
Besichtigung des Militärflugplatzes Kbely. Die Tschechen hatten eine
Anzahl zweimotoriger russischer Bomber gekauft, andere moderne
Typen waren nicht auf dem Platz. Die tschechischen Doppeldeckerjäger
kann man nicht als modern bezeichnen; dazu sind sie zu langsam —
400 Stundenkilometer, wie man mir mitteilt. Ausgezeichnetes fliegeri-
sches Können, einer der Piloten produzierte sich im Kunstflug ausnehmend gut. Man demonstrierte mir die Manövrierfähigkeit eines
russischen Bombers. Schien ziemlich gut zu sein.
    Zurück nach Prag zu einer Verabredung mit Präsident Benesch.
Nach dem Besuch beim Präsidenten traf ich Major Riley, den Militärattaché. Wir fuhren zum Generalstab und blieben dort eine Stunde.
War von den tschechischen Generalen sehr beeindruckt, es war ein
sehr erfreuliches Gespräch. Alle hatten Kriegserfahrung, hatten während des Ersten Weltkrieges bei der Tschechischen Legion gekämpft
und den Marsch quer durch Sibirien zum Pazifik mitgemacht. Eine
außergewöhnlich gute und fähige Gruppe.

Sonntag, 4. September
Nach den Besuchen bei den Luftwaffen-Dienststellen komme ich zu
dem Schluß, daß die Tschechoslowakei in der Luft nicht gut ausgerüstet ist. Ihre Jäger sind zu langsam, um gegen deutsche Bomber zu
bestehen, und für Gegenangriffe hat die CSR nur wenige Bomber russischer Bauart. Sie sind zwar nicht so gut wie die deutschen Typen, aber
gut genug, um etwas auszurichten. Die französischen und tschechi-

schen Bombertypen jedoch, die hier gebaut werden, sind für die moderne Kriegsführung zu langsam. Die Tschechen bauen jetzt russische Bomber, haben damit aber erst angefangen. In diesem Jahr kann keiner für den Einsatz produziert werden. Ich hörte, daß die Tschechen auch damit beginnen, einen schnelleren Jäger zu bauen, aber wieder fangen sie erst damit an. Es scheint, daß ihre Hauptabwehr gegen Luftangriffe in ihren MGs und Flaks besteht, die einen außergewöhnlich guten Ruf haben.

Anne und ich fahren mit Major Riley in die Sudeten zum Lunch bei Fürst und Fürstin Clary-Aldringen in ihrem alten Schloß in Teplitz-Schönau. Sie sagen mir, daß sie, wenn sie die Möglichkeit hätten, für einen Anschluß an Deutschland optieren würden. Offensichtlich leben sie nur ungern unter den Tschechen.

Man sagte uns, daß sich die tschechische Armee im Sudetenland mehr wie eine Besatzungsarmee als wie Beschützer benommen hätte.

Donnerstag, 8. September
Guter Wetterbericht. Mr. und Mrs. Carr fahren uns zum Flugplatz, und wir starten um 11.32 Uhr. Keine Menschenmenge, keine Schwierigkeiten. Mehrere Offiziere der tschechischen Armee verabschiedeten uns. Zollabfertigung in Stuttgart, dann starteten wir nach Paris. Die Deutschen hatten uns die Erlaubnis gegeben, das Land ohne Zwischenlandung zu überfliegen. Ich fürchtete aber, daß wir, wenn wir direkt von Prag nach Paris flogen, von Presseleuten belästigt würden, da sie früh genug von unserer Ankunft erfahren würden, um sich darauf vorbereiten zu können. Dadurch, daß wir in Stuttgart landeten, gaben wir ihnen viel weniger Vorwarnung. Unglücklicherweise ist es bei Flügen über Europa notwendig, das Ziel anzugeben.

Auf dem ganzen Weg nach Paris klares Wetter. Landeten in Le Bourget. Die Presse begann zu telefonieren, als wir im Hotel eintrafen, sie hat aber bis jetzt noch keine Schwierigkeiten gemacht.

Freitag, 9. September
Dinner in Botschafter Bullitts Landhaus in Chantilly. Der französische Luftfahrtsminister M. Guy La Chambre war anwesend, wir sprachen von der französischen und der deutschen Fliegerei sowie der anderer Länder in Europa.

Die französische Situation ist verzweifelt. Es ist unmöglich, Deutschland auch in Jahren – wenn überhaupt – einzuholen. Frankreich produziert etwa fünfundvierzig bis fünfzig Militärflugzeuge im Monat, Deutschland nach den besten Schätzungen zwischen fünfhundert und achthundert. England baut etwa siebzig im Monat. Frankreich hofft, bis zum 1. April 1940 etwa 2600 Flugzeuge der ersten Linie zu besitzen, Deutschland baut wahrscheinlich alle drei, vier Monate ebensoviel. Man ist zu dem Schluß gezwungen, daß die deutsche Luftflotte stärker ist als die aller anderen europäischen Länder zusammengenommen.

M. La Chambre ist sich dieser Tatsache offensichtlich bewußt. Den Franzosen fehlen auch Fla-Geschütze, und die Bewohner von Paris haben keine Gasmasken. Und doch ist die französische Armee augenscheinlich bereit, an der alten Westfront anzugreifen, wenn Deutschland in der Tschechoslowakei einmarschiert. Das ist Selbstmord. Die Gelegenheit, die Ausdehnung Deutschlands nach Osten aufzuhalten, hat man schon seit einigen Jahren verpaßt. Ein Versuch, das jetzt zu tun, würde Europa in ein Chaos stürzen. Es wäre viel schlimmer als der letzte Krieg und würde wahrscheinlich zu einem kommunistischen Europa führen.

Sonntag, 18. September
Den Morgen auf Illiec verbracht. Geschrieben und Plato gelesen. Mme. Carrel kam in ihrem Boot und bat mich, am Nachmittag nach Saint-Gildas zu kommen. Ich blieb zum Tee und kam rechtzeitig zurück, um mit Anne zum Abendessen wieder nach Saint-Gildas zu gehen. Wir sprachen über die Pläne für den Winter. Dr. Carrel wird um den 1. Oktober in die Vereinigten Staaten reisen. Wir bedenken die Möglichkeit, die Experimente mit latentem Leben und Gesamtblutperfusion fortzusetzen. Anne und ich sind nicht sicher, wohin wir die Kinder am besten für den Winter bringen sollen. Wir erwägen Berlin, erörtern die Vor- und Nachteile. Dr. Carrel sagt, seine Freunde in Paris meinten, die Krise sei vorbei, es werde in diesem Jahr nicht mehr zum Krieg kommen. Alle scheinen optimistisch zu sein.

Montag, 19. September
Dringendes Telegramm von Botschafter Kennedy gegen 6.30 Uhr. Er bittet Anne und mich, so bald wie möglich nach London zu kommen. Wir wollen morgen früh aufbrechen.

Dienstag, 20. September
Anne und ich fuhren nach Boulogne und mit dem Schiff nach
Folkstone. Abendessen an Bord. Offiziere sehr rücksichtsvoll. Sie
erledigten für uns alle Paß- und Zollformalitäten. Die Engländer sind
in diesen Dingen immer sehr hilfsbereit und geben sich die größte
Mühe. Ich habe immer den Eindruck, daß die besten Engländer entweder ins Empire oder auf See gegangen sind.

Mittwoch, 21. September
Ein typischer englischer Herbsttag mit Nieselregen und Kohlenrauch
in der Luft.
    Lunch mit Botschafter und Mrs. Kennedy. (Vor dem Lunch wurden
uns ihre sechs Kinder vorgestellt.) Sprach nach dem Lunch eine Stunde
mit dem Botschafter über die Krise und die Fliegerei sowie die allgemeine militärische Lage in Europa. Jedermann in der Botschaft macht
sich große Sorgen. Hitler ist offensichtlich bereit, in die Tschechoslowakei
einzufallen, er hat seine Divisionen an der Grenze stehen. Laut Kennedy
sagte Hitler zu Chamberlain, daß er (Hitler) wenn nötig einen Weltkrieg riskieren wolle. Kennedy meint, daß England, obwohl nicht
gerüstet, zum Kampf bereit sei. Zwar erkennt Chamberlain die
katastrophalen Auswirkungen eines Krieges zur jetzigen Zeit auf
England und tut alles, um ihn zu vermeiden, doch die englische öffentliche Meinung, sagt Kennedy, drängt ihn zum Krieg.
    Eine schreckliche Situation. Die Briten sind nicht in der Verfassung,
einen Krieg zu führen. Sie sind sich nicht darüber klar, was sie erwartet.
Bisher hatten sie immer eine Flotte zwischen sich und dem Feind, sie
können den Wandel nicht erkennen, den die Fliegerei mit sich gebracht
hat.
    Ich fürchte, das ist der Anfang vom Ende für England als Groß-
macht. England mag noch ein „Hornissennest" sein, doch es ist nicht
mehr eine „Höhle des Löwen".

Freitag, 23. September
Der englische Nachrichtendienst glaubt, daß Rußland die Flugzeug-
produktion in einem Jahr bestimmt auf 5000 gesteigert haben wird,
daß sie jetzt aber viel niedriger liegt. Er behauptet, es sei kürzlich eine
starke Verringerung vorgenommen worden. Man sagt, die russischen
MGs seien ausgezeichnet, sie feuern angeblich 1800 bis 2000 Schuß

pro Minute. Der englische Nachrichtendienst glaubt, die Geschwindigkeit der russischen Flugzeuge sei viel geringer, als die Russen behaupten (was nicht unnatürlich ist). Man erklärt, die Bomber flögen wahrscheinlich 380 bis 400 Stundenkilometer (die Russen behaupten 450) und die Tiefdecker-Jäger wahrscheinlich bis 390 (die Russen behaupten 480). Die Engländer sagen, die Manövrierfähigkeit der Jäger sei schlecht.

Ging am Vormittag zu Morgan Grenfell und kassierte einen 500-Dollar-Scheck. Es wird nötig sein, Geld parat zu haben, wenn der Kummer beginnt. Fünfhundert Dollar reichen zwar nicht weit, man kann aber doch einige Tage damit reisen. Die Menschen auf den Straßen sprechen von Krieg.

Ich höre Gesprächsfetzen, wenn ich vorbeigehe. Am Piccadilly, von unserem Hotel aus um die Ecke, ist eine Luftschutz-Gasmaskenstation. Es stimmt einen nachdenklich, wenn man sieht, wie mitten in London Gasmasken verpaßt werden. Um 13 Uhr Lunch mit Sir Wilfried Freeman im Carlton-Grill. Wir sprechen von den Produktionsmöglichkeiten hier und auf dem Kontinent und über die allgemeine Lage. Ich begleite Sir Wilfried ins Adastral House und spreche ein oder zwei Stunden mit Mitgliedern des Luftfahrtministeriums. Ein englischer Offizier sagte mir, ihre Nachrichtenergebnisse hinsichtlich der deutschen Luftwaffe seien schlecht. Er sagte, die Leute überlegten es sich zweimal, wenn sie wissen, daß ihnen der Kopf abgehackt wird, wenn sie erwischt werden.

Montag, 26. September
Tschechoslowakische Grenze geschlossen. Hitler legte Sechs-Punkte-Vorschlag vor, der der Tschechoslowakei als Bedrohung Deutschlands ein Ende bereiten und sie für eine deutsche militärische und wirtschaftliche Invasion öffnen würde. Die öffentliche Meinung in England und Frankreich verhärtet sich. Keine Tendenz für weitere Konzessionen zu sehen. Alles hängt im Augenblick von Hitler ab.

Oberst Lee sagt, daß im Hyde Park (Luftschutz-)Gräben ausgehoben werden.

Anne und ich wurden für die Nacht zu Lord und Lady Astor nach Cliveden eingeladen. Wir packen einige Sachen und fahren mit dem 18.08-Uhr-Zug von Paddington ab. (Vor den Türen und Fenstern zahlreicher Gebäude in London werden Sandsäcke angebracht.)

Trafen kurz vor dem Dinner in Cliveden ein. Anwesend waren Lord und Lady Astor, Mr. Tom Jones, mehrere Mitglieder der Familie Astor und zwei oder drei andere Gäste. Alle waren sehr deprimiert. Es war, als ob der Krieg bereits begonnen hätte. Lord Astor und Mr. Jones fanden, daß England losschlagen müsse, falls Deutschland in die Tschechoslowakei einmarschieren sollte, Lady Astor war gegen einen Krieg im jetzigen Augenblick, ebenso ihr Sohn. Ich wendete ein, daß man auf den Rüstungsstand Rücksicht nehmen müsse, ehe man sich in einen Krieg stürzt. Das Reden hatte aber keinen Zweck. Die Stimmung ging zu hoch. Bis auf Lady Astor und ihren Sohn waren alle wieder von dem Geist der „Leichten Brigade" beseelt. [Die Attacke der Leichten Kavalleriebrigade in der Schlacht bei Balaklawa im Krimkrieg gilt in England als Beispiel todesverachtenden Heldenmuts.] Wieder einmal sind die Briten bereit, für ihre Prinzipien zu den Waffen zu greifen; sie schlagen jedes gesunde Urteil in den Wind und lassen in gewissem Sinn die wichtigeren Fragen der europäischen Zivilisation außer acht. Wiederum sind sie bereit, zu spät zu handeln. Argumente müssen auf ruhigere Zeiten warten. Glücklicherweise bleiben noch einige Tage. Noch besteht etwas Hoffnung. Ich glaube, daß es möglich ist, dieses Mal einen Krieg zu vermeiden. Solange noch ein bißchen Zeit bleibt, gibt es auch Hoffnung. Es ist erstaunlich: diese fehlende Bereitschaft in England, ernsthafte Kriegsvorbereitungen zu treffen, und anderseits jetzt die Bereitschaft der Menschen, in einen Krieg zu ziehen.

Mittwoch, 28. September
Die Zeitungsschlagzeilen sagen, daß sich Hitler, Mussolini und Chamberlain in München treffen wollen. Bin nicht sehr überrascht, aber sehr erleichtert.

Donnerstag, 29. September
Besuchte Botschafter Kennedy. Alles sieht jetzt besser aus. Kennedy hat einen großen Anteil daran, daß die Konferenz zwischen Hitler, Chamberlain, Mussolini und Daladier zustande kam.
Die Engländer haben Kennedy gern und sagen, daß wir jetzt endlich durch einen richtigen Mann vertreten werden. Ich habe nirgendwo gehört, daß man ihn kritisiert hat, weil er irischer Abstammung und Katholik ist. Kennedy war in den letzten paar Tagen sehr aktiv. Er ließ

mehrere amerikanische Kreuzer lediglich des Eindrucks auf Deutschland wegen nach England schicken.

Botschafter Bullitt in Paris hat mich gebeten, morgen früh zu einer Konferenz in Paris zu sein.

Freitag, 30. September
Trafen um 10 Uhr in Paris ein. Zug bequem, während der Nacht aber oftmalige Aufenthalte. Bullitts Sekretär erwartete uns am Bahnhof und fuhr uns in die amerikanische Botschaft.

Botschafter Bullitt sagte, er habe mich um mein Kommen ersucht, damit ich an einer Konferenz wegen der Errichtung von Fabriken teilnehme, die in Kanada gebaut werden sollen, um Militärflugzeuge für Frankreich zu liefern. Das Neutralitätsgesetz macht es einem ausländischen Staat unmöglich, sich auf den Kauf von Maschinen direkt aus den Vereinigten Staaten zu verlassen. Und doch sind die Vereinigten Staaten, abgesehen von Deutschland, das einzige Land, das in der Lage ist, erstklassige Flugzeuge in großen Mengen zu produzieren. Deshalb sollten, Bullitt zufolge (die Idee ist nicht neu), Fabriken unmittelbar hinter der kanadischen Grenze gebaut werden. Diese Fabriken könnten mit Maschinen und Werkzeugen aus den Vereinigten Staaten versehen werden und in Kriegszeiten ohne Behinderung durch das Neutralitätsgesetz Flugzeuge amerikanischen Modells herstellen.

Bullitt hat bereits mit dem französischen Luftfahrtminister M. Guy La Chambre über die Idee gesprochen. Er will, daß ich an der Organisation des Plans und der Fabriken teilnehme. Es ist wie in alten Zeiten!

Alle stecken voller wundervoller Ideen über fliegerische Unternehmungen und glauben, es sei für mich ratsam, meine Energien darauf zu verwenden. Dieser Plan ist jedoch (ungleich anderen) nicht ohne gewisse Vorzüge. Es gibt zahlreiche Komplikationen, wäre vom militärischen Standpunkt aus jedoch sehr vorteilhaft, eine Fabrik in Kanada, außerhalb der Reichweite feindlicher Bomber, zu besitzen.

Bullitt hat M. Monnet in sein Vertrauen gezogen. M. Monnet wartete schon in der Botschaft, als wir eintrafen. Botschafter Bullitt hatte den Luftfahrtminister zum Lunch eingeladen. Er wollte den Plan mit M. Monnet und mir besprechen, ehe der Minister eintraf.

Ich hörte Bullitt und M. Monnet zu, hielt es aber nicht für ratsam, meine Meinung bereits jetzt zu äußern. Außerdem war der Plan so neu, daß ich Zeit brauchte, um allein darüber nachzudenken. Meine unmittelbare Reaktion war, daß es zwar für England und Frankreich von großer Wichtigkeit wäre, ihre militärische Stärke, besonders in der Luft, aufzubauen, daß es aber unmittelbarere und drängendere Probleme gebe. Diese bestehen vor allem in dem Bedürfnis nach einer neuen geistigen Haltung bei den Menschen und zweitens in einer geänderten Einstellung gegenüber Deutschland, wenn ein verhängnisvoller Krieg in der Zukunft verhindert werden sollte.

Lunch mit Bullitt, G. La Chambre und M. Monnet. Wir diskutierten den Plan. Wie soll er finanziert, wie können englische und metrische Maße aufeinander abgestimmt werden? Ich warf das Problem der Maße deshalb auf, weil der Luftfahrtminister sagte, er wolle in Frankreich eine ähnliche Fabrik errichten wie die für Kanada projektierte. Die Frage der Maßsysteme klingt zuerst wie eine nicht vordringliche Einzelheit, sie ist aber von großer und fundamentaler Bedeutung. Maschinen, die auf englischen Maßen beruhen, könnten in Frankreich nur mit den größten Schwierigkeiten verwendet werden. M. Monnet und ich sprachen über ein jährliches Produktionspotential von 10.000 Flugzeugen in Kanada, Bullitt sagte, es sollten 50.000 sein. Die augenblickliche amerikanische Produktionskapazität liegt vermutlich bei 2000 Maschinen im Jahr.

Samstag, 1. Oktober

Mit M. Monnet ins Luftfahrtministerium. Den ganzen Vormittag Konferenz mit La Chambre und M. Hoppenot. Besprechen die benötigten Flugzeugtypen, die Kosten der Fabriksanlagen in Kanada usw.

Die Franzosen schätzen die deutsche Produktionskapazität auf 24.000 Flugzeuge im Jahr. Der französische Nachrichtendienst schätzt die Zahl der deutschen Flugzeuge auf 6000 moderne Maschinen plus einer weiteren Anzahl älterer Modelle, mit einer Gesamtzahl von 8000 oder 9000 Flugzeugen. Unter den 6000 modernen Flugzeugen sind 1500 Jäger und 2000 Bomber der ersten Garnitur und etwa 1500 (beider Typen) in Reserve.

Die Franzosen bauen jetzt etwa 45 Maschinen im Monat und zwar insgesamt (Bomber, Jäger und Aufklärer), die französischen Offiziere sind der Ansicht, daß die französischen Produktionsziffern auf jährlich 5000–6000 gesteigert werden können. (Das erscheint mir angesichts der inneren Lage Frankreichs als allzu optimistisch.) Wir schätzen, daß die Produktionsquote in England nach einem Jahr Anlaufzeit jährlich 10.000 betragen könnte, England hat annähernd 2000 Maschinen, darunter etwa insgesamt 700 moderne.

Das bedeutet ein Defizit von annähernd 10.000 Maschinen, wenn man die erhoffte Produktionskapazität von Frankreich (5000) und England (10.000) addiert und mit der geschätzten gegenwärtigen deutschen Produktionsquote von 24.000 vergleicht. (Dabei wird Italien nicht in Rechnung gestellt.) Angesichts dieser ungefähren Schätzung sprachen wir bei der Konferenz von einer kanadischen Produktionskapazität von 10.000 Maschinen pro Jahr.

Ich wies darauf hin, daß es erstens nicht möglich sein würde, binnen zwölf Monaten in Kanada eine jährliche Produktionskapazität von 10.000 zu erreichen, und zweitens, daß wir bei einer eventuellen Gesamtproduktion von 25.000 Flugzeugen im Jahr bloß mit der geschätzten jetzigen Kapazität Deutschlands gleichziehen würden, wobei es unwahrscheinlich ist, daß Deutschland (das in der Vergangenheit am rührigsten gewesen war) ruhig zusehen und nichts unternehmen würde, wenn Frankreich und England so stark rüsteten.

Die französischen Offiziere warfen auch die Frage auf, wie man bis Juli 1939 1000 Bomber aus dem Ausland erhalten könne. (Sie halten es für nötig, mindestens so viele zu haben.) Offensichtlich ist es unmöglich, bis Juli die Fabriken in Kanada einzurichten und mit der Produktion zu beginnen, ganz zu schweigen von einer Produktion von 1000 Bombern. Wenn sie daher bis zum 1. Juli 1939 Bomber aus den USA bekommen wollen, müssen sie bei den bestehenden Fabriken gekauft werden. Die gesamte amerikanische Produktionskapazität ist aber, nach europäischen Maßstäben gemessen, nicht groß. Die amerikanische Armee und Marine nehmen jetzt den Löwenanteil unserer gegenwärtigen Produktionskapazität auf, und die Fluglinien (die inneramerikanischen Linien und Pan American) nehmen den größten Teil des restlichen Ausstoßes ab. Außerdem liegen viele Bestellungen aus dem Ausland für Kriegs- wie für Zivilflugzeuge vor. Die kürzliche britische Bestellung von 200 zweimotorigen Lockheed und von 200 North-American-Schulflugzeugen hat die beiden Firmen für den Augenblick so ziemlich ausgelastet. Die französische Bestellung auf 200 (oder 300) Curtis-Jäger (P-36) hat die noch freie Kapazität von Curtis erschöpft. Ich höre auch, daß sich die Franzosen eine Option auf weitere 200 P-36 geben ließen. Wenn man das in Rechnung stellt, ist es klar, daß die USA bis nächsten Juli keine große Anzahl weiterer Kriegsflugzeuge produzieren können. (Im Luftfahrtministerium erfuhr ich, daß Italien sich vor einiger Zeit erboten hat, Militärmaschinen an Frankreich zu verkaufen.) Ich schlug vor, Frankreich solle einige Bomber von Deutschland kaufen. Natürlich setzte das die Tischrunde in Erstaunen, sie nahm es aber ruhiger hin, als ich erwartet hatte (nach dem ersten Lachen, als man es als Scherz auffaßte). Die Konversation wandte sich aber schnell wieder Kanada zu.

Ich habe die Absicht, die Idee weiter zu verfolgen. Es ist möglich, daß zwischen Deutschland und Frankreich ein Abkommen über den Ankauf deutscher Maschinen durch Frankreich geschlossen werden könnte. Es ist auch möglich, daß dadurch auch viele Probleme gelöst werden. Ich glaube, das würde sehr stark von Deutschlands zukünftigen Absichten und der Einstellung Englands und Frankreichs zu diesen Absichten abhängen. Ein Kauf deutscher Flugzeuge könnte im Interesse aller Beteiligten liegen. Das würde die Handelsbeziehungen zwischen den beiden Ländern in Gang bringen, läge in der Richtung einer Rüstungsbeschränkung und würde Deutschland einen Teil der Kosten für seine Luftflotte abnehmen. Damit könnte die allgemeine europäische Lage entspannt werden.

Wenn England und Frankreich anderseits weiterhin mit Deutschland um die Wette rüsten, marschieren wir alle in Richtung auf einen zukünftigen Krieg. Durch einen Krieg ist aber für keine Seite etwas zu gewinnen. Manchmal ist ein Krieg nötig, unter den gegenwärtigen Bedingungen in Europa wäre er jedoch verhängnisvoll. Europa *darf* nicht in sich selbst zerfallen.

(Englische militärische Autoritäten glauben, daß der Schutz Englands gegen eine Bombardierung 5000 Scheinwerfer, 12.000 Fla-Geschütze und 100.000 Mann erfordern würde. Im Augenblick sind diese Forderungen unerfüllbar.)

Die Konferenz endete gegen Mittag.

Um 15 Uhr fuhren wir nach Villacoublay, wo man mir die letzten Modelle der französischen Luftwaffe zeigte.

Ich flog den neuen Moran-406-Jäger etwa zwanzig Minuten lang (860-PS-Hispano-Suiza-Motor, Eindecker mit tiefliegenden freitragenden Tragflächen, 490 Stundenkilometer Spitzengeschwindigkeit in 4000 Meter Höhe, Landegeschwindigkeit etwa 124 Stundenkilometer, Einzelcockpit, Schiebedach, Metallkonstruktion, Brennstoff für zwei Stunden.)

Es ist das erste Mal, daß ich einen der modernen schnellen Jäger geflogen habe. Der Flug war wegen des Unterschieds zwischen den französischen und den amerikanischen Steuerungssystemen und Instrumenten noch interessanter. Der französische Gashebel funktioniert beispielsweise in entgegengesetzter Richtung. Diese Dinge machen es nötig, daß man über jede Bewegung zuerst nachdenkt. Man muß mechanisch weiterfliegen, bis man sich daran gewöhnt hat.

Das Flugzeug war in der Luft leicht zu handhaben und leicht zu landen. Als ich jedoch zum zweiten Mal zur Landung ansetzte, ließen sich die Flügelklappen nur teilweise herunterlassen, ich flog also noch eine Platzrunde. Ich konnte die Klappen aber auch bei meinem nächsten Anflug nicht herunterbekommen, obwohl ich die entsprechenden Hebel mehrmals bediente. (Sie funktionieren mit Preßluft.) Ich stieg ein paar hundert Meter und stellte fest, daß sich die Klappen korrekt senkten, wenn man den Druck auf die entsprechenden Hebel lang genug beibehielt.

Die verschiedenen Flugzeugtypen wurden mir in der Luft vorgeführt, Bomber wie Jäger neuester Bauart. Neben der Moran-406 gab es noch einen kleineren Moran-Jäger mit einem luftgekühlten Renault-Motor von 400 bis 500 PS. Er soll eine Spitze von 460 Stundenkilometern erreichen. (Sauberes Flugzeug, aber für einen modernen Jäger etwas zu klein.)

Es gab auch einen zweimotorigen Jäger, der zwei nach vorn feuernde Kanonen trug (Dreiercockpit, Tiefdecker), er wird von Potez gebaut.

Die französischen Maschinen sind verhältnismäßig gut, werden aber durch das Fehlen von hochpferdigen Motoren behindert. Das ist teilweise der Rückständigkeit im Motorenbau zuzuschreiben und teilweise der Tatsache, daß es anscheinend den Franzosen unmöglich ist, hochwertiges Flugbenzin in ausreichenden Mengen zu bekommen, das für Motoren nötig ist, wie wir sie in den Vereinigten Staaten benützen.

Die modernsten deutschen Bomber haben eine Spitzengeschwindigkeit von wahrscheinlich 500 Stundenkilometern. Als Folge davon hat es wenig Sinn, Jäger zu bauen, die weniger als 550 Stundenkilometer machen. Ein noch größerer Geschwindigkeitsvorsprung wäre wünschenswert.

Das Erstaunlichste war jedoch, daß Frankreich, wenn es im letzten Jahr zum Krieg gekommen wäre, keinen einzigen modernen Jäger zur Verteidigung von Paris zur Verfügung gehabt hätte. In Frankreich gab und gibt es keinen einzigen Jäger, der so schnell ist wie die modernsten deutschen Bomber! Den Gegebenheiten eines modernen Krieges nach ist die französische Luftflotte damit praktisch nicht existent. Und dabei raten viele Menschen in Frankreich und England ihren Regierungen, den Krieg zu erklären!

Von Villacoublay kehrte ich wieder ins Luftfahrtministerium und zu M. La Chambres Büro zurück. M. Monnet war da, wir besprachen wieder den kanadischen Plan.

Montag, 3. Oktober
Der französische Nachrichtendienst beziffert die englische August-
produktion auf 180 Militärmaschinen.

Nach dem Frühstück kurzer Spaziergang. Später ein weiterer Spaziergang mit Bullitt, kommen 9.45 Uhr in der Botschaft an. Besprachen
unterwegs den kanadischen Plan. Wie es bei solchen Projekten üblich
ist, geht es im letzten Entwurf um eine oder mehrere Fabriken in Kanada,
die in *einer* Schicht 1500 Flugzeuge und 4000 Motoren pro Jahr produzieren können und darüber hinaus in der Lage sind, in Kriegszeiten in
drei Schichten 5000 Flugzeuge und die entsprechende Anzahl von
Motoren herzustellen. Das würde eine wertvolle militärische Reserve
darstellen, aber keine Zahl, die Deutschland ernstlich beeindrucken
würde.

M. Monnet erwartete uns in der Botschaft. Er hatte auf französisch
ein Aide-mémoire aufgesetzt, das den „kanadischen Plan" umriß.

Monnet und Bullitt wünschen, daß ich fast augenblicklich in die
USA reise und mit Nachforschungen und Verhandlungen beginne.
Ich halte aber die gegenwärtige Entwicklung in Europa für überaus
wichtig und will jetzt nicht weg. Ich erwiderte, daß ich in der nächsten
Woche nach Deutschland fliegen würde und nicht sicher sei, wann ich in
die Vereinigten Staaten könnte.

Monnet und ich suchten gegen 10.30 Uhr La Chambre im Luftfahrtministerium auf. Nach einer Konferenz kehrten wir in die Botschaft zurück. Botschafter Bullitt kam bald nach uns, und wir unterhielten uns, bis Daladier eintraf. Daladier (der nur Französisch spricht)
berichtete von seinem Zusammentreffen mit Chamberlain, Mussolini
und Hitler. Er sprach auch von Göring. Hitler strahlt entschieden
einen persönlichen Magnetismus aus, sagte er. Göring war sehr amüsant
und besitzt, nach Daladiers Meinung, entschiedene Fähigkeiten.

Wir speisten an einem kleinen Tisch, der in den Salon getragen wurde.
Die Diskussion wurde fortgesetzt, nach dem Lunch sprachen wir über
den kanadischen Plan. M. Monnet übersetzte einige Punkte für mich, so
konnte ich einem Teil des Gesprächs folgen. Daladier war interessiert
und schien die Idee zu billigen. Er fragte, warum Frankreich, das schließlich einen Blériot und andere bedeutende Flieger und Konstrukteure
hervorgebracht hatte, auf ein so erbärmliches Niveau in der Fliegerei
abgesunken sei. Bullitt sagte, daß Frankreich eine separate Luftwaffe besitze, und hielt das für einen entscheidenden Faktor. La Chambre sprach
von der verheerenden Wirkung der Verstaatlichung der Flugzeugbetriebe,

von den chaotischen Arbeitsbedingungen, die jetzt in Frankreich bestehen, und von der Tatsache, daß die Franzosen es für hinreichend fanden, einige Prototypen zu bauen, ohne mit einem davon in die Produktion zu gehen. La Chambre ist ein guter Mann, das französische Flugwesen sollte unter ihm einen Aufschwung nehmen.

Das Gespräch wandte sich den unmittelbaren Bedürfnissen und dem Umstand zu, daß man unmöglich schnell genug Fabriken bauen könne, um bis zum nächsten Sommer eine Flugzeugproduktion auf die Beine zu stellen. Ich schlug wieder die Möglichkeit vor, Flugzeuge von Deutschland zu kaufen. Das überraschte Daladier keineswegs, er war augenscheinlich völlig bereit, die Idee zu erwägen.

Ich sagte Daladier, daß der Kauf von Flugzeugen in Deutschland auch andere Probleme lösen könnte. Es würde zu weiteren Wirtschaftskontakten und schließlich zu einem Abkommen über die Rüstungsbeschränkung führen. Ich sagte ihm auch, daß ein fortgesetzter Konkurrenzkampf im Bau von Kriegsflugzeugen einfach zu guter Letzt zur Vernichtung von Europa und zum völligen wirtschaftlichen Zusammenbruch führen würde.

Montag, 10. Oktober

Wir packten und fuhren mit dem Taxi nach Le Bourget. Starteten um 14.30 Uhr. In Europa gibt es so viel Papierkrieg und Zollformalitäten, daß ein großer Teil der Zeit, die man durch den Flug gewinnt, über den Routinedetails auf den Flugplätzen wieder verlorengeht. Ich vermisse die alten Heustadeln auf den Wiesen, wo es nur nötig war, die Taue von dem Flugzeug zu nehmen, den Motor anzuwerfen und zu starten, vorausgesetzt, daß man die Maschine am Nachmittag vorher gründlich durchgesehen hatte. Wenigstens war man damals nicht mit Logbüchern, Carnets und Vorschriften belastet.

Zuerst hatten wir in Brüssel landen wollen, als wir uns aber der Stadt näherten, hingen die Wolken niedrig, es herrschte ein dichter Nebel. Bogen schließlich wieder nach Norden aus und landeten für die Nacht in Rotterdam.

Dienstag, 11. Oktober

Anne und ich frühstückten in unserem Zimmer. In der Hoteldiele erwartete uns eine kleine Menschenmenge einschließlich Reporter und Fotografen. Verweigerte wie üblich Interviews. Rief Truman Smith an und vereinbarte, um 14 Uhr Greenwich-Zeit (15 Uhr MEZ) in Tempelhof zu landen.

Startete um 10.36 Greenwich-Zeit. Das Wetter war gut, der Himmel bedeckt – fast auf der ganzen Route leichter Dunst. Landete um 15 Uhr Greenwich-Zeit in Tempelhof. Wurden von Oberst und Mrs. Smith, Major und Mrs. Vanaman und mehreren deutschen Offizieren erwartet. Kontrolldienst auf dem Flugplatz sehr gut. Fuhren in Oberst Smith' Wohnung. Leichter Lunch. Fuhren um 17 Uhr zur amerikanischen Botschaft zum Tee.

Botschafter Wilson, Oberst Smith, Major Vanaman und ich fuhren nach Potsdam, um um 19 Uhr an einem Abendessen im Neuen Schloß teilzunehmen.

Das Schloß dient gewöhnlich als Museum. Das Abendessen fand in einem riesigen Saal statt, der von Tausenden von Kerzen erhellt wurde. Saß neben General Milch und sprach über Deutschlands Pläne in der Luft. Es waren viele Leute da, die ich kannte: Détroyat, Sikorsky, Tomlinson und die meisten deutschen Luftfahrt-Gewaltigen.

Milch ist ein fähiger und intelligenter Offizier. Wir sprachen über mögliche zukünftige Rüstungsabkommen (Deutschland, England, Frankreich). Er sagte, Deutschland habe die Sudetenfrage in diesem Jahr regeln müssen, weil es im nächsten Jahr nicht ohne Krieg hätte geschehen können.

Mittwoch, 12. Oktober
Fuhren am Nachmittag durch Berlin und die nähere Umgebung. Berlin hat sich in dem einen Jahr, seit wir zum letztenmal hier waren, sehr verändert. Viel mehr Aktivität jeglicher Art: Gebäude werden errichtet, stärkerer Verkehr, die Schaufenster sind attraktiver. Berlin hat tatsächlich die gewisse angespannte Atmosphäre abgelegt, die mir noch 1936 auffiel, und macht jetzt den Eindruck einer gesunden, lebhaften, modernen Großstadt (wenn das Wort „gesund" auf eine moderne Großstadt angewandt werden kann.)

Abendessen im Haus der Flieger. Hunderte von Menschen. Anscheinend war die ganze deutsche Fliegerei anwesend. Saß zwischen Frau von Gronau und Signora Liotta (der Frau des italienischen Luftwaffenattachés). Anne saß neben General Milch. Nach dem Essen tanzte Anne einige Male.

Donnerstag, 13. Oktober
Vanaman und ich fuhren zum Lunch mit den Offizieren der Lufthansa ins Haus der Flieger. Ich saß zwischen Karl von Gablenz und Martin Wronsky. Wir sprachen über die Entwicklung transatlantischer Flugrouten. Gablenz glaubt (wie ich), daß zu dem Flug zwischen Europa und Amerika schließlich Landflugzeuge Verwendung finden werden. Auch Wronsky ist zu dieser Überzeugung gekommen, obwohl er anfänglich Anhänger der Flugboote war. Er und ich hatten 1936 in Berlin in diesem Punkt eine Auseinandersetzung. (Natürlich sind wir alle für die Verwendung von Flugbooten während des Entwicklungsstadiums der transatlantischen Routen.)

Sikorsky und Tomlinson nahmen ebenfalls an dem Essen teil. Sikorsky glaubt natürlich an die Zukunft des großen Flugboots. Er ist einer der besten Flugzeugkonstrukteure der Welt und einer der interessantesten Männer, denen ich je begegnet bin. Wir sprachen lange über die Situation in Rußland. Er kann nicht dorthin zurück. 1918 war er zum letzten Mal dort.

Freitag, 14. Oktober
Sprach mit Dr. Focke über seine Hubschrauber-Versuchsreihen. Sprach mit C. G. Grey über zukünftige Transozeanflüge. General Udet kam nach dem Essen für eine Weile. Vom gesellschaftlichen Standpunkt aus unternehmen wir nur wenig, ich bin der Lunchs, Tees und Dinners bereits müde.

Samstag, 15. Oktober
Herrenessen in Major Vanamans Wohnung. Etwa zwanzig Gäste waren zugegen, darunter Truman Smith, Sikorsky, Tomlinson, Merkel, von Massow (Geschwader Richthofen) und Wendland. Man sprach über alles, von den Zuständen in Rußland bis zur Jägertaktik. Von Massow sagte zu mir:

„Ich kenne einen Burschen – ich will nicht sagen wer –, der mit einer Messerschmitt 109 in zwanzig Minuten vier Martin-Bomber abgeschossen hat."

„Martins oder Kopien von Martins?" fragte ich.

„Kopien von Martins", erwiderte er. Kopien von Martins sind die russischen Bomber, die von der Regierungsseite in Spanien verwendet wurden. Von Massow war in letzter Zeit auf zwei, drei Monate verschwunden, es könnte sehr wohl sein, daß er auf der Seite Francos in Spanien kämpfte. Möglicherweise war er selbst der „Bursche", den er erwähnte.

Montag, 17. Oktober

Fuhren zu den Heinkel-Werken nach Oranienburg, Botschafter Wilson, Vanaman, Wendland und ich. Der Botschafter hatte den Wunsch geäußert, eine der modernen deutschen Flugzeugfabriken besuchen zu können.

Wir trafen gegen 10 Uhr in der Fabrik ein und verbrachten den Rest des Vormittags auf einem Rundgang. Es ist eine neue, hübsch geplante und erbaute Fabrik, auf das Wohlbefinden der Arbeiter wird großer Wert gelegt. Die Fabrik besteht aus einer Anzahl separater Gebäude; sie wurde so angelegt, um die möglichen Wirkungen eines Luftangriffs zu verringern. Jeder Bau hat seinen eigenen Luftschutzkeller. Diese Luftschutzkeller sind gut gebaut und für einen Gasangriff ausgerüstet.

Die Fabrik stellt jetzt Bomber (Heinkel 111) her. Die gegenwärtige Produktion liegt wahrscheinlich bei etwa zwei Stück pro Tag. Offensichtlich genügt dazu eine einzige Schicht. Einer der neuesten Typen wurde uns gezeigt. Ich durfte das Cockpit einer Maschine besteigen. Es ist ein ausgezeichneter leichter Bomber, zweifellos einer der besten, die es gibt.

Eine interessante und bedeutende Einrichtung in der Fabrik ist das Lehrlingswerk, wo Jungen zu Arbeitern herangebildet werden. Die Jungen sollen nach einem vierjährigen Kurs oft bessere Arbeiter sein als die älteren und erfahrenen Männer. Wir aßen in der Fabrik mit den leitenden Angestellten. Dann fuhren wir zum Flugplatz, wo eine Focke-Wulf 200 (viermotoriger Eindecker, der gleiche Typ, der vor wenigen Wochen in die Vereinigten Staaten geflogen war) darauf wartete, uns nach Tempelhof zu bringen.

„Tommy" Tomlinson flog mit uns in der Focke-Wulf. Er war mit einer anderen Gruppe in den Heinkel-Werken gewesen und stieß nach dem Lunch zu uns. Tomlinson und ich flogen die Maschine je etwa zehn Minuten, wir testeten ihre Stabilität und Flugeigenschaften bei verschiedenen Motorkombinationen.

Nachdem wir in Tempelhof gelandet waren, warteten Tomlinson, Merkel (der mit uns geflogen war), Wendland und ich auf die Ankunft der Ju 90 aus Wien. Die Ju 90 ist die neueste und größte Junkers-

Transportmaschine (viermotorig, Ganzmetall, 40 Passagiere, Eindecker mit tiefliegenden Tragflächen). Man hatte arrangiert, daß wir die Ju nach der Ankunft fliegen konnten. Die Ju 90 hatte jedoch Verspätung und landete erst, als die Lichter auf dem Flugplatz bereits eingeschaltet waren. Als die Passagiere ausgestiegen und die Einzelheiten erledigt waren, war die Nacht angebrochen. Wir starteten aber trotzdem, und der deutsche Pilot kletterte über die Lichter von Berlin empor. Ich war beim Start im Sitz des Kopiloten. In einer Höhe von etwa 500 Metern demonstrierte der Pilot die Stabilitätseigenschaften der Maschine. Dann flog ich sie etwa fünfzehn Minuten. Nachdem ich die Kontrollen in der Kurve und beim Steigen ausprobiert hatte, überließ ich meinen Platz Tomlinson. (Tomlinson hat die meisten neuen amerikanischen Modelle großer Landtransportflugzeuge getestet.)

Dienstag, 18. Oktober
Fuhren mit Détroyat, Vanaman und Oberst Wendland zu den Junkers-Werken nach Magdeburg. Es ist eine große Motorenfabrik, die eben jetzt von der Produktion der Type Jumo 210 auf Jumo 211 übergeht. Das Werk stellt auch Flugzeugpropeller und viele ihrer eigenen Werkzeugmaschinen einschließlich der Maschinen zum Propellerschneiden her. Wir sahen sechs dieser Maschinen in Betrieb, jede schneidet gleichzeitig zwei Propeller. Die Fabrik ist ausgezeichnet mit neuen Maschinen ausgestattet. Die Motoren werden am Fließband zusammengesetzt, es gibt zwei Fließbänder. Einer der Direktoren sagte mir, daß die Motoren alle fünfundsechzig Minuten weiterbewegt werden (d. h. die 210er-Motoren). Das würde die Herstellung von fast zwei Junkers-210-Motoren pro Arbeitsstunde bedeuten. Die Fabrik verfügt über vierundzwanzig Prüfstände (zwei Gruppen zu je zwölf). Die Fabrik ist hübsch geplant und gebaut. Wie die Heinkel-Werke in Oranienburg besitzt sie eine wohlausgestattete Lehrwerkstätte.

Nach der Inspektion der Fabrik fuhren wir zum Flugplatz und flogen mit einer Ju 52 nach Dessau. (Wieder eine Maschine des Luftfahrtministeriums, die eigens für unsere Flüge abgestellt wurde.)

In der Junkers-Fabrik in Dessau speisten wir mit Dr. Heinrich Koppenberg und verschiedenen leitenden Herren der Fabrik. Drei Ju 90 waren im Bau. Eine wurde mit doppelreihigen Pratt-Whitney-Motoren ausgestattet. Man sagte, daß das Flugzeug in den Auslandsdienst gehe. Eine Viertelstunde lang inspizierten wir den Bau der Ju 90. Wir sahen auch, wie eine Anzahl von Ju-87-Sturzkampfbombern zusammengesetzt wurde, etwa fünfzehn dieser Maschinen standen auf dem Feld vor der Fabrik, auch eine Anzahl von Ju-86-Bombern.

Die Dessauer Junkers-Werke sind, wie die anderen, die ich besichtigte, in vollem Betrieb und produzieren sehr schnell.

Es war mein zweiter Besuch hier. Der erste fand 1936 statt. Bei beiden Gelegenheiten besuchte ich das Werksmuseum, das einen wundervollen Überblick über die Entwicklung der Junkers-Werke gibt.

Von Dessau aus flogen wir nach Berlin zurück.

Besuchte am Abend ein Herrenessen in der amerikanischen Botschaft. Zu den Gästen gehörten Marschall Göring, General Milch, General Udet, der italienische Botschafter, der belgische Botschafter, Dr. Heinkel, Dr. Messerschmitt, Oberst Smith, Major Vanaman, die amerikanischen Marineattachés, Minister Bäumker sowie verschiedene weitere deutsche Offiziere und Angehörige der amerikanischen Botschaft. An der Stirnseite der beiden Tische saßen Botschafter Wilson und ich.

Marschall Göring kam natürlich als letzter. Ich stand an der Rückseite des Raums. Göring schüttelte jedem die Hand. Ich bemerkte, daß er eine rote Schachtel und einige Papiere in der Hand hatte. Als er zu mir kam, schüttelte er mir die Hand, reichte mir die Schachtel und die Papiere und sprach einige Sätze auf Deutsch. Ich kam darauf, daß er mir „im Auftrag des Führers" den Roten Adlerorden, eine der höchsten deutschen Auszeichnungen, überreicht hatte.

Beim Essen plauderte ich mit General Milch endlos über die Fliegerei. Er fragte mich, warum wir nicht den Winter in Berlin verbrächten. Ich sagte ihm, daß wir daran gedacht hätten.

Später am Abend kam Göring herüber, er schlug vor, .wir sollten in den Nebenraum gehen und miteinander plaudern. Botschafter Wilson kam als Dolmetscher mit. Göring scheint etwas weniger dick zu sein als bei unserer letzten Begegnung. Wir setzten uns in eine Ecke. Görings erste Frage galt der Reise, die Anne und ich im August und September nach Rußland unternommen hatten. Botschafter Wilson übersetzte die Frage und meine Antwort, dann sprang er (klugerweise) auf, wandte sich an das nächste Mitglied der Botschaft, das Deutsch sprach, und sagte: „Mr. Geist kann besser dolmetschen als ich. Er soll meinen Platz einnehmen" (oder so ähnlich).

Dieser Schachzug placierte uns beide in die Mitte der Innen- wie der Außenpolitik. Botschafter Wilson ging, weil er in eine äußerst peinliche Lage geraten wäre, wenn er an einem Gespräch teilgenommen hätte, das Göring und ich über Rußland führten. Er bat Geist, daran teilzunehmen, weil er glücklicherweise in der Nähe stand.

Göring fragte, warum wir nach Rußland gereist seien, wie die Hotels wären, ob viele Russen in den Hotels wohnten, ob sich die russischen Städte mit denen anderer Länder vergleichen ließen und viele andere Fragen. Ich sprach mit ihm offen über das, was wir in Rußland gesehen hatten, sowie von den Eindrücken unserer Reise. Ich sagte ihm, daß Anne und ich mit äußerster Gastfreundschaft aufgenommen worden seien und daß wir bei den Russen viele sehr liebenswerte Menschen getroffen hätten, daß wir nach Rußland gegangen seien, um die Zustände kennenzulernen und daß unsere Reise äußerst interessant gewesen sei; daß die russischen Hotels nicht so gut seien wie die in anderen Ländern, daß man die Städte schwerlich mit denen Deutschlands, Frankreichs oder Englands vergleichen könne, weil das Leben und die Atmosphäre völlig anders seien, daß ich die jetzt in Rußland herrschenden Bedingungen keineswegs für gut hielte und daß die Menschen mir nicht wohlgenährt und glücklich erschienen.

Nachdem wir über Rußland gesprochen hatten, lenkte Göring das Gespräch auf die Fliegerei, auf Deutschlands Pläne und Leistungen. Er sprach von der Leistung der Kriegsflugzeuge und der Größe der Produktion. Er sagte, daß die neuen Ju-88-Bomber (die niemand, den wir kennen, bisher gesehen hat) alles, was sonst gebaut werde, in den Schatten stellten, er wolle es arrangieren, daß sie mir gezeigt würden. Göring sagte, die Ju 88 leiste 500 Stundenkilometer, und das sei keine „Magazinzahl", sondern die tatsächliche Geschwindigkeit. Er sagte, man werde in naher Zukunft ein Flugzeug mit einer Stundengeschwindigkeit von 800 Stundenkilometern (in kritischer Höhe) bauen.

Göring sprach von den Lehrwerkstätten, die in Deutschland mit den Fabriken verbunden waren, und von dem System der Umschulung von Arbeitern aus überfüllten Industrien. Er sprach ausführlich von der Fähigkeit des Menschen, ohne Rücksicht auf seine bisherige Erfahrung jedes Problem anzupacken. Er sagte, man neige allzusehr zum Glauben, ein Mann müsse Spezialist sein, damit er ein Problem verstehe, während häufig gerade ein Spezialist der ungeeignetste Mann für leitende Funktionen sei. Göring bezog sich dabei auf seine eigenen Erfahrungen mit Deutschlands Finanzproblemen. Er sagte, er habe am Anfang so wenig von Finanzen verstanden, daß er nicht einmal seine eigene Brieftasche hätte füllen können. Göring erzählte, er habe Hitler gesagt, er sei bereit, jedes Problem in Deutschland – außer dem religiösen – in Angriff zu nehmen; er wüßte nicht, wie das religiöse Problem zu lösen sei.

Während des ganzen Gesprächs saß Göring in einem großen Polstersessel in der Ecke des Raumes. Er sprach eine Weile, dann lehnte er sich zurück und schloß häufig die Augen, während übersetzt wurde. Dann sprach er wieder. Er trug eine fliegerblaue Luftwaffenuniform, die, wie ich später hörte, von neuem Schnitt war. Einige der (deutschen) Luftwaffenoffiziere lachten, weil sie sie noch nie gesehen hatten. Offensichtlich hat Göring die Gewohnheit, unerwartet in neuen Uniformen zu erscheinen. Als ich ihn vor zwei Jahren zum letzten Mal sah, trug er eine Uniform in Weiß und Gold.

Ich blieb noch einige Minuten, als Göring gegangen war, dann kehrte ich mit Oberst Smith in dessen Wohnung zurück.

Mittwoch, 19. Oktober
Fuhr mit Détroyat, Oberst Wendland und Major Vanaman nach Staaken (Staaken ist ein Militärflugplatz nordwestlich von Berlin). Eine Ju 52 brachte uns zu den Messerschmitt-Werken in Augsburg. Dr. Messerschmitt begleitete uns. Der Himmel war in Berlin bedeckt, in Süddeutschland klar. Wir hatten aber starken Gegenwind, die Luft war ungewöhnlich rauh. Den größten Teil der Zeit mußten wir angeschnallt bleiben. Die Tragflächenspitzen der Maschine schienen sich bei den Stößen zirka einen halben Meter auf und ab zu bewegen.

Wir landeten in Augsburg und begannen die Besichtigung der Fabrik nach einem Frühstück aus Würstchen und Sandwichs. Dr. Messerschmitt begleitete uns und erklärte viele Einzelheiten der Konstruktion. Er ist noch jung, an die vierzig, und zweifellos einer der besten Flugzeugkonstrukteure auf der Welt. Ein interessanter und liebenswerter Mann.

Wir gingen durch die Halle, wo der Rumpf und die Tragflächen der Me 109 und 110 gebaut werden. Messerschmitt besitzt die Fähigkeit, eine einfache Bauweise mit guten Linien und hoher Leistung zu kombinieren. Die 109 ist der deutsche Standardjäger. Die 110 ist der Typ des Langstreckenjägers. Er kann in der Zukunft zur Begleitung von Bombern verwendet werden. Beide sind Ganzmetall-Eindecker mit freitragenden Tragflächen. Die 109 hat einen Motor, die 110 zwei. Die neuesten Typen dieser Flugzeuge verwenden den Junkers-211-Motor (etwa 1200 PS). Die Me 109 ist ein Einsitzerjäger mit geschlossener Luke. Sie führt zwei synchronisierte MGs und zwei Tragflächenwaffen, die MGs oder Kanonen sein können. Messerschmitt sagte uns, daß die Standard-Me-109 mit einem Junkers-211-Motor einen (offiziellen) Rekord von 611 Kilometern pro Stunde aufgestellt habe und daß sie in kritischer Höhe zu einer Leistung von etwa 750 Stundenkilometern fähig sei. Sie hat eine Einholm-Tragfläche mit einer Dreipunktverbindung an den Rumpf. Das einziehbare Fahrgestell ist einfach.

Nach der Besichtigung der Fabrik gingen wir zum Flugfeld, wo uns die 109 und die 110 vorgeführt wurden. Die Geschwindigkeit und Manövrierfähigkeit der 109 waren natürlich höchst eindrucksvoll. Ein kleines Flugzeug sieht immer viel schneller aus als ein größeres und ist in den Flugmanövern wendiger. Anderseits war es erstaunlich zu sehen, daß die zweimotorige Maschine fast die gleichen Kunstflüge ausführt wie der kleinere Typ.

Nach der Demonstration machte ich zwei Flüge mit der Messerschmitt 108, einem kleinen viersitzigen Ganzmetall-Eindecker mit Spaltflügeln, Klappen und einziehbarem Fahrgestell. (Die 109 wie die 110 haben Spaltflügel und Klappen.)

Ursprünglich war geplant, daß ich eine 109 fliege, die Deutschen wollten aber nicht, daß Détroyat (ein französischer Militärflieger) die Maschine fliege; sie wollten mich sie nicht fliegen lassen, weil sie ihn sonst auch hätten bitten müssen (sie hatten nichts dagegen, daß er die 108 flog). Deshalb werde ich die 109 in Rechlin nach dieser Reise fliegen.

Die 108 ist die bei weitem beste Maschine dieses Typs, die ich je geflogen habe. Sie hat ausgezeichnete Kontrolleigenschaften – Knüppel und Ruder sehr leicht, die Höchstgeschwindigkeit liegt etwas über 300 Kilometer, mit einem Argus-240-PS-Motor. Der Testpilot flog die Maschine beim ersten und ich beim zweiten Start (je etwa zehn Minuten).

Détroyat sagte uns (und den anwesenden Deutschen), daß einige französische Piloten eine in Spanien erbeutete Me 109 getestet hätten. Sie hatte einen Junkers-211-Motor und schaffte 465 Stundenkilometer. Der Vorfall ist den französischen wie den deutschen Fliegern wohlbekannt. Die Franzosen waren augenscheinlich von den Eigenschaften der Me 109 sehr beeindruckt.

Nach einem späten Lunch flogen wir mit der Ju 52 nach München und fuhren ins Hotel. Dr. Messerschmitt blieb in Augsburg.

Donnerstag, 20. Oktober

Frühstück im Hotel mit Détroyat, Wendland und Vanaman. Nachher fuhren wir zum Flughafen, wo die gleiche Ju 52 und die gleiche Besatzung auf uns warteten und uns zu den Dornier-Werken nach Friedrichshafen brachten. Der Tag war, von leichtem Dunst abgesehen, klar und der Flug sehr schön.

Dr. Dornier war krank, auf dem Flugplatz erwarteten uns sein Sohn und mehrere leitende Angestellte. Auf dem Platz standen einige Do-17-Bomber mit verschiedenen, darunter auch französischen Motorentypen. Man sagte uns, daß eine Anzahl von Do 17 für Jugoslawien gebaut würden und daß die Jugoslawen spezielle französische Motoren hätten. Deshalb wurden Hispano-Suiza- und Gnome-Rhône-Motoren eingebaut.

Eine Do 17 mit BMW-Motoren wurde uns in der Luft vorgeführt. Dann machten wir eine Runde durch die Fabrik, die bei den Montagehangars für Flugboote endete. In den Hangars war eine Anzahl von Pontonflugzeugen (einmotorige Eindecker mit hochliegenden Tragflächen) für Griechenland.

Man zeigte uns das Flugboot mit Tandemmotor und auch ein dreimotoriges Flugboot von dem Typ, der für die holländische Regierung zur militärischen Verwendung in den Kolonien gebaut wurde. Nach der Vorführung fuhren wir in einem Motorboot hinaus, um das Flugboot zu besichtigen. Détroyat, Vanaman und ich machten mit dem Testpiloten einen Probeflug. Détroyat und ich flogen je etwa fünf Minuten. Das Flugzeug war gut zu manövrieren und dürfte ein gutes Dienstflugzeug abgeben.

Nach dem Lunch besichtigten wir die Zeppelin-Werke. Dr. Eckener war verreist. Wir gingen zuerst in das Museum und dann in den Hangar, der den neuen *Graf Zeppelin* (das Schwesterschiff der *Hindenburg)* beherbergte. Wir sahen nur wenig Menschen; in dem Hangar fiel das Fehlen von Arbeitern auf. Das große Schiff schwebte still an einem Haltetau. Ich fühlte mich deprimiert, als ich es ansah. So viel Leben und Bewegung sprach aus ihm, und doch hielten es ungreifbare Kräfte still in dem Hangar fest. Dieses Luftschiff erschien mir wie ein letzter Sproß einer einst stolzen und einflußreichen Familie.

Ich kann nämlich für das Luftschiff keine Zukunft sehen. Es ist einfach zu langsam, es hat nur die halbe Geschwindigkeit eines Flugzeugs. Zwischen dem Dampfschiff und dem Flugzeug ist kein Platz für das lenkbare Luftschiff. Vielleicht wird es noch einige Jahre leben, und dann wird es vielleicht noch ausgestorbener sein als der Rahsegler und der

Teeklipper, denn das Segeln existiert noch als Sport, selbst wenn man die Meere jetzt mit Dampf überquert. Doch vielleicht können die Freiballone und das Kleinluftschiff weiterleben, um die Menschen an die Tage zu erinnern, als die Zukunft der transozeanischen Luftreise dem lenkbaren Luftschiff zu gehören schien.

Wir betraten die *Graf Zeppelin*, gingen durch die Passagierkajüten und den schmalen Laufsteg entlang zum Kontrollraum. Das Schiff schien wunderschön geplant und gebaut, mit bequemen Kabinen und reichlich Bewegungsraum für die vierzig Passagiere. Aber nur vierzig Passagiere für ein so riesiges Schiff? Ein Flugzeug mit einem Bruchteil der Größe kann mehr Menschen doppelt so schnell über eine viel weitere Entfernung befördern. Allerdings – sie werden nicht so viel Platz haben.

Nachdem wir das lenkbare Luftschiff eine halbe Stunde lang besichtigt hatten, starteten wir mit der Ju 52 nach Berlin. Ich sah, wie die Sonne an einem aufgerissenen Himmel unterging und wie die Lichter in den Häusern und Städten unter uns aufflammten.

Freitag, 21. Oktober
Oberst Wendland holte mich am Morgen ab, gemeinsam mit Major Vanaman fuhren wir dann nach Staaken und flogen mit einer Ju 52 nach Rechlin. Ich flog dabei als Kopilot. Wir hatten die gleiche Besatzung wie bei den früheren Deutschlandflügen, für den Flug nach Rechlin benützten wir aber eine Ju 52 mit (senkrechten) Bombenschächten in der Kabine. Im Heck befand sich der Aufbau für ein MG.

Nachdem wir gelandet waren, führte man uns zu vier Maschinen, die in einer Reihe auf uns warteten, die Ju 88, eine Me 110 und zwei Me 109. Wahrscheinlich ist es das erstemal, daß ein Nichtdeutscher (und möglicherweise ein Nichtitaliener) die Ju 88 sieht. Mit ihren Vorsprüngen für die MGs sieht sie ziemlich seltsam, dafür aber höchst leistungsfähig aus. Die Ju 88 ist ein Ganzmetalleindecker mit in der Mitte angesetzten Tragflächen und Hinterkantenklappen, die mit dem Stabilisator (der Höhenflosse) in Verbindung standen, so daß die Klappen, wenn sie sich mehr als 30° abwärts bewegten, automatisch den Stabilisator auslösten. Die Maschine hatte natürlich ein einziehbares Fahrgestell. Auf den ersten Blick schien die Ju 88 luftgekühlte Motoren zu haben, es stellte sich jedoch heraus, daß sie flüssigkeitsgekühlt waren. Die Motorhaube war rund wie bei luftgekühlten Motoren, die Öffnung war jedoch mit Öl- und Wasserkühlschlangen gefüllt.

Auch bei der inneren Anordnung hatte man sich bei diesem Bomber

von der Tradition getrennt. Er führte eine Besatzung von drei Mann.
(Man sagte mir, daß die demnächst gebauten Ju 88 eine vierköpfige
Besatzung haben würden.)

Die Plätze der Besatzung waren so dicht aneinander, daß jeder Mann
die zwei anderen berühren konnte, ohne sich zu bewegen. Der Pilot und
der Funker-Schütze sitzen Rücken an Rücken. Der Bombenschütze sitzt
auf einem Gleitsitz neben dem Piloten. Er hat auch einen Platz, wo er
sich hinlegen und nach unten hinten schießen kann.

Man bat Major Vanaman und mich, die Tatsache nicht zu erwähnen,
daß man uns die Ju 88 gezeigt hatte.

Als nächstes inspizierten wir die Me 110, dann gingen wir zu der
Me 109, die ich fliegen sollte. Ich stieg in das Cockpit, während mir
einer der Offiziere die Instrumente und die Kontrollen erklärte. Die
größte Schwierigkeit lag in der Notwendigkeit, die Propellersteigung
für den Start, das Kreuzen und den Sturzflug zu adjustieren. Dann
waren da die Kontrolle für die Klappen für das einziehbare Fahrgestell,
für das Fliegen über 2000 Meter, für das Sperren und Entsperren des
Schwanzrads und für die anderen bei einem modernen Jäger üblichen
Geräte. Nachdem ich das Cockpit studiert hatte, stieg ich aus und
schnallte den Fallschirm um, während ein Mechaniker den Motor startete. Ich rollte langsam zu dem Startpunkt und startete. Die Maschine
war wunderschön zu handhaben. Eine Viertelstunde lang machte ich
mich mit den Instrumenten und Kontrollen vertraut, dann führte ich
weitere fünfzehn Minuten die verschiedensten Manöver aus (Rollen,
Sturzflug, Immelmannrollen usw.).

Nach einer halben Stunde landete ich, startete wieder, umflog das
Feld und landete zum zweiten Mal. Die 109 startet und landet so
leicht, wie sie fliegt.

Wir speisten mit den Offizieren in Rechlin, dann bestiegen wir die
Ju 52 zu unserem Rückflug nach Berlin. Ich flog die Maschine nach
Staaken zurück. Es war ein alter Typ, aber sehr stabil und für den
Blindflug sicher. Er wird wahrscheinlich noch mehrere Jahre verwendet
werden, für den Zweck, dem er dient (für den Truppen- und Passagier-
transport), sollte aber ein besseres Flugzeug entworfen werden. Die
Deutschen haben sich natürlich auf Kriegsflugzeuge spezialisiert und
ihre kommerziellen Typen vernachlässigt.

Anne und ich haben die Möglichkeit, den Winter in Deutschland zu
verbringen, besprochen und sorgfältig bedacht. Um Aufzeichnungen
über die erfüllten Tage zu machen, die wir erlebten, habe ich es vernachlässigt, die wirklich wichtigen Pläne aufzuzeichnen, die wir für

die Zukunft machen. Sie werden immer weniger greifbar und unbestimmter, deshalb ist es auch schwerer, darüber zu schreiben.

Samstag, 22. Oktober

Am Morgen fuhr ich mit Oberst Wendland zum Regiment Hermann Göring, einem Flakregiment, das am Rand von Berlin stationiert ist. Der Kommandeur nahm uns zu einer Besichtigungstour mit. Das Regiment hat die bei weitem besten Unterkünfte, die ich je gesehen habe. Unter den typischen märkischen Kiefern erbaut, haben die Büros und Kasernen eine heimelige Atmosphäre, die den durchschnittlichen amerikanischen Armeeunterkünften fast unbekannt ist. Man hat sehr viel Wert auf die Architektur und die Bepflanzung gelegt, der Grundton ist Schlichtheit.

Das „Regiment" besteht aus zwei Flugabwehrregimentern, einem Sturm- und einem Wachbataillon für Feldmarschall Göring. Es sind jetzt 3500 Mann, ein weiteres Regiment wird aufgestellt werden und die Gesamtstärke auf etwa 7000 Mann bringen.

Die Kasernen sind gut eingerichtet, obwohl ich das Gefühl hatte, daß man der Ausstattung der einzelnen Räume mehr Beachtung schenken könnte. (Die Stuben sind durchschnittlich mit sechs Mann belegt.) Besonders attraktiv waren die Speisesäle. Es gibt ein großes Schwimmbad im Freien und ein kleineres unter Dach. Die Sporthallen sind angemessen und gut ausgestattet. Der Kommandeur wies auf einen Lastwagen, der Stroh aus einer Sporthalle schaffte; er sagte, die großen Räume hätten sich während der letzten Krise sehr bewährt, als man weitere Truppen unterbringen mußte. Man hatte einfach den Boden der Sporthalle mit Stroh belegt, und die Männer hatten darauf ihre Decken ausgebreitet.

Wir besuchten die Schuppen, in denen die Geschütze standen. Der Kommandeur sagte, das Regiment könne binnen zwei Stunden in Marsch gesetzt werden. Er sagte auch, das Regiment sei im letzten März in Berlin in Marsch gesetzt worden und in zweiundsechzig Stunden „ohne Schlaf" nach Wien gelangt.

Die schweren Batterien bestehen aus vier 8,8-(88-mm-)Flakgeschützen und zwei 20-mm-Fla-Kanonen zum Schutz der Batterie gegen Tieffliegerangriffe. Die 8,8 haben eine senkrechte Reichweite von 10.000 Meter und verfeuern zwanzig Schuß pro Minute. Die 20-mm-Geschütze können 300 Schuß pro Minute abgeben. Man sagte mir aber, daß der neue Typ der 20-mm-Flak pro Minute 500mal feuert. Es gibt auch eine Batterie mit 3,7-cm-Geschützen. Das Sturmbataillon ist für den Lufttransport organisiert (im Augenblick in Ju 52).

Dienstag, 25. Oktober
Suchte Botschafter Wilson um 15.15 Uhr in der amerikanischen Botschaft auf. Sprach mit ihm über unsere Pläne, den Winter in Berlin zu verbringen. Wilson sagte, er könne von seinem Standpunkt aus keine Einwände sehen, daß wir den Winter hier verbringen. (Ich fragte ihn, ob das in irgendeiner Weise seine Arbeit erschweren könnte.)
Ich brenne darauf, mehr über dieses Land zu erfahren. Die Deutschen sind ein großartiges Volk. Ich glaube, daß ihr Wohlergehen von dem Europas untrennbar ist. Die Zukunft Europas hängt von der Stärke dieses Landes ab. Es kann nicht für dauernd, außer durch einen Krieg, niedergehalten werden, und ein neuer europäischer Krieg wäre für jedermann verhängnisvoll. Wir müssen unsere Zukunft auf der Stärke aufbauen und nicht auf einem Gleichgewicht der Macht, indem wir die Schwäche kultivieren.

Donnerstag, 27. Oktober
Truman hat in einem deutschen Abendblatt einen Bericht gelesen, daß die russische Regierung meine Verhaftung angeordnet habe, falls ich je wieder russisches Gebiet betrete, und daß sie mich als einen „Feind des Volkes der Sowjetunion" bezeichnet hat.

Samstag, 29. Oktober
Major Vanaman hat vom Luftfahrtministerium ein Angebot erhalten, man wolle uns bei der Beschaffung eines Hauses behilflich sein. Als Folge davon suchte ich Oberst Wendland in seinem Büro im Luftfahrtministerium auf. Er sagte, Herr Albert Speer, der Chef der Berliner Stadtplanung, habe seine Hilfe angeboten. Herr Speer benachrichtigte uns, daß wir, wenn wir in Berlin ein Haus bauen wollten, das fast überall tun könnten, wo wir wollten. Ich erwähnte Oberst Wendland gegenüber, daß wir uns gestern ein Haus angesehen hätten, und er rief den Besitzer an. An der Transaktion schien etwas merkwürdig zu sein; der Mann wollte offensichtlich ausländische Währung und forderte einen sehr hohen Preis. Oberst Wendland riet uns, hier nicht weiterzumachen.

Anne und ich besprachen die Situation und beschlossen, mit dem Nachtzug nach Paris zu fahren. Wahrscheinlich würde es mehrere Tage dauern, ein passendes Haus zu finden. Es hat keinen Sinn, während dieser Zeit in Berlin zu bleiben. Es ist viel besser, wenn wir später zurückkommen.

Sonntag, 30. Oktober
Zug traf gegen 10 Uhr in Paris ein.

Montag, 31. Oktober
Suchte Guy La Chambre um 14.15 Uhr auf. Ich sprach mit ihm über Deutschland, war aber natürlich sehr vorsichtig, nichts zu erwähnen, was mir vertraulich gesagt oder gezeigt worden war. Ich sagte La Chambre, ich wünschte, er würde Deutschland besuchen, ich dachte, es sei gut, wenn er es tue. La Chambre meinte, er würde gern mit Daladier darüber sprechen – aber sie würden Göring zu einem Gegenbesuch einladen müssen und machten sich Sorgen, ob sie ihn in Frankreich ausreichend schützen könnten. Er sagte, sie würden Göring gerne hier sehen – wenn nicht die Gefahr eines Zwischenfalls bestünde.

Es war die erste Gelegenheit, die ich bekam, mit Guy La Chambre allein zu sprechen. Ich erzählte ihm von meinen Vorbehalten, ob es ratsam sei, große Summen französischen Geldes für den Bau von Flugzeugfabriken im Ausland auszugeben. Ich sagte ihm auch, daß es meiner Meinung nach der beste Weg zur Steigerung der französischen Stärke sei, im Inneren Ordnung zu schaffen, und daß alles andere im Vergleich dazu nebensächlich sei. Ich sagte ihm, daß keine Geldsumme, die im Ausland für die Rüstung ausgegeben würde, viel wert sei, wenn Frankreich innerlich schwach bleibe.

Dann sprachen wir über die Idee, die ich vor mehreren Wochen vorgetragen hatte, daß nämlich Frankreich Flugzeuge von Deutschland kaufen könnte. La Chambre sagte, er halte es für möglich. Er sagte, sein Hauptziel sei es, zum frühest möglichen Zeitpunkt eine Luftwaffe von 2000 bis 3000 Jägern aufzubauen. Er sagte weiter, er sei mehr daran interessiert, von Deutschland Motoren statt Flugzeuge zu kaufen, da Frankreich keine genügend starken Motoren besitze. Er sagte auch, es würde politisch weniger schwierig sein, von Deutschland Motoren als Flugzeuge zu kaufen. Ich erwiderte La Chambre, daß ich gerne auf jede mir mögliche Art helfen würde und daß mein Interesse

darin liege, einen europäischen Krieg zu vermeiden. Wir sprachen über
die verhängnisvollen Folgen eines allgemeinen Krieges.

Sonntag, 13. November
Die Londoner *Times* bringt einen langen Artikel über die Judenunruhen
in Deutschland. Ich verstehe diese Ausbrüche nicht. Sie passen so gar
nicht zu dem Ordnungssinn und der Intelligenz, die die Deutschen auf
anderen Gebieten beweisen. Sie haben zweifellos ein schwieriges Judenproblem, aber warum ist es nötig, es so unvernünftig lösen zu wollen?
Meine Bewunderung für die Deutschen stößt ständig gegen derartige
Felsblöcke. Was erhoffen sie sich von diesen Judenverfolgungen? Glauben die Deutschen, sie könnten alle Juden so einschüchtern, daß Vorfälle wie die Ermordung Herrn vom Raths verhindert werden? Oder ist
es ein Gegenzug gegen den jüdischen Druck auf Deutschland? Oder
hoffen die Deutschen, eine internationale antijüdische Bewegung aus-
zulösen, wenn sie die deutschen Juden zur Auswanderung in andere
Länder zwingen? Oder ist es einfach ein angeborener deutscher Juden-
haß – wenigstens auf seiten der gegenwärtigen Regierung? Wahrscheinlich ist es eine Kombination verschiedener Faktoren.

Mittwoch, 16. November
Rief Jean Monnet an und verabredete mich für 12 Uhr mit ihm. Fuhr
mit dem Taxi in seine Wohnung. Monnet und ich gingen vor dem Lunch
an der Seine spazieren und besprachen die Ergebnisse seiner Amerika-
reise. Er hatte mit Roosevelt gesprochen, aber sich kaum über die
Durchführbarkeit des Kanadaplans informiert, über den wir so viel
mit Botschafter Bullitt gesprochen hatten. Offensichtlich hatte er mehr
Zeit darauf verwendet, die finanzielle Lage Frankreichs zu diskutieren
als die Luftfahrt. Der kanadische Plan war augenscheinlich ebenso
schnell von der Bildfläche verschwunden, wie er aufgetaucht war.

Donnerstag, 24. November
Détroyat holte mich um 9.45 Uhr ab. Wir fuhren zu den Block-Werken am Stadtrand von Paris. Man zeigte mir die Fabrik, die nicht sehr
groß und nicht besonders interessant war, wenn man von der Tatsache
absieht, daß sie mir einen Einblick in den gegenwärtigen Stand der französischen Fliegerei gab.

Von den Block-Werken fuhren wir nach Villacoublay und gingen in die dortigen Hangars. Man montierte zwei- und viermotorige Bomber und einmotorige Jäger, alles Tiefdecker, Ganzmetallkonstruktionen. Sie sahen alle verhältnismäßig gut aus. Ich war aber keineswegs von dem Aussehen der Fabrik und der Montagehangars beeindruckt. Sie könnten schwerlich mit ähnlichen Anlagen in den Vereinigten Staaten oder Deutschland in Konkurrenz treten.

Détroyat sagte mir zwar, daß die französischen Fabriken sich seit langem in keinem so guten Zustand befänden als jetzt. Für mich sahen sie immer noch ziemlich übel aus.

Wir fuhren zu den Amiot-Werken. Ich war von der Konstruktion und der Leistung der Amiot-Bomber sehr beeindruckt. Die Bomber waren das Ermutigendste, was ich in der französischen Luftfahrt gesehen habe. Mit ihren zwei Hispano-Motoren von 875 PS sollen sie auf 500 Stundenkilometer kommen. Die Konstruktion sah einfach aus.

Freitag, 25. November

Guy La Chambre fragte mich, ob ich feststellen könne, ob die Deutschen bereit seien, Flugzeugmotoren an Frankreich zu verkaufen.

Samstag, 26. November

Ich habe über La Chambres Ersuchen von gestern abend nachgedacht. In einer Welt voll Krieg und Haß muß man bei solchen Dingen sehr vorsichtig sein.

Ist es ein konstruktiver Akt? Mir scheint, daß engere deutsch-französische Beziehungen von größter Bedeutung sind. Diese Dinge können jedoch leicht falsch verstanden werden. Was wäre das Ergebnis eines Wechsels in der französischen Regierung? Da es in der nächsten Woche zum Generalstreik kommen wird, wäre das keineswegs unmöglich. Ich beschloß, vor dem Streik nichts zu unternehmen. Die Deutschen würden den Streik zweifellos auch beobachten. La Chambre sagte, zwei oder drei Wochen wären für eine Antwort früh genug.

Samstag, 10. Dezember

Jean Monnet rief an. Er fährt heute mit der „Queen Mary" ab.

Plötzliche Änderung der Pläne. Augenscheinlich hat die französische

Regierung beschlossen, mehr Flugzeuge in den Vereinigten Staaten zu kaufen. Sie hat (wie ich denke, klugerweise) die Idee aufgegeben, Fabriken in Kanada zu bauen; sie wird aber auf dem Papier eine kanadische Gesellschaft gründen, so daß die Abwicklung über Kanada und nicht direkt zwischen den Vereinigten Staaten und Frankreich erfolgt. Weniger Schwierigkeiten mit der öffentlichen Meinung usw. Die Wege der Demokratie wären amüsant, wenn sie nicht so ernst wären.

Dienstag, 13. Dezember
Anne und ich speisten mit M. und Mme. Guy La Chambre in deren Pariser Heim. La Chambre will immer noch, daß ich herausbekomme, ob die Deutschen eine Anzahl ihrer neuen Motoren (Typ Junkers 211) an Frankreich verkaufen wollen. Er sagt, das wäre ein sehr konstruktiver Akt, und es wäre von dem Standpunkt Frankreichs aus sehr vorteilhaft. Er hat das Gefühl, dies könnte ein wichtiger Schritt zu besseren Beziehungen zwischen den beiden Ländern sein. Das entspricht der Linie, die ich vor mehreren Wochen anläßlich unserer Konferenz vorgeschlagen hatte, abgesehen davon, daß ich empfahl, Flugzeuge und Motoren zu kaufen, während La Chambre in erster Linie an Motoren interessiert ist. Er sagt, Frankreich könne mehr Flugzeuge als Motoren produzieren, und es wäre (vom französischen politischen Standpunkt aus) weniger schwierig, den Kauf von Motoren zu arrangieren als den von Flugzeugen. Ich glaube, daß er hier recht hat. Das ist wieder die Demokratie: Es ist das Augenscheinliche, das die Menschen mehr beeinflußt als das Tatsächliche, mehr der Name als die Tatsache. La Chambre sagt, Daladier werde den Kauf deutscher Motoren unterstützen, und er (La Chambre) sei bereit, mehrere Hundert zu bestellen, wenn die Deutschen vernünftige Vorschläge machen. Wir sprachen über die Lage in Frankreich. La Chambre sagte, daß die Stellung der Regierung Daladier nicht stark sei und sie in naher Zukunft abgelöst werden würde.

Nach dem Lunch kehrte ich in das Appartement zurück und rief Truman Smith wegen der Reise nach Berlin an. Ich werde entweder in der Nacht des 15. oder am Morgen des 16. mit der Bahn von Paris abfahren.

Freitag, 16. Dezember
Fuhr mit dem 9.05-Uhr-Zug vom Gare du Nord ab. Traf knapp vor
Mitternacht in Berlin ein.

An der deutschen Grenze kamen die Zoll- und die Einwanderungs-
beamten in den Zug, ein Mitglied der Geheimpolizei in Zivil fragte
mich nach meinem Ziel. Alle waren rücksichtsvoll. Der Einwanderungs-
beamte, ein prächtiger junger Mann deutschen Typs, schlug zufällig
meinen Paß bei dem russischen Visum auf. Er schaute lange darauf,
machte aber keine Bemerkung. Alles war ordentlich und sachlich. Es
herrschte eine Atmosphäre der Disziplin und Präzision, die in scharfem
Kontrast zu der leichtmütigen Freundlichkeit in Frankreich und Belgien stand.

Ich aß in Belgien zu Mittag und in Deutschland zu Abend.

Truman Smith erwartete mich am Bahnhof, ich übernachtete in
seiner Wohnung.

Samstag, 17. Dezember
Sprach eine halbe Stunde lang mit Major Vanaman über seine Reise
in die Vereinigten Staaten. (Er war eben aus Amerika zurückgekehrt.)
Er sagte, man agitiere lebhaft für eine riesige Ausweitung unseres
Militärprogramms – Armee, Marine und Luftwaffe (wie in der Presse
berichtet wurde) –, ohne ein kontinuierliches und ausgeglichenes Pro-
gramm sehr sorgfältig zu bedenken. Sein Bericht klang typisch nach
Washington und der Roosevelt-Regierung.

Sonntag, 18. Dezember
Truman und ich fuhren durch die Straßen von Berlin und dann vor
dem Lunch zu einem kurzen Spaziergang in den Wald. Ein kalter
Wind wehte, da und dort lag etwas Schnee – jener trockene Schnee, den
der Wind aufwirbelt und der wie Puderzucker auf dem gefrorenen
Boden liegt.

Nach dem Lunch ging ich in einen deutschen Film. Zwischen der
Wochenschau und dem Hauptfilm – eine Geschichte von Schifahren,
Liebe und Schnee – wurde einige Sekunden lang die Zeichnung eines
Juden auf die Leinwand projiziert. Ich konnte die Unterschrift nicht
lesen. Die Skizze zeigte den typischen kontinentalen Juden mit einem
langen, schwarzen Bart, einem schwarzen Kaftan, einer karikierten
Judennase und einer – offensichtlich nach Geld – ausgestreckten Hand.

Die Skizze bewegte sich nicht, und das Bild verschwand nach fünf oder zehn Sekunden wieder. Ich erfuhr später, daß es eine Reklame für die antijüdische Ausstellung in Berlin war.

Montag, 19. Dezember

Truman und ich gingen zu den Büros der Attachés, ich rief das Luftfahrtministerium an, um festzustellen, ob Milch und Udet schon nach Berlin zurückgekehrt seien. Truman erhielt einen Brief vom Kriegsministerium, der ihm befahl, so bald wie möglich in die Staaten zurückzukehren und sich zur Untersuchung und Behandlung im Walter-Reed-Krankenhaus zu melden. Er hatte sich in der letzten Zeit nicht wohl gefühlt und – besonders während der Zeit der „Krise" – zu hart gearbeitet.

Dinner mit Udet und seiner Mutter. Udet hatte mich zu einem Wettschießen eingeladen. Da es jedoch meine erste Chance war, mit ihm allein zu sprechen, verschoben wir das Wettschießen auf ein andermal und besprachen die Möglichkeit der Lieferung von Flugzeugmotoren von Deutschland an Frankreich. Ich sagte Udet, daß meine Anfrage in keiner Weise offiziell sei, daß ich aber dächte, man könne einen Kauf durch Frankreich arrangieren, wenn Deutschland Motoren verkaufen wollte. Ich sagte ihm, daß ich keine Garantien geben könnte und daß ich nicht darum ersuchte und daß Frankreich in einer derartigen Angelegenheit natürlich keine offizielle Anfrage stellen würde, ohne sicher zu sein, daß Deutschland der Anfrage positiv gegenüberstehe. Ich sagte Udet, daß die Politik meiner Meinung nach hier wichtiger sei als der tatsächliche Wert der Motoren und daß man die Sache als einen Schritt zu engeren Beziehungen zwischen den zwei Ländern nützen könne.

Udet war sofort interessiert. Er erfaßte die Bedeutung der Sache und sagte, daß es sich um eine Angelegenheit handle, die zumindest bis zu Göring gehen müsse. Udet sagte, er persönlich halte eine zukünftige Zusammenarbeit zwischen Deutschland und Frankreich für sehr wünschenswert. Er sagte, er wolle morgen eine Zusammenkunft mit Milch arrangieren. (Ich hatte ihm gesagt, daß ich mit Milch über die Angelegenheit sprechen wolle.) Ich glaube, die Sache wird bis zu Hitler gehen müssen, falls nicht schon eine definitive Politik festgelegt wurde.

Dann begannen wir das Wettschießen. Udet lebt in einer mittelgroßen Wohnung, die er mit allen Arten von Trophäen angefüllt hat –

Flieger- und Jagdtrophäen sowie Gegenstände, wie man sie in einem tätigen Leben auf Reisen immer auftreibt oder geschenkt erhält. Die Wände eines Zimmers waren mit Fotografien von Fliegern und Udets Freunden bedeckt, auch mit Stoffstücken — Resten der Bespannung von englischen und französischen Flugzeugen, die er während des Kriegs abgeschossen hatte. Wie ich höre, hatte er nach dem Baron Manfred von Richthofen die zweithöchste Abschußzahl. An einer anderen Stelle war das abgebrochene Stück des Steuerknüppels einer Maschine, mit der er vor ein oder zwei Jahren eine Bauchlandung gemacht hatte, einer Me 109. Dann waren da die Pokale, Plaketten und Medaillen der Wettbewerbe, die er gewonnen hatte. Im nächsten Zimmer hingen an der Wand die Fotos einer Anzahl hübscher Mädchen. In der Diele stand ein Glasschrank mit Gewehren und Flinten. Über seinem Bett hing ein Akt. Einen weiteren Raum, eine Art zweiter kleiner Diele, hatte er mit den ausgestopften Köpfen der Tiere ausgefüllt, die er erlegt hatte, darunter ein Nashorn und ein Panther, sowie eine Anzahl von Geweihen. Ein weiterer kleiner Raum war mit Holzfiguren aus Afrika und solchen aus den südwestlichen Vereinigten Staaten ausgefüllt.

Auf einem Tisch im ersten Raum, unmittelbar vor einigen Fotos und Trophäen, stand ein kleiner Zielkasten aus Metall. Wenn ein Schuß das Kästchen nicht traf, konnte er die Fotos dahinter nicht verfehlen. Udet war offensichtlich ein guter Schütze. Er wählte ein Gewehr Kaliber .22 (Ringvisier) aus dem Glasschrank. Ich machte drei Probeschüsse (alle ins Schwarze), dann begannen wir mit dem Wettkampf. Ich hatte zwar seit vielen Jahren nicht mehr auf Scheiben geschossen, doch in meinem ersten Jahr an der Universität in Wisconsin war ich sowohl im Pistolen- wie Gewehrschützenteam und wurde als Kind praktisch mit der Schußwaffe aufgezogen; mein erstes Gewehr, ein kleines Kaliber .22, erhielt ich mit sechs Jahren. Wir begannen mit fünf Runden stehend freihändig; zuerst schoß ich und dann Udet. Ich gewann die ersten drei Runden hintereinander. Wir beschlossen, den Wettbewerb mit den zwei besten aus drei Serien zu je fünfzehn Schuß zu entscheiden. Ich verlor zwei der nächsten drei. Udet gewann, obwohl meine Gesamtringzahl höher war. Wir werden gelegentlich wieder schießen.

Dienstag, 20. Dezember

Udet, Milch und ich hatten eine halbstündige Konferenz. Ich umriß wieder die Möglichkeit, deutsche Motoren an Frankreich zu verkaufen. Milch sagte, die Sache müsse Göring und möglicherweise Hitler vorgetragen werden. Er fragte mich, ob ich glaube, daß die Franzosen keine echte Kaufabsicht hätten und lediglich die Deutschen aushorchen wollten. Ich sagte ihm, daß ich das nicht glaube. Milch meinte, er würde sofort versuchen, sich mit Göring in Verbindung zu setzen (ich hatte ihm gesagt, daß ich so bald wie möglich nach Paris zurückkehren wollte) und daß er mich sofort danach anrufen werde.

Wir sprachen noch eine Weile weiter. Milch war augenscheinlich an dem Vorschlag interessiert. Ich sagte ihm, daß ich an nichts teilnehmen wollte, das nicht vom deutschen wie vom französischen Standpunkt aus konstruktiv sei, daß ich aber eine Verständigung zwischen den zwei Ländern für sehr wünschenswert hielte und daß ein Krieg in Westeuropa verhängnisvoll wäre. Er sagte, er glaube nicht, daß es in *Westeuropa* einen Krieg geben würde. Das bestätigte mein Gefühl, daß die Deutschen die Absicht haben, sich im Westen „einzugraben" und ihren Einfluß im Osten weiter auszudehnen.

Milch sagte mir, daß die letzten antijüdischen Demonstrationen „nicht von Göring und nicht von Hitler gemacht worden seien". Ich glaube, das bedeutet, daß Goebbels und Himmler verantwortlich waren. Anscheinend herrscht in Berlin das allgemeine Gefühl, daß Göring sehr gegen das Vorgefallene war und daß er an der Spitze des „gemäßigten Flügels" in der Partei steht.

Das deutsche Volk scheint entschieden antijüdisch zu sein, scheint sich aber der Gewalttaten zu schämen, die bei den letzten Demonstrationen begangen wurden.

Mit dem Taxi in die Wohnung zurück, aber bald nach meiner Ankunft rief Udet an und fragte, ob ich um 18 Uhr wieder im Luftfahrtministerium sein könne. (Wir hatten vereinbart, nichts am Telefon zu besprechen, alles sollte äußerst vertraulich behandelt werden, damit niemand in Verlegenheit geraten konnte, falls es zu keinem Abschluß kam.) Ich kehrte sofort in Milchs Büro zurück. Milch sagte, er habe Göring angerufen, aber Göring sei bei Hitler gewesen (offensichtlich hatte ihn Hitler unerwartet zu sich gerufen).

Göring könne in den nächsten ein oder zwei Tagen nicht erreicht werden und habe bei seiner Sekretärin hinterlassen, man solle neue Fragen bis nach Weihnachten vermeiden.

Milch sagte, er halte es für ratsam, in der Sache vor Weihnachten nicht zu drängen, er habe mich (über Udet) sofort angerufen, damit ich, falls ich es wünschte, nach Paris zurückkehren könne. Er schlug vor, mich nach Weihnachten nach Berlin zum Dinner mit Udet und ihm selbst einzuladen; bis dahin würde er in der Lage sein, mit Göring zu sprechen und notfalls eine Entscheidung Hitlers herbeizuführen.

Ich fragte mich sofort, ob das ein Weg sei, eine Antwort zu vermeiden, aber Milchs Gesicht und seine Augen bestätigten diesen Eindruck nicht. Ich glaubte, daß er mir Tatsachen mitteilte und mir seine ehrliche Meinung sagte. Bei den Kontakten, die ich in Deutschland hatte, hat mich noch kein Offizier belogen oder versucht, mich in die Irre zu führen. Natürlich muß man eine derartige Möglichkeit immer in Betracht ziehen.

Mittwoch, 21. Dezember
Die Fluglage wird mehrere Tage lang weiterhin schlecht sein (ohne Funkkontrolle nichts zu machen). Ich kaufte eine Fahrkarte für den Zug nach Paris, der Berlin 21.32 Uhr verläßt.

Fuhr rechtzeitig zum Bahnhof.

Donnerstag, 22. Dezember
Während der Tage in Berlin versuchte ich, die deutsche Einstellung zum Judenproblem besser zu verstehen. Die Deutschen scheinen alle antijüdisch zu sein, aber in verschiedenen Graden. Ich hatte den Eindruck, daß kein einziger unter all den Leuten, mit denen ich mich unterhielt, sich wegen der Gesetzlosigkeiten und Ausschreitungen bei den letzten Demonstrationen nicht schämte. Ich traf aber auch nicht einen, der nicht dafür war, daß die Juden Deutschland verlassen sollten – auch wenn er mit den Methoden nicht einverstanden war, die jetzt angewandt wurden. Der Deutsche sieht im Juden den Hauptverantwortlichen für den inneren Zusammenbruch und die Revolution nach dem Weltkrieg. In der Zeit der Inflation sollen die Juden einen großen Teil des Grundbesitzes in Berlin und in anderen Städten an sich gerissen haben – sie wohnten in den besten Häusern, fuhren die besten Autos und gingen mit den hübschesten deutschen Mädchen aus.

Zug kam gegen 15.30 Uhr in Paris an.

Freitag, 23. Dezember
Rief La Chambre an und verabredete mich für 14.15 Uhr. Anne und
ich gingen im Bois spazieren und nahmen dann ein Taxi, um einen
Christbaum für Jon und Land zu kaufen.

Besuchte La Chambre um 14.15 Uhr und gab einen Überblick über
meine Besprechungen in Berlin wegen der Lieferung der Flugmotoren,
ohne natürlich Namen zu nennen. Ich sagte ihm, daß ich mit meinen
„Freunden" gesprochen hätte, daß sie aber nicht in der Lage seien,
vor Weihnachten die nötigen Kontakte herzustellen und daß ich die
Antwort erst in einigen Tagen erhalten würde.

Ich sagte La Chambre, daß die Deutschen, mit denen ich sprach,
entschieden für ein besseres Einverständnis mit Frankreich einträten.
Ich sagte ihm, daß meinem Gefühl nach die Chancen für eine Verständigung mit Deutschland heute besser stünden als zuvor und daß im Falle
einer Zusammenarbeit zwischen Frankreich und Deutschland der
Frieden in Westeuropa heute lange Zeit erhalten werden könnte. Er
schien dem zuzustimmen, fragte aber natürlich, wie Deutschlands
Haltung im Hinblick auf die gegenwärtigen Forderungen Italiens an
Frankreich sei. Ich erwiderte, daß ich persönlich in dieser Angelegenheit
keinen Hinweis erhalten hätte, daß ich aber nicht glaubte, daß Deutschland einen großen Krieg beginnen würde, um diese Forderungen zu
unterstützen. Ich sagte ihm, daß sich Deutschland allerdings bis zu
einem gewissen Punkt hinter Italien stellen würde.

La Chambre ist immer noch darauf bedacht, deutsche Motoren zu
erhalten, erstens weil Frankreich sie braucht, zweitens weil er, wie ich,
fühlt, daß dies ein erster Schritt zur Verbesserung der Beziehungen sein
könnte. Ich sagte La Chambre, daß ich von den Deutschen in dieser
Angelegenheit keinen Hinweis erhalten hätte, daß ich mich aber fragte,
ob die italienisch-französische Kontroverse die Deutschen daran hindern könnte, Motoren an Frankreich zu verkaufen. La Chambre
erwiderte, daß erst kürzlich die Italiener selbst den Franzosen die
Lieferung von Flugzeugmotoren vorgeschlagen hätten. (Wie interessant
und amüsant ist es doch, in Europa hinter die Kulissen zu schauen! Und
wie wenig weiß doch die Öffentlichkeit, was wirklich geschieht! Die
Schlagzeilen lassen einen glauben, daß Italien und Frankreich am
Rande eines Krieges stehen. Hinter den Kulissen bieten sie jedoch an,
Flugzeugmotoren gegen Phosphate zu tauschen.) Ich sagte La Chambre,
daß ich nach Berlin zurückkehren würde, sobald ich mit einer Antwort
rechnen könne.

Samstag, 7. Januar
Die Morgenzeitungen bringen einen Artikel über einige der Briefe, die
ich über die europäische Luftfahrt nach Amerika geschrieben habe.
Der Artikel in der Pariser Ausgabe der *New York Herald Tribune* hat
die Überschrift „LINDBERGH VERSORGT USA MIT DATEN
ÜBER DIE LUFTWAFFE DES REICHS". Der Artikel ist so
ungenau, wie das Presseartikel üblicherweise sind, zwischen den falschen Feststellungen befinden sich aber auch viele zutreffende – also
beruhen die Artikel wirklich auf Briefen, die ich geschrieben habe.
Roosevelt, Welles und andere gaben Dementis heraus, es ist aber
offensichtlich, daß Informationen durchsickerten und von einem Reporter aufgeschnappt wurden. In dem, was ich geschrieben habe, ist
nichts, dessen ich mich hätte schämen müssen. Es ist aber doch erstaunlich und verwirrend, daß die Presse regelmäßig vertrauliche Informationen von amtlichen Stellen in Washington erhält. Soweit die Geheim-
haltung in Betracht kommt, habe ich weder zum Außen- noch zum
Kriegsministerium viel Zutrauen. Und ich hatte Erfahrung mit
beiden. Es ist auch eine seltsame Situation, wenn die Presse eines
Landes ˙geheime Regierungsinformationen veröffentlichen kann,
ganz gleich, welche Schwierigkeiten sich aus der Veröffentlichung
ergeben mögen.
   Rief Truman Smith in Berlin an und sagte ihm, er solle das Luftfahrtministerium informieren, daß die amerikanische Presse hinsichtlich
dessen, was ich gesagt habe, falsche Berichte veröffentlicht hat. Ich
sagte ihm, daß ich unbedingt Mißverständnisse mit den Deutschen
vermeiden wolle. Vier Stunden später erhielt ich folgendes Telegramm:
„Udet wie ersucht. Stop. Sie sind nicht beunruhigt. Stop. Presse erhielt
von Luft Anweisung, nicht zu beachten. Smith."
   Ich glaube wirklich, daß ich keinen Brief über Deutschland
geschrieben habe, den die Deutschen nicht lesen könnten. Aber ganz
etwas anderes ist es, wenn einmal die Zeitungen ihre eigene Version
gebracht haben. Ich bin der Meinung, es ist immer noch von entschei-
dender Bedeutung, zu einem Einverständnis mit Deutschland zu kommen. Ich glaube wirklich, daß die zukünftige Wohlfahrt Westeuropas
im wesentlichen von der Stärke Deutschlands und davon abhängt, daß
ein großer Krieg in Westeuropa vermieden wird. In der gegenwärtigen
Situation stellen es die Zeitungen so dar, als ob ich zu dem ausgedehn-

ten Luftrüstungsprogramm der Vereinigten Staaten geraten hätte und im wesentlichen dafür verantwortlich sei. Auch erwecken sie den Eindruck, die Wiederaufrüstung sei gegen Deutschland gerichtet.

Tatsächlich habe ich lange Zeit geglaubt, daß wir eine stärkere Armee und eine stärkere Luftwaffe haben sollten, aber ich glaube, daß eine hysterische Wiederaufrüstung, wie sie jetzt vorgeschlagen wird, mehr Schaden als Nutzen stiften könnte. Ein ausgeglicheneres und kleineres Programm würde uns schließlich im Endeffekt zu einer weit größeren Stärke führen. Die gegenwärtigen Ideen von einer Vergrößerung der Streitkräfte, wie sie vorgebracht werden, betreffen vor allem die Luftwaffe. Wenn wir nicht vorsichtig sind, werden wir eine riesige Zahl halb veralteter Flugzeuge besitzen und einen „Berg" von Material und Personal, der uns in den kommenden Jahren behindern wird.

Wenn wir rüsten müssen, sollten wir das für unsere eigene Stärke tun, genauso wie ein Mann seinen Körper trainiert, um fit und gesund zu bleiben. Aber speziell gegen Deutschland und Japan zu rüsten, ist ein schwerer Fehler, es sei denn, wir haben gar nicht die Absicht, einen Krieg zu vermeiden. Was mich am meisten stört, ist die Tatsache, daß unsere eigenen nordischen Völker einander anknurren und gegeneinander rüsten. Wenn England und Deutschland in einem großen Krieg einander gegenüberstehen, könnte dies zum Zusammenbruch der westlichen Zivilisation führen.

Mittwoch, 11. Januar
Die Morgenzeitungen bringen einen Bericht darüber, was die Botschafter Kennedy und Bullitt bei einer gemeinsamen „geheimen" Sitzung des Kongreß- und des Senatsausschusses für militärische Angelegenheiten gesagt haben! Der Artikel kann durch die Schlagzeile zusammengefaßt werden: „KENNEDY, BULLITT ÄUSSERN DÜSTERE ANSICHTEN ÜBER DIE ZUKUNFT EUROPAS." Hier scheint ein Komplott zu bestehen, um 1. die nötigen Gelder für die Aufrüstung zu erhalten, die Roosevelt wünscht, und 2. in Deutschland den Eindruck zu erwecken, die Vereinigten Staaten würden in einen europäischen Krieg eintreten, falls einer ausbricht. Während der Krise teilten Kennedy und Bullitt England und Frankreich (*vertraulich*) mit, daß sich die Vereinigten Staaten *nicht* in einen europäischen Krieg einmischen würden, während Botschafter Wilson Deutschland (*ebenfalls vertraulich*) davon in Kenntnis setzte, daß wir wahrscheinlich an einem Krieg teilnehmen würden. Wenn diese Politik funktioniert, hat sie

einen Vorteil, wenn sie aber nicht funktioniert, könnten wir uns wieder in einer „abessinischen Situation" befinden.

Ich habe in letzter Zeit jeden Tag etwas an den Umrissen einer Autobiographie gearbeitet, die ich eines Tages zu vollenden hoffe. Habe einen Rohentwurf der Einleitungskapitel festgelegt. Ich plane, das in meiner Freizeit zu tun, werde aber zur Vollendung wahrscheinlich mehrere Jahre brauchen.

Montag, 16. Januar
Traf um 8.25 Uhr in Berlin ein. Truman wartete auf mich, obwohl ich ihn gebeten hatte, sich nicht zu bemühen. Wir fuhren zum Frühstück in seine Wohnung.

Ich rief Udet und Botschafter Dieckhoff an, dann brachte ich mein Gepäck in das Hotel Esplanade, wo ich mir ein Zimmer nahm. Um 13.30 Uhr Lunch mit George und Mrs. Rublee. Er sagte mir, daß er etwas vorangekommen und keineswegs entmutigt sei. [George Rublee, Vorsitzender des Internationalen Flüchtlingskomitees mit Sitz in London, weilte 1939 in Berlin, um die deutschen Behörden zu einer milderen Haltung in der Judenfrage zu bewegen.]

Fuhren zu Botschafter Wilsons Wohnung. Truman war eben in einem anderen Wagen angekommen. Botschafter Wilson ist in Washington, und niemand weiß, ob er nach Deutschland zurückkehren wird oder nicht, aber Mrs. Wilson ist da. (Botschafter Dieckhoff ist in Berlin, und niemand weiß, ob er nach Amerika zurückkehren wird oder nicht. Das ist die Diplomatie im Jahre 1939.)

Nachdem wir etwa zehn Minuten geplaudert hatten, läutete das Telefon – General Udet rief mich an. Er fragte mich, ob ich ihn und General Milch um 18 Uhr im Luftfahrtministerium aufsuchen könnte.

Es war 17.20 Uhr. Ich brach zehn Minuten später auf und ging in Milchs Büro. Wir drei sprachen zuerst über die Geschichten, die die amerikanische Presse über meine Tätigkeit während der Zeit der Krise gebracht hatte. Ich sagte Milch und Udet, daß ich unbedingt jedes Mißverständnis wegen der Zeitungsartikel vermeiden wolle und daß ich gern darüber sprechen wolle, wenn sie in dieser Hinsicht irgend etwas zu fragen hätten. Sie sagten, sie machten sich deswegen keinerlei Sorgen, sie erkannten voll und ganz, wie unverantwortlich die Presse arbeite.

Zeitungen verursachen alle Arten unnötigen Kummers. Ich neige
zu der Ansicht, daß eine unverantwortliche und in nichts beschränkte
Presse eine der größten Gefahren der Demokratie darstellt, genauso
wie eine völlig kontrollierte Presse das in einer anderen Richtung ist.
Udet hatte die Titelseite des *Express* (London) in seiner Tasche. Über
die ganze Titelseite lief eine Schlagzeile über die deutsche Luftwaffe.
Der folgende Artikel besagte, daß die deutschen Flugzeuge schlecht
gebaut seien, eine unverhältnismäßig große Zahl von Unfällen auf-
zuweisen hätten, schlecht ausgerüstet und den englischen Typen weit
unterlegen seien. Welchen konstruktiven Wert hat ein derartiger
Artikel? Er führt die Briten in die Irre und ärgert die Deutschen. Es
gibt wenige Dinge, die größere Mißverständnisse verursachen können.

Milch kam dann auf den Verkauf von Motoren an Frankreich zu
sprechen. Ich sagte ihm, ich wolle in der Angelegenheit nicht drängen
und man bräuchte nicht weiter über die Sache zu sprechen, es sei denn,
er wolle die Verhandlungen weiterführen. Milch erwiderte, daß Deutschland ganz im Gegenteil bereit sei, Motoren an Frankreich zu verkaufen.
Er sagte, man könnte Daimler-Benz-Motoren von 1250 PS liefern,
die Zahl und der Preis könnten in weiteren Verhandlungen besprochen
werden. Er sagte, Bedingung sei, daß die deutsche und die französische
Regierung die Sache geheimhielten, während die Verhandlungen
liefen. Er sagte, Deutschland würde eine Bezahlung in Devisen
wünschen. Deutschland sei gezwungen, für Fertigfabrikate, Motoren
und dergleichen, Geld zu verlangen, während es bei Rohstoffen wie
etwa Kohle Kompensationsgeschäfte treiben und dafür etwas ein-
handeln könne, das es selbst braucht.

Milch schlug vor, daß in der Korrespondenz über die Transaktion
vom Kauf eines Fieseler Storchs die Rede sein solle und man die
Motoren besser überhaupt nicht erwähne. Er sagte, er würde wissen,
daß entsprechende Mitteilungen sich auf die Lieferung von Motoren
bezögen. Milch erwähnte die Tatsache, daß der Verkauf der Motoren
in diesem Fall eine politische bedeutsame Frage aufwerfe. (Natürlich
ist das der Fall.)

Nachdem wir das Thema erörtert hatten, erwähnte ich, daß Mr.
Rublee zufällig ein alter Freund unserer Familie und ein ehrlicher,
gewissenhafter und zuverlässiger Mann sei, ein so guter Mann, wie man
ihn zu Verhandlungen in der jüdischen Frage nur wünschen könne.
Ich sagte ihnen, daß ich nichts über Rublees Mission wisse, daß ich
aber den Wunsch hegte, die Deutschen würden seinen Charakter
verstehen und nicht glauben, er könnte ihnen, nachdem er Deutschland

verlassen hatte, Schwierigkeiten bereiten wollen. Milch sagte, daß er diese Information an Schacht weitergeben werde.

Im wesentlichen sprachen Milch und ich natürlich nur Englisch. Udet sprang als Übersetzer ein, wenn wir Schwierigkeiten hatten.

Dienstag, 17. Januar

Lud Herrn Merkel zu einer Begegnung mit Mr. Rublee ein, dazu auch Truman Smith, so daß wir zu viert waren. Ein interessantes, erfreuliches Beisammensein. Wir sprachen über die Fliegerei, das Judenproblem und andere Themen. Ich hatte das Gefühl, daß Merkel Rublee irgendwie von Nutzen sein könne. Merkel ist einer der fähigsten Männer, die ich kenne, ich glaube, er wird Rublees gute Eigenschaften erkennen, die vielleicht nicht für alle Deutschen sofort zutage treten.

Zog nach dem Lunch aus dem Hotel aus und brachte mein Gepäck in Smith' Wohnung. Dann ging ich zum Tee bei Botschafter Dieckhoff. Sprach mit dem Botschafter anderthalb Stunden lang über die unerfreulichen Beziehungen zwischen den Vereinigten Staaten und Deutschland und was man tun könnte, um zu einem besseren Einverständnis zu gelangen.

Mittwoch, 18. Januar

Truman und ich fuhren mit dem Taxi nach Tempelhof. Startete um 9.47 Uhr Greenwich-Zeit. Bedeckter Himmel und starker Wind. Wolkenhöhe und Sicht jedoch zufriedenstellend. Flog nach Norden, nach Hannover, weil die Berge weiter südlich in Wolken gemeldet waren, nahm dann Kurs auf Köln, wo ich die Grenze auf dem genehmigten Korridor überquerte und nach Paris weiterflog.

Wurde gegen Mittag hungrig, hatte im Flugzeug keinen Lunch mitgenommen. Im Gepäckabteil war jedoch eine Büchse gebackener Bohnen. Ich zog die Lehnen beider Sitze weg, ließ die Maschine allein fliegen und kroch weit zurück, um die Büchse zu erreichen. Als ich wieder an meinen Platz kam, sah ich ein kleines deutsches Flugzeug auf mich zukommen, offensichtlich wollte es nachsehen, was los war, weil meine Maschine zweifellos am Himmel herumgehüpft war. Es drehte ab, als ich den Kurs wieder ausrichtete.

Die Stürme, die gemeldet worden waren, waren leicht, mit nur wenig Regen und praktisch ohne Nebel. Landete um 15.42 Uhr Greenwich-Zeit in Le Bourget. Der Gegenwind hielt während des

ganzen Flugs an. Es war aber ein schöner Flug, und es tat gut, nach drei
Monaten auf der Erde wieder „oben" zu sein. Ich fliege liebend gern
über den Bergen und in Wolken und Regen, mit dem Sonnenschein
über und der nassen Erde unter mir. Wenn man nach langer Zeit
auf dem Boden wieder fliegt, wirkt das ebenso erfrischend, wie wenn
man aus einem stickigen Raum kommt.

Donnerstag, 19. Januar
Besuchte La Chambre um 9.30 Uhr in seiner Wohnung und berichtete
ihm von der Bereitschaft der Deutschen zur Lieferung von Motoren
und von ihren daran geknüpften Bedingungen. La Chambre war
sehr interessiert, er sagte, er habe kaum erwartet, daß die Antwort
so günstig ausfallen würde. Er sagte, er werde sich sobald wie möglich
mit Daladier in Verbindung setzen und bat mich, ihn (La Chambre)
um 14.30 Uhr anzurufen. Er sagte, er sei sicher, daß Daladier die
Verhandlungen fortführen wolle. Wir erörterten die Frage, welchen
Mann Frankreich wohl am besten nach Deutschland schicken sollte.
La Chambre meinte, daß der französische Militärattaché in Berlin
besonders geeignet sei, er sei bei den Deutschen beliebt und spreche
fließend Deutsch. Er sagte, eine Delegation, die man direkt aus seinem
Ministerium entsende, könnte nur schwer geheimgehalten werden.
La Chambre ist, wie ich, der Ansicht, daß diese Verhandlungen, wenn
sie intelligent durchgeführt werden, als erster Schritt zu viel wichtigeren Dingen benützt werden können. La Chambre sagte mir übrigens,
daß der gegenwärtige amerikanische Bombertyp für die französischen
Bedürfnisse zu langsam sei, daß aber im Juli ein neuer Typ heraus-
komme, der schneller sei, und daß Frankreich die Möglichkeit erhalten
würde, die ersten Maschinen dieses neuen Typs zu kaufen. Er sagte,
Roosevelt habe zugestimmt und die notwendigen Vereinbarungen seien
bereits getroffen worden. Deshalb habe sich der auf Umwegen laufende
kanadische Plan – über den ich immer meine Zweifel gehabt habe –
als unnötig erwiesen. Es ist ein Glück, daß er nicht verwirklicht wird.
    Ich rief La Chambre um 14.30 Uhr an. Er sagte, Daladier sei sehr
erfreut und wolle das Geschäft abwickeln. La Chambre sagte, er
habe vereinbart, daß der französische Militärattaché in Berlin sofort
nach Paris komme. Ich vereinbarte ein Treffen mit La Chambre am
kommenden Morgen um 9.15 Uhr. (Natürlich wurde das Telefongespräch sehr vorsichtig geführt, aber die Bedeutung war klar.)

Freitag, 20. Januar
Besuchte La Chambre in seiner Wohnung und besprach den Entwurf
des Briefs, der an General Milch gesandt werden sollte. La Chambre
fragte mich, ob ich es für Frankreich für vorteilhafter halte, wenn es
den englischen Rolls-Royce Merlin oder den Daimler-Benz-Motor
in Lizenz baue (er sagte, die Briten hätten angeboten, mehrere hundert
Merlins an Frankreich zu verkaufen). Ich erwiderte, ich sei mit den
zwei Motoren nicht genügend vertraut, um ein Urteil abgeben zu
können, eine derartige Entscheidung solle man einem sorgfältigen
Studium von Experten überlassen. Ich sagte ihm, beim Fällen einer
Entscheidung sei es wichtig, die Vor- und Nachteile der metrischen
und der englischen Maße für eine Fabrikation in Frankreich in Betracht
zu ziehen.

La Chambre fragte dann, was ich über die Reaktion in den Vereinigten Staaten dächte, wenn Frankreich deutsche Motoren kaufe.
Ich erwiderte, daß das wahrscheinlich im wesentlichen davon abhängen
würde, wie es begründet wird. Wenn es als ein Versuch dargestellt
werden würde, die Beziehungen zwischen Frankreich und Deutschland
zu verbessern und den Frieden in Europa zu sichern, würde die
Reaktion wahrscheinlich günstig sein. Ich sagte ihm jedoch auch, daß
es in Amerika eine Anzahl von Leuten gibt, die so erbittert auf Deutschland sind, daß sie unbedingt einen Krieg wünschen und sich jeder
Beziehung zwischen Deutschland und Frankreich widersetzen würden.
Ich sagte ihm, daß der jüdische Einfluß diese Leute wahrscheinlich
unterstützen würde. Ich fragte, welche Hoffnung auf Frieden dann
in Europa noch bestehen würde, wenn wir diese Haltung einnehmen
würden? Wenn es keine freundschaftlichen Verhandlungen zwischen
Deutschland und Frankreich gibt, falls sich die Möglichkeit dazu
bietet, müßten wir mit einem Krieg rechnen und der Vernichtung, die
er für alle bringen wird. La Chambre stimmte mir zu.

Ich kehrte in unser Appartement zurück und schrieb einen Brief
an General Milch. Dann ging ich vor dem Abendessen noch eine
halbe Stunde im Bois spazieren.

Sonntag, 22. Januar
Der Wetterbericht besagte, daß die Route nach London mindestens
bis 13 Uhr befliegbar sein würde. Anne und ich fuhren sofort zum
Flugplatz und starteten nach einer kurzen Verzögerung, bis die
Maschine aus dem Hangar gebracht worden war.

Um 14.16 Uhr Greenwich-Zeit landeten wir in Reading. Die Phillips & Powis-Fabrik war durch eine Anzahl von Bauten erweitert worden. Der Größe nach wurde die Anlage mindestens vervierfacht, seit wir den Flugplatz 1936 zum ersten Mal sahen. Sie ist auf einer Seite des Flugplatzes in einem häßlichen Klumpen zusammengedrängt, ein Beispiel für die ärgsten Auswüchse des industriellen England.

Wir ließen unsere Maschine im Hangar, dann fuhren wir mit dem Taxi zum Bahnhof, mit dem Zug nach London und mit einem weiteren Taxi zu Brown's Hotel. Rief verschiedene Freunde an, die meisten waren jedoch nicht in der Stadt. Ich suchte Oberst Scanlon auf und sprach mit ihm eine Stunde lang über die fliegerische Entwicklung sowie verschiedene andere Themen. Anne und ich speisten allein im Hotel, nach dem Dinner fuhren wir mit dem Aufzug nach oben, stiegen aber irrtümlich einen Stock höher aus. Wir gingen also die Treppe hinunter und bogen nach links ein. In der Mitte des schmalen Ganges und gerade vor unserer Tür stand Haile Selassie und sah uns an! Schwarzer Bart, die Tunika – genauso, wie ihn die Fotos zeigten. Ich bin sicher: wenn ich einen Geist gesehen hätte, wäre meine Reaktion in der ersten Sekunde die gleiche gewesen. Ich wußte, daß er in unserem Hotel wohnte, und ich hätte mir nichts dabei gedacht, wenn ich ihm in der Diele oder im Aufzug begegnet wäre. Als er aber so direkt vor unserer Tür stand und uns ansah – in seinem ungewöhnlichen und doch aus Fotografien vertrauten Kostüm –, machte er einen Eindruck, den ich niemals vergessen werde. Als wir näherkamen, trat er schnell durch die uns gegenüberliegende Tür und der Gang war wieder leer – es war wie eine Geistererscheinung oder wie ein wildes Tier, das man einen Augenblick auf einer Lichtung zu Gesicht bekommt und das dann blitzschnell wieder verschwunden ist.

Mittwoch, 25. Januar
Wieder ein dunkler Tag. Klebriger Schnee fällt und versucht vergeblich, auf den Straßen und den Windschutzscheiben der Taxis liegenzubleiben. Ich werde mich nie an diese dunklen Wintertage in London gewöhnen.

Mrs. Kennedy und ihr Sohn Joe besuchten uns für eine halbe Stunde. Der Botschafter kehrt erst in einigen Wochen zurück. Die Lage in Europa wird wieder verwirrend. In Amerika ebenfalls.

Donnerstag, 26. Januar
Zogen aus dem Hotel aus und fuhren mit dem 11-Uhr-Zug vom Victoria-Bahnhof ab. (Anne und ich.) Pressefotografen versuchten, Aufnahmen durch das Wagenfenster zu machen. Soweit ich mich erinnere, ist es das erste Mal, daß das auf einem englischen Bahnhof geschah. Nicht ernst, aber ärgerlich und sehr deprimierend.

Las auf dem Weg nach Calais die *Times* und den *Telegraph*. Man erwartet, daß Barcelona in den nächsten Tagen fällt. Italien und Frankreich berufen Reservisten ein, angeblich zu Routineübungen.

Die meisten Leute, mit denen ich in England sprach, erwarten eine neue Krise im Februar oder kurze Zeit später.

Auf dem Weg nach Paris kam die Sonne heraus und schien durch unser Fenster. Wie man hier in Europa die Sonne im Winter zu schätzen weiß! Ehe ich nach Europa kam, wußte ich den Sonnenschein nie so zu würdigen.

Als wir in Paris aus dem Zug stiegen, bemerkte ich sofort, daß wir von Detektiven in Zivil umgeben waren, mindestens drei oder vier. Sie begleiteten uns unauffällig zum Taxi. Dann kam ihr Chef, schüttelte uns die Hand und verabschiedete sich. Die Franzosen waren in dieser Hinsicht uns gegenüber außerordentlich rücksichtsvoll.

Samstag, 28. Januar
La Chambre rief um 9.15 Uhr an. Er sagte, er habe einen Brief von dem Militärattaché erhalten, der berichtet, er habe den Brief über den Fieseler Storch am letzten Montag abgesandt. Der Brief des Attachés kam mit der „diplomatischen Post"; als er geschrieben wurde, hatte Milch zeitlich noch nicht antworten können.

Dienstag, 7. Februar
Dinner in der amerikanischen Botschaft. Traf La Chambre. Er sagte mir, sein Vertreter in Berlin (der Militärattaché) habe einen Brief des Luftfahrtministeriums des Inhalts erhalten, daß nichts erörtert werden könne, ehe General Udet nicht aus Tripolis zurückgekommen sei. Ich frage mich, ob das bedeutet, daß es sich die Deutschen anders überlegt haben. Seitdem ich zum letzten Mal in Berlin war, ist viel geschehen.

Montag, 13. Februar
Holte nach dem Lunch unsere „Identitätskarten" ab, dann gingen wir
in die Wohnung der Comtesse de Noailles, um uns ein Portrait von
Eugène Bergman anzusehen. Ich hielt es für schrecklich, obwohl die
Maltechnik möglicherweise gut ist. Ich möchte wirklich nicht, daß
Mrs. Morrow von ihm gemalt wird. Die Comtesse besitzt auch eine
Anzahl Gemälde von Salvador Dali. Wenn ich mir sein Werk ansehe
und höre, daß man das als Kunst bezeichnet, muß ich sagen, daß die
moderne Welt schon recht weit auf dem Weg zum Irrsinn ist. Etwas
ist da entschieden nicht in Ordnung. Anne sagte, sie müsse etwas unternehmen, um Dalis Gemälde aus dem Sinn zu bekommen. Wir gingen in
die Orangerie (Museum), blieben eine halbe Stunde und gingen von
da zum Louvre weiter, es war aber leider zu spät, er war bereits geschlossen.

Donnerstag, 23. Februar
Der Kanal war ausnehmend ruhig und glatt, der Lärm, den der Zug
beim Befahren und Verlassen der Fähre machte, glich das aber weitgehend wieder aus. Wir kamen gegen 9 Uhr in London an und wurden
von der Presse nicht belästigt.
    Anne und ich lunchten im Heim von William Astor. Ich führte ein
interessantes Gespräch mit einem Geschwaderkommodore, der beträchtliche Zeit auf beiden Seiten in Spanien zugebracht hatte. Er hatte
(wie jeder loyale Fliegeroffizier) keine gute Meinung von der Wirksamkeit des Flakfeuers im spanischen Krieg. Als wir dann über die Fliegerei
in den verschiedenen Ländern Europas sprachen, sagte er (als loyaler
Brite), daß ein englischer Pilot alle Tage zwei deutsche Piloten wert sei.
Trotzdem war – von seinen Vorurteilen und loyalen Bindungen abgesehen – das Gespräch mit ihm sehr interessant.

Freitag, 24. Februar
Wir fuhren um 16 Uhr in einem der Autos nach Cliveden. Es ist etwa
eine Stunde Fahrt, zuerst geht es langsam durch die überfüllten Straßen
von London. Anne und ich gingen gerade vor Sonnenuntergang im
Park spazieren. Wunderschöne Bäume und all der Frieden und die
Stabilität von Alt-England – ein gewaltiger Kontrast zu London und
den gegenwärtigen Verhältnissen.
    Abendessen mit Lord Astor und Mr. Brand. Lord Astor fragte mich,

was ich tun würde, wenn ich Premierminister wäre und mit Deutschland ein Abkommen über eine Abrüstung in der Luft schließen müßte. Er stellte die Frage in zwei Teilen: 1. Welches Verhältnis sollte England von Deutschland bei der Begrenzung der Luftmacht fordern, und welches Verhältnis würde Englands Sicherheit garantieren, eins zu eins, eins zu zwei oder was sonst? 2. Sollte man einen Versuch unternehmen, die Bomber überhaupt abzuschaffen, und wenn, wie könnte man sie beschreiben? Es war eine ausnehmend umfassende und grundlegende Frage. Ich sagte Lord Astor, daß ich die Frage nicht beantworten möchte, ohne sie sehr sorgfältig studiert und untersucht zu haben. Was ich dieses Mal sagen würde, könnte nur eine Diskussion einiger der in Frage stehenden Punkte sein.

Ich sagte ihm, daß meine Beobachtungen zu der Überzeugung geführt hätten, daß Deutschland von Natur aus die Luftmacht Nummer eins in Europa sei; seine bisherigen Leistungen in Konstruktion, Fertigung und Unterhalt von Flugzeugen sprechen für sich selbst; außerdem müsse man bedenken, daß Deutschland gewisse geographische Vorteile besitze, die England fehlten. Ich sagte Lord Astor weiter, wenn ich Deutscher wäre, würde ich ein Minimum von zwei zu eins in der Luft fordern. Ich sagte, ich wäre nicht überrascht, wenn die Deutschen die gleiche Überlegenheit in der Luft verlangen würden, die England zur See besitzt, d. h. drei zu eins.

Ich sagte, ich würde mich nicht unterfangen, dem Premierminister zu raten, welchem Verhältnis er zustimmen sollte oder welches Verhältnis England Sicherheit vor einem Luftangriff geben würde. Ich betonte aber, daß London, selbst wenn England die gleiche Zahl Maschinen besitzen würde wie Deutschland, wegen der Bevölkerungsdichte, der Ballungszentren und der Grenznähe gegen Luftangriffe verwundbarer sei als etwa Berlin. Berlin ist aufgegliederter, und angreifende Flugzeuge müßten über Hunderte von Kilometern deutschen Gebiets fliegen, das durch Horchposten, Flak und Jagdgeschwader weitgehend gesichert ist. Dann bestände die weitere Schwierigkeit, Piloten in England auszubilden – schlechtes Wetter und weniger Raum.

In Beantwortung der zweiten Frage sagte ich, ich hätte keine enge Beziehung zu dieser Fragestellung und wollte gerne Argumente von beiden Seiten hören, ehe ich zu einer definitiven Schlußfolgerung käme; auf den ersten Blick erschiene es mir aber als außerordentlich schwierig, die Bomberwaffe völlig abzuschaffen oder die genaue Definition eines Bombers zu geben (was die Voraussetzung für eine wirksame Beschränkung wäre). Ich erwähnte die Tatsache, daß ein kommerzielles Transportflugzeug sehr schnell in einen Bomber umgewandelt werden könne, besonders wenn der Transporter schon mit Hinblick auf diese Umwandlung konstruiert worden sei. Auch ein zweimotoriger Jäger könne sehr schnell in einen Bomber umgewandelt werden, indem man lediglich Aufhängevorrichtungen für Bomben an den Tragflächen installierte. Außerdem können die Fabriken sehr schnell mit der Bomberproduktion beginnen, wenn im voraus entsprechend geplant wird. Im großen und ganzen ist die Bombenfliegerei viel schwerer zu definieren und zu beschränken als etwa Schlachtschiffe, die sich sehr stark von Handelsschiffen unterscheiden und deren Bau Jahre erfordert. Ich sagte Lord Astor, daß mir die Überlegung nötig erscheine, wieweit Englands Luftwaffe mit der Deutschlands konkurrieren könne und wolle, ehe man entscheide, welches Verhältnis es in einem Abrüstungsprogramm hinnehmen wolle.

Samstag, 25. Februar
Die Gäste treffen einer nach dem anderen ein: Tom Jones, Lord Lothian, Lionel Curtis, Botschafter Kennedy. Das Haus beginnt sich zu füllen. Polizeiposten werden aufgestellt – man bereitet die Ankunft des Premierministers vor.

Chamberlain kam kurz vor dem Tee. Er schaut verblüffend gut aus, und jung.

Sonntag, 26. Februar
Anne und ich waren um 9 Uhr beim Frühstück; außer den Butlern war aber noch niemand zu sehen, deshalb gingen wir auf die Veranda und in den Park. Die Sonne schien, und der Himmel war bis auf einige tiefhängende Kumuluswolken klar. Ein Konstabler mit seinem hohen blauen Helm und im Mantel stand an einer Ecke des Hauses, ein zweiter an der anderen Ecke. Seit den letzten Bombenanschlägen, die den Iren zugeschrieben wurden, steht der Premierminister unter sorgfältiger Bewachung.

Lord Astor kam gegen 9.30 Uhr herunter, und Chamberlain traf wenige Minuten später ein. Bald war der ganze Tisch besetzt. Bei einem Frühstück in Cliveden bedienen sich die Gäste immer selbst.

Zum Lunch war die Tafel wieder voll besetzt – alles in allem dreißig Personen, einschließlich mehrerer Reporter, die diejenigen ersetzten, die gestern abend abgereist waren. Nach dem Lunch sprach ich einige Minuten mit dem Premierminister.

Chamberlain brach kurz nach unserer Rückkehr nach Cliveden auf; mit ihm verschwanden auch die Polizeiposten auf dem Gelände.

Nach dem Abendessen sprach ich eine Weile mit Lord Lothian. Er ist eben von einer Reise in die Vereinigten Staaten zurückgekehrt und kennt die Staaten für einen Briten ausnehmend gut. Wir sprachen über die Möglichkeit eines Krieges in diesem Jahr. Er hat, wie ich, das Gefühl, daß ein allgemeiner Krieg im Jahr 1939 unwahrscheinlich und daß ein dauernder Friede keineswegs unmöglich sei, vorausgesetzt, daß 1. Deutschland eine vernünftige Möglichkeit zu Handel und Einfluß erhält und daß 2. die deutsche Führung im Gefühl der Macht und ihres Sendungsbewußtseins nicht durchdreht. Ich glaube, ich habe etwas mehr Vertrauen in die Vernunft der deutschen Führung als er. Was ich am meisten fürchte, ist die Möglichkeit, daß beide Seiten irgendwelche idiotischen Maßnahmen treffen, die bewirken, daß einer vom anderen glaube, er sei übergeschnappt. Lord Lothian stimmt mir darin zu, daß Frankreich, England und die Vereinigten Staaten für die Situation in Deutschland genauso verantwortlich sind wie die Deutschen selbst.

Dienstag, 7. März

Ich habe über England und die Veränderungen nachgedacht, die hier stattgefunden haben. Was birgt die Zukunft? Ich bin nicht ermutigt, obwohl ich den Versuch bewunderte, den die Briten unternehmen, ihre Position und ihre Ehre zu wahren. Ich glaube, daß Chamberlain mit dem Material und unter den Bedingungen, mit denen er es zu tun hat, gute Arbeit geleistet hat. Ich glaube, seine Größe lag vor allem darin, daß er sich den Fakten und Umständen beugte. Die Anstrengungen Englands aber sind groß nur im Verhältnis zu seinen eigenen bequemen Lebensmaßstäben, und das ist heutzutage nicht genug. Anstrengungen sind, wie alles andere, relativ. Die englischen Anstrengungen sollten gemessen werden an dem, was *gegen* England unternommen wird. England wird natürlich durch das Deutsche Reich beeinflußt, es ist aber nicht in der Lage, etwas abzuschätzen, das nicht britisch ist; und kann folglich selbst nicht einmal das, was britisch ist, entsprechend abschätzen.

England ist von Militärmächten umgeben, und doch ist es nicht einmal in diesen kritischen Zeiten gewillt, seine Gewohnheiten so weit

zu ändern, um eine allgemeine Wehrpflicht durchzusetzen. Davon
hätte die Bevölkerung aber im Frieden wie im Krieg Nutzen. Wenn
ein Krieg ausbricht, ehe eine militärische Ausbildung erfolgt, wird es
für England sehr schwer werden.

Was mir aber Englands wegen die meisten Sorgen macht, ist der
Umstand, daß ich in dieser Krisenzeit so wenig Anzeichen von Kraft
und Männlichkeit sehe. Das englische Volk scheint nicht auf diese
moderne Welt abgestimmt zu sein. Wie ich einem meiner Freunde
vor einigen Monaten schrieb, scheint das britische Denken mehr auf
das Zeitalter der Schiffe als auf das der Luftfahrt abgestimmt zu sein.
Nachdem jetzt schnelles Handeln nötig wird und nur noch wenig Zeit
bleibt, scheint sich der Brite in meinen Augen in einem fast tödlichen
Nachteil zu befinden.

Es ist eine seltsame Tatsache, daß das Land, das die industrielle
Revolution in Gang setzte, ausnehmend schlecht an die Resultate
des industriellen Lebens angepaßt zu sein scheint. (Oder fühlt etwa
England als erstes Land diese Wirkung, nachdem es der Industrialisierung
am längsten ausgesetzt war?) Was auch die Ursachen sein mögen – und
es sind deren viele –, ich glaube, daß Englands große Zeit vorüber
ist. Es tut mir in vieler Hinsicht leid, aber ich fürchte, daß die
Wiederanpassung, die als Folge kommen muß, große Härten mit sich
bringen wird. Wichtig ist es, zu vermeiden, daß durch diese Wiederanpassung unsere gesamte Zivilisation umgestoßen wird. Die Gefahr
liegt darin, daß die Menschen noch nicht voll erkennen, daß sich das
Gleichgewicht der Macht unter den verschiedenen Staaten geändert
hat und damit auch ihre Rechte. Wenn diese Rechte nicht durch
friedliche Mittel behauptet werden können, wird man wahrscheinlich
zum Krieg greifen.

Donnerstag, 16. März
Deutschland und Ungarn besetzen die Tschechoslowakei. Hitler
zieht in Prag ein. Die Expansion der Deutschen nach Osten dauert
an.

Sonntag, 19. März
Die Lage in Europa wird wieder kritisch. Die Zeitungen sind voll von
amerikanischen Protesten und britischen und französischen Plänen.
Ich habe immer noch das Gefühl, daß die Umstände nicht für einen

allgemeinen Krieg in diesem Jahr sprechen – aber wenn Menschen erst einmal erregt und zornig werden, kann fast alles passieren. Das Schlimme ist, daß viele Menschen wünschen, Frankreich und England sollten zu den Waffen greifen, ohne daß sie die leiseste Vorstellung haben, wie. Sie denken über kein einziges der sachlichen Probleme nach, die zu einer erfolgreichen Kriegsführung gehören. Sie sagen einfach „Kämpft!", und damit hören ihre Vorstellungen schon wieder auf. Vor wenigen Jahren noch schrien viele dieser gleichen Menschen nach Frieden und Abrüstung. Und ihre Ideen reichten schon damals auch nicht weiter als ihr Geschrei.

Montag, 20. März
Anne und ich gingen am Morgen um den See und besprachen während des Spaziergangs unsere Pläne. Es sieht so aus, als ob in diesem Sommer eine Krise auf die andere folgen würde. Wenn es einen Krieg geben sollte, will ich natürlich entweder in den Staaten sein oder hier drüben irgendwie eine aktive Rolle übernehmen. Ich bin noch unentschieden, ob ich daheim genügend leisten könnte, daß es der Mühe wert ist, wenn ich den Sommer und vielleicht noch längere Zeit dort verbringe. Die Presse mit ihren Lügen und Gerüchten würde natürlich eine konstruktive Arbeit so schwierig wie möglich machen. Wovor ich am meisten Angst habe, ist, daß sie – fast sicher – auch Anne und die Kinder nicht in Ruhe lassen würden. Wie kann die Demokratie noch den Kopf hoch tragen, wenn es für die, die einmal das Interesse ihrer Öffentlichkeit und ihrer Presse geweckt haben, keine Freiheit gibt? Zwölf Jahre lang habe ich in dem Land, das als Musterbeispiel der Freiheit gilt, keine Freiheit gefunden. Was ich gefunden habe, mußte ich mir selbst nehmen, wirkliche Freiheit fand ich erst, als ich nach Europa kam. Das Seltsame dabei ist, daß ich von allen europäischen Ländern in Deutschland die größte persönliche Freiheit genoß, dann kam England und schließlich Frankreich. Aber im Gegensatz zu Amerika bewegen wir uns hier in *jedem* Land völlig ungehindert.

Aber wenn es einen Krieg gibt, gilt meine Loyalität Amerika – eine Loyalität, die mit Hoffnungen und bösen Ahnungen in eine Zukunft blickt, in welcher es weniger Verbrechen und mehr Freiheit geben wird als heute. Aber wann immer ich an die Zukunft unseres Volkes denke, scheint es fast unüberwindliche Schwierigkeiten zu geben, die erst in unserer Jugend aufgetaucht sind und von denen wir kaum erkannten, daß sie existieren. Was ist mit unseren zehn Millionen Negern?

Was ist mit unserer industriellen Einwanderung? Eines ist sicher: wenn die Demokratie auf dieser Erde weiterbestehen soll, dann nicht durch das Blut ihrer Soldaten, sondern nur durch einen großen Wandel in ihrer gegenwärtigen Praxis.

Donnerstag, 23. März

Ich schrieb eine Stunde lang, dann ging ich kurz spazieren und fuhr mit dem Taxi zur Bank (Morgan & Cie.). Bestellte 500 Dollar in Reiseschecks, um Bargeld an der Hand zu haben, falls wir schnell handeln mußten (obwohl die Lage im Augenblick weniger gespannt zu sein scheint). Wir haben beschlossen, alle Tagebücher, die wir nicht benützen, nach Englewood zu schicken, um die Zahl der wichtigen Papiere, die wir hier haben, zu verringern. Wir versuchen, alles so beweglich wie möglich zu halten. Letzten Endes ist das für uns nichts Neues.

Habe etwa 45.000 Worte des ersten Entwurfs [von Lindberghs Autobiographie *Mein Flug über den Atlantik*] fertig (ungefähr seit dem 1. Januar), aber es muß alles überarbeitet werden. Der erste Entwurf dient vor allem der Auffrischung meines Gedächtnisses.

Montag, 27. März

Ich habe mich vorläufig entschieden, in der ersten Aprilhälfte nach Amerika zu reisen. Wenn ich finde, daß die Lage dort nicht zu schwierig ist, können Anne und die Kinder nachkommen und den Sommer in Maine verbringen. Das hängt von vielen Umständen ab. Wir werden erst dann mehr darüber wissen, wenn ich ein oder zwei Wochen in den Staaten verbracht habe. Wir wollen beide keineswegs den Kontakt mit unserem Land verlieren, aber mit Ausnahme eines Aufenthaltes von drei Monaten im vergangenen Jahr sind wir jetzt über drei Jahre weg gewesen. Wir möchten sehr gern einige Monate daheim verbringen, obwohl wir Illiec schrecklich vermissen werden. Ich möchte mich auch sehr gern in den verschiedenen Teilen des Landes umsehen, um festzustellen, wie sehr sich die Aussichten im Licht der letzten Entwicklungen geändert haben.

Dienstag, 28. März

Beendete den ersten Entwurf des Kapitels über meinen Flug New York—Paris. Werde jetzt für einige Tage mit dem Schreiben aufhören. Muß mich auf die Vorbereitungen für die Abreise konzentrieren, ich bin ohnehin etwas ausgelaugt, weil ich zuviel geschrieben habe; ich wollte aber dieses Kapitel beenden.

Donnerstag, 30. März
Dr. Madariaga kam zum Lunch.

Wir sprachen über die allgemeine Lage in Europa. Er ist sachlicher, als ich nach meiner ersten Bekanntschaft mit ihm dachte, aber er hat noch Ideale über eine Art von Organisation, die vollbringen könnte, was er vom Völkerbund erhofft hatte. Ich konnte von ihm nie eine Antwort bekommen, die mich hinsichtlich des Vertretungsproblems befriedigen konnte.

Wie können wir die Stärke und den Einfluß einer Nation messen und ihr ein friedliches Mittel der Vertretung geben, die dem, was sie fordern und durch Waffengewalt durchsetzen kann, gleichkommt? Wenn wir dafür aber keine Methode finden, wie kann dann irgendeine repräsentative Körperschaft hoffen, die Welt zu regieren? Ich glaube, daß das der Grund ist, warum der Völkerbund versagt hat, und der Grund, warum solche Logen in der Vergangenheit versagt haben und weiterhin versagen werden – bis ein Mittel gefunden wird, Charakter und Stärke des Menschen zu messen. Das Abzählen von Köpfen ist nicht zufriedenstellend. Wenn wir dieses System bis zum logischen Ende durchführen, würden Indien und China die Welt regieren. Eine Vertretung im Verhältnis zum geographischen Raum ist noch schlimmer und im Ernst nicht einmal zu erwägen. Worauf können wir uns aber dann stützen? Es gibt keinen greifbaren Maßstab. Wenn ein Abkommen zwischen den Nationen in lebenswichtigen Fragen scheitert, ist wahrscheinlich ein Krieg die Folge. In der Vergangenheit haben wir uns auf dieses Entscheidungsmittel verlassen, und ich sehe nicht, wie wir in der Zukunft auf es verzichten werden können. Das Beste, was wir tun können, ist die Einschränkung der Häufigkeit von Kriegen durch vernünftige, für beide Seiten nutzbringende Abkommen zwischen Gruppen von Völkern; dahinter muß eine militärische Macht stehen, durch die ein Krieg unrentabel wird.

Madariaga ist ein brillanter Kopf, voll von Ideen, die durch lange Erfahrung gereift sind. Ich spreche gern mit ihm, und wir sind uns oft einig. Wenn er aber vorschlägt, daß Frankreich und England ihre Kolonien zu einer Neuverteilung auf den Tisch des Völkerbundes legen sollten, fange ich an, an der Sachlichkeit auch seiner anderen Ideen zu zweifeln. Das ist einfach nicht zu machen. (Ich bin mir nicht sicher, ob er sich auf *alle* Kolonien oder nur auf die Völkerbundsmandate bezieht. Selbst in diesem letzten Fall wird man über eine derartige Prozedur wahrscheinlich nicht einig werden, obwohl gewisse Argumente dafür sprechen.) Und selbst wenn es geschähe, würde das die Probleme in Europa nicht lösen. Und wenn die Neuverteilung vorgenommen werden würde, würde sich die gleiche Frage der Vertretung und der Rechte wieder erheben.

Dinner mit dem Herzog und der Herzogin von Windsor in ihrem Heim am Boulevard Suchet, etwa drei Häuserblocks von unserer Wohnung entfernt. Insgesamt etwa ein Dutzend Gäste, darunter auch Botschafter Bullitt. Bei Tisch saß ich zwischen der Baronin Rothschild und der Herzogin von Polignac. Baronin Rothschild sagte mir, ihr Mann sei zu müde, um zu kommen. Er war Österreicher gewesen. Sie sagte, der größte Teil seiner Besitzungen liege in der Tschechoslowakei. Jetzt habe er eben die französische Staatsbürgerschaft angenommen, sie sagte mir, alles sei in ein paar Tagen abgewickelt worden.

Insgesamt machte mir der Abend nicht viel Freude. Ich interessiere mich nicht für die gleichen Dinge wie diese Menschen und finde die Konversation sehr anstrengend. Ein solcher Abend ist aber auf andere Weise sehr interessant. Diesen Menschen zu begegnen, ihren Gesprächen zuzuhören und sie zu beobachten, ist der Mühe vielfach wert und in sich selbst lehrreich.

Freitag, 31. März
Chamberlain erklärt, daß England Polen im Falle einer Aggression energisch unterstützen werde.

Die polnische Situation könnte Schwierigkeiten verursachen. Die gegenwärtigen Trends in Europa gefallen mir nicht. Wenn England und Frankreich versuchen, Deutschlands Expansion nach Osten aufzuhalten, wird es Krieg geben, einen Krieg, in dem England und Frankreich angreifen müßten. Das würde den Tod vieler der besten Männer in Europa bedeuten. Ein allgemeiner Krieg zur jetzigen Zeit wäre verheerend, aber er rückt näher und wird von vielen Menschen für unvermeidlich gehalten. Wenn England Deutschland aufhalten wollte, warum in Himmels Namen hat es nicht 1934 gehandelt? Diese letzten fünf Jahre der Unschlüssigkeit könnten sehr wohl das Ende des britischen Empire, wenn nicht ganz Europas herbeiführen.

Je mehr ich das moderne England und das englische Volk kennenlerne, desto weniger Vertrauen habe ich zu ihnen. England nahm an
Versailles teil – England stand beiseite und sah zu, wie Deutschland
wieder aufrüstete und ins Rheinland einmarschierte. Es erlegte Italien
Sanktionen auf. Im letzten Frühling empfahl es eine tschechische Mobil-
machung; im Herbst riet es den Tschechen, vor Deutschland zu kapitulieren. Es erkennt Franco an, nachdem es sich ihm zunächst – wenigstens inoffiziell – widersetzt hatte. Und jetzt will es die Unverletzlichkeit
Polens garantieren und weiß Gott was noch sonst. Wo ist da der Weit-
blick, wo sind die Stabilität und die Stärke, die, wie uns gelehrt wurde, in
Großbritannien daheim sind? Englands jetzige Aktionen sind verzweifelt, eine neuerliche Umkehrung dessen, was man einen Mangel an
Politik nennen könnte.

Die Engländer tun mir leid. Sie waren ein großes Volk – und nun
sieht die Generation von heute den Niedergang ihres Empire, sie sieht,
wie die Führung auf den Kontinent und auf ihren beim letzten Waffen-
gang besiegten Gegner übergeht, sie sieht das Ende der britischen
splendid isolation und des großen kommerziellen Vorsprungs ihres
Landes. Es ist kein Wunder, daß die Briten verzweifelt sind, aber sie
setzen unbeirrt ihren alten Lebensstil fort, ja, sie führen nicht einmal
die allgemeine Wehrpflicht ein, obwohl sie durch ihr eigenes Handeln
am Rande eines Krieges stehen und dafür wirklich ungenügend vorbereitet sind.

Manchmal glaube ich, daß die Engländer ein natürliches Betäubungs-
mittel besitzen; daß sie so geschaffen sind, daß sie die Ergebnisse ihrer
Torheiten nie voll erkennen; daß sie sich selten mit anderen vergleichen
oder den Tatsachen ins Gesicht sehen, wenn sie ein Urteil über sich
selbst abgeben müssen. Die Generation, die einen Fehler begeht, stirbt
ohne die Erkenntnis, einen Fehler begangen zu haben. Das englische
Leben verläuft zu langsam, als daß man die Ursache eng mit der Wirkung verbinden würde. Jetzt haben sich die Ereignisse auf dem Kontinent und eine moderne Welt, die in einem modernen Tempo arbeitet,
dem englischen Bewußtsein aufgezwungen, sie haben die Briten gezwungen, sich der Fortschritte und der Leistungen des Auslandes
bewußt zu werden. Sie haben es durchgesetzt, daß das Urteil über
England von anderen als den Engländern selbst gesprochen wird, sie
haben es erzwungen, daß die Stärke Englands durch die konkrete
Waagschale des Krieges gemessen wird.

Samstag, 1. April
Die Zeitungen bestätigen, daß sich Chamberlain bereit erklärt hat,
Polen im Falle einer Aggression zu unterstützen. Sie deuten an, daß
England einen ähnlichen Pakt mit Rumänien schließen könnte. Das
kann sehr schnell zum Krieg führen. Deutschland wird notfalls
sicherlich zu den Waffen greifen, um ein wichtiges Ziel zu erreichen.

Ich habe vorläufig beschlossen, am 8. April mit der „Aquitania"
abzureisen und Anne und die Kinder hierzulassen, wenn die Lage
einigermaßen ruhig bleibt. Nach einigen Tagen in Amerika werde ich
dann entscheiden, ob ich sie nachkommen lassen werde oder nicht.
Das wird davon abhängen, was ich vielleicht tun könnte, wenn ich
den Sommer in den Staaten verbringe.

Sonntag, 2. April
Hitlers Rede wird in den Morgenzeitungen gebracht. Insgesamt ist sie
plausibel und trägt den deutschen Standpunkt gut vor – eine der besten
politischen Reden, die ich je gelesen habe. Und doch bringt eine der
englischen Zeitungen (die *Graphic* vom Sonntag) auf der Titelseite die
Schlagzeile: HITLER HAT DIE HOSEN VOLL. Die Presse führt die
Öffentlichkeit wie üblich in die Irre und erweckt einen völlig falschen
Eindruck.

Mir scheint, daß dieser Mann, der fast überall außer in seinem eigenen
Land verdammt wird, den man einen Fanatiker und einen Verrückten
nennt, die Zukunft Europas in seiner Hand hält. Das Überleben der
Zivilisation hängt jetzt viel mehr von seiner Klugheit als von den
Aktionen der Demokratie ab. Ob er es jetzt wünscht oder nicht,
Hitler kann die ganze östliche Hemisphäre beherrschen, wenn er
intelligent handelt und seine Pläne sorgsam trifft. Ich bin mehr als je
über die Kurzsichtigkeit und das Zaudern der demokratischen Staats-
männer deprimiert. Sosehr ich viele Dinge mißbillige, die Deutsch-
land getan hat, glaube ich, daß es in den letzten Jahren als einziger in
Europa eine konsequente Politik verfolgt hat. Ich kann die gebrochenen
Versprechen nicht billigen. Deutschland war bei dem Brechen von
Versprechen aber nur etwas schneller als andere Nationen. Die
Geschichte urteilt über Recht und Unrecht ganz anders als der Gesetzes-
paragraph.

Freitag, 7. April

Italienische Truppen sind heute morgen in Albanien eingedrungen. Deutschland und Italien planen zweifellos, ganz Osteuropa zu beherrschen (und was ist mit der russischen Ukraine?). Was werden England und Frankreich tun? Und Amerika?

Stehen wir am Rand des größten und katastrophalsten Kriegs der Weltgeschichte? Möglicherweise vor dem Ende der europäischen Zivilisation? All das könnte geschehen. Das menschliche Leben wird natürlich weitergehen, aber mit welchen Veränderungen!

Verbrachte den Morgen mit endgültigen Vorbereitungen für meine Abreise. Anne wird um den Zwanzigsten (April) die Vorbereitungen entweder für die Überfahrt oder die Abreise nach Illiec beginnen. Die Entscheidung wird von meinem Telegramm aus Amerika abhängen.

Samstag, 8. April

Frühstück um 8.15 Uhr mit der ganzen Familie. Fast den ganzen Vormittag die drei Koffer gepackt, die ich mitnehme, letzte Einzelheiten erledigt. Anne und ich machten einen kurzen Spaziergang. Dann verabschiedete ich mich von allen und fuhr um 11.15 Uhr mit dem Taxi ab. Ich ging geradewegs an den Presseleuten vorbei und bestieg den Zug, ohne belästigt zu werden. Erfreuliche Fahrt nach Cherbourg. Ging an Bord eines Tenders und eine Stunde später an Bord der „Aquitania".

Sonntag, 9. April

Ich erhielt eine Funkdepesche von „Sol Bloom, amtierendem Vorsitzenden des Ausschusses für auswärtige Angelegenheiten, Washington", der mich ersuchte, vor dem Ausschuß zu erscheinen. Ich frage mich, was dahintersteckt? Publicity für Sol Bloom? Die Zeitungen? Eine Intrige irgendwelcher Art? Er will, daß ich im Zusammenhang mit den schwebenden Neutralitätsgesetzen aussage. Ich werde eine unbestimmte Antwort kabeln und meine Entscheidung hinausschieben, bis ich an Land gehe und eine Chance habe, herauszufinden, worum es geht.

Montag, 10. April

Um 6.45 Uhr aufgestanden. Eine mittelrauhe Nacht. Die „Aquitania" stampfte, schlingerte aber nicht. Aufgerissene Wolkendecke, gelegentlich Sonnenschein. Verbrachte vor dem Frühstück fünfundvierzig Minuten auf dem Oberdeck. Habe das Schiff heute morgen fast für mich allein. Frühstück um 8 Uhr. Nur sehr wenige Leute anwesend.

Dienstag, 11. April
Die See ist rauh, wir haben unsere Geschwindigkeit etwa um die Hälfte verringert. Das Deck war von Gischt bedeckt, ich holte mir also einen Regenmantel und zog einen alten Anzug an.

Die Bordzeitung meldet, daß Italien mehr als 300.000 weitere Soldaten einberufen hat und daß die niederländischen Häfen vermint werden. Das britische Unterhaus wurde einberufen und tritt am Donnerstag zusammen. Die Lage bleibt kritisch.

DIE VEREINIGTEN STAATEN
VOR DEM KRIEG

1939

Mittwoch, 12. April
Kodenachricht aus dem Büro der Cunard-Linie in New York: Meine
Freunde dort schlagen vor, daß ich über die Mannschaftsgangway an
Land gehe. Augenscheinlich schicken sich die Zeitungen an, den üblichen
Ärger und die gewohnten Schwierigkeiten zu machen. Ich glaube
jedoch, daß ich die normale Passagiergangway benützen und abwarten
werde, was geschieht. Man wird ohnehin alle Gangways bewachen.

Donnerstag, 13. April
Per Funkspruch werde ich ersucht, am 20. April an einer NACA-Bespre-
chung teilzunehmen. Funkspruch von General Arnold, der mich bittet,
ich solle ihn gleich nach meiner Ankunft anrufen. Funktelefongespräch
mit Truman und Kay Smith. Sie sind an Bord der „Washington" und
sagen, sie hätten die „Aquitania" eben in einigen Meilen Entfernung
gesehen.

Freitag, 14. April
Am Vormittag gelesen, gepackt und spazierengegangen. Ich gab den
Kellnern und Stewards Trinkgeld, dann ging ich in meine Kabine und
versperrte die Tür. Die Zollbeamten kamen eben an Bord, als ich die
Tür schloß, die Presse begleitete sie. Nach einer Viertelstunde wurde an
meine Tür geklopft, und eine Stimme – eine bekannte Stimme – ertönte.
Es war Mme. Carrel! Sie, Dr. Carrel und Jim Newton waren mir

auf einem der Schlepper entgegengefahren. Bald fingen die Reporter und Fotografen damit an, gegen die Tür zu hämmern. Wir antworteten nicht. Ich hatte mit dem Steward vereinbart, daß er mir Bescheid sagte, sobald die Gangplanke nach Anlegen des Schiffs ausgelegt sei. Während wir sprachen, drang ein Pressefotograf durch die Tür der benachbarten Kabine herein, machte eine Blitzlichtaufnahme und floh wieder. Darauf versperrten wir auch die Tür dieser Kabine. Es ist schon eine lächerliche Situation, wenn man nicht in die eigene Heimat zurückkehren kann, ohne das Spießrutenlaufen durch die Fotografen und die Lügen und Beleidigungen der Presse hinnehmen zu müssen. Das nimmt der Freiheit der Demokratie die Würze; man fragt sich, wo die Freiheit endet und die Unordnung beginnt.

Zwei New Yorker Polizeibeamte kamen in die Kabine und fragten, ob sie mir von Nutzen sein könnten. Sie schlugen vor, einen Kordon um mich zu bilden, wenn ich die Kabine verlasse. Ich erwiderte, ich würde es vorziehen, wenn möglich allein hinauszugehen. Sie rieten mir davon ab, sie sagten mir, einem der Männer, die das zuletzt versucht hatten, sei eine Rippe gebrochen worden. Ich sagte ihnen, ich wolle es trotzdem versuchen. Sie erwiderten „all right", schüttelten mir die Hand und gingen. (Sie sagten, sie blieben da, um, wenn nötig, zu helfen.) Augenscheinlich war die Gangway inzwischen schon heruntergelassen worden, aber der Steward hatte vergessen, es mir zu sagen. Wahrscheinlich war er durch das Gedränge der Presse verwirrt worden und wußte vermutlich nicht einmal, daß wir schon angelegt hatten.

Um 10.15 Uhr bat ich Newton, hinauszugehen und die Lage zu erkunden. Nach fünf Minuten kam er zurück, er sagte, alle Passagiere seien schon von Bord, die Gangway sei mit Ausnahme der Vertreter der Presse frei. Er sagte, das Schiff sei voll von ihnen. Dann verließen wir die Kabine. Ich ging zuerst, Mme. Carrel als nächste und dann Dr. Carrel und Newton. Auf beiden Seiten des Gangs standen Kameraleute mit blendenden Blitzlichtern. Sie fingen an zu schieben und zu stoßen, sie blockierten den Weg vor uns. Die Polizei bildete sofort einen Keil und schob sie aus dem Weg. Es waren Dutzende von uniformierten Polizisten zusammen mit vielen Detektiven in Zivil. Auf dem ganzen Weg zum Deck liefen die Fotografen vor und hinter uns her, versperrten den Weg, wurden von der Polizei beiseite gestoßen, schrien und fielen übereinander auf das Deck. Es mußten Hunderte gewesen sein, und die Planken waren mit dem zerbrochenen Glas der weggeworfenen Blitzlichter bedeckt. Ich habe nie zuvor — ich glaube, nicht einmal 1927 — so viele Reporter gesehen.

Es war ein barbarischer Einzug in ein zivilisiertes Land. Wir gingen die Gangway hinunter und schließlich in einen großen Aufzug. Mme. Carrel kam mit und auch Aubrey (Morgan), der unten an der Gangway auf mich gewartet hatte. Dr. Carrel aber und Newton sah ich nicht wieder, sie waren in dem Gedränge und Geschiebe verlorengegangen. Mrs. Morrows Chauffeur Ambrose wartete mit einem kleinen Wagen am unteren Dock. Dann fuhren wir den Hudson Highway entlang und über die Washington-Brücke nach Englewood. Rief General Arnold an und vereinbarte, ihn morgen in West Point zu treffen. Um 1.30 Uhr zu Bett.

Dienstag, 18. April
Rief Arnold an und trat ab sofort wieder in den aktiven Dienst (als Oberst im Armeefliegerkorps). Dr. Lewis (NACA) kam um 10.30 Uhr; wir sprachen über die Forschungsprobleme, die durchgeführt werden mußten.

Nach dem Lunch ging ich zu einem Schneider, um meine Uniform zu bestellen. Ging um 15 Uhr ins Kriegsministerium (Arnolds Büro). Sprach eine Stunde lang mit ihm und anderen Offizieren. Kehrte in die Wohnung zurück, um um 16 Uhr Dr. Bush (NACA und Carnegie) zu treffen. Diskutierte mit ihm eine Stunde lang über Probleme der beiden Institutionen. Am Abend gelesen und NACA-Daten studiert.

Mittwoch, 19. April
Die „Paris" im Dock ausgebrannt! Anne, Jon und Land sollten heute mit der „Paris" abreisen.

Nahm um 10 Uhr an einer Besprechung des Marinenachrichtendienstes teil. Sie stellten mir Fragen, und wir erörterten eine Stunde lang die europäische Fliegerei. Dann ging ich in General Arnolds Büro. Ich erhielt gestern meine Ernennung und beginne heute meinen aktiven Dienst. Lunch mit General Arnold und anderen Offizieren. Wir besprechen Methoden, um die Leistung der Armeeflugzeuge zu steigern. Studierte am Nachmittag bis 15.30 Uhr verschiedene NACA-Berichte.

Donnerstag, 20. April

Treffe Arnold um 8 Uhr im Munitions Building. Wir fuhren zum War and Navy Building, wo wir um 9 Uhr mit Minister Woodring zusammentrafen. Sprachen über die Luftwaffe in Amerika und Europa. Woodring scheint sehr daran interessiert zu sein, daß ich nicht vor einem Kongreßausschuß aussage. Tatsächlich täte ich das lieber auch nicht, ich frage mich aber, was in seinem Kopf vorgeht.

General Arnold beeindruckt mich immer mehr, je besser ich ihn kennenlerne. Ich glaube, daß unsere Beziehungen sehr erfreulich sein werden. Ich sehe auch schon Wege, wie ich hier von Nutzen sein kann.

Kehrte ins Munitions Building zurück, fuhr aber dann sofort zum Bolling Field, um mich der regulären medizinischen Untersuchung durch die Armee zu unterziehen. Ergebnis befriedigend. Ich hatte eben noch die Zeit, meinen Fallschirm anpassen zu lassen, ehe ich in einem Armeeauto zum Munitions Building aufbrach. Von dort zu einer Verabredung mit dem Präsidenten um 12 Uhr ins Weiße Haus. Eine Menge von Pressefotografen an der Tür und irrsinnige Frauen, die mich ankreischten, als ich durchging — für die Stufen des Weißen Hauses ein beschämender Spektakel. Bei afrikanischen Wilden herrscht mehr Würde.

Roosevelt hatte sich in seinen Verabredungen (wie ich höre, wie üblich) verspätet, ich wartete also dreiviertel Stunden, bis ich an der Reihe war. In der Zwischenzeit sprach ich mit den Kongreßabgeordneten, die ebenfalls auf Verabredungen warteten, sie waren sehr politisch, aber ganz interessant und erfreulich.

Ich betrat um 12.45 Uhr das Büro des Präsidenten — es war das erste Mal, daß ich ihm persönlich begegnete. Er saß an seinem Schreibtisch an einem Ende des großen Raums. An den Wänden befanden sich mehrere Schiffsmodelle. Als ich eintrat, beugte sich Roosevelt aus seinem Stuhl vor, mir entgegen, und erst jetzt, beim Schreiben dieser Zeilen, fällt mir ein, daß er ja gelähmt ist.

Ich bemerkte es nicht und dachte während unseres Zusammentreffens nicht daran. Er fragte sofort, wie es Anne gehe, und erwähnte die Tatsache, daß sie seine Tochter in der Schule kennengelernt habe. Er ist ein vollendeter, glatter und interessanter Gesprächspartner. Er gefiel mir, und ich habe das Gefühl, daß ich gut mit ihm auskommen kann. Die Bekanntschaft wäre erfreulich und interessant.

Etwas war aber an ihm, dem ich nicht trauen konnte, er war ein wenig zu glatt, zu freundlich, zu leichtmütig. Trotzdem — er ist unser

Präsident, und bei der Arbeit, die ich jetzt leiste, besteht kein Grund zu einer Gegnerschaft zwischen uns.

Roosevelt wirkte auf mich wie ein sehr müder Mann, der aber noch genug Energie besitzt, um noch lange weiterzumachen. Ich bezweifle, ob er selbst erkennt, wie müde er ist. Sein Gesicht hat das graue Aussehen des überarbeiteten Managers, und seine Stimme den ebenmäßigen Routineton, den man immer dann anzunehmen scheint, wenn der Geist durch zu viele und zu häufige Konversation abgestumpft ist. Der Ton ist von der stumpfen Art, die alle Sinne annehmen, wenn sie überbeansprucht sind: der Geschmack, wenn man Tag um Tag zuviel von der gleichen Speise zu sich nimmt, das Gehör, wenn sich die Musik nie ändert, und das Gefühl, wenn man die Hand nie hebt.

Roosevelt schätzt seinen Gesprächspartner schnell ein und behandelt ihn sehr clever. Er ist in erster Linie Politiker, und ich glaube nicht, daß wir in vielen grundsätzlichen Dingen miteinander auskommen würden. Es gibt aber Dinge, die mir an ihm gefallen – und warum sich Gedanken machen über die anderen, es sei denn, man hat einen gewichtigen Grund dazu? Es ist besser, wir arbeiten zusammen, solange wir das können – und doch habe ich irgendwie das Gefühl, daß das nicht sehr lange dauern wird.

Fuhr vom Weißen Haus zum Munitions Building zurück, wieder durch einen Mob von Presseleuten und dummen Frauen. Lunch mit General Arnold und einem oder zwei anderen Offizieren, wir sprachen über Flugzeugleistungen. Dann gingen wir ins Büro der NACA. Der Versammlungsraum war mit Presseleuten überfüllt – Filmkameras und Fotografen. Ich sagte Victory [John Victory, Sekretär der NACA], ich würde erst dann hineinkommen, wenn die Aufnahmen vorüber seien. Er erwiderte, die Fotografen hätten gesagt, sie wollten keine Aufnahmen, wenn ich nicht darauf sei! Ich sagte, ich würde weder hier noch anderswo für Pressefotos posieren. Sie machten den Gegenvorschlag, daß sie mich in Zukunft in Ruhe lassen würden, wenn sie mich einmal aufnehmen dürften; sie würden ihr *Ehrenwort geben!* Man stelle sich vor, ein Pressefotograf spricht von einem Ehrenwort! Die gleichen Männer, die durch das Fenster der Leichenhalle von Trenton einbrachen, den Sarg meines Babys öffneten und seine Leiche fotografierten! Solche Männer sprechen mir von Ehre!

Wir ließen sie aus dem Raum schaffen, und das Meeting begann. Zuerst kam die Routinearbeit, dann wurden neue Entwicklungen durch Dr. Lewis demonstriert. Ich brachte das Thema der Forschungsmöglichkeiten zur Sprache. Ich fragte, wie wir mit unseren gegenwärtigen

Möglichkeiten die militärische Entwicklung (in der Luftfahrtforschung) im Ausland aufholen wollten. Ich wies darauf hin, daß wir schon zurückgefallen seien, als die Anlagen im Ausland noch nicht auf dem heutigen Stand waren; daß wir bei aller Anerkennung der neuen Teststation von Sunnyvale in den Forschungsmöglichkeiten weit hinter einem Land wie Deutschland zurückbleiben würden und daß wir wirklich volle finanzielle Unterstützung für Sunnyvale und noch viel mehr bräuchten. Wenn wir schon nicht erwarten könnten, die europäische Flugzeugproduktion einzuholen, solange wir auf Friedensbasis arbeiteten, so sollten wir doch zumindest die Qualität unserer Maschinen aufrechterhalten.

Montag, 24. April
Fuhr mit General Brett rechtzeitig zum Wright Field, um die Karten abzuholen und um 6.45 Uhr nach Buffalo zu starten. Klares Wetter und Rückenwind, ich war also der Zeit voraus, als ich mich Buffalo näherte. Ich stieg auf 4600 Meter und testete die P-36 in verschiedenen Manövern — Immelmannrollen, halbe Loopings, Sturzflug, Sackflug (überzogener Flug) usw. Sie rollt oben auf einem Looping wunderschön und läßt sich besser manövrieren als die europäischen Maschinen, selbst wenn sie nicht so schnell ist. Dann stieg ich auf 9500 Meter, verwendete Sauerstoff und ging im Sturzflug auf 6200 Meter herunter — bis ich eine Stundengeschwindigkeit von 580 Stundenkilometern erreichte.

Donnerstag, 27. April
Brach gegen 17 Uhr nach Englewood auf, aß unterwegs in einem kleinen Restaurant am Weg. Traf gegen 1.15 Uhr früh in Englewood ein. Erwartete, Anne dort anzutreffen, der Wachmann sagte mir jedoch daß die „Champlain" erst gegen 6 Uhr anlegen wird.

Freitag, 28. April
Anne und die Kinder trafen gegen 7.30 Uhr ein. Ich holte sie nicht ab, um weitere Schwierigkeiten mit der Presse zu vermeiden. Wir hatten um polizeilichen Schutz gebeten: wie ich höre, waren etwa hundert Mann dort. Anne und die Kinder hatten eine gute Reise gehabt und sahen alle prächtig aus. Schwester Lisi fällt unter die Schweizer

(Einwanderungs-)Quote und kann daher beliebig lang bei uns bleiben. Das enthebt uns der Schwierigkeit, eine neue Kinderschwester suchen zu müssen.

Minister Woodring rief aus Washington an und ersuchte mich, mit ihm an einem Dinner in Kansas City (Handelskammer der Vereinigten Staaten) teilzunehmen! Kansas City ist seine Heimat. Genau was ich erwartet habe: alles, was ich hier zu tun versuche, wird durch diese politischen Gefälligkeiten behindert. Sie würden meine ganze Zeit beanspruchen, auch wenn ich nur einen Bruchteil davon annehmen würde. Man stelle sich das vor: Der Kriegsminister ersucht mich, mit ihm an einem Dinner in Kansas City teilzunehmen, wenn ich gerade damit beginne, mich auf meine Arbeit hier zu konzentrieren.

Donnerstag, 4. Mai
Traf General Arnold um 8 Uhr in seinem Büro im Munitions Building. Er muß am Fünfzehnten vor einem Bewilligungsausschuß des Kongresses erscheinen; es ist offenkundig, daß wir mehr Geld für Forschung und Entwicklung bekommen müssen, wenn wir hoffen wollen, den Vorsprung des Auslandes bei den Militärflugzeugen innerhalb der nächsten fünf Jahre aufzuholen.

General Arnold wünscht meine Mitarbeit in einer Kommission der Armee, die das Entwicklungsprogramm der Armee zu revidieren und ihm vor seinem Auftreten am Fünfzehnten im Kapitol Empfehlungen vorlegen soll. Ich beschließe, sofort an die Westküste zu fliegen, um mich mit der dortigen Situation im Flugwesen vertraut zu machen. Ich plane, morgen früh aufzubrechen und die Reise zu verschieben, die ich zu den Fabriken im Raum New York unternehmen wollte. Es wird eine schnelle Reise sein müssen – nur vier oder fünf Tage in Kalifornien. Ich will aber eine Vorstellung davon bekommen, was da draußen vor sich geht, ehe ich in die Armeekommission eintrete.

Freitag, 5. Mai
Startete um 6.10 Uhr EST [*Eastern Standard Time*, die lokale Uhrzeit an der Ostküste der Vereinigten Staaten] direkt über die Alleghenies. Zwischenlandungen in Dayton, Ohio, St. Louis und Marshall, Kansas. Lande in Albuquerque, New Mexico, 19.55 Uhr EST, und da man von meiner Ankunft wußte, warteten der Bürgermeister und die übliche Gruppe von Reportern und Fotografen am Flugfeld. Sie waren nicht

sehr lästig, das sind sie nur in den Großstädten. In Albuquerque schüttelten sie mir die Hände, zückten ihre Kameras und ließen mich in
Frieden, während ich Anweisungen fürs Auftanken gab. Keine Aufregung, kein Affentheater, wie in den Flughäfen der Großstädte. Abflug von Albuquerque um 20.20 Uhr EST.

   Kam bei Sonnenuntergang (Landung 21.33 Uhr EST) in Winslow,
Kalifornien, an.

Mittwoch, 10. Mai
Frühstück mit General und Mrs. Fickel. Dann ging ich mit dem
General ins Stabsgebäude, darauf startete ich nach Tucson. Die untere
Wolkengrenze betrug etwa 150 Meter, die Nebelschicht war mehrere
Hundert Meter dick. Man wollte meinen Flug wegen der Nähe der Berge
nicht freigeben, es gelang mir aber, ihnen das auszureden. Startete um
8.13 Uhr Pazifik-Zeit und folgte dem Funkrichtstrahl nach Westen,
bis ich in etwa 1000 Meter Höhe durch die Wolken stieß. Meldete mich
beim March Field und nahm Kurs auf Tucson. Die Wolken erstreckten
sich nur bis zu den Bergen, später hatte ich klares Wetter und Rückenwind. Ich fliege liebend gern am frühen Morgen über die Wüsten des
Südwestens. Wenn ich die verblaßten und wechselnden Farben, die selt-
samen Felsformationen und die Weite und Einsamkeit des Ganzen vor
mir habe, kann ich verstehen, warum die Religionen der Wüste so viel
verdanken.

   Landete um 10.05 Uhr Pazifik-Zeit in Tucson. Ich war in einer Höhe
von 3000 Metern und mehr geflogen. Als ich zur Landung niederging,
war es, wie wenn man sich der offenen Tür eines riesigen Schmelzofens
nähert, ich war von Welle auf Welle einer sich immer steigernden Hitze
umgeben. Das Auftanken ging sehr schnell vonstatten, und ich startete
wieder um 10.42 Uhr Pazifik-Zeit. Der Kühle wegen stieg ich sofort
auf 3500 Meter. Klares Wetter bis El Paso. In Roswell, New Mexico,
Besuch bei Dr. Goddard, wir sprachen über Raketenpläne und -ent-
wicklungen. Bei Goddard übernachtet.

Freitag, 12. Mai
Kam gerade noch zur Besprechung im Munitions Building zurecht.
Die Kommission setzt sich zusammen aus General Kilner, Oberstleutnant Spaatz, Oberstleutnant Naiden, Major Lyon und mir. Wir
besprachen vor allem die Geldmittel, die für Forschung und Entwick-

lung verfügbar sind, und in welchen Bereichen Verbesserungen am dringendsten nötig seien. Wir müssen für Forschung und Entwicklung mehr Geld bekommen.

Dienstag, 16. Mai

Am frühen Vormittag mit Anne unsere Sommerpläne besprochen. Wir wären gerne dabei spazierengegangen, aber das ist bei der Publicity, der wir seit neuestem wieder ausgesetzt sind, nicht zu machen. Man würde uns erkennen, um Autogramme bitten, uns verfolgen, vor uns herlaufen, um uns zu fotografieren. Oft kommt es vor, daß jemand in einem Auto uns erkennt, dann bremst er hart, ohne Rücksicht auf den Verkehr, nur um uns anzustarren. Das ist alles nicht sehr angenehm, manchmal wünschen wir uns, wir wären wieder ungestört in Frankreich oder England.

In Anbetracht der unsicheren Situation, des heißen Wetters in Washington, der Schwierigkeit, ein Haus aufzutreiben, Dienstboten, Wachpersonal etc. zu finden, haben wir beschlossen, vorübergehend ein kleines Appartement zu mieten und unsere Suche nach einem Haus auf später zu verschieben.

Es schaut so aus, als ob wir im letzten Jahr dauernd damit beschäftigt waren, umzuziehen und uns einzurichten. Im Juni zogen wir von Long Barn nach Illiec. Dann bemühten wir uns um ein Haus in Berlin, nahmen eine Mietwohnung in Paris, schickten die Kinder nach Englewood, suchen nun ein Haus in der Nähe von Washington und hoffen, einen Teil des Sommers in Maine zu verbringen.

Mittwoch, 17. Mai

Schrieb und studierte bis 10 Uhr Berichte, als Miß Gawne anrief und sagte, sie habe sich das Wardman-Park-Appartement angesehen. Ich sagte ihr, sie solle auch eines im Anchorage ansehen, das Betty Land vorgeschlagen hatte. Später fuhren wir zu den beiden Appartements. Das im Wardman Park war groß – aber nahe am Rock Creek Park. Das im Anchorage war klein und näher am Munitions Building. Ich beschloß, das im Anchorage zu nehmen und vereinbarte mit dem Verwalter, daß ich sofort einziehen würde. Das Appartement hat zwei Räume – Schlafzimmer und Wohnzimmer – und ein ziemlich altmodisches Bad. Die Räume sind klein, aber wenn ich bedenke, wie wenig Zeit ich in Washington zubringen werde, sollte es ausreichen.

Freitag, 19. Mai
Startete um 11.25 Uhr EST. Klarer Himmel, jedoch sehr dunstig über
dem Gebiet von Newark/New York. Zog eine Schleife über Next Day
Hill nach 55 Minuten Flug. Landete 12.40 Uhr EST. In Englewood
ging ich durch die Post. Sobald unser Name in den Schlagzeilen der
Presse erscheint, werden wir mit Post überschwemmt. Man kann einfach
nicht jeden Brief beantworten. Die meisten Briefe sind von Leuten, die
wirklich keinen Anlaß haben, mir zu schreiben.

Dienstag, 30. Mai
Fuhr mit Anne nach Long Island, um ein Haus auf Lloyd Neck anzusehen, das wir vielleicht für den Sommer mieten. Das Haus (auf dem
Colgate-Grundstück) hat eine ausnehmend gute Lage, ist hübsch eingerichtet und hat etwa die richtige Größe. Ich glaube, wir werden es
für den Sommer mieten. Es liegt auf einem Hügel mit einem Blick
über den Sund von Long Island und ist weder zu leicht zugänglich
noch zu isoliert.

Donnerstag, 1. Juni
Fuhr rechtzeitig zu einer Besprechung um 10 Uhr mit Professor Kle-
min in das Guggenheim College für Aeronautik.
   Wir besprachen die Probleme im Zusammenhang mit der Koordi-
nation der aeronautischen Forschung und die Beziehung, die zwischen
den verschiedenen Colleges und der NACA bestehen sollten. Nach der
Besprechung fuhr ich mit Harry Guggenheim zum Lunch in die Stadt.
   Suchte Jean Monnet um 15.30 Uhr in seinem New Yorker Büro
auf. Wir sprachen über die französischen Ankäufe amerikanischer
Flugzeuge und die allgemeine Lage in Europa.

Freitag, 2. Juni
Unterzeichnete Mietvertrag für das Long-Island-Haus (oder besser
gesagt, ließ ihn durch Miß Gawne unterzeichnen, da wir beim Abschluß
des Mietvertrages ihren Namen benützt haben). Wir mieten es bis zum
1. November mit einer monatlichen Option auf eine Verlängerung
(2000 Dollar bis zum 1. November). Kurze Zeit Post erledigt, dann zu
einer Verabredung zum Lunch mit Harry Davison. Hielt auf dem Weg
dorthin bei der Amerikanischen Geographischen Gesellschaft, um dort

unseren Sextanten (Bausch & Lomb) und den Propeller abzugeben, den wir bei unserem Orientflug 1931 verwendet hatten. Sie machen dort eine kleine Ausstellung und haben uns um einen Beitrag gebeten.

Mittwoch, 7. Juni
(Washington.) Um 9 Uhr im Munitions Building zur Sitzung der Kommission. Verbrachten den Vormittag bei der Diskussion der Spezifikationen von mittleren Bombern. General Arnold bat mich, mit ihm und Dr. Bush zu Abend zu essen und dabei die Koordination von Forschungsmöglichkeiten zu besprechen.

Roy Alexander rief an, gerade ehe wir zum Lunch aufbrachen. Er sagte, er habe einen Artikel über mich geschrieben, der in der nächsten Ausgabe von *Time* erscheinen würde. Ich sagte ihm, ein Artikel aus seiner Feder sei mir lieber als von irgend jemand anderem; doch um ehrlich zu sein: alle Artikel, ob gut oder schlecht, würden uns das Leben nur noch schwerer machen, und dem wollen wir so weit wie möglich aus dem Wege gehen. Ich habe Roy Alexander gern und verstehe – wenigstens teilweise –, was er im Sinn hat. Er ist ganz entschieden ein Freund von mir, und ich möchte ihn nicht verlieren – aber wie würde ich es mir wünschen, daß *keiner* meiner Freunde Reporter für eine Zeitung oder ein Magazin wäre!

Lunch mit General Arnold und Dr. Bush. Wir sprachen die ganze Zeit über die NACA, ihre Zukunft und ihre Mängel. Wir sprachen auch über die beste Methode, Langley Field mit Colleges für Aeronautik wie M.I.T. und C.I.T. zu koordinieren. Bush fragte mich, ob ich es in Betracht ziehen würde, die Präsidentschaft oder Vizepräsidentschaft der NACA zu übernehmen. Ich erwiderte ihm, ich könne diese Position nicht annehmen, sosehr ich die NACA schätze. Ich sagte, mein stärkstes Interesse liege auf anderen Gebieten, und wenn ich meine gegenwärtige Arbeit für die Armee beendet hätte, wollte ich mich nicht ausschließlich mit der Fliegerei befassen. Auch könnte ich meinem Gefühl nach auf andere Art glücklicher leben und mehr leisten.

Donnerstag, 8. Juni
Den ganzen Vormittag im Komitee. Wir befassen uns noch immer mit den mittleren Bombern. Die Kavallerie von Fort Snelling ritt vorbei, sie holt den König und die Königin von England ab. Später am Vormittag flogen Jäger- und Bomberformationen vorüber.

Samstag, 10. Juni
Beschloß, vor der nächsten Ausschußsitzung nach San Francisco und
Seattle zu fliegen, um die Boeing-Werke zu besichtigen und mir die
Möglichkeiten an der Universität von Washington und im Raum San
Francisco anzusehen.

Gepackt, Uniform angelegt und mit dem Taxi zum Bolling Field.
Wollte Karten für den Flug nach Westen holen. Anruf von General
Arnold, der sagte, meine Aussage vor dem Bewilligungsausschuß des
Kongresses sei falsch zitiert und gegen ihn verwendet worden. Er bat
mich, am Montag nach Washington zurückzukommen und ihm zu
helfen, die Auswirkungen zu bekämpfen. Muß daher meinen Flug nach
dem Westen verschieben.

Freitag, 23. Juni
Um 9.30 Uhr im Munitions Building. Kurze Konferenz mit General
Arnold und General Brett. Wir gingen durch die Gänge zum Navy
Building und den NACA-Büros. Alle Mitglieder mit Ausnahme von
Orville Wright und Dr. Ames anwesend. Dr. Lewis war eben aus Europa
zurückgekehrt. Er erzählte uns von seinen Eindrücken in England,
Deutschland und Frankreich. Er sagte, die englische Produktion be-
trage wahrscheinlich 700 Maschinen pro Monat, man erwarte, sie in
naher Zukunft auf 1000 zu steigern. Die französische Produktion soll
sich auf etwa 300 Maschinen pro Monat belaufen, die italienische angeblich auf ·120. Lewis sagte, die Deutschen hätten anscheinend das
Gefühl, eine ausreichende Menge von Flugzeugen zur Hand zu haben,
sie „machten" jetzt in der Produktion „weiter", ohne ihre vollen
Kapazitäten auszuschöpfen.

Nachdem der Lewis-Bericht und die Routinedetails der Besprechung
erledigt waren, wurde wieder das Sunnyvale-Projekt [die aeronautischen Forschungslaboratorien in Sunnyvale, Calif.] erörtert. Ich
stellte fest, daß die Flugzeugindustrie in Sachen Sunnyvale-Projekt
nicht hinter der NACA zurückgeblieben war und daß die NACA in
letzter Zeit allgemein an Prestige zu verlieren scheine. Ich sagte, daß
es wesentlich sei, das Vertrauen der Industrie und der Colleges für
Aeronautik zurückzugewinnen. Das führte zu einer längeren Diskussion. Arnold schlug die Bildung eines Komitees vor, das die besten
Methoden zur Koordination der amerikanischen Forschungsmöglichkeiten untersuchen sollte, einschließlich derer der NACA und der
verschiedenen Colleges für Aeronautik.

Montag, 10. Juli
Startete um 12.47 Uhr EST von Mitchel aus (nach Washington). Flog über Annapolis, landete um 14 Uhr in Bolling Field. Fuhr mit Armeeauto zum Munitions Building. Dort erfuhr ich, daß drei Konferenzen angesagt waren, und bei allen drei sollte ich dabei sein. Dr. Lewis rief vom Kapitol aus an und bat mich, zu kommen. Ich entschloß mich für die Teilnahme am NACA-Hearing; das schien mir am wichtigsten.

Nachdem wir eine halbe Stunde vor dem Sitzungssaal des Komitees gewartet hatten, wurden wir hineingerufen („wir" – das heißt Dr. Abbot, Dr. Lewis und ich selbst). Dr. Abbot las dem Komitee eine lange Abhandlung vor, wobei die meisten Ausschußmitglieder einzuschlafen schienen. Nachdem Dr. Abbot fertig war, gab Dr. Lewis eine ausgezeichnete Darstellung der Position der NACA. Anschließend sprach ich zehn Minuten lang vor dem Ausschuß und betonte die Notwendigkeit, die Leistungen unserer Luftwaffe auf gleicher Höhe mit der jedes anderen Landes zu halten. Ich versuchte, den Fehler herauszustellen, daß man große Ausgaben für Flugzeuge machte, ohne ein entsprechendes Forschungs- und Entwicklungsprogramm durchzuführen. Ich erwähnte die Unzulänglichkeit unserer Laboratoriumsmöglichkeiten, wenn man sie mit denen in Europa verglich. Zuletzt versuchte ich mit allergrößter Betonung zu umreißen, was man gewinnen könnte, wenn man (durch die NACA) weitere Forschungsprojekte an den Universitäten finanzieren würde. Durch diese Methode können wir wahrscheinlich sehr wichtige Resultate zu den niedrigstmöglichen Kosten erzielen. Das Komitee war rücksichtsvoll und hörte aufmerksam zu.

Donnerstag, 13. Juli
Jim Newton kam um 8 Uhr zum Frühstück in meine Wohnung. Jim interessiert sich schon seit Jahren für die Oxford-Bewegung [bekannter unter dem Namen „Moralische Wiederaufrüstung", gegründet von Frank Buchmann, späterer Sitz in Caux, Schweiz] und war darin sehr aktiv. Mich persönlich hat das was ich von der Oxford-Bewegung gehört habe, nicht besonders angezogen. Sie gewinnt aber an Stärke und hat vielen Menschen geholfen. Zumindest von diesem Standpunkt aus ist sie eine Beobachtung wert. Es interessiert mich auch, daß Jim Newton in der Bewegung steht. Er ist ein sehr fähiger und intelligenter Mann. Wenn eine religiöse Bewegung genug Leute seines Schlages anziehen kann, wird etwas daraus werden. Ich werde die Sache in der Zukunft genauer beobachten.

Einer von Jims Freunden kam nach dem Frühstück – er arbeitet ebenfalls in der Oxford-Bewegung. Er schien ein prächtiger junger Bursche voll Begeisterung zu sein. Alle Mitarbeiter der Oxford-Bewegung scheinen vor Begeisterung überzuschäumen. Ich kann mir nie ein völlig klares Bild davon machen, *was* die Bewegung wirklich ist. Es scheint keine sehr klaren Ziele zu geben. Sie alle glauben an die Wahrheit und den guten Willen und sind gegen die Sünde. Augenscheinlich sind sie der Ansicht, daß die Probleme der Menschheit durch guten Willen bereinigt werden können und daß der Friede auf Erden dann auf ewig herrschen werde. Aber das konnte selbst Christus in 2000 Jahren nicht erreichen, und ich bin mir nicht sicher, ob Friede und guter Wille die Menschen glücklicher machen werden, wenn sie im Übermaß geschluckt werden müssen. Im Augenblick glauben die Oxford-Leute etwa an größere und bessere Babys, sie haben sich aber nicht sehr tiefschürfend mit den Problemen der Geburtshilfe befaßt. Trotzdem: es mangelt uns heute in der Welt an Religion. Ich kann nicht glauben, daß die Oxford-Gruppe dafür die Lösung darstellt, sie könnte aber ein Wegweiser sein, der in die allgemeine, wünschenswerte Richtung zeigt.

Donnerstag, 20. Juli
Major John T. Lewis von der Küstenartillerie kam zum Dinner. Wir sprachen über die Luftabwehr, ich verabredete mit ihm, daß ich mir Anfang August ein Übungsschießen ansehen würde. Am Abend sprachen wir über die Wirksamkeit der verschiedenen Flaktypen, von den hochexplosiven Sprenggranaten bis herunter zu dem Feuerstrom des MGs, Kaliber .30. Wir erörterten auch Methoden, die Zusammenarbeit zwischen dem Fliegerkorps und der Flakartillerie zu verbessern.

Samstag, 22. Juli
Sandte Kopien des Rohentwurfs des Komiteeberichts an Arnold, Towers und Hinkley (nur zur Diskussion). Ging in die Wohnung zurück und verbrachte den Rest des Vormittags mit Packen und Schreiben. Zog Uniform an und telefonierte Anne, sie solle einen Wagen am Mitchel Field auf mich warten lassen. Taxi zum Bolling Field.
Machte zwei Testflüge um das Feld, testete (Lande-)Klappenpositionen und Landeeigenschaften. Startete um 16.55 Uhr EST. Landete um 18.22 Uhr in Mitchel Field. Mutter und B. waren in dem Franklin gekommen und warteten auf mich.

Donnerstag, 27. Juli
Rief Glenn Martin an und sagte ihm, daß ich ihn um 11 Uhr im Flughafen Baltimore treffen würde. Taxi zum Bolling Field. Startete um
10.36 Uhr EST in der P-35, landete um 10.54 Uhr auf dem Logan
Field, Baltimore. Glenn Martin wartete und fuhr mich in seinem Cadil-
lac in die Fabrik. Der alte Flugplatz der Martin-Werke ist wegen einer
Erweiterung der Anlagen aufgerissen, und der neue weiter im Norden
ist nicht für Landungen geeignet. Von mehreren Angestellten begleitet,
machten wir einen Rundgang durch die Fabrik, die Werkhallen, Zeichen-
säle, Laboratorien usw. Einen Augenblick blieben wir stehen und
sahen uns die Pläne für das neue „Riesen"-Flugboot der Marine an,
ebenso den Teil der Fabrik, wo die französischen Bomber gebaut werden.
   Zum Lunch fuhren wir in Martins Jacht auf die Chesapeake-Bai
hinaus. Martin und ich besprachen verschiedene Probleme einschließlich der Auswirkungen der Politik auf unser Ausweitungsprogramm und
die Gerüchte über Korruption bei der Vergabe verschiedener Kontrakte in Washington. Wie üblich wandte sich unsere Diskussion Europa
und Deutschland zu. Martin hat seit seiner Reise durch Deutschland
eine hohe Meinung vor der deutschen Fliegerei. Nach dem Lunch zur
Fabrik zurück. Einer der Ingenieure brachte mich in seinem Wagen
zum Flugplatz.
   Startete um 17.20 Uhr EST. Landete um 18.33 Uhr. Im Armeeauto
nach Lloyd Neck. Alle hatten schon gegessen. Anne bereitete für mich
ein Dinner zu, wir plauderten im Speisezimmer, während ich aß. Wir
hatten großes Glück, so ein Sommerheim zu finden – bequem, wunderschön, in ruhiger Lage, nahe von New York, mit Spielkameraden
für Jon und Land, ein sonniger Strand zum Schwimmen, Sterne und
am Abend die Silhouette von Eichen auf unserem Rasen.

Mittwoch, 2. August
Verließ das Haus um 9.10 Uhr in dem De Soto und startete gerade auf
dem Flughafen von Newark, als Major Lewis' Flugzeug landete. Wir
fuhren nach Fort Hancock und hielten unterwegs an einem Kleinstadt-
hotel zu einem sehr mittelmäßigen Lunch.
   Unmittelbar nach dem Lunch im Fort beobachteten wir, wie die
achtzölligen Geschütze auf ein Ziel mehrere Kilometer vor der Küste
feuerten. Ich konnte die Granaten ein oder zwei Sekunden lang sehen,
nachdem sie die Rohre verlassen hatten. Dann, nach einer sehr langen
Zeitspanne, stieg beim Ziel – und immer bemerkenswert nahe – eine

hohe Wassersäule auf. Diese Schießübung erfolgte für die Kadetten von West Point, die am Morgen in einer Lastwagenkolonne nach Fort Hancock gebracht worden waren. Später sahen wir die 37-mm-Geschütze auf eine der Explosionswolken eines der großen dreizölligen Geschütze feuern. Das 37-mm-Geschütz verfeuert 120 Schuß pro Minute. Die Batterie schien die Luft mit Leuchtspuren zu erfüllen — ein Feuerstrom in Richtung auf die Rauchwolke, mehrere tausend Fuß über dem Wasser. Es war recht eindrucksvoll, wenn es auf ein stationäres Ziel gerichtet war, obwohl anscheinend alle Leuchtspurgeschosse weit unterhalb der Schrapnellexplosion lagen. Ich konnte mich des Gefühls aber nicht erwehren, daß ein Flugzeug mit 500 bis 600 Stundenkilometern kaum Gefahr liefe, getroffen zu werden.

Für mich waren die dreizölligen (etwa 7,5 cm) Flakgeschütze weit eindrucksvoller. Sie werden ein Geradeausfliegen in 3000 Meter Höhe — und wahrscheinlich noch beträchtlich höher — ziemlich gefährlich machen. Doch auch sie werden Bombenangriffe keinesfalls verhindern können, und meiner Schätzung nach wird der Prozentsatz an Treffern sehr niedrig sein. Das Schießen auf Schleppziele erweckt einen falschen Eindruck und ist ein armseliges Training. Das Ziel wird zu einer bekannten Zeit und in einer bekannten Höhe unter idealen Bedingungen geradeaus geflogen. Es fliegt in der gleichen Höhe geradeaus weiter, nachdem die ersten Granaten schon ringsum explodiert sind. In Kriegszeiten würde so etwas nie passieren.

Nach dem Flakschießen besuchten wir die Batterie Kingman, eine der zwei Zwölf-Zoll-(30-cm-)Batterien in Fort Hancock (Küstenverteidigung: New Yorker Hafen). Nachher sahen wir uns an, wie das MG, Kaliber .50, auf ein Schleppziel schoß. Ich versuchte, mit einem der MGs zu feuern, fand es aber sehr schwierig, die Waffe auf das Ziel zu halten. Der allgemeine Eindruck scheint mir der zu sein, daß sich die MGs Kaliber .50 als nicht sehr zufriedenstellend erweisen.

Zum Dinner kehrten wir in das Haus von Major und Mrs. Hennessy zurück. Nachts gingen wir hinaus, um die Scheinwerferübung zu beobachten. Der Wind war ziemlich stark, und die Scheinwerfer arbeiteten miserabel — sie erfaßten kein einziges Mal eine Maschine, bevor nicht der Pilot sie selbst auf 300 Meter herunterbrachte und die Tragflächen-Lichter einschaltete. Die Unterseite der Maschine hatte einen grauen Spezialanstrich, der es viel schwerer machte, das Flugzeug mit den Lichtstrahlen zu erfassen. Die Maschine flog in einer Höhe von nur 2000 Meter ein dutzendmal hin und her, und sie fanden sie nie!

Verbrachte die Nacht im Haus von Major Hennessy.

Samstag, 5. August
Rief Antoine de Saint-Exupéry an und lud ihn ein, die Nacht bei uns zu verbringen. Versprach, ihn um 17 Uhr im Ritz abzuholen und ihn nach Long Island zu fahren. Hatte am Nachmittag auswärts zu tun und verspätete mich. Ich rief Anne an und vereinbarte mit ihr, daß sie hinfuhr und Saint-Exupéry abholte – es ist schon wundervoll, wenn eine Frau das alles für einen tut –, und Anne ist immer bereit, in einem Notfall einzuspringen. Ich kam gegen 21 Uhr in Lloyd Neck an. Anne und Saint-Exupéry waren erst eine halbe Stunde vorher gekommen. Wir plauderten bis Mitternacht. Er ist ein außergewöhnlicher Geist – ein wirklicher Künstler und all das, das man erwartet, wenn man seine Bücher wie *Nachtflug* und *Wind, Sand und Sterne* gelesen hat; dazu ein erfahrener Pilot und ein ausgezeichneter Schriftsteller.

Sonntag, 6. August
Wir fuhren Saint-Exupéry zum Lunch in das etwa zwanzig Minuten entfernte Haus eines seiner Freunde. Anne und ich fuhren zum Lunch nach Hause zurück.

Am Abend plauderten wir ein oder zwei Stunden – über die Auswirkung der Industrie und der Maschine auf den Menschen usw. (Ich stellte die Fragen und versuchte, etwas zu klären, das ich in seinen Büchern gelesen hatte.) Saint-Exupéry spricht nicht Englisch, deshalb verstand ich nicht alles, was er sagte, obwohl Anne, so gut sie konnte, übersetzte.

Montag, 7. August
Rief Dr. Lewis an und erfuhr, daß der Kongreß Geld für die neuen Laboratorien bewilligte, aber unser Ersuchen um 250.000 Dollar für Universitätsforschungsprojekte abgelehnt hatte.

Dienstag, 15. August
Eine Schwierigkeit beim Führen eines Tagebuchs besteht darin, daß man, je mehr man tut, um so weniger Zeit hat, darüber zu schreiben – nicht nur, weil die Tätigkeit einem Stunden der Kontemplation wegnimmt, sondern auch wegen der Schwierigkeit, die Gedanken von den Problemen des Tages in die völlig andere Haltung hineinzuzwingen, die für ein intelligentes Schreiben erforderlich ist. Mein Geist ist ziemlich

träge. Er macht gern weiter, was er zuvor getan hat, besonders wenn
er hart gearbeitet hat. Er scheint die ganze Richtungskraft eines rotierenden Geschosses zu besitzen. Wenn er einmal gestartet ist, ist schon
ein harter Gegenstand nötig, um ihn abzulenken oder zum Halten zu
bringen. Heute morgen flog ich von Washington nach Dayton, und
meine Gedanken haben sich seither mit dem Fliegen beschäftigt. Mehrere Stunden sind seit der Landung verstrichen, und ich habe eben – ich
mußte mich ziemlich dazu zwingen – die Übergangsperiode zwischen
dem Fliegen und dem Schreiben beendet. Das war unvermeidlich.
Ich muß es immer durchmachen. Zuviel oder zuwenig Tätigkeit macht
einen blind für die wahren Werte und das wahrhaft Schöne im Leben.
Wer beobachten, nachdenken und gut schreiben will, der sollte nicht
mehr tun, als nötig ist, um die Sinne geschärft zu halten und um nicht
in die theoretische, unpraktische und engstirnige Attitüde des Mannes
zu verfallen, der nie handelt – des Kritikers, der leichthin und eingebil-
det von einer Kunst spricht, die er nie beherrschte. Beim Handeln muß
man aber darauf achten, die Sinne nicht durch Überarbeitung abzu-
stumpfen, durch eine zu große und allzu lange Konzentration. Man muß
auch vermeiden, in die nur praktische, logische, materielle Einstellung
des Mannes zu verfallen, dem die Tat – und nichts weiter – die Antwort
auf alle Fragen im Leben ist.

Es ist unmöglich – und man würde es nicht einmal wünschen –, immer
ein vollkommenes Gleichgewicht zwischen Aktion und Kontemplation,
zwischen Erde und Himmel zu wahren. Es ist erfreulich, selbst wie ein
Pendel vom einen zum anderen zu schwingen, denn nur durch Kontraste
lernt man sehen. Nur was neu ist, fühlt man. Das Tastgefühl stumpft
nach einem längeren Kontakt ab. Die Schönheit geht verloren, wenn
man sie anstarrt. Blumen haben keinen Duft mehr, wenn er sie zu lange
einhüllt.

Freitag, 18. August
Die europäische Krise wird äußerst angespannt. Deutschland blufft
nicht, es wird kämpfen, wenn es nötig ist, um seine Ziele im Osten zu
erreichen. Beschloß, meine Pläne auf die Annahme zu gründen, daß
ein europäischer Krieg in diesem Herbst ausbrechen wird, obwohl ich
glaube, daß die Chancen noch etwas dagegen sprechen.

Las Annes Besprechung von Saint-Exupérys *Wind, Sand und Sterne* –
sie ist wie üblich gut geschrieben.

Samstag, 19. August
Die Morgenzeitungen berichten, daß Deutschland die Führung der slowakischen Armee übernommen hat und militärische Maßnahmen in der Slowakei ergreifen wird.

Mittwoch, 23. August
Überall spricht man vom Krieg. Die Presse ist voll davon. Es erinnert mich an den September letzten Jahres in Europa.

Am Nachmittag Notizen und Papiere durchgesehen. Dr. Lewis kam mich um 17.10 Uhr besuchen, um NACA-Angelegenheiten mit mir zu besprechen.

Um 18 Uhr spazierte ich hinüber zu Bill Castle – etwa zehn Minuten vom Anchorage. Fulton Lewis [amerikanischer Journalist und innenpolitischer Kommentator beim Radio] war der einzige andere Gast. Wir drei aßen gemeinsam zu Abend und sprachen über die europäische Situation und darüber, was unser Land unternehmen sollte, falls drüben ein Krieg ausbricht. Wir sind über die Auswirkung des jüdischen Einflusses in unserer Presse, im Rundfunk und den Filmen sehr beunruhigt. Lewis erzählte uns von einem Fall, bei dem eine jüdische Werbefirma drohte, ihre gesamte Reklame aus dem MBS zurückzuziehen, falls eine gewisse Sendung weiterlief. Die Sendung wurde zurückgezogen. Ich kann die Juden wegen ihrer Haltung nicht allzusehr tadeln, obwohl ich sie von ihrem eigenen Standpunkt aus für unklug halte.

Sonntag, 27. August
Jim Newton traf ein, gerade als wir heimkamen. Ich ging mit ihm zum Schwimmen hinunter. Am Abend sprachen wir und hörten Radio. Ein Kommentator gab eine Zusammenfassung von Hitlers Brief an Daladier – aufgeregt, oberflächlich und stupid, wie die meisten dieser Rundfunkkommentatoren. Er zog den Schluß, daß Hitler schwach würde. Später hörten wir eine Übersetzung des Briefes – keine Spur von Schwäche. Aber wieweit kann man sich auf das verlassen, was Hitler sagt? Welche Veränderung der Lage wird ihm als Rechtfertigung dienen, wieder einen Vertrag zu brechen? Alle unsere Länder haben in der Vergangenheit Verträge gebrochen – aber Hitler hat ein neues Tempo eingeführt – ein Tempo, das möglicherweise mehr mit der modernen Zeit Schritt hält. Anscheinend kann ein Vertrag nur dann

wirksam sein, wenn eine Macht hinter ihm steht – genauso wie ein
Gesetz nur wirksam sein kann, wenn eine Polizei für die Durchführung
sorgt.

Dienstag, 29. August
*Die Morgenpresse berichtet, daß Rußland Truppen an der polnischen
Grenze massiert.*

Mittwoch, 30. August
Telefonanruf von Oberst Eaker. Morgen früh um 9 Uhr findet eine
Sondersitzung des Kilner-Ausschusses statt, man will, daß ich daran
teilnehme. Ich habe vor, heute abend mit dem Zug zu fahren.

Denke unaufhörlich an den Krieg. Es scheint unmöglich, ihn aus
den Gedanken oder den Gesprächen zu verbannen. Habe überlegt,
ob etwas, das ich in einer Rundfunkansprache sagen könnte, von
konstruktivem Wert sein könnte – wenn auch nur auf geringfügige
Art. Ich fürchte, daß anderseits die Ereignisse bereits zu weit fortgeschritten sind, als daß Worte noch eine Wirkung haben könnten. In
diesem Fall ist es besser, überhaupt nicht zu sprechen.

Donnerstag, 31. August
Zug traf um 7.30 Uhr ein. Den ganzen Vormittag im Kilner-Komitee.
Die Frage, die das Treffen veranlaßte, betraf die Spezifizierung für
einen bestimmten Bombertyp (geheim, kann also hier darauf nicht
eingehen). Es stellte sich heraus, daß die bei unserer letzten Sitzung
festgelegten allgemeinen Eigenschaften durchaus genügten, so daß eine
neuerliche Sitzung überhaupt nicht nötig gewesen wäre. Nun, ich
wollte um diese Zeit ohnehin nach Washington kommen. Aber dieser
Vorfall steigert meinen Respekt für die Organisation der Armee
keineswegs. Es gibt zu viele Formalitäten und nicht genug Eigenver-
antwortung.

Später am Abend mit dem Taxi zum Union-Bahnhof und mit dem
Nachtzug nach New York.

Freitag, 1. September
Zug um 7.40 Uhr eingetroffen. Riesige Schlagzeilen in allen Zeitungen:
„EINMARSCH DEUTSCHER TRUPPEN IN POLEN".

Der Krieg hat begonnen! Was werden England und Frankreich
tun? Wenn sie versuchen, durch den deutschen Westwall zu brechen,
werden sie verlieren, falls nicht Amerika in den Krieg eintritt. In diesem
Fall – wenn wir eingreifen – wird Europa nach dem Krieg noch mehr
zu Boden geworfen sein als je zuvor. Und ich weiß nicht, was zu diesem
Zeitpunkt in unserem Land geschehen wird. Warum haben sich
England und Frankreich in eine so hoffnungslose Situation gebracht?
Was ist mit der „demokratischen" Führung geschehen? Wenn sie eine
Expansion Deutschlands nach Osten bekämpfen wollten, warum haben
sie um Himmels willen gerade *diese* Situation zum Kampf gewählt?
Sie befinden sich militärisch in einer hoffnungslosen Position, und
Danzig, Polen und der polnische Korridor sind keine Banner, die
die alliierten Armeen zum Angriff auf deutschen Boden ermutigen
werden. Und die Engländer reden von einer stupiden *deutschen*
Diplomatie! Es ist wieder der „Angriff der Leichten Brigade". Jemand
hat gepatzt.

Fuhr den De Soto nach Lloyd Neck. Anne und ich sprachen über
die Kriegslage. Wird er lange oder nur kurz dauern? Es ist noch zu
früh, um hier etwas zu sagen. Den Abend verbrachten wir im Salon,
wir dachten nach und hörten die Rundfunkberichte. Mit wenigen
Ausnahmen sind sie aufgeregt, spekulativ und oberflächlich. Die
Zukunft der menschlichen Welt hängt heute in der Schwebe. Der
Krieg wird unser aller Leben ändern.

Samstag, 2. September
Am Vormittag Routinearbeiten. Versuchte, Pläne für die Zukunft
zu machen, auch für die nahe Zukunft. Welchen Standpunkt soll
Amerika in diesem Krieg beziehen? Das ist jetzt unsere vordringlichste
Frage. Ich sehe selbst in Friedenszeiten Schwierigkeiten vor uns. Ein
Krieg würde zu einem Chaos führen – und immer fallen die besten
Männer.

Die Radiokommentatoren fragen allmählich, warum England
und Frankreich noch nicht den Krieg erklärt haben. Warum sollten sie!
Sie sind nicht in der Lage, einen Krieg durchzukämpfen. Die Frage
ist, warum sie nur je dieses Bündnis mit Polen geschlossen haben.
Es gibt – ziemlich direkte – Berichte, daß Chamberlain den General-

stab vor dem polnischen Bündnis nicht konsultiert habe. Ich sagte
Anne, daß England und Frankreich trotz ihrer Versprechen an Polen
hinsichtlich der Kriegserklärung zu zögern schienen. „Vielleicht haben
sie mit einem General gesprochen", sagte Anne.

Sonntag, 3. September
England und Frankreich erklären den Krieg! Deutsche Truppen
setzen ihren Vormarsch in Polen fort.

Um 13 Uhr hörten wir die Rundfunkansprache des Königs. Dazwischen
las ich Fishers *Geschichte Europas* und dachte an die Situation in
Europa und daran, was ich hier in diesem Land unternehmen sollte.
Es ist schwer, sich auf etwas anderes als den Krieg zu konzentrieren.
Um 22 Uhr hörten Anne und ich uns Roosevelts Rede an. Sie war
besser als seine üblichen. (Hinsichtlich der Qualität seiner Reden bin
ich anderer Meinung als die meisten.) Ich wünschte, ich könnte ihm
mehr trauen. Er warnte die Menschen, sie sollten sich vor der Propaganda hüten – er verpflichtete sich zu dem Versuch, unser Land neutral
zu halten.

Montag, 4. September
Die Morgenzeitungen melden, der Dampfer „Athenia" der Cunard-
Linie sei mit 1400 Passagieren auf der Höhe der Hebriden torpediert
worden, es sei noch ungewiß, wie viele Menschen ihr Leben verloren
hätten.
Der Rundfunk meldet, die Franzosen hätten den Westwall angegriffen und durchbrochen! Ich halte das nicht für wahrscheinlich,
aber die Vorstellung, wie da Wellen von Menschen an dieser Befesti-
gungslinie aus Beton verbluten, ist mir zum ersten Mal voll zum Bewußtsein gekommen, sie ist erschütternd. Als die erste Schockwelle vorbei
war, glaubte ich jedoch, daß es sich um einen weiteren der verdammten
Rundfunk-Presseberichte handle. Die Franzosen würden die deutschen
Befestigungen niemals ohne eine lange vorbereitende Artilleriebeschießung angreifen, und dafür war keine Zeit. Eines Tages müssen
sie jedoch, wenn der Krieg weitergeht, gegen diese Linie anrennen.
Und dann wird dabei das Herz Frankreichs in Stücke zerschlagen
werden.
Die Abendberichte im Radio bringen das deutsche Dementi, die

„Athenia" torpediert zu haben. Die Deutschen sagen, das Schiff sei wahrscheinlich auf eine Mine gelaufen. Die Briten behaupten, es sei ein Torpedo gewesen, offensichtlich wurden die meisten Passagiere gerettet. Später am Abend hören wir Kurzwellensendungen aus Europa. Sie kommen sehr klar.

Dienstag, 5. September
Die Morgenzeitungen bringen sehr wenig zuverlässige Informationen; keine definitiven Berichte von der Westfront. Die Deutschen scheinen schnell durch Polen vorzustoßen.

Donnerstag, 7. September
Radio berichtet, daß in Paris Züge voll verwundeter Soldaten eintreffen. (Diese Berichte sind sehr unzuverlässig und wurden nur selten am nächsten Tag bestätigt.) Die Presse meldet, daß britische Flak auf eigene Flugzeuge gefeuert und eines abgeschossen habe.

Ich habe jetzt einen Artikel und zwei Rundfunkansprachen geschrieben, aber die Ereignisse entwickeln sich so schnell, daß die ersten beiden bereits wieder überholt sind. Ich habe nicht die Absicht, dabeizustehen und zuzusehen, wie unser Land in einen Krieg gestoßen wird, wenn dieser Krieg für die zukünftige Wohlfahrt unserer Nation nicht unbedingt notwendig ist. So ungern ich an der Politik und am öffentlichen Leben teilnehme – ich habe die feste Absicht, es zu tun, wenn es nötig ist, um gegen den Trend anzukämpfen, der jetzt überall in unserem Land in Erscheinung tritt.

Montag, 11. September
Arbeitete fast den ganzen Tag an meiner Rundfunkansprache und an einem Artikel für *Reader's Digest*. Am Abend etwas gelesen: Fisher und Rainer Maria Rilke. (Anne hat mir ein Exemplar von Rilkes *Briefen an einen jungen Dichter* gegeben.)

Mittwoch, 13. September
Washington. Besprechung mit Truman Smith im Anchorage. Er brachte eine Karte von Europa mit, und wir gingen die militärische Entwicklung in allen Einzelheiten durch. Offensichtlich bricht die

polnische Armee zusammen, und die Franzosen greifen nicht mit viel Kampfgeist an. Die Schlagzeilen der Abendzeitungen: WARSCHAU UMZINGELT.

Donnerstag, 14. September
Um 9 Uhr im Taxi zur Tagung eines Sonderausschusses in den Räumen der NACA im Navy Building. Arnold, Towers, Hinkley und ich studierten zwei Stunden lang die Bewerbungen um den Platz für die neuen NACA-Laboratorien. Nach der Sitzung erörterte ich in Arnolds Büro die Notwendigkeit eines neuen Motoren-Forschungslaboratoriums für die NACA. Die Entwicklung neuer Motoren ist in den USA jetzt von allergrößter Wichtigkeit.

Ich berichtete Arnold auch von meiner Absicht, morgen abend über den Rundfunk zu sprechen. Es war das erste Mal, daß ich das ihm gegenüber erwähnt habe, obwohl er weiß, wie ich über die ganze Situation denke. Arnold meinte, daß es ratsam sei, meinen gegenwärtigen Rang im Fliegerkorps nicht beizubehalten, solange ich mich aktiv mit Politik befasse. Ich war völlig einverstanden, wußte aber nicht, daß ich überhaupt einen Rang im Fliegerkorps besitze, da ich außer meinen ersten zwei Wochen aktiven Dienstes im vergangenen Frühling keinen Sold erhalten habe. Augenscheinlich stünde ich jedoch in „inaktiv-aktivem Dienst". Später stellte sich heraus, daß die betreffende offizielle Mitteilung noch bei den Akten lag und mir noch nicht zugestellt worden war. Die Sache war jedoch von geringerer Bedeutung. Meine Hauptsorge war es, daß ich das Fliegerkorps nicht in Verlegenheit brachte. Arnold sagte, es gebe überhaupt keine Schwierigkeiten, mich befreien zu lassen (er ist ein großartiger Kerl), das könne alles in fünf Minuten erledigt werden. Er sagte, er sehe mich ungern gehen, könne aber die Situation vollkommen verstehen. Ich erwiderte, daß ich ihm und dem Fliegerkorps ungeachtet meiner Dienststellung in der Zukunft gern helfen würde, wo ich nur konnte.

. Ich sagte Arnold, ich würde ihn gern meine Ansprache lesen lassen, er könne beruhigt sein, daß sie keinerlei vertrauliche militärische Angaben enthalte. Ich fuhr mit dem Taxi ins Anchorage, um ihm eine Kopie zu besorgen. Nachdem Arnold sie gelesen hatte, stimmte er zu, daß die Rede nichts enthielt, das man so auslegen könnte, als hätte ich in meiner Eigenschaft als Angehöriger des Fliegerkorps eine unethische Handlung begangen, und daß ich mich völlig innerhalb meiner Rechte als amerikanischer Bürger bewegte.

Dann tauchte die Frage auf, ob man die Ansprache dem Kriegsminister (Woodring) zeigen sollte. Ich sagte, ich zöge es vor, das nicht zu tun, da ich sehr wenig Vertrauen zu ihm oder zu der Politik der Regierung Roosevelt besäße, der er ja angehörte. (Tatsächlich bin ich mir keineswegs sicher, ob Roosevelt in einem Krieg unser Land nicht opfern würde, wenn es seinen Interessen dient; er würde sich selbst überreden, daß alles zum Besten des Landes sei.) Ich sagte Arnold ganz offen, daß ich sehr großes Vertrauen zu ihm und zu General Marshall, nicht aber zu Minister Woodring habe. Während dieses Gesprächs konnte ich in Arnolds Augen lesen, daß er auf meiner Seite stand. Ich habe ihn gern — ich glaube, er ist der beste Chef des Fliegerkorps, den wir je hatten.

Zurück in die Wohnung zum Lunch mit William Dolph, dem Chef der Mutual Broadcasting Corporation in Washington. Ich besprach mit ihm meine Rundfunkansprache, aber auch die augenblickliche Lage in Europa und Amerika. Auf seine Frage sagte ich ihm, daß ich im Zusammenhang mit meiner Rundfunkansprache von morgen abend keine Presseinterviews geben und auch nicht für den Tonfilm sprechen würde.

Ging nach dem Lunch in das Navy Building und schrieb den Bericht für unser Sonderkomitee: ich empfahl, daß die neuen NACA-Laboratorien in Sunnyvale errichtet werden sollten (Moffet Field). Nachdem eine der Stenotypistinnen den Bericht kopiert hatte, brachte ich ihn in General Arnolds Büro zur Unterschrift. Er sagte, daß er mit Kriegsminister Woodring gesprochen habe, daß ich auf eigenen Wunsch von meinem inaktiv-aktiven Status entbunden würde. Er habe Woodring auch gesagt, daß ich morgen abend im Rundfunk gegen einen Eintritt der Vereinigten Staaten in einen europäischen Krieg zu sprechen beabsichtigte. Woodring, so sagte Arnold, war darüber gar nicht erfreut. Er hätte Arnold gefragt, ob er (Arnold) nicht eine Möglichkeit finden könne, mich daran zu hindern. Arnold erwiderte, er glaube das nicht. Woodring sagte dann, es tue ihm sehr leid, weil er gehofft hätte, er könne mich in der Zukunft verwenden, er sehe aber nicht, wie er das tun könne, wenn ich meinen eigenen Plänen folgte! (Offensichtlich steckte etwas hinter dieser Feststellung.)

Freitag, 15. September

Die Ausschußsitzung begann um 10 Uhr unter Leitung von Dr. Bush. Das Komitee übernahm einstimmig die Empfehlung unseres Sonderausschusses, der Moffet Field als Ort der neuen NACA-Laboratorien vorschlug. Es gab nur wenig Diskussion und keine Opposition. Danach folgte Hunsakers Bericht. Man unternahm nichts, weil dazu mehr Zeit wünschenswert war.

Hunsaker schloß mit den Worten, die beste Lösung wäre, daß ich den stellvertretenden Vorsitz der NACA übernehme und für den Winter nach Washington ziehe! Es sagte, es sei dringend nötig, daß die NACA einen sehr aktiven Vorsitzenden oder stellvertretenden Vorsitzenden bekomme, um einen Autoritätskonflikt zwischen dem Direktor der Forschung und deren Koordinator in der Organisation, die er vorschlug, zu vermeiden. Mit anderen Worten und ziemlich unverblümt ausgesprochen: er wollte mir einfach das ganze Problem aufbürden!

Ich hatte den (von Bush und Arnold vor einigen Wochen inoffiziell an mich herangetragenen) Vorschlag, den Vorsitz der NACA zu übernehmen, bereits abgelehnt. Ich schrieb Bush, daß ich eine Wiederernennung in der NACA (für fünf Jahre) nicht wünsche und auch nicht für gerechtfertigt hielte, nachdem meine jetzige Ernennung im Dezember ausläuft (es sei denn in einem Notfall, der jetzt gegeben zu sein scheint). Ich habe NACA-Mitgliedern, darunter auch Hunsaker, oft gesagt, daß ich meine Zeit in der Zukunft nicht weiter den NACA-Angelegenheiten widmen könne.

Dann verlas ich den ersten Bericht meines Sonderkomitees über die Ausweitung der Forschungsmöglichkeiten. Der Bericht wurde vom Hauptkomitee angenommen. Darauf erledigten wir Routineangelegenheiten und verschiedene Einzelheiten. Schließlich befaßten wir uns mit einer Änderung des NACA-Budgets. Ich stellte sofort fest, daß man die „Universitätsprojekte" nicht beachtet hätte. Ich machte das Komitee gleich darauf aufmerksam, wir weigerten uns, das revidierte Budget zu übernehmen. Statt dessen wiesen wir Lewis und Victory an, sie sollten bei der nächsten Sitzung einen neuen Vorschlag einreichen, der einen Passus über die Universitätsprojekte einschließen sollte. Wir schlugen eine Steigerung von mindestens 50.000 Dollar – besser noch mehr – vor.

Nach der Sitzung – der lebhaftesten, an der ich je teilgenommen hatte – Lunch mit Anne, Jim Newton und Fulton Lewis. Truman Smith kam etwas später und trank mit uns Kaffee.

Truman und ich gingen ins Schlafzimmer, wo wir uns allein unterhalten konnten. Er sagte, er habe eine Botschaft, die er mir übermitteln müsse, obwohl er meine Antwort bereits im voraus kenne. Er sagte, die Regierung sei über meine Absicht, im Rundfunk zu sprechen und mich offen einem Eintritt unseres Landes in einen europäischen Krieg zu widersetzen, sehr besorgt. Wenn ich es nicht täte, würde man im Kabinett ein Luftfahrtministerium schaffen und es mir anbieten! Truman lachte und sagte: „Siehst du, sie machen sich Sorgen!"

Nach allem, was ich über Roosevelts Regierung in Erfahrung gebracht habe, überrascht mich dieses Angebot von seiten des Präsidenten keineswegs, wohl aber, daß er immer noch glaubt, ich könnte durch ein derartiges Angebot beeinflußt werden. Es ist ein großer Fehler, daß er die Armee wissen läßt, wie er vorgeht. Offensichtlich kam das Angebot durch Woodring zu General Arnold und über General Arnold zu Truman Smith. Smith sagte, daß er, wie Arnold selbst, das Gefühl gehabt hätte, sie müßten die Nachricht an mich weitergeben, da sie aus dem Büro des Kriegsministers stammte. Smith sagte, er habe Arnold gefragt, ob er (Arnold) auch nur eine Minute denke, daß ich annehmen würde. Arnold hatte erwidert: „Natürlich nicht."

Gegen 20.30 Uhr ins Carlton-Hotel, wo ich sprechen sollte. Das Zimmer war sehr klein und voll mit Apparaturen, dazu etwa zwanzig Personen. Auf dem Schreibtisch standen sechs Mikrofone, zwei für jede Senderkette. Ich bat, daß die Mikrofone vor dem Schreibtisch angebracht würden, damit ich stehend sprechen konnte. Ein Fotograf baute seine Kamera und seine Lampen auf und machte ein halbes Dutzend Aufnahmen, während ich an den Mikrofonen stand.

Ich ging um 21.45 Uhr nach einer Ansage von zehn Sekunden auf Sendung. (Ich hatte gebeten, die Ansage kurz und schlicht zu halten.) Ich war mit meiner Ansprache nicht sehr zufrieden, ich glaube, sie hätte viel besser sein können. Alle anderen schienen jedoch zu fühlen, daß alles in Ordnung war. Nachher fuhren Anne und ich zu den Lewis, wo ich mir die Wiederholung meiner Rede über einen der anderen Sender anhörte. Es ist seltsam, wenn man der eigenen Stimme zuhört. Sie erscheint höchst unnatürlich. Dann brachte man uns ins Anchorage zurück. Anne und ich packten und fuhren mit dem Taxi zum Bahnhof, wo wir den 2-Uhr-Frühzug nach New York bestiegen.

Samstag, 16. September
Zu Hause fanden wir an die 40 Telegramme zu meiner gestrigen Rede vor. Bloß eines war unfreundlich. Die Reaktion der Presse scheint gut zu sein – die *Times* und die *Tribune* haben beide den Wortlaut der Rede abgedruckt.

Mittwoch, 20. September
Herbert Hoovers Büro rief an und bat mich, den Expräsidenten morgen um 11 Uhr im Waldorf-Astoria aufzusuchen.

Die Zeitungen aus dem Westen kamen am Nachmittag, und ich las die Leitartikel über meine Ansprache. Sie sind etwa zu neunzig Prozent zustimmend. Unser Land ist – zumindest im Augenblick – entschieden gegen einen Eintritt in einen europäischen Krieg.

Donnerstag, 21. September
Fuhr um 9.15 Uhr im Wagen nach New York und zu meiner Verabredung mit Herbert Hoover. Sein Sekretär, Mr. Lawrence Richey, erwartete mich an der Tür und führte mich in einen großen Salon. Hoover erschien fast sofort. Wir sprachen vierzig Minuten lang über den Krieg und die Politik der Vereinigten Staaten. Er ist entschieden gegen einen Eintritt der Vereinigten Staaten in diesen Krieg, glaubt aber, daß die Aufhebung des Waffenembargos für das Heraushalten des Landes aus dem Krieg nicht von grundsätzlicher Bedeutung sei. Er fühlt, daß Roosevelt uns ganz entschieden in den Konflikt hineinziehen will. Hoover denkt wie ich, daß sich das britische Empire schon seit einiger Zeit auf dem Abstieg befindet – er sagt, seit dem letzten Krieg. Er meint weiter, es sei unvermeidlich, daß sich Deutschland entweder friedlich oder, wenn nötig, durch Kampf ausweitet. Er sagt, er habe Halifax schon vor einiger Zeit erklärt, der einzige Weg, einen europäischen Krieg zu vermeiden, sei, eine deutsche wirtschaftliche Expansion in Osteuropa zuzulassen. Hoover schlug vor, sobald die Embargokontroverse einmal vorüber sei, eine – natürlich unpolitische – Organisation aufzustellen, um das Land aus dem Krieg herauszuhalten. Er schlug vor, daß ich daran teilnehme. Ich erwiderte, ich sei sehr interessiert und würde gern mehr darüber erfahren. (Hoovers Lieblingslösung für jede Art von Problemen scheint die Bildung von Komitees zu sein. Persönlich bin ich hinsichtlich der Wirksamkeit der meisten Komitees sehr skeptisch.)

Freitag, 22. September
Um 7.30 Uhr mit dem Zug angekommen, mit einem Taxi ins Anchorage. Auf dem Tisch Bündel von Briefen, die mir über die Rundfunkgesellschaft zugesandt wurden.

Harry Byrd kam um 8.30 Uhr zum Frühstück. Wir sprachen über

den Krieg, die amerikanische Neutralität, die Frage des Widerrufs des Waffenembargogesetzes, was man an seine Stelle setzen solle, falls es widerrufen wird, über Dick Byrds Südpolexpedition usw. Wir stimmen praktisch hundertprozentig hinsichtlich der Notwendigkeit überein, Amerika aus dem Krieg herauszuhalten, und ich glaube, wir waren nun auch einig darüber, wie die Embargofrage auf die beste Art zu handhaben sei. Wir werden am nächsten Dienstag wieder gemeinsam frühstücken, um die Angelegenheit weiter zu besprechen. Byrd fragte mich, ob ich wohl einige seiner Freunde im Senat kennenlernen wolle, und ich nahm die Einladung gern an. Er schlug einen Tag in der nächsten Woche vor.

Lunch um 12.45 Uhr im Washington-Hotel mit Elmer Irey (Chef der Untersuchungsabteilung für Binneneinkünfte) und Frank Wilson (Chef des Geheimdienstes der Vereinigten Staaten). Ging nach dem Lunch ins Anchorage zurück, um um 14.45 Uhr Truman Smith zu treffen. Wir sprachen über die militärische Situation in Europa usw., welcher Schlag jetzt wahrscheinlich erfolgen würde. Ob Deutschland mit Hilfe seiner Luftwaffe versuchen werde, England von der See abzuschneiden oder ob die deutsche Strategie einen Schlag gegen das britische Empire mit Hilfe Rußlands, Italiens und möglicherweise der Türkei vorsieht – einen Vorstoß gegen den Suezkanal und Nordafrika, möglicherweise mit einem russischen (oder afghanischen) Vorstoß gegen die Nordwestgrenze Indiens und einem japanischen Druck auf die britischen Interessen in China.

Packte, ging den halben Weg zum Bahnhof, nahm für den Rest ein Taxi. 2-Uhr-Frühzug nach New York.

Samstag, 23. September
Ankunft 7.55 Uhr. Im Wagen nach Lloyd Neck. Frühstück um 10 Uhr. Anruf von Hoover, er sagt, Presseberichte hätten angedeutet, daß er und ich in einem Komitee zusammenarbeiten, das mit dem Neutralitätsgesetz in Verbindung steht. Er sagt, er habe ein Dementi herausgegeben und schlage mir das gleiche vor. Ich erwiderte, daß ich seit vielen Jahren keine Presseerklärung herausgegeben hätte und jetzt nicht wieder damit anfangen möchte – daß ich es vorzöge, dem Bericht indirekt entgegenzuwirken. (Tatsächlich nehme ich Pressegerüchte dieser Art keineswegs wichtig und halte es für unnötig, ihretwegen überhaupt etwas zu unternehmen.)

Dienstag, 26. September
Um 8.45 Uhr Frühstück mit Harry Byrd. Er brachte den letzten
Entwurf des Neutralitätsgesetzes, und wir besprachen den ganzen
Fragenkomplex; mit welchen Vollmachten Roosevelt betraut werden
konnte (wir stimmten beide darin überein, daß es so wenige wie möglich
sein sollten), welche Restriktionen für die Handelsschiffahrt und die
Kreditgewährung ratsam seien, was für die verschiedenen Parteien
annehmbar sein würde usw. Ich brachte die Gefahr einer Luftblockade
gegen England für die neutrale Schiffahrt zur Sprache – die Schwierigkeiten für einen Bomber, die Nationalität eines Schiffes festzustellen,
wenn er bei schlechtem Wetter oder aus großer Höhe angreift.
    Lunch mit Byrd und mehreren (demokratischen) Senatoren. Den
größten Teil der Zeit diskutierten wir die bevorstehende Neutralitäts-
gesetzgebung. Alle, mit Ausnahme von Senator Burke, waren anscheinend für die Aufhebung des gegenwärtigen Gesetzes und für eine
drastische Neuregelung, um die Gefahr zu verringern, daß die Vereinigten Staaten in den Krieg gezogen würden. Ich glaube, alle mit
Ausnahme von Burke sind dafür, sich aus dem Krieg herauszuhalten,
ganz gleich, wer gewinnt. Burke ist der Ansicht, daß die Vereinigten
Staaten lieber in den Krieg eintreten sollten, als England und Frankreich
unterliegen zu lassen.

Mittwoch, 27. September
Rief Senator Borahs Büro an. Er war ausgegangen, rief mich aber um
11.15 Uhr an und lud mich für 12.30 Uhr zum Lunch ein. Borah saß
an seinem Schreibtisch, als ich hereinkam. Wir setzten uns in sein
Büro und sprachen eine Viertelstunde lang.
    Borah ist eine wirkliche Persönlichkeit. Er gefiel mir sofort – noch
ehe ich seinen politischen Standpunkt kennenlernte. Er ist ein echter
Sohn des Westens, sein Gesicht und seine Augen verraten in jeder
Linie und in jedem Blick Kraft und Energie. Natürlich ist Borah gegen
die Aufhebung des Embargos, die Presse hat das rund um die Welt
ausposaunt. Der „Zeitungscharakter" eines Mannes unterscheidet
sich aber sehr von seinem wirklichen (Gott verhüte, daß es anders
wäre!); selbst der politische Charakter ändert sich bei persönlichem
Kontakt und intimer Bekanntschaft. Borah sprach völlig offen mit mir,
und ich glaube, wir beide faßten beim ersten Blick Vertrauen zueinander.
Sein Standpunkt in Sachen Neutralität und Embargo ist von einem
reifen, gemäßigten Urteil geprägt; er unterscheidet sich in beträcht-

lichem Maß von dem Eindruck, den unsere Zeitungen vermitteln. Wir fuhren mit der Einschienenbahn durch den Tunnel ins Kapitol und lunchten in Senator Borahs Büro.

Niemand sonst war anwesend, und wir sprachen über eine Stunde lang mit völliger Offenheit. Borah ist der Ansicht, daß die Debatte über das Embargo annähernd einen Monat dauern wird. Er glaubt, daß das wesentlich ist, um zu demonstrieren, daß es eine starke Opposition gibt, obwohl schließlich ein Kompromiß nötig werden könnte.

Donnerstag, 28. September
Lunch im Anchorage mit Truman Smith und Harry Byrd. Wir sprachen über das Neutralitätsgesetz und die Lage in Europa. Wird es zum Frieden kommen, nachdem Warschau gefallen ist? Daß an der Westfront nicht gekämpft wird, deutet auf die Möglichkeit einer vernünftigen Lösung.

Sonntag, 1. Oktober
Arbeite an einer neuen Radioansprache: „Neutralität und Krieg"; ob ich sie halten werde oder nicht, hängt von der Entwicklung ab.

Montag, 2. Oktober
Herbert Hoover rief mich an und fragte, ob er meiner Meinung nach mit gutem Gewissen sagen könne, England und Frankreich könnten mit einer Verteidigungspolitik Erfolg haben, die um die Maginotlinie aufgebaut ist. Er sagte, es schiene ihm, daß Flugzeuge zwar hinter der Linie großen Schaden anrichten, daß sie damit aber keinen Krieg gewinnen könnten. Er sagte, England könne seiner Meinung nach trotz der deutschen Luftangriffe die Seeherrschaft behaupten. Er plane, deshalb jetzt eine Erklärung abzugeben, weil er das Gefühl habe, daß eine Welle der Hysterie über die Vereinigten Staaten wegfege, die der ziemlich plötzlichen Erkenntnis entsprang, daß England und Frankreich den Krieg verlieren könnten, und daß er es für wesentlich halte, dieser Hysterie entgegenzuwirken, weil sie in diesem Land das Verlangen schaffen – und zu diesem Zweck benützt werden – könnte, in den Krieg einzutreten. Hoover sagte, Deutschland könne seiner Meinung nach den Krieg wegen der Maginotlinie und der britischen Flotte nicht gewinnen.

Ich erwiderte, daß ich ihm zustimme, die beste Politik, der England und Frankreich folgen könnten, sei eine der Verteidigung, die sich um die Maginotlinie und die britische Flotte aufbaut. Ich dächte aber, Hoover solle die Möglichkeit eines deutschen Vorstoßes gegen den Suezkanal und Nordafrika – mit Hilfe Italiens, Rußlands und möglicherweise der Türkei – in Betracht ziehen. Ich sagte ihm, daß ich es für unwahrscheinlich hielte, daß die Deutschen an der Westfront durchbrechen wollten. Ich sagte ihm auch, er solle vorsichtig sein bei dem, was er über das Ergebnis einer Auseinandersetzung zwischen der britischen Flotte und der deutschen Luftwaffe sagte. Ich betonte, das sei eine Sache, über die wir nur wenig wüßten, daß die Flieger aber grundsätzlich dazu neigten, zu enthusiastisch, und die Seeleute, zu konservativ zu sein. Hoover erwiderte, daß er einen deutschen Vorstoß ins östliche Mittelmeer nicht für praktikabel halte. Er sagte, er glaube nicht, daß die deutsche Luftwaffe mit der gewaltigen Überlegenheit der britischen Flotte fertig werden würde.

Dienstag, 3. Oktober
Schrieb nach dem Frühstück eine Weile und fuhr dann mit Anne in dem De Soto nach New York. Ich hatte eine Verabredung mit Harry Davison. Als ich im Büro der Morgan-Teilhaber ankam, lud mich der alte Morgan zum Lunch im großen Speisesaal der Firma ein.

Das Gespräch wandte sich dem Krieg in Europa und dem Waffenembargo zu. Mr. Morgan fragte mich, ob ich die Absicht hätte, weitere Rundfunkansprachen zu halten. Ich erwiderte, ich sei mir nicht sicher, ich würde es aber wahrscheinlich tun, es hänge von der Entwicklung ab. Während des Gesprächs bei Tisch drückte ich die Meinung aus, daß Frankreich und England den Krieg verlieren würden, wenn sie versuchten, Deutschland an der Westfront anzugreifen. Tom Lamont (Seniorpartner) sagte, er glaube, England und Frankreich würden abwarten und Deutschland angreifen lassen. Ich erwiderte, wenn Deutschland angreife, würde es das meiner Meinung nach nicht im Westen, sondern im Osten tun – abgesehen davon, daß es vielleicht eine Luftblockade gegen England versuchen würde. Lamont sagte, er halte einen Angriff Deutschlands im Osten (Türkei, Suez, Nordafrika) für nicht durchführbar, er wette zehn zu eins, daß Italien nicht an Deutschlands Seite in den Krieg eintreten würde.

Dann wandte sich das Gespräch dem Waffenembargo zu. Jemand fragte mich, ob ich hinsichtlich des Embargos bereits einen festen Standpunkt bezogen hätte. Ich erwiderte, das sei nicht der Fall, ich bezweifelte aber, daß eine völlige Aufhebung sowohl vom europäischen wie von unserem eigenen Standpunkt aus ratsam sei. Diese Feststellung entfesselte eine ziemlich lebhafte Diskussion, bei der Tom Lamont die Führung übernahm. Soweit ich sehen konnte, war ich der einzige im Raum, der nicht für eine bedingungslose Aufhebung eintrat. Offensichtlich war mein Standpunkt äußerst unpopulär. Die Diskussion dauerte an, bis einige der Teilnehmer zu anderen Verabredungen weg mußten.

Ging zu Abercrombie & Fitch an der Ecke von Madison Avenue und der 45. Straße und kaufte verschiedene Dinge, darunter auch einen Regenmantel und ein Paar Tennisschuhe. (Mein letztes Paar hatte ich Antoine de Saint-Exupéry geliehen, als er, Anne und ich im letzten Sommer zum Schwimmen gingen. Ich glaube, daß er sie wahrscheinlich am Strand liegen ließ, naß hätte er sie unmöglich in seinen Koffer packen können.) Als ich das Paar Schuhe kaufte, fragte ich mich, wo er wohl steckte. Vor einer Weile hatte ich eine kurze Notiz gelesen, daß er in die französische Luftwaffe eingetreten sei – natürlich. Das ist die Tragik der Kriege (und dieses Krieges im besonderen, denn er scheint so sinnlos und unnötig), daß Männer wie Saint-Exupéry fallen – und dabei hat die Welt von ihnen ohnehin viel zu wenige.

Donnerstag, 5. Oktober
Fuhr um 11 Uhr im De Soto nach New York. (Ex-)Präsident Hoover und ich speisten in einem von Hoovers Räumen. Wir sprachen ausführlich über das Waffenembargo und die Möglichkeit, den Verkauf von Vernichtungswaffen einzuschränken. Hoover plant diese Linie einzuschlagen, weil er daran glaubt, und weil er auch denkt, sie stelle einen geeigneten Kompromiß dar, wenn sich die Argumente beider Parteien in der Debatte erschöpft haben. Tatsächlich glaube ich, daß es für uns in dieser Situation wirklich eine ausgezeichnete Verhaltensweise wäre, obwohl ich die Einwände sehen kann, die dagegen erhoben werden – und diese Argumente sind sehr zahlreich.

Es gibt keine scharfe Trennungslinie zwischen Offensiv- und Defensivwaffen, aber schließlich gibt es nur selten irgendwo eine *scharfe* Trennungslinie. Mir gefällt die Vorstellung nicht, daß unser Land Bomben an Europa verkauft, und ich glaube auch nicht, daß Amerika wie Europa auf lange Sicht dadurch gewinnen würden. Anderseits halte ich es (wie es Hoover offensichtlich tut) nicht für gangbar, eine inter-

nationale Gesetzgebung gegen Dinge wie Giftgas und Bomben zu
erlassen. Eine derartige Gesetzgebung würde, wenn sie erfolgreich sein
soll, voraussetzen, daß es eine internationale Polizeimacht gibt, die
stark genug ist, um die Gesetze durchzusetzen, und auch groß genug,
um eine geheime Herstellung dieser Waffen zu verhindern. Letzten
Endes wäre es sicher nur ein kleiner Krieg, der sich diesen Vorschriften
beugen würde, ganz gleich, wie human sie wären.

Eine Nation, die mit dem Rücken an der Wand steht, wird jedes
zur Verfügung stehende Mittel einsetzen, das ihr im Kampf ums Dasein
helfen wird. Es ist sehr gut und auch sehr wünschenswert, Regeln für
eine humane Kriegführung aufzustellen und zu Abkommen zur Beschränkung der Rüstungen zu gelangen – aber diese Regeln und Abkommen sollten auf dem wechselseitigen Nutzen und auf dem Idealismus basieren, und das Vertrauen zum Feind sollte nicht sehr weit über
die eigene Kenntnis von seinen Aktionen hinausgehen. Internationale
Abkommen sollten nie völlig die Macht aus den Augen verlieren, die
hinter ihnen steht und die bei ihrem Erfolg eine so große Rolle spielt.

Samstag, 7. Oktober
Fuhr um 11 Uhr im Franklin nach New York. Lunch um 13 Uhr im
Harvard-Klub mit Bill Castle, Expräsident Herbert Hoover und drei
oder vier anderen Republikanern.

Wir besprachen die Lage in Amerika und Europa. Hoover las eine
Rede vor, die er wegen des Neutralitätsgesetzes und des Waffenembargos halten will. (Die gleiche, aus der er mir bei unserem letzten
Treffen Auszüge vorlas!) Man machte den Vorschlag, daß ein Senator
dazu veranlaßt werden sollte, vor dem Senat die Idee eines teilweisen
Waffenembargos vorzubringen, ehe Hoover sprach – nach Möglichkeit
ein demokratischer Senator. Darauf erhob sich die Frage, ob ein demokratischer Senator das tun würde usw. usw.

Alle Anwesenden bei dem Lunch waren interessant und standen *weit*
über dem Durchschnitt – aber ich glaube nicht, daß sie den Typ repräsentieren, der unser Land zu neuem Leben erwecken wird.

Hoover und viele andere, die ich kenne, glauben, daß Roosevelt unser
Land schließlich in den Krieg führen will. Ich fürchte tatsächlich, daß
das wahr sein könnte. Roosevelt kann sich selbst einreden, daß praktisch alles, was er wünscht, zum Nutzen des Landes ist.

Anne und ich sprachen darüber, ob sie einen Artikel über den Krieg
schreiben und einen neuen Versuch anregen solle, ihn zu beenden, ehe

er in vollem Ernst beginnt. Wir haben beide das Gefühl, daß durch eine Fortsetzung des Krieges nichts zu gewinnen ist. Wir haben auch das Gefühl, daß der Friede in einer ziemlich nahen Zukunft eine vernünftige Chance hat und daß es von grundlegender Wichtigkeit ist, daß die Menschen die Fakten der europäischen Situation erfahren, statt sich einfach auf die Fehlinformationen und die Propaganda zu verlassen, die sie von der Presse erhalten.

Montag, 9. Oktober
Anne las mir Teile des Artikels über die gegenwärtige Krise vor, an dem sie jetzt arbeitet. Er ist, wie alle ihre Arbeiten, ausgezeichnet, ich glaube, daß er im richtigen Augenblick große Wirkung haben wird.

Ich rief Byrd, Smith und Hoover an und sagte ihnen, daß ich beabsichtige, am nächsten Freitag im Rundfunk zu sprechen. Ich teilte ihnen mit, daß ich beabsichtige, die Fortsetzung des Embargos für Offensivmunition zu empfehlen (in diesem Punkt unterstütze ich Hoover), die Beschränkung unserer Schiffahrt, soweit die Kriegführenden in Europa betroffen sind, aber nicht auf unserer eigenen Hemisphäre, und die Verweigerung von Krediten an Kriegführende. Alle hatten den Eindruck, daß Freitag abend eine günstige Zeit für die Rede sein würde.

Byrd glaubt an eine vollständige Aufhebung des Embargos, stimmt mir aber hinsichtlich der Beschränkung der Schiffahrt und der Verweigerung der Kredite zu. Smith würde die Beibehaltung des Embargos vorziehen, stimmt aber hinsichtlich der Schiffahrt und der Kredite zu. Hoover ist mit allen diesen Punkten einverstanden. Persönlich glaube ich, daß das Embargo zu einem Symbol geworden ist, das in diesem Fall in keinerlei Verhältnis zu seiner tatsächlichen Bedeutung steht. Hoover sagte mir, er würde seine Presseerklärung am Mittwoch herausgeben. Smith hält die Aussichten für einen Frieden für ziemlich gut. Byrd sagt, daß das Neutralitätsgesetz wahrscheinlich im Senat erst in etwa zehn Tagen zur Abstimmung kommen wird.

Mittwoch, 11. Oktober
Mit dem Zug um 7.45 Uhr eingetroffen. Rief Borah an und nahm seine Einladung zum Lunch um 13 Uhr in seinem Büro im Kapitol an. Ich setzte Borah die Punkte auseinander, die ich in meiner Rede vertreten wollte, d. h. ein Embargo auf Offensivwaffen, den unbeschränkten Verkauf reiner Defensivmunition (der Hoover-Vorschlag) und die

Einschränkung der amerikanischen Schiffahrt mit den kriegführenden
Ländern in Europa und ihren Gefahrenzonen. Borah sagte, seiner
Meinung nach wäre es bereits ein Erfolg, wenn der Kongreß auch nur
ein Embargo auf Offensivwaffen akzeptierte. Es käme jetzt aber vor
allem darauf an, wiederholte er, den Kampf gegen die Aufhebung des
Embargos fortzusetzen, und das wolle er tun. Das Programm, das ich
umrissen hätte, sei gut und durchführbar, und er würde es unterstützen,
wenn sich die Gelegenheit dazu biete. (Als wir das letztemal beim
Lunch zusammengetroffen waren, hatte er mir gesagt, er würde hinsichtlich seines Standpunkts gegen die Aufhebung einen Kompromiß
schließen, wenn er das Gefühl hätte, daß ein derartiger Kompromiß
erfolgreich sei. Andernfalls würde er die Aufhebung bis zuletzt bekämpfen.)

Während des Lunchs sprachen Borah und ich über die kommenden
Präsidentschaftswahlen und die möglichen Kandidaten. Wir sind
natürlich beide keine Roosevelt-Anhänger; Borah sagte ganz überraschend, daß ich seiner Meinung nach einen guten Kandidaten abgeben würde! Die Idee ist in einigen isolierten Fällen in der Presse und
in einigen der Briefe erörtert worden, die mit der Post kamen; es war
aber das erstemal, daß sie jemand in einer bedeutenden politischen
Stellung mir gegenüber erwähnt hat. Ich habe aber die Möglichkeit in
der Vergangenheit sorgfältig durchdacht, genauso wie ich viele Vorschläge hinsichtlich meines zukünftigen Lebens sorgfältig überlegt
habe. Ich genieße aber zu sehr die Möglichkeit, zu tun und zu sagen,
was ich will, als daß ich ein erfolgreicher Präsidentschaftskandidat
sein würde. Ich ziehe die intellektuelle und persönliche Freiheit den
Ehren eines politischen Amts – und sei es das des Präsidenten – vor.
Ich sagte Borah, ich hielte den Vorschlag für eine große Ehre, aber ich
glaubte, daß ich für ein politisches Amt nicht allzu geeignet sei und
wahrscheinlich auch sehr unglücklich sein würde, wenn ich je eines inne-
hätte.

Freitag, 13. Oktober
Am Vormittag an der endgültigen Fassung der Ansprache gearbeitet.
Anne las die Rede und machte einige sehr gute Vorschläge, die ich
übernahm. Die Rede wird viel mehr Kritik hervorrufen als die letzte.
Sie ist detaillierter und fordert mehr zum Widerspruch heraus. Ich halte
es jedoch für wünschenswert, die Menschen zum Nachdenken über
grundlegende Probleme zu bringen und über die gegenwärtige Frage

der Neutralität sehr deutlich zu sprechen. Die Kritik, die sich ergibt, ist von sehr sekundärer Bedeutung.

Mit dem Taxi zum Mutual-Studio, wo ich um 21 Uhr eintraf. Eine ganze Anzahl von Leuten anwesend. Sprach von 21.30 Uhr bis 21.45 Uhr. Verbrachte zwanzig Minuten mit den Studiogästen und kehrte dann mit Fulton Lewis und seiner Frau ins Anchorage zurück.

Donnerstag, 19. Oktober
Brachte die endgültige Fassung des Berichts unseres Sonderkomitees zur Unterschrift in Arnolds Büro. Dann um 10 Uhr zu der Sitzung des Hauptkomitees in die NACA-Büros.

Sprach einige Minuten mit Orville Wright über die Möglichkeit, daß er ein Buch über seine frühen Flüge und Experimente schreibt oder dabei mit jemand zusammenarbeitet. Er hat seit Jahren davon gesprochen, hat aber, soweit man weiß, nie damit angefangen. Es gibt auch keinen Hinweis, daß er es jetzt tut. Das ist tragisch, denn Orville Wright befindet sich schon im fortgeschrittenen Alter, und niemand sonst kann die Geschichte so erzählen wie er. Es scheint, daß Orville keinem anderen zutraut, sie richtig zu erzählen. Die Worte und Sätze, die Menschen brauchen, wenn sie von den Leistungen Orville Wrights und seines Bruders erzählen, sind nie ganz befriedigend und nie von einer umfassenden Genauigkeit. Wright sagte mir, „daß kein anderer den Geist und die Umstände jener Zeit voll verstehe". Was man in Artikeln darüber berichtet, sei nie „ganz genau".

Orville Wright sagte mir, daß er eines Tages vielleicht selbst ein Buch schreiben werde – aber dann setzte er immer hinzu, daß er nicht gern schreibe und daß er auch nicht die Fähigkeit besitze, es gut zu machen. Es gibt viele Schriftsteller, die gern zusammen mit ihm ein Buch schreiben würden, aber diese Schriftsteller verstehen nicht genug von der Fliegerei, um ihm zu entsprechen; er zieht einen Fachmann vor.

Als sich aber Ed Warner einmal erbot, sechs Monate seine eigene Arbeit beiseitezulegen, um ein Buch mit Wright zu schreiben, wurde dieses Angebot nicht angenommen. Ich fürchte, das Buch wird nie geschrieben werden, obwohl ich die Absicht habe, mit Orville Wright wieder darüber zu sprechen.

Es ist seltsam, sich diesen ruhigen, sanften, grauhaarigen Mann anzusehen und sich vorzustellen, daß er es war, der an jenem Dezembertag vor sechsunddreißig Jahren das Flugzeug in Kitty Hawk flog.

Ich sah mir *Im Westen nichts Neues* an, den blutigsten Film, den ich je gesehen habe. Ich wollte feststellen, welche Art von Kriegsfilmen dieser Tage gezeigt werden. Es ist ein schrecklicher Film, der das Seine tut, um jedermann gegen den Krieg einzunehmen, aber ich glaube, für das amerikanische Volk von heute ist er nicht sehr konstruktiv. Wir wollen keine Nation, die den Krieg fürchtet, falls es nötig wird, einen zu führen. Und *Im Westen nichts Neues* wird die Menschen mehr durch Furcht als durch Überlegung zu Kriegsgegnern machen. Er wird den Mut unseres Landes nicht steigern.

Sonntag, 22. Oktober

Die Morgenzeitungen brachten einen ziemlich dummen Artikel von Harold Nicolson über meine Rundfunkansprachen – er war aus einer englischen Veröffentlichung abgedruckt. Wie so viele andere (ich hätte von ihm Besseres erwartet) greift er mich persönlich an und nicht die Dinge, für die ich eintrete und mit denen er nicht einverstanden ist. Natürlich gefallen den Engländern meine Ansprachen nicht, ich hätte aber von ihnen eine etwas objektivere Kritik erwartet als von meinen Gegnern in den Vereinigten Staaten. Doch England befindet sich im Krieg, und man sollte darauf vorbereitet sein, viele Handlungen von Bürgern eines Landes, das sich im Kriegszustand befindet, zu übersehen und zu entschuldigen – selbst die Dinge, die Nicolson schrieb, während er gleichzeitig behauptet, ein Freund zu sein. In einem gewissen Sinn *ist* Nicolson ein Freund, letzten Endes schrieb er Mr. Morrows [Lindberghs Schwiegervater] Biographie und errang damit das Vertrauen unserer ganzen Familie.

Über einen Punkt geht Nicolson in seinem Artikel sehr kurz hinweg, ich möchte ihn hier der Sache halber ausführlicher darlegen. Es ist interessant, die damalige englische Haltung aufzuzeigen, und ich möchte festhalten, was sich ereignet hat – zu meiner eigenen Befriedigung wie auch wegen Nicolsons Artikel und seiner gegenwärtigen Haltung.

Es war 1936, nicht lange, nachdem ich aus Deutschland und England zurückgekehrt war. Ich war von der Entwicklung der deutschen Luftwaffe außerordentlich stark beeindruckt, und ich dachte, ich könnte voraussehen, wozu das führte: daß die Deutschen binnen weniger Monate eine vollständige Luftherrschaft erringen und in der europäischen Luft etwa den gleichen Platz einnehmen würden wie die Engländer auf den europäischen Meeren. Ich hielt es für wünschenswert, daß Deutschland wieder stark würde, da ich glaubte (und noch glaube), daß ein starkes Deutschland für die Wohlfahrt Europas wesentlich ist. Aber es gefiel mir nicht, daß England hinsichtlich der Stärke in der Luft so weit zurückfiel. Ich hielt ein starkes britisches Empire für sehr wesentlich für die Stabilität der Welt. Ich hatte von der englischen Fliegerei genug gesehen, um mir darüber klar zu sein, in welch beklagenswertem Zustand sie sich befand.

Als ich das bedachte, kam ich zu dem Entschluß, daß ich versuchen sollte, der englischen Luftfahrt auf jede Art zu helfen, die mir als amerikanischem Bürger möglich war. Ich war in England nicht sehr gut bekannt, und unter den Männern, die Verbindungen zu der Regierung besaßen, kannte ich keinen besser als Harold Nicolson. Die Tatsache, daß er Unterhausabgeordneter war, ließ ihn mir als den logischen Mittelsmann erscheinen. Ich war keineswegs darauf erpicht, in der englischen Luftfahrt eine aktive Rolle zu spielen, ich wollte im Gegenteil durch Reisen meine Kenntnisse über Europa erweitern und in freien Augenblicken (biologische und andere) Experimente durchführen, für die ich mich interessierte. Ich fühlte jedoch eine Verpflichtung, etwas hinsichtlich der Situation zu unternehmen, die ich in der europäischen Luftfahrt kommen sah.

Ich rief Nicolson an und fuhr später nach London, um mit ihm zu sprechen. Er interessierte sich für das, was ich zu sagen hatte, und arrangierte im Unterhaus einen Lunch mit James Ramsey MacDonald und Sir Thomas Inskip; wir waren also zu viert. Inskip war, Nicolson zufolge, der Mann, der auf die britische Luftfahrt den größten Einfluß ausüben konnte. Ich diskutierte mit ihm die Frage der Luftfahrt in Europa und gab ihm einen kurzen Überblick über das, was ich in Deutschland gesehen hatte — soweit ich dies mit meinem Gewissen verantworten konnte. Bei einigen der Dinge, die mir die Deutschen gezeigt hatten, hatten sie mich gebeten, ich sollte sie nicht in anderen europäischen Ländern erörtern, obwohl sie nichts dagegen hatten, wenn ich — natürlich vertraulich — jede Information, die ich wünschte, den verantwortlichen Behörden in den USA weitergab. Ich fühlte jedoch, daß ich genug sagen konnte, um Inskip, MacDonald und Nicolson eine Vorstellung von der Konkurrenz zu geben, die sie in der Militärluftfahrt zu erwarten hatten. Sie schienen alle beeindruckt und interessiert (wenn ein Amerikaner überhaupt fähig ist, solche Symptome bei Briten zu erkennen, was ich manchmal bezweifle). Sie waren natürlich außerordentlich höflich. Ich sagte Inskip, daß ich gern auf jede mir mögliche Weise helfen würde, soweit das nicht die Mißbilligung der amerikani-

schen Botschaft fände. Ich schlug eine höhere Flugzeugproduktion und
verbesserte Methoden der Pilotenausbildung vor, die diese für militärische Aufträge besser geeignet machen würde (nächtliche Bombenangriffe usw.), sowie eine Anzahl anderer Dinge. Inskip sagte, er würde
sich wieder mit mir in Verbindung setzen, und damit fand der Lunch
sein Ende.

Einige Monate verstrichen, während derer ich allmählich unseren
Lunch im Unterhaus vergaß. Nach dieser Zeit nahm ich es für gegeben
hin, man wolle nicht, daß ich etwas unternahm; ich hatte erfahren,
wie schwierig es für einen Ausländer ist, etwas zum englischen Leben
beizutragen. Wenn es nicht britisch war, war es einfach nicht das
„Beste". Dann erhielt ich eines Tages eine Einladung, an dem College
für Fliegerkadetten (Royal Air Force) in Cranwell eine Vorlesung über
Navigation zu halten. Ich erfuhr, daß sich das aus dem Lunch mit
Sir Thomas Inskip entwickelt hatte. Ich nahm die Einladung an, die
Zeit im College war sehr erfreulich — eine prächtige Gruppe von
Offizieren und Kadetten. Damit endete die ganze Angelegenheit, und
ich machte nie wieder einen Versuch, sie neu zu beleben. Offensichtlich
zogen es die Briten vor, auf ihre eigene Art weiterzumachen, und
letzten Endes war das auch ihre Sache. Es war ihr gutes Recht und ihre
Verantwortung. Tatsächlich fühlte ich mich ziemlich erleichtert, frei
von allen Verpflichtungen zu sein.

Ein anderes Mal, als ich wieder in England war, versuchte ich, den
Engländern klarzumachen, was in der europäischen Luftfahrt geschah.
Es war ein Dinner im York House, zu dem König Eduard VIII. Anne
und mich eingeladen hatte. Anne plauderte nach dem Dinner mit dem
König, und ich sprach mit Premierminister Baldwin. Ich begann, über
die Lage der Luftfahrt in England im Vergleich zu der schnelleren Entwicklung auf dem Kontinent zu sprechen. Aus Baldwins Benehmen und
seinen Blicken konnte man leicht sehen, daß er es vorzog, nicht über
das Thema zu sprechen, ich wechselte also den Gesprächsstoff und
machte keinen weiteren Versuch, über die Luftfahrt zu sprechen.

Ich glaube, die Ereignisse, die seither stattgefunden haben, haben
meine Sorge um den Zustand der britischen Fliegerei voll gerechtfertigt.

Dienstag, 24. Oktober
Drohbriefe kommen, und damit die Probleme, die sie immer für uns
bringen. Wo sollten wir den Winter verbringen, und wo sind die
Kinder vor diesen Dingen verhältnismäßig sicher? Das Haus ist

etwas zu isoliert, als daß ich mich ruhig fühlen konnte – wenn ich fort bin. Natürlich liegt die Sicherheit für meine Familie darin, daß ich mich den Blicken der Öffentlichkeit und der Aufmerksamkeit der Presse entziehe. Das ist schon in normalen Zeiten schwer genug, in einer Zeit der Krise, in der das eigene Land in einen Krieg gezogen werden kann, muß man aber an den Angelegenheiten seines Landes teilnehmen und seinen Einfluß in der Richtung ausüben, die man für richtig hält. Ich habe das Gefühl, daß ich das tun muß, selbst wenn ich eine bewaffnete Wache im Haus aufstellen muß. Wie mißfällt mir aber die Vorstellung, daß Anne, Jon und Land in einer solchen Umgebung leben müssen. Es ist eine prächtige Sache für ein Land, das sich für zivilisiert hält: den Menschen mißfällt, was man tut, also drohen sie, einem die Kinder umzubringen!

Wir können wahrscheinlich den Winter über nicht in Lloyd Neck bleiben und wollen nicht zuviel von dieser Zeit in Englewood verbringen. Wir müssen ganz klar denken. Niemand kann sagen, was die nächsten fünf oder zehn Jahre bringen werden. Persönlich glaube ich an große Veränderungen in der ganzen Welt.

Dienstag, 21. November
Berichten zufolge sollen in den letzten vier Tagen fünfzehn Schiffe versenkt worden sein.

Anne hat am Nachmittag ihren Artikel „Gebet für den Frieden" fertig geschrieben; nach einer Aussprache darüber entschieden wir, daß er veröffentlicht werden sollte. Wir beide halten es für wesentlich, die Menschen in Amerika dazu zu bringen, daß sie klar über Europa und das nachdenken, was dort geschieht. Ich sehe es ungern, daß Anne in die Sache hineingezogen wird – aber es ist schließlich besser, an der Verhütung einer Katastrophe mitzuarbeiten, als zur Guillotine geschleppt zu werden, wenn die Katastrophe eingetreten ist. Es gibt Zeiten, in denen jedermann handeln muß, und ich empfinde wenig Sympathie für die, die warten, daß die Flut über sie wegspült. Mehr als ein Künstler hat schon ein Gewehr geschultert, um seine Kunst zu verteidigen. Gott sei Dank hat Anne den Mut, das zu tun, wenn es nötig ist. Ich glaube, es gibt keine Frau, die ihr gleichkommt – wenn es je eine gab.

Wir beschlossen, es mit dem *Reader's Digest* zu versuchen. Wir halten ihn für das bei weitem beste der auflagenstarken Magazine

in Amerika – aber wir fürchten, es könnte für die Januarausgabe
bereits zu spät sein, und ich glaube, es wäre ein großer Vorteil, wenn
„Gebet für den Frieden" um die Weihnachtszeit erscheinen würde.
(Der *Reader's Digest* erscheint um den 25. des jeweils vorhergehenden
Monats an den Zeitungsständen.) Ich rief den Verleger von *Reader's
Digest* daheim an: keine Antwort.

Rief Jim Newton an, er sagte, er würde sich am Morgen mit dem
Reader's Digest in Verbindung setzen.

Montag, 27. November
Jim Newton rief um 8.30 Uhr an. Er hatte mit Miß Clark vom
Reader's Digest gesprochen. Die meisten Artikel für die Januarausgabe sind bereits in der Druckerei; sie hält es jedoch für möglich,
Annes Artikel noch hereinzunehmen. Ich sprach telefonisch mit
Miß Clark und dann mit dem Verleger Mr. Kenneth Payne und konnte
mich mit ihnen einigen. Anne überprüfte am Vormittag das Manuskript,
und Christina tippte es ab, damit wir dem Boten des *Reader's Digest,*
der um 13 Uhr vorsprach, ein Vorexemplar mitgeben konnten. Der
Verleger (Payne) rief um 17 Uhr an. Er sagte, der Artikel gefalle ihm
ausgezeichnet, er werde ihn in der Januarausgabe bringen, indem er
zwei andere herausnehme, die für diese Nummer nicht so wichtig seien.

Dienstag, 28. November
Der Bote vom *Reader's Digest* kam um 11 Uhr mit einem Brief von
Payne, der mehrere Vorschläge hinsichtlich des Artikels enthielt, die
meisten hatte Anne schon erledigt, seitdem das Vorexemplar an
Payne geschickt worden war. Der Artikel gefiel ihm, und seine Vor-
schläge waren intelligent und konstruktiv. Wir übergaben dem Boten
das endgültige Manuskript um 13 Uhr. Anne hatte bis zur letzten
Minute daran gearbeitet.

Nach einem weiteren Telefongespräch mit Payne gingen Anne und
ich lange in den Wäldern spazieren. Es war für uns beide eine große
Erleichterung, wieder im Freien zu sein und alle mit dem Artikel in
Zusammenhang stehenden Details erledigt zu haben. Ich glaube jedoch,
daß es der Mühe wert war, denn die Menschen werden für eine Bitte
um den Frieden nie so empfänglich sein wie zur Weihnachtszeit. Und
wenn es vor dem Frühling nicht zum Frieden kommt, weiß Gott allein,
was der Sommer für Europa – und für uns alle – bringen wird. Ich

kann nicht sehen, wie England und Frankreich einen weiteren großen
Krieg überleben können, ohne daß sie im Innern in ein Chaos geraten.

Samstag, 9. Dezember

Anne und ich machten einen kurzen Spaziergang; wir sprachen über
den Winter und davon, irgendwo im Land ein ständiges Heim zu
bauen – also von dem gleichen alten Problem, um dessen Lösung wir
uns all die Jahre erfolglos bemüht hatten – wie wir Sicherheit, ein
normales Dasein, Schönheit und einen Ausgleich zwischen der Ab-
geschlossenheit für die Arbeit und dem nötigen Kontakt für eine
Inspiration erhalten könnten. Natürlich können wir nicht alles haben,
was wir von einem Heim wünschen, es ist aber sehr wesentlich, jeden
Faktor mit der äußersten Sorgfalt abzuwägen. Nichts ist wichtiger
als das Heim eines Menschen und alles, das es vertritt. Die Befriedigung
am Leben, die Wirksamkeit des Denkens und Handelns, die geistige
Tiefe und Wertschätzung, sie alle sind in einem großen Ausmaß mit
dem Heim verbunden, in dem man lebt – nicht daß all diese Faktoren
ohne ein Heim unmöglich wären, aber es fehlt ihnen an Ausgeglichenheit.
Man braucht Wurzeln, und diese Wurzeln brauchen einen Boden, in
dem sie wachsen können. Seit Jahren wollen wir ein ständiges Heim,
das wir lieben könnten, und jetzt muß ich eines finden.

Von jetzt an wird es auf eine unbestimmte Zeit sehr schwer sein,
Stabilität zu finden. Der Krieg und soziale Umwälzungen werden
wahrscheinlich alle Pläne umstoßen. Man muß es aber versuchen;
vielleicht finden wir zu unseren Lebzeiten nie wieder die Stabilität,
die wir in der Vergangenheit gekannt haben. Wenn wir kein Heim
bauen können, müssen wir auf das Leben bauen und davon leben, und
wenn es ein Leben von einem Tag auf den anderen ist. Wo es Leben
gibt, gibt es auch Abenteuer, und die Welt ist voll Schönheit, wenn
einen Konvention und Routine nicht dafür blind machen. Was immer
die Zukunft bringen mag, sie wird lebenswert sein – wenn man
intelligent lebt. Man darf das Leben nicht allein an ein Heim hängen,
soviel es auch bedeuten mag. Man muß es versuchen, so gut man kann,
und dann mit dem zufrieden sein, was man erreicht hat. Mit einer
Frau wie Anne und Kindern wie Jon und Land sollte ich wahrscheinlich
nicht mehr verlangen – aber in Wahrheit will ich für sie ein Heim und
etwas Land, um ihnen das Gefühl für den Boden und das Wachstum
und die wahren Elemente des Lebens zu geben, das ich selbst als Kind
auf der Farm in Minnesota gefunden habe.

Sonntag, 10. Dezember
Ich las einige meiner Aufzeichnungen durch und beschloß, wieder von neuem zu beginnen. Es ist außerordentlich schwer, anderen durch Worte zu vermitteln, was man selbst fühlt und denkt. Worte reichen nicht aus, mehr als einen Teil der Gedanken zu übermitteln, und wenn sie einmal niedergeschrieben sind, erwecken sie oft den Anschein, widersprüchlich zu sein, während die Idee, die dahinter steckt, völlig klar ist. Für mich bedeutet das, alles wieder und wieder zu überarbeiten.

Sonntag, 17. Dezember
Radiomeldung am Abend: die *Graf Spee* wurde in Montevideo von ihrer Besatzung gesprengt.

Freitag, 22. Dezember
Anne ging am Abend mit Mrs. Morrow und Margot ins Theater. Ich kam nicht mit, weil ich sicher war, daß ich erkannt werden würde, daß es die üblichen Unannehmlichkeiten geben und die übelsten Typen von Leuten sich vordrängen würden — wegen Autogrammen usw. Ich wußte, daß Anne und Mrs. Morrow sich besser amüsieren würden, wenn sie allein gingen und in Ruhe gelassen wurden. Ich setzte also eine Brille auf, schneuzte mich, als ich die Eintrittskarte kaufte und sah mir *Vom Winde verweht* an. Ich wurde nicht erkannt und genoß den Film, obwohl er stellenweise etwas langweilig wirkte.

Es ist interessant festzustellen, wie stark die Wirkung einer Brille ist — selbst der Fassung ohne Gläser, die ich gewöhnlich trage. Wenn Anne und ich zusammen ausgehen, werden wir natürlich leicht erkannt, selbst wenn wir Brillen tragen. Wenn wir jedoch allein sind, machen Brillen sehr viel aus, und wir werden auf der Straße nur selten erkannt. Die Dummen lassen sich durch die Brillen täuschen, und die Intelligenteren fühlen — bei den seltenen Gelegenheiten, bei denen sie uns tatsächlich erkennen —, daß wir Brillen tragen, um in Ruhe gelassen zu werden. Natürlich ist Amerika — ob wir nun Brillen tragen oder nicht — für uns in dieser Hinsicht viel schwieriger als Europa.

1940

Mittwoch, 3. Januar
Anne und ich hatten vorgehabt, heute abend mit der Bahn zu einem
Dinner mit Professor und Mrs. A. N. Whitehead nach Cambridge,
Massachusetts, zu fahren. Als ich jedoch das Reservierungsbüro
anrief, erfuhr ich, daß alle Salons und Abteile bereits belegt waren.
Da wir nicht im offenen Pullmanwagen fahren können, ohne von
den Leuten erkannt und belästigt zu werden, beschlossen wir, eine
Fahrt mit dem Auto mache mehr Freude – obwohl man von Englewood
nach Boston etwa sechs oder sieben Stunden braucht. Wir fuhren
um 11.45 Uhr von Next Day Hill ab, kauften Sandwichs für einen
Lunch unterwegs und trafen um 18.15 Uhr in Cambridge ein.
   Professor Whitehead ist all das, was man nach der Lektüre seiner
Bücher erwarten würde. Er ist der Typ von Engländer, der einen begreifen läßt, wie die Größe des Empire aufgebaut wurde. Aber wo
sind diese Männer in dem England von heute geblieben? Sind sie alle
infolge des Freiwilligensystems im letzten Krieg gefallen? Sind sie in
die Kolonien und in das Empire hinausgegangen, um schon in der
Jugend die geeigneten großen Möglichkeiten zu finden? Oder haben
die sich verändernden Bedingungen des modernen Lebens in England
sie überhaupt nicht mehr hervorgebracht?
   Wir verließen die Whiteheads nach einem der interessantesten
Abende, die ich je erlebt habe, und fuhren für die Nacht bis zu Fords
„Wayside Inn" zurück.

Montag, 15. Januar
Zum Lunch mit Juan Trippe in den Cloud Club nach New York. Wir
sprachen über den Krieg, die neue Ausstattung der Pan American, die
Reorganisation der Gesellschaft usw. Es scheint, daß man sich
schließlich doch für die Vorstellungen entscheidet, die ich seit vielen
Jahren hinsichtlich der Verwendung von Landflugzeugen für die Nord-
atlantikroute vertreten habe. Priester hat sich dieser Gesellschafts-
politik vor nicht allzulanger Zeit noch heftig widersetzt. Ich habe seit
vielen Jahren empfohlen, die Transatlantikrouten mit Flugbooten zu
beginnen, aber zu Landflugzeugen überzuwechseln, wenn die Pionier-
jahre einmal vorbei sind. Ich habe in dieser Hinsicht der Pan American
viele Briefe und Berichte geschickt.

Mich interessierte auch die Feststellung, daß sich meine alten Berichte hinsichtlich der Azoren nach so vielen Kontroversen und Widerständen als korrekt erwiesen haben. Ich nahm den Standpunkt ein, daß die Azoren nicht für den planmäßigen Einsatz von Flugbooten geeignet seien, weil sie keine Häfen von ausreichender Größe besitzen. Die Pan-American-Expedition zu den Azoren berichtete anderseits, daß es immer möglich sei, auf der Leeseite der Inseln geeignete Bedingungen zum Wassern vorzufinden. Ich stimmte mit diesem Bericht nicht überein. Die neuesten praktischen Erfahrungen haben aber demonstriert, daß ich mit meinem Standpunkt recht hatte. Von den Büros der Pan American kehrte ich nach Next Day Hill zurück.

Freitag, 1. März
Traf um 7.55 Uhr mit dem Zug in Washington ein. Mit dem Taxi zu einer Verabredung mit General Arnold um 9 Uhr. Diskutierte mit Arnold die Entwicklung in der Luftfahrt und die Möglichkeit einer Reise nach Italien. Er interessierte sich für die Reise und sagte, es wäre ihm lieb, wenn ich sie machen würde, sie hätte seine Unterstützung. Er schlug vor, daß ich mit Minister Woodring, der erst am Montag hier sein wird, darüber spreche.

Da ich am Nachmittag frei hatte, fuhr ich mit dem Taxi vom Army and Navy Club zum Smithsonian Institute. Ich habe die *Spirit of St. Louis* seit mehreren Jahren nicht mehr gesehen, ich wollte wissen, wie sie gepflegt wird. Es sind beinahe zwölf Jahre, daß ich zum letzten Mal darin flog.

Gleich nach dem Eintreten wandte ich mich nach rechts in den Saal der Präsidentenfrauen und -kleider. Ich hätte nie gedacht, daß ich Martha Washington gegenüber eine so persönliche Dankesschuld empfinden würde: Ihr Kleid, ihre Wachsfigur und die Vitrine, die die beiden enthielt, waren gerade an dem rechten Platz, daß ich mich dahinterstellen und in den angrenzenden Raum schauen konnte, in dem die *Spirit of St. Louis* stand. Niemand bemerkte mich dort, denn wenn die Besucher überhaupt schauten, sahen sie auf Martha Washingtons Kleid und nicht auf mich. Ich hatte das Gefühl, daß Martha Washington und ich etwas gemeinsam hatten, als wir zusammen die *Spirit of St. Louis* betrachteten. Ich beneidete sie fast wegen der dauernden intimen Vertrautheit mit dem Flugzeug, das einmal mir gehört hatte.

Wie seltsam schien es, hier zu stehen und die Maschine anzusehen und zu denken, welche Kluft von Zeit und Umständen uns trennte. Und doch – wie nah waren wir uns in einem anderen Sinn! Ich konnte mich wieder in dem Cockpit fühlen, wie ich von der regenweichen Rollbahn auf dem Roosevelt Field startete, wie ich niedrig über die Wellen des Mittelatlantiks hinstrich oder an einem hohen Gipfel der Rockies vorbeiflog. Die Maschine erschien mir heute so klein. Ich empfand ihretwegen so, wie ich einst wegen der alten Wright-Doppeldecker empfunden hatte. Trotzdem war die *Spirit of St. Louis* von einer Adrettheit, die mir noch heute ein Gefühl des Stolzes verlieh. Ich hatte den Eindruck, daß ich sie von ihren Kabeln lösen, auf einen Flugplatz bringen und mich wieder in ihrem Cockpit wohl fühlen könnte. (In meinen Träumen habe ich die alte Maschine seit der letzten Landung 1928 auf Bolling Field mehrmals wieder geflogen. Dabei machte ich mir immer Sorgen, und es tat mir leid, sie aus dem Museum geholt zu haben, weil sie bei diesem allerletzten Flug zerstört werden könnte. Wenn ich dann erwachte und feststellte, daß ich meine Entscheidung, daß die Maschine nie wieder geflogen werden sollte, in Wirklichkeit nicht verletzt hatte, war ich ehrlich erleichtert.)

Montag, 11. März
Rief heute morgen General Arnold an. Er traf für Mittwoch, 10 Uhr, eine Verabredung für mich im Außenministerium. Er sagte, er habe mit Woodring über die Möglichkeit gesprochen, daß ich nach Spanien und Italien reise und daß Woodring keinerlei Einwände habe; er schlug vor, daß ich direkt mit dem Außenministerium spreche.

Mittwoch, 13. März
Die Friedensbedingungen zwischen Rußland und Finnland wurden in Moskau und Berlin veröffentlicht. Trotz der Unbestimmtheit der Zeitungen und der widersprüchlichen Berichte scheinen sie authentisch zu sein.
Verließ den Zug um 7.40 Uhr. Mit dem Taxi vom Army & Navy Club zu einer Besprechung im Außenministerium mit Mr. Tom Burke (von General Arnold vereinbart). Ich sagte Burke, daß ich an eine Reise entlang der Route der Pan American nach Lissabon dächte und vor meiner Rückkehr gern Spanien und Italien besuchen würde. Ich sagte ihm, vor einer endgültigen Entscheidung wollte ich vom Außenministerium erfahren, welche Komplikationen sich aus der Sicht des Mini-

steriums bei meiner Reise ergeben könnten. Burke erwiderte, er werde
sich mit der Sache befassen und könne mir wahrscheinlich schon
binnen vierundzwanzig Stunden eine Antwort geben.

Ging zu einer Konferenz mit Truman Smith und Whitehead ins
Munitions Building. Wir sprachen über das offensichtliche schwere
Gewicht der amerikanischen Kriegsflugzeuge im Vergleich zu den
europäischen Maschinen sowie über die neuen Jagdflugzeugtypen, die
jetzt in Deutschland gebaut werden und die Me 109 und 110 ersetzen
sollen.

Mittwoch, 27. März
Kam nach einer Nachtfahrt, die von ruckartigen Aufenthalten unterbrochen war, um 7.30 Uhr in Washington an. Diskutierte zwanzig
Minuten lang mit General Arnold meine geplante Europareise. Er will
unbedingt mehr über die italienische Luftwaffe erfahren – ob sie angesichts der jüngsten Ausweitung und Entwicklung in anderen Ländern
ihren Platz behaupten könne, ob sie viele Flugzeuge für Lieferung an
das Ausland baue usw. usw. Italien nimmt jetzt in vielerlei Hinsicht
eine Schlüsselstellung in Europa ein.

Taxi zum Kapitol zum Lunch mit Harry Byrd. Ich schickte Byrd
meine Visitenkarte in den Sitzungssaal des Senats und wartete in einer
der Hallen auf ihn. Vor dem Lunch brachte mich Byrd zu Vizepräsident
Garner in dessen Büro. Wir sprachen etwa fünf Minuten lang, dabei
erzählte ich Garner, wie ich 1924 eine alte „Canuck" auf dem Haupt-
platz seiner Heimatstadt Uvalde in Texas landete. Ich war auf dem
Flug nach Westen und hatte mich verfranzt. Der Sprit war schon knapp,
als ich Uvalde erreichte und mich endlich orientieren konnte. In der
Mitte der Stadt befand sich ein offener Platz, groß genug, daß ich
darauf landen konnte. Ich kam gut hinunter und tankte auf; zum
Starten war aber der Platz nicht groß genug, da er von Gebäuden
umgeben war. Ich versuchte also einen Start von einer Straße aus, die
an dem Platz vorbeiführte. Dazu war es nötig, zwischen zwei Tele-
grafenmasten durchzukommen; der Zwischenraum war nur knapp
einen Meter breiter als die Flügelspannweite meines Flugzeugs. Die
Straße hatte ziemlich tiefe Fahrrillen, ich kam von der Mitte ab und
stieß gegen einen Mast. Die Maschine wurde herumgerissen, ihre Nase
stieß gegen die Wand einer Eisenwarenhandlung und schlug Töpfe und
Pfannen herunter, die drinnen an der Wand hingen. Glücklicherweise
kamen weder die Maschine noch das Geschäft zu ernstlichem Schaden:

ein zerbrochener Propeller und einige zerschmetterte Regale – das waren die Hauptfolgen dieses Unfalles. Der Geschäftsinhaber war keineswegs unfreundlich, ja, er schien sich über die Aufregung zu freuen, und statt zu klagen und Beschwerde zu führen, wie man es hätte erwarten können, bewies er echte texanische Gastfreundschaft. Ich ließ die Maschine zusammenflicken und flog nach einigen Tagen weiter. Lunch mit Harry Byrd in seinem Büro im Kapitol.

Donnerstag, 11. April
Der Krieg dauert – fast ohne bestimmte Nachrichten – weiter an, selbst die wichtigsten und größten Ereignisse sind in Widersprüche gehüllt. Man kann fast jede Version über die Kämpfe lesen, es hängt nur davon ab, welche Zeitung man kauft. Es ist offenkundig, daß die Presse keine Ahnung von dem hat, was tatsächlich vor sich geht. Sie berichtet in einem Atemzug, daß die britische Marine das Skagerrak vollständig kontrolliert und daß die Deutschen nach wie vor Truppen in Norwegen landen. Man meldet, daß im Skagerrak eine große Seeschlacht im Gange sei. Wenn man aber zwischen den Zeilen liest, scheint mir, daß die Deutschen mit erstaunlichem Erfolg Norwegen vor der Nase der britischen Flotte besetzen. Wenn das so ist, ist es ein Sieg für die Luftwaffe und ein Wendepunkt in der Kriegsgeschichte. Ist aber die britische Hauptflotte tatsächlich in das Skagerrak eingedrungen oder ist das ganze wieder eine Schlacht, die hauptsächlich von den Zeitungen aufgebauscht wurde? Letzten Endes kann die moderne Presse aus einer Rauferei zwischen Hunden einen Krieg machen. Man muß sich daran erinnern, daß die Zeitungen berichteten, der deutsche Westwall sei während der ersten achtundvierzig Stunden nach der Kriegserklärung im letzten September von der französischen Armee an fünf Stellen durchbrochen worden; die Presseberichte sind auch seither genauso unzuverlässig geblieben.

Freitag, 12. April
Die Kriegsberichte widersprechen sich weiterhin. Unsere Zeitungen erwecken den Eindruck, daß England und Franreich die See beherrschen, aber das scheint mehr ein Wunschtraum als eine Tatsache zu sein, wenn man es nach den wenigen Informationen beurteilen kann, die durchsickern. Die Deutschen führen ein äußerst wagemutiges Unternehmen durch. Anscheinend haben sie großes Vertrauen in die Fähig-

keit ihrer Luftwaffe, mit der britischen Flotte fertig zu werden. Wenn die Briten ihre Hauptflotte in die Reichweite der deutschen Luftwaffe bringen, besteht die Möglichkeit zu einer der Entscheidungsschlachten der Weltgeschichte – und eine Entscheidungsschlacht könnte unter diesen Umständen von der Flotte nicht gewonnen werden. Deshalb bezweifle ich, daß die Briten ihre Hauptflotte voll exponieren werden.

Montag, 15. April

Fuhr zum Lunch zum Engineers Club nach New York, dann in Nr. 505 Fifth Avenue zu einer Besprechung mit einem Mr. Hart, der eine Anzahl von Leuten zusammenbringen will, die sich dem Eintritt unseres Landes in den Krieg widersetzen. (Bill Castle schrieb mir und schlug vor, daß ich mit Hart spreche.) Ich stimmte zu, heute in zwei Wochen an einem formlosen Dinner teilzunehmen, bei dem wir besprechen konnten, wie man der Kriegspropaganda entgegenwirken kann. Ich glaube, daß unser Land immer noch entschieden gegen einen Kriegseintritt ist, wenn aber die deutschen Erfolge anhalten (wie ich glaube), werden uns die Alliierten und ihre Anhänger immer mehr unter Druck setzen. Die ganze Sache würde mir weniger Sorge bereiten, wenn ich auch nur das leiseste Vertrauen zu Roosevelt besäße.

Donnerstag, 18. April

Ging vom Army & Navy Club zum Heim der Smiths. Truman Smith und ich besuchten Botschafter Alanson B. Houghton, der Botschafter in England gewesen war, als ich 1927 mit der *Spirit of St. Louis* dort weilte. Wir sprachen über den Krieg und über die Entwicklung in Amerika und in Europa. Später fragte mich Houghton, ob ich ihm verziehen hätte, daß er mich 1927 auf der „Memphis" heimgeschickt hatte. Ich erinnerte mich deutlich an die Zeit, und wir lachten beide. Es war in der amerikanischen Botschaft in London gewesen, wo ich während meines Besuchs in England wohnte. Houghton hatte mich in sein Arbeitszimmer gebeten und mir gesagt, Präsident Coolidge habe mir für meine Rückkehr nach Amerika ein Schlachtschiff zur Verfügung gestellt. Ich hatte keinerlei Wunsch, Europa schon wieder zu verlassen, und hoffte, eine Anzahl europäischer Länder besuchen zu können. Ich war nur in drei gewesen – in Frankreich, Belgien und England. Ich hatte sogar die Möglichkeit erwogen, meinen Flug nach Osten fortzusetzen und so eventuell die Erde zu umfliegen. Ich hätte es auch vorgezogen, in der *Spirit of St. Louis* nach Amerika zurückzufliegen, aber Houghton bestand darauf, daß ich auf einem Schlachtschiff – die *Spirit of St. Louis* war, in einer Kiste verpackt, auch an Bord – zurückkehre. Er setzte sich schließlich durch, indem er sagte, es sei ein Befehl des Präsidenten der Vereinigten Staaten.

Donnerstag, 25. April
Fuhr nach dem Frühstück zum Mitchel Field zu meiner halbjährlichen Tauglichkeitsuntersuchung. Bestand wie üblich ohne jede Schwierigkeit. Nichts ist so wichtig wie ein gesundes Erbe. Man sollte seinen Vorfahren für so ein Geschenk immer dankbar sein. Reichtum, gesellschaftliche Positionen, kurz, alles andere im Leben ist im Vergleich dazu unwichtig.

Mittwoch, 1. Mai
Frühstück mit Oberst und Mrs. Echols und General Brett. Dann zum Wright-Flugplatz, wo ich mir einige der neuen Flugzeuge und die neuesten Verbesserungen für Jäger ansah. Besonders interessierten mich die neuen Methoden, die Brennstofftanks „lecksicher" zu machen. Major Alden R. Crawford zeigte mir die verschiedenen Experimente, die in dieser Hinsicht gemacht wurden. Ich beobachtete ein Probeschießen auf die „lecksicheren" Benzintanks: man feuerte mit Munition Kaliber .30 und .50, ja sogar mit 20-mm-Granaten (keine Sprengmunition) durch einen mit Benzin gefüllten Tank, ohne, außer in einem Fall, einen bemerkenswerten Benzinaustritt zu verursachen.

Flog am Nachmittag eine Stunde lang eine P-36 B (Curtiss-Jäger). Der Wind war böig und der Himmel in 500 bis 700 Meter bedeckt. Ich hatte geplant, die P-40 (den neuesten Jäger des Fliegerkorps) zu fliegen, ich wollte aber ihre Manövrierfähigkeit in großer Höhe erproben und verschob den Flug daher auf morgen. Ich will keinen neuen Jäger durch eine dicke Wolkenschicht mit einer tiefhängenden Bewölkung unter mir fliegen. Es ist auch gegen die Vorschriften. Der Wetterbericht sagt für morgen ein Aufreißen der Wolkendecke voraus.

Donnerstag, 2. Mai
Als ich heute morgen erwachte, gab es einen Graupelschauer, es war kalt. Der Nebel fiel in die Bäume auf den Hügelhängen ein. Oberst Echols und ich fuhren nach dem Frühstück zum Wright-Flugplatz.

Die Möglichkeit zu einem Testflug war nicht gegeben, ich verwendete also den ersten Teil des Vormittags darauf, mir neue Flugzeugtypen in den Hangars anzusehen – Bomber, Schulflugzeuge und Jäger. Der Wetterbericht kündigte ein Aufklaren für den Mittnachmittag an.

Lunch mit Oberst Echols, Major Crawford und Major Lyon. Nachher sahen wir uns die Wirkung eines .50-Geschosses an, das durch einen Sauerstofftank gejagt wurde. Berichte aus Europa besagen, daß Sauerstoffzylinder explodieren, wenn sie getroffen werden, und außerordentlich gefährlich sind. Die Tests von heute nachmittag bestätigten diese Berichte. Der erste Zylinder – ein ganz regulärer Luftwaffentyp mit 2000 Pfund Druck – riß der Länge nach entzwei, eine der Hälften wurde über 50 Meter weit durch die Luft geschleudert. Der angerichtete Schaden hängt offensichtlich von dem Kaliber des Geschosses und dem Druck im Zylinder ab. Eine Kugel vom Kaliber .30, die einen 2000-Pfund-Zylinder trifft, wird eine Wand durchschlagen und eine große Stichflamme brennenden Gases austreten lassen, der Zylinder selbst explodiert jedoch nicht.

Die Zeitungen berichten, daß die Briten Südnorwegen räumen. Ich verstehe nicht, warum sie überhaupt versucht haben, dort zu landen.

Freitag, 3. Mai

Als ich heute morgen erwachte, war der Himmel im Gegensatz zu allen Vorhersagen immer noch bedeckt. Oberst Echols und ich fuhren nach dem Frühstück zum Wright-Flugplatz. Der Wetterbericht ließ uns keine Hoffnung, daß es während des Tages besser werden würde. Die Wolkenhöhe über dem Flugplatz betrug nur 300 Meter, ich entschied jedoch, daß ich nicht noch länger in Dayton bleiben könne; ich ersuchte also darum, die P-40 startfertig zu machen. Ich würde sie nicht in großer Höhe testen können, ich konnte aber wenigstens feststellen, wie sie sich beim Start und bei der Landung sowie beim Manövrieren in Bodennähe verhielt. Von Major Crawford borgte ich Fallschirm, Helm und Brille, weil ich meine eigene Ausrüstung in der Lambert auf dem Patterson-Flugplatz gelassen hatte.

Die Eigenschaften der P-40 waren für mich eine sehr erfreuliche Überraschung. Die P-40 war von der Curtiss-Wright-Corporation durch den Entwurf und die Konstruktion gehetzt worden, nachdem das Fliegerkorps sich plötzlich der Tatsache bewußt wurde, daß die europäischen Jagdflugzeuge den unsrigen weit voraus waren. Die P-40 ist in Wirklichkeit eine P-36, deren Nase umgebaut wurde, um einen flüssigkeitsgekühlten Allison-Reihenmotor unterzubringen anstelle des radialen, luftgekühlten Motors, der bei der P-36 verwendet wird. Die Tragfläche ist die gleiche wie bei der P-36, obwohl das Bruttogewicht etwa um 1000 Pfund höher liegt. Die Geschwindigkeit der P-40 beträgt annähernd 590 Stundenkilometer und ist daher um 100 Stundenkilometer höher als die der P-36.

Gewöhnlich leidet die Manövrierfähigkeit, wenn ein Standardtyp geändert wird, damit man einen völlig anderen Motor unterbringen kann. Die P-40 scheint aber eine Ausnahme darzustellen, weil sie genausogut zu starten, zu manövrieren und zu landen ist wie die P-36. Der Blick nach vorn ist natürlich mit dem Hängereihenmotor viel besser. Alles in allem scheint es ein ausgezeichneter einmotoriger Jäger und eine entschiedene Verbesserung gegenüber der P-36 zu sein. Ich muß mich aber doch fragen, was die Deutschen zur gleichen Zeit herausbringen. Die P-40 ist wahrscheinlich etwas besser als die Messerschmitts, die in den letzten Monaten im Einsatz waren, aber es ist bestimmt zu erwarten, daß die Deutschen auch etwas Neues produzieren.

Ich verbrachte fünfundvierzig Minuten in der P-40 (der XP-40, um genau zu sein). Es ist die erste Maschine, die gebaut wurde, sie ging der Reihenproduktion um mehrere Monate voran. Selbst in niedriger Höhe flog die Maschine annähernd 400 Stundenkilometer. Ich hatte in ihr das größte Fluggeschwindigkeitsgefühl, das ich je erlebt hatte.

Samstag, 4. Mai
Deutschland berichtet Versenkung von britischen Schlachtschiffen vor der norwegischen Küste.

Montag, 6. Mai
Fuhr nach Lloyd Neck. Die Blätter der Kastanien vor dem Haus sind herausgekommen, der Frühling ist schon weit fortgeschritten.

Freitag, 10. Mai
Der Rundfunk berichtet, daß deutsche Truppen in Holland und Belgien eingedrungen sind.

Fuhr nach dem Lunch nach New York zu einer Verabredung um

15 Uhr mit Van Dusen im Büro der Pan American. Van machte sich
Sorgen darüber, was man der Presse im Zusammenhang mit meiner
bevorstehenden Europareise sagen solle. Ich fand, am besten solle man
sagen, daß ich mir die Pan-American-Route ansehen würde. Van war
der Ansicht, die Presse würde sich mit dieser Erklärung nicht zufrieden-
geben und wolle sicher mehr erfahren. Wieder waren wir bei dem alten
Konflikt zwischen mir und der Presse angelangt, der nun seit dreizehn
Jahren mit mehr oder minder großer Intensität anhält. Die Reporter
wollen alles wissen, was ich tue und denke, während ich es vorziehe,
ihnen wenig oder nichts zu sagen. Es scheint keinen goldenen Mittelweg
zu geben, denn wenn man versucht, mit den Reportern zusammenzuarbeiten, nehmen sie alles, was man ihnen geben will, und versuchen
dann zu stehlen, was sie sonst noch bekommen können. Zwei oder drei
Jahre nach 1927 versuchte ich eine Zusammenarbeit, es war aber für
mich so unerfreulich und so unbefriedigend, daß ich seit acht Jahren
kein Interview mehr gegeben habe.

Sonntag, 12. Mai
Der deutsche Vormarsch war schnell gewesen – Stukas, Panzer, Fallschirmjäger und all die Technik der modernen Kriegsführung, über
die andere Nationen seit Jahren gespottet haben. Nichts scheint die
Deutschen aufhalten zu können. Werden sie sich mit Holland und
Belgien begnügen und sich gegen England wenden, oder werden sie
versuchen, die Verlängerung der Maginotlinie zu durchbrechen und
nach Frankreich vorzustoßen? Wenn sie die Maginotlinie angreifen,
werden die Verluste auf beiden Seiten hoch sein. Für mich ist das
Schlimmste im Krieg der Verlust an Erbmasse in den beteiligten Ländern.
Die Besten fallen im Krieg zuerst. Die Auswirkung zeigt sich in dem
heutigen England. Die Führer, die es hätte haben können, sind im
letzten Krieg gefallen.

Montag, 13. Mai
Der deutsche Vormarsch war so schnell, und die Wahrscheinlichkeit,
daß Italien in den Krieg eintritt, ist so groß, daß ich beschlossen habe,
meine Europareise zu verschieben. Unter den augenblicklichen Bedingungen kann ich dort nichts tun, ich glaube, es ist wichtig, wenn ich
engen Kontakt mit der Entwicklung in unserem Lager halte. Der Druck,
daß wir in den Krieg eintreten, wird sich sehr verstärken.

Mittwoch, 15. Mai
Befaßte mich den größten Teil des Tages mit der Abfassung einer Rundfunkansprache, die ich wahrscheinlich „Die Luftverteidigung Amerikas" benennen werde.
Der deutsche Vormarsch wird stürmisch fortgesetzt. Die Verluste
müssen sehr schwer sein.

Donnerstag, 16. Mai
Truman rief an und sagte mir, der deutsche Vormarsch gehe außerordentlich schnell vor sich; die Kurzwellensender hätten bekanntgegeben, die Maginotlinie sei bei Sedan durchbrochen worden.
Fuhr um 10 Uhr nach New York, von dort mit der Bahn nach
Washington. Die Pullmanschaffner sprachen über den Krieg. Einer
sagte: „Wir werden bald dabeisein" und ein anderer: „Nein, bei Gott,
das werden wir nicht." Der dritte meinte: „Nun, ich war einmal drüben,
aber kein zweites Mal." Die Presse ist hysterisch. Die Zeitungen erwecken den Eindruck, daß in der nächsten Woche eine Invasion der
Vereinigten Staaten erfolgen wird!

Samstag, 18. Mai
Antwerpen ist gefallen, die französischen Armeen scheinen am Rand
des Zusammenbruchs zu sein. Die Deutschen stehen den Berichten
zufolge 65 Kilometer vor Paris.

Fuhr mit Truman zum Munitions Building und unterhielt mich fünfzehn Minuten (allein) mit General Arnold. Wir sprachen über die
Situation in Europa, und ich sagte Arnold, worüber ich in meiner
Ansprache morgen abend reden wollte. Während ich in seinem Büro
war, kam ein junger Offizier herein und trug einen neuerlichen deutschen Vorstoß auf der Karte ein. Die Maginotlinie westlich von
Montmédy ist in breiter Front durchbrochen worden. Die Deutschen
stießen durch die Verlängerung der Maginotlinie längs der belgischen
Grenze, als ob sie aus Sand und nicht aus Beton und Stahl bestehe. Die
britische und französische Lufttätigkeit ist während der letzten Tage
stark abgesunken. Sie hat sich auf nächtliche Bombardierungen verlegt,
während die deutsche Luftwaffe ungehindert während des Tages fliegt
und die deutschen Truppen unbelästigt auf den Straßen in Belgien
marschieren.

Arnold sagte mir, er habe Kriegsminister Woodring gesprochen, und
der Minister habe ihn gefragt, ob er mich dazu bewegen könne, mehrere
Einzelheiten in meine Rede aufzunehmen: über den Prozentsatz bewil-
ligter Mittel, der für die Aufrechterhaltung der Streitkräfte verwendet
würde, den Prozentsatz, der für neue Ausrüstung übrigbleibe, usw.
usw. Es war offensichtlich ein plumper Versuch, meiner Rede die
Schärfe zu nehmen und sie zum Vorteil der Regierung zu wenden. Ich
fühle mich ziemlich sicher, daß Arnold nicht wünscht, ich solle Woodrings Vorschlägen folgen, er gab sie aber als guter Soldat an mich weiter.
Ich ersparte es ihm, ihn um seine eigene Meinung zu bitten. Ich sagte
Arnold, meine Ansprache sei viel zu lang, als daß ich die Vorschläge
Woodrings noch berücksichtigen könnte – daß sie dann völlig umgeschrieben werden müßte (was durchaus wahr ist).

Sonntag, 19. Mai
Der deutsche Vormarsch dauert an.

Miß Gillis von der Columbia Broadcasting rief an und sagte mir, die
Movietone-Organisation wünsche, daß ich einen Teil meiner Rede für
sie verlese. Man schlug vor, daß ein Mann mit einer Kamera die Auf-
nahme machen solle; die Kopien würden dann gleichmäßig unter den
Wochenschaugesellschaften verteilt werden. Das Angebot war so vernünftig und rücksichtsvoll, daß ich Miß Gillis sagte, ich würde es mir
überlegen und binnen einer Stunde zurückrufen.

Die Wochenschaugesellschaften haben Anne und mir in der Vergangenheit ziemlich übel mitgespielt. Ich kann nie ganz über die Zeiten
hinwegkommen, als ihre Männer versuchten, sich mit unter den Sakkos
verborgenen Mikrofonen anzuschleichen. Ich glaube nicht, daß es
ihnen auf diese Weise gelungen ist, ein Gespräch aufzufangen, es gelang
ihnen aber, in uns ein Gefühl des Abscheus für Wochenschauen im
allgemeinen zu erwecken. Und dann war da das eine Mal, als Anne und
ich während unserer Flitterwochen auf der „Mouette" waren und bei
einer Insel vor der Küste von Maine ankerten. Einige Wochenschau-
Kameraleute kamen in einem Schnellboot und verlangten, wir sollten
an Deck kommen und uns filmen lassen. Wir antworteten nicht, also
umkreisten sie die „Mouette" über sechs Stunden lang, sie kurvten so
scharf, daß unser Boot unangenehm schaukelte. Schließlich verließ ich
den Hafen und lief aus, in Richtung auf das offene Meer. Sie folgten uns
eine Weile – dann kehrten sie um, ohne die Aufnahmen.

Alles in allem habe ich persönlich von den Wochenschau-Kamera-
leuten nicht die beste Meinung. Trotzdem — bei der gegenwärtigen
Situation geht es um das Wohlergehen unseres Landes, und man sollte
sich nicht durch persönliche Gefühle leiten lassen. Welche Vor- und
Nachteile bringt es aber, in diesen Tagen für den Tonfilm zu sprechen?
Der Vorteil liegt darin, daß man an weitere Millionen von Menschen
herankommt. Zu den Nachteilen gehört die Tatsache, daß nur ein
kleiner Teil meiner Ansprache gebracht werden würde und daß ich
keinen Einfluß auf den Filmschnitt hätte. Die Wochenschaugesellschaften könnten meinen Film und meine Worte beispielsweise zwischen
die Plünderung einer Stadt und die verstümmelten Körper von Flüchtlingen quetschen. Wenn sie einmal so einen Film haben, können sie ihn
schneiden und verwenden, wie sie wollen. Ich entschied mich also dagegen, für den Tonfilm zu sprechen, bat aber Miß Gillis, ihnen sehr
freundlich für das Angebot zu danken.

Rief ein Taxi. Stieg etwa drei Häuserblocks von dem Earl Building
(dem Studio der CBS) entfernt aus. Hatte keine Schwierigkeiten, in
das Gebäude und in das Studio zu gelangen. Miß Gillis hatte alles sehr
rücksichtsvoll arrangiert — die Mikrofone waren sogar in einem besonderen Raum ohne das übliche Guckkastenfenster aufgebaut. Ich
sprach etwas über zwölf Minuten. Als ich fertig war, schickten die
Wochenschauen einen ihrer Vertreter, der wieder darum ersuchen sollte,
ich möchte einen Tonfilm gestatten. Ich lehnte so höflich, wie ich nur
konnte, ab.

Mitternachtzug nach New York. Seit ich das CBS-Studio verlassen
hatte, waren vierundzwanzig Telegramme gekommen. Dreiundzwanzig
unterstützten meinen Standpunkt.

Donnerstag, 23. Mai
Etwa 200 Telegramme sind gekommen, die im Verhältnis von 20 zu 1
meine Ansprache begrüßten. Bei den Briefen ist das Verhältnis etwa
15 zu 1. Das ist ein sehr ermutigendes Ergebnis. Das Niveau der Briefe
ist im allgemeinen hoch.

Schrieb fast den ganzen Nachmittag in dem kleinen Haus auf dem
Hügel.

Ich machte Feuer im Ofen, da der Tag kalt und wolkig war und
gelegentlich Nebelschwaden vorbeitrieben. Die Blätter sind noch nicht
ganz herausgekommen.

Samstag, 25. Mai
Die Deutschen rücken weiter gegen die umzingelten alliierten Nord-
armeen vor.

Dienstag, 28. Mai
Der Rundfunk meldet, daß die belgische Armee auf Befehl König
Leopolds kapituliert hat.

Die Zeitungen berichten, daß Carrel gelandet ist. Ich rief in seiner
Wohnung an und vereinbarte, ihn um 15 Uhr aufzusuchen. Fuhr nach
dem Lunch nach New York. Carrel wohnt 56 East 89th Street. Wir
sprachen fast eine Stunde, natürlich hauptsächlich über den Krieg.
Mme. Carrel war an dem Teil der verlängerten Maginotlinie (bei
Montmédy) gewesen, wo die Deutschen zuerst durchbrachen, war aber
gerade vor dem Angriff nach Saint-Gildas gefahren, um den „Pardon"
[eine Prozession] vorzubereiten, der einmal im Jahr auf der Insel statt-
findet. Sie war auf Saint-Gildas, als der Durchbruch erfolgte. Carrel
ist noch fähig, objektiv über den Krieg zu sprechen, er sieht die Ursachen sehr klar. Er erkannte schon vor Jahren den Verfall, der in Frankreich vor sich geht. Nur in einem einzigen Hauptpunkt, den wir besprachen, stimmten wir nicht überein. Carrel hat das Gefühl, daß die
westliche Zivilisation zugrunde geht, wenn Deutschland siegt. Ich glaube,
daß Deutschland ebenso ein Teil der westlichen Zivilisation ist wie Frankreich und England. Carrel sieht Deutschland etwa in dem gleichen
Licht wie ich Rußland, obwohl selbst er zugibt, daß Rußland unver-
gleichlich schlimmer ist als Deutschland.

Von Carrels Wohnung aus ging ich in den University Club, um
Hart und Ackerman zu treffen. Wie üblich haben sie eine Idee, die *ich*
durchführen soll. Ackerman hätte gerne, daß ich eine Flugreise durch
die Staaten unternehme und bei meiner Landung und beim Abflug in
den verschiedenen Städten Presseerklärungen gebe. Er glaube, sagte
er, es würde die Leute freuen, wenn sie denken, ich würde herumreisen
und verschiedene wohlbekannte Männer wie z. B. Henry Ford nach
ihrer Meinung über unsere Haltung gegenüber dem Krieg fragen!

Mittwoch, 29. Mai
Am Vormittag geschrieben und einen Aktionsplan festgelegt. Der
Druck für unsere Teilnahme am Krieg wächst, ich glaube jedoch,

daß es nur eine Minderheit ist, die zwar an Lautstärke, nicht aber an Zahl zunimmt.

Kay Smith rief aus New York an, ich konnte aus ihrer Stimme entnehmen, daß etwas schiefgegangen war. Sie sagte, sie sei in New York gewesen, um ihre Tochter in der Schule zu besuchen, habe aber sofort nach Washington zurückkehren müssen. Sie wollte unbedingt mit mir sprechen, ich brach also nach New York auf. Die Situation, die sich ergeben hat, ist für mich nicht überraschend. In Washington ist es natürlich wohlbekannt, daß Truman mein guter Freund ist. Er ist einer der vielen Leute, die den Gerüchten zufolge meine Rundfunkansprachen geschrieben haben. (Tatsächlich ist er einer der wenigen, die die Ansprachen vorher gelesen haben.) Die Regierung glaubt, daß es mich schwer treffen wird, wenn sie ihn ausschaltet. Kay sagt, der Minister des Schatzamts, Morgenthau, habe General Marshall gesagt, er solle Truman aus der Armee entlassen! Marshall erwiderte, das könne er nicht, weil Truman für ihn zu wertvoll sei. Morgenthau äußerte sich dann offensichtlich über Trumans Verbindungen mit mir.

Marshall schickte Truman mit einem zweiwöchigen Auftrag nach Benning, um Gras über die Sache wachsen zu lassen. Er sagte Truman, es sei ratsam, für eine Weile den Anschein einer engen Freundschaft mit mir zu vermeiden. Truman war natürlich sehr zornig und bot Marshall seinen Abschied an. Marshall lehnte ab.

Kay sagte mir, in Washington gehe das Wort um, die Regierung sei darauf aus, „mich zu fassen". Nun, es ist nicht das erste Mal und wird auch nicht das letzte Mal sein!

Montag, 3. Juni

Fuhr am Nachmittag zu einer Verabredung um 17 Uhr mit Hart und Ackerman im Haus 505 Fifth Avenue nach New York. Sie hatten weitere Ideen, die *ich* ausführen sollte! Ich glaube, die meisten Leute in New York glauben, etwas zu unternehmen bestehe darin, daß man einen anderen die Aktionen ausführen läßt. Heute wollten Hart und Ackerman, daß ich alles, was ich mache, aufgebe und ein Komitee aus zehn prominenten Leuten, mit mir als Vorsitzendem, bilde. Das Komitee sollte eine Presseerklärung gegen den Krieg herausgeben. Ich fragte, was das Komitee weiter tun solle, und sie antworteten, es solle dann alles das tun, was *ich* anordnete! Diese Idee, Komitees zu bilden, um etwas in Schwung zu bringen, ist einer der großen Irrtümer Amerikas. Für mich stellt ein Komitee eine Beschränkung und keine

Förderung einer Aktion dar. Es ist zumeist unbeholfen, schwer beweglich und birgt Widersprüche in sich. Man kann einen guten Rat erhalten, auch wenn man kein Komitee bildet, und man hat es leichter, aus den Ratschlägen auszuwählen, wenn man nicht an ein Komitee gebunden ist.

Ich sagte Hart und Ackerman, ich wolle mir die Sache lieber überlegen, weil sie mit vielen Schwierigkeiten verknüpft und weil die Bildung eines Komitees aus zehn der einflußreichsten Männer des Landes keine leichtzunehmende Sache sei.

Abendessen im Engineers Club mit O. K. Armstrong von der Amerikanischen Legion: Er zeigte mir das Programm der Legion – eine ausgezeichnete amerikanische Verteidigungs- und Antikriegspolitik. Wir besprachen Pläne, daß die Legion eine aktivere Rolle der Opposition gegen unseren Kriegseintritt übernimmt. Armstrong stammt aus Missouri, welcher Kontrast zu den Männern aus den Oststaaten, mit denen ich in letzter Zeit in Kontakt war! Er macht sich Gedanken darüber, was er und die Legion in dieser Situation tun können. Er ist voller Aktivität und entschuldigte sich fast ein wenig, als er fragte, ob ich es vielleicht in Betracht ziehen würde, auf einem der Meetings der Legion zu sprechen. Ich sagte ihm, daß ich auf jede Weise helfen und gern dort sprechen würde. Ich glaube, die Legion kann von gewaltigem Nutzen sein, wenn sie in der jetzigen Situation aktiv wird.

Mittwoch, 5. Juni
Der deutsche Vormarsch auf Paris beginnt.

Samstag, 8. Juni
Am Nachmittag arbeitete ich an meiner Ansprache und ging mit Jon zum Ententeich spazieren. Auf dem Weg durch den Wald scheuchte Thor eine Wildente aus ihrem Nest in einem hohlen Baumstumpf auf. Jon und ich gingen hin und fanden zwölf Eier in dem Nest. Um den Tag vollkommen zu machen, sahen wir eine Schildkröte auf einem Baumstamm, der ins Wasser gefallen war. Jon versuchte hinauszukriechen und sie zu fangen, die Schildkröte sprang aber ins Wasser, als sie ihn bemerkte.

Montag, 10. Juni
Die deutsche Armee soll 55 Kilometer vor Paris stehen und schnell
vorrücken.

Theodore Roosevelt telefonierte, und ich rief Senator Clark (von
Missouri) an, um mit ihm eine Verabredung für Mittwoch in Washington
zu treffen.

Man gab bekannt, daß Mussolini um 13 Uhr EST in Rom sprechen
würde. Wir holten den Apparat in das Speisezimmer, um ihn zu hören.
Wie wir erwartet hatten, war es die Kriegserklärung an Frankreich
und England. Mussolini schrie, bis es sogar einem Italiener unmöglich
gewesen sein mußte, ihn zu verstehen. Immer nach wenigen Worten
wurde er durch ein lautes Geheul der Menge unterbrochen – ein
Geschrei nach Blut. Es war wie ein Rudel Tiere, das für den Fang bereit
war und über die Verteilung der Beute heulte – des bereits halbtoten
und tödlich verwundeten Frankreich. Solange ich lebe, werde ich diese
Sendung nie vergessen. Mussolinis Stimme hatte weder die beabsichtigte
Stimmlage noch den Umfang. Aber der Mob schrie für ihn weiter und
so war alles im Einklang, der Führer und das Rudel.

Roosevelt (F. D.) sprach um 19.15 Uhr in Charlotteville. Für mich
scheinen seine Reden nie die eines völlig normalen Mannes zu sein.
Ich höre ihm selten zu, und wenn ich es einmal tue, traue ich ihm dann
immer noch weniger. Als ich heute abend seine Stimme über den
Rundfunk hörte, hatte ich das Gefühl, daß er gern den Krieg erklärt
hätte und nur durch die Erkenntnis zurückgehalten wurde, daß unser
Land das nicht hinnehmen würde. Er war dramatisch und demagogisch
wie üblich.

Am Abend berichtete der Rundfunk, daß die französische Regierung
aus Paris nach Tours übersiedelt ist.

Mittwoch, 12. Juni
Um 7.15 Uhr mit dem Zug in Washington. Ich habe beschlossen, bei
dieser Reise keinen meiner Freunde im Fliegerkorps aufzusuchen,
da ich weiß, daß die Politiker unserer Regierung jedem, mit dem ich in
Kontakt stehe, soviel Schwierigkeiten wie möglich machen. Da ich
meinen Freunden das Leben nicht schwermachen will, ist es das beste,
sie nicht zu sehen – abgesehen von denen, die schon bekannte Gegner
der Regierung sind.

Mit dem Taxi zum Bürogebäude des Senats zu einer Verabredung

mit Senator Clark (Missouri) um 14.30 Uhr. Wir sprachen über den
Krieg, die Regierung und den Druck, der angewendet wird, um die
Vereinigten Staaten in den Krieg zu verwickeln. Wir stimmen überein,
daß die Situation kritisch ist und der Trend zum Krieg abgestoppt
werden muß. Wir sprachen darüber, was die Amerikanische Legion in
dieser Hinsicht tun könnte. Kongreßabgeordneter Van Zandt kam
später herein, wir überlegten, welche Aktion die „Veteranen der
Kriege im Ausland" und andere Organisationen ehemaliger Soldaten
ergreifen könnten, um eine Opposition gegen unseren Kriegsbeitritt
zu bilden. Nach einer Diskussion von einer halben Stunde gingen
Clark, Van Zandt und ich ins Kapitol, wo wir La Folette, Wheeler,
Reynolds und andere Senatoren trafen. Wir besprachen Pläne, wie
man der Kriegsagitation und Propaganda entgegenwirken könne.
Jedermann macht sich Roosevelts wegen große Sorgen, man hat das
Gefühl, daß er das Land so schnell er kann in den Krieg führen wird.

Kehrte ins Hotel zurück, nachdem das Meeting wegen eines An-
wesenheitsaufrufs abgebrochen wurde. Rief die NBC-Studios wegen
einer Sendezeit an. Man sagte, man würde mir gern eine Sendezeit
geben und würde mich morgen früh Tag und Stunde wissen lassen.

Donnerstag, 13. Juni
Die Morgenzeitungen berichten, daß die Deutschen Paris genommen
haben.

Sonntag, 16. Juni
Die Presse berichtet, daß sich die Franzosen auf eine Linie 100 Kilo-
meter südlich von Paris zurückgezogen haben. Ihr Rückzug ist anschei-
nend zu einer wilden Flucht geworden. Der Rundfunk gibt bekannt,
daß das französische Kabinett gestürzt worden sei.

Montag, 17. Juni
Der Rundfunk gibt bekannt, daß Frankreich um Friedensbedingungen
nachgesucht habe.

In diesen Zeiten kann man kaum mehr tun, als von einem Monat zum
anderen zu planen. Fast täglich ergeben sich neue Probleme. Was wird
beispielsweise England tun, nachdem Deutschland praktisch den

europäischen Kontinent erobert hat? Und wie wird unsere Reaktion in Amerika sein?

Anne und ich fuhren zum Dinner in das Heim von Mr. und Mrs. Foster Dulles. Wir sprachen über den Krieg und die amerikanische Politik.

Dienstag, 18. Juni

Fuhr nach dem Lunch zu einer Konferenz mit Détroyat im Engineers Club nach New York. Er hatte angerufen und gesagt, er wolle mich unbedingt sprechen. Détroyat fragte mich, was er meiner Meinung nach tun solle: nach Frankreich zurückkehren oder versuchen, eine Stellung in Amerika zu finden. Er weiß natürlich nicht, was nach den deutschen Friedensbedingungen von Frankreich übrigbleiben wird. Möglicherweise wird es keine oder nur wenig Luftfahrt in Frankreich geben, und die Fliegerei ist Détroyats Leben. Sein Heim in der Nähe von Lille liegt in dem von den Deutschen besetzten Gebiet (es war auch während des letzten Krieges von den Deutschen besetzt). Ich schlug ihm vor, mit seiner Entscheidung noch einige Tage zuzuwarten, bis etwas mehr über die deutschen und italienischen Bedingungen bekannt sei. Ich sagte ihm, ehe er nach Frankreich zurückkehre, solle er mit seinen Freunden hier sprechen und feststellen, welche Positionen in der amerikanischen Fliegerei für ihn offenstünden. Ich schlug auch vor, er solle nachfragen, ob er auf die französische Einwanderungsquote in die USA kommen könne. Wenn er einmal wieder in Frankreich sei, wäre es vielleicht für ihn viel schwieriger, nachzufragen und Vereinbarungen zu treffen. Ja, es könnte für ihn vielleicht sogar sehr schwierig sein, wieder aus Frankreich herauszukommen, wenn er einmal zurückgekehrt ist.

Samstag, 22. Juni

Senator Clark (Missouri) rief wegen einer Rede bei einer Antikriegstagung in Chicago an. Ich glaube, ich werde annehmen, will aber noch etwas mehr darüber erfahren.

Schrieb nach dem Lunch einige Minuten, fuhr dann nach New York zu einer Verabredung um 16.30 Uhr mit Dr. Carrel. Er glaubt, daß Mme. Carrel in der Bretagne ist, hat aber bisher von ihr keine Nachricht. Er fragt mich, was die Deutschen meiner Meinung nach mit Frankreich anfangen werden. Ich erwidere, daß ich es nicht weiß und daß wir nur hoffen können. Ich sage ihm, daß es vielleicht nicht so schlimm werden wird, wie viele Leute hier glauben. Carrel fragte mich dann, was er meiner Meinung nach am besten tun solle. Ich schlug vor, er solle noch einige Tage warten, ehe er etwas unternehme, man könne keine vernünftigen Pläne fassen, ehe man nicht wenigstens eine Ahnung davon habe, was in Frankreich geschieht. Ich sagte ihm, es sei durchaus möglich, daß er mit der neuen französischen Regierung zusammenarbeiten könne, und daß ich, wenn sich das als für ihn nicht gangbar erweise, hoffte, er würde in unserem Land bleiben und schreiben — Artikel oder ein Buch.

Montag, 24. Juni

Détroyat und einer seiner Freunde kamen am Abend zum Essen mit Anne und mir heraus. Wir sprachen über Frankreich, England und den Krieg. Was wird Deutschland mit Frankreich tun? Détroyats Freund glaubt, Deutschland werde Frankreich aufteilen, bis es nicht mehr als 20 Millionen Einwohner hat, und mit England werde das gleiche geschehen. Er sagt, für Frankreich könne nichts getan werden, ehe Deutschland nicht wieder abzieht. Er weiß selbst nicht, was er tun soll — nach Frankreich zurückkehren, sich den noch existierenden französischen Armeen in Afrika anschließen oder seine Dienste der englischen Regierung anbieten. Er fragte mich, was ich ihm rate.

Ich empfand große Bewunderung für die Fähigkeit der Franzosen, selbst unter dem Eindruck von Krieg und Niederlage objektiv zu sprechen. Détroyat und sein Freund zeigten mehr Ergebenheit als Haß, mehr Ruhe als Hysterie, mehr Mut als Verzweiflung. Ihre Herzen waren schwer, aber sie trugen die Köpfe hoch. Sie bewiesen Charaktereigenschaften, die wir in diesem Land dringend nötig hätten.

Donnerstag, 27. Juni

(Detroit.) Um 6.30 Uhr aufgestanden. Jim (Newton) kam um 7 Uhr, wir fuhren zum Frühstück mit Mr. und Mrs. Henry Ford in deren Heim in der Nähe von Dearborn. Nach dem Frühstück sprach ich mit Mr. Ford über die Amerikanische Legion und mein Gefühl, daß es wünschenswert sei, ihr in ihrer Kampagne gegen unseren Kriegseintritt alle nur mögliche Unterstützung zu geben. Er war völlig einverstanden und rief Mr. Bennett an, der enge Beziehungen zu der Legion in Detroit hat. Ford sagte Bennett, er wolle die Legion, wo er nur könne, unterstützen.

Ich bewundere diesen Mann sehr, er besitzt Genie, Verständnis, Furchtlosigkeit, Optimismus, Humor und einen schlichten Charakter, wie er nur selten den Erfolg, besonders einen großen Erfolg überdauert. In ihm vereinigen sich Festigkeit mit Rücksichtnahme und Freundlichkeit. Selbst seine genialen Extreme werden durch nüchterne Ansichten gemäßigt, und wenn er auch Exkursionen in das Phantastische unternimmt, so bleibt er am Ende doch immer mit beiden Füßen fest auf der Erde. Ford ist jetzt über siebzig, aber hellwach, agil und überschäumend von Energie und neuen Ideen. Er ist – und wird das immer bleiben – einer der größten Männer, die dieses Land je hervorgebracht hat. Als wir durch eine kleine Fabrik nach der anderen gingen, zeigte uns Ford die Produkte jeder einzelnen, stellte uns den Vorarbeitern vor und blieb häufig stehen, um mit den älteren Arbeitern zu sprechen. Er hat eine persönliche Beziehung zu diesen Männern, wie ich sie nie zuvor bei einem großen Industriellen gesehen habe.

Nachdem wir mehrere dezentralisierte Fabriken inspiziert hatten, fuhren wir durch Camp Legion, wo die Jungens auf den benachbarten Farmen arbeiteten. Dann ging es zu der Ypsilanti-Fabrik, wo Anlasser und Generatoren in Massenproduktion hergestellt werden. Große Reihen mit Werkteilen wanderten stetig, an endlosen Ketten an der Decke aufgehängt, weiter. Nach dem Lunch sahen wir uns den Rolls-Royce-Flugzeugmotor an, den Ford bauen will, und sprachen mit Mr. Sorensen, der dieses Projekt leitet. Wir trafen Sorensen bei Edsel Ford an; sie sahen sich eben einen zerlegten Rolls-Royce-Motor an. Sorensen ging mit mir die Maschinenteile durch und zeigte mir die Änderungen, die er wegen einer Massenproduktion vornehmen wollte. Dazu gehörte eine Verringerung der Anzahl der Teile, das Gießen der Kurbelwelle, statt sie zu schmieden usw. Er zeigte mir auch eine Kurbelwelle, die gegossen worden war und die eben einem Härtetest unterzogen wurde.

Sorensen sagte mir jedoch, daß er über seinen Empfang in Washington sehr enttäuscht gewesen sei, als er dorthin fuhr, um die Produktion von Flugzeugmotoren für die Regierung zu besprechen. Er sagte, er sei gefragt worden, ob Ford 9000 Rolls-Royce-Motoren produzieren könne, wenn sie den Auftrag erhielten. Er erwiderte, das sei möglich. Sonst geschah nichts; niemand, mit dem er gesprochen habe, schien eine definitive Vorstellung von dem zu haben, was er eigentlich wollte. Schließlich kehrte Sorensen nach Detroit zurück, von seiten der Regierung hatte man weder ein Ansuchen gestellt noch ihm einen konkreten Vorschlag gemacht. Weder hatte man ihn ersucht, Motoren zu bauen, noch hatte man ihn aufgefordert, ein Anbot einzureichen. Sorensens Schilderung der ganzen Angelegenheit glich sehr der Beschreibung Guy Vaughans von seinem Besuch in Washington etwas früher im Jahr. Sorensen führte mich durch die Ingenieur- und dann durch die Experimentier- und Testabteilung.

Während meiner Unterhaltungen mit Ford, Edsel Ford, Sorensen und anderen Ford-Funktionären wurde häufig die Frage aufgeworfen, welche Resultate durch die verschiedenen Typen von Militärflugzeugen bei den Kämpfen in Europa erzielt worden seien. Ich schlug vor, Détroyat zu bitten, er solle von New York herüberkommen, damit wir seine Erfahrungen verwerten könnten. Détroyat hat wahrscheinlich einen besseren Einblick in die Flugeigenschaften verschiedener Typen von Militärflugzeugen als irgendein anderer Mann in der Welt. Er hat die meisten französischen Typen getestet, viele der britischen und amerikanischen und einige deutsche und italienische – alles in allem über 300 Typen, wie er mir gesagt hatte. Er war auch bis vor kurzer Zeit in engem Kontakt mit den französischen Kampffliegern. Ich rief Détroyat an, und er war einverstanden, mit dem Nachtflugzeug zu kommen.

Freitag, 28. Juni
Ich rief Campsall um 9 Uhr an und stellte fest, daß Détroyat eben auf dem Weg vom Flughafenhotel zu seinem Büro war. Als wir in Dearborn ankamen, sprach Détroyat eben in Bennets Büro mit Ford. Von dort gingen wir in Sorensens Büro und trafen dort Edsel Ford und andere, die Détroyats Meinung hören wollten. Wir sprachen über Flugzeuge, Motoren, Leistungen und das Ergebnis der Kämpfe in Frankreich. Détroyat sprach zuerst Englisch und dann durch einen Dolmetscher. Der Präsident der Packard-Gesellschaft war ebenfalls anwesend, da er auch an einen Kontrakt zum Bau von Flugzeugmotoren für die Regierung dachte.

(O. K.) Armstrong kam am frühen Nachmittag. Er, Benett und ich sprachen über Angelegenheiten der Amerikanischen Legion, während Sorensen Détroyat durch die Automobilfabrik führte. Détroyat flog mit der Spätnachmittagsmaschine nach New York zurück. Jim und ich gingen ins Ford-Museum und trafen Ford in der Flugzeugausstellung. Dort waren ungefähr ein Dutzend Flugzeuge zu sehen, darunter die *Bremen* (erste Ost-West-Überquerung des Atlantiks) und die beiden Polarflugzeuge Byrds (Nord- und Südpolflug).

Henry Ford hat seinen ersten Flug mit mir absolviert. Das war im Jahre 1927, als ich mit der *Spirit of St. Louis* auf seinem Flugplatz in Detroit gelandet war. Ich hatte Ford die Maschine gezeigt und ihn dann gefragt, ob er einsteigen wolle. Ford hatte sich immer geweigert, in einer seiner eigenen dreimotorigen Maschinen zu fliegen, und die *Spirit of St. Louis* hatte nur einen Motor und ein Cockpit. Zu meiner Überraschung nahm Ford aber die Einladung an. Er mußte geduckt in einer alles andere als bequemen Haltung auf der Armlehne meines Sitzes Platz nehmen. Ich startete und flog um den Flugplatz von Dearborn, ein Flug von etwa fünf oder zehn Minuten, der Ford aber außerordentlich zu gefallen schien. Später nahm ich ihn zusammen mit einigen leitenden Angestellten in einer seiner eigenen dreimotorigen Maschinen mit nach oben.

Samstag, 29. Juni
Die Smiths kamen zum Dinner und für die Nacht. Wir sprachen über den Krieg und die neuesten Aktionen Roosevelts. Wird er versuchen, die Französisch-Westindischen Inseln zu übernehmen? Welche Politik wird er in Südamerika einschlagen? Will er unser Land in den Krieg ziehen oder nicht? Das ganze Leben scheint sich um den Krieg zu drehen, mir scheint, daß es sich wohl um alle großen Kriege drehen muß. Wie sehr wünsche ich, ich könnte wieder an andere Dinge denken, und Anne sich wieder der Schriftstellerei widmen. Der Krieg beschäftigt sie viel zu sehr, als daß sie jetzt – abgesehen von ihrem Tagebuch – zum Schreiben käme.

Freitag, 5. Juli
Die Morgenzeitungen berichten von einer Schlacht zwischen der britischen und der französischen Flotte.

Ging fast den ganzen Nachmittag alte Papiere und vorbereitete Artikel durch und machte Pläne für eine Reise nach Maine mit Anne.

Samstag, 20. Juli
Tag in Lloyd Neck. Es war der heißeste Tag des Sommers, kein Wind, dichter Dunst und Nebelflecke über der Bucht. Für mich war es einer der turbulenten Tage im Leben, an dem die Intuition der eigenen

Fähigkeit zu planen weit vorauseilt. Mir scheint, daß ich chaotische Zustände vor uns sehe – Unruhe, Depression, Arbeitskampf, Gewalt –, selbst wenn wir dem Krieg entgehen. Was soll man tun? Wie bereitet man sich am besten vor, wie schützt man die Familie? Wie kann man unter derartigen Umständen am besten an der Zukunft der Nation mithelfen? Ich habe nicht die Absicht, beiseite zu stehen und die Flut über uns hinweggehen zu lassen – aber es gibt keinen klar bezeichneten Kurs, dem man folgen könnte, und es ist schwer, vernünftige Pläne zu fassen.

Sonntag, 21. Juli
Anne und ich sprachen über den Winter und die Zukunft. Wir sprachen über die Möglichkeit, eine Ranch an der Steilküste von Oregon zu kaufen. Dort gibt es Schönheit, Einsamkeit und das Gefühl von Land und Meer und Himmel. Wenn wir aber dort lebten, wären wir von der Welt abgeschnitten, und jetzt ist nicht die Zeit dazu.

Mittwoch, 24. Juli
Dean Lyman rief am Nachmittag an und sagte, daß einer seiner Freunde, ein Mr. Taylor, in enger Verbindung mit Willkie stehe und mit mir über die Luftwaffe als separate Waffengattung sprechen wolle. Ich sagte Lyman, daß meiner Meinung nach die Idee einer eigenständigen Luftwaffe auf der richtigen Linie liege, daß man die Sache aber mit äußerster Vorsicht angehen und daß man eine sehr sorgfältige Studie machen müsse, ehe man zu Schlüssen kommen könne. Ich sagte, daß ich eine derartige Studie nicht durchgeführt hätte und mich auch nicht in der Lage fühlte, in eine mehr als sehr allgemeine Diskussion der Angelegenheit einzutreten. Ich lud Lyman und Taylor zum Abendessen ein, wir diskutierten an diesem Abend Willkies Wahlkampagne, den Krieg, eine separate Luftwaffe usw.

Freitag, 26. Juli
Fuhr um 16.45 nach New York. Ich ließ den Ford beim Cosmopolitan Club für Anne, die am Abend zurück sein wird, und fuhr mit dem Taxi zu Roy Howards Büro im Grand Central Building. Es ist ein eigenartiger, fast ganz im ostasiatischen Stil eingerichteter Raum. Einige Minuten später trafen wir Mrs. Howard und fuhren zum Dock, wo ihre Jacht, ein großer, seetüchtiger Dieselkreuzer, wartete. Karl Bickel und

seine Frau kamen gleichzeitig mit uns an. Wir fünf aßen zu Abend,
während wir langsam auf Lloyd Neck zu kreuzten. Unsere Diskussion
kreiste um den Krieg, eine vereinigte Luftwaffe, Willkies Kandidatur
usw. Howard sagte, seine Zeitungen würden eine Luftwaffe als eigene
Waffengattung [anstelle der bisherigen Heeres- und Marinefliegerei]
unterstützen. Er hat Willkie bereits offen unterstützt. Howard will,
daß ich einen oder zwei Artikel über eine vereinigte Luftwaffe schreibe.
(Er schlug ursprünglich ein Interview vor, ich sagte ihm aber, wenn
ich etwas machen würde, würde ich lieber selbst einen Artikel schreiben.)
Ich sagte Howard, daß ich zwar seine Politik hinsichtlich einer
vereinigten Luftwaffe im allgemeinen unterstützte, daß ein Artikel
jedoch ein sorgfältiges Studium erfordern würde und daß ich für
einen solchen Artikel die Angelegenheit mit verschiedenen Heeres- und
Marineoffizieren besprechen müßte. Ich sagte ihm, daß das wegen des
Standpunktes, den ich hinsichtlich einer Beteiligung unseres Landes
an dem Krieg eingenommen habe, schwierig sein würde: nicht vom
Standpunkt der Offiziere aus, mit denen ich sprechen wollte, sondern
weil derartige Gespräche ihnen Schwierigkeiten mit der Regierung bereiten
würden. Ich erwähnte die Erlebnisse Truman Smiths. Howard
erwiderte, daß sich die höheren Offiziere des Heeres und der Marine
der Schaffung einer separaten Luftwaffe widersetzen würden und daß
daher Gespräche mit ihnen nur von geringem Wert seien. Ich erwiderte,
für mich würde ihr Wert darin liegen, die besten Gegenargumente zu
erfahren, und ohne diese Argumente zu kennen, könne man keinen
vernünftigen Standpunkt einnehmen. Ich sagte, daß ich auch mit den
jüngeren Offizieren beider Waffengattungen sprechen wolle. Wir beschlossen,
die Angelegenheit nach Howards Rückkehr von einer Ostasienreise,
zu der er in naher Zukunft aufbricht, wieder zu besprechen.

Howard und Bickel glauben beide, daß Willkie die Wahl gewinnen
wird. Ursprünglich haben sie Roosevelt unterstützt, jetzt sind sie aber
sehr entschieden gegen ihn.

Samstag, 27. Juli
Sherman Fairchild rief am Nachmittag an und sagte, Guy Vaughan
wolle mich sprechen und sei auf seiner Jacht in der Nähe von Lloyd
Neck. Ich lud sie ein, später am Nachmittag herüberzukommen.
Vaughan macht sich große Sorgen über die Haltung der Regierung gegenüber
der Flugzeugindustrie. Er sagte, die Lage in Washington sei
chaotisch, man sei sich über ein definitives Programm noch nicht einig,

und er fürchtete, daß man sogar versuchen werde, die Flugzeugindustrie zu verstaatlichen (wie man das unter der Regierung Blum in Frankreich mit verhängnisvollen Auswirkungen gemacht hat). Guy sagte, die Fabrikanten würden jetzt aufgefordert, innerhalb eines Gewinnlimits von 8 Prozent zu arbeiten und die Lieferungen all ihrer Zulieferanten zu garantieren. Er sagte, die Fabrikanten könnten unter dem achtprozentigen Gewinnlimit arbeiten, aber unmöglich für die Zulieferungen garantieren.

Mittwoch, 31. Juli
Senator Clarks Sekretärin rief an und sagte mir, der Senator liege mit einer Infektion am Fuß in einem Krankenhaus in St. Louis und könne nicht an der Tagung in Chicago teilnehmen.

Donnerstag, 1. August
Henry Ford rief an und fragte, ob ich zu einer Konferenz nach Detroit kommen könnte. Ich sagte, ich würde von Chicago aus hinkommen und am Montag früh eintreffen. Er sagte, er habe geplant, zum Huron Mountain zu fahren, werde den Ausflug aber auf Dienstag verschieben.

Sonntag, 4. August
Lunch mit Oberst McCormick. Dann zum Lassalle-Hotel in Chicago, eine etwa einstündige Fahrt, um Mr. Brundage zu treffen. Wir fuhren vom Hotel aus zum Soldier Field und kamen etwa um 14.30 Uhr an. Die Tribünen füllten sich rasch. Das Rednerpodium war von Veteranen in Uniform besetzt, die Fahnen der verschiedenen Organisationen standen davor auf dem Feld. Das Meeting wurde durch Ansprachen verschiedener örtlicher Redner, darunter eines über neunzigjährigen Veteranen, eröffnet. Immer kamen Leute herauf, um mir Fragen zu stellen, so daß es mir unmöglich war, die Reden zu verfolgen – es handelte sich um Botschaften, Autogramme und Bitten, auch anderswo zu sprechen. Jedermann meinte es wie üblich gut, wählte aber eine ziemlich schlechte Zeit. Es verursachte Unruhe auf dem Podium, und letzten Endes verdienten die Redner Aufmerksamkeit. Um das Durcheinander noch zu steigern, ergaben sich Schwierigkeiten bei der Rundfunkübertragung der Ansprache von Senator McCarran (McCarran war gekommen, um anstelle von McCormick zu sprechen).

Anscheinend hatte die Rundfunkgesellschaft darum ersucht, meine Rede zu übertragen, nicht aber die McCarrans. Als der Senator davon hörte, war er beleidigt und drohte abzureisen, ohne gesprochen zu haben. Das Komitee fragte mich verzweifelt, ob ich einen Teil meiner Rede streichen könne, so daß McCarran auf Sendung gehen könne. Ich erwiderte, ich könne meine Ansprache nicht wesentlich kürzen. Ich würde aber mit McCarran tauschen und ihm meine ganze Sendezeit geben. Man erwiderte, das sei unmöglich, weil meine Ansprache bereits im Radioprogramm angekündigt worden sei. Ich hielt es nicht für ratsam, meine Ansprache ohne sorgfältige Überlegung zu kürzen, und dafür blieb keine Zeit. Glücklicherweise entschied sich McCarran, er werde auf jeden Fall sprechen, und so konnten wir das ursprüngliche Programm durchführen.

Brundage stellte mich vor. Ich sprach zwanzig Minuten, dann Van Zandt fünfzehn Minuten, und schließlich kam McCarran mit einer Rede, die annähernd eine Stunde dauerte und während der etwa ein Drittel der Zuhörer ging.

Ich fand es viel leichter, zu einem Publikum als allein vor dem Mikrofon zu sprechen. Die Menge schien bei jeder Gelegenheit applaudieren zu wollen, was ziemlich verwirrt, wenn man nicht daran gewöhnt ist. Ich hatte das Gefühl, daß wir ein ausgezeichnetes Publikum hatten. Das Stadion war etwa zur Hälfte gefüllt, die Polizei schätzte die Zuschauer auf 35.000 bis 40.000. Für einen heißen Sonntagnachmittag im August, an dem die Sonne in das ungedeckte Stadion herabbrannte, ist das alles, was man verlangen kann, und mehr, als ich erwartet hatte. Brundage und Grace waren jedoch enttäuscht, da sie ein volles Stadion erwartet hatten.

Fuhr mit dem Nachtzug nach Detroit.

Montag, 5. August

Ankunft um 7.55 Uhr. Mr. Campsall (Fords Sekretär) erwartete mich am Bahnhof und fuhr mich zu Mr. Fords Heim (Dearborn). Frühstück mit Mr. und Mrs. Ford. Nach dem Frühstück fragte mich Mr. Ford, ob ich eine Reise nach Europa in Betracht ziehen würde, wenn ich dabei helfen könnte, den Krieg zu beenden. Ich erwiderte, daß ich das gern tun würde (ich habe keine Ahnung, was ich tun könnte, um den Krieg zu diesem Zeitpunkt zu beenden). Ford sagte, seiner Meinung nach sei man in Europa an einem Punkt angelangt, an dem man bereit sei, über die Friedensbedingungen zu sprechen, und er glaube, wenn

jemand dabei helfen könne, einen Frieden herbeizuführen, sei ich das!
Ich erwiderte, ich fürchte, England sei nicht bereit, die Friedensbedingungen anzunehmen, die Deutschland in diesem Augenblick stellen würde.
Ford erwiderte, das könne der Fall sein, und ich solle selbst beurteilen,
welcher Zeitpunkt für meine Reise am besten geeignet sei. Er sagte mir, er
wolle mich nur wissen lassen, daß er gern alle Kosten für eine derartige
Reise übernehmen würde. Ich bedankte mich und sagte ihm, daß ich
die Kosten, wenn sie nicht sehr hoch seien, selbst tragen wolle. Ich
fügte hinzu, daß ich nichts lieber täte, als an der Beendigung des
Krieges mitzuwirken, wenn sich je die Gelegenheit dazu bieten würde.

Dann sprachen wir über die Entwicklung in Europa und Amerika
und wechselten schließlich zum Thema der Flugzeugmotoren. Ford
plant, welche zu bauen.

Später fuhren wir über das „alte Dorf" zum Ingenieursgebäude.
Edsel Ford und Sorensen warteten dort auf uns. Sie hatten einen
Hispano-Suiza-Motor zerlegt, und wir alle sahen ihn uns an. Sorensen
sagte mir, daß ihm der Grundentwurf besser gefalle als der des Rolls-
Royce-Motors. Er sagte, es sei ihm nicht gelungen, einen Ju-221-Motor
zu bekommen. Während wir in dem Ingenieursgebäude waren, führte
mich Ford zu einem neuen Mercury und sagte, er habe ihn für
mich ausgewählt – im Austausch für den alten Franklin, den ich ihm
für sein Museum geben wollte. Ich war sehr verlegen und sagte ihm,
es sei wirklich nicht nötig; der alte Franklin sei wirklich wertlos, und
er solle das Gefühl haben, es gebe wenigstens einige Leute, die nicht
für das Wenige, das sie für ihn tun konnten, etwas erhalten wollten.
Ich konnte jedoch sehen, daß Ford, Edsel und Sorensen alle wollten,
daß ich den Wagen annähme und daß ich ihn schwerlich ablehnen
konnte. Auch war unsere persönliche Beziehung so gediehen, daß ich
selber gar nicht ablehnen wollte. Ich habe mich sehr über den Mercury
gefreut.

Mittwoch, 14. August
Die Bombenangriffe auf England und die britischen Vergeltungs-
angriffe auf Deutschland halten an – beide Parteien behaupten immer
noch, im Vorteil zu sein. Die Deutschen dürften wahrscheinlich einige
Maschinen mehr verlieren als die Engländer, weil sie angreifen.
Außerdem bergen die Briten jeden Mann, der über England aus seiner
Maschine abspringt, während die Deutschen natürlich in Konzentra-
tionslager gebracht werden. Es scheint jedoch, daß die Verluste auf

beiden Seiten beträchtlich höher sein müssen, als sie zugeben, und niedriger, als jeder vom anderen behauptet.

Samstag, 17. August

Die Entwicklung und die Zustände in unserem Land beunruhigen mich mehr und mehr, die Oberflächlichkeit, die Banalität, das Fehlen von Verständnis für fundamentale Probleme oder das Interesse daran. Die Staatsschuld wächst, wir mischen uns unkluger- und völlig unnötigerweise in die europäischen Verhältnisse ein und scheinen keinerlei Verständnis für unsere eigenen Möglichkeiten zu haben.

Am Nachmittag hörten Anne und ich Willkies Annahmerede [bei seiner Nominierung als republikanischer Präsidentschaftskandidat]. Sie schien ehrlich und offen, aber unreif und alles andere als inspiriert. Es war ganz entschieden eine politische Rede – in erster Linie auf den Gewinn von Wählerstimmen abgefaßt. Wir hatten mehr erhofft und fühlten uns nach dem Zuhören deprimiert und enttäuscht. Willkie hatte keine Zeit gehabt, die Rede vorzubereiten, das war offenkundig. Genauso offenkundig war, daß er auf zu viele Leute gehört hatte, ehe er die Rede niederschrieb. Zudem war er ermüdet, seine Stimme verriet das. Aber die Nation hatte auf eine Botschaft gewartet, die sie nicht erhielt, sie hatte auf Größe gehofft und hörte bloß Mittelmäßigkeit. Man kann nur hoffen, daß in dem Mann mehr steckt, als seine Rede andeutete. Nie hatten wir in diesem Lande eine Führung nötiger – aber sie scheint genauso zu fehlen wie in England und Frankreich zu deren Zeit der Krise.

Donnerstag, 5. September

Harry Byrd kam um 18 Uhr. Er sagte, er glaube, Roosevelt steuert den Krieg an, wenn er die Wahl gewinnt. Er hält es für wichtig, Willkie zu unterstützen, „da jede Veränderung nur zum Guten sein könne". Byrd sagt, er werde – so ungern er das tue – für Roosevelt stimmen müssen, weil ein Senatskandidat in Virginia versprechen müsse, für den Präsidentschaftskandidaten seiner Partei zu stimmen. Byrd sagte jedoch, er werde nicht für Roosevelts Wiederwahl arbeiten und sei in Virginia bereits sehr stark kritisiert worden, weil er das nicht tue. Byrd ist sehr entschieden gegen unseren Kriegseintritt. Er sagte mir, so wie er jetzt fühle, würde er lieber auf seinen Sitz im Senat verzichten als für den Krieg stimmen. Er sagt, Senator Vandenberg sei

nach Westen gereist und habe Willkie geraten, er solle einen entschiedenen Standpunkt gegen den Krieg einnehmen. Byrd schlug vor, daß
ich mit Senator Townsend über Willkies Position spreche, ich stimmte
zu, deshalb bis morgen hier [in Washington] zu bleiben. Ich hatte ursprünglich beabsichtigt, abends mit dem Zug nach New York zu fahren.

Freitag, 6. September
Senator Townsend kam um 7.45 Uhr zum Frühstück. Wir sprachen
über Willkies Standpunkt in der Kriegsfrage. Townsend und ich
stimmen hinsichtlich der ganzen Situation sehr stark überein, wir
haben beide das Gefühl, es sei sehr wesentlich, viel genauer zu erfahren,
welche Haltung Willkie wirklich einnimmt.

Nachdem Senator Townsend gegangen war, schrieb ich eine Stunde
lang, dann fuhr ich mit dem Taxi zu der Wohnung Earl Findleys und
blieb eine Stunde. Er hat kürzlich seine Frau verloren, ich wollte nicht
wieder nach Washington kommen, ohne ihn aufzusuchen. Findley
ist ein enger persönlicher Freund Orville Wrights, ich versuchte ihn
einmal dazu zu bringen, Orvilles Biographie zu schreiben. Ich kam
heute wieder auf das Thema zu sprechen. Zu meiner Überraschung
sagte mir Findley, vor etwa fünfundzwanzig Jahren habe er das
Manuskript für ein Buch über Orville und Wilbur Wright geschrieben,
aber Orville habe das Gefühl gehabt, es sei zu persönlich, deshalb wurde
das Buch nie veröffentlicht. Findley sagte, er habe das Manuskript in
einer Kiste im Nebenraum. Er sagte, er habe sechs Monate auf die
Niederschrift verwendet, in einer Zeit, als es seine finanzielle Lage
sehr schwierig machte, das Manuskript unveröffentlicht ad acta zu
legen. Ich konnte sehen, daß ihn die ganze Sache sehr gekränkt hatte —
so sehr, daß es für ihn immer noch etwas schmerzlich war, über die
Angelegenheit zu sprechen, obwohl seither ein Vierteljahrhundert
verstrichen war. Ich glaube, Wrights Gefühl, das Manuskript sei
unbefriedigend, hat ihn noch mehr verletzt als der Verlust von sechs
Monaten Arbeit. Die Freundschaft zwischen Findley und Wright
dauerte jedoch an und wurde im Verlauf der Jahre sogar noch enger.
Ich fragte Findley, ob ich mit Orville über das Manuskript sprechen
solle, wenn ich ihn das nächste Mal sah. Nach beträchtlichen Über-
redungsbemühungen erhielt ich schließlich seine Zustimmung.

Ich nahm den Mitternachtszug nach New York.

Donnerstag, 12. September
Diktierte nach dem Frühstück mehrere Briefe und Telegramme und
fuhr dann in dem alten Franklin (10 Uhr Sommerzeit) nach Detroit.

Freitag, 13. September
Ich bin nach Detroit gekommen, um einem Treffen zwischen Ford,
General Robert Wood und R. Douglas jr. beizuwohnen, in einem Ver-
such, Ford für das America First Committee (Komitee „Amerika
zuerst") zu interessieren, das in Chicago gegründet wird, um die
wachsende Agitation für den Krieg zu bekämpfen. Ich wäre lieber
mit der Bahn nach Detroit gefahren, es schien aber eine denkbar gute
Gelegenheit zu sein, den alten Wagen nach Detroit zu bringen.
  Die Besprechung wurde auf Montag verschoben. Ich hatte mit dem
Nachtzug nach New York zurückfahren wollen, beschloß aber, das
Wochenende bei Mutter zu verbringen.

Montag, 16. September
Fuhr zu Bennetts Büro in der Rouge-Fabrik der Ford Motor Company.
Ich kam zehn Minuten zu früh. Bennett traf einige Minuten später ein
und Ford genau um 9 Uhr. Ehe noch Zeit war, mehr als guten
Morgen zu sagen, kamen General Wood und R. D. Stuart durch die
Tür. Wir sprachen über das America First Committee, seine Politik
und die Organisation. Ford war zuerst vorsichtig und zögerte, Mitglied zu werden – er sagte, er werde das sehr sorgfältig prüfen müssen.
Wir drängten ihn überhaupt nicht. Ford sprach von dem Friedensschiff,
das er während des letzten Kriegs finanziert hatte. Er sagte, er hatte
einfach helfen wollen, war aber bald in die Lage gedrängt worden,
das ganze Unternehmen zu führen. Es war offensichtlich, daß er nicht
hatte hineingezogen werden wollen. Als die Diskussion weiter gedieh,
wurde Ford interessierter, er deutete an, er werde wahrscheinlich eine
aktive Rolle in dem Komitee übernehmen. Als wir uns zum Abschied die
Hände schüttelten, sagte Ford, er habe eine schwere Woche hinter sich –
er hatte fünf Tage hintereinander Partys seiner Enkel besucht.
  General Wood ist ein fähiger Mann, er führte das Gespräch intelligent und mit großer Diskretion. Stuart ist lebhaft, begeisterungsfähig
und ein harter Arbeiter. Ich fuhr beide von der Rouge-Fabrik zum
Flughafen von Detroit, wo sie die Maschine nach Chicago bestiegen.
  Unmittelbar nach dem Lunch rief Bennett an und sagte, daß Mr. und

Mrs. Ford beide dem Komitee beitreten und auf jede mögliche Weise helfen wollten. Eine halbe Stunde später telefonierte Ford selbst und sagte, er wolle für uns tun, was ihm möglich sei. Er fragte, ob eine Spende angebracht sei. Ich erwiderte, seine Mitgliedschaft sei die beste Hilfe, die er geben könnte; wenn das Komitee mehr Geld brauche, könne es sich später mit ihm in Verbindung setzen. Ford sagte, er und Mrs. Ford hätten einen Brief an das Komitee unterschrieben, den er in Bennetts Büro für mich hinterlegt habe. Ich sagte, ich würde ihn persönlich abholen. Rief General Wood an, als er in Chicago landete und berichtete ihm von Fords Beitritt. Dann fuhr ich wieder in die Rouge-Fabrik, holte den Brief und schickte ihn mit der Post an Stuart in Chicago.

Dienstag, 17. September

Der Zug kam mit einer Stunde Verspätung in Washington an, ich stieg um 9.45 Uhr aus. Nach dem Frühstück zum Haareschneiden, ich rief dann Senator Vandenberg an und verabredete mich für 11.30 Uhr mit ihm. Vandenberg war erst kürzlich von seiner Reise nach dem Westen zu Willkie zurückgekehrt.

Nachdem ich eine halbe Stunde bei Vandenberg zugebracht hatte, ging ich zum Army & Navy Club und fuhr von dort mit dem Taxi zu Bill Castles Wohnung zum Lunch mit Castle und Botschafter Cudahy.

Wir sprachen über die Versorgungslage in Belgien. Cudahy sagte, die Lebensmittelknappheit würde im Oktober fühlbar werden und schnell ernste Ausmaße annehmen. Er sagte, als er in London gewesen sei, hätten ihm die Briten erklärt, sie würden keine Lebensmittel für den Kontinent durch die Blockade lassen. Cudahy sagte uns auch, während seines ganzen Aufenthaltes im besetzten Belgien habe er keinerlei Greueltaten von seiten der Deutschen beobachtet noch mit jemand gesprochen, der welche miterlebt hatte. Cudahy meinte, er sei zwar der Ansicht, daß es absolut nötig sei, in diesem Winter Lebensmittel nach Belgien zu bringen, daß seiner Meinung nach aber nichts unternommen werden könne, ehe die Spannung wegen der Schlacht um England etwas nachgelassen habe. König Leopold habe keine Alternative gehabt, als zu kapitulieren; die Geschichte werde ihm einmal Gerechtigkeit widerfahren lassen. Cudahy stimmt mit mir überein, das Beste, worauf wir jetzt hoffen könnten, sei ein Verhandlungsfrieden zwischen England und Deutschland und daß, selbst wenn ein englischer Sieg nach einem langen Krieg möglich wäre (was wir bezweifeln), dieser Sieg ganz

Europa in den Händen des Bolschewismus hinterlassen würde. Castle wie Cudahy sind beide der Ansicht, daß Willkie bei seiner Wahlkampagne einen sehr unglücklichen Start gehabt hat.

Mittwoch, 25. September
Anne und ich fuhren zum Lunch mit einer Gruppe führender Quäker im Cosmopolitan Club nach New York (Mr. Rufus Jones, Clarence Pickett und John Rich). Wir sprachen über die kommende Hungersnot in Europa und darüber, wie wir gegen die Stimmung ankämpfen könnten, die jetzt in den Vereinigten Staaten gegen die Lieferung von Lebensmitteln in die besetzten Länder angeheizt wurde. Anne will die Einkünfte aus ihrem letzten Buch den Quäkern für Hilfsmaßnahmen in Europa geben. Wir besprachen das mit ihnen, und sie waren darüber sehr erfreut. Wir waren von den drei Männern – prächtigen Menschen – tief beeindruckt.

Montag, 30. September
Nach einem frühen Lunch fuhren Anne und ich nach Englewood, um uns registrieren zu lassen, damit wir im November wählen konnten. Dann kehrten wir zu einer Verabredung um 16 Uhr mit Dr. Carrel in seiner Wohnung zurück. Er sagt, das französische Volk sei jetzt gegen die Engländer erbitterter als gegen die Deutschen.

Mittwoch, 2. Oktober
Anne erwachte um 2 Uhr. Wir riefen Dr. Everett M. Hawks an, packten und fuhren in dem Mercury um 3.15 Uhr zum Doctors Hospital. Wir kamen etwa um 4.30 Uhr an und wurden in Zimmer 1109 geführt. Dr. Hawks kam mehrere Minuten später, dann Miß Johnson [die Krankenschwester], Dr. Edward H. Dennen und Dr. Flagg. Ich dachte, Anne könne noch einige Stunden schlafen, aber alles ging zu schnell. Hawks und Dennen meinten, das Baby würde zwischen 12 und 13 Uhr zur Welt kommen. Ich erwiderte, nach der Schnelligkeit der Geburt Lands zu schließen, würde es lange vor dieser Zeit sein. Um 9.20 Uhr setzten bei Anne starke Wehen ein. Bis dahin weigerte sie sich, eine Narkose zu nehmen, sie sagte, es sei besser zu warten, solange sie die Schmerzen ertragen könne. Ich habe nie jemand gesehen, der größeren Mut zeigte. Um 9.20 Uhr konnte ich sehen, daß es nicht mehr viel

länger dauern würde, und ging es Hawks und Dennen sagen, die in einem Zimmer in der Nähe warteten. Sie dachten, ich überschätze den Fortgang, als ich ihnen sagte, ich glaubte, das Baby werde binnen fünfundvierzig Minuten geboren. Flagg ging sofort, um Anne etwas Gas zu geben, er mußte es ihr aber bereits auf dem Weg in den Operationssaal verabreichen. Ich legte Mütze, Maske und Mantel an und ging mit den Ärzten und Krankenschwestern hinein. Ich war bei der Geburt aller unserer Kinder zugegen gewesen, Hawks mußte das Baby zurückhalten, während die letzten Einzelheiten vorbereitet wurden, er sagte mir, er tue es auch, um eine zu schnelle Geburt zu verhindern. Die Ärzte wurden fast so unvorbereitet überrascht wie der Arzt in England bei Lands Geburt. (In England war der Narkosearzt nicht rechtzeitig gekommen, und Dr. Eardley Holland, der Geburtshelfer, mußte zu allem anderen auch die Narkose verabreichen.) Land war teilweise auf dem Weg in den Operationssaal zur Welt gekommen.

Das Baby kam um 9.45 Uhr – ein Mädchen, ganz wie wir gehofft hatten –, offensichtlich war es in bester Verfassung. Ich blieb bei Anne, bis sie wieder in ihrem Zimmer war und ausruhen konnte, dann fuhr ich in den Engineers Club und frühstückte um 10.45 Uhr.

Rief Miß Johnson in der Klinik an. Sie sagte, Anne sei wach, ich ging also hin. Anne sah sehr gut und glücklich aus. (Die Klinik hat Schwierigkeiten mit den Zeitungsleuten. Ein Reporter war sogar in die Entbindungsabteilung eingedrungen! Ich sagte dem Direktor, er solle alle Informationen verweigern und keine Anrufe in Annes Zimmer durchstellen.) Blieb bei Anne, bis es wieder Zeit war, daß sie ruhte, dann fuhr ich für die Nacht nach Lloyd Manor.

Donnerstag, 3. Oktober
Fuhr um 9 Uhr nach New York. Traf um 10 Uhr Stuart (Chicago) im Engineers Club. Wir sprachen über das America First Committee und das Inserat, das es heute in der *Times* herausgebracht hat. Ich halte es für sehr gut, aber ein wenig wirr im Layout. Nachdem wir über das America First Committee und seine Beziehungen zu den Kriegsgegnergruppen im Osten gesprochen hatten, gingen wir in das Büro Chester Bowles' und sprachen eine halbe Stunde über das Komitee. Bowles ist eines der Mitglieder, er war wesentlich an der Planung der Werbekampagne beteiligt.

Abendessen mit Anne in ihrem Zimmer in der Klinik. Sie ist völlig wohlauf und glücklich.

Freitag, 4. Oktober
Ins Waldorf-Astoria für eine Besprechung von fünfzehn Minuten mit
Expräsident Hoover. Ich fragte ihn um seinen Rat hinsichtlich Männern, die an einer Antikriegsorganisation im Osten teilnehmen würden.
Offensichtlich werden in New York City nur schwer welche zu finden
sein. Hoover schlug vor, daß ich unter anderem mit Jeremiah Milbank
sprechen solle.

Kam um 17.55 Uhr im Doctors Hospital an. Anne stillte. Das Baby
ist in seinen Bewegungen langsam und ruhig. Wir haben beschlossen,
es nach seiner Mutter Anne Spencer zu nennen. Abendessen mit Anne,
dann um 20 Uhr nach Lloyd Neck.

Dienstag, 8. Oktober
Berichte aus Washington besagen, daß sich die Menschen dort darein
schicken, daß wir in den Krieg eintreten. Ich entnehme aber, daß das
keineswegs den Kongreß und den Senat einschließt – und die Gerüchte
und der Gesellschaftsklatsch in Washington sind von relativ geringer
Bedeutung. Trotzdem steigert sich die Kriegsatmosphäre in unserem
Land.

Rief Fulton Lewis an und arrangierte, meine Ansprache über das
Mutual Broadcasting System zu halten. Offensichtlich bestehen noch
keine Schwierigkeiten, eine Sendezeit zu bekommen. Ich weiß nicht,
wie lange ich das noch tun kann, denn es gibt viele Leute, die mich
daran hindern möchten. Ich habe die Absicht, von Washington aus zu
sprechen, um die Aufmerksamkeit nicht auf unser Heim in New York
zu lenken. Die Drohbriefe, die ich hinsichtlich meiner eigenen Sicherheit
erhalte, machen mir keine Sorgen, wohl aber die hinsichtlich der Kinder.
Wenn ich aus einem Studio in New York spreche, muß das die Aufmerksamkeit auf die Tatsache lenken, daß unser Heim auf Long Island
ist.

Mittwoch, 9. Oktober
Fuhr um 8 Uhr nach Bridgeport. Holte in Port Washington Dean Lyman
ab, der mit mir die Sikorsky-Werke besuchen und Sikorsky in seinem
Hubschrauber fliegen sehen will. Wir kamen etwas vor 11 Uhr in
Sikorskys Büro an. Er führte uns direkt zum Flugplatz und gab uns
eine außerordentlich interessante Demonstration seines Hubschraubers.
Der Morgen war böig, die Windgeschwindigkeiten näherten sich manch-

mal vierzig bis fünfzig Stundenkilometern. Sikorsky sagte, es sei das böigste Wetter, in dem er je mit dem Hubschrauber geflogen sei. Er flog ihn wunderschön und schien ihn völlig unter Kontrolle zu haben.

Nach dem Lunch gingen wir durch die Vought-Sikorsky-Werke. Hier wird eine große Zahl von Marineflugzeugen produziert. Man hofft in diesem Winter auf einen Ausstoß von achtzehn Maschinen pro Woche zu kommen. Sikorsky zeigte mir die Prüfstände, die für die neuen Transatlantik-Flugboote aufgestellt werden, sowie die ersten Entwürfe für ein sechsmotoriges Flugboot und für seinen nächsten Hubschrauber.

Donnerstag, 10. Oktober

Ich habe die Kopien gelesen, die ich von meinen alten Tagebüchern anfertigen ließ; heute morgen las ich mehrere, die 1939 in den Monaten vor dem Krieg niedergeschrieben wurden. Es ist von größtem Interesse, die Entwicklung zu verfolgen und die tatsächlichen Ereignisse mit den damaligen Erwartungen zu vergleichen – es stehen da die Geschichte der Vorhersage, die Tatsachen der Intuition gegenüber. Man kann das mit einem Tagebuch tun, es ist einer der großen Vorteile einer schriftlichen Aufzeichnung gegenüber dem Gedächtnis. Als ich meine täglichen Eintragungen von 1939 durchlas, fiel mir die Tatsache auf, daß ich den Völkern und den Politikern in Europa zuviel Logik beigemessen hatte. Es ist nicht so, daß ich geglaubt hätte, die Menschen seien logisch, ich kann mich nicht erinnern, je einem derartigen Irrtum verfallen zu sein; ich glaube nicht einmal, das es wünschenswert ist, wenn die Menschen in ihrem Standpunkt völlig logisch sind. Die Logik muß auf Wissen begründet sein, und da das Wissen im Menschen begrenzt ist, muß es auch seine Logik sein. Ich traue nie logischen Schlüssen, wenn sie nicht mit einem intuitiven Gefühl vereinigt sind, das, wie ich feststellte, wirklich viel zuverlässiger ist. Wenn ich dieses Gefühl nicht habe, weiß ich mit fast völliger Gewißheit, daß meine logischen Überlegungen falsch sind.

Aber um auf Europa, den Krieg und die Ansichten zurückzukommen, die ich in den Monaten vor dem Krieg vertreten hatte: ehe der Krieg durch England und Frankreich nicht tatsächlich erklärt worden war, hatte ich, wenn auch ohne viel Zuversicht, das Gefühl gehabt, daß es im Jahre 1939 nicht zu einem großen europäischen Konflikt kommen würde. Gewiß hatte ich meine Pläne darauf aufgebaut, daß in diesem Jahr ein Krieg ausbrechen würde; ehe sich die Armeen aber in Bewegung setzten, hoffte ich auf eine friedliche Regelung oder wenigstens auf eine Verschiebung der Feindseligkeiten. Ich hatte die Stärke Deutschlands gesehen, und ich kannte die Schwäche Englands und Frankreichs. Ich fühlte mit Sicherheit, daß sich Deutschland selbst um den Preis eines großen Kriegs nach Osten ausweiten würde, ich glaubte aber nicht, daß es sich gegen England und Frankreich stellen wollte – mindestens nicht zu jenem Zeitpunkt. Soweit England und Frankreich in Betracht kamen, konnte ich nicht glauben, daß sie in ihrem geschwächten Zustand ihre Streitkräfte gegen den deutschen Westwall werfen oder daß sie ihre Städte dem Angriff der weit überlegenen deutschen Luftwaffe aussetzen würden.

Wenn ich alles in Betracht zog, fühlte ich – wahrscheinlich sollte ich sagen, schloß ich –, daß ein großer europäischer Krieg 1939 unwahrscheinlich war – und 1940 war ein anderes Jahr. Man hatte schon genug Mühe, auch nur einige Wochen und Monate vorauszuschauen, ohne das Unmögliche zu versuchen und planen zu wollen, was im nächsten Jahr geschehen würde. Der Krieg begann aber 1939; Deutschland ließ seine Armeen nach Polen marschieren; das hatte ich erwartet. Polen leistete Widerstand, das überraschte mich nicht, angesichts der Ermutigung durch England und Frankreich. England und Frankreich erklärten Deutschland den Krieg – und das überraschte mich, denn es war offenkundig, daß sie Polen nicht helfen konnten, genauso wie es offenkundig war, daß sie nicht durch den Westwall und gegen die deutsche Luftwaffe in Deutschland eindringen konnten. Rußland griff auf deutscher Seite in den polnischen Krieg ein. Nichts, was Rußland tut, kann mich je überraschen, denn dieses Land ist völlig unberechenbar . . .

Wenn ich meine Tagebücher durchlese, erkenne ich, daß der Faktor, den ich am wenigsten klar voraussah, der Wankelmut der „Demokratien" war und ihr völliges Unvermögen, eine konsequente Politik zu betreiben. Ich konnte einfach nicht glauben, daß die Nationen, die zuließen, daß Deutschland wiederaufrüstete, im Rheinland einmarschierte, Österreich übernahm, den Westwall baute und die tschechoslowakische Armee entwaffnete, wegen Polen in den Krieg zogen – unter Bedingungen, die es ihnen unmöglich machten, Polen eine wirksame Hilfe zu gewähren. Frankreich und England hatten sich auf eine Politik der Untätigkeit festgelegt, als sie Deutschland den Westwall bauen ließen; nachher lag ihre einzige Hoffnung darin, Deutschland in Osteuropa freie Hand zu lassen und sich mit ihren Imperien in Afrika und anderswo zu begnügen. Ich hatte das Gefühl, es sollte die französisch-englische Politik sein, Europa durch den Westwall und die Magi-

notlinie teilen zu lassen und ihre eigene militärische Stärke so aufzubauen, daß der Preis eines Angriffs durch Deutschland im Westen so
hoch werden würde, daß er gar nicht erst versucht wurde. Ich hatte das
Gefühl, daß Deutschland durch Osteuropa und seine Beziehungen zu
Rußland hinreichend beschäftigt sein würde.

Ich hatte das Gefühl, daß für das Wohlergehen unserer westlichen
Zivilisation ein starkes Deutschland als Pufferzone gegen Asien nötig
sei, genauso wie sie ein starkes britisches Empire braucht. Ich fühlte,
daß der Frieden in Europa – und übrigens in der ganzen Welt – nur
durch eine Zusammenarbeit zwischen Deutschland und England aufrechterhalten werden konnte. Angesichts dieser meiner Logik glaubte
ich bis in die letzten Tage vor Kriegsausbruch, daß 1939 ohne einen
großen europäischen Krieg verstreichen könnte, und hier wurde mein
Urteil wohl etwas durch mein Wunschdenken beeinflußt. Ich hatte
erlebt, wie der Krieg zur Zeit von „München" vermieden worden
war, und es schien noch mehr Grund zu geben, ihn zur Zeit von
„Polen" zu vermeiden.

Tatsache war jedoch, daß der Krieg erklärt wurde (obwohl man den
wirklichen Krieg in einem gewissen Sinn erst im nächsten Jahr begann).
Frankreich ließ seine Armeen an den Westwall heranrücken, und dort
blieben sie stehen. England vertrieb den gesamten deutschen Handel
von den Weltmeeren und konnte dann nichts mehr tun. Die Vereinigten
Staaten zeigten hinsichtlich der Situation eine unwirksame Hysterie.
In der Zwischenzeit besiegte Deutschland Polen und teilte es mit Rußland. Es bombardierte die britische Flotte aus der Nordsee, torpedierte
britische Schiffe, überrannte Dänemark, eroberte Norwegen, übernahm Holland und Belgien, trieb die britische Expeditionsstreitmacht
in Flandern in die Flucht, durchbrach die Maginotlinie und schlug die
französische Armee. Jetzt bombardierte es erbarmungslos England und
versenkte weiterhin Handelsschiffe in immer wachsender Zahl (jetzt
bereits über 3,000.000 Tonnen).

All die Logik, die ich bei dem Schluß angewandt hatte, der Krieg
würde erst 1940 kommen, erwies sich als richtig. Ich dachte, Deutschland werde sich nach Osten ausweiten – es tat das. Ich dachte, die
französische Armee könne den Westwall nicht durchbrechen – es gelang
ihr nicht. Ich hatte das Gefühl, Polen könne keine wirksame Hilfe
erhalten – es stimmte. Frankreich wurde besiegt, England ist in die
Defensive gedrängt und kämpft verzweifelt um sein Leben. Ich wußte,
daß die deutsche Luftwaffe den vereinigten Luftwaffen seiner Gegner
weit überlegen war – das ist jetzt feststehende Tatsache. In jeder techni-

schen Schätzung hatte ich recht, meine Schätzungen waren im Gegenteil noch sehr zurückhaltend. Trotzdem war der Krieg erklärt worden, erklärt durch die Schwachen und nicht durch die Starken, durch die, die unterliegen, und nicht durch die, die siegen würden. Die Kriegserklärung wurde durch etwas herbeigeführt, das völlig außerhalb der Logik liegt – durch Emotionen, Blindheit, Eitelkeit, Mut, Gleichgültigkeit, Stolz, durch viele und unendlich komplizierte Faktoren, die ungreifbar, unberechenbar und unvorhersehbar waren.

Ich sage, daß ich „in jedem technischen Sinn recht hatte", um aber genau zu sein, erfordert das eine Einschränkung, die sehr wichtig ist, obwohl sie meine allgemeine Schlußfolgerung nicht verändert. Ich erkannte die Schwäche der Maginotlinie längs der belgischen Grenze nicht. Ich erwartete nicht, daß die Deutschen diese Linie zu einem so frühen Zeitpunkt des Kriegs durchbrechen würden. Ich erwartete, daß Deutschland durch Luftangriffe und durch eine U-Boot-Blockade gegen England und Frankreich losschlagen würde. Ich dachte, daß beide Seiten ihre Stellungen in der Maginotlinie und am Westwall beziehen und in ihnen verharren würden, bis in Osteuropa wenigstens eine Teilentscheidung erreicht worden war. Ich erwartete, daß Aktionen auf dem Balkan und gegen Ägypten und den Suezkanal erfolgten, ehe eine große Bewegung an der Westfront stattfand.

Die deutsche Invasion in Norwegen überraschte mich nicht, genausowenig wie die Invasion in Holland. Ich sah aber nicht voraus, mit welcher Leichtigkeit die Deutschen durch Belgien marschieren, die Maginotlinie durchbrechen, das britische Expeditionskorps in Flandern schlagen und Frankreich besiegen würden. Ich kenne niemand, der sowohl die Schwäche der Verlängerung der Maginotlinie westlich von Sedan wie die unwiderstehliche Stärke der deutschen motorisierten Divisionen richtig eingeschätzt hätte. Unsere militärischen Schätzungen waren in all diesen Fällen falsch, falscher hinsichtlich der Maginotlinie als der deutschen Stärke. Trotz der Überschätzung auf der einen und der Unterschätzung auf der anderen Seite war der Durchbruch durch die Maginotlinie für jedermann ein Schock; ich glaube, die Leichtigkeit, mit der er geschah, muß sogar für die Deutschen eine Art Schock gewesen sein.

Ich kann mir jedoch nicht ganz verzeihen, daß ich einen Faktor überschätzt habe. Dieser Faktor war die Stärke und die Moral der französischen Armee. Ich wußte, daß Frankreich geschwächt und daß seine Politik korrupt war, das Volk geteilt und die Arbeiter unzufrieden. Das war schon seit einigen Jahren der Fall gewesen. In der Rückschau erscheint es jetzt offenkundig, daß ein Land mit derartigen Zuständen im Inneren keine große, wirksame und gut disziplinierte Armee haben konnte. In diesem modernen, mechanisierten Zeitalter kann man den Zustand einer Armee sehr genau nach den Verhältnissen ihres Landes beurteilen. Ein wohlhabendes Land *mag* vielleicht heutzutage keine gute Armee haben, ein demoralisiertes Land *kann* keine besitzen.

Jedermann, den ich in den Monaten vor dem Krieg traf, einschließlich amerikanischer, britischer, ja sogar deutscher Offiziere, sprach mit größter Achtung und hohem Lob von der französischen Armee. Als Ergebnis davon gestattete ich mir, den gleichen Eindruck zu gewinnen, obwohl eine sorgfältigere und vorsichtigere Überlegung mich hätte warnen müssen, daß Frankreich physisch zu schwach war, um in Waffen stark zu sein.

Aber ungeachtet dieser falschen Einschätzung war der allgemeine Trend des Kriegs so gewesen, wie ich es erwartet hatte. Die deutsche Armee und die deutsche Luftwaffe waren etwas stärker, als ich gedacht, die französische Armee aber beträchtlich schwächer, als ich erkannt hatte; die Briten haben etwa so viel gepatzt, wie ich es von ihnen erwartete. Deutschland war in seinen meisten Aktionen erfolgreich gewesen und scheint heute eine bessere Position als je einzunehmen, um den Krieg zu gewinnen.

Hier in Amerika versuche ich, jetzt wieder in die Zukunft zu schauen und die Pläne für meine eigenen Aktionen und das Wohlbefinden meiner Familie logisch zu gestalten. Wird Amerika am Krieg teilnehmen? Mir scheint, eine logische Überlegung besagt, es solle das nicht tun. Unsere Einmischung wird in Europa nichts nützen, wir hätten vor fünf Jahren handeln sollen, wenn wir kämpfen wollten; wir sind auf einen Krieg im Ausland nicht vorbereitet; es scheint unwahrscheinlich, daß wir einen Krieg in Europa unter den gegenwärtigen Bedingungen gewinnen könnten (wir müßten eine Expeditionsstreitmacht auf dem europäischen Kontinent gegen den Widerstand der deutschen Armee, Marine und Luftwaffe landen und aufrechterhalten); Meinungsforschungen im Lande zeigen, daß über achtzig Prozent unserer Bevölkerung gegen einen Kriegseintritt sind; ehe wir wirksam eingreifen könnten, bestünde die Möglichkeit, daß England geschlagen wird, in diesem Fall müßten wir Europa ohne Hilfe angreifen, um erfolgreich zu sein. Japan ist im Pazifik in der Lage, uns Schwierigkeiten zu machen, wenn wir all unsere Anstrengungen auf Europa richten. Diese und viele andere Gründe deuten darauf, daß es nicht ratsam ist, in den Krieg einzutreten. Hier wende ich aber schon wieder

in einer betont emotionell und unlogischen Zeit Logik an. Werden
wir es uns in Amerika gestatten, in den Krieg hineingezogen zu werden,
wie es mit den Völkern Englands und Frankreichs geschah, unter
Bedingungen, die einen Erfolg unmöglich machen, selbst wenn wir
durch ein Wunder in der Lage sein könnten, die Armeen der Achse zu
besiegen? Werden unsere Eitelkeit, unsere Blindheit, unser leichtfertiger
Idealismus auch uns — ohne jede Rücksicht auf die Zukunft — in den
Konflikt schleudern? Müssen wir wie Motten in die Flammen eines
Krieges fliegen, der einen ganzen Ozean von uns entfernt lodert?
    Ich bin mir nicht sicher. Ich weiß, was wir tun *sollten*, aber niemand
weiß, was wir tun *werden*. Unser Denken ist verwirrt, unsere Richtung
unklar, unsere Führung unsicher. Ich werde gegen den Krieg arbeiten,
meine Pläne aber auf einen Kriegseintritt abstimmen.

Montag 14. Oktober
Um 7.50 Uhr mit der Bahn in Washington angekommen. Ich fuhr
rechtzeitig zu der Sendung um 20.45 Uhr zum Studio der Mutual.
Dann las ich etwa eine Stunde lang Teile der Rede in einem angrenzenden Raum für die Wochenschauen — sehr helle und heiße Lichter.
Nachdem ich mit den Wochenschauen fertig war, fuhr ich mit Dolph
zu den Lewis. Alle Gäste waren noch da, als wir kamen.

Dienstag, 15. Oktober
Führte eine Anzahl Telefongespräche, darunter eines mit Kay Smith.
Kay holte mich einige Minuten später mit ihrem Wagen ab und wir
fuhren über die Brücke nach Arlington, während wir die Situation in
Washington besprachen. Wir sind beide der Meinung, ich sollte Truman
auf dieser Reise lieber nicht aufsuchen; dann kann er sagen, wir hätten
uns nicht getroffen. Da ich die Regierung in meiner gestrigen Rundfunkrede angriff, könnte man Truman große Schwierigkeiten bereiten, wenn
man glaubte, er hätte damit etwas zu tun. Die Smith glauben, ihr
Telefon könnte angezapft sein und ihr Haus unter Bewachung stehen.
Ich bezweifle das, aber es ist in Washington tatsächlich vorgekommen,
daß Telefone angezapft wurden. Ich fürchte nicht, daß irgend etwas,
das ich tue, bekannt wird, aber ich will meine Freunde nicht in Ungele-
genheiten bringen. Die Freiheit des Handelns und der Rede, die wir in
diesem Land gekannt haben, scheint schnell zu schwinden.

Donnerstag, 17. Oktober
Fuhr um 15 Uhr nach New York zu einer einstündigen Besprechung
mit Carrel in seiner Wohnung in der 89. Straße. Er hatte zwei Briefe
von Mme. Carrel erhalten, einer stammte vom 9., der zweite vom
15. September. Einer von Carrels Freunden hatte den Brief in das
unbesetzte Frankreich gebracht, und von dort waren sie mit der Post
weiterbefördert worden. Carrel sagt, die Verbindung mit dem besetzten
Frankreich sei sehr schwierig. Mme. Carrel schrieb aus Saint-Gildas.
Sie schrieb, sie habe genug Lebensmittel, aber nur sehr wenig Kohlen.
Die Deutschen haben die zwei Autos der Carrels und ihr kleines
Motorboot beschlagnahmt. Sie waren auf Saint-Gildas, hatten sich
aber sehr höflich benommen, wie Mme. Carrel berichtet. Sie sagt, sie
haben auch Illiec besetzt. Carrel erklärte, die Briten würden seine
Hospitalausrüstung nicht durch die Blockade kommen lassen. Tatsäch-
lich lassen die Briten nicht einmal Medikamentensendungen nach
Frankreich zu!
   Nachdem ich Carrels Wohnung verlassen hatte, verbrachte ich zwei
Stunden im Krankenhaus bei Anne. Fuhr dann nach Lloyd Neck
zurück. Anne wird die Klinik am Samstag verlassen.

Sonntag, 20. Oktober
Die intensive Bombardierung Englands dauert an.

Wieder ein kalter Tag. Fuhr zu einem einstündigen Besuch bei Dean
Lyman nach Port Washington. Ich sprach mit ihm über die Europareise, die ich plane, und fragte ihn, ob seiner Meinung nach die Möglichkeit bestünde, daß ich mehrere Artikel für eines der großen Nachrich-
tensyndikate schreibe.
   Ich möchte unbedingt wieder aus erster Hand die Situation in
Europa kennenlernen. Ich war jetzt seit anderthalb Jahren nicht mehr
dort, und ich glaube, eine Reise dorthin wäre von äußerstem Interesse
und Wert. Nur durch direkten Kontakt kann man genau und umfas-
send urteilen. Ich kann aber in diesen Zeiten nicht nach Europa reisen,
ohne dafür einen offensichtlichen Grund zu haben, einen Grund, der
klar genug ist, daß ich Paß und Visa in die kriegführenden Länder
bekomme. Ich könnte als Militärbeobachter reisen, das würde aber
meine Bewegungsfreiheit und die Möglichkeit, mich zu äußern, stark
einschränken. Ich könnte zu dem Zweck reisen, Artikel für ein Nach-
richtensyndikat zu schreiben. Das hätte sowohl Vor- wie Nachteile.

In diesen Zeiten muß man jedoch schnell handeln und Dinge tun, die man unter anderen Umständen nicht in Betracht ziehen würde.

Fuhr nach dem Abendessen nach New York und mit dem Mitternachtszug nach Washington.

Dienstag, 22. Oktober

Nach dem Dinner gingen Jim (Newton) und ich in ein Wochenschau-Kino, um uns den Film von meiner letzten Rundfunkrede anzusehen. Wie ich schon erwartete, war er nicht gut geschnitten. Sogar die Reihenfolge meiner Rede war umgedreht. Als mein Bild auf die Leinwand projiziert wurde, begann sie mit den Worten „Tatsache ist, daß wir heute geteilt sind". Ein paar Leute im Kino begannen zu zischen und setzten das fort, solange mein Bild zu sehen war. Eine weit größere Zahl jedoch klatschte am Ende des Films! Wenn ich in Washington Anhänger habe, muß es in den anderen Teilen des Landes noch viel mehr davon geben, denn hier in Washington herrscht viel mehr Hysterie als fast überall sonst. Die Wochenschaufilme und Kommentare waren im Durchschnitt sehr englandfreundlich. Nach dem Film nahmen Jim und ich ein Taxi und fuhren mit dem 2.10-Uhr-Zug nach New York.

Mittwoch, 30. Oktober

Arbeitete am Morgen an meiner Rede [Lindbergh folgte einer Einladung nach Yale] und ging dann eine halbe Stunde auf dem Höhenweg im Regen spazieren. Fuhr um 15 Uhr nach New Haven, kam um 18 Uhr im Timothy-Dwight-College an. Kingman Brewster jr. (von den *Yale News*) und mehrere andere erwarteten mich. Alle schienen prächtige Jungen von einem ungewöhnlich hohen Niveau zu sein.

Nach dem Abendessen bei Professor Griswold fuhren wir alle zur Woolsey Hall. Alle Plätze waren besetzt, die Menschen standen längs der Wände. (Man sagte mir, es gebe 3000 Sitzplätze.) Wir wurden enthusiastisch empfangen, die Begeisterung nahm nach den Reden noch zu. Brewster eröffnete den Abend mit einer guten und taktvoll kurzen Ansprache – höchstens vier oder fünf Minuten. Er umriß die allgemeinen Ziele der Tagung und erklärte die Prinzipien des America First Committee, unter dessen Auspizien sie einberufen wurde. Bissel sprach dann etwa fünf Minuten, er stellte mich vor und erklärte den Zweck der Tagung etwas weiter – daß sie Teil einer Bewegung sei, die sich dem Versuch widersetzte, unser Land in den Krieg hineinzu-

ziehen. Schließlich sprach ich etwa dreißig Minuten (ich war der Haupt-
redner des Abends). Es war die längste Ansprache, die ich bisher gehalten
habe. Ich erwartete eine beträchtliche Opposition und Sticheleien aus
dem Publikum, das war aber nicht der Fall. Die Zuhörer blieben die
halbe Stunde sehr aufmerksam, es schien, daß jedermann in der Halle
applaudierte, als ich fertig war! Obwohl sie nicht sehr groß war, war es
doch die erfolgreichste und befriedigendste Veranstaltung, an der ich je
teilgenommen habe.

Sonntag, 3. November

Jim Newton sagte mir, daß John Roots am Nachmittag mit dem
Flugzeug aus Kalifornien komme, ich lud sie also beide zum Dinner ein.
Am Nachmittag rief dann Aubrey an und sagte, er und Wheeler-Bennett
wollten mich wegen einer Konferenz sprechen, die im Dezember über
die Angelegenheiten des pazifischen Raumes abgehalten werden sollte.
Er sagte, aus England, Kanada, Australien und Neuseeland kämen
Abgeordnete; man wollte, daß ich in der Gruppe der Vereinigten
Staaten auftreten solle! Ich lud sie zusammen mit Con und Elizabeth
Murray, die gerade bei ihnen waren, zum Dinner ein.

Nach dem Dinner zogen Aubrey, Wheeler-Bennett und ich uns auf
eine halbe Stunde zu einer Besprechung zurück. Ich sagte ihnen, meiner
Ansicht nach hänge die Aktion, die in Ostasien unternommen werden
könnte, fast ausschließlich von dem Ausgang des Kriegs in Europa
ab, da eine erfolgreiche Aktion in Ostasien ein Einverständnis zwischen
den Vereinigten Staaten und Europa voraussetze. Ich sagte ihnen, daß
ich nicht sehen könne, wie England den Krieg gewinnen solle, falls
Deutschland nicht von innen her zusammenbreche. Sie stimmten mir zu,
daß es zu diesem Zeitpunkt kein Anzeichen für einen inneren Zusammenbruch Deutschlands gebe. Sie stimmten auch darin überein, daß
eine Invasion auf dem Kontinent durch England unter den jetzigen
Umständen nicht in Frage komme. Offensichtlich begreifen die
Engländer allmählich den Ernst der Lage ihres Landes. (Wenn nur
genug von ihnen erkennen würden, daß es Zeit ist, die Friedensbedingungen anzunehmen, ehe das Empire völlig zerbricht und England
am Boden liegt.) Aber selbst wenn der Krieg morgen enden würde,
scheint mir, daß England vor den schwierigsten Problemen seiner neueren
Geschichte steht. Was soll es mit seiner Bevölkerung von 50 Millionen
anfangen, deren Existenz auf einer Industrie und einem Empire basieren,
die bereits dahin sind?

Wir sprachen offen über all diese Angelegenheiten. Ich sagte Wheeler-Bennett, ich wisse nicht, was ich zu dem vorgeschlagenen Treffen über pazifische Angelegenheiten beisteuern könne, daß ich aber, wenn ich zu der Zeit im Osten sei, gern teilnehmen würde, falls sie es wünschten. (Das Treffen soll privat und ohne Publicity stattfinden — wenn das möglich ist.)

Roots sagt, die Kommunisten in Kalifornien setzten sich für Willkie ein unter der Annahme, daß seine Wahl zu einer sozialen Revolution führen würde. Ob das nun wahr ist oder nicht, wir stehen alle vor schwierigen Zeiten. Persönlich neige ich zu der Ansicht, daß unter Roosevelt die schlechten Zeiten schneller kommen würden als unter Willkie.

Dienstag, 5. November

Anne und ich fuhren um 11.30 Uhr nach Englewood und kamen um 13 Uhr dort an. Wir fuhren an dem Wahllokal vorbei, es war aber überfüllt, und so beschlossen wir, erst nach dem Lunch zu wählen. [Der 5. November 1940 war Wahltag.] Mrs. Morrow, Anne und ich waren die einzigen beim Essen. Wir sprachen über die Wahl und Willkies Chancen. Es scheint, daß er bestenfalls gleiche Gewinnchancen hat, man kann das aber nicht genau beurteilen. Die Demokraten, die ich kenne, machen sich Sorgen. Die Republikaner anderseits sind allzu zuversichtlich, einige glauben sogar, daß Willkie mit großer Mehrheit siegen wird. Zu der Zeit, als Willkie seine Annahmerede hielt, hatte ich das Gefühl, er habe die Wahl bereits verloren, er hat aber während der letzten Wochen zweifellos an Popularität gewonnen. Ich glaube nicht, daß er eine große Führerpersönlichkeit ist, und ich bezweifle, daß er etwas von den europäischen Problemen versteht — aber trotz all dieser Schwächen denke ich, daß er Roosevelt bei weitem vorzuziehen ist. Ich hoffe, daß Willkie gewinnt, und jetzt scheint es, daß er wenigstens eine Chance hat.

Über das Radio kamen erste Wahlergebnisse. Sie signalisierten einen deutlichen Vorsprung für Roosevelt und eine dritte Amtszeit. Kurz nach Mitternacht hielt Flynn, der von dem demokratischen Hauptquartier aus sprach, eine wie mir schien etwas verfrühte Rede und beanspruchte den Sieg für seine Partei. Aber nur wenige Minuten später gab die *New York Times* (die Willkie unterstützt hatte) den Wahlsieg Roosevelts zu. Es scheint also, daß wir Roosevelt für eine dritte Amtsperiode als Präsidenten haben werden.

Montag, 11. November
Waffenstillstandstag — seltsamerweise wird er immer noch als Feiertag begangen. Viele Geschäfte sind geschlossen, die Schulen haben frei. Dieses Jahr wird aber sehr wenig gefeiert.

Botschafter Kennedy hat ein langes und ziemlich ungewöhnliches Presseinterview gegeben, in dem er den Standpunkt einnimmt, daß es für uns wesentlich sei, uns aus dem Krieg herauszuhalten. Ich glaube, daß er wohl die Absicht hat, seinen Abschied zu nehmen, denn ich kann mir nicht vorstellen, wie er jetzt noch nach England zurückkehren kann.

Donnerstag, 14. November
Die Presse berichtet, daß britische Bomber und Torpedoflugzeuge der italienischen Flotte schweren Schaden zugefügt haben. Eine Meldung aus London besagt, daß drei Schlachtschiffe getroffen und eine Anzahl kleinerer Einheiten versenkt worden seien.

Fuhr am Nachmittag zu einem Dinner (Stewart, Hart, Eggleston und andere). Den größten Teil des Abends diskutierten wir über den Krieg, die amerikanische Politik und über die Pläne, um der Einmischungspropaganda entgegenzuwirken. Man hat bisher viel geredet, aber fast nichts erreicht. Hart wollte ein weiteres Komitee gründen, um die Diskussion fortzusetzen — „einen strategischen Ausschuß" nannte er es —, aber Gott sei Dank konnten wir das vermeiden, wir haben schon mehr als genug Komitees. Wir brauchen jemand mit der Fähigkeit, im Osten energisch eine Antikriegsorganisation zu schaffen und zu leiten, und wir brauchen ausreichende finanzielle Unterstützung für eine Aktion im ganzen Land.

Ich glaube, Hart denkt, ich solle sowohl die Leitung der Organisation wie die Beschaffung der Mittel übernehmen — aber das würde bedeuten, daß ich die Arbeit aufgebe, die ich jetzt mache, und die ich für wichtiger halte und bestimmt zu diesem Zeitpunkt für konkreter. Es sollte jemand anderer kommen und die Last tragen helfen. Was ich brauche, ist mehr Hilfe und nicht mehr Verpflichtungen.

Fuhr für die Nacht nach Lloyd zurück.

Freitag, 15. November
Am Vormittag bis 11.15 Uhr Routinearbeiten. Fuhr dann nach New York zu einer Verabredung um 13 Uhr mit Ray Howard und seinem Sohn im Waldorf-Astoria. Ich wollte mit Howard über die Möglichkeit sprechen, daß ich auf meiner Europareise mehrere Artikel für Scripps-Howard und die UP schreibe. Howard und die UP deshalb, weil ich ihn gut kenne und weiß, daß er einen sehr entschiedenen Standpunkt gegen eine amerikanische Einmischung bezogen hat. Ich würde einige allgemeine Artikel planen, aber keinen Versuch zur Nachrichtenbericht-erstattung machen. Howard war an dem Plan, den ich umriß, entschieden interessiert. Unsere Unterhaltung war eine Art Versuchsballon. Ich sagte Howard, ehe ich mich endgültig für die Reise entschlösse, würde ich alle Einzelheiten sehr sorgfältig prüfen müssen, einschließlich der Beziehung, die ich zu seiner Organisation haben würde.

Die Presse berichtet, daß die Deutschen Coventry angegriffen und die Stadt praktisch zerstört haben. Man sagt, es sei der bisher schlimmste Luftangriff des Krieges gewesen.

Montag, 18. November
Southampton soll schwer bombardiert worden sein.

Dienstag, 19. November
Die Griechen beanspruchen weitere Erfolge, einschließlich der Eroberung von Koryza. Die Briten schlagen vor, daß wir ihnen hundert weitere Zerstörer und bewaffnete Geleitschiffe geben.

Sonntag, 24. November
Rumänien tritt der Achse bei.

Arbeitete fast den ganzen Morgen an einer Liste, die ich in unseren Banksafe geben will. Ich will sie mit einem Instruktionsbrief bei Anne lassen für den Fall, daß mir etwas zustoßen sollte. In solchen Zeiten soll man für alles gerüstet sein.

Wave of the Future [Anne Lindberghs kürzlich veröffentlichtes Buch] steht jetzt an der Spitze der Bestsellerliste. Das meldet die *Tribune* aufgrund der Befragung von fünfzig Buchläden.

Mittwoch, 27. November
Bristol wieder angegriffen. Berichte, die durch die Zensur sickern,
deuten an, daß die Lage in England wegen der Luftangriffe und
Schiffsverluste immer ernster wird. Bei uns wächst die Agitation für
den Krieg. Die Aufhebung des Johnson-Gesetzes wird gefordert.
Aus Rumänien werden Morde berichtet. Wachsender britischer Druck
auf die Vereinigten Staaten — Briten geben verzweifelte Lage zu.

Am Abend geschrieben. Ich versuche, einen Bericht über die Organisation und die Flüge der *Spirit of St. Louis* zu schreiben. Ich habe die
Arbeit vor über einem Jahr in Paris begonnen, konnte ihr seither aber
nur sehr wenig Zeit widmen.

Freitag, 29. November
Zeitungen melden Seeschlacht auf der Höhe von Sardinien. Britische
und italienische Berichte widersprechen einander. Die Deutschen bom-
bardieren London und Liverpool.

Roy Howard rief an, um mir mitzuteilen, daß ich die Unterstützung
von UP und Scripps-Howard für meine Auslandsreise haben könne.
Er sagte, er habe eben mit Botschafter Kennedy gesprochen, die Lage
in England sei verzweifelt. Howard schlug vor, ich solle Kennedy
selbst anrufen. (Er wohnt im Waldorf Tower.) Ich habe Kennedy in
Europa häufig gesehen und zur Zeit der Münchner Krise eng mit ihm
zusammengearbeitet. Ich habe mich aber nicht mit ihm in Verbindung
gesetzt, seitdem ich in die Vereinigten Staaten zurückgekehrt bin, da
ich dachte, der Standpunkt, den ich gegen den Krieg bezogen habe,
könnte eine Verbindung zwischen uns beiden für ihn peinlich machen,
mindestens solange er Botschafter in England ist. Ich erwähnte das
Howard gegenüber, und er sagte, er wolle Kennedy anrufen und ihn
diskret fragen, wie er hierüber denke. Howard rief mich einige Minuten
später wieder an: Kennedy wolle mich sprechen. Rief Kennedy an und
verabredete Treffen um 15.30 Uhr. Er lud Anne ebenfalls ein.
    Kennedy behielt uns bis beinahe 17 Uhr bei sich; er erzählte uns von
der Lage in England und auf dem Kontinent. Er hat wie wir das Gefühl,
daß die britische Lage hoffnungslos ist und daß es für die Briten das
Beste wäre, wenn sie in naher Zukunft in Friedensverhandlungen einträten. Er sagte, der durch die Bombenangriffe angerichtete Schaden
sei weit größer, als zugegeben wird, auch könnten die Briten die

gegenwärtigen Schiffsverluste nicht viel länger aushalten. Ohne Churchill und die englische Hoffnung, daß Amerika in den Krieg eintrete, würde der Krieg aufhören. Schon Wochen, ehe die Deutschen in Norwegen gelandet seien, habe Churchill Roosevelt durch ihn (Kennedy) fragen lassen, ob die Vereinigten Staaten eine *britische* Invasion in Norwegen hinnehmen würden.

Kennedy sagt, zur Zeit seiner Abreise sei praktisch jeder größere Hafen in England mit Ausnahme von Bristol, Liverpool und Glasgow entweder geschlossen oder ernstlich beschädigt gewesen. (Seit seiner Abreise waren Bristol und Liverpool ebenfalls schwer bombardiert worden.) Seiner Schätzung nach besaß England für den Fall, daß es zur See völlig abgeschnitten werde, Lebensmittelvorräte für etwa zwei Monate.

Kennedy sagte, Roosevelt habe den größten Teil seiner Verhandlungen mit Lord Lothian, dem britischen Botschafter in Washington, geführt und nur sehr wenige über die amerikanische Botschaft in London. Kennedy sagte, er werde bis zum Äußersten gegen den Eintritt Amerikas in den Krieg kämpfen, er glaubt, daß unser Kriegseintritt erfolglos sein und am Ende nichts als Schaden anrichten werde.

Samstag, 30. November
Der Bürgerkrieg in Rumänien dauert an.

Mit Anne beim Lunch bei Expräsident Hoover in seinen Räumen im Waldorf-Astoria. Während des Lunchs sprachen wir über den Krieg, die Frage der Lebensmittelhilfe für Europa und die amerikanische Haltung zu beiden Fragen.

Danach Besprechung mit Stewart, Eggleston und Armstrong in Stewarts Wohnung. Unter anderem sprachen wir über die „Kein Krieg im Ausland"-Kampagne und die Möglichkeit, Hanford MacNider für ihre Leitung zu gewinnen. Wir sprachen auch über Pläne für eine Massenversammlung im nächsten Monat in St. Louis. Armstrong wird in St. Louis Halt machen, um alles vorzubereiten.

Sonntag, 1. Dezember
Griechischer Vormarsch dauert in Albanien an. Aus Bessarabien wird Revolte gemeldet. Southampton bombardiert. Weitere US-Anleihen für China.

Samstag, 7. Dezember

Verließ das Haus um 7.30 Uhr und fuhr nach New York. Hielt bei Aubreys Wohnung lange genug, um ihn und Wheeler-Bennett mitzunehmen, fuhr dann nach Princeton weiter und kam kurz vor 11 Uhr in der Princeton Inn an. Wheeler-Bennett hatte mich gebeten, an der Konferenz über Fragen des pazifischen Raumes teilzunehmen, die jetzt in Princeton abgehalten wird. Anwesend sind Delegationen aus England, Kanada, Australien, Neuseeland und den Vereinigten Staaten. Ich hatte das Gefühl, daß ich bei diesen Gruppen ziemlich fehl am Platz sein würde, entschied aber, daß die Konferenz interessant genug sei, um die Peinlichkeiten und die Mühe zu kompensieren.

Die Diskussion in der Vormittagssitzung kreiste um die Beziehungen der Vereinigten Staaten und Großbritanniens im Pazifik, um die Frage, womit die Vereinigten Staaten Großbritannien mehr helfen könnten: durch einen Krieg gegen Japan oder die Vermeidung eines solchen. In diesem Punkt waren die Ansichten sehr geteilt. Eine Gruppe nahm den Standpunkt ein, wenn wir einen Krieg mit Japan begönnen, würden wir unsere Hilfe für England verringern müssen, um unsere eigenen Streitkräfte schneller ausrüsten zu können; unsere Flotte werde dann auf unbestimmte Zeit im Pazifik engagiert sein, und das Ergebnis sei, im Ganzen betrachtet, für Großbritannien nachteilig. (Es stand nicht zur Debatte, was etwa für *Amerika* am vorteilhaftesten wäre. Die Einstellung war, daß das, was England nütze, auch für Amerika am besten sei!) Die andere Gruppe vertrat den Standpunkt, unser Volk sei noch nicht genügend am Krieg interessiert, auch würden wir nicht unsere letzten nationalen Kräfte mobilisieren, solange wir nicht in den Krieg eintraten. Sie schlossen daher: wenn wir Japan den Krieg erklären, würde das unsere nationalen Anstrengungen und unsere Produktion so schnell steigern, daß wir — obwohl selbst im Kriege stehend — auch unsere Hilfe an England *steigern* könnten. Was unsere Flotte anlangte, so nahm diese Gruppe den Standpunkt ein, ein großer Teil von ihr müsse ohnehin im Pazifik bleiben, und da könne sie genausogut die „Japse" bekämpfen.

Dann wurde darüber debattiert, welche gerade noch unkriegerischen Aktionen unser Land am schnellsten in einen Krieg ziehen würden. Man stimmte allgemein überein, daß das amerikanische Volk zu diesem Zeitpunkt eine förmliche Kriegserklärung nicht unterstützen würde. Allerdings stimmte man aber auch darin überein, daß das Volk *zu diesem Zeitpunkt* unkriegerische Aktionen unterstützen würde, die unvermeidlich zum Krieg führen würden.

Ich beteiligte mich nicht an diesen Diskussionen. Ich fühlte mich fehl am Platz – ich wollte sie immer daran erinnern, daß wir in Amerika und *nicht* in England waren und daß unsere vordringliche Sorge die Zukunft *Amerikas* und nicht die des britischen Empire sei. Nach zwei Sitzungen hatte ich genug, also verließ ich Princeton Inn und fuhr nach Hause.

Sonntag, 8. Dezember
3 Milliarden Dollar von der Marine für „Luftabwehr" gefordert.

Stewart rief an und sagte, er würde morgen 50.000 Dollar auf der Bank haben, um damit die Kampagne „Kein Krieg im Ausland" zu beginnen. Wir besprachen Pläne für die Kampagne. W. H. Auden (der englische Dichter) kam am Nachmittag und blieb den ganzen Abend.

Montag, 9. Dezember
London schwer bombardiert. Deutsches Handelsschiff auf der Höhe von Kuba versenkt. Griechischer Vormarsch dauert an.

Dienstag, 10. Dezember
Britischer Vormarsch in Ägypten. Angeblich 1000 Gefangene.

Fuhr am Nachmittag zu einer Besprechung mit Mr. Harcourt nach New York. Der Verkauf von *The Wave of the Future* läuft gut – 50.000 Exemplare abgesetzt, 67.000 gedruckt. Die Reaktion ist im ganzen gesehen gut. Natürlich gibt es wegen des Buches beträchtliche Kontroversen. Ein Buchhändler in Connecticut wollte zehn Exemplare zurückgeben; er schrieb Harcourt, seiner Meinung nach sollten Anne und ich hinter Stacheldraht gesperrt werden! *The Wave of the Future* ist auf der Liste der *Herald Tribune* immer noch Spitzenbestseller.

Donnerstag, 12. Dezember
Die Briten nehmen Sidi Barani. Das britische Geleitzugproblem wird immer ernster.

Verabredung mit General Robert Wood (America First) im Waldorf-
Astoria, New York. Wir sprachen über den Krieg und die Organisa-
tionsmethoden gegen unsere Einmischung. Wood ist ein außerordentlich
prächtiger, fähiger Mann, der auf jede nur erdenkliche Art mitarbeiten
will. Bob Stuart und Hanford MacNider kamen hinzu, später auch John
T. Flynn, Bruce Barton, Charles Payson und Verne Marshall. Kern-
punkt der Diskussion war, ob es eine einzige Antikriegsorganisation
unter America First oder zwei getrennte Organisationen geben solle,
die eine (America First) in Chicago und die andere, die Kampagne
No Foreign War [Kein Krieg im Ausland], in New York. Die Tendenz
scheint im Augenblick auf eine Vereinigung unter der Flagge von
America First zu laufen.

Sonntag, 15. Dezember
Konferenz mit Marshall, Armstrong, Stewart und Eggleston. Wir
besprachen Pläne für die Organisation – Funktionäre, Finanzen,
Presseerklärungen usw. Nach dem Treffen gingen Armstrong und ich
zum Lunch in den Engineers Club. Wir sprachen über Namen für
ein Fördererkomitee usw. Nach dem Lunch trafen wir uns alle wieder
in Marshalls Zimmer im Waldorf. Jetzt ergab sich das Problem, welche
Position O. K. Armstrong einnehmen sollte. Er vereinigt seine
Friedens- und seine religiöse Organisation mit Marshalls Komitee,
das Komitee übernimmt den Namen „Kein Krieg im Ausland" von
Armstrongs Gruppen, in Zukunft wird es also das „Kein Krieg im
Ausland"-Komitee unter der Leitung Marshalls geben.

Ich schlug vor, O. K. Armstrong solle in dem neuen Komitee zum
„Direktor" ernannt werden und in erster Linie die Einsatzorganisation
leiten. Alle waren einverstanden. Wir besprachen die Eröffnung eines
Büros in New York und eines weiteren in Washington. Man machte
vorläufige Pläne für Radioprogramme, Inserate, Massenversammlun-
gen usw. Die Frage nach meiner Verbindung zum Komitee wurde
aufgeworfen. Ich sagte, meiner Meinung nach wäre ich dann von
größtem Wert und größter Hilfe, wenn ich unabhängig arbeitete.
Sie waren damit einverstanden.

Montag, 16. Dezember
Britische Streitkräfte in Libyen eingedrungen.

Dienstag, 17. Dezember
Druck für eine stärkere Hilfe an England setzt ein.

Eggleston kam und sagte mir, Armstrong sei sehr über die Art beunruhigt, wie Marshall mit der Presse umgeht (ich auch). Marshall hat offensichtlich eine Anzahl Zeitungsredakteure um 3 Uhr morgens aufgesucht! Ich fürchte, daß Marshall eine Einmannshow abziehen will. Um 13.42 Uhr kam dann auch noch Armstrong, und wir setzten die Diskussion für eine Weile fort.

Die Reibereien zwischen Armstrong und Marshall nehmen zu, und das hat eine schlechte Auswirkung auf die Stimmung. Die Ursachen scheinen mir trivial zu sein, aber die Auswirkung ist äußerst wichtig. Ich sprach mit Marshall allein in seinem Büro, ich suchte nach einem Weg, diese letzte Schwierigkeit auszugleichen. Das Gespräch war zugleich aufschlußreich und beunruhigend.

Mittwoch, 18. Dezember
Die Pressenotizen über das Komitee „Kein Krieg im Ausland" sind gut. Die *Herald Tribune* überrascht mich: dort stehen sie auf der Titelseite.

Die Quäker haben Anne gebeten, am Weihnachtsabend eine Radioansprache zu halten und für die Notwendigkeit einzutreten, Lebensmittel aus den USA nach Europa zu senden.

Freitag, 20. Dezember
Den Berichten zufolge werden deutsche Truppen nach Italien geflogen. Churchill warnt vor einer möglichen Invasion. Die Kriegshysterie in Amerika nimmt zu.

Dienstag, 24. Dezember
Britischer Vormarsch in Libyen dauert an. Die Griechen rücken in Albanien vor. Die Deutschen bombardieren Manchester.

Fast den ganzen Vormittag Anne bei ihrem Manuskript geholfen. Es ist das erstemal seit 1931, daß Anne im Rundfunk spricht. (Damals sprach sie über die Hochwasserhilfe für China.) Anne sprach wunderschön, ihre Stimme vibrierte voll Gefühl, es war eine vollkommene

Ansprache. Sie ist eine ausgezeichnete Rundfunksprecherin. Ich glaube,
daß ihre Rede auf die meisten Zuhörer eine starke Wirkung ausüben
wird.

Mittwoch, 25. Dezember
Berichte vom Einmarsch deutscher Truppen in Rumänien.

Annes Rede ist in den Zeitungen heruntergespielt worden. Man hat
von ihr kaum Notiz genommen.

Seltsam: in diesem Fall wünschen wir, daß die Zeitungen uns Beachtung schenken. Viele Jahre haben wir versucht, der Aufmerksamkeit
der Presse zu entgehen. Jahrelang haben wir uns geweigert, im Rundfunk zu sprechen, Erklärungen oder Interviews zu geben und an
politischen Versammlungen teilzunehmen. Jetzt, heute morgen, sind
wir enttäuscht.

In der Vergangenheit war die Publicity und das Interesse der
Öffentlichkeit wie ein strahlender, brennender, harter Scheinwerfer auf
uns gerichtet. Jetzt wird das Licht auf eine nahende Gefahr gerichtet –
auf Krieg, Hunger, Krankheit und Revolution, und unsere Sorge
gilt den Problemen, die hier beleuchtet werden. Sie sind so wichtig,
daß wir die wenigen divergierenden Strahlen, die dabei auf uns
fallen, kaum bemerken. Wir sind nicht mehr die Objekte, auf die das
Licht geworfen wird; wir selbst stehen dahinter oder daneben und versuchen, es zu lenken, damit wir und andere in dieser Krise besser sehen
und intelligenter handeln können.

Donnerstag, 26. Dezember
Die Paramount-Wochenschau rief an, um Anne zu bitten, sie möge
einen Teil ihrer Weihnachtsansprache wiederholen. Nach Rücksprache
mit mir war sie einverstanden. Es wird das erstemal sein. Wir riefen
John Rich (Quäker) in Philadelphia an, um die notwendigen Vor-
bereitungen zu treffen, und regten an, Paramount müsse den Film
den anderen Wochenschaugesellschaften geben, wie man es mit meiner
Washingtoner Ansprache tat. Anne suchte fast den ganzen Tag die
Sätze aus ihrer Rede aus, die sie verlesen will. Dann gingen wir am
Norduferer zwei Stunden lang im Wald spazieren. Den Rest des
Nachmittags hörte ich zu, wie Anne ihre Rede übte. Sie liest und spricht
viel besser als ich. Eigentlich sollte ich derjenige sein, der seine Reden

einübt; ich hasse es aber, etwas, das ich schreibe, mehr als einmal zu lesen. Bei der zweiten Lektüre scheine ich Geist und Gefühl zu verlieren.

Montag, 30. Dezember
Roosevelt fordert mehr Hilfe für England. Er sagt, die Achse werde den Krieg verlieren. Berichten zufolge steht London in Flammen. Die deutschen Armeen haben die bulgarische Grenze erreicht.

Samstag, 4. Januar
Briten greifen Bardia an. Roosevelt kündigt großes Schiffsbauprogramm an. Deutsche Luftangriffe auf England halten an. Die RAF greift Bremen an.

Mittwoch, 8. Januar
Admiral Towers sagte vor einem Kongreßausschuß aus, daß die Marine am 1. Januar 1940 2145 und am 1. Januar 1941 2950 Flugzeuge besaß und erwartet, am 1. Januar 1942 über 6270 zu verfügen. Er sagte, viele der jetzigen seien Schulmaschinen und nur sehr wenige modernste Kampfflugzeuge.

Tag in Lloyd Neck – den größten Teil auf die Abfassung von „Ein Brief an die Amerikaner" verwendet. Rief Carrel an. Er hat sich mit einem Mann unterhalten, der eben aus Frankreich kam und mit Mme. Carrel sprach, als er kürzlich in der Bretagne war. Es geht ihr gut, sie hat genug Lebensmittel. Sie benachrichtigt uns, daß Illiec nicht mehr von den Deutschen besetzt ist, daß aber alles bewegliche Gut aus dem Haus entfernt wurde.

Samstag, 11. Januar
Gesetzesantrag im Kongreß, Roosevelt fast unbegrenzte Kriegsvoll-
machten zu geben. Die RAF bombardiert Calais und das Ruhrgebiet.

Die Schwierigkeiten im Komitee „Kein Krieg im Ausland" halten an.
Ich habe eine Politik der „Isolation" eingeschlagen.

Montag, 13. Januar
Willkie unterstützt die von Roosevelt gewünschten Vollmachten!

Mittwoch, 15. Januar
England gibt zu, daß letzte Woche drei Kriegsschiffe im Mittelmeer
durch Stukas getroffen wurden.

Ein Telegramm von Hamilton Fish bittet mich, in Sachen des Pacht-
und-Leih-Gesetzes vor dem Kongreßausschuß für auswärtige Beziehungen zu erscheinen.

Donnerstag, 16. Januar
Hull fordert äußerste Hilfe für Großbritannien. Kongreß billigt
3 Milliarden Dollar für Luftabwehrausstattung der Marine.
Gab den Pressediensten heute morgen eine dahingehende Erklärung
ab, daß ich in keiner Verbindung zu dem Komitee „Kein Krieg im Ausland" stehe und daß ich es für unmöglich halte, seine Methoden und
seine Politik zu unterstützen. Ich tat das ungern, konnte aber Marshalls
Anspielungen auf mich in seinen Interviews nicht weiterhin hinnehmen.

Sonntag, 19. Januar
Washington behauptet, daß im vergangenen Dezember 800 „Militär-
flugzeuge" hergestellt worden seien.

Telegramm von Sol Bloom, dem Vorsitzenden des Kongreßausschusses
für auswärtige Beziehungen, ersucht mich, am Donnerstagmorgen vor
dem Ausschuß zu erscheinen.

Donnerstag, 23. Januar
Tobruk von Australiern genommen. Bürgerkrieg in Rumänien dauert
an.

Im Kongreßgebäude eine große Menschenmenge, Leute reihten sich
an den Wänden auf und versuchten hineinzukommen. Bloom, der sich
alle Mühe gab, rücksichtsvoll zu sein, führte mich in einen angrenzenden Raum, bis der Ausschuß für mein Erscheinen bereit war. Dann
folgten wir den Polizeibeamten in den Raum des Ausschusses. Er war
von strahlenden Jupiterlampen für die Filmkameras überflutet, weitere
zwei oder drei Dutzend Fotografen waren noch um den Tisch versam-
melt, an den ich mich setzen sollte – fast all die Dinge, die ich nicht
leiden kann und die für mich die schlimmste Seite des amerikanischen
Lebens in dieser Epoche verkörpern. Über mir, in einer Kurve, die
sich in beide Seiten des Raums erstreckte, saßen die Komiteemitglieder,
es müssen zwanzig oder mehr gewesen sein.

Ich verlas meine Erklärung und versuchte dann, die Fragen der
Ausschußmitglieder zu beantworten. Ich hatte eine starke Gegnerschaft erwartet, fand aber zu meiner Überraschung nur wenig vor.
Insgesamt waren die Ausschußmitglieder im Gegenteil außerordentlich
höflich. Ein oder zwei Kongreßabgeordnete waren etwas unfreundlich,
aber nicht lange. Ich stellte fest, daß die Zuschauer auf meiner Seite
waren. Sie klatschten mehrmals.

Freitag, 31. Januar
Hitler gibt bekannt, daß amerikanische Schiffe torpediert werden,
falls man sie zur Unterstützung nach England schickt! Er sagte, eine
Entscheidung mit England werde in diesem Frühjahr erzwungen
werden.

Anne und ich fuhren zu einer Verabredung mit Dr. Carrel im Rockefeller-Institut um 14 Uhr nach New York. Wir gaben Dr. Carrel die
Briefe für Madame Carrel und plauderten dann einige Minuten mit
ihm. Er fährt in einem kleinen amerikanischen Dampfer nach Portugal.

Ich glaube, Dr. Carrel kann Frankreich in diesen Tagen von großem
Nutzen sein, wenn sich die Machthaber nur über seine Fähigkeiten
im klaren sind. Carrel macht sich leicht Feinde und versucht kaum, sich
zu „verkaufen". Ich bewundere ihn deswegen, fürchte jedoch, daß das zu
einer Vergeudung seiner Kräfte führen mag, die er andernfalls zum

Wiederaufbau Frankreichs beisteuern könnte. Er macht sich so viele Menschen zu Gegnern, und nur wenige können durch die äußere Schale zu dem großen Geist durchblicken, der sich darunter verbirgt. Carrel besäße die Fähigkeit, gerade jetzt einer der großen Männer Frankreichs zu werden. Wenn er nur fähig wäre, die richtigen menschlichen Kontakte zu schließen und wenn er im Umgang etwas Vorsicht walten ließe!

Samstag, 1. Februar
Telegramm an Senator George in Beantwortung seiner Einladung, vor dem Senatsausschuß für auswärtige Angelegenheiten zu erscheinen; teilte ihm mit, daß ich bei meiner Aussage vor dem Kongreßausschuß alle Themen erschöpft hätte, daß ich aber gern vor dem Ausschuß erscheinen würde, wenn er es wünsche. Tatsächlich würde ich es lieber nicht tun.

Montag, 3. Februar
Unruhen in Johannesburg.

Mehrere Telefongespräche nach Washington. Anscheinend wollen die Regierungssenatoren *nicht*, daß ich vor dem Ausschuß für auswärtige Angelegenheiten aussage, während die „isolationistischen" Senatoren dafür sind. In diesem Fall werde ich hingehen.

Dienstag, 4. Februar
Verhandlungen zwischen Deutschland und Frankreich gehen weiter. In Washington gibt es Hinweise, daß das Pacht-und-Leih-Gesetz modifiziert werden könnte.

Mittwoch, 5. Februar
Laval fordert das Amt des Ministerpräsidenten. RAF greift Düsseldorf und die Kanalküste an.

Um 7.05 Uhr mit dem Zug angekommen. Rief Senator Clark an und traf ihn um 10 Uhr in seinem Büro. Er telefonierte mit La Folette und Wheeler, die einige Minuten später kamen. Wir diskutierten die Frage, ob es für mich ratsam sei oder nicht, vor dem Senatsausschuß für auswärtige Angelegenheiten zu erscheinen, und entschieden uns dafür.

Donnerstag, 6. Februar
Fuhr mit dem Taxi zum Kapitolgelände. Das Hearing im Senat wurde, im ganzen gesehen, mit mehr Würde durchgeführt als das des Kongresses über das Pacht-und-Leih-Gesetz. Senator Claude Pepper von Florida beanspruchte fast die Hälfte der Zeit, die ich im Zeugenstand war. Er und zwei oder drei andere Senatoren der Regierung waren entschieden feindselig eingestellt, aber nur während ihrer Fragen. Als sich der Ausschuß zum Lunch vertagte, waren sie höflich und freundlich. Ich habe das in Washington oft festgestellt. Kongreßabgeordnete und Senatoren fluchen in einer Debatte aufeinander — und stehen offensichtlich, wenn die Debatte vorbei ist, miteinander auf freundschaftlichstem Fuß. Pepper hat mich von einem Angehörigen der fünften Kolonne herunter alles geschimpft, während der Lunchstunde lächelte er jedoch und war gut gelaunt. In einem gewissen Sinn demonstriert das eine gefährliche Verantwortungslosigkeit in den Reden von Männern der Öffentlichkeit. Ich glaube, daß etwas mehr Sinn für Akkuratesse und Würde uns zu einer besseren und stabileren Regierung verhelfen könnte. Die Nachmittagssitzung begann um 14 Uhr. Um 16.30 Uhr war meine Aussage beendet.

Sonntag, 9. Februar
Repräsentantenhaus nimmt Pacht-und-Leih-Gesetz 260 zu 165 an.

Fast den ganzen Tag an „Ein Brief an die Amerikaner" gearbeitet.

Montag, 24. Februar
Streiks nehmen in den Vereinigten Staaten zu.

Ging nach dem Frühstück eine Stunde mit Thor spazieren. Ich ging zu den Felsen, konnte aber den Leuchtturm oder die Bucht nicht sehen. Sie machten einen Eindruck auf meine Augen, aber nicht auf meine Gedanken oder mein Gefühl. Ich konnte weder die Bäume sehen noch die Steine längs des Wegs, noch das Laub vom vergangenen Jahr oder die Eiskristalle auf der schattigen Seite der Böschungen. All diese Dinge waren da, aber nur als flache, physische Tatsachen. Das Leben und das Feuer war aus ihnen verschwunden, denn meine Gedanken weilen beim Krieg, bei der Politik, den Dingen, die auf den Titelseiten der Zeitungen gebracht werden. Ich kann nicht mehr sehen, und es ist Zeit, daß ich weit weggehe, bis ich wieder sehen lerne. Es ist gefährlich, wenn man nicht mehr sieht und fühlt, denn dann verläßt man sich allzusehr auf die Logik, und man kann das Leben allein durch Logik nicht glücklich gestalten. Etwas anderes muß damit verbunden sein.

Dieses Etwas ist es, das in dem modernen amerikanischen Leben von heute so sehr fehlt. In den großen Städten, den Fabriken oder den Zeitungen lebt es nicht lange. Um es zu besitzen, muß man im Leben ein gewisses Maß an Einsamkeit haben. Manche Leute sagen, man könne wirkliche Einsamkeit auch inmitten von Großstädten finden — in einem leeren Zimmer, auf einer Parkbank oder auf einer verdunkelten Straße in den Stunden nach Mitternacht. Ich glaube, daß es an diesen Orten tatsächlich ein Element von Einsamkeit gibt, einen Strahl, der durch ein Loch in dichten Wolken dringt. Für mich bedeutet Einsamkeit aber Schönheit, Distanz und eine unbewohnte Gegend. Ich fühle eine Stadt rings um mich, selbst wenn niemand weiß, wo ich in ihr bin. Die Luft riecht nach Menschen, nach Unglück und der einfallslosen Einförmigkeit des Alltagslebens. Ich fühle sie, wie ich den Rauch in meinen Lungen und den Zement unter meinen Füßen fühle. Manchmal glaube ich, daß ich die Spannung und die Unruhe in einer Stadt selbst dann empfinden kann, wenn ich in 2000 Meter Höhe darüber wegfliege.

Mittwoch, 26. Februar
Mit Anne zu einer Dinnerverabredung mit Expräsident und Mrs. Hoover in ihrem Appartement im Waldorf Tower, New York. Herbert Hoover jr. und seine Frau waren ebenfalls da. Wir sprachen über den Krieg, die Lebensmittelhilfe, die Zukunft Amerikas und viele andere Themen. Hoover erzählte uns etwas von den Schwierigkeiten, auf die er im Zusammenhang mit der Sendung von Lebensmitteln in das besetzte Europa stößt. Sein letzter Plan wurde von den Deutschen praktisch in seiner Gesamtheit angenommen, aber die Briten haben noch nicht einmal darauf geantwortet. Unter anderem sagte Hoover, wenn ich mich recht erinnere, er habe angeregt, daß die Deutschen monatlich 25.000 Tonnen Weizen und andere Lebensmittel nach Belgien senden, vorausgesetzt, daß die Briten gewisse Fleisch- und Fettsorten durch ihre Blockade lassen.

Hoover sagte, er habe von Deutschland mehr gefordert, als Deutschland möglicherweise aus Belgien hätte herausholen können. (Man hat behauptet, daß Deutschland bereits mehr aus Belgien herausgeholt hätte, als es bereit sein würde zurückzugeben.) Die Deutschen erwiderten, daß sie sofort nicht 25.000, sondern 80.000 Tonnen Brotgetreide nach Belgien schicken würden, während die Briten, wie schon erwähnt, bisher überhaupt nicht geantwortet haben. Hoover war der Ansicht, daß die Briten selbst von ihrem eigenen Standpunkt aus in ihrer Einstellung gegenüber dem drohenden Hunger in den besetzten Gebieten außerordentlich stupid und kurzsichtig seien. Er sagte, Belgien würde zuerst vom Hunger betroffen werden, das besetzte Frankreich habe hinreichend Lebensmittel bis zur nächsten Ernte – so viel, daß es welche in das unbesetzte Frankreich exportieren könne. Er sagte, die Deutschen würden das als Handelsobjekt benützen, um dadurch militärische Konzessionen zu erreichen.

Donnerstag, 27. Februar

Anne und ich planen einen Urlaub in Florida, wir freuen uns seit Monaten darauf. Wir haben für diesen Urlaub ein kleines Segelboot gekauft, Jim läßt es jetzt in Fort Myers überholen. Zudem braucht Anne wirklich einen Urlaub, und ich möchte weit genug weg von der Atmosphäre von New York, Washington und der Ostküste sein, um die Lage und die Kriegssituation aus der Objektivität der Entfernung und der relativen Einsamkeit zu studieren.

Freitag, 28. Februar

Rief Senator Byrd an, um mit ihm über das Pacht-und-Leih-Gesetz zu sprechen. Ich fragte ihn, was Roosevelt hinsichtlich unserer Teilnahme am Krieg tatsächlich im Sinne habe. Byrd erwiderte, er glaube nicht, daß Roosevelt das Land, wenigstens zu dieser Zeit, in den Krieg führen wolle und daß er (Byrd) eine Einmischung von uns für katastrophal halte; die Schwierigkeit liegt jedoch darin, daß niemand sagen könne, *wann* der Präsident seine Meinung ändern würde.

Byrd sagte, Senator George (der Vorsitzende des Senatsausschusses für auswärtige Angelegenheiten) sei ganz entschieden gegen eine Intervention; Roosevelt habe ihn jedoch überzeugt, daß er das Land in Wirklichkeit aus dem Krieg heraushalten wolle und daß er wolle, daß das Pacht-und-Leih-Gesetz angenommen werde, um England

dabei zu helfen, einen besseren Verhandlungsfrieden zu erzielen – in
Roosevelts Worten (wie Byrd von George erfuhr) „einen Sechzig-
Prozent- statt eines Vierzig-Prozent-Friedens". Byrd sagte mir vertraulich, daß der Senatsausschuß für auswärtige Angelegenheiten
zugestimmt habe, den Gesetzesantrag so zu modifizieren, daß Roosevelt
den Kongreß darüber informieren müsse, welcher Teil jeder Bewilligung im Ausland „verpachtet oder verliehen werde". Er sagte, man
versuche, Bedingungen einzubauen, um eine Geleitzugtätigkeit und
die Entsendung von Truppen ins Ausland zu verhindern.

Montag, 3. März
Rube Fleet rief aus San Diego an. Er will, daß ich die Leitung einer
Forschungsorganisation übernehme, die er in Zusammenhang mit
seiner Gesellschaft aufzubauen plant. Er bot mir zuerst 25.000 Dollar
und dann 50.000 Dollar im Jahr plus einem Anteil am Gewinn. Er
sagt, er werde in seiner Fabrik bald 35.000 Mann beschäftigen, seine
Regierungskontrakte erreichten die Halbe-Milliarden-Grenze. Er wollte
schon immer eine Forschungsorganisation in Verbindung mit seiner
Fabrik und hat jetzt genug Geld, um eine aufzubauen. Er sagte, er
wolle sie in Kalifornien oder in Arizona oder einem anderen Platz,
den ich wünsche, aufbauen, ich könnte hier selbst bestimmen.
    Es war fast unmöglich, Fleet zu erklären, warum ich das nicht
annehmen konnte, wir führten ein Ferngespräch von über vierzig
Minuten. Ich sagte ihm, es sei ein äußerst großzügiges Angebot und
die Arbeit sei außerordentlich interessant, ich freute mich sehr über
eine Forschungsarbeit usw. Aber es sei keine Frage des Geldes. (Er
hatte sein Gehaltsangebot von 25.000 Dollar auf 50.000 Dollar
erhöht.) Ich sagte ihm, daß aeronautische Forschungen einfach nicht
in die Pläne passe, die ich für mein Leben gemacht habe, und daß
ich die Position nicht annehmen könnte, sosehr ich sein Angebot zu
schätzen wisse. Fleet fragte mich nach meinen Plänen. Ich sagte ihm,
daß ich das Ziel nicht beschreiben könne, daß ich mir aber über den
Kurs klar sei. Fleet konnte das anscheinend nicht verstehen und wiederholte, daß ich mir „meine Bedingungen selbst stellen könne". Schließlich
fragte er mich, ob ich dem Vorschlag nahetreten würde, wenn er
Douglas und Ford dazu brächte, mit ihm zusammenzugehen.
    Es war ein ausnehmend schönes Angebot, das in wirklicher Freund-
schaft und echtem Vertrauen gemacht wurde – und ein Kompliment,
das ich durchaus zu schätzen wußte. Aber schon 1927 beschloß ich,

solange ich meinen Lebensunterhalt anders verdienen konnte, nie etwas in erster Linie des Geldes wegen zu tun. Ich entschied, daß das Geld immer an zweiter Stelle stehen müsse – selbst bei den geschäftlichen Unternehmungen, an denen ich mich beteiligte. Mit anderen Worten, ich beschloß, nichts des Geldes wegen zu tun, das ich nicht auch ungeachtet des Geldes tun wollte. Ich habe diesen Entschluß nie bedauert, und er hat mir viele Entscheidungen erleichtert – wie die von heute abend.

Mittwoch, 5. März
Deutsche Truppen strömen weiterhin nach Bulgarien. England bricht die diplomatischen Beziehungen ab. Süd-Wales neuerlich bombardiert. Japanische Truppen sollen auf Französisch-Indochina vorrücken.

Mit Anne um 10 Uhr nach New York, um 14.05 Uhr Abfahrt [nach Florida].

Sonntag, 9. März
Pacht-und-Leih-Gesetz vom Senat mit 60:31 Stimmen angenommen.

Freitag, 28. März
Die Presse berichtet, daß achsenfreundliches Regime in Jugoslawien gestürzt wurde. Peter jetzt an der Macht. Streiks der CIO dauern an.

Anne und ich trafen [nach einem dreiwöchigen Segelurlaub in Florida] gegen 14.30 Uhr in New York ein. Mit dem Taxi zu der Garage, wo ich den Mercury gelassen hatte. Einer der Männer dort erkannte mich, er kam zu mir und sagte, er habe meinen „Brief an die Amerikaner" im *Collier's* gelesen und sei mit meinem Standpunkt völlig einverstanden. Er sagte, viele andere Männer seien das auch. Traf Anne im Cosmopolitan Club, fuhren dann nach Lloyd Neck. Jon und Land erwarteten uns an der Tür. Ich gab jedem eine Kokosnuß – das Geschenk, das Jon, wie er sagte, sich am meisten gewünscht hatte, als wir nach Florida fuhren. Anne gab ihnen die Muscheln, die sie mitgebracht hat. Die kleine Anne hat sich sehr verändert. Solange wir bei ihr sind, wird uns nicht bewußt, wie schnell sie wächst.

Sonntag, 30. März
Die Briten behaupten, der italienischen Flotte im Mittelmeer schwere
Verluste zugefügt zu haben. Die britischen Erfolge in Äthiopien halten
an. Luftangriff auf Bristol. Die Spannung zwischen Jugoslawien und
Berlin wächst.

Ed Webster kam zu uns. Er will, daß ich den nationalen Vorsitz von
America First übernehme. Er sagt, ich würde in Kürze einen Brief von
General Wood erhalten, der mich darum bittet. Ich sagte Webster,
ich würde gern mit America First zusammenarbeiten und dem Komitee
helfen, wo immer ich kann, es sei aber meiner Ansicht nach ein Fehler,
wenn ich gerade jetzt, wenn überhaupt, den nationalen Vorsitz
übernehme. Dann müßte ich meine augenblickliche Arbeit aufgeben;
ich könnte nicht schreiben und Ansprachen über den Krieg halten und
gleichzeitig die nötigen Verwaltungsgeschäfte erledigen. Webster
sah das ein und schlug vor, ich solle den Ehrenvorsitz oder ein anderes
Amt übernehmen. Ich sagte ihm, ich wolle mir das überlegen, meiner
Meinung nach würde es aber wahrscheinlich genügen, wenn ich dem
Komitee beiträte – daß ich in dieser Eigenschaft ebensoviel tun könne
wie in jeder anderen.

Montag, 31. März
Die Vereinigten Staaten beschlagnahmen 35 dänische, 28 italienische
und 2 deutsche Schiffe. Französische Küstenbatterien feuern auf
britische Kriegsschiffe. Briten behaupten, drei italienische Kreuzer
und zwei Zerstörer im Mittelmeer versenkt zu haben.

Brief von General Wood, der mich bittet, den Vorsitz des America First
Committee zu übernehmen.

Dienstag, 1. April
Deutschland und Italien protestieren gegen Beschlagnahme der Schiffe
und Festnahme der Besatzungen.

Mittwoch, 2. April
Streiks dauern an. Ernste Schwierigkeiten in Ford-Fabrik. Streikende
kämpfen in der Allis-Chalmers-Fabrik mit der Polizei. Krieg zwischen

Deutschland und Jugoslawien erwartet. Briten geben zu, in der Woche bis zum 23. März 50.000 Tonnen Schiffsraum verloren zu haben. Deutschland beziffert die britischen Verluste für diese Woche mit 387.000 Tonnen. New York Herald *tritt für eine Politik „wenn nötig Krieg" ein.*

Besprechung mit General Wood im Waldorf-Astoria, New York. Wir sprachen über America First und seinen Brief. Ich sagte ihm, meiner Meinung nach würde sein Rücktritt als Vorsitzender die Organisation schwächen. Ich umriß meine Einwände gegen eine Übernahme des Vorsitzes.

Montag, 7. April
Deutsche Armeen dringen in Jugoslawien ein. Belgrad bombardiert. Die Briten nehmen Addis Abeba.

Donnerstag, 10. April
Deutscher Vorstoß nähert sich Albanien. Deutsche und italienische Streitkräfte melden die Rückeroberung von Tobruk. Schwere Luftangriffe auf England. Churchill bittet um US-Konvois.

Freitag, 11. April
Die Vereinigten Staaten übernehmen den „Schutz" Grönlands. Deutscher Vormarsch in Jugoslawien und Griechenland dauert an. Die Deutschen melden viele Gefangene. Die Deutschen und Italiener melden Gefangennahme einer britischen Streitmacht in Libyen einschließlich des kommandierenden Generals. RAF meldet schweren Angriff auf Berlin.

Mittwoch, 16. April
Hitler und Mussolini erkennen „den unabhängigen Staat Kroatien" an. Die jugoslawischen Armeen brechen zusammen. Der deutsche Vormarsch in Griechenland und Ägypten hält an. Die italienischen Truppen in Äthiopien bitten um Kapitulationsbedingungen.

Washington. Arbeitete eine Stunde an der Rede [für America First in

Chicago am nächsten Tag]. Dann zu einer halbstündigen Besprechung in Harry Byrds Büro. Byrd glaubt, daß der Trend nicht auf eine Intervention gerichtet ist; er sagt, die Leute sähen endlich ein, wie sinnlos unser Kriegseintritt wäre.

Zu einer halbstündigen Besprechung in das Büro von Senator Tobey. Besprachen seinen Gesetzesantrag gegen Konvois und andere Möglichkeiten, eine Intervention zu blockieren.

Mit 17.45-Uhr-Zug nach Chicago.

Donnerstag, 17. April
London schwer bombardiert – der schlimmste Angriff des Krieges.
Die Deutschen setzen Vormarsch in Griechenland fort. Briten versenken Truppenkonvoi der Achse im Mittelmeer.

Chicago. Bis 16 Uhr Besprechungen mit verschiedenen Leuten. General Wood kam um 16 Uhr, um das Programm für heute abend zu diskutieren. Dinner mit etwa dreißig Anhängern von America First.

Um 20 Uhr im Auditorium angelangt. Lieder. Dann stellte General Wood Mr. Pettingill vor, der eine energische, aber etwas zu lange Stegreifrede hielt. Dann sprach General Hammond. Darauf stellte General Wood mich vor, ich sprach etwa fünfundzwanzig Minuten. Wurde gut aufgenommen: begeisterte Zuhörer. Ich hatte Opposition erwartet, es gab aber praktisch fast keine. (Ich hatte sogar Raufereien befürchtet und war daher über die Ruhe und Ordnung überrascht, aber auch über die Stärke der antibritischen Stimmung in Chicago.) Die Halle war gedrängt voll – man schätzte die Menge auf 10.000 bis 11.000 drinnen und 4000 draußen.

Freitag, 18. April
Kapitulation der jugoslawischen Armee.

Mittwoch, 23. April
Die Deutschen erreichen die Thermopylen. Britische Kriegsschiffe beschießen Tripolis.

Am Vormittag Routinearbeiten. Telefonate wegen der Versammlung von heute abend, letzte Überarbeitung der Ansprache usw.

Mit Anne zum Dinner bei Ed Webster. Danach fuhren wir alle mit Taxis zum Manhattan Center und trafen dort kurz vor 20 Uhr ein.

Die Halle war überfüllt, als wir ankamen, eine zweite Halle im Obergeschoß des Gebäudes war beinahe voll, mehrere Tausend Menschen waren draußen auf der Straße. Die Polizei schätzte die Menge auf 5000 in der Halle, 2000 in der oberen Halle und 15.000–30.000 in der 34. Straße. Die Halle war überall mit amerikanischen Fahnen dekoriert.

Mrs. Marquand eröffnete die Versammlung. Flynn hatte den Vorsitz, Senator George sprach vierzig Minuten, Mrs. Norris fünfzehn Minuten und ich fünfundzwanzig. Die Menge schien zu hundert Prozent auf unserer Seite zu sein. Sie war höflich und bester Stimmung und stellte, wie ich glaube, einen besonders guten Querschnitt der Bevölkerung von New York dar. Wie in Chicago gab es eine beträchtliche antibritische Stimmung. Sie dürfte auf aufgespeicherte Emotionen und eine gewisse Frustrierung zurückzuführen sein – ein Gefühl, daß wir in den Krieg gestoßen werden, ganz gleich, was die Menschen darüber empfinden, und daß vor allem England für das Durcheinander verantwortlich ist, in das wir schlittern. Es ist Ausdruck der Verstimmung über die britische Einmischung in das amerikanische Leben und in amerikanische Angelegenheiten.

Donnerstag, 24. April
Griechische Regierung geht nach Kreta. Die deutsche Armee nähert sich Athen. Unruhen in Australien und Neuseeland.

Mit Anne nach New York, zu Cocktails bei den Marquands. Abendessen im Heim von Mrs. Marquands Mutter, Mrs. Elon Huntington Hooker, 620 Park Avenue (der Mutter von Annes alter Schulfreundin Helen Hooker). Das Dinner fand zu Ehren von General Frank Aiken, dem irischen Kriegsminister, statt.

Aiken besprach während des Dinners ziemlich freimütig die irische Position. Er sagte, Irland fürchte eine Invasion entweder durch England oder durch Deutschland, und er sei nicht sicher, wer von beiden es zuerst versuchen würde. Er versucht, hier in den Vereinigten Staaten Waffen und Lebensmittel für Irland zu erhalten, hatte aber nur wenig Erfolg. Ich sagte Aiken, daß eine Invasion Irlands durch Deutschland wegen der geographischen Lage äußerst schwierig sei. Er glaubte, sie könne durch Flugzeuge oder durch Schnellboote erfolgen, um England von zwei Seiten angreifen zu können. Als wir allein waren, sagte mir Aiken, daß er mit dem Standpunkt, den ich hinsichtlich des Krieges eingenommen habe, sehr übereinstimme. Unter anderem sagte er mir, daß die britischen Schiffsverluste viel höher seien, als zugegeben wurde, und daß die meisten dicht vor den Britischen Inseln verlorengingen. Er sagte, für die immer steigende Zahl von Totalverlusten sei die Luftwaffe verantwortlich.

Freitag, 25. April
Knox sagt, der Krieg „ist unser Kampf". Hull sagt, wir müssen England jetzt voll unterstützen.

Der Druck hinsichtlich Konvois wächst. Die Gallup-Umfragen enthalten seltsame Widersprüche. Über achtzig Prozent der Befragten sind, wie es scheint, gegen unseren Kriegseintritt, aber einundsiebzig Prozent sind für Konvois, falls England andernfalls den Krieg verlieren würde. Und doch deutete die erst vor drei Tagen veröffentlichte Umfrage an, daß die Mehrheit der Amerikaner gegen die Entsendung von Truppeneinheiten zur Unterstützung Englands sei. Entweder sind die Menschen verwirrt, oder die Fragen der Meinungsforscher verwirren sie – oder beides.

Dean Lyman rief am Spätnachmittag an und sagte mir, daß mich Präsident Roosevelt in seiner Pressekonferenz persönlich angegriffen habe. Einige Minuten später rief Webster an und sagte, Roosevelt habe unter anderem dabei das Wort „Verrat" gebraucht.

Ich schickte nach den Nachmittagszeitungen. Der Angriff des Präsidenten war mehr als eine politische Attacke, denn er führte sie im Zusammenhang mit meinem Offiziersrang in der Armee. Wenn es nur eine politische Attacke ohne Verbindung zu meinem Offiziersrang gewesen wäre, hätte ich sie kaum beachtet. Wie die Dinge liegen, geht es aber um meine Ehre, es könnte nötig sein, meinen Abschied zu nehmen. Ich würde das nur sehr ungern tun, denn mein Offizierspatent im Fliegerkorps hat mir immer sehr viel bedeutet, und ich würde es lieber behalten.

Welches Pech ist es, feststellen zu müssen, daß ich gegen den Eintritt meines Landes in einen Krieg opponiere, an den ich *nicht glaube*, während ich viel lieber in einem Krieg, an den ich *glaube*, für mein Land kämpfen würde. Hier mache ich zusammen mit Pazifisten Wahlreisen durch das Land und denke daran, meinen Abschied als Oberst des

Fliegerkorps zu nehmen, obwohl ich mit keiner Philosophie weniger übereinstimme als der der Pazifisten und obwohl ich nichts lieber täte, als im Fliegerkorps zu fliegen.

Wenn sich die Vereinigten Staaten nur auf der richtigen Seite eines sinnvollen Krieges befinden würden! Es gibt Kriege, die den Kampf wert sind, aber wenn wir in diesen Krieg eintreten, werden wir eine Katastrophe für unser Land und möglicherweise für unsere ganze Zivilisation herbeiführen. Wenn wir in diesen Krieg eintreten und wirklich zu den Waffen greifen, wird das Ergebnis nichts als ein Chaos sein. Wenn wir in diesen Krieg eintreten, wird es nicht der letzte sein – und Gott weiß, was geschehen wird, ehe wir fertig sind. Rassenunruhen, Revolutionen und Zerstörung: Amerika ist dagegen nicht immun. Aber aus irgendwelchen Gründen – Ignoranz, Eitelkeit, Blindheit oder was es sonst sein mag – scheinen wir zu glauben, daß wir sehr wohl dagegen immun sind.

Manchmal möchte ich am liebsten sagen: „Nun, treten wir in den Krieg ein, wenn ihr so darauf erpicht seid. Dann liegt die Verantwortung bei euch!" Im Vergleich zu meiner jetzigen Arbeit wäre das Kämpfen ein Spaß. Mein Verstand sagt mir aber, wir sollten uns mit unseren Problemen befassen und Europa mit den seinen fertig werden lassen, ohne uns in diesen Krieg einzumischen. Ich habe ein Interesse an der westlichen Zivilisation, ich habe ein Interesse an meiner Rasse oder Kultur oder wie immer man es nennen mag – und ich habe auch ein Interesse an der Welt, in der meine Kinder leben werden. Darum werde ich wahrscheinlich weiter mit den Pazifisten zusammengehen, mein Offizierspatent zurückgeben, wenn es nötig wird, und mein Handeln auch nie bedauern. Dieser Krieg ist ein Fehler, wir führen nur eine Katastrophe herbei, wenn wir in ihn eintreten, wir werden weder Europa noch uns selbst nützen, und deshalb werde ich mich mit aller Kraft für eine Nichteinmischung einsetzen.

Niemand, nicht einmal Deutschland, war für die Bedingungen, die den Krieg verursachten, mehr verantwortlich als England und Frankreich. Sie haben den Krieg erklärt, ohne uns um Rat zu fragen. Wenn es möglich wäre, daß sie mit unserer Hilfe siegen, wäre das Resultat wieder ein neues Versailles. Europa muß endlich seine Familienangelegenheiten selbst bereinigen. Unsere Einmischung würde lediglich eine neue Verschiebung erwirken, wie es der letzte Krieg tat. Europa steht vor Veränderungen, die durchgeführt werden *müssen*, und nur Europa selbst kann sie hervorbringen.

Ich beschloß, nach Washington zu fahren und die Frage meines

Abschieds mit meinen dortigen Freunden in der Armee zu besprechen.
Fuhr nach New York und mit dem 12.50-Uhr-Zug nach Washington.

Samstag, 26. April
Die Briten räumen Griechenland. Der Fall Athens wird bald erwartet.
Roosevelt kündigt Ausdehnung der „Neutralitätspatrouille" an.

Sonntag, 27. April
Roosevelt erweitert die Neutralitätspatrouille, zieht weitere Trans-
portflugzeuge von unseren Fluglinien ab und stellt sie den Briten zur
Verfügung. Die britischen Truppen räumen Griechenland. Große Teile
der Zivilbevölkerung von Plymouth werden evakuiert.

Habe mich zum Abschied entschlossen, nachdem ich die Worte des
Präsidenten sorgfältig erwogen habe. Es ist dies der einzig ehrenvolle
Weg, der mir bleibt. Wenn ich meinen Abschied nicht einreichen würde,
würde ich etwas verlieren, das mir noch mehr bedeutet als mein Offi-
zierspatent im Fliegerkorps. Niemand sonst würde es wissen, aber ich.
Und wenn ich diese Beleidigung von Roosevelt hinnehme, würden
wahrscheinlich noch weitere und schlimmere folgen. Fast den ganzen
Tag mein Abschiedsgesuch aufgesetzt und am Manuskript gearbeitet.
(Ein Brief an Roosevelt und einer an Stimson.)

Montag, 28. April
Die deutsche Armee rückt in Athen ein.

Donnerstag, 1. Mai
Der Druck für den Krieg ist stark und steigt noch. Die Menschen sind
dagegen, aber die Regierung scheint, komme, was da wolle, auf den
Krieg loszustürmen. Die meisten jüdischen Interessen im Land stehen
hinter dem Krieg, sie kontrollieren einen großen Teil unserer Presse,
unseres Rundfunks und den größten Teil unserer Filmbranche. Und
dann gibt es die „Intellektuellen", die „Anglophilen", die britischen
Agenten, die freie Hand haben, die internationalen Finanzleute und
viele andere.

Samstag, 3. Mai
Aufflammen von Kämpfen im Irak. Kabinettsumbildung in England.
Hamburg, Liverpool und andere Städte schwer bombardiert. Die
Amerikanische Legion unterstützt Konvois.

St. Louis. Dinner im Park Plaza Hotel mit etwa fünfzig Männern und
Frauen, die sich für America First interessieren.

Die Arena, unser Versammlungsplatz, ist bis auf 1500 Sitze am
jenseitigen Ende gefüllt. Etwa 15.000 Anwesende, obwohl die Reklame
für die Versammlung nicht sehr gut war. Senator Clark sprach zuerst,
dann stellte General Wood mich vor. Ich hatte meine Rede nicht auf
die Rundfunkübertragung eingestellt und überzog um vier Minuten –
zum erstenmal. Muß in der Zukunft vorsichtiger sein. Die Zuschauer
waren prächtig und begeistert.

Dienstag, 6. Mai
Briten melden Bombentreffer auf der „Scharnhorst" und der
„Gneisenau" in Brest. Britische Streitkräfte gewinnen im Irak die Ober-
hand. Schwere Lufttätigkeit der Achse über Kreta. Roosevelt befiehlt
Steigerung der Flugzeugproduktion, besonders der von Bombern.

Donnerstag, 8. Mai
Deutsche Luftwaffe greift Liverpool in der siebenten Nacht hinter-
einander an. Kongreß nimmt „Schiffsbeschlagnahme-Gesetz" mit
266 zu 120 an.

Samstag, 10. Mai
Berlin, Hamburg, Bremen und andere deutsche Städte schwer ange-
griffen. Vergeltungsangriffe der Deutschen gegen Liverpool, Hull und
andere englische Städte. Britische Regierung gibt die Schiffsverluste
im April mit 488.124 Tonnen an. In den Staaten nach wie vor „Aus-
länderrazzien". Briten gewinnen im Irak die Oberhand.

Mit dem Flugzeug nach Minneapolis. Dort erwarteten uns Mitglieder
der dortigen Sektion von America First. Fuhren zum La-Salle-Hotel,
wo ich die „Nordischen Zimmer" erhielt. Welche Pressegeschichte
könnte das abgeben! Aber „nordisch" bedeutet hier draußen nicht,

was es im Osten bedeutet. In Minnesota hat „Nordisch" keinen anti-semitischen Beigeschmack. Und die Situation ist wahrscheinlich ge-rettet, weil, wie ich gleich nach der Ankunft erfuhr, Lord Halifax und Begleitung die gleichen Räume bewohnten und erst gestern abreisten.

Nach dem Abendessen zur Versammlungshalle. Bei unserer Ankunft war sie schon mit etwa 10.000 Menschen überfüllt, mehrere Tausend waren kurz nach Beginn der Versammlung draußen auf der Straße. Senator Shipstead sprach zuerst, dann stellte Hanford MacNider mich vor. Dieses Mal hielt ich meine halbe Stunde genau ein. Nach der Versammlung kamen die Leute an das Podium und machten es uns schwer, zu unseren Autos zu kommen. Die Leute scheinen unseren Standpunkt gegen den Krieg hundertprozentig zu teilen, sie repräsen-tieren im Durchschnitt einen sehr hochstehenden Typ von Amerikanern.

Wenn ich bei den Versammlungen auftrete, habe ich das Gefühl, daß wir, würde das Land von diesen Menschen geführt werden, nicht in den Krieg eintreten würden. Ich habe immer dieses Gefühl, wenn eine Versammlung vorbei ist. Wenn ich aber dann am Morgen oder am Tag nachher die falsche Auslegung und die Propaganda lese, werde ich mich wieder fragen, ob die Menschen auf unbestimmte Zeit diesem Trommel-feuer standhalten können. Und selbst wenn sie standhalten, wird die öffentliche Meinung genügen, um uns aus dem Krieg herauszuhalten? Was ist stärker, das Geld und die Macht und die Propaganda, die uns zum Krieg drängen, oder der Wille des Volkes, draußen zu bleiben?

Sonntag, 11. Mai
Nach dem Lunch zog mich Mr. Appel in eine Ecke des Zimmers und sagte mir, er hoffe, ich würde es in Betracht ziehen, wieder nach Minne-sota zurückzukommen und für den Senatorposten zu kandidieren! Ich versuchte ihm klarzumachen, daß ich weder zum Politiker geschaffen noch durch Ausbildung, Erfahrung und Neigung für die politische Arbeit geeignet sei und daß ich nur deshalb auf dem Rednerpodium erscheine, weil wir uns in einer Kriegs- und Notzeit befänden und daß ich so entschieden gegen unseren Eintritt in den Krieg sei, daß ich eine Untätigkeit vor meinem Gewissen nicht verantworten könnte. Ich konnte ihn jedoch nicht beeindrucken. Mr. Appel glaubte, daß ich ihm lediglich eine clevere „politische Antwort" gegeben hätte. Er erwiderte, meine Haltung sei momentan genau die richtige; es sei nicht ratsam, die Leute wissen zu lassen, daß ich ein politisches Amt im Auge hätte!

Montag, 12. Mai
London schwer bombardiert, Unterhaus, British Museum und die
Westminsterabtei getroffen. Hamburg und andere deutsche Städte von
der RAF bombardiert.

Um 12.05 Uhr mit Maschine der American Airlines nach Detroit. Ein
Fordwagen mit Fahrer erwartete mich am Flugplatz und brachte mich
zu Harry Bennetts Büro. Sprach eine halbe Stunde mit Bennett und
umriß die Pläne von America First und unsere Hoffnung, daß Ford
gewillt sei, uns zu helfen. Dann zum Heim der Fords. Ich sagte Ford,
ich würde nie wollen, daß er etwas tun solle, was ihm peinlich oder
gegen seine Interessen sei, daß ich aber wisse, wie entschieden er gegen
unseren Eintritt in den Krieg sei, und daß er uns bei unserem Kampf
auf verschiedene Art von großem Nutzen sein könne. Ich sagte ihm,
daß die America First für einen Werbefeldzug dringend Geld brauche
und daß ich hoffte, er könne in dieser Hinsicht helfen. Ich sagte ihm,
daß wir es für nötig hielten, uns in den nächsten Wochen mit all
unserer Kraft gegen den Krieg einzusetzen, da sehr entschiedene
Versuche unternommen werden würden, uns in diesen hineinzuziehen.
Ford sagte mir, daß er sehr interessiert sei und daß er und Mrs. Ford
uns gerne irgendwie helfen wollten und schon vorher darüber gesprochen hatten, was sie tun könnten. Ford scheint offensichtlich
seiner Frau voll und ganz zu vertrauen und sich sehr auf ihren Rat und
ihr Urteil zu verlassen. Mr. und Mrs. Ford waren beide entschieden
gegen einen amerikanischen Kriegseintritt. Ford schlug vor, daß ich
ihn morgen früh in Bennetts Büro treffen sollte, um Pläne für seine
Unterstützung des America-First-Programmes auszuarbeiten.

Dienstag, 13. Mai
Heß landete nach einem, wie gemeldet wird, nicht autorisierten Flug
aus Deutschland mit dem Fallschirm in Schottland. Alle Arten wilder
Gerüchte sind im Umlauf, er sei vor einer Säuberung in Deutschland
geflohen, er sei mit Friedensbedingungen von Hitler nach England
gekommen, er sei verrückt usw. usw.

Um 9 Uhr in Bennetts Büro. Ford kam gegen 9.15 Uhr. Er teilte Bennett mit, er und seine Frau hätten nach reiflicher Überlegung beschlossen, in jeder Weise mitzuhelfen, um den Kriegseintritt der Vereinigten
Staaten zu verhindern. Bennett bekam den Auftrag, mit mir ein Pro-

gramm auszuarbeiten. Ford ist bereit, einen überregionalen Werbefeldzug für America First zu finanzieren.

Donnerstag, 15. Mai
Konferenz mit Bennett wegen des Werbefeldzugs. Er hält 250.000 Dollar *für den Anfang* für eine vernünftige Summe. Wie er sagte, wolle
Mr. Ford uns jede denkbare Unterstützung gewähren; es gebe fast
kein Limit für das, was er tun wolle, um einen amerikanischen Kriegseintritt zu verhindern.

Sonntag, 18. Mai
Unsere Pläne für den Sommer sind noch ungewiß. Ich muß den größten
Teil meiner Zeit der Opposition gegen die Kriegsagitation widmen. Es
ist uns unmöglich, definitive Pläne zu machen, bis die Krise vorüber
und wir entweder im Krieg oder aus ihm heraus sind oder wenigstens
geschickter zwischen den Parteien agieren. Einige Leute sagen, der
gegenwärtige Ausnahmezustand werde noch unbestimmte Zeit andauern. Letzten Endes wird aber ein Ausnahmezustand, der lange
genug andauert, auch normal.

Dienstag, 20. Mai
Der ganze Werbefeldzug ist umgefallen! Ich erhielt ein Telegramm,
in dem stand, Ford habe die Sache abgeblasen. Ich rief Bennett an, der
sagte mir, daß Ford beschlossen habe, wenn er schon soviel Geld in
eine Werbekampagne stecke, dann besser in seinem eigenen Namen
und nicht für America First. Bennett ließ durchblicken, daß Ford
einigen Herrschaften im Komitee von America First nicht traut
(Namen wurden keine genannt).

Freitag, 23. Mai
*Die RAF zieht sich aus Kreta zurück. Die Deutschen melden, daß
mehrere britische Kriegsschiffe versenkt wurden.*

Mit Anne nach New York. Traf im Engineers Club einen Mr. Brown,
der Nachrichten von den Carrels hatte. Er berichtete, daß er Dr. und
Mme. Carrel zu Monatsbeginn in Paris gesprochen habe; sie sähen beide

gut aus. Er bestätigte meine Annahme, daß die Geschichte, Dr. Carrel sei in Frankreich festgenommen worden, falsch ist. Mr. Brown zufolge wollte Dr. Carrel eben nach Belgien reisen, um die Ernährungsschwierigkeiten in diesem Land zu studieren; die Deutschen würden ihm dabei helfen und sogar auf die üblichen Visabedingungen verzichten. Brown sagte, die deutsche Besetzung sei im ganzen gesehen ordentlich.

Samstag, 24. Mai
Schlacht um Kreta dauert an. Die Deutschen landen weitere Truppen aus der Luft. Weitere britische Kreuzer und Zerstörer sollen versenkt worden sein.

Fuhr mit Bob Stuart zu einer einstündigen Konferenz mit Senator Wheeler und Dick Moore ins Waldorf nach New York. Wir besprachen die Möglichkeit, einen Volksentscheid wegen der Kriegsfrage zu fordern, und was Roosevelt in seiner Rede vom nächsten Dienstag wahrscheinlich behandeln würde. Pläne für neue Aktionen des America First usw.

Mrs. Marquand und General Aiken kamen zum Abendessen. Er erzählte mir von seiner Reise nach Washington und seiner kürzlichen Konferenz mit Roosevelt. Aiken sagte, sofort nach seiner Ankunft in Washington sei es ihm klar geworden, daß unsere Regierung den Iren weder Waffen noch Schiffe geben würde, falls keine engere „Zusammenarbeit" mit den Engländern erfolge. Aiken sagte, während der kurzen Unterredung, die ihm gewährt wurde, habe Roosevelt unaufhörlich gesprochen, er habe ihn schließlich „unterbrechen müssen", um auf das Thema kommen zu können, dessentwegen er die Reise gemacht hatte.

Aiken sagte, er habe Roosevelt um eine Botschaft für das irische Volk gebeten. Roosevelt sagte ihm, er könne dem irischen Volk sagen, daß er (Roosevelt) es in seinem Widerstand gegen die deutsche Aggression unterstütze. Aiken bedankte sich und fragte: „Kann ich auch sagen, daß Sie es auch in dem Widerstand gegen die britische Aggression unterstützen?", worauf Roosevelt erwiderte: „So etwas wie eine britische Aggression gibt es nicht."

Später, als Aiken feststellen mußte, daß er von Amerika praktisch nichts erhalten könne und daß die Regierung jeden seiner Züge blockiere, schlug er dem Außenministerium vor, man möge doch alle Fakten hinsichtlich der amerikanisch-britisch-irischen Beziehungen der Presse bekanntgeben. Kurz darauf las er in den Zeitungen, daß Irland zwei Schiffe und 500.000 Dollar erhalten würde. (Das Geld sollte für Flüchtlinge in Irland verwendet werden!) „Es ist mir gar nicht recht, daß man uns nur auf eine halbe Million Dollar einschätzte", sagte Aiken.

Wir sprachen fast den ganzen Abend über den Krieg. Aiken fürchtet, daß die Briten in Irland einfallen werden, wenn die Deutschen das nicht tun. In dieser Hinsicht fürchtet er die Briten mehr als die Deutschen.

Sonntag, 25. Mai
Schlachtschiff „Hood" im Nordatlantik von der „Bismarck" versenkt.
Schlacht um Kreta dauert an. Weiterhin Streiks in den USA.

Mittwoch, 28. Mai
Die „Bismarck" von britischen Luft- und Marineeinheiten versenkt.
Roosevelt erklärt vollen nationalen Notstand.

Es scheint, daß Roosevelts „voller nationaler Notstand" keine Auswirkung auf unsere Pläne und Versammlungen zu haben braucht. Ich habe mit Phil La Follette, Amos Pinchot und verschiedenen anderen gesprochen, die mit den juristischen Feinheiten der Situation genau vertraut sind. Roosevelt beschränkt, wie ich gedacht habe, weder unsere Redefreiheit noch unser Recht, Versammlungen abzuhalten. Natürlich werden die interventionistischen Gruppen versuchen, die Leute glauben zu lassen, es sei unpatriotisch, wenn wir mit unserer Opposition weitermachen, nachdem der Präsident erklärt hat, es bestehe ein voller nationaler Notstand – und angesichts der Kritik, die er in seiner Rede an uns gerichtet hat. Sie werden versuchen, diese Rede dazu zu verwenden, uns zum Schweigen zu bringen, während die Gruppen, die für den Krieg sind, ihre Propaganda mit Unterstützung der Regierung verstärken werden.

Die nächsten paar Tage, während denen sich die öffentliche Meinung bildet, werden für uns kritisch sein. Wir müssen hart und intelligent kämpfen, sehr viel wird von der Reaktion auf meine Ansprache in Philadelphia abhängen, da es unsere erste große America-First-Versammlung nach Roosevelts Erklärung sein wird. Viel hängt auch von der Reaktion im Kongreß ab. Roosevelt scheint unbedingt zum Krieg entschlossen zu sein. Wenn ihn das Land bei all seinen „Schritten" hin zum Krieg unterstützt, könnten die ersten Schüsse fallen, ehe viele Wochen vergehen. Wenn die Menschen aber den Mut haben, sich zurückzuhalten, könnten wir uns noch immer heraushalten. Eine meiner größten Hoffnungen liegt darin, daß die amerikanische Öffentlichkeit allmählich begreift, daß man sich auf ein Versprechen Roosevelts nicht verlassen kann und daß das, was er heute sagt, oft das Gegenteil von dem ist, was er im nächsten Monat sagen wird.

Donnerstag, 29. Mai
Die Deutschen nehmen Kania ein. Die Briten bombardieren Französisch-Tunesien. Roosevelt sagt bei einer Pressekonferenz, daß er weder an den Einsatz von Konvois noch an eine sofortige Änderung des Neutralitätsgesetzes denkt.

Mit Anne im Zug nach Philadelphia. Dinner um 18 Uhr. Etwa 60 Personen anwesend, Mitglieder und potentielle Mitglieder von America First. Dann zur Versammlungshalle. Sie war bei unserer Ankunft gefüllt, zwischen 4000 und 7000 Menschen standen draußen vor den Lautsprechern. (Man sagte mir, daß die Halle etwa 8000 Sitzplätze hat. Mehrere Hundert Menschen standen an den Seiten.)

Mrs. Morris sprach zuerst, dann folgte ich (21.30 Uhr bis 22 Uhr), dann Senator Walsh. In mancher Hinsicht war das Publikum enthusiastischer denn je, es schien hundertprozentig auf unserer Seite zu stehen. Ich glaube, zum Teil war das eine Reaktion auf die Ansprache Roosevelts. Das Land ist zu einem Krieg nicht bereit, und die Menschen, die dagegen sind, wollen sich nicht den Mund verbieten lassen. Unsere Versammlung gab ihnen die Chance, diese ihre Haltung auszudrücken, und sie haben die Chance genützt.

Freitag, 30. Mai
Britische Truppen evakuieren Kreta. Die Italiener landen.

Eine halbe Stunde mit Hoover in seinem Appartement im Waldorf Tower. Hoover glaubt, daß England jetzt an einen Verhandlungsfrieden denke und daß man gegenwärtig die Bedingungen diskutiert. Laut Hoover gehen Gerüchte um, Churchill habe Roosevelt erklärt, entweder trete Amerika in naher Zukunft in den Krieg ein, oder England werde verhandeln.

Einmal während unseres Gesprächs diskutierten wir die Möglichkeit, daß Roosevelt unter Anklage gestellt wird, ehe noch seine Amtszeit ausläuft. Wir beide halten das für möglich, aber nicht für wahrscheinlich.

Hoover sagt, daß viele belgische Kinder jetzt verhungern und daß viele weitere durch Unterernährung dauernd geschädigt und geschwächt werden. Er hält Belgien im Augenblick für das gefährdetste Gebiet.

Hoover sagte heute morgen, daß England „den Krieg nicht gewinnen kann". Das schien mir schon vor Kriegsausbruch klar. Aber warum hat Hoover so lange gebraucht, ehe er zu dieser Schlußfolgerung kam? Teilweise ist das seiner Unterschätzung der Luftwaffe zuzuschreiben. Des weiteren glaube ich aber, daß er weder die Dekadenz in England noch die Vitalität in Deutschland richtig erkannt hat. Wie die meisten Amerikaner hat Hoover – wenn auch in weit geringerem Maße – den Anspruch der gegenwärtigen Generation von Engländern auf Größe nie analysiert. Es war ein ererbter Anspruch, und wie die meisten ererbten Dinge hat der Anspruch nicht die Probe des Kampfes bestanden. Eine große Tradition kann ererbt, die Größe selbst aber muß errungen werden.

Hoover sagt, die Schlacht um Kreta zeige, daß eine Küste mit richtig installierten Luftbasen gegen einen Seeangriff unverletzlich sei. Guter Gott! Als ob das nicht schon vorher bewiesen worden wäre – in der Nordsee, im Skagerrak, vor der Küste von Norwegen und auf Sizilien. Warum brauchen die Menschen so lange, um diese Dinge zu erkennen? Mir scheint, die ersten zwei oder drei Beispiele sollten sie doch überzeugen? Und die meisten Menschen verstehen immer noch nicht, was die Fliegerei der Marine angetan hat. Aber Hoover ist den meisten Menschen in seinem Denken voraus. Manchmal frage ich mich, ob erst die ganze britische Flotte versenkt werden muß, ehe der Durchschnittsbürger die Veränderungen begreift, die die Fliegerei für Europa und die Welt gebracht hat.

Wahrscheinlich erwecke ich aber einen falschen Eindruck von Hoovers Fähigkeiten. Er hat sich von Anfang an unserem Eintritt in den Krieg widersetzt, sein Einfluß in dieser Hinsicht war von äußerstem Wert. Besonders seine zwei letzten Reden hatten eine große Wirkung. Hoover besitzt einen großen Wissensschatz, sein Urteil ist den meisten Männern, die heute in politischen Ämtern sind, weit überlegen.

Hoover sieht besser aus denn je. Er besitzt Festigkeit und, wie ich glaube, Integrität. Aber es fehlt ihm ein gewisses Feuer, ihm fehlt die ungreifbare Eigenschaft, aufgrund derer Männer bereit sind, einem großen Führer selbst in den Tod zu folgen.

Das Hauptanliegen meines Besuches bei Hoover war die Frage an ihn, ob er eventuell in naher Zukunft wieder eine Rede gegen den Krieg zu halten bereit sei. Er sagte mir, daß er eine derartige Ansprache plane und daß er sie in etwa einer Woche halten wolle – das hängt davon ab, wann der Zeitpunkt günstig ist. Er hält es nicht für ratsam, früher zu sprechen – und damit stimme ich überein.

Sonntag, 1. Juni
Die Deutschen melden die Besetzung Kretas. Sie melden, die britische
Flotte habe vor ihrem Rückzug starke Verluste erlitten.

Montag, 9. Juni
Nach dem Frühstück besprachen Anne und ich die Möglichkeit, später im Sommer nach dem Westen zu ziehen. Sie wird mich nach San Francisco begleiten, wenn ich dort meine Ansprache halte, und sich umsehen, ob wir auf dem Land, entweder in Nordkalifornien oder in Oregon, ein Haus mieten können.

Dienstag, 10. Juni
Stuart rief kurz nach dem Frühstück an und sagte, die Halle in San Francisco stehe erst gegen Ende des Monats zur Verfügung, vor dieser Zeit könne man nur ein Sportstadion mieten. Er schlug vor, wir sollten das Meeting in San Francisco verschieben, ich solle statt dessen in Louisville, Kentucky, sprechen und dann in der Hollywood Bowl, Los Angeles, oder umgekehrt. Ich sagte, ich würde die Sache bedenken und ihm binnen ein oder zwei Tagen Bescheid geben.

Mittwoch, 11. Juni
Mit Anne nach New York zu einem Dinner bei General Wood im Waldorf-Astoria. Sprach fast die ganze Zeit über die Entwicklung des Kriegs und Pläne für Amerika First. General Wood sagte, ein Abgesandter Roosevelts habe Senator Wheeler gesagt, der Präsident wünsche etwas mehr Aktivität *gegen* den Krieg! Das bedeutet augenscheinlich, daß der Präsident von den Interventionisten schneller getrieben wird,

als er selbst gehen will. Wheeler sagt, er sei gar nicht so sicher, ob der Präsident unter den jetzt in Europa herrschenden Bedingungen einen offenen Krieg wolle. Roosevelt könnte den Krieg dazu benützen, seine eigene Macht hier im Lande aufzubauen und sich – wie er das in der Vergangenheit oft getan hat – in einer Position halten, wo er – je nachdem, was ihm vorteilhafter erscheint – in eine von beiden Richtungen springen kann.

Telegrafierte Stuart mein O. K. für die Versammlungen in Hollywood und San Francisco.

Sonntag, 15. Juni
Meldungen über verstärkte Spannungen zwischen Deutschland und Rußland. Roosevelt gibt Befehl, das Achsenvermögen in den Vereinigten Staaten „einzufrieren". Seegefecht zwischen der britischen und der französischen Flotte im Mittelmeer gemeldet. RAF-Angriffe auf den Kontinent dauern an, deutsche Vergeltungsschläge.

Mittwoch, 18. Juni
Anne und ich um 6 Uhr zum Flugplatz. Bestiegen eine TWA-Douglas (DC-3) nach Los Angeles. Es ist das erste Mal, daß ich die Linie als Passagier fliege – sonst immer als Pilot.

Donnerstag, 19. Juni
„Freundschafts"-Vertrag zwischen Deutschland und der Türkei unterzeichnet. Luftangriffe dauern an. Spannung zwischen Deutschland und Rußland wächst.

Freitag, 20. Juni
Deutschland und Italien schließen US-Konsulate.

Überprüfte nach dem Lunch noch einmal meine Ansprache. Dann verschiedene Konferenzen, bis wir um 19 Uhr zur Hollywood Bowl fuhren. Die Bowl war bereits überfüllt. Mehrere Tausend Menschen standen auf den Hügeln oder vor den Toren. Es ist der schönste und ergreifendste Versammlungsort, den ich je gesehen habe, darüber der offene Himmel und die Sterne, im Hintergrund undeutlich die Hügel,

so daß sich die Reihen von Menschen mit den Hügeln vermischen.
Zuerst sprach Kathleen Norris, dann Senator Worth Clark und
Lilian Gish. Ich war der letzte Redner. Die Menge war begeistert,
freundlich und aufmerksam – prächtige Menschen.

Samstag, 21. Juni
Finnland mobilisiert. US-Unterseeboot 0-9 sinkt nahe den Isles of
Shoals. Ford unterzeichnet CIO-Kontrakt.

Sonntag, 22. Juni
Deutschland greift Rußland an. Die Briten nehmen Damaskus.

Letzte Vorbereitungen und Anrufe. Dann bestiegen Anne und ich eine
United-Douglas nach San Francisco. Bis auf die üblichen Wolken,
die vom Pazifik hereintrieben, war der Tag klar. Rube Fleet war mit
seinen zwei Söhnen in der Maschine. Während der ganzen Flugzeit
nach San Francisco versuchte er mich zu überreden, ich solle in der
einen oder anderen Eigenschaft in seine Organisation eintreten. Er
erzählte mir von den Fortschritten seiner Gesellschaft, von den Bestellungen in seinen Orderbüchern und den Gewinnen, die er erwartete.
Er sagte, er sei gewillt, einige Millionen Dollar in eine Forschungsorganisation zu investieren, er würde sie an jedem von mir gewünschten
Ort im Südwesten aufbauen und mir ein Gehalt von 100.000 Dollar
bieten (50.000 Dollar mehr als bei dem Angebot, das er mir kürzlich
am Telefon gemacht hatte). Ich dankte Fleet und sagte ihm, daß ich
nicht in die Fliegerei als Beruf zurückkehren wolle. Er fragte mich, was
ich wirklich beabsichtige, und ich antwortete, ich wisse nicht, was die
Zukunft bringen würde.

Es war schwer, meine Gefühle und meine Entscheidung zu erklären.
Fleet wird nie verstehen, warum ich abgelehnt habe. Ich konnte es nicht
erklären, vielleicht verstehe ich es selbst nicht ganz.

Ich kann nur selten, wenn überhaupt, meine Gefühle in Worten
ausdrücken. Aber die Dinge, deren ich am sichersten bin, sind die, die
ich fühle, die ich tief in meinem Innersten weiß. Ich habe festgestellt,
daß die Vernunft weit weniger zuverlässig ist. Wenn ich nicht fühle,
was ich mir als richtig ausgedacht habe, versuche ich nicht, danach
zu handeln. Anderseits stehe ich meinen Gefühlen mißtrauisch
gegenüber, wenn ich sie nicht logisch begründen kann. Wenn aber

Gefühl und Vernunft übereinstimmen, zögere ich nicht zu handeln. Und ich kann mich nicht erinnern, daß ich unter diesen Umständen je einen Fehler gemacht habe.

Ich bin mir nicht sicher, warum ich so bestimmt fühle, daß ich nicht wieder zur kommerziellen Fliegerei gehen werde. Ich liebe das Fliegen und ich liebe die Forschung. Die Fliegerei war viele Jahre lang mein Leben, und sie hat mich sehr glücklich gemacht. Ich blicke mit gewaltiger Befriedigung auf diese Jahre zurück. Später einmal kann es sehr leicht sein, daß ich mich dieser Art von Leben widmen werde, und es könnte von größerer Bedeutung sein als alles, was ich sonst anfange – das kann nur die Zukunft sagen. Ich kann nicht sagen, daß etwas Bestimmtes mein Ziel ist. Es gibt nichts, das ich im Leben unbedingt will. Und doch gibt es ein ungreifbares Etwas – aber ich weiß nicht, was es ist. Ich kann es nicht begreifen, und ich kann es mir nicht bildlich vorstellen, es ist mehr eine Richtung als ein Ziel, und ich kann nicht sagen, wohin sie führt. Es ist nicht Macht oder Geld oder Ruhm. Was es aber auch ist: es ist der Grund, warum ich Fleet abwies und warum ich heute in keiner Form fliegerisch tätig bin. Es ist auch nicht meine Opposition gegen den Krieg, obwohl sie gegenwärtig als Grund genügen würde, Fleets Angebot abzulehnen. Aber auch wenn nicht Krieg wäre und ich mich nicht gegen die Intervention Amerikas einsetzte, würde ich doch genauso empfinden.

Mittwoch, 25. Juni
Roosevelt verspricht Rußland Hilfe. Russische Flugzeuge bombardieren Warschau. Türken massieren Truppen an der syrischen Grenze. Deutscher Vormarsch nach Rußland dauert an.

Freitag, 27. Juni
Deutscher Vormarsch auf Moskau dauert an. Lokalzeitungen bringen folgendes Bulletin: „Die deutschen Panzer und mechanisierten Einheiten erlitten eine schwere Niederlage, ehe sie die roten Streitkräfte aus fast ganz Litauen und auf Minsk zurücktrieben, wie Radio Moskau meldet." Deutsche mechanisierte Einheiten sollen 80 Kilometer von Minsk entfernt sein. Finnland gibt bekannt, daß es an dem Krieg gegen Rußland teilnimmt. Die RAF bombardiert Kiel und Bremen. Amerikanische Zeitungen beschönigen Berichte über deutsche Luftangriffe auf England. Deutscher Wehrmachtsbericht meldet schwere britische

Schiffsverluste und Nachtangriffe auf die englische Südküste, die britischen und deutschen Berichte über eigene und feindliche Flugzeugverluste widersprechen einander immer.

In der Frühe an Ansprache gearbeitet. Dann packten Anne und ich und brachen zur Norris-Ranch auf, wohin wir Kathleen Norris' Einladung zu einem mehrtägigen Besuch angenommen hatten. Die Ranch liegt in der Küstenkette der Berge, etwa 800 Kilometer von San Francisco und einige Kilometer westlich von Saratoga.

Bei unserer Ankunft trafen wir Mr. und Mrs. Norris sowie verschiedene Familienmitglieder an. Man wies uns eine Hütte an einem Hügelhang zu, die auf ein Waldtal herabschaut, in der Ferne sind die Berge. Es ist ein ausnehmend schöner Platz: Berge, Redwoods, abfallende Felder und Wolkenfetzen über dem Kamm, der unser Tal vom Pazifik trennt. Ein Lunch vom Rost unter den Redwoods. Dann bestiegen wir den Gipfel eines nahen Berges.

Nach dem Abendessen kamen weitere Familienangehörige der Norris: Nichten, Neffen und ihre Kinder. Unter ihnen waren vier Mitglieder der Kommunistischen Partei – zwei Männer und zwei Frauen. Die zwei Männer hatten für das loyalistische Spanien gekämpft! Die Familie repräsentierte alle möglichen Schattierungen von politischen Meinungen. Wie sie alle miteinander auskommen können, weiß ich nicht. Wie Anne sagt, muß das dem Charakter von Mrs. Norris zu danken sein. An diesem Abend spürte man in dem Salon alle Elemente einer Revolution. Es war wie ein Vorhang, der sich für einen Augenblick hob und uns einen Blick in die Zukunft tun ließ, eine Zukunft, durch die unsere Nation, wie ich fürchte, schreiten muß. Es ist eine interessante Zukunft, aber keine, die man mit Freuden erwarten könnte.

Samstag, 28. Juni
Deutscher Vormarsch in Rußland dauert an. RAF verstärkt ihre Angriffe auf den Kontinent.

Die amerikanischen Presseberichte über den Krieg sind jetzt so voreingenommen und verworren, daß es fast unmöglich ist, ein ausgeglichenes Bild zu erlangen. Berichte aus Rußland erhalten Schlagzeilen, während die aus Deutschland heruntergespielt werden, obwohl sie sicher genauer sind. Die Ergebnisse von RAF-Angriffen auf den Kontinent werden übertrieben, während die Auswirkungen deutscher Bombenangriffe auf England unterspielt werden. Als Ergebnis ist der Eindruck, den unsere Zeitungen erwecken, der britischen Sache viel günstiger, als es die Tatsachen rechtfertigen.

Sah am Nachmittag Familienspielen zu. Wir führten den ganzen Tag eine vorsichtige Unterhaltung und vermieden politische Themen fast vollständig. Aber die Spannung vom vergangenen Abend war verschwunden. Ein Fall einer gespaltenen Familie, die durch Mrs. Norris zusammengehalten wird. Eine wundervolle Frau – eine wirkliche Persönlichkeit. Sie erinnert uns etwas an Mme. Carrel.

Montag, 30. Juni
Die Deutschen melden, sie hätten zwei russische Armeen umzingelt und 4000 Flugzeuge, 2000 Tanks, 1000 gepanzerte Fahrzeuge sowie 600 schwere Geschütze erbeutet oder zerstört sowie viele Gefangene gemacht. Moskauer Berichte leugnen alles und sind völlig unzuverlässig. Roosevelt autorisiert Einberufung von weiteren 900.000 Mann in die Armee.

Dienstag, 1. Juli
San Francisco. Um 20 Uhr Ankunft im Civic Auditorium. Die Halle war überfüllt, mehrere Schätzungen der Menge vor den Toren beliefen sich auf zwischen 10.000 und 30.000 Menschen. Ich sprach von 20.30 Uhr bis 21 Uhr. Dann Mrs. Norris, Miß Lilian Gish und Senator Clark, in der genannten Reihenfolge. Ich glaube, die Versammlung war etwas zu lang – aber die Menge reagierte gut, und neunzig Prozent oder mehr standen hinter uns, wenn man nach dem Beifall urteilen kann.

Mittwoch, 2. Juli
Deutsche Armeen nehmen Riga. Die Briten versetzen General Wavell nach Indien.

Donnerstag, 3. Juli
Der deutsche Vormarsch in Rußland hält an. 160.000 Gefangene gemeldet. Die Russen dementieren.

Die Zeitungen fahren fort, meine Rede falsch zu zitieren und Sätze aus dem Zusammenhang zu reißen. Manchmal ist das, was sie zwischen Anführungszeichen bringen, völlig zurechtgemacht und entspricht nicht einmal annähernd dem, was ich gesagt habe, oder selbst dem, was ich glaube.

Frühstück im Flugzeug, ehe wir um 8.15 Uhr in Chicago landeten. General Wood erwartete uns am Flugplatz. Lunch in General Woods Räumen im Chicago Club; General Wood, General Dawes, Oberst McCormick, Senator Vandenberg, Stuart, Moore und ich. Vandenberg sagt, er habe Briefe von der Mehrzahl der Offiziere und Mannschaften mehrerer Kompanien in Michigan erhalten, die ihn bitten, sich der Verlängerung ihrer Dienstzeit über ein Jahr hinaus zu widersetzen; sie schreiben, „sie hätten nichts gelernt, hätten es satt und wollten nach Hause". Es ist ein Fall von schlechter Führung, untauglicher Organisation, Mangel an Ausrüstung und verschiedenen anderen Faktoren. Die Moral der Armee ist im ganzen Land schlecht. Soweit ich es beurteilen kann, ist die Armee mindestens zu drei Vierteln gegen unseren Eintritt in den Krieg.

Freitag, 4. Juli
Die Deutschen melden, daß sich die Russen auf der ganzen Front zurückziehen. Die Russen behaupten, daß die meisten ihrer Linien halten. Die Briten melden, daß die RAF weiter schwere Angriffe auf den Kontinent durchführt. Die Deutschen melden, die britischen Verluste seien schwer, es sei nur geringer Schaden entstanden.

Samstag, 5. Juli
Die Deutschen melden: Flucht der russischen Truppen; die Russen, ihre Truppen ziehen sich auf die „Stalinlinie" zurück. General Wavell sagt, eine amerikanische Expeditionsarmee sei nötig, wenn die Deutschen besiegt werden sollen.

Sonntag, 6. Juli
Die Deutschen melden, sie hätten den Dnjepr erreicht, die Russen, sie hätten den deutschen Vormarsch aufgehalten. Die Briten melden, daß die schweren Luftangriffe auf den Kontinent andauern. (Die russischen Meldungen sind offensichtlich die unzuverlässigsten. Die Briten über-

treiben wahrscheinlich das Ausmaß des Schadens, den ihre Luftangriffe anrichten, um den russischen Widerstand zu ermutigen und um ihr Prestige in Amerika zu steigern.)

Montag, 7. Juli
Captain Smith (America First) kam um 15.30 Uhr. Er hatte angerufen und gesagt, er habe eine dringende Nachricht, die er persönlich überbringen müsse. Die Nachricht besagt, daß das FBI am letzten Samstag damit begonnen hat, unser Telefon anzuzapfen und es dauernd zu überwachen. Die Männer vom FBI sind, Smith zufolge, im großen und ganzen friedlich, sie führen nur ihre Befehle aus. Smith sagt, die Telefone von America First seien auch angezapft. Ich erwiderte ihm, er solle jedermann bei America First sagen, es gäbe nichts, was wir zu verbergen wünschten, und wenn unsere Telefone angezapft würden, sollten wir in Zukunft eher noch deutlicher als bisher sprechen. Ich riet ihm, er solle seinen Freunden beim FBI ausrichten, ich würde ihnen gern zusätzliche Informationen geben, wenn sie meine eigenen Telefongespräche nicht verständen. Captain Smith sagt, er sei sicher, daß die Telefone angezapft sind, und daß die Information von seinen Freunden beim FBI käme, die auch meine Freunde seien. Persönlich halte ich es für wahrscheinlich, daß sie angezapft sind, aber ich habe noch einige Zweifel. Soweit ich in Frage komme, macht es wirklich keinen großen Unterschied. Mein Hauptinteresse liegt darin, zu erfahren, ob diese Taktik von der Regierung angewendet wird.

Dienstag, 8. Juli
Amerikanische Marinestreitkräfte landen auf Island.

Die Morgenzeitungen melden, daß amerikanische Streitkräfte Island besetzt haben. Meiner Meinung nach ist das der gravierendste Schritt, den wir bisher unternommen haben. Island liegt im deutschen Kriegsgebiet; meiner Ansicht nach ist es eine entschieden europäische Insel. Seine politischen Bindungen bestanden hauptsächlich mit Europa – Dänemark –, und ich glaube, daß es auch vom militärischen Standpunkt aus eine europäische Insel ist. (Es ist von europäischen Marine- und Luftbasen leichter zugänglich als von Amerika aus.) Da Island politisch, rassisch und militärisch zu Europa gehört, erscheint es mir als eine zweifelhafte Erwerbung und ein großes Risiko für die Vereinigten Staaten. Die

Schwierigkeit ist nur, daß unsere Leute Grönland und Island als zwei ähnliche Inseln ansehen, die „im Eismeer herumliegen". Da wir Grönland bereits besetzt haben, sehen sie keinen Grund, warum wir nicht auch Island besetzen sollten. Und da Island näher an Grönland als an Norwegen und Schottland liegt, scheint es ihnen logisch zu sein, die Insel zu einem Teil der westlichen Hemisphäre zu erklären. Sie wissen nichts über das arktische Klima der Ostküste von Grönland; ob wir in der Lage sind, Island in einem großen Krieg zwischen den Hemisphären zu halten, ist eine Frage, die sie bestimmt nie bedacht haben.

Roosevelt hat das amerikanische Volk überzeugt, daß Island besetzt werden müsse; er hat den Amerikanern aber nichts von der damit zusammenhängenden Gefahr gesagt, und sie haben selbst nie ernstlich darüber nachgedacht, welche Folgen es haben könnte. Nationale Umfragen haben gezeigt, daß eine große Mehrheit der Amerikaner (75 Prozent oder mehr) gegen einen Eintritt in den Krieg ist. Und doch steht eine große Mehrheit praktisch bei jedem Schritt, den Roosevelt auf den Krieg zu tut, hinter ihm. Sie wollen sich aus dem Krieg heraushalten, aber sie wollen Island besetzen, und sie wollen Schiffe in Konvois durch die Kriegszone bringen, damit England den Krieg gewinnen kann, ohne daß wir etwas mit den Kämpfen zu tun haben. Wenn diese Politik noch viel länger durchgehalten wird, wird sie uns wahrscheinlich in den Krieg ziehen, *ohne* daß England den Krieg gewinnt.

Was mir in Amerika mit die größten Sorgen macht, ist die Einstellung jener Menschen – und es gibt deren sehr viele –, die sagen, dies sei „unser Krieg", aber wir sollten ihn nicht kämpfen; die Einstellung: „Schickt Kanonen, aber keine Söhne!" Wenn ich glaubte, daß es unser Krieg ist, wäre ich dafür, alles einzusetzen, was wir haben. Zu viele Amerikaner der heutigen Generation wollen leben, ohne zu arbeiten, wollen gewinnen, ohne zu kämpfen. Wird Deutschland den Handschuh aufnehmen, den wir ihm hingeworfen haben? Wir sind jetzt in das erklärte Kriegsgebiet eingedrungen, mit der offen bekundeten Absicht, Nachschub nach England zu bringen. Jetzt ist Hitler am Zug – oder wird er passen?

Was in gewisser Hinsicht am schwersten wiegt, ist der Umstand, daß Roosevelt Island besetzt hat, ohne den Kongreß zu befragen. Ich bin mir nicht sicher, was schlimmer ist: die Gefahr, in den Krieg geschleudert zu werden, oder die Risiken eines derartigen diktatorischen Vorgehens im Innern.

Donnerstag, 10. Juli
Die Franzosen bitten in Syrien um Waffenstillstand.

Fuhr am Nachmittag nach New York zu einer Konferenz mit John T. Flynn wegen der Entwicklung im Krieg und der Pläne von America First. Wir stimmen beide überein, daß die Besetzung Islands eine außerordentlich ernste Situation geschaffen hat. Die Frage ist, ob Hitler den Befehl geben wird, unsere Schiffe zu torpedieren, und was Roosevelt in diesem Fall tun wird. Der Präsident hat uns sehr geschickt in eine Position manövriert, wo er kriegerische Zwischenfälle schaffen und dann behaupten kann, wir seien angegriffen worden. Das Land steht jetzt auf halbem Weg zwischen Demokratie und Diktatur, und kein System funktioniert wirklich.

Samstag, 12. Juli
Schlagzeile der New York Times: *KNOX SAGT, DIE MARINE GREIFE DIE NAZIS NICHT AN, WASSERBOMBEN SEIEN ABER ALS WARNUNG ANGEZEIGT; DIE BRITEN MELDEN, DASS AMERIKANISCHE TECHNIKER AN BASEN IN IRLAND ARBEITEN; ROOSEVELT SCHICKT SYMPATHIEBOTSCHAFT AN KALININ.*

Sonntag, 13. Juli
Deutsche Streitkräfte stoßen durch die Stalinlinie. Waffenstillstand in Syrien. RAF-Angriffe auf den Kontinent werden fortgesetzt.

Dienstag, 15. Juli
Die Deutschen melden, die russischen Armeen stünden am Rand des Zusammenbruchs. Die Russen dementieren natürlich. Die Regierung verschiebt ihren Versuch, durch den Kongreß dem Präsidenten die Vollmacht erteilen zu lassen, Wehrpflichtige nach Gutdünken nach Übersee zu schicken.

Mittwoch, 16. Juli
Sowjetregierung soll von Moskau nach Kasan übersiedelt sein.

Routinearbeit und Brief an den Präsidenten aufgesetzt. Innenminister Ickes hat mich angegriffen und verbreitet seit Monaten auf die billigste und unentschuldbarste Art falsche Informationen über mich. Meine Politik war es, nichts zu erwidern und ihm genügend Spielraum zu lassen, auf die Theorie hin, daß er sich schließlich dabei selbst zu Fall bringen wird. Ich glaube jedoch, daß er mit seinen letzten Äußerungen sich selbst und den Präsidenten in eine Position gebracht hat, wo ich mit Würde und Aussicht auf Erfolg angreifen kann.

Ich habe die Absicht, einen Brief direkt an den Präsidenten zu richten und dies mit seiner Verantwortlichkeit für die Handlungen seiner Kabinettsmitglieder zu begründen. So glaube ich, Roosevelts Taktik entgegenwirken zu können, seine Kabinettsmitglieder vorzuschicken, während er selbst im Hintergrund die Fäden zieht. Damit verlockt er seine Opponenten nämlich dazu, seine Kabinettsmitglieder statt ihn selbst anzugreifen. Ich versuche, diese Prozedur umzudrehen und gegen Roosevelts Einmischung loszuschlagen, indem ich ihn für seine Gehilfen verantwortlich mache. Dadurch, daß ich eine Kontroverse mit einem Mann von Ickes' Kaliber beginne, ist nichts zu gewinnen. Wenn ich aber Ickes' Aktionen auf Roosevelt zurückführen kann, hat das die allerbeste Wirkung.

Freitag, 18. Juli
Die Deutschen nehmen Smolensk. General Marshall ersucht den Kongreß, den nationalen Notstand zu proklamieren.

Montag, 28. Juli
Routinearbeiten und Pläne für den Umzug nach Martha's Vineyard.

Ich ließ heute morgen die Telefonnummer ändern. Die alte Nummer war zwar ebenso wie die neue eine Geheimnummer, doch sie war so vielen Leuten bekannt, daß sie genausogut hätte im Telefonbuch stehen können. Das Telefon läutete fast den ganzen Tag, und es war unmöglich, sich auf etwas zu konzentrieren.

Mittwoch, 30. Juli
Churchill sagt, die USA „rücken . . . unmittelbar an den Rand des
Krieges".

Routinearbeiten, Packen und Arbeit an einer Ansprache. Ich werde
sie wahrscheinlich bei der Versammlung von America First in Baltimore halten.

Ich ließ Thor durch einen Tierarzt ansehen, um festzustellen, ob
nichts gegen die Steifheit seiner Hinterbeine getan werden könne, die
sich in letzter Zeit entwickelt hat. Der Tierarzt sagt, es sei einfach das
Alter, man könne nichts machen. Er gab mir einige Pillen, sagte aber,
sie würden nur wenig Wirkung haben. Thor ist jetzt elf.

Dienstag, 5. August
„Volle amerikanische Hilfe" für Rußland zugesichert, Kongreß nimmt
Steuergesetzantrag über 3 Milliarden Dollar an. Japan streicht alle
direkten Passagen in die Vereinigten Staaten.

Mittwoch, 6. August
Überzeugende Gerüchte, daß sich Roosevelt und Churchill „irgendwo
im Atlantik" treffen wollen.

Samstag, 9. August
Cleveland. Fast den ganzen Tag Konferenzen und Vorbereitungen für
die Versammlung. Die Polizei hat hier außergewöhnliche Vorsichts-
maßnahmen getroffen – ich glaube, mehr, als die Umstände erfordern
würden. Man hat mein Appartement auf das genaueste durch-
sucht, sie sagen, sie haben die Möbel geröntgt. Sie haben für jede Tür
unserer Versammlungshalle einen Detektiv aufgeboten und Posten an
die Rampe unter dem Rednerpodium gestellt. All das zusätzlich zu
der Motorradeskorte und der uniformierten Polizei.

Die Halle (12.500 Sitze) war bei unserer Ankunft nur zur Hälfte
gefüllt. Wahrscheinlich, weil alle Vorbereitungen in nur fünf Tagen
getroffen worden waren. Die Sektion von American First in Cleveland
wurde erst am letzten Dienstag von der Versammlung benachrichtigt.
Doch zu Ende der Versammlung gab es nur noch Stehplätze – nur am
anderen Ende der Halle waren einige Sitze auf dem Balkon unbesetzt

geblieben. Soweit ich es aber beurteilen konnte, standen auf dem Parkett weit mehr Menschen, als Sitze auf dem Balkon frei blieben.

Zuerst sprach Senator Clark. Meine Rede beendete die Versammlung (Übertragung durch das NBC-Sendernetz).

Es war eine ausgezeichnete Versammlung, wie üblich eine begeisterte Menge, die zu achtzig Prozent oder mehr auf unserer Seite zu sein schien. Kein vernünftiger Mensch kann eine solche Versammlung besuchen, ohne sich klar zu werden, daß die öffentliche Meinung *nicht* für den Krieg bereit ist.

Ich blieb über Nacht in Cleveland und nahm die Morgenmaschine nach Washington.

Montag, 11. August
Die Deutschen rücken in der Ukraine vor. Roosevelt drosselt Abzahlungskredite. Japan stellt Produktion auf Kriegswirtschaft um.

Freitag, 15. August
Gerüchte über Begegnung zwischen Roosevelt und Churchill bestätigt. Acht „Friedensziele" angekündigt. Die Deutschen melden, daß Odessa umzingelt ist und die ukrainischen Armeen sich „vor dem Zusammenbruch" befinden.

Samstag, 16. August
Churchill und Roosevelt schlagen Konferenzen mit Stalin vor. Deutscher Vormarsch in der Ukraine fortgesetzt. Beziehungen zu Japan weiterhin gespannt.

Sonntag, 17. August
Roosevelt landet bei der Rückkehr von der Konferenz mit Churchill in Rockland, Maine. Die üblichen ausweichenden Erklärungen. Widersprechende Berichte von der deutsch-russischen Front.

Martha's Vineyard, Seven Gates Farm. Am Nachmittag zuerst etwas geschrieben. Die Farm ist für die Arbeit ausgezeichnet geeignet – ruhig, anregend und inspirierend. Bei Sonnenuntergang mit Anne und Thor spazierengegangen. Thor genießt noch sein Leben und geht liebend

gern mit uns spazieren. Statt aber vorauszulaufen und alles zu beiden
Seiten des Wegs zu inspizieren, folgt er jetzt meistens Anne dichtauf.

Dienstag, 19. August
Deutscher Vormarsch auf Leningrad.

Anne, Thor und ich gingen am Nachmittag lange spazieren – an der
Küste entlang durch den Wald. Diese Insel ist voll großer Kontraste –
etwas wie Illiec, etwas wie Maine, Labrador und Monterey. Hier gibt
es Meer, Seen, Bäche, Hügel, Bäume, eine Felsenküste, nördliches
Zwielicht, einige der Bäume erscheinen fast tropisch.

Montag, 25. August
Churchill warnt Japan vor gemeinsamer britisch-amerikanischer
Aktion. Russen melden Gegenangriffe.

Dienstag, 26. August
Britische und russische Truppen marschieren im Iran ein. Deutscher Vor-
marsch auf Leningrad. Schlagzeile der New York Times: *ENGLAND*
UND SOWJETUNION VERSICHERN TEHERAN IHRER FRIED-
LICHEN ABSICHTEN.

Mittwoch, 27. August
Britischer Vormarsch in Persien, deutscher Vormarsch in Rußland.
Einnahme von Dnjepropetrowsk gemeldet. Japan soll Moskau erklärt
haben, daß es amerikanischen Nachschub für Rußland über den
Pazifik nicht zulassen werde.

Donnerstag, 28. August
Laval bei Schießerei in Versailles verwundet. Deutsche melden, den
unteren Dnjepr überschritten zu haben. Wachsende Spannung zwischen
den USA und Japan.

Flog um 10.16 Uhr nach Oklahoma City. Jeffrey sagte mir, er habe
in dieser Stadt beträchtliche Schwierigkeiten gehabt – bisher die

schwersten: Drohungen, ihn zu erschießen, Licht- und Telefondrähte abgeschnitten, Werfen von Eiern, Steinen usw. Die Lage ist gespannt. Aber Anzeichen einer Beruhigung. Washington wendet Druck an, um uns so viele Schwierigkeiten wie möglich zu machen. Alle Zeitungen sind hier unfreundlich. Nachdem man uns den Mietvertrag über das Auditorium rückgängig gemacht hatte, konnte Jeffrey ein Baseballstadion mieten – aber er ist nicht sicher, ob der Mietvertrag dafür nicht auch widerrufen wird.

Freitag, 29. August
Konferenz zwischen Roosevelt und japanischem Botschafter. Russen behaupten, sie hätten den Dnjepr-Damm gesprengt. Neue persische Regierung erläßt Befehl zur Feuereinstellung.

Fast den ganzen Vormittag Konferenzen. Exgouverneur Murray traf ein – ein erstaunlicher Typ, alt, taub und teilweise blind, aber ein scharfer Verstand und voll Leben. Er ist groß und dünn und trägt einen ungebügelten dunklen Anzug sowie einen unglaublich schmutzigen und formlosen Strohhut. Wir sprachen von seiner Amtszeit als Gouverneur, der gegenwärtigen Lage im Staat sowie von den Büchern, die er geschrieben hat (eines erscheint eben). Ich höre, daß sich sein neuestes Buch mit Themen wie Interpunktion, Grammatik, Zivilisation, dem Gouverneursamt und vielem anderen befaßt! Das Gespräch war wegen seiner Taubheit schwierig.

Nach dem Lunch zurück in mein Zimmer. Der Bürgermeister, der Polizeichef und der Stadtdirektor warteten auf mich, sie waren angekommen, noch ehe der Lunch beendet war. Der Bürgermeister schien ein prächtiger Mann zu sein. Seinen Reden und seinem Benehmen konnte man ansehen, daß er sich seiner Rolle bei der Verweigerung des Auditoriums für unsere Versammlung von heute abend schämte. Er brachte einige lahme Entschuldigungen vor, und ich fühlte mich so verlegen für ihn, daß ich aus irgendeinem Grund selbst versuchte, ihm herauszuhelfen. Der Stadtdirektor war schwerer abzuschätzen. Er steigerte mein Vertrauen in die Menschheit keineswegs. Sie gingen nach einer halben Stunde, nachdem wir auch die Einzelheiten für unsere Versammlung im Ballstadion besprochen hatten. Die Menschen kamen den ganzen Nachmittag aus allen Teilen Oklahomas und der benachbarten Staaten. Farmer fuhren zweihundert bis dreihundert Kilometer und brachten ihre Familien mit. Die Reaktion der Öffentlichkeit gegen die Leute, die uns die Halle verweigert hatten, war sehr heftig. Mehrere Pfarrer kamen und sagten mir, daß sie mich unterstützten. Senator Wheeler traf um 17.30 Uhr ein. Frühes Abendessen mit Mitarbeitern von America First.

Dann fuhren wir hinter der allgegenwärtigen Polizeieskorte zum Stadion. Alle Straßen waren mit Fahrzeugen verstopft. Als wir ankamen, waren etwa 8000 Personen im Stadion, die Menschen strömten noch durch alle Eingänge.

Um Sitze zu schaffen, hatte man Planken über Schindelstapel gelegt. Um 19.30 Uhr nahmen wir unsere Plätze auf dem Podium ein. Man sang. Es folgte eine formlose Ansprache von Mr. Hyde, einem fähigen Stegreifredner. Die Menge war anfangs gut gelaunt, aber skeptisch. Hyde wurde mehrmals gestichelt und machte den Fehler, den Stichler auf das Podium zu bitten und zu fragen, was er zu sagen hatte. Der Mann nahm an — es stellte sich heraus, daß er erst kürzlich mehrere Monate in der Nationalgarde gedient habe. Er sagte etwas über seine ehrenvolle Entlassung und seine Bereitschaft, weiterzudienen — dann ging er wieder. Der Zwischenfall verlief noch gut, er hätte aber bei der bestehenden Spannung schlimme Folgen haben können. Dann sprach Gouverneur Murray fünfzehn Minuten und stellte mich vor. (Er hatte mir vorher gesagt, es könnte seine letzte Rede sein — er sei ein alter Mann.)

Zu dieser Zeit waren etwa 15.000 Menschen im Stadion. Ich sprach von 21 bis 21.30 Uhr, Wheeler beendete die Versammlung mit einer Stegreifrede. Als die Versammlung beendet war, schienen mindestens achtzig Prozent der Teilnehmer auf unserer Seite zu sein, sie applaudierten und jubelten. Diese Versammlungen ermutigen mich sehr. Im Gegensatz zu den Presseberichten ziehen wir hochstehende Menschen an — einen mehr als gewöhnlichen Durchschnitt. Je mehr ich im Lande herumreise, desto überzeugter bin ich, daß die amerikanischen Bürger entschieden gegen eine Intervention sind. Aber was hat Roosevelt vor, und wie weit wird er uns führen? Wie dicht könnten wir am Rande des Kriegs entlanggleiten, ohne hineinzufallen? Es war eine sehr erfolgreiche Versammlung. Es gab keine der prophezeiten Schwierigkeiten. Die Menge war immer ordentlich. Die Drohungen waren jedoch so zahlreich und so gezielt gewesen, daß wir alle Leitungen doppelt gelegt und sogar für den Notfall einen Batteriesender bereitgehalten hatten.

Sonntag, 31. August
Die Russen melden Gegenangriffe. Briten evakuieren Staatsangehörige
aus Japan. Roosevelt warnt, „daß der Friede nicht in unserer Hand ist".

Dienstag, 2. September
Fuhr am Nachmittag zu einer einstündigen Besprechung mit Mr. und
Mrs. Henry Ford nach Dearborn. Wir sprachen über die Kriegslage
und das America First Committee. Wir sprachen nicht über die ge-
platzten Werbepläne. Ford zeigte mir einige Fotos, die er von der
Dagenham-Fabrik in England erhalten hatte, nachdem sie von den
Deutschen bombardiert worden war. Der Schaden ist schwer, doch er
sagte, sie werde in einigen Tagen wieder voll in Betrieb sein. Zusammen
mit Ford zu einer halbstündigen Besprechung über den Krieg und die
Arbeitslage in Bennetts Büro.

Jedesmal, wenn ich Ford sehe, beeindrucken mich seine Exzentrizität
und sein Genie. Wie ein derartiges Genie Erfolg hatte, ist leicht zu
verstehen, ein größeres Problem ist es, wie es so viel Exzentrizität mit-
schleppen konnte. Nach einer Begegnung mit Ford fühle ich mich
jedoch immer erfrischt und ermutigt. Ich wünsche nur, unser Land
hätte mehr Männer wie ihn (mehr, aber nicht *allzu viele*).

Donnerstag, 4. September
Konoye warnt Japan: es stehe vor der größten Gefahr seiner Geschichte.
Berlin bombardiert.

Mit dem Zug um 7.10 Uhr eingetroffen. Boot nach Oak Bluffs. Vor
dem Lunch mit Anne, Jon und Land geschwommen. Ich glaube, das
Sommerlager war sehr gut für Jon, aber ich bin froh, ihn wieder zu
haben. Zwei Monate sind für das erstemal lange genug.

Samstag, 6. September
Senat bewilligt neues Steuergesetz über 3,5 Milliarden Dollar. Weiter-
hin Morde in Frankreich.

Dienstag, 9. September
Britische Streitkräfte besetzen Spitzbergen. Berlin schwer bombardiert.

Mittwoch, 10. September
Russen melden Vordringen auf Smolensk. Morgenthau warnt vor Inflation.

Bestieg United-Maschine nach Des Moines. Am Flughafen in Moline erwartete mich eine Menschenmenge, ich sollte eine Rundfunkansprache halten, während die Maschine wartete! Ich konnte die Menge nur schwer überzeugen, daß das weder möglich noch ratsam sei. Jeffrey mit Frau und Sohn sowie mehrere Funktionäre des Ortskomitees von America First erwarteten mich am Flugplatz von Des Moines.

Donnerstag, 11. September
Abendessen mit mehreren Mitgliedern des America First Committee im nahen Klub. Dann zum Hotel und hinter der üblichen Polizeieskorte zu der Versammlungshalle. Ich bitte die Polizei immer, wenn möglich die Sirenen nicht zu benützen. Ich glaube, daß die Menschen sie nicht gern hören, wenn sie nicht unbedingt nötig sind. Ich weiß, daß es mir so geht. Wir warteten hinter dem Vorhang, bis der Präsident seine Rede beendet hatte. Wir hatten es hier in Des Moines mit einer einzigartigen und schwierigen Situation zu tun. Nachdem wir die Versammlung organisiert und angekündigt hatten, starb Roosevelts Mutter, und der Präsident verschob seine Rede, die er vor wenigen Tagen halten wollte, auf heute abend. Jeffrey entschied, daß die Rede des Präsidenten in die Versammlungshalle übertragen werden sollte, ehe wir die Versammlung eröffneten. Die Zeit war so berechnet, daß wir unmittelbar nach dem Ende der Rede begannen. Ich war hinsichtlich dieser Vereinbarung sehr skeptisch, sie war aber bereits angekündigt, als ich davon erfuhr, es blieb also nichts übrig, als Jeffreys Entscheidung zu unterstützen. Dann erhob sich die Frage, ob wir während der Rede des Präsidenten auf der Bühne sitzen oder unmittelbar nachher hereinkommen sollten. Wir entschieden uns für das letztere.

Der Präsident ist ein fähiger Redner und kann sehr wohl eine Menge mitreißen; daher waren die Voraussetzungen für unsere Veranstaltung so ungünstig wie möglich. Ich sage, daß der Präsident ein fähiger Redner ist. Ich beziehe mich dabei auf seine nationale Popularität und nicht auf meinen eigenen Eindruck. Vom Standpunkt der Massenwirksamkeit aus betrachtet, ist Roosevelt vielleicht der größte Redner unserer Zeit. Ich für meine Person kam, nachdem ich 1932 zwei seiner Rundfunkansprachen gehört hatte, zu der Überzeugung, daß ich diesem

Mann nicht trauen könne und daß ich ihn nicht als Präsidenten der Vereinigten Staaten haben wollte. Als Folge davon stimmte ich für Hoover. Ich war der Meinung, daß Hoover fähig und integer war, daß ihm aber das Feuer der Führerpersönlichkeit fehlte.

Roosevelt griff die Nazis an, er sprach von der Versenkung von Schiffen und schloß, indem er sagte, er habe der amerikanischen Marine befohlen, die Meere von feindlichen Kriegsschiffen reinzufegen, wo immer das für die amerikanischen Interessen nötig sei. Eine Minute, nachdem er geendet hatte, hob sich der Vorhang, und wir traten auf das Podium. Wir wurden von einer Mischung von Beifall und Buhrufen empfangen – es war die unfreundlichste Menge, der wir uns bisher gestellt hatten. Zudem war die Opposition organisiert, es gab Gruppen von Gegnern, die sich strategisch auf den Galerien placiert hatten. Wir erfuhren nach der Versammlung, daß zu ihnen auch bezahlte „Schreier" gehörten. Die Verwirrung stieg weiter an, als die Lautsprecher während der ersten Minuten nicht richtig funktionierten.

Mrs. Fairbanks sprach zuerst. Sie war unter den schwierigen Bedingungen ganz ausgezeichnet. Bald gewannen wir die Menge, und der Beifall und die Rufe unserer Anhänger übertönten die Schreie der Zwischenrufer. MacNider hielt eine gute Ansprache und wurde gut aufgenommen. (Es war interessant, daß der am wenigsten gut aufgenommene Teil seiner Rede ein Zitat von Präsident Herbert Hoover war.) Ich sprach fünfundzwanzig Minuten; als ich fertig war, schien über achtzig Prozent der Menge auf unserer Seite zu sein. Das Eis war aber schon durch meine Vorredner gebrochen worden. Als ich die drei Hauptgruppen erwähnte, die für den Krieg agitierten: die Briten, die Juden und die Regierung Roosevelt, sprang die ganze Menge auf und zollte mir Beifall. In diesem Augenblick war die gesamte Opposition durch unseren Anhang weggefegt.

Freitag, 12. September
Roosevelt befiehlt der Marine, auf deutsche und italienische Kriegs-schiffe zu feuern, die „in Gewässer eindringen, deren Schutz für die amerikanische Verteidigung nötig ist".

Samstag, 13. September
Die *New York Times* bringt erbitterte Angriffe jüdischer und anderer Organisationen sowie des Weißen Hauses auf meine Ansprache.

Montag, 15. September
Meine Des-Moines-Ansprache hat eine so starke Kontroverse verursacht,
daß General Wood beschlossen hat, eine Versammlung des America
First Committee in Chicago abzuhalten. Ich muß natürlich teilnehmen.
Ich hatte das Gefühl, daß meine Rede sorgfältig und gemäßigt abgefaßt
war. Anscheinend kann heute in Amerika alles diskutiert werden – bis
auf die Judenfrage. Die bloße Erwähnung des Wortes „Jude" verursacht einen Sturm. Persönlich habe ich das Gefühl, die einzige Hoffnung
für eine gemäßigte Lösung liege in einer offenen und freimütigen
Diskussion.

Mittwoch, 17. September
Die Deutschen melden, achtzehn russische Divisionen an der Lenin-
grader Front in die Flucht geschlagen zu haben. Die Marine gibt be-
kannt, sie habe seit dem 1. Juli 1940 2831 Schiffe in Auftrag gegeben.

Mit der TWA-Maschine nach Chicago, Lunch im Chicago Club mit
General Wood. Der General ventilierte die Möglichkeit, das America
First Committee stillzulegen! Er schlug vor, eine Erklärung folgenden
Inhalts abzugeben: Da der Präsident das Land bereits ernstlich in den
Krieg verwickelt habe, sähe das Komitee im Augenblick keinen Anlaß
zur Fortführung seiner Aktivitäten und vertage sich bis zu den Kongreß-
wahlen im nächsten Jahr.

Donnerstag, 18. September
Diskussion mit General Wood. Ich sagte ihm, daß ich erstens den
Zeitpunkt nicht für richtig hielte, das Komitee zu vertagen, und daß
ich zweitens zwar nicht bereit sei, auch nur einen Teil meiner Ansprache
in Des Moines zu verleugnen oder zu ändern, auf Wunsch des Komitees
aber eine Erklärung des Inhalts abgeben wolle, daß die Rede meine
persönliche Meinung und nicht die des Komitees widerspiegle. Ich sagte
zugleich General Wood, daß mir letzterer Weg nicht ratsam erscheine.
Im Chicago Club eine halbstündige Besprechung mit Erzbischof
Beckman. Wir sprachen über die Notwendigkeit, mehr Unterstützung
von der katholischen Kirche zu bekommen. John Flynn kam um 11 Uhr.
Flynn sagte, er bezweifle nicht die Wahrheit dessen, was ich in Des
Moines gesagt habe, aber er halte es nicht für ratsam, die jüdische Frage
anzuschneiden. Mir fällt es schwer, Flynns Haltung zu verstehen. Er

ist ebenso wie ich der festen Meinung, daß die Juden zu den Hauptverantwortlichen gehören, die unser Land in den Krieg zerren. Er hat
das häufig gesagt und sagt es auch jetzt. Er ist durchaus bereit, sich
privat zu einer kleinen Gruppe von Menschen darüber zu äußern.
Aber offensichtlich würde er sogar vorziehen, daß wir uns an dem Krieg
beteiligen, als daß er öffentlich erwähnen würde, was die Juden tun,
ganz gleich, wie tolerant und gemäßigt das geschieht.

Freitag, 19. September
Roosevelt fordert weitere 6 Milliarden Dollar für Pacht-und-Leih-
Programm. Deutsche Armeen setzen Vormarsch in Rußland fort.
Regierung beschlagnahmt durch den Streik festliegende Frachter.

Mittwoch, 1. Oktober
58 Tschechen von den Deutschen hingerichtet. Deutsche Luftwaffe
bombardiert Nordostengland.

Samstag, 4. Oktober
Besprechung mit General Wood, unter anderem über die Möglichkeit,
das America First Committee bis zum Beginn der Kampagne für die
Kongreßwahlen 1942 zu vertagen.

Ich vertrat die Meinung, daß eine Vertagung zum jetzigen Zeitpunkt
von unseren Mitgliedern nicht verstanden werden würde; sie würden
das Gefühl haben, daß wir gerade in dem Augenblick Schwäche zeigten,
in dem wir am härtesten kämpfen müßten. Die nichtinterventionisti-
schen Kräfte in unserem Land haben ihr Vertrauen in uns gesetzt und
uns ihre Unterstützung gegeben. Wir haben das Vertrauen und die
Unterstützung angenommen – ja, wir haben sie gefordert. Wir können
diese Menschen nicht in dem Augenblick im Stich lassen, in dem sie das
Recht haben, von uns eine feste Haltung zu erwarten. Wood stimmt
zu, glaubt aber, unsere Aktion hinsichtlich einer Vertagung sollte wohl
davon abhängig gemacht werden, was der Kongreß hinsichtlich des
Neutralitätsgesetzes unternimmt. Ich möchte mit meinem Urteil darüber
noch zuwarten.

General Wood hat dem America First Committee einen gewaltigen
Teil seiner Zeit und seiner Bemühungen gewidmet. Er arbeitet für einen
Mann seines Alters viel zu schwer und sieht müde aus. Er erkennt, daß

das Land trotz all unserer Bemühungen näher und näher an den Krieg herangeführt wird. Unsere Stärke und unser Einfluß wachsen schnell – aber die Kraft unserer Gegner ist sehr groß. Das Erstaunliche ist nicht, daß wir so nahe am Krieg stehen, sondern daß wir die kriegslustigen Kräfte so lange zurückhalten konnten. Dazu gehören die amerikanische und die britische Regierung, die Juden und der größere Teil von Presse, Rundfunk und Film in unserem Land. Wir haben die Masse der Bevölkerung auf unserer Seite, es ist aber die Frage, wie lange die Bevölkerung der Flut von Propaganda standhalten kann, mit der das Land förmlich zugedeckt wird. Die Bevölkerung hat keine akkurate Informationsquelle, an die sie sich wenden könnte. Auch ist es, von der Haltung des Volkes ganz abgesehen, eine Frage, ob uns der Präsident durch Handlungen und Zwischenfälle, die einen Krieg unvermeidlich machen, in den Krieg zwingen wird. Er ist in einer Position, von der aus er uns zum Kampf zwingen kann, ob wir nun wollen oder nicht.

Ich möchte gern etwas über die Fliegerei oder über andere Themen schreiben, die biologischen Forschungsprojekte wieder aufnehmen, die ich abbrach, als sich die Kriegswolken drohend zusammenzogen, und irgendwo im Land – wahrscheinlich in Nordkalifornien oder in Oregon – ein dauerndes Heim für meine Familie schaffen. (Es ist allerhöchste Zeit, daß wir Wurzeln schlagen. Reisen ist sehr schön, und ich liebe es noch ebenso wie nur je, aber man sollte ein Heim besitzen, das einem gehört und in das man zurückkehrt. Ich will eines, Anne verdient eines, und die Kinder brauchen eines.)

Wenn wir aber in den Krieg geraten, auf den Roosevelt zumarschiert, wird es wahrscheinlich auf Jahre hinaus keine Gelegenheit geben zu schreiben, zu forschen oder ein dauerndes Heim zu bauen. Deshalb fühle ich – welche Opfer es auch bedeuten mag –, daß meine Zeit in der Opposition gegen den Krieg gut angewandt ist. Und ganz abgesehen von meinem persönlichen Standpunkt könnte ich einfach nicht müßig dabeistehen und sehen, wie mein Land einer Führung folgt, die ich für unehrlich, inkompetent und so sehr im Irrtum befangen halte.

Montag, 6. Oktober
Die Russen beziffern die deutschen Verluste auf 3,000.000, die eigenen auf 1,128.000.

Um 11 Uhr zu einer kurzen Konferenz bei Hoover. Er hat das Gefühl, daß unsere Einmischung in den Krieg jetzt weit mehr von der Schnelligkeit der militärischen Entwicklung in Europa als von der Opposition abhängt, die in unserem Land ausgeübt werden kann. Hoover sagte mir, er halte meine Rede in Des Moines für einen Fehler (die Erwähnung der Juden im Zusammenhang mit den Kriegsagitatoren). Ich erwiderte ihm, meinem Gefühl nach seien meine Äußerungen gemäßigt und wahr gewesen. Er meint, wenn man lange in der Politik stehe, lerne man, Dinge nicht bloß deshalb zu sagen, weil sie wahr sind. Letzten Endes bin ich jedoch kein Politiker – und das ist einer der Gründe, warum ich keiner sein will. Ich sage lieber, was ich glaube, wann immer ich es sagen will – als daß ich jede meiner Äußerungen danach messe, wie populär sie sein könnte.

Lunch mit Harold Bixby in meinem Zimmer im Waldorf. Er ist über die allgemeine Situation im Land entmutigt. Bix sagt, die Briten schacherten so hart wie nur je, sie zögerten sehr, durch die Pan American Kriegsflugzeuge quer durch Afrika schaffen zu lassen, damit die Gesellschaft nicht die Möglichkeit ausnutzen könnte, eine kommerzielle Konzession für diese Route zu bekommen! So dringend sie Flugzeuge für ihre Streitkräfte brauchen, die Briten nehmen sich immer noch die Zeit zu einem guten Geschäft.

Schließlich müssen sie aber nach dem Krieg leben und ihn nicht bloß durchstehen; und das ist für sie kein so einfaches Problem wie für uns (was nicht heißen soll, daß es in diesen Tagen für uns sehr einfach aussieht).

Mittwoch, 8. Oktober
Die deutschen Armeen stoßen in Rußland weiter vor. Die USA üben Druck auf Finnland aus, mit Rußland zu verhandeln. Briten versenken weitere italienische Schiffe. China meldet in dem Krieg gegen Japan Erfolge – die Wiedereinnahme von Itschang.

Donnerstag, 9. Oktober
Die Deutschen melden den Zusammenbruch der russischen Armeen in der Ukraine. Sie nehmen Orel.

Freitag, 10. Oktober
Widersprüchliche Berichte aus Deutschland und Rußland. Die Deutschen melden einen großen Sieg. Die Russen behaupten, der Vormarsch

der deutschen Armee sei aufgehalten worden. Roosevelt ersucht den
Kongreß um Revision des Neutralitätsgesetzes und um die Vollmacht,
amerikanische Handelsschiffe bewaffnen zu dürfen.

Samstag, 11. Oktober
Kongreß genehmigt Zweites Pacht-und-Leih-Gesetz über 6 Milliarden
Dollar mit 328:67. Widersprüchliche Meldungen aus Deutschland und
Rußland dauern an.

Montag, 13. Oktober
Die deutschen Armeen nähern sich Moskau.

Freitag, 17. Oktober
Das sowjetische Kabinett soll aus Moskau geflohen sein. Das japanische
Kabinett tritt zurück. Morgenthau sagt, das Staatsschuldenlimit müsse
über 65 Milliarden Dollar angehoben werden.

Samstag, 18. Oktober
US-Zerstörer „Kearny" auf der Höhe von Island torpediert. Kongreß
stimmt mit 259:138 für die Bewaffnung von Handelsschiffen. Die
Marine beordert US-Schiffe im Pazifik in befreundete Häfen. Chefs der
Verteidigung wollen Waffen für 100 Milliarden Dollar beschaffen.

Donnerstag, 30. Oktober
Die deutschen Armeen dringen in die Krim ein. Die Russen halten die
Moskauer Front.

Hinter der üblichen und anscheinend unvermeidlichen Polizeieskorte
zum Madison Square Garden. Alle Plätze waren besetzt, als wir ankamen – große Menge auf der Straße –, die endgültige Polizeischätzung
der Menge auf der Straße belief sich auf 20.000 bis 30.000 Menschen.
Das ergibt eine Gesamtzuhörerschaft von über 40.000 oder über
50.000 Menschen, wenn 30.000 außerhalb des Gebäudes waren. John
Flynn präsidierte, Cudahy war der erste Redner. Dann kam ich, und
Wheeler beendete die Versammlung, er sprach bis kurz vor 23 Uhr.

In mancher Hinsicht war es unsere bisher erfolgreichste Versammlung. Die einzigen, die sich an Größe damit vergleichen konnten, waren die erste, die wir im Madison Square Garden abhielten, und die in der Hollywood Bowl im Juni. Wir erlebten auch nie bei einer so großen Versammlung eine so gewaltige Begeisterung. Nachdem ich vorgestellt worden war, konnte ich sechs Minuten lang nicht mit meiner Rede beginnen! Es gibt keinen besseren Hinweis darauf, wie es um die Einstellung der Leute zum Krieg bestellt ist.

Wir alle gingen abwechselnd ins Freie, um kurz zu den Menschen zu sprechen, die nicht hatten hereinkommen können. Zu dem Zweck hatte man auf dem Gehsteig ein kleines Holzpodium gebaut und Lautsprecher installiert. Der ganze Block vor dem Madison Square Garden war – auf dem Gehsteig und der Fahrbahn – mit Menschen überfüllt. Auch der nächste Block war, so weit ich sehen konnte, voll von Menschen!

Das Erstaunlichste war, daß uns die Menschen auf der Straße den gleichen Empfang bereiteten wie die im Garden selbst. Ich hatte draußen starke Gegenstimmen erwartet. Es gab keine einzige! Es schien, als ob jeder Mann und jede Frau hinter uns ständen. Während der ganzen Versammlung gab es nur zwei Fälle, wo Individuen Schwierigkeiten machen wollten, sie erfolgten beide, als Flynn das Meeting eröffnete. Zuerst schrie jemand etwas, das ich nicht verstehen konnte. Etwas später rief ein Mann: „Hängt Roosevelt!" Er war sicher von unseren Gegnern vorgeschickt. Sie werden sagen, auf unserer Versammlung habe man gefordert, den Präsidenten aufzuhängen. Bei über 40.000 Zuhörern waren das aber die einzigen Zwischenfälle in meiner Sicht- und Hörweite.

Was mich an der Versammlung am meisten freute, war das Niveau der Teilnehmer. Während ich auf dem Podium saß, sah ich mir ihre Gesichter genau an – sie standen *weit* über dem New Yorker Durchschnitt. Für diese Leute lohnt es sich zu kämpfen.

Die Versammlung endete um 23 Uhr. Ich ging nachher zu Webster zu einem Empfang, den er für Mitglieder und Angehörige von America First gab. Hunderte von Menschen schienen anwesend zu sein. Ich blieb zwei Stunden, schüttelte Hände und versuchte trotz dauernder Unterbrechungen die Diskussion weiterzuführen. Es war anstrengender als die Versammlung selbst. Man konnte unmöglich länger als zehn oder fünfzehn Sekunden mit jemand sprechen, dann unterbrach schon wieder ein anderer.

Donnerstag, 6. November
Spannung zwischen den USA und Japan steigt. Sonderbotschafter
(Saboru Kurusu) unterwegs in die Staaten. Deutsche U-Boote aus der
Umgebung von Neufundland gemeldet.

Freitag, 7. November
Roosevelt verspricht Stalin 1 Milliarde Dollar Pacht-und-Leihhilfe.
Weiterhin widersprüchliche Berichte aus Deutschland und Rußland.

Montag, 10. November
Briten melden die Versenkung von elf Achsenschiffen im Mittelmeer.
Russen melden erfolgreiche Gegenangriffe im Raum Moskau. Die
Deutschen melden Erfolge in der Ukraine.

Dienstag, 11. November
Detroit. Lunch mit Henry Ford in Dearborn. Nach dem Lunch holte
uns Mr. Sorensen ab und fuhr uns zu der neuen Bomberfabrik.

Es ist ein riesiger Bau mit einem großen Flugplatz davor, alles ist
noch im Bau. Nach den gegenwärtigen Plänen will man hier viermotorige Bomber produzieren.

Ich muß mich fragen, wohin all diese militärischen Bauprogramme
führen werden. Es ist natürlich viel mehr, als wir zur Verteidigung
brauchen. Was wir für die Verteidigung brauchen, ist eher ein vernünftiger Plan als große Mengen an Kriegsmaterial. Es ist nicht genug,
einfach Waffen anzufertigen. Wir müssen auch eine Vorstellung davon
haben, *wie* und *wo* wir sie verwenden werden. Wenn wir Flugzeuge
bauen, müssen wir gleichzeitig das dazu gehörige Personal ausbilden,
Flugplätze bauen, von denen aus sie operieren usw. usw. Mit anderen
Worten, es muß ein Teil eines ausgewogenen Programms sein, wenn
es erfolgreich sein soll. Bei meinen Reisen durch das Land sehe ich nicht
viel Ausgeglichenheit, und die meisten Menschen, mit denen ich in der
Flugzeugindustrie spreche, sagen, daß ihnen die Beziehungen zu der
Regierung die größten Schwierigkeiten bereiten. Washington ist,
wie sie sagen, in einem Zustand wilder Verwirrung.

Einer Sache bin ich jedoch sicher: Wenn wir der gegenwärtigen Führung und der gegenwärtigen Entwicklung weiterhin folgen, wird unser
aller Leben einen ganz gewaltigen revolutionären Wandel erfahren. Und

das Ergebnis wird nicht die Verbreitung der „vier Freiheiten" über die ganze Welt, ja nicht einmal über unser ganzes eigenes Land sein. Was in Europa geschehen ist, geschieht jetzt uns. Wenn ich mich nicht gewaltig irre, wird unser Land bald vor der größten Prüfung seiner Geschichte stehen. Die ersten Anzeichen sind nicht sehr ermutigend, aber ich bin überzeugt, daß unser Volk unter der Oberfläche noch über echte Charaktereigenschaften verfügt. Wir haben in unserem Volk die besten wie die schlechtesten. Die Frage ist nur, wie können wir die besten fördern? Wenn wir es vermögen, dann haben wir eine große geschichtliche Bestimmung. Wenn wir uns aber auf eine komplette Mischung verlassen müssen, auf einen Durchschnitt aller Komponenten, aus denen unser Volk zusammengesetzt ist, wenn wir weiterhin der gegenwärtigen Entwicklung folgen, hege ich sehr ernste Zweifel hinsichtlich unserer Zukunft.

Mittwoch, 12. November
Die Briten behaupten, im Mittelmeer sieben weitere Schiffe versenkt und fünf beschädigt zu haben.

Sah mir mit Sorensen die Pläne für den neuen Heerespanzer an, den Ford baut. Wir sahen uns auch das Sperry-Flakvisier an, das die Ford-Leute in Massenproduktion nehmen wollen.

Besprechung und Lunch mit Bennett. Wir besprachen, was Ford tun könnte, um die nichtinterventionistische Sache zu unterstützen.

Ich schlug vor, er könne damit beginnen, daß er America First allmonatlich einen Geldbetrag spende. Bennett fragte, ob ich glaube, daß 5000 Dollar oder 10.000 Dollar richtig seien. Ich sagte, ich hielte das für zuviel und nicht im Verhältnis zu dem Beitrag anderer. Ich schlug 2000 Dollar vor.

Bennett und ich stimmten darin überein, daß wir Ford bei allem, was er tut, vor einer zu starken gegnerischen Kritik schützen müssen. Ford ist vielleicht zu alt, um die Reaktion zu erleben, die erfolgen wird, wenn dieser Krieg vorbei ist, wir wollen nicht, daß er während der letzten Jahre seines Lebens ein Opfer der Kriegshysterie wird. Bennett schlug vor, daß Ford mir die 2000 Dollar monatlich direkt geben solle. Ich erwiderte, es wäre viel besser, wenn er sie direkt General Wood gebe. Dann sprachen wir eine Weile über John Lewis und die Haltung der Gewerkschaft zum Krieg.

Freitag, 14. November
Der Kongreß nimmt Zusatzklausel zum Neutralitätsgesetz an. Die
Deutschen rücken auf der Krim vor. Rußland meldet erfolgreiche
Gegenangriffe im Raum von Moskau. Gewerkschaftsschwierigkeiten
in den USA dauern an.

Samstag, 15. November
Die Briten melden die Versenkung der „Ark Royal" in der Nähe von
Gibraltar. Die Marineinfanterie erhält Befehl, ihre Stellungen in China
aufzugeben. Berichte aus Deutschland und Rußland widersprechen
einander.

Frühstück mit General Wood um 7.45 Uhr. Ich empfahl, daß America
First als parteilose Organisation an den Wahlen von 1942 teilnehme.

Sonntag, 16. November
Die Russen melden Erfolge vor Leningrad und im Donezbecken. Die
deutschen Berichte betonen weiterhin das Wetter und sprechen jetzt
von „wildem russischen Widerstand".

Mittwoch, 19. November
Widersprechende Berichte aus Deutschland und Rußland. Weiterhin
Streiks in den USA. Japanische Situation gespannt.

Am Vormittag an meinem *Spirit-of-St.-Louis*-Manuskript gearbeitet.
Post und Zeitungen treffen ein. Udet „bei Erprobung einer neuen
Waffe getötet". Ich muß an seine Mutter und den Abend denken, den
wir alle zusammen in Udets Berliner Wohnung verbrachten.

Montag, 1. Dezember
Die Beziehungen zwischen den USA und Japan werden kritischer.
Roosevelt unterbricht Urlaub und kehrt nach Washington zurück.
Rußland meldet die Wiedereroberung von Rostow und die Flucht
der deutschen Armeen in diesem Raum.

Samstag, 6. Dezember
Die Engländer erklären Ungarn, Rumänien und Finnland den Krieg.
Russen melden weiteres Vordringen im Raum Rostow. Die Deutschen
melden, der russische Vorstoß sei aufgehalten.

Sonntag, 7. Dezember
Roosevelt wendet sich an Hirohito. Russen melden, die Deutschen
seien in Taganrog eingekesselt.

Der Rundfunk gibt bekannt, daß Japan die Philippinen und Hawaii
angegriffen hat und daß Pearl Harbor bombardiert worden ist! Ein
Angriff auf die Philippinen war zu erwarten, obwohl ich nicht dachte,
daß er so früh erfolgen würde. Aber Pearl Harbor? Wie kamen die
Japaner nahe genug heran, und wo ist unsere Flotte? Oder ist es nur
ein Blitzüberfall einiger weniger Maschinen, der von den Rundfunkkommentatoren zu einem großen Angriff aufgebauscht wurde? Die
Japaner können natürlich mit Flugzeugträgern Hawaii und sogar
unsere Westküste angreifen. Aber der Preis an Trägern und Flugzeugen
wird schrecklich hoch sein – es sei denn, unsere Marine schläft oder ist
im Atlantik. Ich frage mich jetzt, wie viele Flotteneinheiten in den
Atlantik geschickt wurden, um England zu helfen?

Montag, 8. Dezember
Japan erklärt den USA und Großbritannien den Krieg. Hawaii und
die Philippinen angegriffen, Guam bombardiert.

Ich finde es unmöglich, *nicht* an den Krieg zu denken oder mich auf
das Schreiben zu konzentrieren. Wie konnten unsere Luftwaffe und
unsere Flotte es zulassen, daß die Japaner so leicht nach Hawaii
kamen? Wie schwer waren die japanischen Verluste? Und unsere?
Ich bin nicht überrascht, daß die Japaner angegriffen haben. Wir haben
sie seit Wochen zum Krieg gedrängt. Sie sind uns nur zuvorgekommen.
Die Rundfunkberichte deuten jedoch an, daß der Angriff auf Hawaii
sehr schwer war. Haben wir so viele unserer Flugzeuge und einen so
großen Teil unserer Flotte in den Atlantik geschickt, daß die Japaner
glauben, sie könnten mit einem Angriff auf Pearl Harbor durchkommen?
Rief Bob Stuart in Chicago an und sagte ihm, meiner Meinung nach

müßte unsere Versammlung in Boston abgesagt werden. Rief General Wood in Boston an. Seine ersten Worte waren: „Nun, er hat uns durch die Hintertür hineingebracht!"

Schrieb eine Erklärung für die Presse und schickte sie an das Hauptquartier von America First in Chicago. Ging mit Anne am Strand spazieren und besprach mit ihr die neueste Entwicklung.

Der Präsident sprach um 12 Uhr. Er bat um die Kriegserklärung. Der Senat billigte die Kriegserklärung einstimmig. Im Kongreß nur ein einziges Nein. Was war auch sonst zu tun? Wir haben seit Monaten den Krieg herausgefordert. Wenn der Präsident früher um die Kriegserklärung ersucht hätte, hätte ihn der Kongreß meiner Ansicht nach mit großer Mehrheit abgewiesen. Aber jetzt wurden wir angegriffen — angegriffen in heimischen Gewässern. Wir haben den Krieg selbst heraufbeschworen, aber unter den gegenwärtigen Umständen sehe ich keine andere Möglichkeit als den Kampf, wäre ich Kongreßabgeordneter, so hätte ich sicherlich auch für die Kriegserklärung gestimmt.

DIE VEREINIGTEN STAATEN
IM KRIEG

1941

Dienstag, 9. Dezember
Die USA erklären Japan den Krieg. Japanische Truppen sollen auf
den Philippinen gelandet sein. Die Marine meldet schwere Verluste
in Pearl Harbor. Fünfzehnhundert Gefallene auf Hawaii. Thailand
kapituliert. England erklärt Japan den Krieg. Die Deutschen sagen,
der Vorstoß auf Moskau werde für die Dauer des Winters unterbrochen.

Am Abend bis 22 Uhr geschrieben und gelesen. Dann der Rundfunk-
sendung des Präsidenten zugehört. „Alle Nachrichten sind schlecht",
sagte er. Offensichtlich haben wir im Pazifik schwere Verluste erlitten.
Ich hatte den Eindruck, daß sich Roosevelt zwang, seiner Stimme mehr
Überzeugung zu geben, als er empfand.

Donnerstag, 11. Dezember
Briten bestätigen Verlust von „Prince of Wales" und „Repulse".
Japaner rücken in Malaya vor. Die Briten heben Belagerung von
Tobruk auf.

Deutschland und Italien haben den Vereinigten Staaten den Krieg
erklärt. Jetzt ist alles geschehen, was ich befürchtet habe. Wir stehen
rings um die Welt im Krieg und sind weder geistig noch materiell
darauf vorbereitet. Glücklicherweise sind die Ozeane trotz allem, was
gesagt wurde, noch schwer zu überqueren, und wir haben die Zeit,
uns anzupassen und vorzubereiten, die Frankreich fehlte und die

England nur zum Teil hatte, seit die Fliegerei die Schranke des Ärmelkanals überwunden hat. Wir können natürlich angegriffen werden, aber falls wir innerlich nicht völlig in Stücke gehen, ist keine erfolgreiche Invasion möglich.

Das ist aber nur ein Teil des Bildes. Wir befinden uns in einem Krieg, in dem wir angreifen müssen, wenn wir siegen wollen. Wir müssen in Asien und Europa angreifen – eigentlich auf der ganzen Welt. Das bedeutet, daß wir eine Armee von vielen Millionen Mann aufstellen und unterhalten und daß wir Schiffe bauen müssen, die wir jetzt nicht haben, dann bedeutet es, wenn wir unsere gegenwärtigen Kriegsziele durchsetzen wollen, wahrscheinlich den blutigsten und verheerendsten Krieg der Weltgeschichte.

Und was dann? Wir haben nicht einmal eine klare Vorstellung, für welche Ziele wir kämpfen. Wir sprechen davon, die Freiheit und die Demokratie über die ganze Welt zu verbreiten, aber für uns sind sie mehr Worte als Realitäten. Wir haben sie nicht einmal hier in Amerika, und je weiter wir in diesen Krieg geraten, desto mehr werden wir uns von Demokratie und Freiheit entfernen. Wohin führt uns der Krieg, wann wird er enden? Der Krieg könnte in diesem Winter aufhören, aber das ist unwahrscheinlich. Er könnte fünfzig Jahre und mehr dauern. Das ist auch unwahrscheinlich. Die Faktoren sind zu widersprüchlich und zu wirr, als daß man genaue Schlüsse über seine Dauer ziehen könnte. Es könnte auch eine Reihe von Kriegen werden, einer nach dem andern, die endlos weitergehen. Möglicherweise kommt die Welt früher, als ich es erwarte, wieder zur Besinnung. Aber wie ich oft gesagt habe, hat sich die Umwelt des menschlichen Lebens in den letzten Jahren schneller und weitgehender geändert als je zuvor. Wenn sich die Umwelt ändert, muß auch eine entsprechende Änderung im Leben stattfinden. Die Änderung muß so groß sein, daß sie wahrscheinlich nicht in einem Jahrzehnt oder einer Generation vollzogen sein wird. Perioden großer Veränderungen bringen für einige Nationen Vor- und für andere Nachteile. Sie wirken auf den Besitz und die „Rechte" der Menschen ein, wie das Kommen des weißen Mannes nach Amerika auf den Besitzstand und auf die „Rechte" des Indianers einwirkte. Ich glaube, die beste Haltung ist es, daß wir entschlossen in eine solche Periode der Änderung eintreten und unseren Ausblick auf die Welt und unser Handeln entsprechend anpassen.

Freitag, 12. Dezember
Deutschland und Italien erklären den USA den Krieg. Wir erklären
ihnen den Krieg. Die Japaner sollen auf allen „Landfronten" aufge-
halten worden sein.

Nachdem wir jetzt im Krieg sind, will ich so viel wie möglich zu den Kriegsanstrengungen meines Landes beitragen. Es ist für uns lebenswichtig, daß wir den Krieg intelligent und so erfolgreich wie möglich führen – und ich will mein Scherflein dazu leisten.

Mein erster Gedanke war, direkt an Präsident Roosevelt zu schreiben und ihm meine Dienste anzubieten, ihm zu sagen, daß ich zwar in der Vergangenheit gegen ihn gewesen sei und meine Meinung nicht geändert habe, daß ich in Kriegszeiten aber bereit sei, meinen persönlichen Standpunkt dem allgemeinen Wohl und der Einheit des Landes unterzuordnen. Der Kummer ist nur, daß ich zu Präsident Roosevelt kein Vertrauen besitze. Wenn ich an den Präsidenten der USA denke, habe ich eine gefühlsmäßige positive Reaktion – denke ich aber an Franklin Roosevelt, so ist die Reaktion eine ganz andere.

Es ist nicht nur meine eigene Erfahrung und mein Urteil – aber ich kenne keinen einzigen Mann, Freund oder Feind, der Roosevelt kennengelernt hat und dem, was er sagt, von einer Woche bis zur nächsten traute. Zudem steht der Präsident selbst bei seinen Freunden in dem Ruf, ein rachsüchtiger Mann zu sein. Wenn ich ihm schreiben würde, würde er wahrscheinlich aus meinem Angebot herausholen, was vom Standpunkt der Politik und Publicity nur herauszuholen ist – und dann würde er mir eine Position zuweisen, wo ich völlig kaltgestellt und aus dem Wege geräumt wäre.

Was soll ich also am besten machen? Sollte ich General Arnold schreiben und dem Fliegerkorps meine Dienste antragen? Ich vertraue Arnold, aber natürlich wird er mein Angebot dem Präsidenten vortragen müssen. Ich könnte auch wieder in der Flugzeugindustrie arbeiten – bei einem Unternehmen wie United Aircraft, Curtiss-Wright oder Pan Am. Ich finde aber, daß ich in dieser Kriegszeit wirklich in das Fliegerkorps gehöre und daß ich dort wirklich sein will. Einen Augenblick lang wünsche ich manchmal, ich hätte mein Offizierspatent nicht zurückgegeben – wenn ich aber die Umstände wieder durchdenke, fühle ich, doch richtig gehandelt zu haben. Es gab meiner Meinung nach keine andere ehrenhafte Lösung. Wenn der Krieg nicht wäre, hätte ich nichts lieber getan, als ein oder zwei Jahre mit Schreiben, Lesen und Nachdenken zu verbringen. Aber ich kann einfach nicht

müßig bleiben, wenn mein Land im Krieg steht. Ich *muß* irgendwie
daran teilnehmen, in welcher Form auch immer.

Mittwoch, 17. Dezember
Die Japaner beschießen Maui und die Johnston-Inseln. Angriff auf
Hongkong wird fortgesetzt. Ruhe auf den Philippinen. Die Rote Armee
erobert Kalinin zurück.

Im Park vor meinem Fenster (Engineers Club) wurde ein Luftschutz-
scheinwerfer eingebaut. Posten gehen neben ihm auf und ab. Offensichtlich ist das mehr des Aufsehens als des Einsatzes wegen geschehen,
man sieht keine Mannschaft, von dem Gepäck abgesehen, das neben
einem der Lastautos gestapelt ist. Natürlich könnte New York angegriffen werden, und die Stadt sollte gewiß vorbereitet sein. Persönlich
glaube ich jedoch, daß die Deutschen im Augenblick auch ohne transozeanische Bombenangriffe genug zu tun haben. Wenn sie uns natürlich im Schlaf überraschen, so wie es die Japaner in Pearl Harbor
taten, könnte es die Mühe lohnen.

Transozeanische Angriffe, sowohl durch Flugzeugträger wie durch
Langstreckenbomber, sind durchaus möglich. Die Frage ist, ob sie die
Mühe lohnen oder nicht, und das hängt wieder von vielen Faktoren ab,
die nicht vorauszuberechnen sind. Es hängt von der Psychologie der
Angreifer ab, der Bereitschaft der Angegriffenen, der augenblicklichen
Kriegslage usw. Der Angriff auf Pearl Harbor hat sich für die Japse
sicherlich gelohnt. Es ist aber eine andere Frage, ob sie es der Mühe
wert gehalten hätten, wenn wir in Bereitschaft gestanden hätten.

Donnerstag, 18. Dezember
Armee-, Marine- und Luftwaffenkommandeure auf Hawaii abgelöst.
Kongreß nimmt Gesetzesantrag an, der den Wehrdienst auf alle Männer
zwischen einundzwanzig und vierundvierzig Jahren erweitert. Die mili-
tärische Lage auf den Philippinen soll sich „gebessert haben". Japani-
scher Druck auf Singapur wächst. Russen melden, daß sich die deut-
schen Armeen in „ungeordnetem Rückzug" befänden.

Samstag, 20. Dezember
Japaner dringen in Hongkong ein. Britischer Vormarsch in Afrika
dauert an, Russen rücken weiter vor. Die Briten räumen Penang.
Kongreß verabschiedet Gesetz zur Rekrutierung zwischen zwanzig und
vierundvierzig.

Treffen mit Dr. Bush im Carnegie-Institut. Ich sagte ihm, daß ich
herauszufinden versuche, wie ich am wirksamsten zu den Kriegsanstrengungen des Landes beitragen könnte, ehe ich aber eine endgültige
Entscheidung träfe, wollte ich die Situation mit ihm besprechen. (Doktor
Bush hat Verbindung zu vielen Aktivitäten inner- und außerhalb der
Fliegerei.) Wir besprachen verschiedene Forschungsprojekte im Zusammenhang mit dem Krieg, unter anderem sagte Bush, ich solle doch
eine Verbindung mit der Organisation Oberst Donovans suchen. Er
sagte, sie bräuchten jemand mit allgemeinen Kenntnissen über das
Flugwesen. Bush sagt, er habe das Denken an die Vergangenheit und
die Zukunft völlig aufgegeben und beschäftige sich allein mit der
Gegenwart.
    Zurück ins Carlton, schrieb General Arnold und bot meine Dienste
im Fliegerkorps an. Ich schrieb so, daß er nach eigenem Ermessen
etwas unternehmen oder es bleiben lassen konnte.
    Mit dem Nachtzug nach New York.

Sonntag, 21. Dezember
Schwere Kämpfe um Davao auf Mindanao gemeldet. Unsere U-Boote
versenken einen weiteren japanischen Transporter. Admiral King zum
Oberbefehlshaber der US-Flotte ernannt. U-Boote der Achse vor beiden
amerikanischen Küsten gemeldet.

Mittwoch, 24. Dezember
Pétain soll zurücktreten wollen. Die Japaner landen auf Wake. Briten
setzen Vormarsch in Libyen fort.

Anne, Jon, Land und ich schlugen einen Weihnachtsbaum aus einer
Gruppe zu eng stehender Fichten, wenige hundert Meter vom Haus.
Er ist etwa dreieinhalb Meter hoch! Am Nachmittag bei Anne und den
Kindern, den Baum aufgestellt. Wir putzen ihn nach dem Abendessen
der Kinder.

Donnerstag, 25. Dezember – Weihnachten
Die Japaner landen an weiteren Punkten der Philippinen. Halten jetzt
sieben Brückenköpfe. Washington gibt Verlust von Wake Island be-
kannt. Amerikanischer Frachter vor der kalifornischen Küste torpediert.

Fast den ganzen Tag bei Anne und den Kindern. Pakete geöffnet. Gleit-
flugzeuge usw. Mehrmals im Wald und am Strand spazierengegangen.
Es waren glückliche Weihnachten mit der Familie, aber vom Krieg
überschattet.
    Es ist jetzt sicher: Anne trägt ihr fünftes Kind.

Freitag, 26. Dezember
Hongkong kapituliert. Japanischer Vormarsch auf den Philippinen.
Die Briten nehmen Benghasi. Die USA protestieren gegen die Be-
setzung von Saint-Pierre und Miquelon durch die Freien Franzosen.

Dienstag, 30. Dezember
Japanischer Vormarsch auf Malaya.

Meldung im Rundfunk, daß ich mich freiwillig zum Fliegerkorps gemeldet habe. Offensichtlich hat General Arnold den Kern des Briefes
bekanntgegeben, den ich ihm schrieb. Ist das ein Hinweis, daß mein
Angebot angenommen wird? Und wenn, wird es als Zivilist oder als
Offizier sein?

1942

Samstag, 3. Januar
Die Japaner nehmen Manila. Schwere Kämpfe auf Malaya berichtet.
Die Briten nehmen Bardia.

Donnerstag, 8. Januar
Roosevelt legt dem Kongreß Haushalt von 59 Milliarden Dollar vor.
Fordert 9 Milliarden Dollar neue Steuern. Japaner setzen den Vormarsch auf Singapur fort. Russen melden neue Erfolge.

Verabredung mit Earl Findley. Findley fragte mich, welchen Kurs er meiner Meinung nach [als Herausgeber der Zeitschrift U.S. Air Service] hinsichtlich des Krieges im Pazifik einschlagen solle. Ich sagte ihm, meiner Meinung nach sei von unserem Standpunkt in Amerika aus der Pazifik der wichtigste Raum. Ich hielt es für einen tragischen Fehler, auf die Leute zu hören, die rieten, dem Pazifik den Rücken zuzuwenden und unsere Anstrengungen auf den Krieg in Europa zu konzentrieren. Wenn die Japaner Singapur einnehmen, so ist der größte Teil des britischen Empire von ihnen bedroht, und die Alliierten wären dann möglicherweise gezwungen, ihren Krieg in Nordafrika aufzugeben wegen der Schwierigkeiten, ihre Nachschubwege über den Indischen Ozean aufrechtzuerhalten.

Freitag, 9. Januar
Japaner rücken weiter auf Singapur vor. Russen melden, Belagerung von Sewastopol sei aufgehoben. Nach letzten Berichten sollen bei der Einnahme von Wake sieben japanische Kriegsschiffe versenkt worden sein.

Samstag, 10. Januar
Japanischer Vormarsch in Malaya. Russen melden die Aufhebung der Belagerung von Leningrad.

Rief um 10 Uhr Major Beebe an und fragte, ob es möglich sei, General Arnold am Wochenende zu sprechen. Beebe fragte mich, weshalb ich Arnold sprechen wolle. Ich sagte, ich wolle vom General erfahren, ob ich im Fliegerkorps von Nutzen sein könne oder nicht. Beebe riet mir, direkt zum Kriegsminister zu gehen. Er sagte: „Ich bin sicher, daß der Kriegsminister Sie empfangen wird, wenn Sie sein Büro anrufen und um eine Unterredung bitten." Manchmal kann man aus dem Ton eines Mannes mehr entnehmen als aus seinen Worten, besonders wenn man den Mann kennt. Es war offensichtlich, daß alles für eine Unterredung mit Kriegsminister Stimson arrangiert war.

Ich rief den Sekretär des Kriegsministers an. Stimson war über das Wochenende weggefahren, würde aber am Montag zurück sein. Seine Terminsekretärin schlug mir vor, am Montag um 10 Uhr anzurufen. Jeder, mit dem ich sprach, war außerordentlich höflich. Sie schienen meinen Anruf zu erwarten. Was liegt im Wind? Eine Wiederernennung im Fliegerkorps? Eine politische Intrige? Ich wünschte, ich hätte mehr Vertrauen zu den Mitgliedern der Regierung Roosevelt.

Dinner im Heim von Senator und Mrs. Worth Clark. Senator und Mrs. La Follette waren ebenfalls eingeladen. Wir sprachen hauptsächlich über den Krieg.

Im Haus und im Senat ist man der Meinung, daß man uns nicht die Wahrheit über Pearl Harbor gesagt hat. Die fast überall erzählte Geschichte lautet, daß vier Schlachtschiffe versenkt und drei beschädigt, mindestens 27 weitere Kriegsschiffe versenkt und beschädigt und daß die Docks schwer getroffen worden seien. Wenn diese Berichte zutreffen, war Pearl Harbor eine der großen Flottenkatastrophen der Geschichte und könnte die Zukunft der ganzen Welt ändern.

Sonntag, 11. Januar
Die Japaner melden die Eroberung von Kuala Lumpur. Die Russen melden neuen Vormarsch.

Harold Bixby kam zum Lunch in mein Zimmer. Wir sprachen vor allem über die Kriegslage in Burma und China. Bixby schlug vor, daß ich nach China gehe und an der Leitung von Luftoperationen gegen Japan teilnehme. Er sagte, die japanischen Schiffahrtslinien könnten von chinesischen Rollfeldern aus wirksam angegriffen werden. Er schlug auch die Möglichkeit vor, das japanische Finanzwesen dadurch in Unordnung zu bringen, daß man große Mengen japanischen Papiergelds druckt und nachts aus Flugzeugen über Japan abwirft. Natürlich würde ich nichts lieber tun, als die Leitung eines derartigen Projekts zu übernehmen.

Montag, 12. Januar
Japaner landen in Niederländisch-Indien.

Die Morgenzeitungen bringen einen Bericht mit einem Bostoner Datum, ich hätte einem „Freund" gesagt, daß ich auf Ersuchen von

Präsident Roosevelt nach Washington gehe! Natürlich ist das eine Lüge durch und durch! Die Presse versäumt selten eine Gelegenheit, die Schwierigkeiten noch zu steigern.

Rief Minister Stimsons Büro um 10.30 Uhr an. Erhielt einen Termin für 16.30 Uhr.

Mit dem Taxi zum Munitions Building. Überall Posten, man braucht einen Ausweis, um hineinzukommen. Wurde nach einer Wartezeit von zehn Minuten in Stimsons Büro gebracht.

Ich sagte Minister Stimson, da sich mein Land im Krieg befinde, wolle ich natürlich meinen Teil beitragen und versuche herauszufinden, auf welche Weise ich am nützlichsten sein könne. Ich hätte an die Möglichkeit gedacht, eine Position in der Flugzeugindustrie anzunehmen, ehe ich aber etwas unternehme, wolle ich sehen, ob ich dem Fliegerkorps irgendwie von Nutzen sein könne. Ich sagte ihm, daß ich in Kriegszeiten lieber im Fliegerkorps sei als anderswo und daß ich gekommen sei, um meine Dienste anzubieten. Stimson begann mit einer langen Erörterung, die etwa folgendermaßen lautete: „Wie ich der Presse sagte, heiße ich jeden Rat und jeden Vorschlag willkommen, der uns bei der Kriegsführung hilft. Ganz gleich, woher sie kommen, sie werden alle in Betracht gezogen." (Das war zwar nicht der genaue Wortlaut seiner Erklärung, wohl aber der sinngemäße Inhalt.) Ich erwiderte, daß ich weder mit einem Rat noch mit Vorschlägen gekommen sei, sondern um zu sehen, ob es keinen geeigneten Platz gäbe, an dem ich helfen könnte.

Stimson sagte, er wolle völlig offen sprechen: wegen der Ansichten, die ich über den Krieg geäußert hätte, zögere er sehr, mir einen Kommandoposten zu geben. Er sagte, er glaube nicht, daß jemand mit solchen Ansichten in diesem Krieg eine Kommandostellung erhalten solle, weil er nicht glaube, daß so ein Mann den Krieg mit der hinreichenden „Aggressivität" führen könne! Stimson sagte, er bezweifle sehr, daß ich meine Ansichten geändert hätte. Ich erwiderte, ich hätte sie nicht geändert und hielte es für einen Fehler für unser Land, in den Krieg einzutreten, da wir nun aber einmal drinnen seien, stünde ich hinter meinem Land, wie ich es immer gesagt hatte, und wolle helfen, wo es am wirksamsten sei.

Ich sagte Minister Stimson, ich bedauerte es außerordentlich, daß meine politischen Ansichten in ihm Zweifel an meiner Treue zu meinem Land geweckt hätten. (Stimson hatte irgendwann in unserem Gespräch die Frage der Loyalität erwähnt.) Er zögerte hier etwas und sagte, er zweifle nicht gerade an meiner Loyalität, wohl aber zweifle er, daß ich

bei meinen Ansichten die nötige „Aggressivität" für einen Kommandoposten hätte. Ich erwiderte, daß ich mich unter diesen Umständen
wahrscheinlich doch am besten der Flugzeugindustrie zuwenden und
versuchen wolle, meinen Beitrag zum Krieg im Rahmen eines industriellen Projekts zu leisten.

Stimson sagte dann, es gebe Positionen „ohne Kommando", in
denen ich der Regierung helfen könnte. Er fragte mich, ob ich Vorschläge in dieser Richtung hätte. Ich sagte ihm, durch Ausbildung
und Erfahrung sei ich besser dazu geeignet, an einem speziellen Projekt
zu arbeiten als auf einem Routineposten. Ich möchte gern an einem
Platz sein, wo meine allgemeinen Kenntnisse im Flugwesen und meine
Erfahrung bei der Festlegung von Fluglinien in verschiedenen Teilen
der Welt verwendet werden könnten.

Stimson sagte dann, er wolle General Arnold anrufen, aber Arnold
war gerade in einer Besprechung mit britischen Stabsoffizieren. Dann
ließ er Staatssekretär Lovett kommen und schilderte ihm die Situation.
Lovett war höflich und machte keinen unfreundlichen Eindruck. Er
sagte mir, er wolle für den Vormittag eine Besprechung mit General
Arnold arrangieren.

Dienstag, 13. Januar
Japanischer Angriff auf den Philippinen „unter schweren Verlusten"
zurückgeschlagen. Russen melden die Wiedereinnahme von Orel.
Die Briten erobern Sollum zurück. Japanischer Vormarsch in Malaya
dauert an.

Verabredung mit General Arnold in Lovetts Büro. Arnold und Lovett
sagten, es gäbe viele Möglichkeiten, wie ich dem Fliegerkorps von
Nutzen sein könnte, sie seien aber nicht sicher, wie die Öffentlichkeit
und die Presse darauf reagieren würden, wenn ich gerade jetzt eine
wichtige Position im Fliegerkorps übernehmen würde. Ich müßte vorher gewisse Zweifel in der Öffentlichkeit zerstreuen – möglicherweise
durch Abgabe einer Erklärung.

Ich sagte Lovett und Arnold, daß ich nicht bereit sei, irgend etwas
zu widerrufen, das ich gesagt hatte; daß ich noch daran glaubte, ja,
sogar ziemlich fest daran glaubte. Dazu meinte Lovett: Da ich ja meine
Ansichten nicht geändert hätte, könne er nicht einsehen, wie ich loyal
unter einem Mann dienen könne, von dem ich eine derartige Meinung
hatte.

Ich erwiderte, daß ich als *Bürger* sehr wenig Vertrauen zu dem Präsidenten besäße; daß ich aber, falls ich in das Fliegerkorps zurückkehren würde, als *Soldat* dem Präsidenten als dem Oberbefehlshaber der Armee gehorchen werde. „Aber", fragte General Arnold, „hätten Ihre Kameraden im Fliegerkorps angesichts Ihres Standpunkts dann Vertrauen zu Ihnen?" Ich erwiderte, daß ich nicht in das Fliegerkorps zurückkehren wolle, wenn ich nicht das Vertrauen meiner Kameraden und meiner Vorgesetzten besäße.

Das Gespräch dauerte insgesamt etwa eine halbe Stunde. Schließlich sagte ich Arnold und Lovett, angesichts der Einstellung mir gegenüber scheine es mir ein Fehler, wenn ich zum gegenwärtigen Zeitpunkt in das Fliegerkorps zurückkehrte, und es sei wohl besser, wenn ich meinen Kriegsbeitrag in der Flugzeugindustrie leistete.

Sie schienen über diesen Vorschlag überrascht zu sein. Damit hatten sie offensichtlich nicht gerechnet. Ich glaube, sie waren möglicherweise darauf vorbereitet, mir einen unwichtigen Posten zu geben, wenn ich hart genug drängte, vor allem, solange ich eine Erklärung abgab, die wenn auch nur entfernte Ähnlichkeit mit einem Widerruf hatte. Nach einem kurzen Zögern stimmten sie jedoch beide zu, das sei der beste Weg; sie schienen erleichtert, daß wenigstens vorübergehend eine Lösung gefunden worden war.

Ehe ich ging, sagte ich Lovett, daß es sich hier offensichtlich um eine politische Frage handle; ich fragte ihn, ob von seiten der Regierung etwas dagegen eingewendet werden würde, daß ich aktiv an einer kommerziellen Gesellschaft wie etwa Pan American Airways, Curtiss-Wright oder United Aircraft mitwirkte. Lovett sagte, er glaube das nicht. Soweit das Kriegsministerium in Betracht käme, glaube er, daß man mich dabei unterstützen werde.

Arnolds Abschiedsworte waren: „Ich glaube, Sie *können* einen Weg finden, das alles in Ordnung zu bringen." Arnold und Lovett schienen beide freundlich zu sein, ich hatte aber immer den Eindruck, daß sie an Befehle von weiter oben dachten. Sie befanden sich beide in einer sehr schwierigen Position – besonders Arnold, mit dem ich während der Monate, die ich 1939 im Fliegerkorps gedient hatte, in sehr enger Verbindung gestanden hatte und der, dessen bin ich sicher, mit der Politik des Präsidenten keineswegs völlig einverstanden ist. (Im Gegenteil glaube ich sogar, daß die meisten Offiziere der Armee mit der Außenpolitik des Präsidenten nicht einverstanden waren.) Arnold und Lovett wußten beide, daß die Situation mit „politischem Dynamit geladen" war, und sie handelten demgemäß.

Es geht mir gegen den Strich, in Kriegszeiten nicht aktiv zu sein, ich halte es aber nicht für ratsam, meinen Weg mit Gewalt zurückzuerzwingen. Die nächsten paar Wochen werden viele Entwicklungen bringen, und die allgemeine Haltung des Landes wird einem großen Wandel unterworfen werden. Ich bin überzeugt, daß mein Standpunkt hinsichtlich des Krieges richtig war und daß man das schließlich auch anerkennen wird.

Donnerstag, 15. Januar
Stimson erklärt, Ziel der Armee für 1942 seien 3,600.000 Mann;
zusätzlich Fliegerkorps von 2,000.000.

Freitag, 16. Januar
US-U-Boot versenkt japanischen 17.000-Tonnen-Dampfer.

Am Nachmittag ins Kapitol zu Senator Wheeler. Eine halbe Stunde mit ihm über den Krieg diskutiert.

Als ich den Raum verließ, warteten Reporter und Fotografen an der Tür. Ich schüttelte ihnen die Hand und sagte ihnen, ich hätte nichts zu sagen. Die Reporter wollten etwas über meinen „neuen Job" wissen. Augenscheinlich hatte das Kriegsministerium bekanntgegeben, daß ich mit seiner vollen Billigung an einem „Projekt" arbeite, das „für die Regierung von vitalem Interesse" sei! Die Erklärungen des Kriegsministeriums sind erstaunlich und verwirrend. Was bedeutet es? Bedeutet es, daß jede Arbeit, die ich in der Luftfahrtindustrie übernehme, das „Projekt" von „vitalem Interesse" sein wird, das ich „mit ihrer vollen Billigung" übernehme?

Sonntag, 18. Januar
Die Briten nehmen den Malfaya-Paß. Die Japaner rücken weiter auf
Singapur vor. US-Marine meldet die Versenkung weiterer japanischer
Schiffe.

Besuchte ein Wochenschaukino. Bei den Kriegsbildern wurde fast nicht geklatscht. Es ist klar, daß das amerikanische Volk *keine Begeisterung für den Krieg* empfindet.

New York erscheint jetzt an einem Sonntagabend fremdartig. Die meisten Schaufenster sind dunkel, in den Gebäuden sind nur wenige Fenster beleuchtet. Die Straßen erinnern mich an London, viel von dem „Betrieb" ist verschwunden. Tatsächlich ist mir New York so fast lieber. Wenigstens hat es gelernt, nachts zu Bett zu gehen, wie das eine anständige Stadt tun sollte.

Montag, 19. Januar
Schritte, um die Gewerkschaften CIO und AFL zu vereinigen.

Am ersten Teil des Vormittags Telefonate. Mit dem Taxi zum La-Guardia-Flughafen, um meinen Pilotenschein wieder für gültig er-erklären zu lassen. Es gibt immer mehr Papierkrieg und Verwirrung. Ich mußte mir von beiden Händen Fingerabdrücke machen lassen, manche sogar zweimal. Wenn wir in unserem Land nicht vorsichtig sind, werden wir bald so viele Leute brauchen, die die Vorschriften ausführen, daß nicht genügend Leute übrig bleiben, für die sie bestimmt sind.

Dienstag, 20. Januar
Viertes amerikanisches Schiff vor der Atlantikküste torpediert.

Montag, 26. Januar
Marine versenkt fünf japanische Transporter. Norwegischer Tanker 55 Kilometer vor der Küste von New Jersey torpediert. Gegenangriff amerikanischer Streitkräfte auf der Halbinsel Bataan. Russen melden fortgesetzte Durchbrüche.

Dienstag, 27. Januar
Amerikanische Expeditionsstreitmacht landet in Nordirland. Marine torpediert japanischen Flugzeugträger. Japanischer Vormarsch in Malaya. Britischer Rückzug in Libyen.

Sonntag, 1. Februar
Briten ziehen sich auf die Insel von Singapur zurück. Die Japaner nehmen Moulmein.

Montag, 2. Februar
Die Marine greift japanische Basen auf den Marshall- und Gilbert-
Inseln an. Die Japaner beginnen mit der Beschießung von Singapur.
Russen melden fluchtartigen deutschen Rückzug in der Ukraine.
Achsenkräfte rücken in Libyen neunzig Kilometer vor.

Dienstag, 3. Februar
Japanische Angriffe auf der Halbinsel Bataan abgewiesen. Allgemeines
Vordringen der Japaner in Ostindien. Vormarsch der Achsenkräfte
in Libyen. Russen melden weitere Erfolge.

Um 10 Uhr Unterredung mit Juan Trippe. Ich hatte Pan American
meine Mitarbeit angetragen, ihn aber gebeten, die „offizielle" Meinung
dazu zu erforschen. Juan sagte, er habe mit dem Kriegsministerium
gesprochen, und „man" sei durchaus einverstanden, daß ich an den
„Projekten" von Pan Am teilnehme. Aber, so sagte er, als er dann
mit dem Weißen Haus sprach, sei „man" sehr zornig auf ihn gewesen,
daß er das Thema auch nur erwähnt habe, „man" habe ihm gesagt,
sie wünschten nicht, daß ich in irgendeiner Eigenschaft mit der Pan
American in Verbindung stehe. Er sagte, die Stimmung im Weißen Haus
sei außerordentlich stark gegen mich. Juan schien über die ganze
Situation sehr verärgert zu sein. Er stimmte mit mir überein, daß es
nicht ratsam sei, wenn ich jetzt eine Verbindung mit seiner Gesellschaft
einginge, schlug aber vor, daß die Tür offenbleiben solle, weil sich
Einstellung und Umstände später ändern könnten.

Mittwoch, 4. Februar
Japanische Bomber greifen Java und Süd-Neuguinea an. Die Briten
räumen Derna. Ausschuß für auswärtige Angelegenheiten billigt
Roosevelts Ersuchen um eine Halbmilliardenanleihe für China.

Donnerstag, 5. Februar
Dinner in meinem Zimmer im Engineers Club mit Boris Bachmeteff.
Wir sprachen über den Krieg und die Entwicklung auf der ganzen
Welt. Bachmeteff erzählte mir von einem Dinner, an dem er kürzlich
teilgenommen hatte. Die meisten Gäste waren Angehörige von inter-
ventionistischen Gruppen, wie dem Komitee „Verteidigt Amerika durch

Hilfe an die Alliierten". Sie sprachen darüber, was nach dem Krieg mit Deutschland geschehen solle. Der erste Vorschlag dieser Verteidiger der Zivilisation war, daß alle männlichen Deutschen zwischen zehn und sechzig Jahren getötet werden sollten. Nachdem sie das diskutiert hatten, entschieden sie, daß es doch nicht gut möglich sei, man schlug also vor, statt sie zu töten, sie einfach zu sterilisieren. Bachmeteff sagte, daß die Diskussion sich einen großen Teil des Abends auf dieser Linie bewegt habe. Schließlich sei er ebenfalls um seine Meinung gefragt worden. Er erwiderte, zuerst gäbe es ein anderes Problem, nämlich das, den Krieg zu gewinnen. Er sagte, einige Leute hätten ihn dadurch überrascht, daß sie ihm zustimmten. Das interventionistische Gedankengut scheint also doch einige Fortschritte gemacht zu haben!

Samstag, 7. Februar
Die Torpedierung amerikanischer Schiffe hält an. Schiffssituation kritisch.

Lunch mit Dean Lyman und Familie. Ich sprach mit Dean über die Arbeit an einem Projekt für United Aircraft. Er rief Lovett im Kriegsministerium an, um eine Verabredung zu treffen. Lovett sagte ihm, das Kriegsministerium würde eine derartige Verbindung unterstützen und sogar so weit gehen, daß es „einen Regenschirm über die United halten würde"!

Dienstag, 10. Februar
Japaner errichten Brückenkopf auf der Insel Singapur. Batavia angegriffen. Die „Normandie" brennt im Dock und kentert. Die Spannung zwischen Vichy und den Vereinigten Staaten wächst.

Dean Lyman rief an. Er sagte, er habe Lovett im Kriegsministerium gesprochen, sie wären „froh" über eine Verbindung zwischen mir und der United. Er sagte auch, er habe Nachricht von Stephen Early, daß der Präsident gegen diese Verbindung keine Einwände hätte! Early sei der Meinung, ich sollte im Fliegerkorps sein – aber „einige Herren im Weißen Haus" dächten eben anders! Aber eine neue Komplikation habe sich ergeben. Ein Senator hätte einen Angriff auf die United Aircraft eröffnet, weil sie in den Jahren vor dem Krieg Flugzeug-

zubehör an Deutschland und Japan verkauft habe. Natürlich hatte ich
damit nicht das geringste zu tun, aber man meint, es sei nicht ratsam,
wenn ich unter diesen Umständen jetzt in eine Verbindung mit der
Gesellschaft eintrete, und ich stimme dem zu. Dieser Krieg nimmt
für uns einen schlechten Verlauf, und die Leute werden einen Sünden-
bock suchen. Die United wird unter schweren Beschuß geraten, weil
sie das Material verkauft hat, das der Feind jetzt gegen uns verwendet.
   Ich denke, ich werde jetzt mit Guy Vaughan wegen einer Verbindung mit Curtiss-Wright sprechen. (Curtiss-Wright hat Material
an Rußland verkauft, aber dagegen ist ja jetzt nichts einzuwenden.)

Freitag, 13. Februar
Deutsche Flotte durchfährt den Ärmelkanal. US-Marine gibt bekannt,
daß während des Angriffs vom 31. Januar auf die Marshall- und
Gilbert-Inseln insgesamt sechzehn japanische Schiffe zerstört wurden.
Japanische Truppen am Stadtrand von Singapur, Japan meldet die
Einnahme von Bandjarmasin und Makassar. Die Russen melden
weiterhin Erfolge, Stimson befiehlt, die ganze Armee gegen Gelbfieber
impfen zu lassen.

Montag, 16. Februar
Singapur kapituliert. Die Japaner landen in Süd-Sumatra und rücken
in Burma vor.

Mittwoch, 18. Februar
Kongreß bewilligt 32 Milliarden Dollar Kriegsausgaben. Japan benennt
Singapur in „Shoonan" um. Walsh und Johnson fordern angemessene
Verteidigung unserer Küsten.

Mittwoch, 25. Februar
Japaner rücken in Burma vor. Russen behaupten, die 16. deutsche
Armee sei südwestlich von Leningrad umzingelt. Japanisches U-Boot
beschießt kalifornische Ölraffinerie.

Rief (von Martha's Vineyard aus) Guy Vaughan an. Er sagt, er habe
mit leitenden Herren von Curtiss-Wright gesprochen und werde bei

der nächsten Gelegenheit bei Roosevelt sondieren. Er sagt, je mehr er darüber nachdenke, desto mehr finde er, daß die Situation „mit Dynamit geladen" sei.

Ich frage mich allmählich, ob ich bei jedem Versuch blockiert werde, mein Teil im Krieg zu leisten. Ich bin immer für das eingetreten, was ich im Interesse des Landes für das Beste hielt, und nachdem wir jetzt im Krieg sind, will ich auch für mein Land kämpfen, auch wenn ich den Krieg für töricht und katastrophal halte. Unsere Entscheidung ist gefallen, jetzt müssen wir kämpfen, um unsere nationale Ehre und unsere nationale Zukunft zu wahren. Ich habe in der Vergangenheit immer geglaubt, daß jeder amerikanische Bürger das Recht habe, im Frieden seine Meinung zu sagen und im Krieg für sein Land zu kämpfen. Die Regierung Roosevelt scheint aber anders zu denken.

Montag, 2. März
Japanischer Vormarsch auf Java. Beide Seiten melden schwere Schiffs-verluste. Deutsche U-Boot-Tätigkeit im Atlantik hält an.

Freitag, 6. März
Japanische Armeen 20 Kilometer vor Batavia.

Guy Vaughan rief aus New York an. Er sagt, seine Nachfragen in Washington hätten ergeben, daß das Weiße Haus meine Arbeit an dem Curtiss-Wright-Projekt sehr ungünstig aufnehmen würde.

Montag, 9. März
Die Japaner landen in Salamaua und Lae, Neuguinea, sie melden die Eroberung von Rangun und die Kapitulation der holländischen Armee auf Java. McArthurs Streitkräfte halten sich auf Bataan. RAF bombar-diert wieder den Raum von Paris. Russen melden neuen Vormarsch.

Dienstag, 10. März
Die niederländische Exilregierung in London dementiert die japanische Behauptung von der Kapitulation Javas. Die US-Marine meldet die Versenkung weiterer japanischer Kriegsschiffe durch U-Boote. Die Briten bestätigen Rückzug aus Rangun.

Donnerstag, 12. März
Hartnäckige Gerüchte über eine alliierte Invasion in Norwegen in naher
Zukunft. Deutsches Schlachtschiff „Tirpitz" operiert im Atlantik.

Montag, 16. März
Lunch mit Harry Bennett in Dearborn. Nach dem Lunch besuchten
wir die Ford-Marineausbildungsschule, wo 2000 junge Männer ausgebildet werden. Ich schilderte Bennett die Schwierigkeiten, die ich bei
meinen Versuchen gehabt hatte, mit Pan American, United Aircraft und
Curtiss-Wright zusammenzuarbeiten, und besprach die Möglichkeit
einer Verbindung mit Ford (Henry Ford ist in Georgia).
    Bennett kam kürzlich von der Westküste zurück. Er erzählte mir,
der „japanische Luftangriff" auf Los Angeles, der kürzlich in den
Zeitungen gemeldet worden war, sei durch eine Anzahl unserer eigenen
Bomber vom March Field verursacht worden.
    Um 12.30 Uhr mit dem Zug nach Chicago.

Donnerstag, 19. März
Die Marine meldet, daß dreiundzwanzig japanische Schiffe, darunter
zwölf Kriegsschiffe, in Stützpunkten auf Neuguinea versenkt oder be-
schädigt wurden. Japanischer Vormarsch in Burma. Die Russen melden
Fortschritte. Zwei weitere Frachter vor der Atlantikküste versenkt. In
den atlantischen Staaten neuerdings Benzinrationierung.

Samstag, 21. März
Japanischer Vormarsch auf Toungoo, Burma.

Harry Bennett rief von Detroit aus an. Er sagte, Ford wolle mit mir
wegen meiner Mitarbeit in seiner Bomberfabrik sprechen. Ich stimmte
zu, ihn am Dienstagvormittag in Detroit zu treffen.

Dienstag, 24. März
Die schwedische Armee mobilisiert.

Um 12.30 Uhr in Detroit angekommen. Ein Ford-Fahrer wartete auf
mich und brachte mich in Bennetts Büro. Lunch mit Henry Ford,

Bennett, Cameron und anderen leitenden Angestellten der Ford-Gesellschaft. Nach dem Lunch holten wir Sorensen ab und fuhren zur Bomberfabrik in Willow Run. Die Fabrik ist seit meinem letzten Besuch weit vorangekommen, die Rollfelder gebaut, die Gebäude fast fertig und die Maschinen zum großen Teil installiert.

Von der Bomberfabrik fuhren wir zu der Fabrik in Rouge zurück. Unterwegs fragten Ford und Sorensen, ob ich nach Detroit kommen und ihnen in der Bomberfabrik helfen wolle. Ich erwiderte, das würde ich sehr gern, ich hielte es aber für sie und für mich ratsam, vor einer endgültigen Entscheidung mit dem Kriegsministerium zu sprechen. Ford war zuerst dagegen, deshalb das Kriegsministerium zu fragen, ich erinnerte ihn aber, daß wir in der Zukunft viel mit dem Ministerium zu tun haben würden und daß ein guter Start sehr vorteilhaft wäre. Ford stimmte zu. Ihn ärgert die Vorstellung, daß er jemand darum fragen muß, was er in seiner eigenen Fabrik tun darf. (Und in der Tat ärgert es mich ebenfalls, die Regierung um die Erlaubnis fragen zu müssen, wenn ich eine Verbindung zu einer kommerziellen Firma aufnehme, das hat verdammt zu viel Ähnlichkeit mit Rußland!)

Mittwoch, 25. März
Eine Gruppe amerikanischer freiwilliger Flieger zerstört vierzig japanische Flugzeuge auf dem Flugplatz von Chiengmal, Thailand. Die Japaner greifen Corregidor mit vierundfünfzig Bombern an. Die Marine meldet, daß in der Nähe von Java zwei weitere Zerstörer verlorengingen – „Pillsbury" und „Edsall".

Fuhr zur Bomberfabrik und ging am Rest des Vormittags mit Roscoe Smith die Entwürfe und das Beschaffungsprogramm durch.

Der Zeitplan fordert, daß der erste Bomber durch Ford im Mai produziert wird. Nach dem Zustand der Fabrik erscheint es mir sehr schwer, dieses Programm zu erfüllen. Ford verwendet jedoch Fabrikationsmethoden, mit denen ich nicht sehr vertraut bin, und ich muß mit meinem Urteil warten, bis ich mehr weiß. Natürlich werde ich, wenn ich in die Fabrik eintrete und wir hinter dem Programm zurückbleiben, einen großen Teil der Schuld aufgelastet bekommen, ob ich nun damit etwas zu tun hatte oder nicht. Wir stehen aber im letzten Märzdrittel, ein gewisser Teil der Maschinen ist noch nicht installiert, es wird also fast ein kleines Wunder nötig sein, wenn die Produktion viermotoriger Bomber im April in Gang kommen soll. Ford hat jedoch Fertigteile für zwei Bomber, die von der Consolidated-Fabrik in San Diego geliefert wurden. Sie könnten wahrscheinlich bis Mai – oder sogar bis April – montiert werden, und auf diese Weise könnte die erste Maschine sozusagen rechtzeitig produziert werden, wenn auch im abgekürzten Verfahren. (Die noch zusammenzusetzenden Bomber wurden angeschafft, damit wir anhand ihrer Fertigstellung die bestmögliche Anlage von Maschinen und Fließbandmethoden studieren können.)

Um 17.45 Uhr mit der Bahn nach Washington.

Donnerstag, 26. März
Die Japaner erobern die Andamanen. Japanische Streitkräfte rücken in Burma vor.

Ging zum Munitions Building zu einer Verabredung mit Lovett um 14.15 Uhr. Er sagte, seiner Meinung nach sei eine Verbindung mit Ford ausgezeichnet! Lovett war sehr freundlich. Ich entnehme seinen Worten, daß das Kriegsministerium keineswegs für meine Schwierigkeiten, wieder in die Luftfahrtindustrie zu kommen, verantwortlich war. Diese Hindernisse dürften ausschließlich aus dem Weißen Haus stammen. (Die innere Verwirrung daheim und die Rückschläge an den Kriegsschauplätzen haben Roosevelt nicht weniger rachsüchtig gemacht, anscheinend aber doch etwas diskreter.) Lovett sagte mir, er hege keinen Zweifel, daß Ford Flugzeuge in großer Stückzahl herstellen könne, die Frage sei nur, ob auch in hervorragender Qualität. Er sagte, er bezweifle, daß es der Gesellschaft gelinge, ihr Programm zu erfüllen, das einen Produktionsbeginn im Mai erfordere. Lovett sagte auch, der Rest der Industrie sei sehr entschieden *gegen* den Einbruch von Ford in die Flugzeugbranche, man hoffe dort, daß das Programm *nicht* erfüllt werden könnte.

Freitag, 27. März
Japaner setzen den Vormarsch in Burma fort. Sie bombardieren Corregidor. Die RAF greift das Ruhrgebiet an. Churchill sagt, die Schlacht im Atlantik habe „augenblicklich" eine Wendung zugunsten der Achse genommen.

Montag, 30. März
Indien wird der Dominionstatus „nach dem Krieg" angeboten, wenn es
jetzt mit England zusammenarbeitet. Erneute japanische Angriffe
auf Bataan bleiben erfolglos.

Den ganzen Tag gepackt, letzte Vorbereitungen getroffen.

Mittwoch und Donnerstag, 1. und 2. April
Japanische Streikräfte landen in Akjab, 110 Kilometer von der
indischen Grenze entfernt. RAF greift Ziele in Deutschland, Belgien
und Frankreich an.

Um 4.30 Uhr aufgestanden, um 5 Uhr mit dem Mercury abgefahren.
Hielt nur zum Tanken und um Sandwiches zu kaufen, die ich
unterwegs aß. In einer Kleinstadt eine halbe Stunde Pause für ein warmes
Abendessen. Fuhr die ganze Nacht durch.
   Hielt kurze Zeit nach Tagesanbruch zum Frühstück, hatte keine
Schwierigkeiten, wach zu bleiben. Kam um 9.30 Uhr im Dearborn-Inn
an – fast 1500 Kilometer von der Seven Gates Farm. Nahm ein Zimmer,
badete und rief Bennetts Büro an. Er war für den Tag verreist. Fuhr
nach Willow Run ins Werk und verbrachte fast den ganzen Tag mit
Roscoe Smith. Wir sahen uns die Produktions- und Beschaffungszahlen
an und machten uns mit dem Personal bekannt. Ich sagte Smith,
meiner Meinung nach lägen die schwachen Stellen in der Produktion
in den Käufen von anderen Firmen und in der End-Detailmontage,
dem Versagen von Lieferanten, ihre Lieferfristen zu erfüllen, usw.
Seiner Meinung nach sind diese Dinge alle in Ordnung; wenn sie es
tatsächlich sind, hat Ford das Wunder in der Flugzeugproduktion
geschafft.
   Das Werk in Willow Run ist eine gewaltige Sache – soweit das Auge
reicht Maschinen, Prüfstände, geteerte Holzböden und eifrige Arbeiter.
Es ist eine Art Grand Canyon in einer mechanisierten Welt. Man
kann es nicht von heute auf morgen in sich aufnehmen.
   Am Spätnachmittag einstündiger Testflug in einem Bomber, einer
B-24 (Liberator). Das ist eine Maschine, die in den Consolidated-
Werken in San Diego gebaut wurde. Das Werk von Willow Run wird
erst in einigen Wochen in Produktion gehen. Die Bomber, die in San
Diego gebaut werden, heißen B-24 C, die in Willow Run produzierten
werden die Bezeichnung B-24 E erhalten. Sie werden beide nach

Consolidated-Plänen gebaut und aerodynamisch gleich sein, die B-24 E
weisen einige Veränderungen auf, die wegen der Massenproduktion
nötig sind.

Ich bin von diesem Bomber nicht allzu beeindruckt. Die Linien-
führung erscheint unnötig plump, die Einzelheiten der Konstruktion
könnten sicherlich verbessert werden. Als ich ihn erst wenige Minuten
geflogen hatte, stellte ich bereits fest, daß die Kontrollhebel die
steifsten und schwersten sind, die ich je bedient habe. Ich finde auch,
daß die MGs unzulänglich installiert sind, und ebenso die Panzerung.
Ich möchte wahrlich nicht in einem Bomber dieses Typs sitzen, wenn
ihn einige Jäger fassen. Hier können und sollen noch viele Verbesserungen angebracht werden, ehe amerikanische Flieger mit diesen
Maschinen in den Kampf geschickt werden.

Freitag, 3. April
Briten ziehen sich in Burma weiter zurück. Die RAF bombardiert
das besetzte Frankreich. Massenunruhen zwischen weißen und Neger-
truppen in Fort Dix. Drei Tote. Chinesische Truppen greifen in Burma
an. Cripps erhält in den Indienverhandlungen freie Hand.

Den Tag zwischen den Werken in Rouge und Willow Run verbracht.
Produktions- und Beschaffungszahlen, Pläne der Flugzeugmontage
studiert, die Maschine selbst durchgesehen und versucht, mich weiter
mit der Ford-Organisation und den Methoden vertraut zu machen.
Man kennt eine Organisation nie, wenn man nicht ihre Sorgen,
Eifersüchteleien und inneren Spannungen kennengelernt hat, und das
erfordert häufig viel Zeit.

Samstag, 4. April
Die Marine meldet den Verlust des Flugzeugtenders „Langley", des
Zerstörers „Peary" und des Tankers „Pecos". Die „Langley" wurde
am 27. Februar versenkt. US-Bomber greifen japanische Flotte in der
Bucht von Bengalen an — ein Kreuzer und drei Truppentransporter
als getroffen gemeldet. Ferner Meldung von der Versenkung von sieben
alliierten Schiffen im Atlantik und der Karibischen See.

Die Kriegsnachrichten sind so zensiert und werden oft so verspätet
gemeldet, daß es zwecklos ist, diese Eintragungen objektiv zu machen.

Statt tatsächlich und objektiv zu sein, repräsentieren sie die Nachrichten, die in der Tagespresse vertreten sind. Unsere Erfolge stehen in den Schlagzeilen, die unserer Feinde werden unterdrückt. Ich versuche, eine Auswahl zu treffen, Trivialitäten wegzulassen usw., aber nachdem so viele Nachrichten offensichtlich überhaupt nicht gedruckt werden, ist eine intelligente Auswahl unmöglich. Wahrscheinlich würde ich mehr erreichen, wenn ich alltäglich die hinteren Seiten sorgfältiger studieren könnte. Ich stelle fest, daß die Nachrichten, die auf den hinteren Seiten versteckt sind, oft die wichtigsten sind.

Montag, 6. April
Briten schießen 75 japanische Flugzeuge ab, die Ceylon angriffen. Japaner setzen Angriff auf Bataan fort. Russen melden hohe deutsche Verluste an Menschen und Material. Japanische Luftangriffe auf Indien.

Dienstag, 7. April
Tschungking, China, meldet, daß Einheiten der amerikanischen Luftwaffe in Burma kämpfen. Die Japaner beginnen schwere Angriffe auf Bataan. Britische Flotte operiert in der Bucht von Bengalen.

Mittwoch, 8. April
General Marshall und Harry Hopkins treffen in einer „kriegswichtigen Mission" in London ein. Achsenkräfte rücken in Libyen vor. Luftangriffe auf Malta und Alexandria. Japanisches Vordringen auf Bataan. Lage kritisch. Benzinration im Osten und Nordwesten soll weiter gekürzt werden. Russische Streitkräfte überschreiten den oberen Dnjepr, um den deutschen Bogen vor Moskau anzugreifen. Weiterhin schwere alliierte Schiffsverluste. Die RAF und die Deutschen führen Bombenangriffe durch.

Um 8.20 Uhr in Washington zum Wardman-Park-Hotel, wo ich mehrere Telefonate führte und meinen Tagesplan festlegte. Zum Social Security Building zu Mr. Meigs (Luftfahrtabteilung des Kriegsproduktionsdirektoriums). Kam zu früh, ging zehn Minuten spazieren. Bei dieser Art von Leben ist es schwierig, sich genügend auszulaufen. Ich vermisse bereits den Wald und den Strand von Martha's Vineyard.

Meigs war zu einer Konferenz weggerufen worden, deshalb sprach ich
eine Stunde mit seinen Beamten und ging Pläne für eine Produktion
von Großbombern durch.

Der gegenwärtige Plan erfordert für 1943 eine monatliche Produktion
von 1300 viermotorigen Bombern. Materialknappheit wird aber
wahrscheinlich Verzögerungen in dem Produktionsplan bewirken.
Es besteht bereits eine ernste Knappheit an Nickel, Stahl, Kupfer und
anderen wesentlichen Rohstoffen. Zudem besteht eine große Verwirrung
in der Zuweisung dieser Rohstoffe (ein Teil der allgemeinen Verwirrung, die in Washington existiert). Einer der Beamten von Meigs'
Abteilung erzählt, der für die Flugzeugproduktion zur Verfügung
stehende Nickelstahl sei (durch Prioritätszuteilung) auf fünfzig Prozent
reduziert worden, es standen keine Informationen zur Verfügung, wie
diese fünfzig Prozent innerhalb der Flugzeugindustrie nach einem
vernünftigen Schlüssel verteilt werden könnten. Er sagte, man habe
schließlich beschlossen, die verfügbaren Listen von Kontrakten durch-
zugehen und den Nickelstahl nur jenen Projekten zuzuteilen, die, wie
man wußte, keine Ersatzrohstoffe verwenden konnten. Man stellte
aber fest, daß die Listen unvollkommen waren und die Numerierung
wirr. In einem Fall hätte man festgestellt, daß eine große Menge Nickelstahl einer Bestimmungszahl zugeteilt worden sei, unter der, wie sie in
ihren Listen sahen, Tinte angefordert wurde!

Um 15 Uhr im Munitions Building, Zimmer 2000. Ich wurde drei
Piloten des Fliegerkorps vorgestellt, die eben aus der Kriegszone Pazifik
zurückgekehrt waren, den Captains Wheless, Green und Smelser. (Ich
hatte das Kriegsministerium um eine Verabredung mit Piloten gebeten,
die viermotorige Bomber im Einsatz geflogen hatten.) Diese Männer
waren auf den Philippinen, Java und in Australien gewesen. Bei einem
dieser Einsätze war der größte Teil der Besatzung Captain Wheless'
verwundet worden, er kehrte mit etwa 1100 Kugellöchern in seinem
B-17-Bomber zurück, wie der Major, der ihn vorstellte, uns erzählte.

Ich stellte ihnen eine Anzahl Fragen, die ich mehr oder weniger im
Detail wiedergeben werde; ich sagte ihnen, ich hielte es für wesentlich,
daß die Hersteller von Maschinen in möglichst engem Kontakt mit
den Besatzungen blieben, die die Maschinen flogen. Es schienen ausnehmend prächtige junge Leute zu sein, ich erhielt von ihnen sehr
wertvolle Informationen.

Ich fragte sie, ob sich das System der Funksprechverbindung zwischen den Maschinen im wirklichen Einsatz als befriedigend erwiesen
hätte. Sie erwiderten, es hätte sich bis in eine Höhe von 10.000 Metern

als befriedigend erwiesen, über 10.000 Metern aber hätten sie Schwierigkeiten gehabt, durch die Gesichtsmasken zu sprechen, die sie des geringen Luftdrucks wegen tragen mußten. Mit anderen Worten, die Verständigung war durch die Gesichtsmasken nicht klar genug. Sie sagten mir, daß sie die Kehlkopfmikrofone nicht leiden könnten.

Ich fragte sie, was sie über die viermotorigen Bomber im Vergleich zu den zweimotorigen während eines feindlichen Angriffs dächten. Sie sagten, sie zögen die Zweimotorigen vor, weil sie manövrierfähiger seien.

In Beantwortung meiner Frage nach dem besten Platz für die Panzerung sagten sie, die Panzerung sei von lebenswichtiger Bedeutung, sie waren aber nicht ganz einig, *wo* sie angebracht werden sollte. Ein Offizier war dafür, sie vor dem Piloten und dem Kopiloten anzubringen, während die zwei anderen dachten, sie sei am besten an ihrem jetzigen Platz im Heck zu gebrauchen. Alle wollten mehr Panzerung, besonders für die Mitglieder ihrer Besatzung, Sie sagten, viele Männer seien getötet oder verwundet worden, weil eine ausreichende Panzerung fehlte – besonders für die Heck- und Seiten-MG-Schützen.

Als ich sie jedoch genauer befragte, stellte sich heraus, daß ihre Meinung hinsichtlich der Panzerung hauptsächlich auf der Feuerkraft und der Position der Feuerwaffen bei den Bombern basierte, die sie flogen. So hatte beispielsweise der Offizier, der eine Panzerung der Kanzel verlangte, eine B-17 geflogen, die nur mit einem MG im Heck ausgerüstet ist. Die japanischen Piloten hatten aus den Leuchtspurgeschossen festgestellt, daß das Heck seines Flugzeugs gut geschützt war. Deshalb griffen sie von vorne an und bereiteten ihm natürlich einige sehr unangenehme Augenblicke. Als ich ihn fragte, was er von der Panzerung hielte, wenn er zwei MGs Kaliber .50 in der Nase der Maschine hätte, sagte er, in diesem Fall wäre er dafür, daß sie hinten bliebe. Das beweist, wie vorsichtig man die Vorschläge der Piloten prüfen muß, wenn sie grundlegende Änderungen in der Konstruktion empfehlen.

Alle drei Offiziere sagten mir, sie hätten für Periskopvisiere für ihre MGs keinerlei Verwendung. Einer sagte, sein unterer Turm sei mit einem Periskopvisier ausgerüstet und seine Mannschaft hätte das MG unter dem Heck lose in einer zurückgerichteten Position befestigt, damit es etwas schwenken konnte; sie hätten einfach abgezogen, ohne zu zielen, wann immer eine japanische Maschine durch den Zielraum flog.

Sie sagten, die Japaner hätten großen Respekt vor Leuchtspurmunition, sie seien zwar gute und tapfere Flieger, zeigten aber keine der selbstmörderischen Neigungen, die ihnen die amerikanischen Zeitungen zuschrieben. Sie sagten, die Japaner verwendeten zumeist Zero-Jäger – einen äußerst wendigen Tiefdeckerjäger mit hoher Geschwindigkeit, die zwar unter der unserer besten Typen liegt, gegen unsere Bomber aber durchaus Chancen gibt. Diese Jäger waren gewöhnlich mit zwei 20-mm-Kanonen und sechs MGs Kaliber .27 ausgerüstet.

Ich fragte, wie oft die Wetterlage Bombenwürfe aus großer Höhe verhindert habe. Sie erwiderten, sie hätten der Wolken wegen häufig tiefer gehen müssen, und die japanischen Jäger hätten ihnen sehr „eingeheizt", wenn sie niedriger flogen. Sie sagten, in diesem Fall sei es ihr bester Schutz gewesen, in die Wolkendecke aufzusteigen. Ich fragte sie nach ihren Chancen, wenn sie von einem Jagdgeschwader gestellt wurden. Sie sagten, ihre Chancen seien gut, selbst wenn es keine Wolken als Schutz gab. Ich bemerkte, daß ihre Feststellungen hauptsächlich auf der geringen Durchschlagskraft der japanischen Waffen basierten. Sie sagten, die MG-Geschosse Kaliber .27 hinterließen nur einen Nadelstich auf der fünfachtelzölligen Panzerplatte und die 20-mm-Geschütze oder Kaliber .60, wie sie sie nannten, hinterließen wegen ihrer geringen Geschwindigkeit überhaupt keine Spuren. Hätten die japanischen Jäger allerdings ähnlich starke MGs wie unser Kaliber .50 besessen, so hätte die Sache anders ausgesehen.

Die Meinung der Offiziere über das Dreiradfahrgestell war geteilt. Ein Einwand war, daß ein Dreiradfahrgestell nicht „bodenhüpfen" würde. (Letzten Endes war das System doch geplant, um das Bodenhüpfen zu vermeiden.) Die zwei Offiziere, die den Einwand vortrugen, sagten, sie müßten oft von Rollfeldern aus operieren, die zu klein und zu naß seien, der beste Schutz gegen ein Hinausgetragenwerden bestehe im Bodenhüpfen. Sie sagten, ein starkes Bremsen habe auf einer lehmnassen Oberfläche nur wenig Wirkung, die glatten Räder rutschten nämlich einfach dahin und halfen sehr wenig, die Maschine zu verlangsamen. Ich schlug vor, Räder mit tiefen Profilen zu verwenden, sie dachten, daß das vielleicht helfen könnte.

Sie sagten, sie hätten beträchtliche Schwierigkeiten, wenn Kontrollkabel von Kugeln zerfetzt wurden, alle Kontrollkabel und auch die Sauerstoffleitungen sollten daher verdoppelt werden. Auch hätten die Bomber, die sie geflogen hatten, unzureichende Ausstiegluken, ein Fallschirmabsprung sei daher so schwierig, daß sie die Gewohnheit hatten, die Fallschirme an *bequemen* statt an leicht zugänglichen Plätzen zu verstauen.

Sie benutzten ihr Bombenvisier nicht, um die Maschine über ihr

Ziel zu fliegen, sie wollten nicht lange genug geradeaus fliegen, um das Bombenvisier automatisch in Aktion treten zu lassen, sie sagten, sie könnten die Maschine besser mit der Hand in Angriffsposition und wieder zurück fliegen.

Sie wünschten, daß der Bombenschütze ohne zu große Schwierigkeiten in den Bombenschacht kommen könne, sie hatten das Gefühl, daß in einem Bomber jeder Mann leicht zu einem anderen gelangen müßte, damit Verwundete versorgt werden könnten usw. Sie ziehen ein Einzelseitenruder für den Kampf vor. Sie sagten, ein Doppelruder komme den oberen Geschützen oft in den Weg.

Sie sagten, daß eine Davis-Tragfläche eher unter Vereisung leide als eine Clark Y.

Wenn man die Empfehlungen der Piloten in Betracht zieht, muß man sich erinnern, daß sie, auch wenn sie das heftig leugnen, technischen Weiterentwicklungen gegenüber ziemlich zurückhaltend sind. Es ist nicht angebracht, sich allzusehr auf den Bericht eines Piloten über ein Gerät zu verlassen, das er noch nicht lange genug benützt hat, um damit gründlich vertraut zu sein. Ich erinnere mich immer, wie zögernd die Piloten der Transcontinental Mail von der DH-4 auf die Douglas umstiegen, obwohl die Douglas ein weit besseres und sicheres Flugzeug war. Eine Weile bestand jeder Pilot auf zwei Maschinen, einer Douglas für gutes und einer DH-4 für schlechtes Wetter.

Als wir dann versuchten, für die Post- und Passagierflüge 1930/31 den Tiefdeckertyp einzuführen, stießen wir auf starken Widerstand der Piloten. Einer sagte, das Fliegen in einer Tiefdeckermaschine gleiche einem Rückenflug, es sei unnatürlich und würde einfach nicht klappen. Während man also sehr vorsichtig sein muß, allzu schnell gefällte Urteile zu akzeptieren, muß man anderseits immer den Ideen erfahrener Piloten gegenüber aufgeschlossen bleiben. Und die Burschen, die im feindlichen Feuer geflogen sind, haben wahrlich das Anrecht erworben, daß man ihre Empfehlungen mit äußerster Sorgfalt beachtet.

Donnerstag, 9. April
Bataan gefallen.

Um 8.20 Uhr angekommen.

Diskutierte mit Sorensen, ob es wünschenswert sei, eine eigene Flugingenieurabteilung aufzubauen. Er ist dafür, ebenso wie ich; zu meiner Überraschung schlug er vor, die beste Prozedur sei der Entwurf eines neuen Jägers, der um den neuen, mit Flüssigkeit gekühlten Ford-Motor entwickelt werden sollte.

Den Rest des Vormittags bei Sorensen, wir sahen uns das Modell des neuen Motors und dann den Testmotor an. Dann blieben wir eine halbe Stunde bei den Experimentiertanks, die Ford entwickelt, während Sorensen mit einigen seiner Ingenieure Konstruktionsmethoden besprach.

Der geplante Ford-Panzer ist weniger hoch als der Chrysler-Tank, aber beide sind nicht so niedrig wie das entsprechende deutsche Modell. Ich wies Sorensen darauf hin.

Sorensen sprach mit mir wegen meines Gehalts. Als ich die Einladung Mr. Fords angenommen hatte, für ihn zu arbeiten, hatte ich gesagt, daß ich während des Kriegs kein hohes Gehalt erhalten möchte. (Sorensen hatte mir gesagt, er werde einen Weg finden, mir mehr zu bezahlen, als die Regierungsbeamten es wünschten.) Er sagte, er habe mit Lovett gesprochen, als er in Washington war, und Lovett habe gesagt, es gäbe keine Schwierigkeiten, wenn ich monatlich 666,66 Dollar erhalten würde. Sorensen entschuldigte sich fast wegen dieser Zahl – aber ich sagte ihm, ich wolle nicht mehr, als ich bekommen hätte, wenn ich als Oberst in das Fliegerkorps eingetreten wäre.

Lunch mit Mr. Ford, Sorensen, Cameron und anderen leitenden Ford-Angestellten. Henry Ford ist erstaunlich aktiv und scharfsinnig, er wird von seinen Leuten sehr respektiert. Mit großem Interesse höre ich ihm zu und beobachte die Reaktion der Männer, mit denen er spricht – ihr Interesse, wenn sich sein Genie zeigt, und ihr Schweigen, wenn er offensichtlich unpraktischen Ideen nachhängt. Meiner Meinung nach durchdringt sein Genie aber auch seine unpraktischen Ideen. Gewöhnlich enthalten diese etwas, das eine Untersuchung wert ist, ganz gleich, wie wild sie auf den ersten Blick erscheinen mögen.

Freitag, 10. April

Washington gibt bekannt, auf Bataan hätten sich 36.000 Mann amerikanische und philippinische Truppen befunden, man berichtet, 3500 hätten Corregidor erreicht. Die Japaner versenkten im Indischen Ozean zwei britische schwere Kreuzer und den Flugzeugträger „Hermes". Italienischer Kreuzer und mehrere Nachschubschiffe im Mittelmeer durch britische U-Boote versenkt. Britische Vorschläge an Indien zurückgewiesen.

Fuhr zur Bomberfabrik. Mit Ed Scott, der die technische Abteilung in Willow Run leitet, technische Probleme besprochen. Scott ist schon viele Jahre bei Ford, hat aber wenig Erfahrung im Flugwesen. Er sieht das ein und hat Flugzeugingenieure zu seiner Unterstützung eingestellt. Wenn er es versteht, seine Ingenieure gut auszuwählen, und wenn er aufgeschlossen genug ist, ihren Empfehlungen zu folgen, wird seine mangelnde Erfahrung im Flugingenieurwesen kaum Nachteile mit sich bringen.

Durch Scott habe ich nun ein viel klareres Bild über die Beziehungen zwischen Ford und der Consolidated als bisher. Anscheinend muß jede Änderung in der Konstruktion, die die Ford-Gesellschaft vornimmt, von den Ingenieuren der Consolidated überprüft und autorisiert werden. Ford kann Änderungen aus Gründen der Massenproduktion vorschlagen usw. Aber diese Änderungen müssen das O. K. von Consolidated erhalten. Im Gegensatz zu einer Anzahl von Ford-Angestellten sagte Scott, die Consolidated habe, von Kleinigkeiten abgesehen, gute Zusammenarbeit bewiesen. Die Ford-Ingenieure hätten die Konstruktionszeichnungen für die B-24 völlig neu anfertigen müssen, weil die Zeichnungen der Consolidated unzureichend und ungenau gewesen seien. In einer Anzahl von Jahren seien Änderungen vorgenommen worden, die nicht in die Konstruktionszeichnungen eingetragen wurden. Scott sagt, die Schablonen und Zeichnungen der Consolidated stimmen oft nicht miteinander überein.

Samstag, 11. April
Japanische Streitkräfte landen auf der Philippineninsel Cebu. Briten geben Zusammenbruch der Verhandlungen mit Indien zu. Cripps erklärt, der Vorschlag, den er nach Indien mitgebracht hat, sei zurückgezogen. Roosevelt trifft Maßnahmen, um die Inflation zu bremsen — man erwartet Lohn- und Preisstopp.

Montag, 13. April
Schwere RAF-Angriffe auf deutsche und italienische Waffenfabriken. Churchill sagt, eine starke japanische Schlachtflotte operiere im Golf von Bengalen. Spannung zwischen Rußland und Japan. Bombenangriffe auf Corregidor halten an. Russen melden weitere Erfolge.

Mittwoch, 15. April
Die Spannung zwischen den USA und Frankreich wächst. Deutsch-
land verstärkt die Befestigungen an der Kanalküste. Schwere RAF-
Angriffe auf den Kontinent. Japanische Streitkräfte nahe den Ölfeldern
von Burma. Russen melden Durchbruch durch die deutschen Linien
nahe Wjasma.

Samstag, 18. April
Einer japanischen Meldung zufolge greifen amerikanische Bomber
Tokio, Yokohama, Kobe und Nagoja an. Laval stellt in Frankreich
neues Kabinett zusammen. Die Japaner erobern die Philippineninsel
Cebu. Russen melden neuen Vormarsch im Raum Smolensk. Beziehun-
gen zwischen USA und Frankreich als kritisch bezeichnet.

Mittwoch, 22. April
Roosevelt soll vorhaben, Löhne, Gewinne und Gesamteinkommen zu
begrenzen. Britische Kommandos greifen die französische Küste an.

Lunch mit Henry Ford und leitenden Angestellten. Besprachen lange
die Knappheit an Schrottmaterial (Eisen, Kupfer usw.) Sorensen sagt
in bezug auf die Willow-Run-Bomberfabrik, es sei das erstemal in
seinem Leben gewesen, daß er eine Fabrik gebaut habe, ohne zu wissen,
woher das Rohmaterial, das diese Fabrik braucht, komme. Die leitenden
Angestellten von Ford haben das Gefühl, daß die Regierung das Kriegs-
wirtschaftsprogramm eher behindert als fördert.

Montag, 27. April
Schwere Angriffe auf Deutschland halten an – Pilsen, Rostock und
andere Städte. Die deutsche Luftwaffe greift Bath und andere englische
Städte an. Japanischer Vormarsch in Burma und fortwährende Bom-
bardierung von Corregidor. Registrierung aller männlichen Bürger
zwischen fünfundvierzig und fünfundsechzig soll heute zu Ende geführt
werden.

Anne hat bei der Suche nach einem Haus nicht sehr viel Glück. Sie
sind entweder zu groß oder zu klein oder die Lage stimmt nicht. Überhaupt stehen nur wenige zur Verfügung.

Dienstag, 28. April
Russische Armeen greifen die Finnen im Norden an. Japaner 100 Kilo-
meter vor Lashio. Roosevelt fordert Limit für Preise, Löhne und Kriegs-
gewinne, empfiehlt gesteigerte Rationierung.

Dienstag, 5. Mai
Britische Streitkräfte greifen Madagaskar an. Weitere RAF-Angriffe
auf den Kontinent. Die Deutschen melden Seesieg in „arktischen Ge-
wässern", ein Kreuzer und sechs Frachter versenkt.

Seit ich mich erinnern kann, besteht ein Wettrennen zwischen Bombern
und Jägern. Einmal denkt man, daß der Jäger den Bomber vom Himmel
schießen wird, dann wieder sagen die Bomberenthusiasten, der Bomber
sei zu schnell und zu gut gepanzert, als daß sich ein Jäger mit ihm messen
könnte. Eine Veränderung in der Konstruktion, ein neuer Motor oder
ein Wandel in der Militärpolitik läßt den einen oder den anderen für
eine Weile einen Vorsprung erlangen; das hat aber nie sehr lange gedauert, und es gibt auch keinen Hinweis, daß ein dauernder Trend
vorherrschen wird.

Caldwell und ich besprachen die neueste Idee, die von den Anhängern des Bombers vorgebracht wurde – eine Idee, die sehr sorgfältige
Überlegung erfordert: In naher Zukunft wird nämlich die Geschwindigkeit der Bomber der Schallgeschwindigkeit (und der „Schallmauer")
so nahe kommen, daß es zwischen der Schnelligkeit des Bombers und
der Schallgeschwindigkeit keinen hinreichenden Spielraum geben wird,
um dem Jäger einen Geschwindigkeitsvorsprung vor dem Bomber zu
gewähren – es sei denn, man findet neue Methoden, die die Jäger in
Geschwindigkeitsbereichen operieren lassen, die jetzt wegen des gewaltigen Luftwiderstandes als unerreichbar gelten.

Mittwoch, 6. Mai
Washington gibt den Fall von Corregidor bekannt. Japanische Streit-
kräfte nehmen den Flugplatz von Akjab, kaum 500 Kilometer von
Kalkutta entfernt. Französische und britische Streitkräfte kämpfen
weiterhin auf Madagaskar. London meldet Unruhe unter den Generalen
der deutschen Armee.

Freitag, 8. Mai
Große „fünf Tage alte" Seeschlacht aus dem Süd-Pazifik, nordöstlich
der australischen Küste gemeldet [die Schlacht im Korallenmeer].
Laut alliierten Meldungen dreizehn japanische Schiffe versenkt oder
außer Gefecht gesetzt. Die Japaner melden fünf Schiffe, einschließlich
des US-Schlachtschiffs „California" und der US-Träger „Saratoga"
und „Yorktown", als versenkt. Benzinration für die atlantische Küste
auf wöchentlich zwölf Liter für unwichtige Fahrten festgesetzt. Ja-
panische Streitkräfte sollen die indische Grenze überschritten haben.
Briten erobern den Marinestützpunkt von Diego-Suarez auf Mada-
gaskar. Die Japaner melden die Kapitulation aller amerikanischen Streit-
kräfte auf den Philippinen. Russen melden Vormarsch im Raum Lenin-
grad. Die RAF bombardiert Stuttgart.

Um 6.20 Uhr in der Bomberfabrik. Am Vormittag zuerst Routinearbeiten. Dann zum Motorenbau der Rouge-Fabrik zu einer Konferenz
mit Sorensen betreffs der Herstellung von Jagdflugzeugen und der
Schwierigkeit, Flugzeugingenieure zu bekommen. Sorensen hat mehrere
mögliche Motorinstallationen für Jagdflugzeuge geplant.

Sorensen ist ein Mann mit einem ausnehmend starken Charakter,
aber auch mit einer Reihe von Schwächen, die oft einen starken
Charakter und offensichtlichen Erfolg begleiten. Neben seinen großen
Fähigkeiten ist er sehr eitel. Sein Vertrauen zu seinen eigenen Ideen
läßt ihm nur wenig Interesse für die Ideen anderer. Sein Herz ist so von
der Liebe zur Maschine erfüllt, daß diese die Liebe zu dem Menschen
verdrängt hat, der die Maschine führen muß. Sorensen hat den Ruf,
der beste Produktionsingenieur in den USA zu sein; er kann den Leuten
schnell geformte, mitreißende Ideen aufzwingen und sie durchsetzen
und ist bekannt dafür, im Umgang mit Menschen rücksichtslos zu sein.
Man nennt ihn den „Gußeisernen Charlie"; die Blicke der Männer richten sich auf ihre Arbeit, wenn er durch die Gänge der Fabrikhallen
geht; kein Mann will ihm in die Quere kommen – und niemand kann
das auch, ohne seinen Posten zu verlieren.

Bei den Ford-Arbeitern erzählt man eine Geschichte – ob sie wahr
ist, weiß ich nicht –, daß Charlie vor vielen Jahren durch eine Fabrik-
halle ging und sah, wie ein Arbeiter auf einer leeren Kiste saß und gemächlich und irgendwie gleichgültig das Ende eines isolierten Drahts
mit einem Messer säuberte. Sorensen, ein großer, kräftiger Mann, ging
zu ihm und trat die Kiste unter ihm weg. Der Arbeiter richtete sich
fluchend auf. Sorensen sagte ihm, er sei entlassen.

„Teufel", erwiderte der Mann, „Sie können mich nicht entlassen."
„Und warum nicht?" fragte Sorensen.
„Weil ich nicht für Mr. Ford arbeite. Ich arbeite für die Bell-Telefon-
gesellschaft."
Die Geschichte berichtet weiter, daß jetzt nur mehr Ford-Arbeiter
an Ford-Telefonen arbeiten und daß kein Mann einer Telefongesellschaft
das Werksgelände von Ford betreten darf. Ob die Geschichte nun wahr
ist oder nicht, sie gibt ein ziemlich exaktes Bild vom „Gußeisernen
Charlie" und seinem Verhältnis zu den Menschen.
Aber trotz alldem steckt in Sorensen viel, das mir gefällt und das
ich noch besser kennenlernen möchte. Er steht sicherlich weit über
dem Durchschnitt, und er ist einer der Männer, die unsere Nation zu
dem gemacht haben, was sie heute ist.

Samstag, 9. Mai
Schlagzeile „Japanische Flotte geschlagen" scheint auf einer Mitteilung
des US-Hauptquartiers in Australien zu basieren, die in etwas gemäßig-
ter Sprache besagt: „Die Schlacht vor Nordostaustralien ist vorüber-
gehend beendet, der Feind wurde zurückgeschlagen." Washington
meldet, daß siebzehn japanische Schiffe versenkt oder schwer
beschädigt wurden, die Japaner beanspruchen ebenfalls einen Sieg.

Die Arbeiter werden gehetzt, um die erste Maschine bis zum 15. Mai
fertigzustellen. Sie werden den Termin nicht einhalten können, ich
glaube aber, daß es möglich sein könnte, alles bis auf einige wenige
Einzelheiten zu schaffen. Persönlich glaube ich, wir würden Zeit
gewinnen, wenn wir nicht so drängten. Der Hauptwert dieser ersten
Maschine liegt in der Schulung der Arbeiter, und nicht darin, zu
beweisen, wie schnell der Ausstoß erfolgen kann. In unserem Land
besteht eine zu starke Tendenz, das „Zeigen" überzubetonen und die
endgültigen und weniger spektakulären Resultate zu unterschätzen –
also viel mehr Interesse an den augenscheinlichen als an den tatsächlichen
Leistungen.

Sonntag, 10. Mai
Die US-Verluste im Südpazifik werden als „verhältnismäßig leicht"
gemeldet. Schätzungen zufolge wurden 100.000 Tonnen japanischer
Kriegsschiffe versenkt. Die US-Flotte und Luftwaffe sollen die

*japanischen „Flottenreste" verfolgen. Japanischer Vormarsch auf
Kalkutta. Die Chinesen schneiden japanische Nachschublinien in
Burma ab. RAF greift weiterhin deutsche Städte an. Die Russen melden,
die Deutschen verwenden Giftgas.*

Montag, 11. Mai
*Die alliierte Verfolgung der japanischen Flotte in der Korallensee
hält an. Die Chinesen melden, die Japaner seien an der Burma-Straße
in die Flucht geschlagen. Weitere RAF-Angriffe auf Europa. Wachsende
Spannung zwischen USA und Frankreich.*

Um 8.15 Uhr in Willow Run angekommen. Am Vormittag mit Sorensen,
Roscoe Smith und anderen Pläne für eine Konstruktionsabteilung
in Zusammenhang mit der Änderung der Nase der B-24 gemacht.
Wir werden etwa einen Monat hinter dem Produktionssoll zurückbleiben.

Ich riet Smith, der morgen zu einer Konferenz mit General Wolfe
nach Wright Field fliegt, die Fakten klarzulegen und die Zeit, die nötig
ist, bis die erste Maschine durch die Fließbänder kommt, eher zu *über-*
als zu *unter*schätzen. Die Ford-Gesellschaft hat die Angewohnheit,
das Produktionsdatum vor dem von ihr tatsächlich erwarteten Zeitpunkt
anzusetzen, um die Arbeiter schärfer zupacken zu lassen. Das System
mag Vorteile haben, aber auch ernste Nachteile – besonders wenn man
es mit dem Fliegerkorps zu tun hat.

Dienstag, 12. Mai
*Deutsche Frühjahrsoffensive auf der Krim eröffnet. Krise aus Frankreich
gemeldet. Malta behauptet, daß in einem Zeitraum von 72 Stunden
101 Achsenflugzeuge abgeschossen oder beschädigt worden seien.
Chinesische Armeen melden Erfolge in Burma, eine schwere Schlacht
soll im Gang sein.*

Mittwoch, 13. Mai
*Die Deutschen melden Entscheidung auf der Krim. Die Russen be-
haupten, sie hielten ihre Linien. U-Boot versenkt Frachter im Sankt-
Lorenz-Strom. Japanische Flotte soll sich im Norden Australiens
zu einem neuen Invasionsversuch massieren. Churchill warnt vor
möglicher Luftinvasion Englands.*

Machte heute morgen meinen ersten Versuch, einen Link-Trainer zu „fliegen". Ich hatte noch nie in einem gesessen. Sie kamen erst lange, nachdem ich Postflieger war, in Gebrauch. Es ist ein seltsames Gefühl – nicht das Gefühl des Fliegens an sich; doch ich finde es schwierig, den Instrumenten mechanisch und ohne Reaktion auf Druck, Schwer- oder Zentrifugalkraft zu folgen. Es ist aber ein ausgezeichnetes Training, und ich habe die Absicht, einen vollständigen Kurs zu nehmen, sobald ich die Zeit dazu habe. Der Trainer ist viel sensibler und rücksichtsvoller als ein Flugzeug. Vierzig Minuten im Trainer, dann sah ich zu, wie einer der Willow-Run-Piloten ein simuliertes Flugproblem im Trainer löste.

Donnerstag, 14. Mai
Russen melden Durchbruch durch die deutsche Front in der Nähe von Charkow. Japanische Streitkräfte marschieren längs der Burma-Straße nach China. Französische Kriegsschiffe in Martinique bewegungsunfähig.

Freitag, 15. Mai
Die Deutschen melden die Niederlage der Russen auf der Krim, die Russen wichtige Fortschritte im Abschnitt Charkow. U-Boot versenkt Handelsschiff vor der Mississippi-Mündung. Frankreich erklärt, es sei lieber bereit, die Kriegsschiffe in Martinique zu versenken, als sie den USA zu übergeben. Die Deutschen melden die Versenkung eines amerikanischen Kreuzers und eines Zerstörers zwischen dem Nordkap und Spitzbergen.

Um 8.45 Uhr in der Douglas-B-24-Montagefabrik angekommen. Am Vormittag die Fabrik besichtigt und die von Ford gelieferten Rumpfteile inspiziert, da deren Fertigung als besonders schlecht bezeichnet wurde, obwohl sie sowohl von den Inspektoren der Ford-Gesellschaft wie denen der Armee akzeptiert worden waren. Als die Teile von Ford in Tulsa ankamen, weigerten sich der Inspektor der Douglas-Werke wie der den Werken zugeteilte Armeeinspektor, sie anzunehmen. Ich stellte fest, daß die Arbeit tatsächlich so schlecht war, wie es von den Inspektoren hier in Tulsa gemeldet wurde. Ich habe sogar das Gefühl, daß die Inspektoren hier in ihrer Kritik sehr zurückhaltend waren. Ihre Haltung war fair und freundlich.

Die Situation greift tief in die Ford-Organisation ein und wirft vitale Fragen der Firmenpolitik auf. Sobald bekannt wurde, daß sich die Ford-Gesellschaft mit der Konstruktion von Kriegsflugzeugen befassen würde, blickten die Mitglieder der Flugzeugindustrie sehr besorgt in die Zukunft und fragten sich, wie sich wohl die Konkurrenz von Ford auf sie auswirken werde – nicht nur *während* des Krieges, sondern *nach* dem Krieg.

Es gab Reibereien, fast von dem Augenblick an, an dem Ford-Angestellte in San Diego ankamen, um mit der Consolidated ein Arrangement für die Herstellung der B-24 A der Consolidated in Willow Run zu treffen. Das Personal der Consolidated nahm die Haltung ein, daß die Ford-Männer darauf aus seien, den Bau von Flugzeugen von den Consolidated-Leuten zu lernen (was ja zutraf, obwohl die Männer von Consolidated die Tatsache unnötig oft betonten.)

Die Ford-Organisation hat sich noch nie durch Takt ausgezeichnet. Ihre Funktionäre und Arbeiter waren immer von der Macht und dem Prestige ihrer Gesellschaft eingenommen, und Charlie Sorensen hat ein Beispiel für hartes Verhandeln und „offene" Worte gesetzt. Kurz gesagt, wenn die Consolidated-Männer eine Last auf *einer* Schulter trugen, kamen die Fordleute schon mit einer Last auf *beiden* Schultern an. Statt sich so zu benehmen, als seien sie nach San Diego gekommen, um von der Gesellschaft, die die Bomber entwickelt hat, zu lernen, wie man diese Bomber baut, traten sie so auf, als seien sie hier, um Consolidated zu zeigen, wie man die Consolidated-Bomber *besser* und auf der Basis der Massenproduktion baut. Das unvermeidliche Resultat waren Spannungen, die heute noch existieren.

Da die Consolidated seit vielen Jahren Flugzeuge baut, Ford aber nicht, machten die Leute von Ford den fatalen Fehler, damit zu prahlen – nicht etwa wie gut sie seien (die Leute von Consolidated waren es wirklich), sondern *wie gut sie sein würden*. Man versprach Produktionsdaten, die unmöglich zu erfüllen waren. Ford sollte nicht nur ebensogut, sondern viel besser sein als Consolidated. (Das als Antwort auf den Vorwurf, daß Autoarbeiter sich auf die *Massen*produktion verstehen mochten, daß sie aber in der Qualität nicht mit Flugzeugarbeitern konkurrieren könnten.) Von Mr. Sorensen über Direktoren und Ingenieure herab bis zu den Mechanikern hatte sich die Belegschaft von Ford so exponiert, daß fast jedermann in der Flugzeugindustrie erwartete und hoffte, sie könne ihre Versprechungen nicht erfüllen.

Nachdem wir viele Monate lang groß geredet haben, sind wir

jetzt in der Situation, daß wir im konzentrierten Scheinwerferlicht der Öffentlichkeit und vor den Augen von Fachleuten „liefern" müssen. Und der erste Artikel, den wir geliefert haben, ist nicht nur genauso schlecht, sondern noch beträchtlich schlechter, als die Flugzeugleute es vorausgesagt haben: fehlende Nieten, schlecht eingesetzte Nieten, Nietenlöcher, die geschlagen und dann vergessen wurden, ganze Reihen von Nieten, die ausgelassen wurden, Nieten falscher Größe, schiefe Nieten; schlecht geformte Bespannung; Risse, die sich bereits jetzt zeigen; ausgelassene Kontrollöcher; eine unglaublich schlecht konstruierte Ausstiegluke für den Piloten; in einem Winkel installierte Gummienteiser, die eigentlich glatt sein sollten, jedoch zollhohe Runzeln aufweisen; abgebrochene und nicht versetzte Rahmenkanten; an Bespannungsflanschen ausgelassene Ösen und vergessene Inspektionslöcher; falsche Namenschilder auf Öltanks und anderen Teilen usw.

Als mir die Ingenieure der Douglas-Werke die verschiedenen Teile zeigten, die nicht in Ordnung waren, blieb mir nichts übrig, als ihnen zuzustimmen. Es war die schlechteste Arbeit an Flugzeugteilen, die ich je gesehen hatte, und doch hatten diese die Inspektion durch die Ford-Gesellschaft und die Armee in Willow Run passiert. Ich konnte die Herren von Douglas lediglich daran erinnern, daß sie die Teile eiligst von Ford angefordert hatten, um das Trainingsprogramm in ihrer neuen Montagefabrik in Tulsa beginnen zu können. Wie sie aber sagten, hatten sie einen vollen Satz fertiger Teile bestellt und hatten das Recht, eine vernünftige und gute Arbeit geliefert zu bekommen. (Der Inspektor sagte, daß ihnen 4751 Teile für eine komplette B-24 fehlten.)

Meiner persönlichen Meinung nach sollten die Ford-Werke einen Lastwagen mit Anhänger nach Tulsa schicken und alle schlecht angefertigten Teile zurücknehmen; ferner sollte man die zentralen Tragflächenstücke, die man gerade nach Tulsa verschicken wollte, in Willow Run zurückhalten. (Wie ich gehört habe, soll die Arbeit nicht besser sein als an den Rumpfteilen.) Das Flugzeug wurde praktisch vollständig aus Consolidated-Bauteilen für den hauptsächlichen Zweck gebaut, die Ford-Ingenieure und -Arbeiter auszubilden. Die vielleicht beste Idee wäre es, die Teile zu verschrotten und den Verlust dem Trainingsprogramm anzulasten. Ich bezweifle, daß das Flugzeug, wenn es zusammengebaut würde, es wert wäre, mit guten Motoren, Instrumenten, Waffen usw. ausgestattet zu werden.

Wenn ich nach Willow Run zurückkehre, werde ich das Sorensen und Smith vorschlagen. Werden sie aber die Zweckmäßigkeit einsehen?

Ich bin mir nicht sicher, aber ich glaube, wenn ich es ihnen entsprechend klarmachen kann, werden sie es einsehen. Es wird eine wichtige Entscheidung sein, da es um die prinzipielle Frage Qualität–Quantität geht und das Hauptinteresse der Ford-Werke bisher immer der Massenproduktion gegolten hat.

Sonntag, 17. Mai
Sprecher des Kriegsproduktionsdirektoriums erklärt, daß praktisch alle Kontrakte für Kriegsproduktionsanlagen, die bis Mitte 1943 „nicht vollendet und produktionsbereit gemacht werden können", gestrichen werden; die Presse schätzt, daß zwei Drittel der Bauten an derartigen Werken gestoppt werden. Die Russen melden weiteres Vordringen bei Charkow.

Montag, 18. Mai
Russische Armeen rücken auf Charkow vor. Schwere Luftschlachten zwischen RAF und deutscher Luftwaffe über dem besetzten Frankreich. Die Deutschen melden die Gefangennahme von 68.000 Russen auf der Halbinsel Kertsch. Chinesen melden japanischen Rückzug an der Burma-Straße.

Gegen 10 Uhr Konferenz mit Sorensen. Ich berichtete ihm von den Verhältnissen, die ich in Tulsa vorgefunden habe, und von meiner Ansicht, daß es ratsam sei, die Ford-Werke würden die Rumpfteile zurücknehmen, die nach Tulsa in die Fabrik der Douglas-Werke geliefert worden waren. Sorensen zeigte sich dem Vorschlag gegenüber aufgeschlossen und machte nicht den Versuch, ihn hastig abzutun, wie ich das bei ihm in anderen Fällen erlebt habe. Ich schilderte ihm in kurzen Zügen die Situation, so klar ich konnte, und war sehr beeindruckt von der Haltung, in der er das hinnahm – es muß für seinen Stolz doch ein sehr schwerer Schlag gewesen sein. An diesem Morgen wurden mir einige der Eigenschaften klar, die ihn in seine gegenwärtige Position geführt haben, ich fühlte mich zu ihm hingezogen wie noch nie zuvor. Ich sagte Sorensen, ich hätte gern die Vollmacht, die Rumpfteile aus Tulsa abzuholen. Er sagte, ich hätte diese Vollmacht, wenn das der beste Weg sei.

Dienstag, 19. Mai
Große amerikanische Expeditionsstreitmacht landet in Nordirland, sie
soll für Invasion auf dem Kontinent bereit sein. Russen melden weiteres
Vordringen im Raum Charkow.

Den ersten Teil des Vormittags in der Kraftstation des Ford-Flugplatzes.
Lernte die Technik der Bedienung eines Link-Trainers – fünfunddreißig
Minuten „unter der Haube". Ich gewöhne mich allmählich an die
Instrumente, Bedienungsgriffe und das fehlende „Gefühl" im Vergleich
zu einem echten Flugzeug.

Mittwoch, 20. Mai
Benzinrationierung in den gesamten USA für 1. Juli festgesetzt. RAF
bombardiert Mannheim. Die russischen und die deutschen Meldungen
von der Ostfront widersprechen sich.

8.15 Uhr in Washington angekommen. Es ist bereits unerfreulich heiß,
ein Vorläufer des üblichen schwülen Sommerwetters. Bemerkenswert
die vielen jungen Frauen auf den Straßen. Sie kommen aus dem ganzen
Land, um hier Stellungen zu finden und an der aufregenden Stimmung in
der Hauptstadt teilzuhaben.

Traf Oberst Beebe um 9 Uhr und ging dann in das Büro von General
Echols, mit dem ich mich über die Schwierigkeit unterhielt, für die
Ford-Projekte erfahrene Flugzeugingenieure zu bekommen. General
Echols ist sehr darauf erpicht, den Ausstoß großer Bomber so schnell
wie möglich zu steigern – er sagt, er sehe unser Bedürfnis für Ingenieure
ein und wolle dazu sehen, daß wir einige bekämen; gute Flugzeugingenieure seien allerdings „so knapp wie Hühnerzähne".

Seiner Meinung nach ist unsere gegenwärtige Bombergeschwindig-
keit für die nahe Zukunft hoch genug. (Als Antwort auf meine Feststellung, daß ich schnellere Bomber bald für nötig halte.)

Nach vierzig Minuten bei Echols verbrachte ich eine Viertelstunde
bei General Arnold. Ich sagte ihm, die Automobilfabrikanten hätten
viele Wochen – wahrscheinlich sogar viele Monate – einsparen können,
wenn sie in der Lage gewesen wären, ihre ungeschulten Arbeiter mit
einem vernünftigen Prozentsatz erfahrenen Flugzeugpersonals zu
durchsetzen. Arnold sagte mir, daß er dringend große Bomber brauche.
Die Produktion beträgt jetzt nur etwa 130 im Monat, im Kampfgebiet
müßten aber monatlich etwa 20 Prozent ersetzt werden.

Obwohl ich Arnold meiner Meinung nach sehr gut kenne, seitdem ich 1939 in meiner aktiven Dienstzeit seinem Büro zugeteilt war, spreche ich bewußt mit ihm nie über Politik und frage ihn auch nicht nach seiner Meinung über den Kriegsverlauf.

Das Munitions Building ist vollgepfropft mit Uniformierten, Offizieren, Stenotypistinnen und Sekretärinnen. Die Büros sind voll von Schreibtischen, ja, sogar auf den Gängen stehen welche. Man gewinnt eher einen Eindruck von Verwirrung als von militärischer Ordnung.

Truman Smith rief an und bat mich, um 16 Uhr in seine Wohnung zu kommen, um einen Oberst Clear kennenzulernen, der fast die ganzen Kämpfe auf Bataan und die Bombardierung von Corregidor mitgemacht hatte. Oberst Clear besitzt einen klaren und durchdringenden Verstand. Sein Bericht über die Verteidigung von Bataan und die Bombardierung von Corregidor war eine Schilderung von Tapferkeit, Politik und Inkompetenz und so konträr zu dem populären Eindruck von den Geschehnissen, wie man sich ihn nur denken kann.

Er sagte, acht Stunden nach der Warnung (nach Pearl Harbor) seien unsere amerikanischen Flugzeuge auf den Philippinen noch in Linie ausgerichtet gewesen, als die japanischen Bomber anflogen. Clear sagte, wir hätten die Philippinen schon beim ersten Luftangriff der Japse verloren. Die erste Bomberwelle habe die Ziele in einer Höhe von 5000 bis 7000 Metern überflogen und habe mit erstaunlicher Genauigkeit getroffen. Dann kamen die Zero-Jäger. Während einige unsere P-40-Jäger in Luftkämpfe verwickelten, kamen andere herunter und zerschossen unsere großen, auf dem Flugplatz aufgereihten Bomber mit ihren MGs. Gerade als die Zeros abflogen und unsere P-40 landeten, um zu tanken und Munition aufzunehmen, kam eine zweite Welle japanischer Bomber, dieses Mal in geringerer Höhe, und zerstörten viele unserer Jäger am Boden.

Oberst Clear sagte, zwei oder drei der Zero-Jäger seien direkt in die Kasernen hineingebraust; an diesem ersten Angriffstag wurden die meisten unserer Flugzeuge zerstört, viele Piloten fanden den Tod. Die Japaner warfen in einem Reissack einen Brief ab, sie würden am nächsten Tag wiederkommen und das E-Werk neben dem Lazarett bombardieren, sie empfahlen, das Lazarett zu evakuieren. Das Lazarett wurde evakuiert und das E-Werk bombardiert. Natürlich wurde der Abwurf des Briefes in unseren Berichten über die Bombardierung des Lazaretts weggelassen, wenigstens wurde in den Berichten, die ich gelesen habe, nichts darüber gesagt.

Ich fragte Clear nach den Geschichten über japanische Grausamkeiten.

Er sagte, er habe philippinische Soldaten gesehen, die von den Japanern mit Bajonetten niedergemacht worden seien, nachdem sie die Hände zum Zeichen der Übergabe gehoben hatten, und daß man in der Hitze des Kampfes kaum Pardon erwarten könne. Er betonte aber, daß man von den Japanern eine entsprechend schonende Behandlung erwarten könne, wenn die Kapitulation im voraus vereinbart worden sei.

Oberst Clear sagte, den Soldaten auf Bataan sei der Proviant und das Chinin ausgegangen, die meisten hätten an Fieber und Ruhr gelitten, lange ehe sie kapitulierten. Seiner Meinung nach ist der amerikanische Soldat als Einzelkämpfer dem japanischen überlegen, unsere Ausrüstung sei besser, aber auch kostspieliger. Clear sagte, die Offiziere auf Bataan hätten geglaubt, daß unser normaler Nachschub an Chinin an die britischen Streitkräfte in Singapur oder sonstwohin im Osten geschickt wurde, bevor unser Krieg gegen Japan begann. Die allgemeine Meinung sei gewesen, daß auch unser sonstiger Nachschub mit dem Chinin mitgeschickt worden sei, so daß unsere Streitkräfte auf den Philippinen zu knapp bevorratet waren.

Oberst Clear hat eine Anzahl Bombenangriffe auf Corregidor mitgemacht. Er sagte, es habe zuwenig Deckung für die Soldaten gegeben, und viele der lebenswichtigen Einrichtungen seien nicht gegen Luftangriffe geschützt gewesen – die Kühlanlagen, die Wassertanks, sogar die großen Geschütze. Oberst Clear war schließlich wegen seiner langen Erfahrung, seiner genauen Kenntnis Ostasiens und seines Werts für die Armee durch ein U-Boot aus Corregidor abgeholt worden.

Ich fragte Clear nach dem Kampfgeist der Truppe. Zuerst sei er sehr gut gewesen, er sei aber dann abgesunken, als der erwartete Nachschub an Truppen und Material ausgeblieben sei. Clear sagte, die Stimmung habe ihren Tiefpunkt erreicht, als die Männer über Kurzwelle die Rede des Präsidenten hörten und vernahmen, daß er Truppen und Material nach Nordirland, Indien und Australien, kurz, fast überallhin hinsende, nur nicht nach Bataan. Nach der Rede soll ein großer Armeesergeant sein Gewehr mit aufgepflanztem Bajonett genommen und es drei oder vier Meter weit wuchtig in einen Baumstamm geschleudert haben. „Auf wen werfen Sie das da?" hatte ein Offizier gefragt. „Auf wen, zum Teufel, glauben Sie wohl?" erwiderte der Sergeant!

Clear sagte, die amerikanischen regulären Truppen und die alten Filipino-Einheiten hätten ausnehmend gut und tapfer gekämpft, die neuen „MacArthur-Divisionen" der Filipinos hätten sich jedoch nicht sehr gut gehalten.

Montag, 25. Mai
Die Russen melden neuen Vorstoß auf Charkow. Die Deutschen mel-
den Vormarsch südlich von Charkow. Gesteigerte Aktivität in der
Libyschen Wüste.

Dienstag, 26. Mai
Deutscher Vorstoß südlich von Charkow fortgesetzt. Schwere Kämpfe
aus China gemeldet.

Nach dem Frühstück fünfundfünfzig Minuten im Link-Trainer. Dann
nach Willow Run gefahren. Halbstündige Konferenz mit Bennett,
Bricker und Roscoe Smith über die schlechte Arbeit an den Flugzeugen,
die jetzt durch die Fabrik gehen. Roscoe Smith rief Mr. Williams in den
Douglas-Werken in Tulsa an und erbot sich, die Rumpfteile zurück-
zunehmen, die von den Ford-Werken dorthin gesandt worden waren.
Williams erwiderte, daß man es nach der Arbeit, die auf die Reparatur
verwendet worden sei, vorziehen würde, sie zu behalten. Auf Smiths
Vorschlag stimmte man überein, daß anstelle des Tragflächenteils Nr. 1
die Nr. 2 nach Tulsa gesandt werden sollte, Nr. 2 ist weit besser als
Nr. 1, obwohl die Arbeit noch keineswegs gut ist.

Das Bedauerliche an der Sache ist, daß Smith der Ansicht ist, ich sei
allzu kritisch gewesen. Die meisten der Männer haben so wenig Erfahrung im Flugzeugbau, daß sie zwischen guter und schlechter Arbeit
nicht unterscheiden können. Die einzigen Arbeiter, die in Willow Run
im Flugwesen Erfahrung haben, befinden sich fast ausschließlich in der
Flugabteilung unter Henning.

Unsere größte Gefahr bei diesem Projekt besteht in zu großem
Selbstvertrauen, in Mangel an Erfahrung und der Betonung der Pro-
duktion vor der Qualität — vor einer auch nur *einigermaßen guten*
Qualität.

Mittwoch, 27. Mai
Zwischen Italien und Frankreich haben territoriale Verhandlungen
begonnen. Die Russen melden, die deutsche Offensive südlich von
Charkow sei aufgehalten worden. Die Deutschen meldeten Einkesselung
der russischen Armeen. Deutscher Vormarsch in Libyen.

Donnerstag, 28. Mai
US-Regierung ordnet an, daß Arbeiter der Kriegsindustrie auf ihren
gegenwärtigen Posten verbleiben müssen. Kongreßabgeordnete prote-
stieren gegen die Benzinrationierung. Fünflinge schneiden sich die Haare
kurz. (Ebenfalls eine Nachricht auf der Titelseite!)

Samstag, 30. Mai
Die Deutschen erschießen Geiseln in der Tschechoslowakei. Briten
melden, Vormarsch der Achse in Libyen sei aufgehalten. Die Deutschen
melden großen Sieg in der Schlacht bei Charkow — russische Armeen
eingekesselt und vernichtet. Die Chinesen gewinnen weiterhin Schlach-
ten, die Japaner rücken weiter vor.

Um 7.45 Uhr in der Bomberfabrik angekommen. Ein acht Seiten
langer Fragebogen vom Rekrutierungsbüro in Englewood ist angekommen. Mir scheint, daß ich einen gleichen erst vor zwei oder drei Wochen
ausgefüllt habe.

Am Vormittag versucht, die Arbeit am Modell des Buggeschützes zu
beschleunigen, und mit Gus Miller durch die Tragflächen-Montage-
abteilung gegangen. Ich brachte schließlich den Bau eines Bomben-
visiermodells in Gang, indem ich bei Mr. Smith blieb, bis er die Zeichnungen holte und selbst zur Modellwerkstätte brachte. (Er sagte mir,
daß er das Bombenvisiermodell schon vor fast zwei Tagen gestartet
habe, aber auch er muß sich auf zu viele Projekte zugleich konzentrieren.) Die Inspektion mit Chefinspektor Gus Miller brachte weitere
unzulängliche Arbeit zutage. Miller sagt mir jedoch, daß mein kürz-
liches Einschreiten eine entschiedene Verbesserung sowohl der Arbeit
selbst wie des Interesses an guter Arbeit in der ganzen Fabrik bewirkt
habe. (Ich glaube, ich sehe selbst Verbesserungen, aber meine Kommentare über Nieten, Bespannung usw. haben mich bei einigen der Angestellten und Vorarbeiter in der Fabrik sicherlich nicht beliebter gemacht.
Wenn man die Arbeit und die Methoden in einem derartigen Werk
kritisiert, ist es fast unmöglich, das zu tun, ohne sich Feinde zu schaffen.)
Miller sagte mir, nachdem er mir die Wiederverwertungsabteilung gezeigt hatte, seiner Schätzung nach seien wir (wegen Fehlern bei der
Planung und der Arbeit) gezwungen gewesen, Material zurückzuweisen,
das für den Bau von sechzehn B-24-Bombern ausgereicht hätte.

Abendessen mit Mutter und B. Der Garten ist voll von Iris. Rotkehlchen und andere Vögel suchen den Rasen nach Maisschrot ab.

Sonntag, 31. Mai
Ein nächtliches Unwetter hat die Luft gereinigt. Der Morgen war kühl,
sonnig und freundlich. Mutter und ich verbrachten den größten Teil
im Garten. Ich redete ihr zu, dieses Jahr mit dem Unterrichten Schluß
zu machen. Ich glaube, ich kann sie dazu bringen. Mutter wurde am
letzten Freitag sechsundsechzig und begreift jetzt zum erstenmal, daß
sie zuviel arbeitet: volle Chemiekurse, tägliche Fahrten im Auto oder
im Bus nach Detroit und die Führung des Haushalts. Sie denkt immer
noch nicht daran, eine Angestellte zu nehmen. Ich habe mich in diesem
Jahr mehr um ihre Gesundheit gesorgt als je zuvor, man sieht jetzt die
Wirkung von zuviel Arbeit und zuwenig Ruhe. In der Vergangenheit
habe ich nicht sehr viel gegen ihren Lehrberuf eingewendet, weil ich
wußte, wieviel er ihr bedeutet, aber jetzt weiß ich, daß es Zeit ist, daß
sie aufhört. Ich habe in den letzten Jahren so wenig für Mutter tun
können und ich war so wenig bei ihr, daß ich für diese Zeit in Detroit
dankbar bin. Es scheint wie eine Gnade der Vorsehung, daß wir in
Kriegszeiten wieder zusammengebracht werden und daß ihre Enkel
nicht weit von ihr in Detroit leben werden. Ich habe gewollt, daß sie
die Kinder öfter sieht, und jetzt scheint das möglich zu sein. Ich glaube,
nichts auf der Welt tut den Alten so gut als das Zusammensein mit
ihren Enkeln. Ich konnte das am Ton in Mutters Stimme erkennen,
als sie fragte, ob und wann die Kinder kommen würden.

Montag, 1. Juni
*Köln von 1250 Flugzeugen angegriffen. Schwere Schäden und Brände
gemeldet. Die Briten melden, die Achsenkräfte seien in Libyen zurück-
geworfen worden. Lebensmittelunruhen in Paris.*

Um 9 Uhr in der Bomberfabrik. Fortschritt an der Installation der
Bug-MGs inspiziert. Einstündige Konferenz mit Captain Rooney über
die Inspektion durch die Armee.

Dienstag, 2. Juni
*Die deutsche Luftwaffe bombardiert Canterbury, die RAF Essen. Die
deutschen und die britischen Berichte über die libysche Front widersprechen einander. Schwere alliierte Schiffsverluste halten an. Japanischer Vormarsch in China. Widersprüchliche Berichte von der russischen Front.*

Ich muß immer an Europa denken: die Briten bombardieren Köln, die Deutschen Canterbury. Ich denke an die Kathedralen und die Menschen und frage mich, was man dadurch gewinnen will und wozu das alles führen wird.

Mittwoch, 3. Juni
Die Briten melden, der deutsche Vorstoß in Libyen sei „zerschmettert". Essen soll in Flammen stehen. Die Japaner rücken in China weiter vor. Die Russen melden „Entlastungsangriffe" an der Nordfront. Amerikanisch-britischer Geleitzug schwer mitgenommen in Murmansk angekommen, sechs verlorene Schiffe gemeldet. Die Deutschen melden sechzehn. Roosevelt ersucht den Kongreß, Bulgarien, Ungarn und Rumänien den Krieg zu erklären. Weitere Morde in Paris. Feindseligkeiten zwischen Briten und Franzosen flammen in Madagaskar wieder auf. Unruhen in Nassau gemeldet. Malta wieder bombardiert.

Vierzig Minuten im Link-Trainer.

Gus Miller rief nach dem Lunch an, er fragte mich, ob ich Zeit hätte, ihn in der Wiederverwertungsabteilung zu treffen. Ich ging einige Minuten hinaus, er zeigte mir Duraluminium-Preßstücke, die, ehe das erste geprüft worden war, in großen Mengen durchgelaufen waren, sie waren alle falsch und nicht zu verwenden. Er zeigte mir auch eine Liste von Nietern, die an der mittleren Tragflächenbespannung gearbeitet hatten, die vor wenigen Tagen hatte zurückgewiesen werden müssen — es waren elf. Nur der Vorarbeiter und ein Mann hatten einen Nietkurs mitgemacht. Mehrere andere hatten den Kurs begonnen, aber nicht beendet, während einige *der Männer überhaupt keine Ausbildung besaßen!*

Freitag, 5. Juni
Die Japaner bombardieren Midway. Alliiertes U-Boot versenkt japanischen Truppentransporter. RAF-Angriffe auf das besetzte Frankreich dauern an. Neue alliierte Schiffsverluste. Der Senat billigt die Kriegserklärung an Ungarn, Bulgarien und Rumänien. Senat stimmt für Zahlungen an alle Unterhaltsberechtigten von Männern in den Streitkräften.

Unterzeichnete Mietvertrag für das Haus in Bloomfield Hills und schickte ihn an die Maklerfirma.

Konferenz mit Henry und Edsel Ford sowie Henry Bennett. Henry sprach davon, daß in der Organisation Einheit nötig sei. (Augenscheinlich hatte es kürzlich Reibungen zwischen Bennett und Sorensen gegeben.) Er erzählt von seinen Erfahrungen beim Aufbau der NRA [der Wirtschaftsaufbaubehörde Roosevelts nach der Depression].

Die Arbeiter in Willow Run streikten mittags. (Streiks scheinen hier draußen ziemlich üblich zu sein.) Streik um 14 Uhr vorüber.

Samstag, 6. Juni
Die japanische Flotte wird nach der Schlacht von Midway auf dem Weg nach Hawaii gemeldet. Die RAF schickt 1000 Bomber über die „Invasionsküste". Alliierte Verstärkung nach Indien entsandt. Die Japaner greifen in China an. Scharmützel an der afrikanischen Front. Im Kongreß Revolte gegen Benzinrationierung.

Montag, 8. Juni
Japanische Flotte soll sich unter schweren Verlusten aus dem Raum von Midway zurückziehen. Japaner stoßen in China vor. In Libyen soll Panzerschlacht toben. Die Deutschen setzen die Belagerung von Sewastopol fort. RAF-Angriffe auf den Kontinent dauern an.

Um 7.30 Uhr mit der Bahn in New York. Karten für den Nachtzug nach Boston besorgt. Angelrute für Jon gekauft.

Dienstag, 9. Juni
Die Briten fordern die Franzosen zur Räumung der Küstengebiete auf. Die RAF bombardiert Brügge und andere Gebiete. Weitere Hinrichtungen in der Tschechoslowakei.

Um 7.45 Uhr angekommen. Auf dem Weg zur Seven Gates Farm etwas weniger Verkehr als das letztemal. Die Menschen spüren die Benzinrationierung (zwölf Liter auf Karte A). Hielt lange genug an einer Straßenkreuzung, daß Land weglaufen und sich Eiscreme kaufen konnte. Ich glaube, es war sein erster Einkauf.

Rechtzeitig zum Lunch mit Anne und den Kindern daheim. Die

Kinderschwester hat heute frei. Anne jr. sah mich zuerst etwas furcht-
sam an, dann kam sie aber so vertrauensvoll wie nur je zu mir. Thor
wird sehr alt und steif. Er freute sich, mich zu sehen, aber er kann nicht
mehr herumlaufen und springen wie früher, wenn Anne und ich von
einer Reise zurückkamen. Am Nachmittag bei Anne und den Kindern.
Anne las mir ein Gedicht vor, das sie eben geschrieben hatte. Gab Jon
die neue Angelrute. Der neue Haushalt scheint glatt zu funktionieren.

Mittwoch, 10. Juni
USA und England wollen Produktion und Lebensmittel zusammen-
legen. Weiterer japanischer Vormarsch in China. Briten melden die
Versenkung von vier Achsentransportern und einem Zerstörer im
Mittelmeer. Weitere RAF-Angriffe auf den Kontinent.

Am Morgen Routinearbeiten, Vorbereitungen für das Packen. Am
Abend Krocket mit Jon gespielt. Nach dem Abendessen Spaziergang
mit Anne über die Hügel zum Strand. Wir werden in diesem Sommer
die See vermissen. Wann werden wir sie wiedersehen?

Donnerstag, 11. Juni
Seegefecht aus dem Raum der Aleuten gemeldet. Die Deutschen greifen
im Raum von Charkow an. Die Japaner melden die Besetzung der
westlichen Aleuten. Washington gibt ein „Teildementi" heraus. Radio
Prag meldet, daß die Deutschen das Dorf Lidice völlig ausradiert
haben, alle Männer wurden erschossen und alle Frauen und Kinder in
KZs geschickt. Das Dorf wurde beschuldigt, die Mörder Heydrichs
beherbergt zu haben.

Montag, 15. Juni
Rommel stößt auf Tobruk vor. „Bürgermilizen, einschließlich Frauen
und Kinder", nehmen an der Verteidigung von Sewastopol teil. Japani-
sche Streitkräfte sind auf den westlichen Aleuten gelandet.

Mittwoch, 17. Juni
Die Alliierten melden, sie hätten die italienische Flotte im Mittelmeer
zum Rückzug gezwungen, ein schwerer Kreuzer wurde versenkt, zwei

Schlachtschiffe beschädigt und sechs andere Einheiten zerstört oder beschädigt. Russischer Gegenangriff im Raum Charkow. Weitere alliierte Schiffsverluste. Die Briten bei Tobruk umzingelt.

Freitag, 19. Juni
Churchill in den USA, er soll über eine zweite Front verhandeln. Britischer Rückzug in Libyen. Tobruk wieder belagert.

Am Nachmittag eine Stunde lang den Grumman geflogen. Später mit Henning zu einem Vierzig-Minuten-Flug in der B-26 aufgestiegen. Die B-26 hat einen ungewöhnlich langen Startweg und landet mit etwa 190 Stundenkilometern, obwohl ich glaube, daß sie mit Sorgfalt und Übung langsamer heruntergebracht werden könnte. Bei den Streitkräften gilt die B-26 als gefährliche Maschine, bei der Ausbildung sind bereits mehrere Besatzungen ums Leben gekommen. In der Luft fliegt sie jedoch wunderschön.

Henning machte heute einen Testflug mit der O-1. Das ist der Bomber, der spätestens am 1. Mai fertiggestellt sein sollte. Er wurde schließlich – bei weitem nicht fertig – am 15. Mai aus der Fabrik gehastet. Die Motoren wurden angelassen, und die Maschine rollte zu der Flugabteilung. Die Zeitungen brachten Schlagzeilen, daß die Produktion von Bombern durch die große Willow-Run-Fabrik begonnen habe. Jetzt, über einen Monat später, erfolgt der Testflug der Maschine, und dieser Testflug beweist, daß noch sehr viel geschehen muß, ehe man die Maschine der Armee übergeben kann. Tatsächlich ist die O-1 kein von Ford gebautes Flugzeug. Es ist ein von Ford zusammengesetztes Flugzeug, zusammengesetzt vor allem aus Teilen, die von der Consolidated in San Diego produziert wurden und die Ford dazu dienen sollten, Zeichnungen, Prüfstände, Werkzeuge usw. während der letzten Monate zu erproben. Darum wird die Maschine O-1 genannt. Maschine Nr. 1 wird eben jetzt erst in Willow Run montiert, sie wird erst in vielen Wochen für einen Testflug fertig sein.

Montag, 22. Juni
Tobruk kapituliert. Die Japaner landen auf der Kiska-Insel in den Aleuten. Die Russen behaupten, die Deutschen hätten bei der Belagerung von Sewastopol 100.000 Mann verloren. Die RAF greift weiter den Kontinent an.

Freitag, 26. Juni
Deutscher Vorstoß im Raum Charkow. Achsenkräfte stoßen mehr als 160 Kilometer über die ägyptische Grenze vor. Die Deutschen sollen ein zweites tschechisches Dorf zerstört haben.

Mittwoch, 1. Juli
Achsenstreitkräfte 130 Kilometer vor Alexandria. Die RAF wirft in fünf Nächten 4,000.000 Pfund Bomben über Bremen ab.

Donnerstag, 2. Juli
Die Deutschen melden den Fall von Sewastopol. Die Russen dementieren. Entscheidungsschlacht etwa hundert Kilometer westlich von Alexandria. Churchill im Parlament angegriffen. Japanischer Vormarsch in China.

Samstag, 4. Juli
Die Russen geben Verlust von Sewastopol zu, melden Sieg im Raum Kursk. Laut Meldungen der Deutschen stehen sie 35 Kilometer vor Alexandria. Die Briten dementieren.

Die Armee wird mit den Fortschritten hier unzufrieden. Wir sind weit hinter dem Plansoll zurück, die Herren der Ford-Werke versprechen weiterhin Lieferungen, die, wie sie selbst wissen, unmöglich sind. Natürlich haben die Armee und die Regierung solche Versprechen fortwährend ermuntert und sogar gedroht, dem Werk Willow Run Maschinen zu entziehen, wenn es nicht liefert.

Montag, 6. Juli
Britischer Vormarsch in Libyen. Die Deutschen melden, den Don in breiter Front erreicht zu haben.

Eine halbe Stunde mit Major Saunders über die Beziehungen zwischen den Ford-Werken und der Armee usw. gesprochen. Eine Stunde mit Bill Smith über Luftschutzmaßnahmen und Fabrikorganisation. Ich halte einen Angriff zu dieser Zeit für unwahrscheinlich, technisch ist er jedoch möglich, also sollten wir darauf vorbereitet sein. Ich glaube,

die Deutschen haben in diesem Sommer in Europa die Hände viel zu
voll, als daß sie auch noch transozeanische Luftangriffe planen und
durchführen könnten. Die Sache würde den Preis nicht rechtfertigen —
es sei denn, sie überraschten uns im Schlaf, wie es die Japaner bei Pearl
Harbor taten.

Wenn der Krieg lange genug dauert, wird es wahrscheinlich transozeanische Luftangriffe geben, ich halte es aber für diesen Sommer für
unwahrscheinlich, besonders so weit landeinwärts wie in Detroit. Trotzdem, wir haben um einen hohen Preis und mit zweifelhaftem Erfolg
Tokio angegriffen. Den Gerüchten zufolge gingen alle beteiligten
Maschinen, mit Ausnahme von einer, die in Sibirien landete, verloren.
Augenscheinlich erreichten die Flugzeuge (B-25) China erst nachts;
wegen eines Fehlers in der Organisation glaubte man auf den Flugplätzen, wo sie hätten landen sollen, es handle sich um japanische
Bomber, und beleuchtete daher die Rollfelder nicht. Augenscheinlich
mußten alle Besatzungen aussteigen, während des Angriffs selbst gingen
aber nur wenige Menschenleben verloren. Nach einem anderen Gerücht
mußte der Flugzeugträger, von dem die Maschinen gestartet waren,
fast 1000 Seemeilen weiter von Japan entfernt abdrehen, als Doolittle
geplant hatte.

Zur Entwicklungsabteilung, um mit einer Gruppe junger Engländer
das Bugkanonenmodell anzusehen. Sie sagen, in England bestehe die
Tendenz, anstelle von MGs Kaliber .50 lieber 20-mm-Kanonen zu
installieren.

Mittwoch, 8. Juli
*Die Deutschen melden die Einnahme von Woronesch. Wüstenschlacht
dauert in Libyen an. Berlin meldet die Versenkung eines schweren
US-Kreuzers und von achtundzwanzig von dreißig Schiffen eines
Geleitzugs nach Rußland. General Spaatz zum Kommandeur der
US-Luftstreitkräfte im europäischen Raum ernannt. Roosevelt weist
darauf hin, daß alle Autoreifen beschlagnahmt werden könnten.*

Donnerstag, 9. Juli
*Die „Tirpitz" soll im Eismeer von russischem U-Boot torpediert worden
sein. Die Deutschen nehmen Oskol. Die Deutschen rücken in Rußland
vor und überschreiten den Don. Wüstenschlacht dauert in Libyen an.*

Samstag, 11. Juli
Deutsche Armeen stoßen im Kaukasus vor, nehmen Rossosch. Schlacht
tobt in Libyen. Drei Schiffe sollen im Sankt-Lorenz-Strom versenkt
worden sein.

Holte Anne ab. Dann fuhren wir zu unserem neuen Heim in Bloomfield Hills. William und Ann Miller [das Hausmeisterehepaar der Lind-
berghs] waren bereits dort, sie waren vom Osten her durchgefahren.
Anne hatte wegen des Hauses das gleiche Gefühl wie ich. Wir wollten,
daß manches anders wäre, es ist aber das beste Haus, das wir in der
Umgebung von Detroit gesehen haben, wir sind glücklich, es bekommen
zu haben.

Sonntag, 12. Juli
Fast den ganzen Nachmittag Pläne für das Haus gemacht. Eine halbe
Stunde im Freien in der Sonne. Der Garten ist voll von Vögeln, in einer
Ecke befindet sich ein Stachelbeerstrauch mit ungewöhnlich großen
und wohlschmeckenden Beeren. Der örtliche Luftschutzwart kam und
ließ Formulare zum Ausfüllen da – ob im Speicher eine Schaufel und ein
Eimer mit Sand seien, wo die Gasventile seien, welchen Keller wir im
Fall eines Angriffs benützen wollten, wie der Raum ausgestattet sei usw.

Freitag, 17. Juli
Die Deutschen erneuern Angriff in Ägypten. Die Spannung zwischen
den USA, Vichy-Frankreich und Finnland wächst. Die Deutschen
rücken in Rußland vor. Moskau meldet hohe Verluste, die Deutschen
sollen zwischen dem 15. Mai und dem 15. Juni 900.000, die Rote Armee
in der gleichen Zeit 399.000 Mann verloren haben. Geheimsitzung
des britischen Unterhauses über die Schiffsverluste. China meldet die
Rückeroberung von Tsingtien.

Abendessen mit Anne auf der Veranda. Wir besprachen die Möglichkeit,
einen Autoanhänger zur Verwendung als eine Art Studio zu kaufen –
einen Platz, wo wir schreiben und arbeiten können – zugleich abge-
schlossen und beweglich. Die Winter in Michigan sind zu kalt, als daß
wir ein Zelt wie in Martha's Vineyard benützen könnten. Bei dem
unsicheren Leben, das vor uns liegt, könnte ein Trailer seine Vorzüge
haben.

Samstag, 18. Juli
Panzerschlacht in Ägypten dauert an. Der deutsche Vormarsch auf
Stalingrad wird fortgesetzt. Fall von Woroschilowgrad gemeldet. In
England wächst der Druck wegen einer zweiten Front. Kämpfe in
Jugoslawien in der Nähe von Fiume gemeldet. US-Flugzeuge bombar-
dieren japanische Stellungen auf den Aleuten.

Am Vormittag Konferenz wegen des Produktionsaufschubs, der durch
die nicht passenden Gußformen und die Notwendigkeit verursacht
wird, einen großen Teil der über 11.000 Formen zu ändern, die für den
Bau einer B-24 bei Ford nötig sind. Eine Schwierigkeit und ein Hauptgrund für die Verzögerung liegt darin, daß die Consolidated keine
kompletten Konstruktionszeichnungen der B-24 liefern konnte.

Sonntag, 19. Juli
Deutsche Armeen stoßen in der Don-Region vor. Russischer Vorstoß
im Raum von Woronesch. Schlacht in Ägypten dauert an. Gerüchten
zufolge japanischer Angriff auf Sibirien.

Montag, 20. Juli
Moskau gibt den Fall von Woroschilowgrad zu. Deutscher Vorstoß
auf Stalingrad angeblich aufgehalten. Die RAF bombardiert den Kon-
tinent. Die chinesischen Armeen melden Erfolge.

Gegen Mittag in Willow Run. Am Nachmittag Routine und Rundgang
durch die Fabrik. Viele Männer lungern an ihren Arbeitsplätzen herum,
auf den ersten Blick scheinen sie zu arbeiten, wenn man aber genauer
hinsieht, nehmen sie nur eine Haltung ein, die so aussieht, als ob sie
etwas tun – manchmal, wenn sie glauben, beobachtet zu werden, bewegen sie sogar die Hände. In einigen Fällen sind sie gleichgültig, ich
glaube aber, daß das in erster Linie durch die unzureichende Organisation verursacht wird und durch ein mangelndes Verständnis seitens
der Arbeiter dafür, was man von ihnen erwartet.

Dienstag, 21. Juli
Deutscher Vorstoß auf Rostow. Die Russen nehmen Brücken bei
Woronesch. Luftangriffe dauern an.

Konferenz mit Henry Ford und Bennett. In der Gesellschaft gibt es beträchtliche interne Spannungen zwischen Henry Ford und Harry Bennett auf der einen und Edsel Ford und Charlie Sorensen auf der anderen Seite hinsichtlich des Lohnabzugs für die Gewerkschaftsbeiträge. Alle stimmen überein, daß er nicht aufzuhalten ist; während aber Sorensen und Edsel Ford dafür sind, daß die Gesellschaft sie deshalb mit guter Miene akzeptieren solle, treten Harry Bennett und Henry Ford dafür ein, die Regierung solle die Entscheidung durchsetzen. Bennett glaubt, daß sich das Lohnabzugssystem bei den Arbeitern als sehr unpopulär erweisen werde und daß die Verantwortung für die Annahme eindeutig bei der Regierung und *nicht* bei Ford liegen solle.

Donnerstag, 23. Juli
Britische Offensive in Ägypten. Die Deutschen treiben einen Keil zwischen Rostow und Stalingrad. 300 RAF-Bomber greifen den Kontinent an und werfen 50 Zwei-Tonnen-Bomben über Duisburg ab. Aktivität von Partisanenarmeen aus Jugoslawien gemeldet. Gummilieferung aus Japan soll in Deutschland eingetroffen sein. Roosevelt fordert größere Vollmachten zur Stabilisierung von Löhnen und Preisen. Fleischknappheit in den Städten des Ostens.

Sorensen rief an und fragte mich geradeheraus, was ich von dem Bau eines Flugzeugs mit einer Spannweite von 300 Metern halten würde. „Sie wissen", sagte er, „die Ford-Werke könnten so etwas machen!" Nun hat Sorensen nicht die leiseste Ahnung, worum es bei einer Tragflächenspannweite von 300 Metern geht, und er hat offensichtlich das Fiasko völlig vergessen, das die Gesellschaft bei dem Versuch erlebte, etwas Größeres als die alte Ford-Tri-Motor zu bauen. (Nachdem man mehrere hunderttausend Dollar in das Flugzeug hineingesteckt hatte, erwies sich die Konstruktion als so schlecht, daß sie auf den Schrotthaufen gebracht wurde, nachdem sie über den Flugplatz gerollt war.) Sorensen übersieht auch völlig die Tatsache, daß wir keine kompetente Organisation von Flugzeugingenieuren haben und daß keine Ingenieure zur Verfügung stehen, um eine solche aufzubauen.

Ich versuchte kurz darzulegen, wie wünschenswert es sei, vernünftige Schritte in Richtung eines großen Flugzeugs zu unternehmen und eine Ingenieurorganisation aufzubauen, ehe wir auch nur an ein Projekt der von ihm geplanten Größe dachten. Sorensen sagte jedoch: „Schön, sprechen Sie mit De Groat darüber. Natürlich ist nicht leicht, mit ihm zu reden, weil er alles blockiert, was ich im Sinn habe. Ich rufe ihn zuerst an, dann sprechen Sie mit ihm. "

Ich schlug Sorensen vor, wenn er DeGroat anrufe, solle er sich auf eine Spannweite von 150 Metern beschränken. „Aber ich will sie mit der Idee umwerfen! Was ist mit einer Spannweite von 600 Metern? "

Ich sagte ihm, meiner Meinung nach würde er bereits mit einer Spannweite von 150 Metern „umkippen", und wir hängten ein.

Lunch mit Boyer. Dann fuhren wir zu der Rouge-Fabrik. Dort zeigte er mir die Methoden, harte Gußformen zu konstruieren und zu reparieren. Die meisten Formen für die B-24 waren nicht richtig entworfen und mußten geändert werden. Die Luftfahrtindustrie hat Ford vor der Verwendung harter Gußformen gewarnt, aber die Ford-Werke glauben, die erzielbare Brauchbarkeit harter Formen werde die Kosten und die für die Installation nötige Zeit rechtfertigen.

Freitag, 24. Juli
Deutsche Armeen am Stadtrand von Rostow. Britische Armee rückt in Ägypten „langsam" vor. In England starker Druck wegen einer zweiten Front. Die deutsche Luftwaffe greift die britischen Inseln an. Australischer Premierminister warnt vor der ernsten Bedrohung durch die Japaner. Cordell Hull grenzt die „Freiheiten" nach dem Krieg ein.

Sonntag, 26. Juli
Deutsche Armeen rücken im Kaukasus und in die Nähe von Stalingrad vor. Die RAF bombardiert Mannheim und Frankfurt. Die Marine meldet die Versenkung von fünf japanischen Schiffen durch amerikanische U-Boote.

Montag, 27. Juli
Die Deutschen melden den Übergang über den Don südöstlich von Rostow. Achsentruppen sollen in Bulgarien eingerückt sein. Die RAF bombardiert wieder Duisburg.

Dienstag, 28. Juli
Die Russen ziehen sich in den Kaukasus zurück und räumen Rostow. Die RAF bombardiert Hamburg und andere Städte auf dem Kontinent.

Konferenz mit Oberst Saunders wegen des B-24-Ausschusses, der am Montag zusammentritt. Die Ford-Werke wollen Dunton und Houston schicken. Saunders glaubt, daß Sorensen und Bricker oder Smith fahren sollten. Er glaubt, die Consolidated werde angesichts des Unvermögens von Ford, den Zeitplan zu erfüllen, auf entscheidenden Schritten bestehen; er sagte, man spräche davon, Männer nach Willow Run zu schicken, um den Ford-Werken zu zeigen, wie man eine Flugzeugfabrik leitet.

Tatsächlich könnte man den Ford-Werken vieles zeigen, was den Betrieb eines Flugzeugwerks anlangt. Unglücklicherweise ist Sorensen typisch für viele Ford-Funktionäre, *die sich nichts zeigen lassen wollen.*

Nach der Konferenz fuhr ich zu der Garage, um den Anhänger zu holen. Ich fuhr mit 60 Stundenkilometern nach Hause. Es ist ein seltsames Gefühl, wenn etwas so Großes hinten am Wagen angehängt ist. Konnte ihn in den Wald hinter dem Haus bringen, ohne ihn abhängen zu müssen. Anne und ich sahen vor dem Abendessen alles durch: Schränke, Schubladen, Ofen, Eisschrank und so weiter. Nach dem Abendessen nahm ich die Räder ab und schob Holzblöcke unter. Die Räder brachte ich in den Keller; bei Reifen darf man heutzutage nichts riskieren.

Mittwoch, 29. Juli
Starke deutsche Kräfte überschreiten den Don. Die deutsche Luftwaffe bombardiert Birmingham und die Midlands.

Donnerstag, 30. Juli
Konferenz mit DeGroat wegen Sorensens Idee hinsichtlich eines Frachtflugzeugs mit 300 Meter Spannweite. DeGroat ist ziemlich entmutigt und gedemütigt, daß ihm Sorensen in dieser Zeit mit einer so wilden Idee kommt, während er bereits verzweifelt knapp an Arbeitskräften ist und inmitten ernster Schwierigkeiten in der B-24-Produktion steckt. Er spricht davon, die Ford-Werke zu verlassen.

DeGroat hat die ungefähren Abmessungen für ein 500.000-Pfund-Flugboot ausgearbeitet. (Das größte Flugboot, das wir jetzt haben – das Martin „Mars" –, wiegt etwas über 150.000 Pfund.) Er sagt, es würde eine Spannweite von etwa 100 Metern und 33.000 PS benötigen, Sorensen will aber eine Spannweite von 300 Metern!

Abendessen mit Anne auf der Veranda. Die Kinder kommen morgen.

Freitag, 31. Juli
Begegnete auf dem Flugplatz von Willow Run General Arnold und Begleitung. Da ich glaubte, eine Begegnung könne für Arnold aus politischen Gründen peinlich sein, hielt ich mich im Hintergrund. Er kam aber zu mir und stellte mich den verschiedenen amerikanischen und ausländischen Offizieren seiner Begleitung vor. Lunch mit Arnold und Begleitung in Willow Run. Arnold warf die Frage auf, ob es besser sei, ganze Motoren oder Reparaturteile in Kampfzonen zu schicken. Er wägt die Problematik des Einsatzes unerfahrener Reparaturmannschaften im Kampfgebiet und die Schwierigkeiten und Kosten des Transports kompletter Maschinen gegeneinander ab. Er sagt, die Auswirkungen des Sands und die starke Abnützung im Kampf setzen die durchschnittliche Lebensdauer eines Flugzeugmotors auf 50 Flugstunden herab! Vor dem Krieg betrug nach Schätzungen des Fliegerkorps die durchschnittliche Lebensdauer eines Motors in den USA 300 Stunden und im Ausland 200 Stunden.

Nach dem Lunch begleitete ich die Gruppe bei einem Rundgang durch die Fabrik. Ich hatte den Nachmittag in Willow Run bleiben wollen, aber Arnold bat mich, ihn auf seiner Rundfahrt durch die übrigen Fabriken zu begleiten. Von der Bomberfabrik gingen wir zu dem Tanktestplatz und beobachteten eine Vorführung von Tanks, Jeeps und gepanzerten Lastautos aus der Produktion der Ford-Werke.

Dann zur Rouge-Fabrik, wo Ford den von Pratt-Whitney entwickelten 2000-PS-Sternmotor baut (den R-2800). Während wir durch das Gebäude gingen, fragte mich Arnold, ob ich mich für ihn um die Zylinderkopfsituation kümmern und ihn wissen lassen wolle, was Ford in naher Zukunft herausbringen werde. (Die Situation bei den Zylinderköpfen wird kritisch.) Sorensen sagte Arnold, die neue Gießerei, die in der Rouge-Fabrik gebaut werde, sei in neunzig Tagen fertig. Arnold ist hier skeptisch.

Um 17 Uhr daheim. Anne jr. und Land sind gekommen, das Haus ist plötzlich lebendig geworden. Anne jr. geht schon gut, beide schienen sehr gewachsen zu sein. Ich half, ein Zeltbahnplantschbecken aufzustellen, das wir kürzlich gekauft haben. Wir spielten auch mit dem neuen Rasensprüher – Land lief in die Strahlen und wieder heraus. Als Anne begriffen hatte, sah sie außer Reichweite mit vorsichtigem Vergnügen zu. Thor fraß etwas Fleisch und trank etwas Milch, er ist aber sehr schwach und schläft zumeist.

Samstag, 1. August
Ich mußte Thor am Morgen wieder aufheben, ich konnte ihn nicht dazu bringen, etwas zu fressen. Er wird täglich schwächer. Wenn ich glaube, es geht ihm besser, so ist das nur zeitweilig. Sein einziges Interesse am Leben ist es jetzt, bei Anne zu sein. Er bemüht sich so, aufzustehen und ihr überallhin zu folgen – er schleift die Hinterbeine steif über das Gras –, aber mit einem solchen Ausdruck der Freude, bei ihr zu sein, in den Augen. Wenn er sich niederlegt, folgen ihr seine Blicke, solange sie in Sichtweite ist.

Längs der Straße nach Willow Run Plakate: SCHLAGT DEN JAP. SPART ABFÄLLE. AMERIKA HAT NIE EINEN KRIEG VERLOREN. DENKT AN PEARL HARBOR. ESST HOLLYWOOD-DIÄTBROT. Dazu unzählige Zigarettenreklamen (Bild von Mann und Mädchen in Uniform. SEINE ZIGARETTE UND MEINE) usw. usw. Alle sind sensationell, bunt – und deprimierend oberflächlich.

Sonntag, 2. August
Die Deutschen erreichen Salsk, 160 Kilometer südöstlich von Rostow. Die RAF bombardiert Düsseldorf. Roosevelt macht auf Heizölengpaß im Winter aufmerksam.

Thor fraß etwas, wird aber schnell schwächer. Ich muß morgen nach Indianapolis und fürchte, daß er stirbt, ehe ich zurückkommen kann. Anne und ich wählten einen Platz am Hügelabhang im Wald südwestlich des Hauses und ich grub ein Grab für Thor. Der Boden war hart, und ich wurde erst um halb elf Uhr nachts fertig. Es ist mir verhaßt, sein Grab auszuheben, ehe er stirbt. Es scheint alles so endgültig zu machen. Aber ich will nicht, daß es jemand anders tut, während ich weg bin.

Montag, 3. August
Die deutsche Luftwaffe bombardiert Südostengland. Die Russen melden, der deutsche Vormarsch sei im Kaukasus verlangsamt und nordwestlich von Stalingrad aufgehalten worden.

Die Autofahrer in New York erhalten Weisung, nur Parklichter oder abgeblendete Scheinwerfer zu verwenden. Aus Paris werden Unruhen gemeldet.

Auf Bennetts „Insel" im Huron-Fluß, um mit ihm über Arnolds

Ersuchen zu sprechen, ich solle ihm einen vertraulichen Bericht über die Aussichten der Zylinderkopfproduktion in Rouge geben. Ich sagte, daß ich einen derartigen Bericht nicht ohne Fords Wissen und Genehmigung geben würde. Bennett sagte mir, ich solle General Arnold jede Information geben, die er wünsche; Mr. Ford wolle nichts vor ihm verbergen, und er selbst (Bennett) werde Ford darüber unterrichten und anordnen, daß mir alle Ford-Direktoren und -Angestellten jegliche Mitarbeit und alle Daten geben sollten, die ich fordere.

Thor ist tot. Anne hat ihn in dem Grab beigesetzt.

Donnerstag, 6. August
Allindischer Kongreß droht mit Ungehorsamskampagne, wenn England nicht die Unabhängigkeit gewährt. Deutsche Armeen bedrohen Stalingrad, stoßen im Kaukasus weiter vor.

Um 9 Uhr in Willow Run. Eine Stunde Routine. Dann rief DeGroat an und fragte, ob er auf einige Minuten kommen könne. Sorensen hat angeordnet, ein Modell von zwei B-24, als Doppelflugzeug vereinigt, anzufertigen. DeGroat ist sehr deprimiert, er sagt, er wisse nicht, wie er es machen solle, er könne es sich nicht leisten, seinen Ruf durch ein so absurdes Projekt zu gefährden. Er spricht wieder davon, die Ford-Werke zu verlassen. „Welchen Zweck hat mein Hiersein?" sagte er. „Ingenieurerfahrung scheinen sie nicht zu wollen!"

Konferenz mit Oberst McDuffee über die allgemeine Situation in Willow Run und die Zylinderkopfproduktion. Fuhr mit ihm zur Rouge-Fabrik. Rundgang durch die Aluminiumgießerei und durch andere Gebäude. Heiße, überfüllte Hallen, voll von Dämpfen und schwitzenden Arbeitern, Negern und Weißen. Rausch [der dortige Leiter der Produktion] glaubt, daß das Gebäude für die Zylinderköpfe bis zum 1. November fertig sein wird. Ist das aber nicht schon wieder eine allzu optimistische Schätzung eines Ford-Ingenieurs? Seit ich hierher kam, habe ich gelernt, hinsichtlich aller Schätzungen skeptisch zu sein, Rausch war aber bisher bei den seinen verhältnismäßig zuverlässig, und deshalb habe ich jetzt zu dem, was er sagt, ziemliches Vertrauen.

Eine halbe Stunde Besprechung mit Sorensen in seinem Büro im Motorengebäude. Ich versuchte, ihm die Idee auszureden, zwei B-24 zu einem Doppelflugzeug zu vereinigen. Er sagte jedoch, DeGroat versuche unaufhörlich, alles zu blockieren, was er Neues vorschlage, und unterstellte, daß ich in diesem Fall das gleiche tue. Dann sprach er hauptsächlich über seine Leistungen und davon, wie erfreut General Arnold über seinen Besuch in Willow Run gewesen sei. Sorensen nahm also alles wortwörtlich, was General Arnold aus Höflichkeit gesagt hatte.

Samstag, 8. August
Die Deutschen sind nur mehr 90 Kilometer von den Ölfeldern von Maikop entfernt (Berlin meldet, nur 45 Kilometer). RAF greift Duisburg, US-Bomber greifen Tobruk an. Die Informationsabteilung des Kriegsministeriums gibt bekannt, daß die US-Produktion an Flugzeugen, Panzern und Geschützen hinter den Plänen zurückbleibt und daß die Versenkung von Handelsschiffen in der ersten Häfte 1942 den Neubau weit übertroffen hat. Der Erste Lord der britischen Admiralität erklärt, „der Zoll, den die U-Boote fordern, ist schwer". US-Maschinen greifen japanische Stützpunkte in China an. Ghandi ruft zum zivilen Ungehorsam in Indien auf.

Um 9 Uhr in Willow Run. Erster Teil des Vormittags Routine – Telefonate, Studium von Daten usw. Um 15 Uhr zu Hause. Nahm Land zu Mutter mit und verbrachte den Rest des Nachmittags und die Nacht bei ihr. Im Garten mehr Vögel als je zuvor; achtzehn Fasane (meistens junge), etwa hundertfünfzig Spatzen, mehrere Tauben, Rotkehlchen und Drosseln – und eine Ratte. Spielten am Abend Mozart.

Sonntag, 9. August
US-Marine greift bei den Salomonen und den Aleuten an. Die Briten verhaften Gandhi und andere Führer der Kongreßpartei. Die Deutschen stoßen in Rußland weiter vor. Sechs Nazi-Saboteure in Washington hingerichtet.

Montag, 10. August
Schlacht bei den Salomonen dauert an. Angeblich schwere Schiffsverluste auf beiden Seiten. Aufstände aus Indien gemeldet. Die Deutschen melden die Einnahme von Maikop. In den USA wachsender Druck wegen zweiter Front.

Anne hatte eine unruhige und ziemlich schmerzvolle Nacht, sie schlief sehr wenig. Das Baby ist jetzt fast jeden Tag zu erwarten, aber Anne glaubt, es brauche noch eine Woche bis zehn Tage.

Rief Sorensen wegen seiner Genehmigung an, Major Rogers einen Mann als Hilfe bei seinem Modell für den B-24-Bug-Turm zuzuweisen. Das ist genau das, was Sorensen will – das Umgehen von Papierkrieg. „Geben Sie ihm alle Hilfe, die Sie wollen. Die Jungens verstehen es, etwas fertigzubringen." (In diesem Fall glaube ich, daß er recht hat.) Ich sagte Sorensen, daß ich das Projekt bereits inoffiziell mit Oberst McDuffee und Major Saunders besprochen hätte. „Zum Teufel mit der Genehmigung durch die Armee. Machen Sie weiter!"

Dienstag, 11. August
US-Truppen landen auf den Salomonen. Aufstand in Indien, in mehreren Gebieten Tote. Die Russen zerstören die Ölfelder von Maikop. Die Deutschen melden die Einnahme einer Stadt 230 Kilometer südöstlich von Maikop. London meldet Angriff von 200 Maschinen auf Osnabrück.

Mittwoch, 12. August
Kämpfe auf den Salomonen dauern an. Die Deutschen stoßen im Kaukasus weiter vor. In Bombay und Neu-Delhi Truppen zur Unterdrückung von Unruhen eingesetzt. Laval verkündet deutschen Plan, Kriegsgefangene in Deutschland gegen Rüstungsarbeiter auszutauschen. Marine greift in den Aleuten an, beschießt Kiska. Die „Isolationisten" führen in den New Yorker Vorwahlen.

Um 7.20 Uhr in New York angekommen. Zum Engineers Club gegangen. New York scheint viel ruhiger zu sein. Viel weniger Autos auf den Straßen. Billigere und weniger gut ausgestellte Waren in den Schaufenstern – die Leute auf der Straße scheinen ernster zu sein. Man empfindet eine deutliche Kriegsatmosphäre, allerdings nicht mit dem Gefühl, daß morgen Bomben auf die Straßen fallen könnten, wie es in London zur Zeit der Münchner Krise zu verspüren war. Hier erfolgt keine Massenausgabe von Gasmasken, hier werden keine Splittergräben auf Plätzen und in Parks ausgehoben. Ich nahm mir für den Tag ein Zimmer im Klub. Frühstück im Klub. Dann ein Anruf von Anne aus Bloomfield Hills. Sie hat den Koffer gepackt und fährt sofort in die Klinik. Ich sagte sofort alle Verabredungen und Pläne ab. Mit viel Glück bekam ich einen Platz für die 13-Uhr-Maschine nach Detroit. Landete um 16.55 Uhr in Detroit. William holte mich mit dem Mercury am Flughafen ab, ich fuhr sofort zur Henry-Ford-Klinik. Anne ruhte behaglich in Zimmer 108.

Nach Hause, um Anne jr. und Land zehn Minuten vor dem Abendessen zu sehen. Land will unbedingt von seiner Mutter hören, er wartet ungeduldig, daß das neue Baby (Bruder? Schwester?) geboren wird. Anne starrte mich an, als ob ich einen Monat weggewesen sei, sie weigerte sich, zu mir „Hallo" zu sagen, bis Land sie dazu aufforderte.

Donnerstag, 13. August
Die US-Marineinfanterie hält Stellungen auf drei „Schlüssel"-Inseln der Salomonen. Das Londoner Indien-Büro meldet, die Unruhen seien unter Kontrolle. Widersprüchliche Berichte aus Deutschland und Ruß-land. Berlin meldet die Gefangennahme von mehr als einer Million Russen seit Beginn der Offensive im Frühjahr. Die RAF greift Mainz, Koblenz, Le Havre und andere kontinentale Ziele an. Die britische Admiralität bestätigt die Versenkung des Flugzeugträgers „Eagle" im Mittelmeer. Handgranaten in eine Gruppe deutscher Flieger im Bouin-Stadion, Paris, geworfen. Zweiundzwanzig getötet, achtzehn verwundet.

Das Telefon läutete um 3 Uhr. Ich hatte die Tür offengelassen, damit ich es hören konnte. Die Stimme des Arztes der Henry-Ford-Klinik sagte: „Ihre Frau bat mich, Ihnen zu sagen, daß sie seit etwa einer Stunde Wehen hat." Ich zog mich schnell an. Warum wartete man eine Stunde mit dem Anruf? Ich hatte ihnen doch gesagt, daß Annes letzte zwei Babys sehr schnell zur Welt kamen.

Ich steckte die kleine Madonna und den Glasbehälter in meine Aktenmappe und fuhr um 3.20 Uhr mit dem Mercury zur Klinik. Die Madonna und der Glasbehälter waren schon bei der Geburt von Land und Anne jr. dabeigewesen, und ich weiß, daß sie dieses Mal wieder helfen werden – die wundervolle geschnitzte Madonna auf dem Tisch neben dem Klinikbett und das Glaskästchen in Annes Händen. Es ist oval und gerade groß genug, daß sie es fest umspannen kann, wenn die Wehen einsetzen. Um 3.50 in der Klinik eingetroffen. Anne war bereits im Operationssaal. (Mich haben sie vielleicht mit einer Stunde Verspätung angerufen, sie selbst lassen sich aber nicht überraschen!) Dr. Pratt kam mir entgegen, ich ging mit ihm in den Operationssaal.

Ich nahm Mütze und Kittel sowie eine extradicke Maske, da ich erkältet bin und Anne um keinen Preis anstecken möchte.

Als ich Anne zuerst sah, waren ihre Wehen ziemlich stark und häufig. Ich sagte den Ärzten, meiner Meinung nach werde das Baby in nicht weniger als dreißig Minuten und spätestens in zwei Stunden geboren werden.

Dr. Pratt erwies sich als ausgezeichneter Geburtshelfer mit einem sehr tüchtigen Stab. Seine Hände sind sehr geschickt, er weckt bei jedem, der ihm zusieht, unbedingtes Vertrauen. Das Baby wurde um 5.12 Uhr geboren – ein kräftiger, gesunder Junge – siebeneinhalb Pfund. Es war die relativ leichteste Geburt, die Anne durchmachte. (Nicht, daß eine Geburt jemals leicht ist!) Ich blieb bei ihr, bis sie wieder auf ihr Zimmer gebracht wurde und zum Einschlafen bereit war. Kurz nach 6 Uhr war ich wieder in Bloomfield Hills. Eine Stunde ins Bett, dann rief ich Mutter und Mrs. Morrow an. Frühstück einschließlich Kaffee für meine Erkältung. (Ich finde, daß Kaffee, wenn man ihn nicht regelmäßig trinkt, bei einer Erkältung wie Aspirin wirkt.)

Fuhr mit dem Funkwagen nach Willow Run. Anruf von Bennett. Er sagte mir, er und Mr. Henry Ford machten sich große Sorgen wegen Edsel, der wieder erkrankt ist. Bennett sagte mir vertraulich, daß Edsel Ford Magenkrebs hat und daß ihm die Ärzte nur mehr ein oder zwei Jahre zu leben gegeben haben. Edsels Sohn Henry (II) ist bei der Marine, und Benson ist der einzige Enkel, der „übernehmen" könnte. Benson will in das Fliegerkorps eintreten, er leidet immer mehr unter seinem „Zivilistenstatus".

Freitag, 14. August
Marineinfanterie stößt auf den Salomonen vor. US-Armeeflieger greifen weiterhin japanische Basen in China an. Die Deutschen 200 Kilometer von den Ölfeldern von Grosny im Kaukasus entfernt. Die Deutschen melden, 300 Kilometer von Astrachan entfernt zu sein. Das Oberkommando der Wehrmacht meldet die Versenkung oder Beschädigung von zwanzig Kriegs- und Handelsschiffen einschließlich der Flugzeugträger „Wasp" und „Furious" aus einem Geleitzug im westlichen Mittelmeer. Die Briten nennen diese Meldung „ungenau". US-Heeresbomber erzielen Treffer auf drei italienischen Kreuzern im östlichen Mittelmeer. US- und RAF-Bomber setzen Angriffe auf dem Kontinent fort. Die alliierten Schiffsverluste sollen im Juli geringer und die Anzahl der versenkten feindlichen U-Boote höher sein.

Montag, 17. August
Moskau gibt den Verlust von Maikop und den Rückzug in den Kaukasus zu. Die Deutschen sollen in Holland neue Geiseln festgenommen haben. Mohammed Ali Dschinnah warnt England vor Konzessionen an den allindischen Kongreß. US-Flugzeuge nehmen an Angriffen auf Frankreich teil.

Besprechung mit Oberst Saunders wegen der kürzlichen Änderung in den Produktionsplänen. Wir wollen jetzt die ersten fünfzehn B-24 in Willow Run zusammensetzen, statt die Teile nach Fort Worth und Tulsa zu schicken. Die Armee soll eine Anzahl Luftfahrtexperten als Inspektoren schicken.

Konferenz mit Major Unruh wegen der Bugkanzel und der B-24, die am letzten Freitag in der Nähe von Battle Creek abstürzte, wobei die neunköpfige Besatzung ums Leben kam. Ich stellte fest, daß der Pilot eben erst die Fliegerschule verlassen und insgesamt nur 500 Flugstunden hinter sich hatte; und doch war er Kapitän einer viermotorigen Maschine und wurde in einer stürmischen Nacht zu einem Übungsflug ausgesandt! Was kann es Gutes bringen, wenn man Männer so antreibt? Zuerst wird dieses B-24-Geschwader mit jungen und unerfahrenen Offizieren zusammengestellt, dann schickt man es zum Training auf einen Flugplatz, dessen Betonrollbahn noch nicht fertig ist, und dann erhält es Befehl, „binnen einem Monat für den Kampfeinsatz bereit" zu sein, untrainiert, nicht ausgerüstet und ohne einen einzigen Schuß Munition Kaliber .50 zu haben, mit der die Bordschützen ausgebildet werden sollen.

Dienstag, 18. August
Die Marine meldet, die Stellungen der US-Truppen auf den Salomonen seien jetzt „fest eingerichtet". Berlin meldet die Besetzung des gesamten Don-Bogens. US- und RAF-Flugzeuge bombardieren den Kontinent. Schwere alliierte Schiffsverluste halten an. Die USA bereiten sich auf fleischlose Tage und Lebensmittelrationierung im Winter vor.

Mittwoch, 26. August
Japanische Gegenoffensive auf den Salomonen. Kriegsministerium meldet Treffer auf vielen japanischen Kriegsschiffen. 21 japanische Maschinen bei einem Angriff auf amerikanische Stellungen auf der Insel

*Guadalcanal abgeschossen. Die Chinesen melden neue Fortschritte.
RAF-Maschinen bombardieren Frankfurt und Wiesbaden. Der Herzog
von Kent bei Flugzeugabsturz ums Leben gekommen. London meldet
neue Hinrichtungen durch die Gestapo auf dem Kontinent. Roosevelt
diskutiert Plan, die Löhne und Preise auf den Farmen zu stabilisieren.*

*Donnerstag, 27. August
Russen kündigen neue Offensive nordwestlich von Moskau an. 45.000
Deutsche seien in fünfzehn Tagen getötet worden. Deutsche setzen den
Vormarsch gegen den Kaukasus und Stalingrad fort. Kairo meldet
Flucht einer italienischen Division an der ägyptischen Front. Die US-
Marine meldet die Versenkung und Beschädigung weiterer japanischer
Kriegs- und Handelsschiffe sowie den Abschuß weiterer Flugzeuge.
Vichy befiehlt die Festnahme aller Juden, die seit 1936 nach Frankreich
gekommen sind.*

Um 18 Uhr auf eine halbe Stunde in die Henry-Ford-Klinik zu Anne.
Ich habe die Absicht, sie morgen nach Hause zu bringen.

*Freitag, 28. August
Die japanische Marine zieht sich aus dem Raum der Salomonen zurück.
Chinesischer Vormarsch hält an. Russen melden erfolgreiche Gegen-
offensive im Norden, ziehen sich jedoch im Kaukasus weiter zurück.
US- und RAF-Maschinen greifen den Kontinent an. London meldet
neue Aufstände in den besetzten Gebieten.*

*Freitag, 4. September
Die Japaner landen Verstärkungen auf den Salomonen. Die Briten
melden erfolgreichen Gegenangriff an der ägyptischen Front. Die
Deutschen dringen in Rußland vor. Die RAF bombardiert Karlsruhe.
US-U-Boote versenken fünf japanische Schiffe. Die Japaner melden
weiterhin hohe amerikanische Schiffsverluste.*

Um 8.45 Uhr in Willow Run eingetroffen. Mr. Ford öffnete um 9.30
Uhr die Tür meines Büros und kam, wie üblich ohne Anmeldung,
herein. Harry Bennett kam zehn Minuten später. Ich sprach mit ihnen
eine halbe Stunde über den Krieg, Gewerkschaftsprobleme usw. Dann

fuhr uns Bennett zum Flugplatz. Sahen uns Drehscheibe für B-24-Schwingkompaß an. Dann holten wir Sorensen ab und fuhren zu viert durch das Gelände östlich vom Willow-Run-Flugplatz, um einen Platz für eine ständige Armeebasis auszusuchen und die Möglichkeit einer Verlängerung der Rollbahnen zu prüfen. Dann fuhr uns Bennett weiter zum Ingenieurlaboratorium Dearborn.

Sorensen kam auf die Frage unseres Produktionsplans und die Qualität der Arbeit in Willow Run zu sprechen; er sagte, wir seien dem Zeitplan voraus und die Arbeit sei genausogut wie die anderer Firmen. Er versuchte, meine Zustimmung zu erhalten, und versetzte mich schließlich in die Zwangslage, offen sagen zu müssen, daß wir den Zeitplan *nicht* erfüllten und daß die Arbeit an den ersten Bombern, die durch Willow Run liefen, die schlechteste sei, die ich je gesehen habe. Sorensen ist es nicht gewohnt, daß man ihm widerspricht, und ich habe wieder und wieder gesehen, daß er sich durch eine schwierige Situation blufft. Er versucht zu erreichen, daß man ihm – entweder aus Furcht oder aus Höflichkeit – zustimmt, und erinnert einen dann dauernd an die Tatsache, daß man einmal zugestimmt hat. Man kann Sorensen nur *so* behandeln, daß man genau sagt, was man denkt, wenn er eine Frage stellt, und das tat ich. Henry Ford hörte ruhig zu und schien sich sehr zu amüsieren! Wir gingen in die Elektroabteilung, um die reversible Zündung anzusehen, die Emil Zoerlin entwickelt hatte.

Samstag, 5. September
Die Russen behaupten, der Vorstoß auf Stalingrad sei aufgehalten, die Deutschen, sie hätten die Vororte der Stadt erreicht. Die Briten melden Vorrücken in der Schlacht in Ägypten. Budapest bombardiert. US-Bomber greifen japanische Basen in China an. Die Deutschen melden Vergeltungshinrichtungen in der Tschechoslowakei. Das US-Außenministerium protestiert gegen die Deportation von Juden aus dem unbesetzten Frankreich.

Um 9.15 Uhr in Willow Run. Notiz auf meinem Schreibtisch, ich solle Heffley von der Flugabteilung anrufen. Er sagte, der CAA-Inspektor komme, um einem der Ford-Piloten (Hurlburt) den Test für die B-24 abzunehmen, und fragte nach, ob ich meinen auch gleich machen wolle. Ich hatte das nicht so bald erwartet. Ich hatte seit vielen Jahren keine mehrmotorige Maschine geflogen und hatte die Absicht gehabt, die B-24 viel genauer zu studieren und noch mehr Stunden in der Luft zu-

zubringen, ehe ich meinen Test ablegte. Als ich zuletzt mehrmotorige
Maschinen flog, gab es noch keine Tests für verschiedene Pferdestärken
wie heute. Wenn ein Mann eine C-Lizenz besaß, konnte er fliegen, was
er wollte, ohne Rücksicht auf die PS – oder die Zahl der Motoren. Ich
beschloß, den Test abzulegen, da der Inspektor ohnehin kam. Der
Test war leicht, und ich bestand ihn ohne Schwierigkeiten. Wir waren
insgesamt eine Stunde und vierzig Minuten in der Luft. Hurlburt legte
den Test zuerst ab. (Ich ließ ihm den Vortritt, damit ich die Prozedur
beobachten konnte, er hatte sich monatelang auf den Test vorbereitet.)

In einem gewissen Sinn lerne ich hier in Willow Run wieder neu
fliegen. Die Vorgangsweisen unterschieden sich sehr von denen, die
ich in der Vergangenheit angewandt habe; heute kommt es im wesentlichen auf Funkkontrolle und genau festgelegte Regeln und Vorschriften
an, die einerseits einen dauernden Kontakt mit dem Boden voraussetzen, anderseits das Wissen, was unter, vor und hinter einem liegt,
ganz gleich, ob der Boden von Nebel bedeckt ist oder nicht. Hier hängt
die eigene Sicherheit von den Einrichtungen am Boden ab.

Bei meinen früheren Flügen beruhte die Sicherheit auf der *Unabhängigkeit* von Bodenstationen. Auf Hilfe vom Boden zu rechnen, wenn
ich einmal zu einem Flug gestartet war, hätte sich früher oder später
für mich katastrophal ausgewirkt. Während meiner frühen Flüge war
der Funk so unzuverlässig, daß ich überhaupt kein Funkgerät bei mir
führte, später verwendete ich eines als zusätzliche Sicherheitsmaßnahme,
kalkulierte es aber bei der Planung meiner Flüge nie so recht ein.

Einmal, auf der Höhe der japanischen Insel Ketoi, rettete der Funk
unser Flugzeug, als Anne die „Shinshiru Maru" zu Hilfe holte, als wir
in starkem Nebel auf dem offenen Ozean niedergehen mußten. Oft
war es uns durch Funkkontakt möglich, einen Flug zu beginnen oder
zu beenden, den wir sonst nie begonnen hätten oder bei dem wir umgekehrt wären. In keinem Fall aber starteten wir, wenn ich nicht das
Gefühl hatte, daß wir ihn beenden, unterwegs landen oder sicher zurückkehren konnten, selbst wenn unser Funkgerät völlig ausfiel. Funk,
Luftstraßen, Freigaben, Wetterberichte – all diese Dinge waren für uns
nur von sekundärer Bedeutung, verglichen mit der Wichtigkeit, die
man ihnen in der heutigen Fliegerei in den USA beimißt.

Heute basiert ein Flug in erster Linie auf dem Funk- und Telefon-
kontakt zwischen Flugzeug und Boden. Man sammelt ausführliche und
genaue Wetterberichte, ehe man einen Flug beginnt. Wetterumschläge
werden dem Piloten über Funk übermittelt. Er ist von Funkleitstrahlen-
Signalen und Instrumenten abhängig, die es ihm gestatten, durch

Schichten von Nebel und Wolken zur Landung anzusetzen. Und da gewöhnlich viele Maschinen die Route hin- und zurückfliegen, müssen wir den Vorschriften auf den Luftstraßen mit äußerster Präzision folgen, um Zusammenstöße zu vermeiden. Das meiste davon ist mir ziemlich neu und erfordert eine so andere Technik, daß ich, wie gesagt, wieder fliegen lernen muß. Das Fliegen war ursprünglich mehr eine Kunst als eine Wissenschaft. Jetzt ist es mehr eine Wissenschaft als eine Kunst. Von der Ära des Pioniers ist man zu der Ära des Routinefliegers übergegangen, von der Zeit, wo ein guter Pilot im Notfall seine Instrumente vergaß, zu der, in der sich ein guter Pilot im Notfall auf seine Instrumente verläßt.

Anne und ich führten bei unseren Flügen ein Funkgerät hauptsächlich als Sicherung für den Fall mit, *daß etwas schiefging.* Heute führt man Funkgeräte in erster Linie mit, *damit nichts schiefgeht.* Annes Funkkontakte brachten uns nach Point Barrow, während wir sonst umgedreht oder auf einem der trostlosen Seen in Nordalaska gelandet wären; sie warnten uns vor dem Nebel vor uns in den Chishimas. Sie halfen uns an der Ostküste Grönlands und berichteten uns von dem klaren Wetter an der brasilianischen Küste, als wir den Südatlantik überquerten; sie waren uns bei unseren Flügen in den Orient und um den Nordatlantik von unschätzbarem Wert. Aber selbst wenn sie mindestens einmal unsere Maschine retteten und uns einen Flug gestatteten, wenn wir sonst am Boden geblieben wären, sahen wir in ihnen immer mehr eine zusätzliche Sicherung als eine grundsätzliche Notwendigkeit.

Ich hatte geplant, die neue Technik zu erlernen, ehe ich meinen Testflug in der B-24 machte, denn wenn ich auch nicht an meiner Fähigkeit zweifelte, die Maschine fliegen zu können, war ich nicht sicher, ob ich sie nach den Vorstellungen des Inspektors fliegen könnte, dessen ganzes Leben um Vorschriften und konventionelle Prozeduren kreiste.

Sonntag, 6. September
Die Russen melden wieder, daß die Stalingrad-Offensive aufgehalten worden sei. Die Deutschen melden, ihre Truppen hätten die Meerenge von Kertsch überquert. Schwere Angriffe auf Le Havre, Bremen und andere Ziele. London meldet, daß sich Rommel in Ägypten langsam zurückzieht. Es meldet ferner, daß die Juden in Frankreich zur Deportation nach Osteuropa zusammengetrieben werden sowie die Zwangsarbeit von Tschechen und Serben in Norwegen.

Mittwoch, 9. September
Churchill verspricht Rußland Hilfe. Er sagt, die Briten hätten in dem
diesjährigen Afrikafeldzug 80.000 Mann verloren. Weiterer Rückzug
Rommels in Ägypten. US-Bomber greifen Kreta an, die RAF Le Havre
und Cherbourg, die deutsche Luftwaffe eine „Küstenstadt in Südeng-
land". Japanische Streitkräfte stoßen über Bergpässe auf dem Weg nach
Fort Moresby vor. Henderson warnt vor Inflation.

Um 8.45 Uhr in Willow Run angelangt. In der Flugabteilung nach dem
Wetter erkundigt – aufreißende niedrige Wolkenschicht. Die B-24-
Staffel fliegt heute zum Pazifik. Henry Ford traf beim Verwaltungsgebäude ein, als ich ankam. Eine Stunde Routine, dann Funkruf von Bennett, ich solle ihn im Rouge-Verwaltungsgebäude treffen. Er wollte mit
mir über Fords Wunsch sprechen, die Panzerung der B-24 zu verbessern.
Sie ist offensichtlich unzureichend. Piloten, die aus dem Einsatz zurückkehren, berichten, daß die Situation ernst ist. (General Arnold:
„Wenn wir die B-17 zu einer Mission aussenden, kommen sie zurück.
Wenn wir B-24 schicken, kommen viele nicht wieder.") Ford will, daß
wir auf dem Flugplatz in Dearborn eine Experimentierabteilung aufbauen, daß ein ganzer B-24-Rumpf von Willow Run dorthin gebracht
und das Problem der Panzerung mir übertragen wird.

Ich sagte Bennett, wenn wir eine angemessene Panzerung an den
B-24 anbringen wollten, bräuchten wir in erster Linie eine enge Zusammenarbeit mit der Armee, wir bräuchten Angaben, wo die feindlichen Geschosse trafen und mit welcher Durchschlagskraft, wieviel
Gewicht wir auf die Panzerung verwenden könnten usw. – Daten, die
uns nur die Armee liefern konnte. Eine der Schwierigkeiten in der
Ford-Organisation liegt darin, daß man sogleich beginnen und schon
morgen Resultate haben will, wenn man heute eine neue Idee hat. Die
Ford-Politik ist es, zuerst zu handeln und dann zu planen, wobei man
gewöhnlich sehr wichtige Details völlig übersieht. Das Ergebnis: eine
gewaltige Kostensteigerung und nutzlose Arbeit.

Dienstag, 15. September
Die Russen halten bei Stalingrad. Deutscher Vorstoß im Kaukasus.
RAF greift Bremen an, die sowjetische Luftwaffe die rumänischen
Ölfelder von Ploesti sowie Bukarest und Königsberg. Weiterhin schwere

alliierte Schiffsverluste. Die Deutschen melden die Versenkung von 122.000 Tonnen Handelsschiffsraum, zweier Zerstörer und einer Korvette aus einem einzigen alliierten Geleitzug.

Um 8 Uhr Konferenz mit Henning, Dr. Clark und mehreren Piloten von Willow Run über das Höhentestprogramm, das wir für die P-47 festlegen.

Die Einstellung zu dieser Art von Flügen war verschiedenartig. Einige Piloten wollten sogleich eifrig anfangen, andere waren skeptisch, ob es durchführbar sei, ohne Druckanzüge oder Kabine in 13.000 Meter Höhe zu fliegen. Einige waren nicht damit einverstanden, an solchen Höhenversuchen teilzunehmen.

Flog mit der B-24 nach Wright Field, startete in Willow Run um 10 Uhr. Auf Wright Field wollte ich Probleme der Panzerung der B-24 besprechen. Chefwaffenoffizier ist Frank Wolfe, ein ehemaliger Klassenkamerad – jetzt ist er Oberst. Eine halbe Stunde bei ihm, dann in das neue Waffenlaboratorium zu einer Besprechung mit Captain Evans und Captain Bartlett sowie einer Anzahl anderer Waffenoffiziere. Neben der Diskussion über die Panzerung sahen wir uns auch die britische Lancaster an, die auf Wright Field ist, und besichtigten zudem Panzerplatten von einer abgeschossenen Ju 88.

Wright Field befindet sich in einem Chaos. Man gewinnt den Eindruck von Unreife, Unordentlichkeit und Gleichgültigkeit. Gelegentlich findet man einen tüchtigen Offizier oder eine brauchbare Abteilung, wie eine Art Insel, um die die Wellen der Desorganisation spülen. Es gibt Zimmer voll von Offizieren in Uniform, die in Hemdsärmeln auf Schreibtischen und Stühlen herumsitzen, die Hände voll von Akten von den Stapeln überquellender Papiere aus den Regalen vor ihnen. Überall dichter Rauch von Zigaretten, Zigarren und Pfeifen. Junge Stenotypistinnen in bunten Kleidern bewegen sich müde in dem schmalen Raum zwischen Schreibtischen und Stühlen. Dann und wann segelt ein Bericht im Aktendeckel durch die Luft, von einem Offizier zu einem anderen, der die Füße lange genug anzieht, um den Akt zu fangen und oben auf einen Stapel ähnlich aussehender Papiere zu werfen.

Ich konferierte eine Stunde lang mit den Waffenoffizieren. Ich sagte ihnen, daß Mr. Ford die Panzerung der B-24 verbessern wolle und daß die Anlagen der Rouge-Fabrik und die Ingenieurorganisation der Ford-Werke dafür zur Verfügung ständen. Die Offiziere schienen nicht interessiert zu sein. Sie waren natürlich höflich, betonten aber immer

wieder, sie hielten es nicht für ratsam, daß die Ford-Werke etwas hinsichtlich der Panzerung der B-24 unternehmen, es sei denn in der
engsten Zusammenarbeit mit der Waffenabteilung von Wright Field.
Ich erwiderte, daß ich eben zu dem Zweck nach Wright Field gekommen
sei, weil wir die von ihnen vorgeschlagene Zusammenarbeit wünschten.

Dann fragte ich, was wir ihrer Meinung nach anfangen sollten. Sie
hatten keinerlei Vorschläge, sie sagten nur wieder, alles, was wir tun
werden, soll „in engster Zusammenarbeit mit der Waffenabteilung"
geschehen. Ich fragte, ob sie uns Unterlagen über die Durchschlagskraft feindlicher Geschosse oder die Richtung angeben könnten, aus
denen die meisten Treffer kamen. Sie sagten, die verfügbaren Unterlagen seien nicht so abgefaßt, daß sie für uns von Wert sein könnten.
Einer der Offiziere meinte, es gebe ohnehin zu viele divergierende
Meinungen über die Panzerung.

Ich konnte sehen, was ich oft zuvor in Wright Field und anderen
Armeestationen gesehen habe – ihr Hauptinteresse war, in Frieden
gelassen zu werden, damit sie ihre eigenen Versuche durchführen und
ihre eigenen Lösungen ausarbeiten konnten; Hilfe von außen war
unerwünscht. Ich bedankte mich bei allen, sagte ihnen, sie sollten es
uns wissen lassen, wenn wir in Zukunft von Nutzen sein könnten und
ging.

Samstag, 19. September
116 Menschen von den Deutschen in Paris hingerichtet.

Dienstag, 22. September
Koffer gepackt und nach Willow Run gefahren. Hatte um 9 Uhr nach
Rochester, Minnesota, starten wollen, ein fehlerhafter Inverter in der
B-24 hielt uns bis 11 Uhr auf. Gerding war Pilot, Hammond Kopilot,
Clark, Smith und ich waren im Rumpf. Johnson, Loomis und mehrere
andere im Flugdeck und im Bug. Wir wollten alle nach Rochester, um
Erfahrungen in der Mayo-Höhenkammer zu sammeln.

Landeten um 13 Uhr in Rochester, wo wir von Dr. Boothby [Leiter
des Forschungsinstituts für Aeronautik an der Mayo-Klinik] und anderen
Herren der Klinik erwartet wurden.

Am Nachmittag gingen wir alle in die Experimentierlabors des
aeronautischen Instituts der Mayo-Klinik. Mehrere von uns flogen in
der Höhenkammer in eine simulierte Höhe von über 13.000 Meter.

Die Höhenkammer ist im wesentlichen ein großer horizontaler Stahl-
tank, der mit einer motorbetriebenen Vakuumpumpe verbunden ist.
Hinein kommt man durch eine Stahltür an einem Ende. Die Kammer,
in der wir heute „aufstiegen", hat zwei Abteile: das eine die Hauptkammer, wo die Höhentests vorgenommen werden, das zweite eine Luftschleuse, die den Ein- und Ausstieg ermöglicht, ohne den Druck in der
Hauptkammer ändern zu müssen. Mit anderen Worten, wenn jemand
in der Hauptkammer in einer simulierten Höhe von 10.000 Meter ist,
können Assistenten durch die Schleuse hinein- und hinausgehen, ohne
das Experiment zu gefährden.

Mittwoch, 23. September

Um 6.30 Uhr aufgestanden. Frühstück mit der Familie Mayo: Dr. und
Mrs. Mayo, drei Jungen, ein Mädchen und die Kinderschwester. Die
Mayos haben acht Kinder, einschließlich dreier von Dr. Mayos Bruder,
die er adoptiert hat.

Lunch mit den Willow-Run-Piloten und dem aeromedizinischen
Personal der Mayo-Klinik im Kahler-Hotel. Am Nachmittag wieder
in die Labors, um Tests mit der G-Maschine (g = Schwerkraft) anzusehen — einer Art menschlicher Zentrifuge, in der man einem Mann
eine Art Beschleunigung, die der eines Flugzeuges entspricht, geben
kann, das aus einem Sturzflug herauskommt. Ein Testpilot namens
Kelly von der Bell Aircraft war die erste Versuchsperson. Er erreichte
eine Beschleunigung von 9,7 g, wurde aber auf der Höhe des Tests
ohnmächtig. Als ich das erste Mal probte, erreichte ich 4,5 und das
zweite Mal 5,8 g. Dann hörte ich wegen leichter Kopfschmerzen auf,
wahrscheinlich waren sie meinem Aufstieg heute morgen in der Höhenkammer zuzuschreiben, ich hatte kein Sauerstoff-Desaturierungspro-
gramm mitgemacht.

Anschließend zu einer Gruppenkonferenz mit Dr. Boothby. Ich
fragte nach der Höhe, in der der Blutdampfdruck gefährlich wird,
und nach der Wirkung häufigen und verlängerten Sauerstoffmangels
auf die Gehirnzellen. Hinsichtlich dieser Punkte gibt es eine Kontroverse,
und ich glaube, daß hier noch ausgedehnte Forschungen nötig sind.
Armstrong erklärt, daß sich bei Tieren in einer Höhe von über 15.000
Metern Dampf im Blut bildet. Boothby stimmt dem nicht zu.

Allgemein nimmt man an, daß sich Blutdämpfe erst in einer Höhe
von 20.000 Metern bilden, das ist aber alles so unbestimmt, und mir
scheint, man hat an diesem Thema kaum ein Interesse. Letzten Endes

gehen wir jetzt in der Kammer bis in eine Höhe von 15.000 Metern.
Während der Unterschied zwischen 15.000 und 18.000 zwei Meilen
in der Luft beträgt, ist es in der Quecksilbersäule der Kammer nur ein
winzig kleines Stück. Eine kleine Unachtsamkeit oder Ungenauigkeit
des Bedienenden, und man könnte sie leicht erreichen. Als ich im
Rockefeller-Institut mit Carrel arbeitete und Experimente mit den von
mir entworfenen zirkulierenden Gewebekulturflaschen machte, konnte
ich feststellen, daß die Zuführung von etwas zuviel oder zuwenig
Sauerstoff in einer Periode von zwei oder drei Tagen eine entschiedene
Wirkung auf gewisse Zellen ausübte. Hat man entsprechend genaue
Tests über die Wirkung von Höhe und Sauerstoff auf das menschliche
Gehirn durchgeführt?

Donnerstag, 24. September
Um 8 Uhr in das aeromedizinische Labor. Dr. Robins (Grumman
Aircraft) und ich desaturierten eine halbe Stunde lang. (Das Desatu-
rierungsprogramm besteht darin, daß man dreißig Minuten ein Übungs-
fahrrad fährt oder in einer Tretmühle geht, während man durch eine
Gummimaske reinen Sauerstoff einatmet. Das spült fast allen Stickstoff
aus dem Körper und verhindert die Bildung von Nitrogenblasen unter
vermindertem Druck.)

Nach der Desaturierung betraten wir die Kammer und stiegen
zusammen mit der Technikerin, Miß Lucille Cronin, in sieben Minuten
auf 13.000 Meter auf. Wir blieben eine Stunde und neun Minuten in
dieser Höhe, einmal erreichten wir auf eine Dauer von fünf Minuten
die Höhe von 14.000 Metern. Während des Experiments ging ich in der
Kammer umher und maß mehrmals meine Mundtemperatur. Diese
einfache Übung war weder schwierig noch besonders ermüdend. Meine
Körpertemperatur sank am Ende dieser Zeit um 1° F (0,6 °C). Ich
bemerkte, daß ich mich nach 45 Minuten (nach der Rückkehr aus der
Höhe von 14.000 Meter) etwas weniger hellwach fühlte.

Nach einer Stunde bereitete ich mich auf einen simulierten Fallschirmabsprung aus 13.000 Meter Höhe vor. Ich verwendete dabei
die Standardausrüstung der Armee, bestehend aus einer am Fallschirm
befestigten Gummimaske und einer O_2-Fallschirmflasche. Auf ein Signal
hin nahm ich die Sauerstoffmaske ab, faßte die Gummimaske zwischen
die Zähne, stellte die Sauerstoffsprungflasche an und begann zu üben —
ich simulierte die Bewegungen, die nötig sind, um die Cockpitluke
zu öffnen. In der Zwischenzeit wurde der Druck in der Kammer in

einem Tempo gesenkt, das einem Fallschirmabsprung entsprach. Ich beabsichtigte, die Übung eine Minute lang fortzusetzen, bemerkte aber fast sofort einen ernsten Sauerstoffmangel. Mit einer Hand kniff ich die Wiederbeatmungsröhre (Dautrebande) ab, um festzustellen, ob der Zustrom aus der Sauerstoffflasche ausreichte. Als ich einzuatmen versuchte, stellte ich fest, daß der Strom nur ein Bruchteil dessen war, was nötig gewesen wäre, um das teilweise Einatmen von Luft zu vermeiden.

Ich erkannte, daß ich nahe daran war, bewußtlos zu werden, gab das Zeichen für einen schnellen Abstieg und setzte mich. Ich erinnerte mich an nichts mehr, bis in einer Höhe von 8000 Meter das Bewußtsein zurückkehrte. Ich bemerkte keinerlei üble Nachwirkungen. Ich stellte fest, daß Miß Cronin meine Sauerstoffmaske wenige Sekunden, nachdem ich bewußtlos wurde, wieder befestigt hatte und daß die Kammer in weniger als einer Minute von 13.000 auf 8000 Meter gesunken war. Ich schlug einen Wiederaufstieg vor, aber Dr. Boothby hielt das für den Augenblick für nicht ratsam. Keinerlei Kopfschmerzen als Nachwirkung.

Dienstag, 29. September
Um 7 Uhr aufgestanden, Frühstück im Zimmer, dann in das aeromedizinische Labor. Am Vormittag Alveolarluftproben mit einem neuen Maskentyp, den Dr. Boothby konstruiert hat mit Aufstieg auf 10.000 Meter, um das Dautrebande-Sprunggerät zu testen, das zu der Maske gehört. Ich hatte immer ausreichend Sauerstoffzufuhr und glaube, daß das System und die Ausrüstung, die wir entwickelt haben, eine starke Verbesserung gegenüber der früher verwendeten darstellen. Bei korrekter Verwendung dieser Ausrüstung wird es möglich sein, aus einer Maschine unter Kriegsbedingungen in 13.000 Meter Höhe auszusteigen und sowohl während des Aussteigens aus der Maschine wie während des Sprunges stets eine ausreichende Sauerstoffzufuhr zu haben.

Bei der gegenwärtigen Ausrüstung und dem Stand der Technik wird ein Mann, besonders wenn er nur mit Mühe aus der Maschine gekommen ist, fast bestimmt bewußtlos werden und während des Sprunges Krämpfe bekommen — es sei denn, er läßt sich lange Zeit frei fallen, ohne den Schirm zu öffnen. Dazu müßte ein Mann aber im vollen Besitz seiner Sinne sein, und dafür hat er eine ausreichende Sauerstoffzufuhr nötig.

Das Ergebnis unseres Tests deutet darauf hin, daß die Notsauerstoffausrüstung der Armee entweder umkonstruiert oder für Flüge über 10.000 Meter Höhe ausgewechselt werden sollte — und es ist fraglich, ob sie überhaupt in dieser Höhe noch angebracht ist.

Am Nachmittag Berichte, Schlüsse und Empfehlungen hinsichtlich unserer Experimente niedergeschrieben. Später am Abend eine Stunde bei Dr. Boothby. Wir besprachen den gemeinsamen Bericht, den wir nach Wright Field senden werden.

Donnerstag, 1. Oktober
Churchill gibt Verluste von fast 50 Prozent bei Überfall auf Dieppe bekannt.

Freitag, 2. Oktober
Am Vormittag zuerst am Bericht gearbeitet. Dann Vorbereitungen für den Kammeraufstieg am Nachmittag getroffen und mich über die Höhe unterrichtet, in der die Verdampfung des Blutes einsetzt. Beschloß, nicht über 15.000 Meter zu gehen, ehe ich darüber nicht mehr Informationen habe.

Am Nachmittag wieder ins Labor. Stickstofffrei gemacht und in der Kammer auf 13.000 Meter aufgestiegen. Alveolarluftproben gemacht und Wirkung des pulsierenden Atmens ausprobiert. Soweit wir messen konnten, hatte es keine Vorteile vor dem normalen Atmen. (Beim „pulsierenden Atmen" halte ich den Atem bei gefüllten Lungen an und lasse meine Lungen dreimal bei jedem Atemzug pulsieren, dadurch schaffe ich bei jedem Pulsieren einen etwas größeren als normalen Druck.)

Wir beschlossen, einen schnellen Abstieg aus 13.000 Metern zu versuchen, und „sprangen" aus dieser Höhe in einer Minute zwölf Sekunden ab. Als Ergebnis keine üble Nachwirkung. Am Nachmittag an unserem Bericht gearbeitet. Er sieht übel aus. Ich werde einen völlig neuen schreiben müssen.

Samstag, 3. Oktober
Kongreß nimmt Anti-Inflationsgesetz an. Löhne und Preise sollen durch Roosevelt festgesetzt werden.

Um 7 Uhr aufgestanden. Die Bäume vor dem Hotel sind voll von Staren, sie singen alle und machen dabei großen Lärm. So ist es jeden

Morgen seit unserer Ankunft. Eine halbe Stunde den Bericht gelesen, den ich gestern schrieb. Dann ins aeromedizinische Labor.

Am Nachmittag den Bericht fertig geschrieben. Dr. Boothby hielt ihn für o. k. (Ich hatte erwartet, daß er alle Arten von Änderungen vornehmen würde.) Wir alle – Dr. Boothby, Wilson, Clark und ich – unterzeichneten ihn.

Um 20.30 Uhr mit dem North-Western-Zug nach Chicago.

Donnerstag, 8. Oktober
Roosevelt verkündet Absicht, „Kriegsverbrecher" zu bestrafen.

Montag, 12. Oktober
Eine viertelstündige Besprechung mit Henry Ford und Bennett, dann Inspektionsgang durch die Fabrik zur Überprüfung der erzielten Fortschritte. Die Kette der Endmontage füllt sich auf, die Fabrik produziert jetzt wirklich; es ist zwar noch keine große Produktion, aber sie wird jetzt schnell zunehmen, und auch die Qualität verbessert sich ständig. (Tatsächlich begann die Produktion ja schon im letzten Monat, als der erste in Willow Run gebaute Bomber an die Flugabteilung geliefert und dort getestet wurde.)

Während wir durch die Reihen der Maschinen und Prüfstände gingen, wandte sich Ford zu mir und äußerte die Meinung, daß Willow Run mehr Flugzeuge produzieren würde, als die Ford-Werke je Autos fabriziert hätten. „Alle Fracht, die befördert wird, wird in Zukunft in der Luft transportiert werden"; es werde in der Zukunft auch nicht mehr so viele Frachten geben, weil die Industrie dezentralisiert werden wird.

Ford ist immer ein Optimist. Für ihn führt alles, was geschieht, so schlecht und entmutigend es auch sein mag, schließlich doch zum Guten und hat seinen Zweck. Wie auch die Gegenwart sein mag – für Ford ist die Zukunft immer hell. Und er wirkt ansteckend. Fast jeder, der ihn wirklich kennt, hat ihn gern. Er ist der einzige Mann in der Ford-Organisation, der über ihren kleinlichen Eifersüchteleien und Konflikten zu stehen scheint. Ich habe nie gehört, daß jemand respektlos von ihm sprach, und für viele ist er eine Art Herrgott. Das alles ist um so bemerkenswerter, weil er eigenwillige, entschiedene – und manchmal ganz unvernünftige Ideen hat. Doch was seine Mitarbeiter an ihm schätzen, überwiegt bei weitem das, was ihnen weniger angenehm ist – und zwar in solchem Maße, daß seine Eigenheiten nur der Rahmen für seine Qualitäten sind und in übertriebener Form weitererzählt werden, um Fords Genie und seinen fabelhaften industriellen Leistungen eine menschliche Note zu geben. Ford ist ein einzigartiger Charakter, der sich mit anderen einzigartigen Menschen umgeben hat, um eines der größten Industrieimperien aufzubauen, die die Welt je gesehen hat – ein Imperium, das sich in seinen Methoden, seiner Politik und seinen Beziehungen weit von jedem anderen unterscheidet, das ich gesehen habe.

Dienstag, 13. Oktober
Roosevelt ordnet Rekrutierung von Achtzehn- und Neunzehnjährigen an.

In Willow Run eine Besprechung zwischen Bennett und Graham wegen der Fluganweisungen arrangiert. Bennett macht gerne Alleinflüge. Diese sollen aber nur unter Aufsicht eines lizenzierten Fluglehrers durchgeführt werden. Diese Vorschriften wurden Jahre, nachdem ich meinen letzten Flugschüler (Anne) unterrichtet hatte, eingeführt, und ich habe mich nie um eine Lizenz beworben. (Man braucht beträchtlich Zeit, um sie zu bekommen, und hat die Unannehmlichkeit, sie immer wieder erneuern zu müssen.) Graham ist lizenzierter Fluglehrer. Henning hält ihn für den besten Mann, um Bennett auf seine Pilotenprüfung vorzubereiten.

Den Rest des Vormittags Routine und in der Flugabteilung – in erster Linie ging ich einem Gerücht nach, daß in Florida zehn P-47 wegen Motorschäden beim Start verunglückt und daß dabei zehn Piloten umgekommen seien. Es stellte sich heraus, daß diese Piloten ohne Ausnahme beim Patrouillendienst über dem Meer verunglückt waren und daß die P-47 im Notfall gute Bauchlandungen machen kann. Fünfundvierzig-Minuten-Flug in einer P-47. Die Maschine ist gut zu bedienen, entwickelt aber ein übles hydraulisches Leck. Eine halbe Stunde im Link-Trainer, ich löste ein Orientierungsproblem ohne Kompaß oder Richtungskreisel. Dann fuhr ich zum Flugplatz, um die Trudeleigenschaften der Fairchild auszuprobieren – ehe ich Bennett zum Trudeln mit nach oben nahm. Die Maschine trudelt schnell und kommt, links wie rechts, schnell wieder heraus. Nahm Bennett mit auf 1300 Meter und ließ ihn mehrmals in beiden Richtungen trudeln. Nach den ersten zwei drehte er sich mir zu und fragte: „He, *muß* man

das, um eine Lizenz zu bekommen?" Ehe wir aber wieder herunter-
kamen, hatte er gelernt, ohne meine Hilfe aus dem Trudeln herauszukommen. Niemand, der Bennett kennt, kann ihm nachsagen, es
fehle ihm an Mut.

Samstag, 17. Oktober
Der Kongreß stimmt für „Siegessteuer".

Fuhr Jon, Land und Anne jr. nach dem Lunch zu Mutter. Mutter
sieht jetzt viel besser aus und sieht selbst ein, daß die langen Unter-
richtsstunden im Winter für sie zuviel waren. Es ist für sie eine Fügung
des Himmels, daß gerade zu der Zeit, als sie den Unterricht aufgeben
mußte, ihre Enkel wöchentlich regelmäßig zu Besuch kommen.

Sonntag, 25. Oktober
*Vormarsch der Alliierten in Nordafrika. Russen halten Stalingrad
immer noch. Die Briten bombardieren Genua und andere italienische
Städte.*

Mittwoch, 4. November
*Dewey zum Gouverneur von New York gewählt. Republikaner er-
zielen im Kongreß Erfolge. Alliierte rücken in Ägypten vor.*

Freitag, 6. November
Zum Flugplatz Wayne County zum Lunch mit dortigen Offizieren.
Wir sprachen über die Methoden, bei geringer und bei hoher Geschwindigkeit aus einem Jäger „auszusteigen", und in welchen Situationen es
besser sei abzuspringen, als während einer Notlandung an Bord zu
bleiben. Sie empfahlen, mit einem modernen Jäger auf freiem Feld
keine Landung mit stehendem Propeller zu versuchen, und waren
sogar hinsichtlich einer Landung auf einem Flugplatz sehr skeptisch.
Der allgemeine Tenor ist, man solle springen, wenn der Motor versagt,
ganz gleich, was unter einem ist. Ich bin nicht ihrer Meinung: auf einem
großen Flugfeld ist eine Landung mit stehendem Propeller meiner Ansicht nach absolut praktikabel, und auch auf offenem Feld hat man
viele Chancen – vorausgesetzt, der Pilot hat die nötige Ausbildung.

Dienstag, 10. November
Giraud befehligt alliiertenfreundliche französische Streitkräfte in Afrika.
US-Truppen passieren Oran. Die Briten landen in Algier.

Freitag, 13. November
Fast den ganzen Tag Konferenz mit Bennett und Sorensen über den Krieg, Willow Run und Washington. Es ist außerordentlich interessant, diese zwei Männer und ihr Verhältnis zueinander zu beobachten. Beide sind in dem harten Konkurrenzkampf in der Industrie aufgewachsen. Beide sind sehr starke Charaktere. Zusammen leiten sie unter der Oberaufsicht Henry Fords und seines Sohnes eines der größten Industrieimperien der Welt. Sie tragen dauernd Kämpfe untereinander aus, und doch werden sie bei einem Angriff von außen entschieden füreinander eintreten. Bennett ist mehr am Menschen als an seiner Leistung interessiert, Sorensen mehr an der Leistung als am Persönlichen. Heute sprachen sie über einen der Ingenieure von Willow Run. Bennett sagte: „Du solltest dein Auge auf ihn halten. Er kann mit Geld gekauft werden, er hat für Rotspanien gekämpft und ist Mitglied der Komintern."

Sorensen erwiderte „Aber er ist ein guter Ingenieur."

Als wir später über die Außen- und Innenpolitik sprachen, machte Sorensen folgende Feststellung: „Wenn uns diese Vögel (die Regierung) nur in Frieden lassen, halten wir jedermann im Land (nach dem Krieg) beschäftigt. In Rußland ist der Markt groß genug, er gibt uns mehr Arbeit, als wir fertigbringen können."

Bennett erwiderte darauf: „Ich glaube, wenn wir müßten, könnten wir mit Südamerika allein ziemlich gut auskommen."

Sorensen: „Ach, als ich in Rußland war, sagte mir hier jeder, was ich sagen und tun sollte — und sie sagten mir das wieder, als ich nach England fuhr. Aber ich habe den Kopf klar behalten und bin mit Aufträgen über 32 Millionen Dollar zurückgekommen." Die Antwort darauf drängte Sorensen etwas in die Defensive und er fragte: „Welchen Schaden kann es schon anrichten, wenn man den rückständigen Ländern zeigt, wie man die Dinge auf unsere Art erledigt?" Ich erwiderte, daß die Krise, in der wir uns im Pazifik befinden, zu einem großen Teil darauf zurückzuführen war, daß wir Japan zeigten, wie wir die Dinge auf unsere Art erledigen.

Sorensens ganzes Denken scheint der Produktion und dem Auffinden von neuen Produktionsmöglichkeiten gewidmet zu sein. „Ach, ich fahre nicht einmal mehr meinen eigenen Wagen. Ich denke fast jede wache Minute und mache Skizzen." Über Willow Run sagte Sorensen: „Und wir haben das alles selbst gemacht. Wir haben kaum jemand von draußen hereingenommen."

Dienstag, 17. November
Die japanische Flotte in der Seeschlacht bei den Salomonen besiegt.
Aus Tunesien werden schwere Kämpfe gemeldet.

Um 8 Uhr in Washington angekommen. Um 12 Uhr Rendezvous mit Jerry Land im Commerce Building. Man braucht jetzt einen Paß, um in das Gebäude zu kommen. Jerry scheint überarbeitet zu sein, er steht wegen einer kürzlichen Rede unter schwerem Beschuß durch die CIO. Er sagt, verschiedene kommunistische Gruppen seien darauf aus, ihn „zu erledigen", und überfluten das Weiße Haus mit Briefen gegen ihn. Wie die meisten Beauftragten Roosevelts ist er sich nicht sicher, wielange ihn Roosevelt noch halten wird, wenn der Druck gegen ihn steigt.

Dann auf eine Viertelstunde in das Büro La Follettes. Er erzählte mir von einer Konferenz, die er und mehrere andere „Isolationisten" mit Foster Dulles gehabt hatten, der eben aus England zurückgekehrt war. Dulles berichtete, daß er „mit allen Regierungsmitgliedern bis hinauf zu Churchill gesprochen habe", weil England augenscheinlich nach dem Krieg eine imperialistische Politik betreiben will und keine Ahnung von einer Weltorganisation für den Frieden hat (an die Dulles glaubt) usw.

Die Straßen und die Häuser sind dunkel, alle Lichter abgeblendet. Ohne seine hellen Lichter gleicht New York mehr einer europäischen Stadt. In einigen Schaufenstern hängen hinter den Scheiben Luftschutzblenden. Man kann ziemlich gut durchsehen, wenn man gerade durch sie schaut, aus einem Winkel betrachtet, schalten sie das Licht von drinnen völlig aus. Die Straßenampeln sind jetzt nicht mehr als kleine rote und grüne Kreuze. Im Gehen bemerkte ich plötzlich, daß ich die Sterne und die Silhouetten der hohen Gebäude gegen den Sternenhimmel sehen konnte. New York erschien mir anziehender als je zuvor.

Für einen Zeitraum von etwas über einem Jahr machte Oberst Lindbergh
keine Eintragungen in sein Tagebuch.
Eintragungen beginnen wieder am 6. Dezember 1943. In den da-

zwischenliegenden Monaten hatte Lindbergh neben seiner Tätigkeit für die Ford-Werke eine beratende Funktion bei der United Aircraft Corporation mit dem Sitz in East Hartford, Connecticut, übernommen. In dieser Eigenschaft widmete er sein Hauptaugenmerk der Verbesserung der Navy Marine Corsair (des F4U-Jägers) und Plänen für einen noch besseren Jäger, der der Corsair folgen sollte.

Seine Reise auf den pazifischen Kriegsschauplatz im Jahre 1944 galt dem Zweck, die Corsair unter Kampfbedingungen zu studieren und mit dem Personal der aktiven Kampfeinheiten die Eigenschaften zu besprechen, die bei der nächsten Generation von Kriegsflugzeugen gewünscht wurden.

1943

Dienstag, 7. Dezember
Am Vormittag Vorbereitung für einen Höhenflug in der Thunderbolt. Am Nachmittag dann zur Maximalhöhe von 13.023 Metern aufgestiegen – der größten Höhe, die ich bisher erreichen konnte. Oberhalb von 12.800 Metern überschreiten die Temperaturen der Zylinderköpfe das Sicherheitslimit. Die Höhe nähert sich auch der Grenze, die der Pilot ohne Druckausgleich, selbst mit reinem Sauerstoff, aushalten kann. Willow Run hatte sich während des Fluges bewölkt, ich ging also über Selfridge tiefer, wo es klar war. In der Nähe von Detroit gibt es oft Stellen freien Himmels, wenn alles andere bewölkt ist.

Freitag, 10. Dezember
Am Morgen Konferenz und Vorbereitungen für Höhenflug in der Thunderbolt. Früher Lunch, dann Flug von vierundvierzig Minuten zur Maximalhöhe von 11.500 Metern, wo ich eine Anzahl Tests durchführte, um herauszufinden, warum der Motor in großer Höhe bei niedriger Umdrehungszahl stottert. Die Meinungen sind hier geteilt, ob das Zündungssystem oder der Turboregulator schuld daran ist.

Willow Run war während des Flugs bewölkt, aber Kanada blieb klar. Ich drosselte die Geschwindigkeit bis knapp an die Kompressionsfähigkeit des Motors und ging östlich des Detroit-Flusses herunter.

Samstag, 11. Dezember

Am Vormittag Konferenz in der Flugabteilung. Hawley hat bei einem Mehrgewicht von 75 Pfund in der Thunderbolt ein Tonbandgerät einbauen lassen. Ich halte die Idee für schlecht, da ein Pilot, ganz abgesehen von der Leistungsfähigkeit der Maschine in großer Höhe, nicht viel reden kann. Dazu sind bei der Arbeit, die wir jetzt machen, schriftliche Aufzeichnungen wichtig. Mein Haupteinwand ist jedoch, daß er weder die Erlaubnis für den Einbau einholte noch das neue Schwerezentrum vor dem Flug entsprechend prüfen ließ. All das hat einen unnötigen Aufschub verursacht und die Maschine für den Einbau stillgelegt, obwohl sie sonst hätte fliegen können. Ich besprach die Sache mit Bond, Hawley und Scott und glaube, daß wir in Zukunft ähnliche Vorfälle vermeiden werden.

Stieg in einem Bomber (B-24 H-2343) zu seinem ersten Flug auf. Die Maschine war außerordentlich sauber, ich weitete also den Flugplan über Funk aus und flog auch den Annahmetest für die Armee.

Schöner Sonnenuntergang, ich glaube, es waren die reinsten Farben, die ich je gesehen habe. Landete bei Dunkelheit.

Dienstag, 14. Dezember

Zu Hause diktiert und im Wohnwagen an meinem Manuskript *Spirit of St. Louis* gearbeitet. (Anne ist in der Bildhauerklasse in Cranbrook.) Der Wohnwagen ist selbst an kalten Tagen behaglich, wenn zwei oder drei Stunden vorher eingeheizt wird; die Einsamkeit, die er außerhalb des Hauses gewährt, ist beim Schreiben und Studieren eine große Hilfe.

Freitag, 24. Dezember

Etwa fünfzehn Wachteln und mehrere Fasane kamen, um das Getreide zu fressen, das wir um den Wohnwagen streuen.

Nach Willow Run. Lunch mit den Piloten, Konferenzen.

Nachmittags zum Heiligen Abend mit Anne und den Kindern nach Hause. Anne hatte in der Bibliothek eine sehr einfache und doch wunderschöne Krippe aufgebaut, wir spielten Musik und lasen vor, alle Kinder mit Ausnahme von Scott, der mit Fieber im Bett liegt, nahmen daran teil. Es war der schönste Weihnachtsabend, den wir alle je erlebt hatten.

Samstag, 25. Dezember
Frühstück mit Anne und den Kindern, Sondergetreideration für die Vögel. Jeden Tag kommen mehr in den Garten. Am Vormittag bei den Kindern und ihren Geschenken. Scott ging es so gut, daß er herunterkommen konnte. Jon machte im großen Kamin Feuer. Vor dem späten Lunch eine Stunde mit Jon spazierengegangen. Nachmittags mit den Kindern gespielt und an meinem Manuskript *Spirit of St. Louis* gearbeitet. Am Abend mit Anne in der Bibliothek musiziert und gelesen.

Sonntag, 26. Dezember
Anne, Anne jr., Jon, Land und ich fuhren zu Mutter und B. – für die Kinder ein zweites Weihnachten mit einer gebratenen Gans. Am Nachmittag eine halbe Stunde an meinem Manuskript gearbeitet. Dann gab ich Land Schießunterricht mit dem Gewehr Kaliber .22, den Rest der Zeit alles Mögliche gespielt. Jon und Land stritten sehr heftig darüber, ob Jon ein Recht habe, Lands Boot auch gegen dessen Willen zu benutzen. Ich hoffe, ich habe es ihnen deutlich gemacht, damit in Zukunft solche Auseinandersetzungen weniger oft vorkommen. Es war aber ein guter Tag, und ich bin immer dankbar dafür, daß ich hier in Detroit mit Mutter und den Kindern zusammensein konnte.

Freitag, 31. Dezember
Höhenflug in der Thunderbolt geplant, dann aber dauerte eine Besprechung mit Bennett und Bricker den ganzen Vormittag. Fuhr schließlich mit Bennett nach Rouge, um Antwort auf bestimmte Fragen zu erhalten: 1. wegen der Beziehungen zwischen den Ford-Werken und dem Lieferkommando der Armee und dessen Wunsch, die B-24 in Willow Run statt in Romulus zu übernehmen; 2. wegen Möglichkeit, daß Ford Harry Elmer Barnes finanziert, wenn dieser eine Geschichte der Ursprünge des gegenwärtigen Kriegs schreibt. Bennett besteht darauf, daß ich zum Lunch bleibe, zu dem er einen der berüchtigtsten Gangster von Detroit eingelanden hat.

1944

Mittwoch, 5. Januar
Um 9 Uhr mit der Bahn in Washington angekommen. Um 14 Uhr
Konferenz mit Brigadegeneral Wood (Marineinfanterie) hinsichtlich
der Möglichkeit, daß ich auf den Kriegsschauplatz Pazifik gehe, um
die Einsatzbasen der Corsairs in der Kampfzone zu studieren. Wood
ist für diese Reise und will die Sache mit höheren Marineoffizieren
besprechen. Ob sie wohl denken, es Roosevelt vortragen zu müssen?
Wenn nicht, besteht eine gute Chance, daß ich reisen kann.

Donnerstag, 6. Januar
Rief General Wood an. Er sagte, es könne arrangiert werden, daß ich
in den Pazifik gehe, ob ich aber eine Corsair bekommen würde, um
das Kampfgebiet abzufliegen, würde von den örtlichen Kommandeuren
abhängen. In Beantwortung meiner Frage sagte er mir (inoffiziell),
daß es in einigen Fällen leicht und in anderen schwierig sein werde.
Er rief General Wilson an, der sagte, die Reise sei der Mühe nicht wert,
wenn mir nicht eine Corsair zur Verfügung gestellt werden könnte.
Er will sich mit Admiral Towers in Verbindung setzen. Lunch mit
Jerry Land. Er sagte, die Schiffsverluste seien jetzt verhältnismäßig
gering.
    Um 23 Uhr Zug nach New York.

Sonntag, 16. Januar
Aufbruch. Anne bei Cons Wohnung abgesetzt, sie nimmt den 19-Uhr-
Zug nach Detroit. Um 22 Uhr mit dem Zug nach Montgomery, Ala-
bama, auf dem Weg nach Eglin Field.

Montag, 17. Januar
Zug voller Soldaten, noch mehr auf den Bahnsteigen, einige mit Frauen
und Müttern, die gekommen sind, um sich zu verabschieden. Traurige
Gesichter – nirgendwo Begeisterung.
    Gegen 12.30 Uhr in Montgomery, Alabama. In den Zug nach Pensa-
cola umgestiegen.

Dienstag, 18. Januar
Um 6.30 Uhr aufgestanden. Zug nach Crestview, etwa einstündige Fahrt. Ein Offizier von Eglin Field lud mich ein, in seinem Wagen zum Flugplatz zu fahren. Den Tag über Heeres- und Marinejäger inspiziert sowie Konferenz über Wünsche bei Jagdmaschinen. Am Nachmittag fuhren wir zu einem der Testplätze und sahen uns Bombenwürfe und Feuerübungen mit Granaten und Raketen an. Von einer tieffliegenden P-38 wurden zwei 1000-Pfund-Bomben auf einen Unterstand abgeworfen, ähnlich denen, die die Japaner auf den pazifischen Inseln verwenden. Direkter Treffer, prallte aber ab und richtete keinen Schaden an (Verzögerungszünder). Ein zweimotoriger B-25-Bomber flog mehrere Angriffe auf ein nahegelegenes Ziel, er verwendete 75-mm-Granaten. Eine Mustang (P-51) feuerte sechs Raketen auf ein nur hundert Meter seitlich gelegenes Ziel – ziemlich genau. Eine Mustang gab eine Demonstration mit einer 37-mm-Kanone.

Sonntag, 23. Januar
Um 11.25 Uhr mit Passagierflugzeug nach Washington und New York. Dann zum Übernachten nach East Hartford.

Freitag, 28. Januar
Mit dem Taxi zu den Chance-Vought-Werken. Am Vormittag Konferenzen. Am frühen Nachmittag Konferenzen, eine halbe Stunde im Link. Mit dem Zug nach New York. Dinner bei Harold Bixby in Bronxville. Für die Nacht nach Bridgeport zurück.

Montag, 31. Januar
Am Vormittag zuerst am Manuskript gearbeitet, dann mit dem Taxi zu den Chance-Vought-Werken und mit Ingenieuren über Pläne zur Konstruktion zukünftiger Jäger gesprochen.

Wir sprachen über drei Typen – einen einmotorigen Jäger mit dem neuen Major-4360-Motor; einen zweimotorigen Jäger mit R-2800-Motoren und einen mit Düsenantrieb, alles Einsitzer mit einem Kampfradius von 1200 Kilometern und einer Landegeschwindigkeit von 130 bis 140 Stundenkilometern. Man zog den zweimotorigen dem einmotorigen Typ vor, doch die Schnelligkeit, Kompaktheit und die anderen Vorzüge der Düsenmaschinen ließen uns zweifeln, ob es ratsam sei, noch mehr Jäger mit konventionellem Antrieb zu konstruieren. Wir haben aber nicht genügend Informationen über den Düsenantrieb, um wirklich vernünftig entscheiden zu können, deshalb beschlossen wir, von der Armee oder der Marine ausführliche Unterlagen einzuholen, ehe wir eine Entscheidung trafen.

Mit dem Spätnachmittagszug nach New York, um Harry Elmer Barnes im Engineers Club zum Dinner zu treffen. Wir besprachen die Möglichkeit, daß er eine Geschichte der Ursachen des gegenwärtigen Krieges schreibt und daß Ford die Arbeit finanziert. Ich schilderte ihm kurz die Situation und schlug vor, für die nächste Woche ein Zusammentreffen mit Bennett in Detroit zu arrangieren.

Montag, 7. Februar

Führte am Vormittag Dr. Barnes durch Willow Run, dann fuhren wir zum Verwaltungsgebäude von River Rouge. Nach dem Lunch besprachen wir (Bennett, Barnes und ich) Barnes' geplantes Buch über die Ursachen des jetzigen Krieges.

Freitag, 11. Februar

Konferenz mit Dr. Clark und Zoerlin in der Flugabteilung über Experimente in der neuen Höhenkammer. In der Kammer einmal auf 15.000 und dann auf 16.000 Meter aufgestiegen.

Bei diesem Aufstieg gingen Clark, Duffy und ich zunächst zehn Minuten lang auf 10.500 Meter. Dann blieben Clark und Duffy in der Luftschleuse auf derselben Höhe, während ich in der Hauptkammer weiter aufstieg. Auf diese Weise war schnell Hilfe zur Hand, wenn ich während des Tests ohnmächtig werden sollte. Als ich jedoch über 12.000 Meter aufstieg, bekam Clark das „Würgen", so daß Druck abgelassen werden mußte. Es war mir nicht möglich, höher als 15.000 Meter aufzusteigen; als mir klar war, daß ich bewußtlos werden würde, wenn ich länger in dieser Höhe blieb, gab ich das Signal zum „Abstieg".

Zoerlin, der bei den Kontrollen außerhalb der Kammer war und bemerkte, daß die äußere Tür der Luftschleuse offen war, ließ mich schnell auf 9000 Meter fallen. Sobald man feststellte, daß Clark in Ordnung war, stieg Duffy wieder in die Schleuse und blieb bei 10.500 Meter, während ich einen neuen Aufstieg versuchte. Das zweite Mal schaffte ich 16.000 Meter, vielleicht war das Aufstiegstempo größer. Dann ging ich auf 10.500 herunter, um Duffy abzuholen, und wir

stiegen beide wieder auf 12.000, dann versuchten wir einen schnellen
Abstieg auf Flugplatzhöhe – der Abstieg und das Öffnen der Kammer
erforderten etwa anderthalb Minuten. Seit ich in der P-47 bis zu
13.000 Meter hoch fliege, möchte ich unbedingt herausfinden, wie viel
höher ich noch gehen kann, ohne der Bewußtlosigkeit zu nahe zu sein.
13.000 Meter sind offensichtlich dicht an der Grenze, in der man
längere Zeit ohne Druckausgleich bleiben kann.

Freitag, 18. Februar
Karl Scott erschien im Büro, als ich gerade eingetroffen war. Er ist
offensichtlich sehr über das fehlende Interesse der Ford-Werke beunruhigt, eine flugtechnische Abteilung aufzubauen.

Es ist die alte Geschichte. Die Verantwortlichen bei Ford sind sich
nicht sicher, was sie nach dem Krieg auf dem Luftfahrtsektor unternehmen sollen, und haben deshalb keine konsequente Politik für die
Forschung. Einerseits wollen sie in der Lage bleiben, Flugzeuge zu
bauen, falls sie das wünschen. Andererseits wollen sie sich nicht allzu
stark festlegen. Die Folge ist eine Reihe von Erklärungen und Presse-
artikeln, daß die Gesellschaft Nachkriegsflugzeuge bauen werde, während man auf diesem Gebiet wenig oder keine Vorbereitungen trifft.
Henry Ford sagt, daß er große Transportflugzeuge bauen wolle, aber
weder er noch einer seiner Direktoren scheint sich der Tatsache bewußt
zu sein, daß man dazu eine große flugtechnische Abteilung und mehrere
Jahre der Planung und der Konstruktion braucht. Viele der Männer
in Willow Run sind unsicher, ob sie bei Ford bleiben und es riskieren
sollen, ob nach dem Krieg die Flugzeugproduktion aufgenommen
wird, oder ob sie sich einen Job bei einer Firma suchen sollen, die mit
größerer Wahrscheinlichkeit in der Branche bleibt. Einige Leute sind
so unzufrieden, daß sie schon längst gegangen wären, wenn nicht die
kriegsbedingten Beschränkungen und Freigabeverweigerungen wären.
Einige Ingenieure haben sich bereits „aus gesundheitlichen Gründen"
entlassen lassen, andere versuchen, es ihnen nachzumachen. Es herrscht
eine Atmosphäre der Unsicherheit, die für das Arbeitsklima sehr
schlecht ist.

Donnerstag, 24. Februar
Fast den ganzen Tag Bomber getestet. Nr. 94982 zu dem ersten Flug
hinaufgenommen. Konnte ihn nicht akzeptieren, weil der Propeller-

regler an Motor Nr. 4 nicht funktionierte. Landete und ließ ihn in Ordnung bringen, während die Besatzung lunchte. Beim zweiten Mal flog ich als Kopilot. Dieses Mal war alles o. k., ich nahm die Maschine an. Knapp vor Sonnenuntergang mit Nr. 4822 zum Armeeannahmeflug hinauf. Maschine o. k. – angenommen. Lande nach Dunkelheit.

Freitag, 3. März
Rief Paul Baker wegen der Corsair an, den die Vought-Gesellschaft in den pazifischen Raum schicken will. Das Flugzeug soll mit allen neuen Verbesserungen ausgestattet sein, und ich dachte daran, damit mindestens bis Hawaii und vielleicht bis nach Australien und ins Kampfgebiet zu fliegen. Baker sagte mir, die Maschine sei abgestürzt und Boothby, der Pilot, ums Leben gekommen. Einzelheiten waren noch nicht bekannt. Boothby hatte gefunkt, daß die Maschine brenne, und hatte anscheinend mehrere Funkkontakte mit der Bodenstation hergestellt. Er meldete, das Feuer sei gelöscht, der Motor sei aber über einem Gelände abgestorben, wo eine Landung nicht ratsam war. Er sagte oder deutete an, daß er abspringen wolle. Er sprang, wurde aber zerschmettert aufgefunden. Augenzeugenberichte, die immer von zweifelhafter Zuverlässigkeit sind, besagten, daß sich sein Fallschirm während des Sprungs nur teilweise geöffnet habe.

Immer wenn ich vom Tod eines Piloten höre, den ich gekannt habe, sehe ich ihn für eine Weile ausnehmend klar vor mir, deutlicher, als ob ich ihn eben verlassen hätte, um ins Nebenzimmer zu gehen. Ja, ich sehe ihn im Geist deutlicher, als wenn ich ihn mit meinen Augen sehen würde. Der Tod bildet einen Hintergrund für das Leben wie die Nacht für die Sterne. Ich kannte Boothby nicht sehr gut, aber ich sah ihn fast jedes Mal, wenn ich in Bridgeport war: ein junger Pilot – er war vermutlich zwei- oder dreiundzwanzig, sah aber viel jünger aus –, schlank, groß, freundliche Augen, sein Mund schien immer zu lächeln. Er war einer der fähigsten Testpiloten auf dem Flugplatz.

Samstag, 4. März
Die Zeitungen bringen heute drei Zoll hohe, über die ganze Titelseite laufende Schlagzeilen: FORD FEUERT SORENSEN!

Es war schon lange zu erwarten gewesen, es scheint aber eine unnötig grobschlächtige Art, die Sache zu behandeln. Solche Schlagzeilen waren nicht nötig. Trotzdem entspricht es dem Charakter der Ford-

Organisation, und es liegt auch eine gewisse Gerechtigkeit darin. Sorensen hat auf seine Untergebenen wenig oder gar keine Rücksicht genommen, und er hat so manchen Arbeiter im Jähzorn ohne ersichtlichen Grund entlassen.

Sorensen war für ein anderes Zeitalter geboren, ein Zeitalter, das selbst in der Industriewelt von Detroit schnell vorübergeht. Sein Produktionsgenie lag zu einem großen Ausmaß in seiner Fähigkeit, die Leute anzutreiben, als die Technologie für die Industrie noch nicht so wichtig war wie heute, als der Erfolg neuer Typen noch nicht so sehr vom Reißbrett abhängig war. Wahrscheinlich ist es ungerecht, diesen Mann nach den Maßstäben der jetzigen Generation zu beurteilen. Er ist in einer anderen Zeit aufgewachsen, mit anderen Gewohnheiten und einem anderen Arbeitsklima. Er lebte in den harten Pioniertagen der amerikanischen Industrie und hat es mit jedem aufgenommen. Er war ein harter Kämpfer mit harten Fäusten und hatte es wahrscheinlich gern, als solcher bekannt zu sein.

Freitag, 10. März
Zug nach Bridgeport. Lunch mit leitenden Herren von Vought. Konferenz mit Rex Beisel über meine geplante Reise in den Pazifik. Er rief Admiral Richardson in Washington an. Richardson trat vorsichtig für meine Reise ein, meinte aber, es sei „eine heikle Angelegenheit".

Fast den ganzen Nachmittag Konferenz mit Paul Baker und den Ingenieuren über die Planung eines zweimotorigen Corsair-Jägers. Wenig Begeisterung. Es gab zu viele Projekte und zu wenig definitive Aktionen. Zudem muß man angesichts der theoretisch hohen Leistungsfähigkeit der Düsenjäger, die immer mehr durch praktische Erfahrungen untermauert wird, große Zweifel über den Wert eines neuen Jägers mit konventionellem Triebwerk hegen.

Donnerstag, 16. März
Annes Buch ist heute herausgekommen. Die Besprechungen sind alles in allem verhältnismäßig gut, wenn auch allzu oberflächlich.

Samstag, 18. März
Um 12.55 Uhr nach Washington. *The Steep Ascent* hat in den Bücherrubriken der *Times* und der *Tribune* gute Besprechungen.

Sonntag, 19. März
Mit dem Taxi zum Carlton Hotel. Am Vormittag am Manuskript gearbeitet, dann die zweite Sonntagsausgabe gekauft. Drei Besprechungen von Annes Buch, alle gut außer einer Syndikatsbesprechung von der New Yorker *Post* – politisch, unwahr, unfair.

Montag, 20. März
Um 14 Uhr ins Marinegebäude zu Vizeadmiral Ramsey wegen meiner Reise auf den pazifischen Kriegsschauplatz. Er sagte mir, er glaube, es könne arrangiert werden, und ich hätte seine persönliche Unterstützung. Überall, wo ich mit Angehörigen der Streitkräfte – Armee, Marine, Marineinfanterie – in Berührung komme, werde ich sehr freundlich aufgenommen. Er schlug vor, ich solle am 15. April von Kalifornien aus starten. Ich hatte heute abend nach New York und am Morgen nach Bridgeport zurückkehren wollen, habe aber meine Pläne geändert und fahre morgen mit dem Nachmittagszug nach Detroit.

Montag, 27. März
In Willow Run Konferenz mit Bennett und Bricker. Bennett ist eben nach einem Monat auf seiner Ranch bei Palm Springs, Kalifornien, zurückgekehrt. Wir sprachen hauptsächlich über Sorensen. Konferenz mit Henry Ford, Henry Ford II, Bennett und Bricker. Ford erläuterte seine kürzlich abgegebene Presseerklärung, daß der Krieg in zwei Monaten vorüber sein würde; er sagte, er glaube, daß Rußland bis dahin ausscheiden würde, und dann sei der Krieg vorbei. Wir sprachen über Probleme der Nachkriegsflugzeuge. Wir sind jetzt seit einigen Monaten dem Plan voraus und haben im Februar mehr als 200 B-24 produziert.

Mittwoch, 29. März
Anruf von Jack Horner. Die Genehmigung meiner Reise in den Südpazifik von Admiral Ramsey ist eingetroffen. Ich will morgen abend hier aufbrechen. Zu einer kurzen Besprechung mit Bricker nach Willow Run. Lunch mit Bennett im Verwaltungsbau in Rouge. Henry Ford und Henry Ford II kamen später herein, um sich zu verabschieden und um mir viel Glück zu wünschen. Früh nach Hause. Angelegenhei-

ten in Ordnung gebracht. Eine Stunde vor der Schlafenszeit bei den Kindern. Abendessen in der Bibliothek mit Anne und Jon.

Samstag, 1. April

Um 9 Uhr ins Lazarett zu Impfungen. Die Schwester kam mit sechs großen Spritzen auf einem Tablett. „Bekommt die sonst noch jemand?" fragte ich. „Nein, die sind alle für Sie!" Der Schick-Test, Paratyphus, Typhus, Cholera, Tetanus und Pocken. Sie sagte mir, ich solle mich setzen. Ich erwiderte, ich würde es lieber „stehend" hinnehmen, worauf sie antwortete, bei der Prozedur seien ihr schon oft Männer umgefallen. Tatsächlich war es nicht so schlimm, und abgesehen davon, daß ein Arm ein wenig und der andere ziemlich schmerzte, bemerkte ich keine Nachwirkungen. Sprach einige Minuten mit den Ärzten, dann ging ich in mein Büro, um die letzten Einzelheiten vor der Reise zu erledigen. Gepackt und mit dem Zug nach New York.

Sonntag, 2. April

Am Nachmittag zuerst am Manuskript gearbeitet, dann mit der U-Bahn zum Amerikanischen Museum, um mir die *Tingmissartoq* anzusehen. Es sind jetzt zehn Jahre, daß sie stumm in der „Halle des Ozeanlebens" hängt, immer noch adrett, schlank und schön, ein Flugzeug, das seiner Zeit um Jahre voraus war. Ich sah sie an und dachte an all die Orte, zu denen sie Anne und mich getragen hatte, an das Wetter und den Himmel, durch den sie geflogen war, an das Eismeer und die tropischen Buchten, wo sie landete, an die Nächte, die wir in ihrem schlanken Rumpf geschlafen hatten – durch den Taifun auf der Höhe der Insel Ketoi, fern von den Krankheiten, dem Staub und dem Schmutz der Kapverdischen Inseln und auf dem Rio Minho zwischen Portugal und Spanien. In den Schaukästen ist noch immer die Ausrüstung von unseren Flügen ausgestellt, und wie vor zehn Jahren ziehen die Leute daran vorbei. Ich stand auf dem Balkon und sah eine Weile zu, dann ging ich hinunter und sah mir die Schaukästen selbst an.

Ich blieb über eine Stunde, dann sah ich mir noch einmal die Maschine an. Arbeitete am Abend im Klub noch eine Stunde an meinem Manuskript.

Montag, 3. April
Zu Brooks Brothers, um Uniformen und Ausrüstung zu kaufen. In
den Kampfgebieten muß man Uniform tragen. Ich reise als „technischer
Berater". Deshalb muß ich beim Verlassen des Landes eine Marine-
offiziersuniform ohne Rangabzeichen tragen. Ich kaufte eine wasserdichte Taschenlampe und ein Neues Testament. Da ich nur ein Buch –
und nur ein sehr kleines – mitnehmen kann, habe ich mich für das
Neue Testament entschieden. Vor zehn Jahren wäre es noch nicht meine
Wahl gewesen, aber je mehr ich lerne und je mehr ich lese, desto
weniger Konkurrenz hat es.

Mittwoch, 5. April
Die Marine greift Palau und Jap an. Japanischer Vormarsch in Indien.
Bukarest bombardiert.

Donnerstag, 6. April
Russischer Vorstoß bei Odessa. Japanischer Vormarsch in Indien. Willkie
zieht als Ergebnis seiner Niederlage bei der Wisconsin-Wahl seine
Kandidatur zurück.

Testflug mit meiner Maschine. Hatte mehrere Landungen zur Überprüfung des Fahrgestells geplant, verspürte aber Brandgeruch, als ich
den Platz umkreiste. Die Maschine zur Inspektion in den Hangar
geschickt. Der Schaden saß in einem der Funkgeräte.
    Lunch mit Paul Baker und mehreren Vought-Ingenieuren.
    Am Nachmittag wieder gestartet und sechsmal gelandet, das Fahr-
gestell ist sehr viel besser. Mit Baker nach Bridgeport gefahren.

Freitag, 7. April
Baker holte mich um 8 Uhr ab, dann fuhren wir zur Fabrik. Am Flugplatz meine Corsair vollgepackt. (Der Platz, den ich früher für Gepäck
verwendete, ist jetzt fast ganz von Hochfrequenz-Funkgeräten ausgefüllt. Ich mußte meine Ausrüstung also vierteilen – hinter dem Funkgerät, vor mir, zwischen den Steuerpedalen und in den Tragflächen.)

Montag, 10. April
Um 9 Uhr ins Verwaltungsgebäude zu einer Besprechung mit Korvettenkapitän Thach wegen der Typenplanung. Er interessiert sich sehr
für ein einsitziges Allzweckflugzeug – in erster Linie ein Jäger, aber
auch als Sturzkampfbomber und Torpedoflugzeug zu verwenden. Das
entspricht unseren Untersuchungen in Bridgeport.
   Dann zu meinen zweiten Impfungen. Captain Smith führte mich
durch den Bau und erklärte mir die Prozeduren für die Höhenanpas-
sung. Sie haben hier zwei Kammern – eine für niedrige Temperaturen.
Beide waren in Betrieb. Am Nachmittag zum Flugplatz zu einer Besprechung mit Oberstleutnant Dobbin wegen seiner Corsair-Staffel
und der Ergebnisse, die sie mit der neuen Öl-Modifikation erzielt hatten.
Die Berichte sind ausgezeichnet.

Montag, 17. April
Fast den ganzen Tag mit Marineoffizieren über die Corsair gesprochen.
Als ich eben starten wollte, kam ein Sergeant und meldete, er habe in
der Ferne etwas gesehen, das wie ein trudelndes Flugzeug aussah. Er
sagte, es habe in der Sonne geglitzert und sei dann hinter einem Hügel
in der Richtung von Santa Barbara verschwunden. Als wir dann in die
Richtung seines ausgestreckten Zeigefingers sahen, stieg von einem
Punkt hinter dem Hügel eine schwarze Rauchwolke auf. Es war ein
Flugzeug. Auf meinem Flug nach El Toro kam ich darüber weg – es
brannte immer noch am Rande eines Gehölzes. Fallschirme wurden
keine gemeldet. In den Ausbildungszentren kommt auf alle 3000 bis
3500 Flugstunden ein tödlicher Unfall.
   Um 12.45 in El Toro gelandet. Am Nachmittag mit verschiedenen
Marineoffizieren über die Corsair gesprochen.
   Startete um 17.40 nach North Island. Landete um 18.30 Uhr. Die
Nacht im Hotel del Coronado.

Dienstag, 18. April
*Die Russen erreichen den Stadtrand von Sewastopol. Eine TWA-
Constellation überquert den Kontinent in sechs Stunden achtundfünfzig
Minuten.*

Am ersten Teil des Vormittags Telefonate und Pläne für die Reise weiter
nach Westen. Dann zur Marinestation, um die Logbücher auszufüllen

und meine Corsair der Marine zu übergeben. Ich versuche lieber, eine Maschine zu bekommen, die in den Südpazifik transferiert werden soll, statt als Pan-American-Passagier zu fliegen. Die Chancen dafür scheinen etwa 50:50 zu stehen. Die Hauptschwierigkeit besteht darin, daß die Besatzungen großer Maschinen gewöhnlich aufeinander „eingeflogen" sind. Ich habe mich angeboten, alles von einer P-38 bis zu einem Flugboot zu übernehmen.

Freitag, 21. April
Marineflugzeuge greifen Sumatra an. Die Türkei stoppt die Chromausfuhr nach Deutschland.

Um 7 Uhr mit Captain Richards zum Marinestützpunkt El Toro. Mit Major Kirk und vier anderen Offizieren zu einer Schießübung in sechs Maschinen aufgestiegen. Schleppflugzeug in 2700 Meter Höhe. Feuerte etwa fünfzig Schuß aus den Innenbord-MGs (Kaliber .50 auf Fahnenziel). Ziel verloren.

Lunch mit Major Kirk in der Offiziersmesse. Am Nachmittag zu einer Schießübung mit Sauerstoffmaske unter Führung von Captain Synar, mit sechs Maschinen aufgestiegen, Schleppflugzeug in 5500 Meter Höhe. Feuerte 47 Schuß und erzielte fünf Treffer (horizontales Fahnenziel). Bin über das Ergebnis sehr erfreut, da ich den höchsten Trefferprozentsatz auf diesem Flug erzielte, obwohl ich seit meinen Tagen als neunzehnjähriger Kadett nicht mehr ein Flugzeug-MG bedient habe. Auch haben sich seither die Flugzeuge und die Taktik gewaltig geändert.

Sonntag, 23. April
Letzte Vorbereitungen getroffen und am Manuskript gearbeitet. Mit dem fünften Entwurf eines weiteren kurzen Kapitels fertig. Am Nachmittag in der Brandung geschwommen und eine Stunde in der Sonne gelegen. Hier gibt es keine Kameras, keine Publicity, niemand belästigt einen. Es ist wundervoll – etwa der einzige Vorteil, den ich vom Krieg gehabt habe.

Unter der Tür eine Nachricht von der Consolidated, ich solle bei meiner Rückkehr anrufen. Die Consolidated transportiert morgen nachmittag eine R4D nach Oahu und will wissen, ob ich mitkommen möchte. Ich sagte, ich würde am Morgen Bescheid geben.

AUF DEM PAZIFISCHEN KRIEGSSCHAUPLATZ

1944

Beschloß, mit der R4D (Marinebezeichnung für das Verkehrsflugzeug Douglas DC-3, bei der Armee unter dem Namen C-47) zu fliegen. Früher Lunch, dann nach North Island, um an der Einweisung der Besatzung um 14 Uhr teilzunehmen. Charles Lorber ist der Kapitän. 1929 und 1930 war er bei mehreren Flügen, die ich zur Festlegung der Flugrouten der Pan American in der Karibischen See durchführte, mein Kopilot gewesen. (Wir flogen damals Sikorsky-Amphibienflugzeuge S-381.) Lorber ist jetzt einer der erfahrensten Transozeanpiloten.

Start um 21.38 Uhr. Die Maschine war schnell in der Luft, obwohl sie mit annähernd 30.000 Pfund beladen war, wir hatten einen Backstagswind von etwa zehn Knoten. Neumond, vereinzelte Wolken in einer Höhe von etwa 1000 Metern. Wir lösten uns am Steuerknüppel ab. Die Maschine war nicht geheizt, bei einer Außentemperatur nahe dem Gefrierpunkt; und weil es im Schwanzende ziemlich zugig war, blieben wir zumeist vorne, selbst wenn dadurch zwei von uns stehen mußten. (Der Käptn und der Kopilot, die schwere, pelzgefütterte Fliegerkombinationen trugen, konnten hinter den Rumpfbenzintanks ausgestreckt etwas schlafen, während ich sie an den Kontrollen ablöste.)

Wir flogen während der Nacht in 2500 Meter Höhe, die verstreuten bis geschlossenen Wolken stiegen bis zu 2000 Meter an. Der Himmel war immer klar. Nach einem Flug von 15 Stunden und 7 Minuten landeten wir auf dem Marineflugplatz Kaneohe (Oahu, Hawaii).

Mittwoch, 26. April
Am Vormittag bei den Offizieren der Staffel, Inspektion der Instand-
haltungsanlagen. Am Nachmittag zu einer Schießübung mit drei weiteren Corsairs aufgestiegen, Schleppflugzeug 2500 Meter hoch, Fahnenziel. Wieder hohes Trefferergebnis! Neunzehn Treffer aus zweihundert
Schuß mit Innenbordwaffen. Am Rest des Nachmittags Besprechungen.

Ich hatte bis jetzt noch keine Gelegenheit, etwas von der Insel zu
sehen, außer von oben. Die Brandung sieht wundervoll einladend aus,
und ich möchte so gerne zu Fuß in die Berge. Auf den Bergen gibt es
nur sehr wenig Bäume, aber sie sind überall grün, selbst an den Steil-
hängen. Kein Hang scheint so steil zu sein, daß sich nicht irgendeine
Pflanze daran klammert. Wie es scheint, gibt es überall längs der Küste
Flugplätze, und den ganzen Tag über ist die Luft voll von Maschinen.

Freitag, 28. April
Schwere alliierte Bombenangriffe auf das besetzte Europa halten an.

Zum PX, um Krawatten, Schuhcreme und Schokolade zu besorgen.
Schokolade habe ich gern bei mir, wenn ich Mahlzeiten versäume.
Zum Lunch mit General Douglass und anderen Armeeoffizieren zum
Hickam Field. Nachher zum unterirdischen Jägerkontrollzentrum.
Ich sprach etwa eine Stunde lang zu rund fünfzig Staffelkommodores.
Dann mit General Douglass in einem Armee-Lodestar einen Rundflug
um die Insel – über all die verschiedenen Flugplätze auf Oahu.

Heute gab es hier einen ziemlich bösen Corsair-Unfall. Einer der
Marineinfanteriepiloten kam zur Landung herein, senkte seine Luftgeschwindigkeit ein wenig und kam ziemlich hart herunter. Die Maschine schnellte hoch und geriet außer Kontrolle. Er machte den
Fehler, den Gashebel schnell zu öffnen, das warf die Maschine zur
Seite und gegen zwei in der Nähe geparkte Sturzkampfbomber. Sofort
entstand ein Brand, aber ein Sergeant, der in der Nähe stand, lief hinzu
und zerrte den Piloten aus dem Cockpit. Beide erlitten schwere Verbrennungen, werden aber am Leben bleiben. Die Flugzeuge müssen
abgeschrieben werden.

Samstag, 29. April
Hatte vorgehabt, mit Oberst Wirsig an einem Sturzkampfflug teilzunehmen, entschied mich aber dann, General Farrell auf seinem Flug

zu den Midway-Inseln in einer Marine Commando zu begleiten. Zehn Minuten Zeit fürs Packen. Ich hielt mich den größten Teil der Zeit mit einer Anzahl von Offizieren und Marineinfanteristen im Rumpf auf. Flog die Maschine etwa eine halbe Stunde vom Sitz des Kopiloten aus. Kleiner Umweg nach Süden, um den Landungsstreifen von French Frigate zu überfliegen. Westlich der Hauptgruppe der Inseln ist nur sehr wenig Land, hauptsächlich Riffe und Sandbänke. Die Inseln selbst umfassen nur wenige Hektar Land. Einige sind flach, mit Sandstränden, umgeben von Korallenriffen. Einige sind die Gipfel von Bergen, die unvermittelt aus dem Meer aufragen (man kann sich die ganze Kette vorstellen, die hier im Meer untergetaucht ist). Da es zwischen den Inseln nichts zu sehen gab, nur die Wolken und den Pazifik, der sich endlos in alle Richtungen erstreckt, arbeitete ich fast die ganze Zeit an meinem Manuskript. Die Marineinfanteristen hatten zumeist ein Buch oder ein Magazin bei sich. Mehrere schliefen auf Postsäcken ausgestreckt oder in eine Ecke der Kabine gelehnt. Es gab die üblichen Unterschriften auf Dollarscheinen, wegen des Motorenlärms aber nicht viel Unterhaltung.

Ich bemerkte, daß zwar die Fracht, die wir beförderten, sicher befestigt war, daß man aber am Schwanzende Koffer, Werkzeugkästen und andere schwere Gegenstände lose aufeinander gestapelt hatte. Als ich einen Offizier auf die Gefahr aufmerksam machte, die sich daraus bei einer Notlandung ergeben konnte, erwiderte er, es sei bei ihnen üblich, vor einer Landung auf dem Wasser alles hinauszuwerfen. Ich erfuhr dann, daß die Commandos von Ewa den Flug nach Midway nur mit einer geringen Brennstoffreserve machten.

Wir landeten auf Sand Island, Midway, um 15.22 Uhr – inmitten von mehr Vögeln, als ich jemals auf einmal gesehen hatte. Der Boden war mit ihnen übersät, sie gaben der Luft tatsächlich eine Schattierung, wie die Moskitos im Sommer in Labrador. Die Offiziere auf der Insel erwarteten uns; da es hier um zweieinhalb Stunden früher war als auf Oahu, begann der Nachmittag eben erst. Ich begleitete Kommodore Short und General Farrell auf einer kurzen Tour durch die Insel – eine kleine Sandfläche, die von einem Ufer zum anderen von Rollfeldern durchzogen ist – hauptsächlich Korallen und Sand, mit Ausnahme eines kleinen Hains, der vor dreißig oder vierzig Jahren von der Kabelgesellschaft angelegt worden war (australische Fichten u. a.).

Nach der Tour durch die Insel Gespräche mit Staffeloffizieren. General Farrell machte sie kurz mit einigen seiner Pläne bekannt und fragte sie nach ihren lokalen Schwierigkeiten. Ich sprach mit ihnen über die Corsair-Pläne für Jäger, ihre Erfahrungen im Kampf usw.

Dann zum Quartier der Marine-Jägerstaffel 113, wo Major Olsen darauf bestand, daß ich sein Zimmer benützte. Konferenz mit den Offizieren, ihre Unterkünfte und Werkstätten mit Major McGlothlin besichtigt. Abendessen in der Offiziersmesse – hauptsächlich Büchsenkost, aber gut.

Weitere Konferenz im Quartier.

Ich wurde für den nächsten Tag zur Morgenpatrouille eingeladen. Die Insel wird im Morgengrauen und der Dämmerung immer durch Jäger überwacht, die volle Kampfausrüstung tragen und sofort einsatzbereit sind. Früh zu Bett. Draußen eine klare schöne Nacht, der Lärm der Vögel bildet einen Hintergrund ähnlich der Brandung an einem fernen Strand.

Sonntag, 30. April
General MacArthur erklärt, er werde Nominierung als Präsidentschaftskandidat nicht annehmen.

Um 3.45 Uhr aufgestanden, angekleidet und mit Major McGothlin in den Bereitschaftsraum. Eine Tasse Kaffee, während die Piloten sich versammelten und kurz eingewiesen wurden. (In dem Bereitschaftsraum steht ein Ofen, dort wird immer Kaffee heiß gehalten.) Major McGothlin beschloß, zwei Flüge mit einer Abfangaufgabe statt der Morgenpatrouille zu unternehmen, die wir gestern abend geplant hatten. Rendezvouspunkt war Kure Island, etwa 80 Kilometer westlich von Midway. Ich flog neben ihm. Major Olsen führte die zweite Einheit unseres Schwarms, der aus vier Corsairs bestand. Die anderen vier Jäger schlugen einen etwas südlicheren Kurs ein.

Der Himmel war zu sieben Achteln bedeckt. Wir flogen über der Wolkenschicht, fünfundzwanzig Minuten auf dem ersten und fünfzehn Minuten auf dem zweiten Kurs. Am Ende dieser Zeit tauchte die kleine Insel mit ihren Sandbänken durch ein Loch in den Wolken auf. Auf unserem Rückflug nach Midway tauchten alle acht Maschinen in die Wolken hinein und wieder heraus wie bei dem Geleit von Bombern. Nach einem Flug von einer Stunde und zwanzig Minuten landeten wir inmitten von Tölpeln und Meerschwalben. Ausrüstung abgeliefert (Fallschirm, Schlauchboot, Seegepäck und Gummiweste).

Gottesdienst für Marineminister Frank Knox besucht. Am Vormittag Tour durch die Insel und Besprechung mit Offizieren.

Montag, 1. Mai
Schwere Luftoffensive über Europa hält den vierzehnten Tag an.

Endlich um 16.20 Uhr Midway-Zeit gestartet. Das Flugzeug hatte eine Besatzung von acht Mann und etwa ein Dutzend Passagiere. Ich hatte ein leeres Frachtabteil gefunden und machte eben meine Tagebucheintragungen, als der Kapitän des Flugzeugs, Korvettenkapitän L. S. Drill, hereinkam und mich fragte, ob ich meine Passage „abarbeiten" wolle. Ich erwiderte, daß mir nichts lieber wäre – und so vereinbarten wir, uns während des Nachmittags und der Nacht alle Stunden an den Kontrollhebeln abzulösen. Er sagte lächelnd, er sei der Vorsitzende der Miami-Sektion von America First gewesen. Für den Rest des Fluges blieb ich vorne bei der Besatzung und aß mit ihr in der Kombüse der Maschine früh zu Abend. Mir erscheint sie sehr seltsam, diese piekfeine Ausstattung in einem Flugzeug: drei reguläre Piloten, ein Navigator, ein Funker und Hunderte Pfund an Funkgeräten; eine Kabine achtern, die Maschine voll von Passagieren, Gepäck und Fracht im Schwanz; sogar ein Koch und eine Schiffskombüse mit Eisschrank, Herd und einem Tisch für vier Personen waren vorhanden. Die Veränderungen seit der Zeit, da ich mit dem Fliegen begann, sind so groß, ich kann mich noch nicht daran gewöhnen.

Ich übernahm zwei einstündige Schichten an den Kontrollen, als ich die erste begann, war es ein Instrumentenflug, dann aber machten die Wolken einer klaren Nacht Platz. Wir landeten auf dem Stützpunkt in Oahu um 23.49 Uhr (Startzeit), nach einem Flug von sieben Stunden und neunundzwanzig Minuten. Ein Kombiwagen der Marine brachte mich in den Marineinfanteriestützpunkt in Ewa, wo wir etwa um 3.30 Uhr ankamen.

Meine Hütte war ausgeräumt – mein Bett und der Spind mit meinen Uniformen waren verschwunden, nur ein Riegel Seife und einige Gegenstände, die ich in den Schrank gehängt hatte, waren noch da. Ich dachte, sie seien wahrscheinlich in eine andere Hütte gebracht worden, aber ich konnte sie nicht finden. Die Hütten waren entweder versperrt oder leer, oder im Bett lag ein Marineoffizier. Glücklicherweise war die Nacht ziemlich warm; ich schlief also bequem auf dem Boden, mit meinem Regenmantel und dem Duschvorhang als Decke und meinem Reisesack als Kissen. Die Bretter waren sauber, und meine Uniform mußte ohnehin in die Reinigung.

Dienstag, 2. Mai
Die „aufgeputzte" Corsair war eingetroffen, während ich in Midway
war, ich fuhr also zu der Instandhaltungsabteilung, wo sie abgestellt
war, um sie mir anzusehen und mit dem Vertreter von Vought, Harry
Fleming, und dem von Pratt Whitney, Paul Hagan, zu sprechen.

Früh weg und für die Nacht zu MAB Ewa zurück. Ich habe jetzt
eine andere Hütte. Es stellte sich heraus, daß meine erste „renoviert"
wurde. Man hatte befohlen, alles Mobiliar herauszunehmen. Die Marineinfanteristen, die den Befehl erhielten, trugen also — typisch für alle
militärischen Establishments — Bett und Spind hinaus, ohne in den
Spind zu schauen, und stellten sie im Lagerhaus des Postens ab. Der
Spind wurde auf dem gleichen Weg zurückgebracht (nachdem ich
mich nach meiner Habe erkundigt hatte). Zwei stämmige Marineinfanteristen trugen ihn in meine Hütte und nahmen ihn wieder mit,
nachdem ich die Schubladen geleert hatte.

Donnerstag, 4. Mai
Auf die andere Seite des Flugplatzes gefahren und in einer Corsair mit
Oberstleutnant John Smith in einer F6F, die er testet, zu einer Schießübung gestartet. Schleppflugzeug in etwa 2700 Meter Höhe — vertikales
Fahnenziel. Wir blieben etwa eine Stunde oben und machten hauptsächlich Seiten- und tiefe Seitenanflüge. Ich feuerte 152 Schuß ab und
erzielte sieben Treffer. Ich ging eher auf Technik und Anflugposition
als auf Treffer aus.

Rief Admiral Pownall an und verabredete mich für 15 Uhr. Mit
meinem Marineinfanteriewagen zur Ford-Insel. Besprechung mit Admiral
Pownall wegen meiner Reise durch den Südpazifik. Der Admiral sagte
mir, er habe einigen seiner Freunde im Südpazifik geschrieben und
ihnen mitgeteilt, daß sie mich in naher Zukunft erwarten könnten.
Er war mir in jeder Hinsicht eine große Hilfe.

Zur MAB Ewa zurück. Packte soviel wie möglich und verbrachte
den Rest des Nachmittags mit Schreiben und mit Telefonaten. Abendessen mit Offizieren in der Messe von General Farrell. Der General
war heute abend nicht anwesend.

Am Abend Telefonate und Vorbereitungen für den morgigen Aufbruch.

Freitag, 5. Mai
Um 0.24 Uhr Hawaii-Zeit gestartet. Hielt mich auf dem ganzen Flug in 2500 Meter Höhe. Wenige Minuten Instrumentenflug, als wir nach Palmyra niedergingen, einem mit Inseln bestückten Atoll mit einem langen, breiten Landestreifen und einem kürzeren, der davon abzweigt, sowie mit Landemöglichkeiten für Wasserflugzeuge.

Viele Inseln des Atolls sind ganz oder teilweise mit Palmen bestanden. Landete um 16.19 Uhr in Palmyra. Höflichkeitsanruf bei dem kommandierenden Offizier, Fregattenkapitän Creighton. Er kam einige Minuten später und nahm mich zu einer Rundfahrt durch das Atoll mit. Eine ziemlich gute Straße. Wie Midway ist Palmyra eine Vogelinsel, obwohl die Vögel hier nicht ganz so stark in Erscheinung treten. Die Meerschwalben haben eine Landzunge in einiger Entfernung von den Gebäuden gewählt und nisten dort jetzt zu Hunderttausenden. Fast jeder Quadratmeter des Bodens ist mit ihren Eiern bedeckt – sie legen sie auf die heiße Erde, ohne ein Nest zu bauen. Auf einem anderen Teil der Insel nisten Tölpel. Sie bauen Nester in den Bäumen, einige hoch, einige niedriger – und weigern sich, die Nester zu verlassen, bis man sie förmlich wegschiebt. Bei ihnen nisten eine Anzahl japanischer Meerschwalben oder Liebesvögel, die ihre Eier ohne jedes Nest in die Äste der Bäume legen. Wir fanden ein Junges, das eben ausgeschlüpft war. Gott weiß, wieso sie beim Ausschlüpfen nicht von den Bäumen fallen.

Das Atoll ist von einem Gewirr von Stacheldraht umgeben, der im Wasser ausgelegt ist, das verdirbt teilweise den Anblick der schönen Brandung, die über die Riffe bricht. Wir sahen an einer Stelle einen Fregattvogel, der sich in dem Stacheldraht verfangen hatte. Ich watete hinaus und machte ihn los. Offensichtlich war er lange dort gewesen, er war sehr schwach, aber sein Lebensgeist erwachte schnell wieder, als ich ihn ans Ufer setzte. Er hackte nach mir und gab mir offensichtlich die Schuld an seinen Schwierigkeiten. Da der Draht von Menschen ausgelegt wurde, hatte er vielleicht recht.

Samstag, 6. Mai
Um 7.34 Uhr Ortszeit gestartet. Das übliche Pazifikwetter für diesen Raum – aufgerissener Himmel und eine Mischung von Wolkentypen. Fing bei 2500 Meter an, kletterte aber bald auf 3000 Meter, um über die Wolken hinauszugehen – in dieser Höhe war es angenehm kühl. Im Augenblick sind wir über einem klaren blauen Ozean – unter uns

verstreute Wolken, aufgerissene Altostraten und darüber Zirrostrat-
schichten.
Um 14.45 Uhr Ortszeit in Funafuti gelandet.

Sonntag, 7., und Montag, 8. Mai
   Die Rollbahn ist von Splitterschutzmauern gesäumt, man sieht aber
nur mehr wenig von den japanischen Bombenangriffen, die im Dezember letzten Jahres stattfanden – die Rümpfe und die Tragflächen einiger
Maschinen, die an den Rand der Rollbahn geschoben wurden. Alles
andere ist repariert worden, die Insel gilt jetzt als „ruhige" Zone. (Die
Eingeborenenkirche in dem Palmenhain liegt noch in Trümmern – nur
die Mauern stehen noch.) Startete um 8.20 Uhr Funafuti-Zeit. Gutes
Wetter und die für diese Jahreszeit typische Wolkenmischung – verstreute bis aufgerissene Kumuluswolken und einige Straten. Eines der
Besatzungsmitglieder glaubte, das Bilgenpumpen eines U-Boots zu
sehen, und wir kreisten mehrmals. Ich glaubte aber, daß es nur der
Schaum war, der sich oft sammelt, wenn Ozeanströmungen zusammenstoßen. Der Pilot wie der Navigator sind sich sicher, daß sie zwei
U-Boote gesehen hätten, die schnell tauchten, als unsere Maschine
über dem Ende einer Wolkenbank sichtbar wurde. Sie schätzten, daß
die U-Boote etwa acht Kilometer weit weg waren. Wir flogen in etwa
2500 Meter Höhe. Japanische U-Boote sollen regelmäßig in diesen
Gewässern operieren.

Dienstag, 9. Mai
(Espiritu Santo) Um 5.30 Uhr aufgestanden. Im Morgengrauen eine
halbe Stunde allein geschwommen – der Vollmond war am Untergehen
und die Sonne am Aufgehen, der Himmel war klar und das Wasser
abwechselnd warm und kalt, als ich zum anderen Ufer schwamm.
Kokosnüsse trieben langsam mit der Flut. Frühstück in der Offiziers-
feldmesse, ständiger Motorenlärm; Maschinen über unseren Köpfen
und weiter hinten die Prüfstände. Am Vormittag zuerst Schreibarbeit
in der Hütte, vor mir das Wasser, die Insel und die niedrigen Hügel
in der Ferne – kleine Eidechsen liefen über die Vorhänge, überall an
den Wänden die Bilder von Pin-up-girls. Dann mit Major Bryan zu
einer Besprechung mit Offizieren und Personal. Am Nachmittag zur
Instandhaltungsabteilung, um eine der Corsairs zu fliegen, mit der
sie Schwierigkeiten haben, und um den Bericht zu überprüfen, daß die

Tragflächentanks, nachdem sie mit CO_2 gereinigt wurden, eine halbe
Stunde nicht benützt werden können. Blieb mit der Maschine zwei
Stunden oben und unternahm Tests in verschiedenen Höhen bis zu
6000 Meter. Verteilerdruck sehr schlecht – konnte keine zusätzlichen
PS herausholen. Nach der Reinigung dauerte es eine Viertelstunde,
bis die Tragflächentanks wieder gefüllt werden konnten; das Warnungslicht für die Lufttemperatur im Vergaser kam viel zu früh usw.

Mittwoch, 10. Mai
Zur Instandhaltungsstaffel 11, um die CO_2-Flasche zur Tragflächen-
säuberung zu testen. Der einzige Grund, den ich mir für die Verzögerung nach der Reinigung (bis die Tanks wieder verwendet werden
können) denken konnte, war, daß aus der Flasche weiterhin Gas in
die Benzinleitungen strömte. Sie ist nämlich durch die Benzinleitungen
mit den Tragflächentanks verbunden. Das war auch der Fall: Aus der
Flasche strömte noch über eine halbe Stunde lang Gas in den Tank.
Wir ließen ein Abschaltventil installieren. Ich werde die Sache morgen
im Flug erproben.
    Flog zu der Luftwaffenbasis nach Pallikula, wo die Neuseeländer
ihre Corsairs haben. Sie haben bei einigen ihrer Maschinen unverhältnismäßig viel Kummer mit den Schwingungen: ungefähr jede sechste
Maschine soll besonders unruhig sein. Nach einer Besprechung mit den
Offizieren und einer Inspektion ihrer Werkstätten stieg ich mit einer
Corsair zu einem Flug von zwanzig Minuten auf. Es war die unruhigste
Corsair, die ich je geflogen hatte. Möglicherweise lag es am Propeller –
einige waren nicht ausbalanciert –, möglicherweise an der Zündung.
Alle neuseeländischen Maschinen haben Bosch-Magneten. Sie haben
uns viele Schwierigkeiten verursacht. Ich versprach, morgen mit der
Reparaturmannschaft von Pratt & Whitney und Hamilton Standard
wiederzukommen.

Donnerstag, 11. Mai
Die Russen erobern Sewastopol.

Vor Sonnenaufgang fünfundzwanzig Minuten geschwommen, Frühstück in der Messe der Stabsoffiziere. Eine halbe Stunde Notizen, dann
zu Besprechungen zur Instandhaltungsstaffel. Die Vertreter von Vought,
Pratt Whitney und Hamilton Standard waren da. Wir sprachen über

die Probleme der Marinefliegergruppe 12 und vereinbarten, uns am Nachmittag in Pallikula zu treffen und zu sehen, wie wir den Neuseeländern helfen konnten.

Es hat sich eine der Situationen ergeben, wie sie beim Militär so häufig sind. Die Staffeln werden jetzt zu starken Sturzkampfangriffen nach Norden verlegt. Sie haben aber noch keine regulären Bombenaufhängungen, und man hat ihnen nicht gesagt, in welchem Sturzwinkel die Bomben ausgelöst werden müssen, um nicht in den Propeller zu fallen. Als Ergebnis bauen sie eigene Bombenaufhängungen und führen ihre eigenen Tests durch. Ich versuche für sie die nötigen Informationen zu erhalten und festzustellen, wo die Bombenständer, die schon vor Monaten in den USA gebaut wurden, jetzt gelagert sind. Wir hatten den Eindruck, daß sie sofort an die Staffeln im Einsatz geschickt worden seien, wahrscheinlich werden sie aber verrostet in irgendeinem Lagerhaus auftauchen. (Ein großer Teil des Materials trifft wegen schlechter Verpackung und wegen Rostschäden hier bei uns in einem üblen Zustand ein.)

Am Nachmittag mit Nr. 265 (Corsair) nach Pallikula und zu den Neuseeländern geflogen. Zwei weitere Corsairs geflogen – beide unruhig. (Sie gehörten zu den Maschinen, die man bemängelt hatte.) Besprechung, wie man der Ursache für diesen Mangel auf die Spur kommen könnte.

Freitag, 12. Mai
Forrestal zum Marineminister ernannt.

Samstag, 13. Mai
Schwere Bombenangriffe auf Europa fortgesetzt.

Bei der Instandhaltungsabteilung eine Corsair zum Routineflug hochgenommen. Hatte Schwierigkeiten beim Start, dann mit dem Funk, mußte den Motor wieder abdrehen.

Die Mannschaft und ich blieben ohne Lunch bei der Maschine. Schließlich um 13 Uhr gestartet. Tests von Meeres- bis zur Höhe von 10.000 Metern. Die Sauerstoffmaske leckte in dieser Höhe schwer; ich schaltete also das Notventil etwas ein, um eine ständige Zufuhr zu gewährleisten. Viele Tests in verschiedener Höhe. Ein guter Tag, viel freier Himmel zwischen den Wolken.

Landete um 15 Uhr und schrieb einen Bericht über die Maschine. Dann eine andere Corsair zum Test der Wassereinspritzung und der Benzintankreinigung nach oben genommen. Das Reinigungsventil arbeitete wieder perfekt, ich konnte die Tragflächentanks sofort verwenden, nachdem das Ventil geschlossen war. Aber die Wassereinspritzung versagte wieder, wahrscheinlich stimmt etwas mit der Vorverdichtung nicht. Um 17.10 Uhr nach einem einstündigen Flug gelandet.

Einer der Corsair-Testpiloten ist überfällig gemeldet, aber nur um vier Minuten, deshalb dachte ich mir nichts weiter dabei.

Oberst Manley lud mich ein, in seine Hütte zu kommen und einige Freunde kennenzulernen. General Larkin war da. Wir aßen zusammen zu Abend. Als ich herauskam, sah ich einen Flakscheinwerfer gegen den Himmel gerichtet. Der Testpilot wurde immer noch vermißt. Acht TBFs wurden in der Hoffnung ausgeschickt, ihn zu finden, falls er auf dem Wasser gelandet oder mit dem Fallschirm abgesprungen war. Alle Jägerpiloten führen Fallschirmboote und auf dem Rücken einen Packen mit Leuchtkugeln bei sich. Wenn er auf dem Wasser treibt, könnten sie ihn in einer klaren Nacht leicht finden oder könnten ein Boot zu ihm bringen, aber die Chance ist gering. Er hatte nur etwa dreißig Flugstunden mit einer Corsair hinter sich gebracht und wurde zu Tests bis in eine Höhe von 10.000 Metern geschickt, wahrscheinlich mit zuwenig Ausbildung im Gebrauch von Sauerstoffmasken.

Sonntag, 14. Mai
Die alliierten Armeen greifen in Italien an.

Seit dem Morgengrauen suchen weitere TBFs nach dem vermißten Corsair-Piloten. Man sagte mir, daß die Staffel erst vor einer Woche einen anderen Corsair-Piloten bei einem Höhentest verloren hat. Die Maschine wurde von einem der Küstenbeobachter in einer Höhe von 2500 Metern gesehen, als sie senkrecht mitten in die See stürzte. Die Suchgruppe fand nichts als ein Stück von der Kopfstütze des Piloten.

Montag, 15. Mai
Wollte heute nach Guadalcanal starten, erfuhr aber, daß die Maschine, die ich benützen wollte, erst am Mittwoch kommen wird. Mit Major Bryan zur Instandhaltungsabteilung.

Dienstag, 16. Mai
Die Alliierten dringen in Italien weiter vor.

In einer Corsair zu Tests aufgestiegen. Himmel bedeckt, mehrere
Wolkenschichten und leichte Regenschauer. Ich stellte fest, daß der
Funkempfänger der Maschine die Funkstrahlfrequenz nicht aufnahm
und daß das TB [eine Art Frequenzumwandler] nicht funktionierte.
Ich konnte mich daher über den Wolken nicht orientieren. Wie
es aber für Wolkenformationen über Inseln typisch ist, gab es
in den Wolken hier und dort Lücken, wenn auch nicht viele. Indem ich
die Lücken benützte, um den Kurs von einer Lücke zur anderen zu
bestimmen, hatte ich keine Mühe, Höhentests – bis zu 5000 Meter –
durchzuführen und, mit Hilfe des Kompasses, durch Zeitberechnung
und Ausnützen der Lücken in den Wolken sogar die 7000- und 10.000-
Meter-Tests.

Zu spät zum Lunch gekommen, deshalb mit mehreren Marine-
infanterieoffizieren in einen nahen Vulkankrater schwimmen gegangen.
Der Krater ist von Dschungel umgeben und mit klarem, tiefem Wasser
angefüllt – er bildet die Quelle für einen kleinen Bach. Man kann in
fünfzehn Meter Tiefe den Boden sehen.

Donnerstag, 18. Mai
Streiks in Detroit – 50.000 feiern.

Mit Major Bryan zur Instandhaltungsabteilung. Eine Anzahl von
Corsairs muß getestet werden, aber Testpiloten sind sehr knapp. Ich
rief also die Operationsabteilung an und stieg in einer der Corsairs
zu den Tests auf. Es war wunderschönes Flugwetter, der Himmel war
von allen Arten von Wolkenformationen aufgerissen, dazwischen gab
es große Strecken freien Himmels – ich konnte also alle Tests mit
Blick auf das Ufer und die Landebahn durchführen. Aus 10.000 Metern
Höhe konnte ich mehrere Inseln und weit hinaus auf den Pazifik
sehen. In etwa 30 oder 40 Kilometern Entfernung ragte die Spitze eines
Vulkans aus der See empor. Die Wassereinspritztests konnte ich nicht
durchführen, weil man Stahl- statt Kupferdraht als Drosselventilsperre
verwendet hatte. Er war zu stark, als daß ich ihn hätte abreißen
können, um in den Wasserinjektionsbereich des Quadranten zu kommen.
Landete um 11.17 Uhr nach einem Flug von zwei Stunden fünfzehn
Minuten.

Lieh mir Oberst Manleys Fischspeer und ging nach dem Lunch zum Schwimmen. Major Bryan angelte von einem Gummifloß aus, ich paddelte, mit dem Gesicht nach unten, auf der Wasseroberfläche, ich benutzte dabei die Gesichtsmaske, die mir General Farrell gegeben hatte. Zuerst war nicht viel zu sehen, als ich aber um ein Ende der Insel kam, tauchte ein Schwarm großer Fische gemächlich und fast in Reichweite meines Speers auf. Ich folgte ihnen mehrere Minuten, kam aber nur einmal nahe genug, den Speer zu gebrauchen, und ich vergeudete diese Chance, da ich Luft holte und versuchte, in eine etwas bessere Position zu kommen. Felsleisten und Korallenwuchs etwas weiter um die Insel – seichtes Wasser neben tiefem. Viele kleine Fische in strahlenden Farben schossen durch die Korallenäste – einige hellblau, andere gelb und andere bunt gemustert. An einer Stelle fand ich den Teil eines Flugzeugrumpfes, einige Schritt weiter die Tragfläche einer Corsair und dann den vorderen Teil des Rumpfs – in Tiefen zwischen drei und sieben Metern. Zuerst dachte ich, es könnten Teile einer Corsair sein, die vor wenigen Wochen in der Höhe des Flugplatzes ins Wasser abgestürzt war und die man nie gefunden hatte. Bei einer sorgfältigeren Nachschau sah ich aber ein Tau, das um den Rumpf geknüpft war – man hatte also die Flugzeugtrümmer mit einem Boot hierhergeschleppt.

Oberst Manley rief kurz nach unserer Rückkehr in unserer Hütte an. General Moore war auf der Insel gelandet.

Freitag, 19. Mai
Um 5.45 Uhr aufgestanden. Verabschiedete mich und fuhr mit dem Infanteriekombiwagen zur Bomberstation 2, wo die Douglas von General Moore aufgewärmt wurde. Einige Minuten später kam ein Lastauto mit einer großen Holzkiste, die in der Maschine festgezurrt wurde. Wir starteten um 7.52 Uhr nach Guadalcanal.

Ich sorge mich immer wegen loser Gegenstände in Transportmaschinen. Lediglich die große Kiste war festgezurrt. Im Schwanzstück waren schwere Kisten mit Werkzeugen, Postsäcke, Gepäck, zwei große Säcke Kartoffeln und verschiedene kleinere Dinge.

Der Tag war bis auf einige aufgerissene Wolken klar. Wir überflogen die Insel, ich beobachtete den Dschungel und hielt nach Eingeborenendörfern Ausschau – bis auf gelegentliche Rauchsäulen in der Ferne aber erfolglos –, dann flogen wir auf den offenen Ozean hinaus und auf Guadalcanal zu.

Wir flogen durch aufgerissene Kumuluswolken an, quer über Guadalcanal, und huschten über grüne, von Dschungel überdeckte Berggipfel und Hügel. Die Insel schien viel dichter besiedelt zu sein als Espiritu Santo. An vielen Berghängen sah ich die Rodungen und die Hütten von Eingeborenen. Nur selten war nicht wenigstens ein Blätterdach in Sichtweite. Landeten auf Koli um 11.40 Uhr. Tropische Hitze. Oberst Becker wartete mit einem Auto, um uns zum Marineinfanteriestützpunkt zu bringen. Wieder bekam ich eine Hütte am Wasserrand zugewiesen, dieses Mal zusammen mit einem jungen Arzt.

Samstag, 20. Mai
Die Alliierten nehmen Monte Cassino.

Die ganze Nacht die Brandung des Ozeans. Im Morgengrauen aufgestanden. Wir fuhren durch Staubwolken zum Flugplatz, die Wolken wurden durch Lastautos aufgewühlt, die Truppen zur Einschiffung brachten. Die Maschine wurde mit Fracht beladen, als wir ankamen — eine sehr schwere Ladung —, und wie üblich nur schlecht befestigt. Um 8.45 Uhr starteten wir nach Bougainville, wir überflogen viele der kleineren Inseln der Salomonengruppe — alle mit Dschungel bewachsen, abgesehen von gelegentlichen Kokosplantagen, Militärlagern und Flugplätzen. Wir landeten beim dritten Versuch, nachdem wir bei den zwei ersten Anflügen von Jägern abgeschnitten worden waren. Überall militärische Tätigkeit und viele Fahrzeuge.

Fahrt zu General Harris' Hauptquartier. Lunch mit den Offizieren. Ich stellte fest, daß die Corsair-Staffeln die Insel verlassen hatten, mit Ausnahme einer neuseeländischen Einheit, die erst kürzlich mit diesen Maschinen ausgerüstet worden war. Beim Lunch konnten wir in der Ferne Artilleriefeuer hören. Da General Moore die Nacht über bleibt, fragte ich General Harris, ob es möglich sei, daß ich zu der Frontlinie kommen könnte. Er sagte, das könne wohl arrangiert werden, er rief General Arnold (Armee) an, der jetzt auf der Insel den Befehl führt. General Arnold sagte, er wolle mich selbst führen.

Ins Armeehauptquartier. Wir starteten in einem Jeep, der General, ein Fahrer und ich. Der Brückenkopf, der hier eingerichtet wurde, ist gerade groß genug, um die Flugplätze und das Camp vor Artilleriefeuer zu schützen. Man hat keinen Versuch gemacht, die Insel von Japanern zu säubern. Die Japaner erlitten bei den kürzlichen Angriffen auf den Brückenkopf schwere Verluste, sie sind praktisch vollkommen

von ihrem Nachschub abgeschnitten, aber es gibt immer noch eine
Anzahl feindlicher Truppen auf der Insel – und auch Artillerie.

Wir folgten einem Weg, der hinter der Front gebaut worden war,
von hier aus kann man die vorderen Bunker und Verbindungsgräben
häufig sehen. General Arnold wies den Fahrer hin zu dem Hügel, wo
die Japaner am 10. März unsere Stellungen angegriffen hatten. Vorher
war er, wie die anderen Hügel der Insel, vom Dschungel bedeckt gewesen, jetzt haben aber Artillerie- und MG-Feuer so aufgeräumt, daß man
den größten Teil des Schlachtfeldes von der Hügelhöhe aus einsehen
kann. Die Japaner hatten, etwa zwei Stunden vor Tagesanbruch, einen
steilen Hang hinauf angegriffen. Sie nahmen die Höhen und einen
kleinen Teil des Kamms, auf dem wir standen, und zwangen unsere
Truppen zum Gegenangriff. Als die Schlacht vorbei war, zogen sich die
Japaner in den Dschungel zurück, sie ließen 1700 Tote auf dem Kampfplatz. Unsere Verluste betrugen 80 Gefallene und mehrere Hundert Verwundete.

General Arnold führte mich durch Gräben und zeigte mir die
Schlüsselpositionen. Japanische Schädel, Knochen und Ausrüstungs-
gegenstände hingen noch in den Drahtverhauen. Die meisten Leichen
waren in den flachen Gräben und Schützenlöchern begraben worden,
die die Japaner während ihres Angriffs ausgeschaufelt hatten – man
konnte nur zu gut sehen, daß sie nicht sorgfältig zugedeckt waren.
Unsere Männer hatten aber nicht gewagt, die Drahtverhaue zu betreten, da sie schwer vermint waren. Der General zeigte mir eine Hand-
granatenfalle, als wir auf unserem Weg zu einem der vorgeschobenen
Bunker vorbeikamen.

Der Hügelhang war mit japanischen Gefallenen, Feldflaschen, Spaten, Kleidung, Brotbeuteln usw. übersät. An einer Seite unseres Pfads
ragte ein halbbegrabener bestrumpfter Fuß aus der Erde. Der japanische
Angriff war sehr mutig, aber mit wenig strategischem Geschick durchgeführt worden. Nur wenige Angreifer hatten sich zurückziehen können, wahrscheinlich niemand aus den vordersten Stellungen. Sie
blieben in ihren flachen Schützenlöchern, bis sie starben. Viele fanden
durch Flammenwerfer ihr Ende.

Dann fuhren wir zu der Stelle, wo die Japaner am 14. März angegriffen und unsere Linien in beträchtlicher Breite durchbrochen hatten,
ehe wir sie mit Unterstützung von Panzern wieder zurückwerfen
konnten. Der General sagte, daß sie nachts angriffen, sich dann ein-
gruben und den ganzen Tag in ihren kleinen Schützenlöchern liegen-
blieben – oft nur fünfzehn bis dreißig Meter vor unseren Linien.

Während wir draußen waren, brach ein Tropengewitter herein und durchnäßte uns bis auf die Haut. Ich fragte General Arnold, ob er sich nicht wegen der Scharfschützen auf den gegenüberliegenden Hügeln Sorge mache (wir waren zeitweise durchaus in Schußweite). Er erwiderte, unsere Patrouillen stießen regelmäßig vor, und er glaube nicht, daß sich im Umkreis von fünfzehn bis zwanzig Kilometern ein Japs befinde. Dann fuhren wir zu einer vorgeschobenen Haubitzenstellung und zu einem Hügel, wo sich die Japaner im Dschungel bereitgestellt hatten und schwer bombardiert worden waren. Dann ging es auf einem neuen Weg zu unserem vorgeschobensten Stützpunkt. Als wir etwa fünf Kilometer von dem Vorposten entfernt waren, befahl der General dem Fahrer umzukehren, später sagte er mir, es wäre ohne weiteres möglich, daß japanische Spähtrupps an der Straße postiert seien. Zwar sei es unwahrscheinlich, daß sie ihre Position verraten würden, indem sie auf einen gewöhnlichen Jeep oder einen Lastwagen schössen, doch könnte sich der Anblick von Generalssternen (die im Jeep sehr wohl zu sehen waren) durchaus als eine große Versuchung erweisen. (Der gleiche Gedanke war mir schon vor geraumer Zeit gekommen.)

Hier, wenige Kilometer von den japanischen Linien, gibt es keine Verdunklung. Die Lichter in den Zelten werden nicht abgeblendet, die Bühne des Freilichttheaters ist genauso hell, wie es daheim in Friedenszeit der Fall wäre. Und doch befinden sich immer noch einige feindliche Wasserflugzeuge auf der Insel, wahrscheinlich unter einem Laubdach oben an den Flüssen versteckt. Niemand kümmert sich aber um sie, sie scheinen ihre nächtlichen Angriffe auf Wachboote zu beschränken.

Sonntag, 21. Mai
US-Streitkräfte nehmen das Rollfeld und den größten Teil der Wake-Insel. Die Alliierten dringen weiter in Italien vor.

Besprechung mit den Generalen Harris und Moore wegen des Aktionsradius der Corsair und der Möglichkeiten, ihn zu vergrößern. Danach bei abschließender Besprechung der gestrigen Kampftätigkeit. Japanische Einrichtungen auf der Insel wurden durch die Marine beschossen und aus der Luft bombardiert. Man glaubt, daß mindestens eine Flakstellung zerstört wurde.

General Arnold kam mit dem Jeep, um mich zu General McClure zu bringen. Dann eine Fahrt mit General McClure, dieses Mal zur Besichtigung unserer Küstenstellungen. Wo die ursprünglichen japanischen Stellungen an der Küste schwer beschossen wurden, stehen nur mehr Baumstümpfe. Die Armeepioniere bauen eine Straße durch das Gebiet – sie ist noch im Rohzustand, aber für unseren Jeep gerade passierbar. An mehreren Stellen hatte man japanische Schädel auf Pfähle gesteckt, und dort, wo die Bulldozer die flachen und unbezeichneten Gräber wieder geöffnet hatten, in denen man die Japaner gleich nach den Kämpfen beigesetzt hatte, herrschte ein äußerst unangenehmer Geruch nach verwesenden Leichenteilen.

Um 13.15 Uhr mit General Moore zum Piva-U-Feld. Wir starteten um 14.30 Uhr nach Green Island – wir biegen schnell auf die See hinaus, um einem eventuellen japanischen Flakfeuer vom Strand aus zu entgehen. Aufgerissene Wolken und gelegentliche Regenschauer. Landeten um 14.35 Uhr auf Green Island, einem mit Dschungel bedeckten Atoll (abgesehen von den Camps und Flugplätzen), stellenweise mit steiler Felsküste. Wurden von Offizieren der Marineinfanterie erwartet und in Jeeps zu unseren Hütten gefahren. Mit Captain Johnson die Instandhaltungsabteilung 14 besichtigt. Sie verschrotten Corsairs, die kürzlich abgestürzt sind, und reparieren andere. Eine dieser Maschinen war heute morgen ziemlich schwer von der Flak getroffen worden.

Im Offiziersklub traf ich zu meiner Überraschung einen Marineinfanteristen, der ein führendes Mitglied der Sektion Illinois von America First gewesen war und der vor allen anderen offen sagte, daß er seine Ansicht nicht im mindesten geändert habe. Am Abend mit Offizieren gesprochen. Ich fragte, ob ich nicht auf eine Patrouille mitkommen könne, und wurde sofort zu einem Patrouillenflug von 9 bis 11 Uhr über Rabaul eingeladen. Insgesamt vier Corsairs. Wenn wir niemand in der Luft antreffen, wollen wir einen Tieffliegerangriff durchführen, ehe wir nach Green Island zurückkehren.

Montag, 22. Mai
6000 alliierte Bomber greifen Europa an – werfen 8000 Tonnen Bomben ab.

Ein heißer tropischer Morgen – kein Wind, aufgerissener Himmel. Bei Tagesanbruch aufgestanden und an der Seite der Hütte gewaschen, rauher Bretterstand, das Wasser wird täglich in Kannen gebracht – Stahlhelm als Waschbecken. Frühstück mit General Moore und anderen Offizieren. Ich sagte dem General, daß ich vor meinem Weiterflug nach Emirau gern noch zwei, drei Tage auf Green Island bleiben wolle.

Ich begleitete ihn zu seiner Maschine, um mich zu verabschieden. Zum Patrouillenraum, um eine Ausrüstung zu fassen und die Einweisung der Patrouille mit anzuhören, mit der ich fliegen soll. Neben dem üblichen Rettungsfloß und dem Dschungelgepäck faßte ich eine automatische .45er Pistole und ein Messer.

Um 8.40 Uhr gestartet. Ich fliege an der Flanke von Major Armstrong. Unsere Route nach Rabaul führt über Neuirland. Wir flogen etwas schneller als üblich, um die Verspätung beim Start auszugleichen, und machten unsere Waffen über dem Wasser etwa auf halbem Weg nach Neuirland frei. Jede Maschine führt etwa 1600 Schuß mit. Unser Funkruf war Onyx 12, ich erhielt den Codenamen Jones.

Rabaul liegt am Rande eines wunderschönen vulkanischen Hafens. Aus der Ferne kann man die Auswirkung der Bombardierung nicht beobachten, man kann sich auch nur schwer vorstellen, daß ein Ort von so viel natürlicher Schönheit der Schauplatz von so viel Zerstörung und Tod ist. Wenn man sich der Stadt nähert, scheint alles so friedlich.

Wir kreisen eine Weile in vielleicht 1000 Meter Höhe. Ein „Schlag" ist für heute morgen geplant. Bald taucht eine Formation von TBFs auf, von Norden kommt eine Formation von P-40 in größerer Höhe und in weiter Ferne noch eine dritte Formation, zu fern, um die Maschinentype zu erkennen. Alle treffen sich für den Angriff auf Rabaul.

Die TBFs beginnen ihren Sturzflug. Unter ihnen erscheinen schwarze Flakwölkchen. Eine unserer Corsairs meldet einen „Bogey" [ein unidentifiziertes Flugzeug, vielleicht eine Feindmaschine] in 700 Meter Höhe. Ich höre auf, die Bomber zu beobachten, mache meine Bordwaffen bereit, und wir fliegen der Maschine entgegen, wahrscheinlich ist es eine eigene. Das ist sie, die amerikanischen Abzeichen sind deutlich zu sehen. Wir steigen wieder in Spiralen.

Meldung über den Funk: auf dem Wasser ein Rettungsboot gesichtet. Jäger kreisen bereits darüber, um es zu schützen, ein „Dumbo" [Flugboot im Seenoteinsatz] wird zur Rettung herbeigeholt. Aus einem Palmenhain unter uns springen Rauch und Feuer auf. Überall sind unsere Maschinen inmitten des Flakfeuers, zwischen den blauen Silhouetten der TBFs die schwarzen Sprengwolken der Flak – alles vor dem Hintergrund von Dschungelgrün.

Mehrere Maschinen haben ihren Auftrag erfüllt und entkommen tief über dem Wasser. Große Wassersäulen folgen ihnen vom Ufer aus. Die japanischen Flakkanoniere von Rabaul gelten als die besten im Südpazifik. Das sollten sie auch sein, sie haben unaufhörlich zu tun. Wieder ein unbekanntes Flugzeug, und wir gehen tiefer. Eine P-39, die von ihrem Rudel abgekommen ist. Die höhere Formation ist auf dem Heim-flug bereits außer Sichtweite. Die TBFs formieren sich neu tief über dem Wasser und außer Reichweite der Küstenbatterien. Eine zieht eine lange weiße Rauchfahne wie bei einem Himmelsschreiber hinter sich her. Über uns einige P-38 der Armee. Das Flakfeuer hat aufgehört, der Angriff ist vorbei, die Flugzeuge drehen ab.

Auf dem Boden sind kleine Brände ausgebrochen. Der Funk gibt Rich-tungsanweisungen zur Bergung des abgeschossenen Piloten. Wir sind wieder auf 3000 Meter Höhe und kreisen direkt über Rabaul. Im Hafen sieht man Schiffswracks, die Opfer früherer Angriffe. Alles ist still, auf den Straßen unter uns keine Spur von Leben. Und doch wissen wir, daß dort Tausende von Japanern sind. Hunderte von Augen star-ren zu uns herauf. Entfernungsmesser behalten uns im Auge, man fragt sich wohl, ob es der Mühe wert ist, auf Jäger in unserer Höhe zu schie-ßen. Die Japaner sind von fast dem ganzen Nachschub zur See abge-schnitten, die Munition bei ihnen muß knapp werden. Jäger sind schwie-rige Ziele – wahrscheinlich lohnt es sich nicht.

Wir kreisen über den Rollfeldern. Rings um den Hafen gibt es mehrere. Die meisten sind von Bombenkratern zernarbt. Drei oder vier sind noch brauchbar. An den Splitterschutzmauern längs der Roll-felder sehe ich mehrere Maschinen, wahrscheinlich sind sie nicht mehr brauchbar, sonst wären sie besser getarnt.

Während der letzten Angriffe hat es keinen Widerstand in der Luft gegeben. Wir brausen wieder über den Hafen. Es ist fast 11 Uhr und das Ende unserer Patrouille. Vier neue Jäger werden uns ablösen. Wir fliegen über die Ziele, die wir mit Bordwaffen angreifen wollen, ehe wir nach Green Island zurückkehren – rechteckige Gebäude nahe am Ufer, die von Kokospalmen umgeben sind. Bei einem der früheren Angriffe wurde daraus geschossen. Ich soll mir das Gebäude näher am Ufer vornehmen, Major Armstrong das andere, das hundert Meter land-einwärts liegt.

Ich greife hinunter, säubere meine Tanks und stelle die Kontrollen auf Sturzflug. Wir drehen in Angriffsposition, Major Armstrong geht tiefer, fünf Sekunden später folge ich. Das Haus ist klar im Visier, aber Major Armstrong ist mir im Weg – ich will nicht schießen, wenn er so nahe ist. Seine Leuchtspurgeschosse treffen das Ziel und prallen als Querschläger vom Boden hoch. Ich bin jetzt in 600 Meter Höhe, aber er ist mir immer noch im Weg. Ich behalte das Gebäude im Visier, aber ich schieße nicht – Dach, Palmen und der Boden rasen mir entgegen. Kein Zeichen von Leben. Armstrong zieht seine Maschine hoch. Ich drücke ab. Lange Leuchtspurgarben bohren sich in Dach und Mauern, alles ist immer noch leblos. Der Boden ist ganz nahe, ich nehme die Maschine über den Baumwipfeln waagrecht. Es war nur ein kurzer Feuerstoß, aber die meisten Geschosse haben getroffen. Ich hoffe, daß nur Soldaten in dem Haus waren – keine Frauen und Kinder. Ich werde es nie wissen. Es ist aber keine Zeit, jetzt darüber nachzudenken. Die Baumwipfel sind sieben Meter unter mir und rasen mit einer Geschwindigkeit von 600 Stundenkilometern vorbei. Armstrong ist vor mir und schießt auf einige Hütten. Ich bekomme eine weitere ins Visier und gebe einen kurzen Feuerstoß ab – nur zwölf Schuß – für mehr fliegen wir zu schnell. Immer noch am Boden kein Lebenszeichen. Vor uns liegt ein Flugplatz, wahrscheinlich ist er von MGs gut verteidigt. Wir weichen zur See hin aus. Die Küstenlinie blitzt vorbei, ich bleibe dicht über dem Wasser.

Wir sollen uns bei einer kleinen Insel vor der Küste treffen. Hier erwarten uns die zwei anderen Maschinen unserer Patrouille. Sie hatten ein anderes Ziel erhalten, zwei ähnliche Gebäude in drei bis vier Kilometer Entfernung. Alle haben noch Munition übrig. Wir fliegen nach Duke of York, einer von den Japanern besetzten Insel nordöstlich von Rabaul, mit einem japanischen Flugplatz, der offensichtlich verlassen worden ist. Der Befehl lautet, alles in Sichtweite mit Bordwaffen anzugreifen. Wir fliegen dicht über die Palmen weg und schießen auf Dörfer und Hütten. Die Eingeborenen sollen sich schon lange ins Innere der Insel zurückgezogen haben, japanische Soldaten benützen jetzt ihre Behausungen.

Ich bekomme eine Reihe von einem Dutzend Hütten in mein Visier und bestreiche sie von einem Ende bis zum anderen – Staub und Bruchstücke fliegen in die Luft – Leuchtspurmunition prallt nach oben. Ich fliege nach links, tief die Küste entlang und kurze Zeit dann auf See. Die andern Corsairs stoßen auf ihre Ziele herab. Direkt vor mir ist eine besonders große Hütte. Ich bestreiche sie beim Anflug. Die Leuchtspurgeschosse verschwinden im Innern. Ich schieße weiter, bis ich auf hundert Meter heran bin, dann ziehe ich hoch, um dem Hügel und den Bäumen auszuweichen, und kurve im Steigen.

Wieder eine Reihe Hütten am Ufer, jetzt bleibt aber nur Zeit für einen kurzen Feuerstoß. Die Hütten sind gut unter Bäumen versteckt, und ich war schon zu nahe heran, als ich sie sah. Ich kurve zu dem Flugplatz zurück. Vor mir ist ein größeres Gebäude in idealer Schußweite. Ich kurve steil nach unten und bekomme es ins Visier. Ich will eben abdrücken, als ich einen Turm aus den Palmen aufragen sehe. Ich schieße nicht. Ja, eine Kirche. Gott sei Dank habe ich rechtzeitig gesehen, was es ist. Es ist schwierig, Gebäude zu identifizieren, wenn man in der Höhe der Baumwipfel fliegt – und in größerer Höhe bietet man für MGs ein zu gutes Ziel. Im Krieg muß man der Sicherheit wegen entweder sehr niedrig oder sehr hoch fliegen. Ich finde eine weitere Gruppe Hütten und bestreiche sie mit Feuer. Meine Munitionskisten sind fast leer, nur eine Waffe feuert noch. Später erfuhr ich, daß in dieser Zone selbst Kirchen beschossen werden, die Japaner bringen dort angeblich ihre Truppen unter. Auf Kirchen zu schießen, überlasse ich anderen – es sei denn, ich sehe einmal, daß aus ihren Fenstern gefeuert wird. Unsere Feinde sagen wohl das gleiche von unseren Kirchen. Beide Seiten finden im Krieg leicht Ausreden, um auf alles zu schießen.

Die Patrouillenflugzeuge treffen sich an der Küste. Ich stoße zu ihnen, und wir fliegen nach Green Island zurück. Ein Funkspruch besagt, wir sollen den Sankt-Georgs-Kanal nach einem Schlauchboot absuchen. Wir schwärmen auf 1000 Meter Abstand aus, fliegen 150 Meter über dem Wasser und halten scharf Ausschau, aber wir finden nichts. Um 12.20 Uhr landen wir in Green Island. Wir liefern die Ausrüstung ab, melden, was wir auf der Patrouille beobachteten, und gehen zum Lunch. Andere Maschinen machen sich zum Start fertig, als wir wegfahren. Weder Major Armstrong noch ich haben Flakfeuer festgestellt. Ein Pilot der zweiten Einheit meldete jedoch, daß wir über Rabaul beschossen wurden, der Feuerstoß lag hoch und hinter uns.

Traf Oberstleutnant Carleson, den Kommandeur der Marineinfanterie, als ich zu meiner Hütte ging. Man hatte ihm gesagt, daß ich zu einer Patrouille über Green Island und nicht über Rabaul aufsteige. Über Green Island geschieht nie etwas, seit Wochen hat es dort keinen Luftangriff mehr gegeben. Er machte sich große Sorgen, als er hörte, daß ich über Rabaul war, einer der Offiziere der Marineinfanterie erzählte mir das, als wir zum Jeep zu unseren Hütten fuhren. „Es ist so irregulär – Sie sind Zivilist. Wenn Sie hätten landen müssen und wenn die Japse sie erwischt hätten, wären Sie erschossen worden." Ich erwiderte, meiner Meinung nach mache es nicht viel aus, ob man als Zivilist oder anders über japanischem Gebiet niedergehen müsse, denn den Berichten zufolge werde man ohnehin erschossen. (In den Armeelagern erzählt man sich viele Geschichten, daß gefangene amerikanische Piloten von den Japanern gefoltert und geköpft werden.)

„Sie haben nicht etwa geschossen, oder?" fragte mich Carleson. Ich erwiderte, ja, ich hätte geschossen. „Aber Sie hätten das nie tun sollen.

Die Japse hätten Sie erschossen, wenn sie Sie erwischt hätten." Die Diskussion dauerte noch an, als wir zum Lunch gingen. „Sie haben das Recht, als Techniker einen Kampf zu beobachten, aber nicht, die Waffe zu gebrauchen."

„Natürlich war es in Ordnung, wenn er auf dem Heimweg ein Übungsschießen veranstaltete", sagte ein anderer Offizier.

Die Spannung löste sich.

„Ja, er hat ein Recht, Kämpfe zu beobachten – und warum sollte er sie nicht von einer F4U statt von einer TBF oder einer SBJ beobachten. Das haben schon mehr Zivilisten getan."

„Ja, er kann von einer F4U aus beobachten, und auf dem Heimweg kann er Schießübungen veranstalten."

„Warten wir einen Tag, ob sich jemand aufregt."

Je besser ich die Marineinfanterie kennenlerne, desto besser gefällt sie mir.

Sprach mit den Reparaturmechanikern der zwei Corsair-Geschwader. Dann sah ich mir einige B-24 der Marine an, die in Reparatur sind. Eine der B-24 explodierte vor einigen Tagen beim Start. Ursache unbekannt. Sie krachte nicht weit vom Ende der Startbahn ins Wasser. Niemand weiß, ob die Explosion *vor* oder *nach* dem Aufschlag erfolgte. Die gesamte Besatzung kam ums Leben.

Will morgen nachmittag mit dem katholischen Pfarrer, Captain Buckley, zu dem Eingeborenendorf gehen.

Dienstag, 23. Mai
Borgte mir Oberst Carlesons Jeep aus, holte Pater Buckley, Markey (Chance-Vought) und Major Williams (Neuseeland) ab und fuhr zu dem Eingeborenendorf. Auf der Insel gibt es jetzt nur ein Dorf mit weniger als 150 Eingeborenen – alles Männer. Die Frauen und viele der Männer, insgesamt über 1000 Menschen, wurden nach Guadalcanal evakuiert, kurz nachdem unsere Streitkräfte Green Island genommen hatten, teils zur medizinischen Behandlung, teils, weil den Eingeborenen nicht ganz zu trauen war. Sie sollen später zurückgebracht werden.

Auf den ersten Kilometern folgten wir einer guten Militärstraße. Dann fuhren wir einen neu angelegten, äußerst holprigen Dschungelpfad. Man konnte ihn kaum einen Weg nennen, die Baumstämme waren dicht über dem Boden abgehackt, und der oberste Teil der höheren Korallenhöcker war eingeebnet worden. An den meisten Stellen gab es noch nicht einmal Fahrtfurchen, ich glaube nicht, daß selbst

Jeeps öfter als ein halbes Dutzend Mal hier durchgefahren waren. Wir brachten es auf etwa 8 Stundenkilometer.

Glücklicherweise war das Dorf nicht mehr als eine Meile landeinwärts. Ein australischer Verwaltungsoffizier kam uns entgegen. Er lebt mit den Eingeborenen und beaufsichtigt sie. Wir wurden den Stammeshonoratioren vorgestellt und schenkten ihnen Tabak und Süßigkeiten, die sie reserviert und würdevoll entgegennahmen. Die auf der Insel verbliebenen Eingeborenen scheinen meist in ziemlich guter Verfassung zu sein. Einige haben Hautkrankheiten, ich hörte aber, daß die schlimmsten Fälle nach Guadalcanal evakuiert worden sind. Auf Ersuchen des Verwaltungsoffiziers spielten sie etwas auf den riesigen hohlen Holztrommeln, sie grinsten dabei etwas belämmert und schienen an der Demonstration keinerlei Freude zu haben.

Die Hütten waren schmutzig, der Mangel an einheimischer Kunst war enttäuschend. (Es erinnerte mich an Kalkutta.) Die Eingeborenen haben ihre natürlichen Gewohnheiten und ihren Einfallsreichtum verloren, ohne von der westlichen Kultur genügend aufzunehmen, um das auszugleichen. Man hat ihnen die wilde barbarische Freiheit genommen und sie durch eine Art zivilisierte Sklaverei ersetzt, die weder ihnen noch uns Vorteile bringt. Der weiße Mann hat ihnen eine Religion gebracht, die sie nicht verstehen, Krankheiten, die sie nicht bekämpfen können, einen Lebensstandard, der sie arm macht, einen Krieg, der ihre Heime verwüstet und ihnen ihre Familien weggenommen hat; und trotzdem sollen sie uns dankbar dafür sein, daß wir ihnen die Segnungen der Zivilisation und des Christentums geben. Mit dem Verwalter aßen wir etwas Obst und Nüsse, dann machten wir uns auf den Heimweg.

Abendessen mit Pater Buckley und anderen in der MAG-14-Messe. Eine Krankenschwester ist auf der Insel, große Aufregung, die erste weiße Frau, seitdem die Insel den Japanern wieder abgenommen wurde. Sie ist mit einem Transportflugzeug gekommen und wurde durch das Wetter gezwungen, die Nacht hier zu verbringen. Ich traf sie auf der Veranda des Offiziersklubs – jung, ziemlich gut aussehend und von Offizieren umringt. Die Mannschaften haben keine Chance. Armes Mädel, sie wird dauernd von Männern angestarrt, scheint die Situation aber ziemlich gut zu meistern. Als ich ging, hörte ich ein Bruchstück der Unterhaltung: „Dann werde ich Ihnen also eine Mutter sein."

„Oh, aber das wäre ein Schritt in die falsche Richtung."

Mittwoch, 24. Mai
Richtete es ein, heute nachmittag zu einem Erkundungsflug und Tieffliegerangriff an der Nordostküste von Neuirland mitzukommen. Einweisung um 13 Uhr. Vier Flugzeuge, keine Beschränkung hinsichtlich
der Ziele.

Es zieht aber eine Schlechtwetterfront gegen die Küste von Neuirland, möglicherweise wird die Wolkendecke zu niedrig sein. Falls
das Wetter zu schlecht ist, sollen wir umkehren.

Wir starten um 13.56 Uhr und schließen auf, während wir über
dem Flugplatz kreisen. Laden die Waffen durch und gehen in Formationsflug, sobald wir über dem Wasser sind. Die Küste von Neuirland
ist klar, nicht viele störende niedrige Wolken. Das Zentrum des
Sturms liegt noch nördlich von uns.

Wir fliegen zuerst in 700 bis 1000 Meter Höhe über die Inseln und
achten auf Zeichen japanischer Abwehr. Dann auf 70 bis 100 Meter
über den Dschungel hinunter, dicht über die Bäume eines Hügelkamms
weg und dann in das dahinterliegende Tal hinunter, immer gerade
über den Baumwipfeln; wir halten nach Zielen oder verräterischen
Leuchtspurgeschossen vom Boden Ausschau.

Wir fliegen landeinwärts, um dem japanischen Flugplatz auszuweichen, wo starke Flakstellungen gemeldet worden sind. „In der
Umgebung liegen keine Ziele, die der Mühe wert sind." Unten liegt
eine Brücke, sie wurde vor wenigen Tagen bombardiert und von der
500-Pfund-Bombe einer Corsair getroffen. An einem Ende des Baues
ein großes Loch. Mehrere Japaner arbeiten an Reparaturen. Wir kommen zu schnell über sie, um schießen zu können, und sind wie der Blitz
vorbei. „Wir fassen sie auf dem Rückweg" (das über Funk). Weitere
Meilen über die Baumwipfel, dann und wann des besseren Überblicks
wegen etwas höher und wieder hinunter, ehe jemand Zeit hat, die
Waffe auf uns zu richten. Zur Küste hinaus, vier Corsairs auf gleicher
Höhe über dem Wasser – ich bin dem Land am nächsten. Die Bäume
rasen als grüner Strich vorbei, der Strand ist ein gelbes Band zu meiner
Linken. Ist das ein Posten oder ein Mann – eine Meile vor mir? Er
bewegt sich auf das Ufer zu, also ein Mann. Alle Japaner oder feindlichen Bewohner von Neuirland, alles ist ein Ziel – es gibt keine Beschränkungen. „Schießt auf alles, was ihr seht." Ich ziele, zu einer
Meile braucht man bei unserer Geschwindigkeit zehn Sekunden. Auf
1000 Yards sind meine Kaliber .50 tödlich. Ich kann einfach nicht
vorbeitreffen.

Jetzt ist er aus dem Wasser, aber er läuft nicht. Der Strand ist breit, er kann die Deckung der Bäume nicht erreichen. Er ist in meinem Visier – ein Fingerdruck, und er wird auf dem Korallensand zusammenbrechen.

Aber er will nicht fliehen. Er schreitet über den Strand, jeder Schritt voll Würde und Mut. Er ist kein gewöhnlicher Mann. Der Schuß wäre allzu leicht. Seine Haltung, sein Gang, seine Würde, in ihnen liegt etwas, das ein Band zwischen uns bildet. Sein Leben ist mehr wert als ein Druck auf den Abzug. Ich will nicht sehen, wie er auf dem Strand zusammenbricht. Ich lasse den Abzug los.

Ich nehme den Steuerknüppel zurück. Er erreicht die Bäume und verschwindet in dem Grün zu meiner Linken. Ich hätte es nie vergessen können, wenn er sich auf dem Strand gewunden hätte. Ich werde mich immer an die furchtlose Würde seines Schritts erinnern. Ich hatte sein Leben auf dem Zucken eines Muskels balanciert und ich gab es ihm zurück – Gott sei Dank, daß ich es tat. Ich werde nie wissen, wer er war, Japaner oder Eingeborener. Aber ich erkenne, daß mir das Leben dieses unbekannten Fremden, wahrscheinlich eines Feindes, tausendmal mehr wert ist als sein Tod. Ich hätte mir nie ganz verzeihen können, wenn ich ihn erschossen hätte – nackt, mutig, wehrlos und doch so unverkennbar ein Mann.

Es bleibt aber keine Zeit nachzudenken, wir drehen wieder landeinwärts, dicht über den Palmen einer Kokospflanzung weg, die Berghänge hinauf und hinunter, rechts von uns ist eine Flakstellung außer Reichweite, sie schießen nicht. Wir sind über Hügeln und Dschungel. Hier wird es keine Flak geben, die Gegend ist zu wild. Wir steigen auf 1300 Meter, wir haben das Limit unserer Patrouille erreicht. Wir kreisen und kehren um. Die Tiefangriffe sollen wir auf dem Rückweg fliegen. Der erste Sturzflug beginnt. Ich drehe mein Visier – hellorange Kreise auf dem Glas vor mir. Eine Pflanzung ist das Ziel. Leuchtspurgeschosse von der Maschine rechts von mir, die Entfernung ist zu groß. Ich wähle ein Blätterdach unter den Palmen, jetzt ist es Zeit, ich drücke ab. Ein Strom gelber Punkte verläßt meine Maschine. Rote Feuerbälle prallen vom Boden rings um die Hütte ab. Die Luft war klar, jetzt ist sie eine Staubwolke. Der Feuerstoß hat getroffen. Ich schieße noch hundert Schuß – Splitter fliegen. Zeit, hochzuziehen. Ich hoffe, daß keine Eingeborenen in der Hütte waren. „Schieß nur, die Einwohner von Neuirland sind feindlich. Alle Pflanzungen sind von den Japanern übernommen worden." Das ist eben der Kummer mit dem Luftkrieg, man weiß nie, worauf man schießt. Die Hütte mag leer und sie mag voll japanischer Soldaten sein. Sie mag eine Tarnung für ein MG sein oder sie mag eine Mutter mit einem Kind beherbergen. „Das Ziel ist unbegrenzt. Alles ist Ziel. Alle Eingeborenen sind unfreundlich. Die Pflanzungen wurden von den Japanern übernommen."

Man drückt ab, und der Tod schießt hervor. 4200 Geschosse pro Minute. Leuchtspurgeschosse bohren sich in Wände und Dach. Staub steigt aus dem Hof und dem Garten auf. Drinnen mag Leere herrschen oder sich windende Agonie. Man weiß es nie, man fliegt weiter wie zuvor. Unten ist alles wieder still. Der Tod ist vorbei. Du trägst ihn in deinen Händen, er war in deinem Cockpit. Du hast ihn auf diese friedlichen Palmwipfel hinuntergeschleudert. Du hast einen Zug feindlicher Soldaten ausgelöscht, die durch den plötzlichen Angriff überrascht wurden. Du hast dein Leben und deine Maschine beim Angriff auf eine wertlose Hütte aufs Spiel gesetzt. Du hast tote und verwundete Kinder zurückgelassen.

Der Strand ist links von mir, vor mir wieder eine Pflanzung. Wir vier sind in derselben Höhe ausgeschwärmt. Wir gehen höher, um unsere Ziele besser zu sehen, es wird ein konvergierender Angriff sein – dabei muß man die anderen Maschinen sehen, gerade bei solchen Attacken passieren Zusammenstöße.

Ich bleibe etwas zurück, um meinem Partner die Führung zu überlassen. In Schußweite vor mir eine Reihe Hütten. Kein Zeichen von Leben am Boden. Die Hütten sind schon angegriffen worden, wahrscheinlich gehen die Bewohner in Deckung, sobald sie in der Ferne Motorenlärm hören. Ich ziele auf die nächste Hütte, ich bestreiche die ganze Reihe. Meine Geschosse kreuzen sich mit denen der anderen Maschinen. Das Dorf ist eine Staubwolke. Mein Kamerad ist meiner Schußlinie zu nahe – 200 Meter voraus, ich schieße nicht mehr. Dann zieht er hoch, und mir bleibt die Zeit für einen kurzen Feuerstoß auf ein Gebäude jenseits des Orts. Ich bin weit von den anderen Corsairs, keine Gefahr, sie zu treffen. Staub, Splitter. Gerade noch Zeit, über die Palmenwipfel wegzuhüpfen. Man muß darauf achten, den Sturzflug nicht zu lange auszudehnen.

Dann fliegen wir über die Kammhöhe. Nach den Meldungen liegen vor uns starke Flakstellungen. Wir hofften, ein Ziel auf der anderen Seite des Bergs zu überraschen, aber wir finden keines.

Wir drehen auf die See, ehe wir die Flakstellungen erreichen. Unsere zweite Abteilung ist zurückgefallen. Einer der Piloten meldet, das Warnungslicht für seine Vergasertemperatur leuchte auf. Wir kreisen, bis sein Motor sich abkühlt, weit draußen auf der See, unerreichbar für die Küstenbatterien.

Zur Beobachtung zum Dschungel zurück. Dann zu einer Pflanzung herunter. Zwei Maschinen jagen bereits ihre Geschosse hinein. Ich komme aus einem Winkel und ziele. Dann schieße ich aus fast senkrechter Position, die Geschosse fliegen ins Ziel. Man muß in der Luft nicht aufrecht sein, wichtig ist, daß man sieht. Die niedrigere Tragfläche schneidet fast die Palmblätter, als ich den Knüppel zurückreiße. Wieder eine Gruppe Gebäude. Ich greife zwei auf meiner Seite an und jage in jedes einen Feuerstoß. Rechts von mir Leuchtspurgeschosse der anderen Maschinen. Die zweite Abteilung meldet, daß eines meiner Gebäude brennt, ein Brandgeschoß hat also getroffen. Ich schaue zurück, bin aber schon zu weit und zu tief – ich sehe nichts.

Ein Dutzend schwarzer Punkte streichen an meiner Tragfläche vorbei. Flak? Natürlich nicht – lächerlich. Nur kleine Vögel bei 500 Stundenkilometern. Was müssen sie von unserem Eindringen in den Dschungel denken, von diesen brüllenden Ungeheuern, die über die Baumwipfel jagen? Wir sind jetzt am Ende von Neuirland und nehmen Kurs auf das 90 Kilometer entfernte Green Island – ein Fünfzehnminutenflug bei diesem Tempo. Die Insel ist in Sichtweite. Wir sichern die Waffen. Paradeformation für die Landung, drei Meter von Tragflächenspitze zu Tragflächenspitze nach rechts gestaffelt. Der Führer löst sich ab, ich folge nach drei Sekunden. Dann die Corsairs der zweiten Abteilung. Wir sind in dem Landekreis, die führende Maschine fährt das Fahrgestell aus. Die Maschine vor mir ist ziemlich nahe. Ich überfliege die Landebahn, um Distanz zu gewinnen. Erhöhe auf 2500 Umdrehungen pro Minute, falls ich zurückgewinkt werde. Die Maschine vor mir ist gelandet, sie rollt schnell voran. Ich mache den letzten Anflug. Gashebel geschlossen, Knüppel zurück. Ich bin am Boden. Ist eine Maschine dicht hinter mir? Ich bin so fest angeschnallt, daß ich mich nicht umschauen kann. Wie nahe bin ich der Maschine vor mir? Wenn ihr nun ein Reifen platzt und sie zu hüpfen beginnt? Kann ich es rechtzeitig sehen – aber nein, die Landebahn vor und hinter mir ist frei.

Ich bin am Boden und biege in den Taxistreifen ein. Der Chef des Bodenpersonals hebt die Hände. Ich schalte ab. Der Propeller wird langsamer und steht. Funk ausgeschaltet, Kreiselkompaß arretiert. Alles für den nächsten Piloten bereitgestellt. Die Maschine ist in prächtiger Verfassung. Nein, die Tanks sind nicht gereinigt. Ja, aus den Waffen wurde geschossen. Ich schnalle den Sicherheitsgurt los und unterzeichne den Flugbericht. Das Bodenpersonal macht sich über die Maschine her, in einer halben Stunde wird sie wieder startklar sein.

Morgen früh fliege ich nach Emirau. Oberst Carleson hat mir seine F6F für den Flug angeboten, ich fliege mit dem Jägerschutz für den SCAT-Transport. Wir starten um 6.15 Uhr, bei Tagesanbruch. Oberst Carleson sagt mir, daß seine F6F nur 1000 Liter Sprit faßt – was man für den Flug nach Emirau für nicht ausreichend hält (falls ein Unwetter über der Insel einen Rückflug nach Green nötig macht). Ich soll daher eine Corsair der Instandhaltungsabteilung fliegen. Ich habe das Gefühl, daß der Sprit ausreichen würde, bin über den Tausch aber doch froh.

Eine schöne Nacht. Ich gehe unter die Sterne hinaus. Sie sind neu für mich – und die, die ich kenne, liegen verkehrt. Das Kreuz des Südens steht hoch, der Polarstern ist unter dem entgegengesetzten Horizont. Ich frage mich, was Anne und die Kinder wohl machen. Sie schlafen natürlich noch, daheim ist noch nicht Morgen.

Freitag, 26. Mai
General Moore verläßt heute morgen die Insel. Ich verabschiede mich von ihm am Flugplatz. Weitere Soldaten sind angetreten, Maschinen starten als Geleit, eine Kapelle spielt.

Dann fuhr ich zu VFM 115 zurück, um meine Ausrüstung zu fassen, die ich für die Mittagspatrouille über Kavieng brauchen werde – Fallschirm, Rettungsfloß, Rettungsgürtel, Gürtel mit Erste-Hilfe-Päckchen, .45er Pistole usw. Dann Einweisung für den Flug. (Informationen über neue Flakstellungen, Schiffahrt in dem Gebiet, Erkennungssignale, Wetter usw.)

Start um 12.40 Uhr. Wir sollten zu dritt sein, aber ein Pilot konnte seinen Motor nicht anlassen, also starteten Captain Freeman und ich ohne ihn. Wenn er es rechtzeitig schafft, wird er uns über Neuirland treffen. Wir laden unsere Waffen und feuern einen Probefeuerstoß, sobald wir über dem Wasser sind. Die Berge von Neuhannover sind bereits zwischen den Wolken zu sehen. Als wir auf Neuirland und Kavieng zudrehen, sehen wir auf einem der Riffe ein zerstörtes japanisches Schiff.

Die zerbombte Stadt Kavieng liegt an der Spitze einer Halbinsel und wird durch zwei Inseln und ihre Riffe geschützt. Wir nähern uns in 3000 Meter Höhe und fliegen in einer respektvollen Entfernung vorbei – anderthalb Kilometer vor der Küste –; wir ändern dauernd die Richtung, damit die großen Flakgeschütze nicht auf uns gerichtet werden können. Überall um die Stadt und ihre Flugplätze sind Bombentrichter – Hunderte. Viele Gebäude sind zerstört, andere sind trotz der Bomben und der Granaten der Schiffsgeschütze noch intakt geblieben. Im Hafen sind mehrere Schiffe gesunken. Kleine Kreise zeigen die Stellungen einiger Flakgeschütze an.

„Die besten Flakkanoniere im Südpazifik sind in Rabaul und Kavieng."

„Eben. Sie haben die meiste Übung."

„Eine Zeitlang haben wir zwischen Rabaul und Kavieng im Tag durchschnittlich eine Maschine verloren."

„Wir haben immer noch ziemlich hohe Verluste."

Alles ist jetzt ruhig, kein Zeichen von Leben, kein Hinweis auf eine Gefahr. Wir sind etwas zu weit entfernt, um das Feuer aus den versteckten Geschützen auf uns zu lenken. Wir fliegen zur Südwestküste von Neuirland weiter. Freeman weiß, wo sich eine japanische Schaluppe befindet. Der Befehl lautet, über 3000 Meter zu bleiben, falls wir keine Schaluppe entdecken. Diese hier wurde zwar versenkt, kann aber repariert werden. Wir stoßen herab, aus ganz kurzer Entfernung feuern wir, Wasser spritzt und Splitter fliegen, als sich unsere Geschosse in die Holzflanken bohren. Wir greifen insgesamt dreimal an und verfeuern mehrere hundert Schuß. Die meisten treffen ihr Ziel. Jetzt ist die Schaluppe nicht mehr zu reparieren. Sie wird jahrzehntelang am Strand liegen, bis Wind und Wasser ihr Werk tun. Gestern eine Kriegsschaluppe, heute ein Wrack, morgen Balken, die in der Sonne bleichen.

Wir sind auf einer zweistündigen Patrouille. Wir kreuzen über dem nordwestlichen Ende von Neuirland hin und her, um die Stadt, über die Berge und wieder um die Stadt. Ich frage mich, welches Leben die Japaner führen müssen, wenn Tag und Nacht feindliche Flugzeuge über ihre Köpfe brausen, wenn sie nie wissen, wann ein Bombenangriff beginnen wird, wann ein Jäger zu einem Angriff mit Bordwaffen ansetzt. Ihre Flugzeuge sind abgeschossen und ihre Kriegsschiffe versenkt, sie sind zu weit von Japan entfernt, um wirksame Hilfe zu erhalten. Ihre einzige Verbindung mit der Außenwelt müssen U-Boote oder gelegentlich ein Flugzeug sein, das nachts unter unserem Radarschirm durchschlüpft. Trotzdem binden verhältnismäßig kleine japanische Einheiten starke alliierte Streikräfte, und unser Einsatz an Material und Mühe ist groß. Die Inseln sind nur entlegene Vorposten von Japan. Seine Stärke liegt näher am Zentrum.

Wir landen um 15.20 Uhr in Emirau und kehren in unsere Quartiere zurück. Mein Zelt liegt wunderschön auf einer Felsenhöhe über der See und dem Ufer der Insel.

Samstag, 27. Mai

Anne und ich sind heute fünfzehn Jahre verheiratet – es war das Klügste, was ich je getan habe. Ein Mann trifft die wichtigste Entscheidung seines Lebens, wenn er die Frau auswählt, die er heiraten will. Alles andere ist zweitrangig. Ich erwache mit dem Rauschen der Brandung im Ohr, dem Gesang der Vögel und Grillen. Die Dämmerung erhellt schon den Himmel. Ich stehe schnell auf, wasche mich und ziehe mich an, ich soll die Morgenpatrouille über Kavieng fliegen.

Start um 8.40 Uhr. Wir folgen der gestrigen Route. Das zerstörte Schiff auf dem Riff von Neuhannover ist eine Orientierungshilfe geworden. Im Vorbeifliegen beschießen wir Kavieng. Ich fliege allein in der zweiten Abteilung.

Wir wechseln zwischen Tiefangriffen und hohem Patrouillenflug ab. Leutnant Blanchard meldet bei einem unserer Tiefangriffe Flakfeuer – MG-Feuer von einem dachlosen Gebäude. Ich komme direkt darüber weg, sehe aber das Feuer nicht. In unseren Flugzeugen sind keine Löcher. Wir fliegen weiter. In dem Kanal zwischen Kavieng und Neuhannover wird die Bugwelle eines U-Boots gemeldet. Wir streichen das Gebiet in wenigen hundert Metern Höhe ab, sichten aber nichts und funken das negative Ergebnis an Fido, die Funkstation auf Emirau, die uns betreut. Nach zweieinhalb Stunden fliegen wir zurück und landen um 11.15 Uhr in Emirau.

Captain Freeman und ich sollen heute nacht eine Schnellbootpatrouille längs der Südwestküste von Neuirland mitmachen. Wir verlassen das Camp in einem Jeep um 13 Uhr, um die Einweisung in der Marinebasis mitzumachen. Wir kommen zu früh – lange Wartezeit – fünfzig Mann in einem heißen Raum. Die Einweisung dauert nicht lange. Die Schnellboote sollen paarweise fahren. Jedem Paar wird ein Küstenstreifen von Neuirland zugewiesen. Wir haben die Südwestküste etwa in der Mitte der Insel. Am Morgen sollen wir auf der Insel Tingwan vor der Westküste von Neuhannover landen. Dann folgen stark verstümmelte Luftlageberichte. Sie melden, daß wir ein U-Boot gesichtet hätten, aber gerade das Gegenteil war der Fall! Wir sahen nichts. Ich informiere den Nachrichtenoffizier. Wir müssen aber weg, es bleibt keine Zeit, die Sache in Ordnung zu bringen. Aber es hat ohnehin nichts mit unserem nächtlichen Auftrag zu tun.

Wir gehen zum Dock, wo die Boote vertäut sind, sie sind stark und flach, mit Geschützen und Torpedos und Wasserbomben gespickt. Die Maschinen laufen bereits, nach wenigen Minuten sind wir unterwegs und gleiten schnell durch das klare Wasser des Kanals. Ich beuge mich über ein Torpedorohr und sehe, wie der Boden etwa sieben Meter unter mir vorbeigleitet. Er zeigt sich fast so deutlich, als ob kein Wasser dazwischen wäre. Sobald wir den Kanal hinter uns haben, steigern wir die Geschwindigkeit auf 26 Knoten, der Gischt fliegt wie eine Fontäne hoch, die weiße Heckwelle erstreckt sich Hunderte von Metern zurück, das Boot gleitet wie ein riesiges Brandungsschwimmbrett über das Wasser. Der Ozean ist ruhig und fast glasig, die Dünungswellen sind weit auseinander, wir reiten fast ohne Bewegung darüber weg.

Leutnant Hardy holt seinen Karabiner zu Zielübungen auf fliegende Fische, die Welle unseres Bootes scheucht sie alle paar Minuten aus dem Wasser. Er trifft mit dem Karabiner zwei in der Luft, ich einen mit meiner Pistole .45. Es ist ein ausgezeichnetes Training, schnelles Schießen, man sieht, wo die Kugel trifft. Ein schöner Sonnenuntergang, tiefes Rot, Grün und Grau, dazu das Blau des Wassers. Die Berge von Neuhannover sind außer Artillerieschußweite zu unserer Linken. Die Boote haben sich geteilt und halten auf ihr Patrouillengebiet zu. Wir sind jetzt nur zwei, wir fahren durch die Nacht und auf eine feindliche Küste zu. Abwechselnd gehen wir zum Essen nach unten.

Als ich auf Deck zurückkomme, ist es ganz dunkel, und die Sterne sind herausgekommen. Kein Licht ist zu sehen, längs der fernen Küste ist alles verdunkelt — genauso wie an Bord. Es gibt nur Silhouetten, der Bergkamm, der Radarmast, die Geschützrohre, das zweite Schnellboot achteraus. Ich lehne mich an eine Wasserbombe und studiere die Sterne des südlichen Himmels. Wir haben nach Südosten gedreht und laufen parallel zur Küste. Wir werden erst um 22.30 Uhr in Position sein und erwarten vor Mitternacht keine Aktion. Wer von der Besatzung Freiwache hat, hat sich in den Ecken zusammengerollt und schläft. Ich strecke mich auf Deck zwischen einem Torpedorohr und der Brücke aus. Es ist gerade genug Platz, um bequem zu liegen. Die Nacht wird kühl. Der Fahrtwind streicht über Deck. Ich schaue zu den Sternen auf und schlafe minutenlang ein. Dann wecken mich Regentropfen aus leichtem Schlaf. Alles geht in Deckung. Ich springe auf und eile zur Brücke, dort ist Platz, daß ich das wasserdichte Zeug anlegen kann, das mir Captain Freeman gebracht hat.

Wir drehen den Rücken zum Wind, bis die Windstöße vorbei sind. Dann lege ich mich wieder auf Deck. Ehe ich aber einschlafe, verlangsamen sich die Maschinen, und wir drehen auf das dunkle Band der Küste zu unserer Linken zu — im Licht des Viertelmonds kaum merklich. Wir sind fast in Position, und die letzten fünf Meilen zur Küste

werden mit gedrosselten Maschinen zurückgelegt, um die phospho-
reszierenden Wellen zu vermeiden, die die Schnellboote bei hoher Fahrt
aufwerfen. Indem wir uns so zum Ufer vorarbeiten, werden uns die
Japaner, wenn überhaupt, erst bemerken, wenn wir ganz nahe sind.

Die Schnellboote sind für Ausdauer und Schlagkraft konstruiert.
Sie sind so niedrig und klein, daß sie fast keine verräterische Silhouette
bieten. Sie sind grau und schwarz gestrichen, damit sie sich der Nacht
anpassen. Sie können blitzschnell vorstoßen, einen Rauchschleier legen,
um das feindliche Feuer zu verwirren, und wenn ein Mündungsfeuer
am Ufer zu sehen ist, können sie aus sieben Waffen Tod und Verderben
speien — einem 37- und zwei 20-mm-Geschützen und vier MGs .50.
Für gefährlichere Ziele führen sie vier große Torpedos und zwei Wasserbomben mit.

Bis auf die, die unten Dienst haben, ist jetzt jedermann an Deck.
Alle Augen beobachten das Ufer nach einem Lichtschein. Alle Geschütze
sind besetzt und auf das Land gerichtet. Ich habe mir einen Karabiner
und mehrere Patronenstreifen ausgeliehen. Wenn wir nahe genug
kommen, kann ich möglicherweise auch schießen. Die Berge werden
im Mondlicht klarer und höher. Die Küste scheint gefährlich und feindselig. Jetzt zeigt das Radar, daß wir noch eine halbe Meile entfernt
sind. Zwischen uns und dem Ufer liegt ein Riff. Wir biegen nach Nordwesten und laufen, kampfbereit, mit der Küste parallel. Es ist schon
vorgekommen, daß japanische Batterien auf Schnellboote feuern.

Wir sollen verhindern, daß Schaluppen an der Küste verkehren.
Irgendwo vor uns liegt eine Bucht, wo, wie Luftaufnahmen zeigen,
ein Weg endet. Möglicherweise entlädt man dort Schaluppen. Wir
sollen sie finden und jede Anlage dort unter Beschuß nehmen. Sie ist
gut versteckt und wird nachts schwer zu finden sein.

Wir rechnen uns die ungefähre Position aus und funken der Black
Cat (einem Patrouillenflugboot der Marine), es solle Fackeln abwerfen.
Inzwischen treiben wir die Küste entlang. Nach fünfzehn Minuten
hören wir Motorenlärm, die Black Cat hat uns durch Radar entdeckt.
Sie kreist und wirft drei Fallschirmfackeln längs der Küste ab, die die
Küste hell beleuchten; aber auch wir geben für eventuell dort stationierte
japanische Batterien ein gutes Ziel ab. Alles ist gespannt, die Kanoniere
ducken sich hinter ihre Geschütze. Aber die Fackeln treiben herunter
und zeigen nichts als Dschungel. Wir haben den Platz verfehlt. Die
letzte Fackel verschwindet unter den Bäumen. Wir kreuzen wieder
langsam die Küste entlang. Um Mitternacht laufen wir eine Meile
auf See hinaus und machen Kaffeepause.

Sonntag, 28. Mai

Nach einer halbstündigen Pause bei Kaffee und Sandwichs nehmen wir unsere Patrouille wieder auf. Wir sollen eine Pflanzung beschießen, von der japanische Tätigkeit gemeldet wurde. Wir erreichen die Position kurz nach 2 Uhr. Das Riff liegt hier dichter am Ufer, wir kriechen also vorsichtig auf eine Viertelmeile an die Küste heran. Beide Boote drehen breitseits, um alle Waffen ins Spiel zu bringen. Wir feuern eine Leuchtkugel aus unserem Mörser ab. Sie kurvt gen Himmel und beleuchtet die Küste strahlend hell. Am Ufer sind Palmen, aber keine Spur von Gebäuden. Die Fackel erlischt. Wir fahren eine halbe Meile das Ufer entlang und werfen wieder eine Leuchtkugel. Wir sind jetzt so nahe, daß ich den Karabiner benützen kann, wenn sich ein Ziel bietet. Ich ducke mich hinter das Steuerbord-Torpedorohr zwischen die zwei MG-.50-Türme.

Wir tragen alle Stahlhelme, aber die Fackel beleuchtet nichts als Dschungel und Klippen. Wenn mehr Zeit wäre, würden wir Black Cat bitten, uns bei der Auffindung der Pflanzung zu helfen, aber wir müssen bei Tagesanbruch zu unserer Landung bei der Insel Tingwan sein. Die Maschinen laufen volle Kraft, die Boote schießen dahin. Hinter uns erscheint die weiße Heckwelle. Ich stehe an Deck und kühle mich eine Weile ab, dann lege ich mich wieder an das Torpedorohr. Weiter vorn ist zwar mehr Platz, dafür aber keine Reling, die einen davor schützt, ins Wasser zu fallen.

Ich schlafe eine halbe Stunde, dann treibt ein Regenschauer alles in Deckung, von oben gibt es keinen Schutz, aber es gibt einen Platz, wo man das wasserdichte Zeug anlegen kann. Es ist zu heiß, als daß man es anbehalten könnte, wenn der Regenschauer vorbei ist. Wir werden immer wieder von Regenwolken überrascht. Ich kann noch eine halbe Stunde schlafen, dann bricht der Tag an.

Die Insel Tingwan liegt fünf Seemeilen voraus, niedrig, grün und vom Dschungel überwachsen. Wir nähern uns mit voller Kraft, dann werden die Maschinen gestoppt, als wir das Ufer mit dem Glas absuchen. „Wenn die Eingeborenen herauskommen, ist es ein Zeichen, daß keine Japse auf der Insel sind." Wenn es Japse gibt, kommen die Eingeborenen nicht an den Strand.

Das Pflanzungshaus taucht hinter einer Landspitze auf. Davor der Strand – *keine* Eingeborenen. Wir drehen uns breitseits zur Küste – die Geschütze richten sich auf die Pflanzung. „Keine Eingeborenen, das ist schlecht!" Am Ufer keine Bewegung, kein Zeichen von Leben. Eine halbe Meile weiter liegt ein japanisches Rettungsboot am Strand.

Jemand erinnert sich, daß es bereits gemeldet wurde, es stammt von einem zerstörten japanischen Schiff. Ich schaue zu einer anderen Insel in der Ferne. Bewegt sich jemand am Strand? Ich greife nach dem Glas. Es sieht rot aus, ja, es ist ein Eingeborener, der ein rotes Tuch um den Leib gebunden hat. Eine ganze Anzahl ist jetzt am Strand, sie schieben Kanus ins Wasser.

Wir fahren ihnen entgegen, sie paddeln zu einem Riff zwischen uns und der Insel. Es sind vier Kanus, Einbäume mit Auslegern. In jedem sitzen mehrere Eingeborene. Sie sind alle sehr schwarz. Sie steigen aus, ziehen die Kanus über das Riff und paddeln näher. Zwei Häuptlinge kauern auf dem näheren Kanu, die Füße auf der Bordwand. Ich wundere mich, daß die Einbäume überhaupt schwimmen, wenn die Wellen zehn Zentimeter höher wären, würden sie in die Boote schlagen. Mehrere Eingeborene paddeln, einer schöpft das eingedrungene Wasser aus. Jeder Häuptling trägt eine Schirmmütze. Der mit dem weißen Band um die Mütze ist der Häuptling der ganzen Inselgruppe, der mit dem roten Band der der Insel, von der die Kanus kamen.

Wir haben einen Australier, Leutnant Bell, an Bord, der die Eingeborenensprache beherrscht. Außerdem haben wir zwei Eingeborene aus Emirau sowie einen Chinesen mitgebracht, der viele Jahre in diesem Gebiet gelebt hat. Der Australier spricht mit den Häuptlingen. Die anderen Kanus kommen heran. Wir lassen ein Stricknetz herunter, und die Häuptlinge und eine Anzahl Eingeborener gehen an Bord. Bis auf eine Hose oder ein Stück Tuch sind sie nackt. Ihre schwarzen Körper glänzen vor Schweiß; nur die Häuptlinge tragen eine Kopfbedeckung. Bei den anderen kann nur das dichte, wellige Haar die Sonnenstrahlen abwehren. Die Naturfarbe des Haares ist ein tiefes Schwarz, bei vielen hat aber die Verwendung von Kalk als Kur gegen Läuse und Schorf oben eine rötliche Tönung zurückgelassen.

Das Palaver ist vorbei. Einige Eingeborene klettern wieder in die Kanus, die anderen, einschließlich der Häuptlinge, bleiben an Bord. Wir fahren nach Tingwan zurück. Sie sagen, es seien dort keine Japaner. Wenn sie gelogen hätten, würden sie kaum mit uns fahren, am wenigsten die Häuptlinge. Sie sagen, die Japaner hätten in dem Pflanzungshaus Waffen, Munition und Benzinfässer gelassen. Leutnant Bell, drei Eingeborene und ein Marineinfanterist gehen mit dem ersten Boot an Land, es faßt nur sechs Mann. Captain Freeman und ich folgen in dem zweiten. Das Ufer ist mit Benzinkanistern von dem japanischen Schiff übersät, das in der Nähe gesunken ist. Die Gebäude sind verfallen. Unter dem Haus und in einem der Nebengebäude finden wir die

Waffen und die Munition, die die Eingeborenen gemeldet haben. Wir bewegen uns vorsichtig, die Japaner könnten Sprengfallen zurückgelassen haben. Wir finden zwei amerikanische MGs .50, anderthalb Kisten Patronen und zwei Reserveläufe für die MGs. Dazu ein halbes Dutzend australischer und ein deutsches Gewehr, die Japaner haben sie vermutlich früher im Krieg erbeutet.

Die Waffen waren in einem Schuppen neben dem Pflanzungshaus. Das Hauptversteck befand sich unter dem Haus selbst, ein japanischer Mörser, eine selbstgefertigte Kanone (vermutlich für Rauchgranaten), mehrere Granaten für die Kanone und etwa 2000 hochexplosive Geschosse für den Mörser (in ausgezeichnetem Zustand). Eine weitere Suche ergab nur Papiere in japanischer Schrift, die wir für unseren Nachrichtendienst mitnahmen.

Nachdem wir die Gebäude durchgegangen waren, trennte ich mich von der Gruppe und machte einen Alleinausflug längs des Strands. Nach etwa 200 Metern fand ich ein eingestürztes MG-Nest, gerade weit genug im Dschungel, daß man es nicht leicht ausmachen konnte. Direkt daneben lagen Dutzende japanischer Postkarten, ich nahm sie für das Bodenpersonal mit. („Bringt uns etwas von den Inseln mit.") Auf dem Rückweg schoß ich Löcher in die Brennstofftanks und steckte sie hinter mir in Brand. Eine andere Gruppe zündete die in der anderen Richtung an. Insgesamt brannten vierzig oder fünfzig Fässer.

Die Männer, die in dem Haus geblieben waren, hatten Benzinkanister unter das Haus in die Nähe des Mörsers und der Munition gerollt. Die amerikanischen MGs und Proben der japanischen Ausrüstung wurden in unser Boot gebracht. Nachdem der letzte Mann die Insel verlassen hatte, beschossen wir die Pflanzung aus dem 37- und den 20-mm-Geschützen, das Benzin geriet fast augenblicklich in Brand. Dann faßte das trockene Holz des Hauses Feuer, und als wir weiter abliefen, explodierte die Mörsermunition mit lautem Krachen. Wir beobachteten den Brand eine Weile, dann brachten wir die Eingeborenen wieder zu der Insel, wo wir sie gefunden hatten. Die Einbaumkanus kamen uns entgegen, dieses Mal waren auch Frauen darin, dazu ältere Männer und Jungen. Zwei der Kinder haben einen weißen Elternteil. Die Mütter tragen die Babys mit Tüchern um den Rücken gewickelt, ihre Köpfe sind bedeckt, nur die Füße schauen zu beiden Seiten der Mutter heraus. Sie brachten uns als Geschenke Bananen und tropische Früchte und erhielten dafür Süßigkeiten, Zigaretten und Kautabak. Die Häuptlinge stiegen wieder in die Kanus, winkten und fuhren davon. Wir kehrten nach Emirau zurück.

Ich nahm meine Taucherbrille und fand ein Korallenriff voll tropischer Fische und Meeresgewächsen – eine völlig andere Welt. Einige Korallen blühen purpurn, blau und gelb. Fische aller Arten schwimmen durch die Spalten und Höhlen, sie achten wenig auf mich und weichen nur aus, wenn ich ihnen in die Nähe komme. Ich kann mindestens hundert Meter weit durch das Wasser sehen. Mit einer solchen Brille kann man wie ein Fisch ein Teil dieser Wellenbewegungen werden, man kann mit den Brechern heranschwimmen und mit einer leichten Arm- oder Beinbewegung verhindern, daß man gegen die Korallen prallt. Bisweilen hat man wirklich das Gefühl, das Wasser sei unser Element.

Montag, 29. Mai
Mutters Geburtstag. Um 8 Uhr zur Einweisung beim Nachrichtendienst. Heute morgen werde ich eine 500-Pfund-Bombe auf Kavieng abwerfen. Drei Corsairs werden an dem Flug teilnehmen und die Bombenregale ausprobieren. Wir starten nach einer Verzögerung um 9.45 Uhr. Major Carl hat die Führung, ich fliege allein in der zweiten Abteilung – meine Lieblingsposition. Wir fliegen direkt nach Kavieng, kreisen und stürzen uns mit der Sonne im Rücken auf die Stadt hinab. Major Carl und Leutnant Blanchard zielen auf den Flugplatz, ich auf ein Gebiet in der Stadt, wo, wie wir wissen, japanische militärische Aktivität festgestellt wurde. Ich betätigte den Auslöser in 1800 Meter Höhe. (Der Befehl lautet, hoch über der Stadt zu bleiben und ein Flächenziel, nicht ein Punktziel anzuvisieren.) Ich ziehe aus dem Sturzflug hoch und kurve auf die See hinaus, dabei ändere ich die Richtung, damit sich die Geschütze nicht auf mich einrichten können. Ich habe kein Flakfeuer gesehen, aber die Japaner sollen jetzt keine Leuchtspurmunition mehr verwenden. Mehrere unserer Piloten haben gemeldet, sie hätten nicht gewußt, daß sie beschossen wurden, bis ihre Maschinen getroffen waren. Meine Bombe geht über das Ziel hinaus, landet aber in einem Gebäudestreifen längs der Straße, wo feindliche Stellungen gemeldet wurden – es war möglicherweise ein besseres Ziel als das, auf das ich gezielt hatte. Die Bombe fiel auf ein Gebiet, wo sie wirksam gewesen sein kann, wir werden aber nie wissen, wieviel Schaden sie angerichtet hat.

Unsere Mission ist beendet, wir fliegen nach Emirau zurück.

Dienstag, 30. Mai
Amerikanische Truppen landen auf Biak, Neuguinea.

Startete mit zwei anderen Corsairs um 12.55 Uhr zur Kavieng-Patrouille. Wir überfliegen die Stadt in 3000 Meter Höhe, dann geht es weiter zur Südwestküste. Wir sollen zwei Bomben auf die Lakafarange-Pflanzung werfen, und zwar überraschend, indem wir unerwartet über die Berge im Südwesten kommen. Wir steigen auf 4000 Meter und kehren um, dabei streifen wir eine hohe Kumuluswolkenbank. Wir sind fast über der Plantage und greifen in einem Abstand von 500 Metern aus verschiedenen Richtungen an.

Ich habe mir als Ziel ein rotes, gedecktes Gebäude ausgesucht, wo sich nach den Meldungen eine getarnte Flakstellung befindet. Ich tauche steil herab und eröffne das Feuer, die Geschosse fliegen auf das Ziel. In 2000 Meter Höhe löse ich die 500-Pfund-Bombe aus, dann kurve ich auf See. Ich beobachte die Bombe, bis sie außer Sichtweite kommt. Eine Rauch- und Erdsäule steigt vom Dschungel auf – Leutnant Warrens Bombe, sie hat das Ziel verfehlt. Dann eine zweite: auch meine hat nicht getroffen. Der Sturzwinkel war nicht steil genug, und wir haben zu spät ausgeklinkt. Aber die Bordwaffen haben getroffen.

Wir sollen dem Feind zusetzen und den Raum um Kavieng abpatrouillieren. Wir schießen unregelmäßig, bald aus dieser und bald aus jener Höhe, wir warnen nie im voraus. Den ganzen Tag halten Patrouillen die Beschießung aufrecht. Die Nacht über werden die Küsten von den Schnellbooten heimgesucht. Kein feindliches Schiff, kein Flugzeug darf nach Neuirland durchkommen. Wir fliegen wieder zur Südwestküste und dann durch eine Wolkenbank. Freeman und Warren finden ein Loch in den Wolken, durch das sie auf die Stadt schießen können. Ich bin zu weit abseits. Wir treffen uns über dem Wasser und setzen die Patrouille fort.

Wieder ein Sturzflug auf Kavieng. Ich komme zum Schuß, habe aber noch viel Munition übrig. Deshalb stoße ich noch einmal an der Seite einer Wolke herab. Die Flak kann mich nicht sehen, ehe ich in der richtigen Feuerposition bin. Ich reiße die Maschine wieder hoch, ehe sie feuern kann.

Freeman fragt nach meiner Position. Ich antworte, daß ich die anderen Maschinen nicht sehe. Ich frage nach ihrer Position. Die Lage ist für einen Angriff ideal. Mit so viel Munition kann ich noch nicht weg. Ich greife wieder an, dieses Mal einen langen Feuerstoß. Dann in die Wolken zurück. Freeman ruft wieder. Ich sehe die zwei Maschinen hoch über dem Kanal kreisen. „Roger, Roger, ich kann euch sehen. Ich fliege wieder gegen Kavieng."

„Sie sind einen Angriff geflogen!" Sie haben mich gegen die weiße Wolke gesehen, sie haben mich erwischt. „Roger."

Es hat keinen Sinn zu leugnen, auch nicht durch Schweigen. Sie haben so etwas schon selbst gemacht. Sie werden bei der Landung lächeln und sagen, mein Höhenmesser müsse nicht in Ordnung gewesen sein. (Wir sollen auf der Kavieng-Patrouille in 3000 Meter Höhe bleiben.)

Nach der Rückkehr einen Testflug mit Corsair Nr. 56.407.

Während des heutigen Angriffs auf Kavieng gingen drei Sturzkampfbomber verloren. Die Japaner feuerten aus allen Rohren, als die Formation in einer Höhe von 5000 Metern anflog, sie setzten das Feuer fort, bis die Maschinen bereits wieder über See waren. Man beobachtete, daß ein Bomber am Ufer zerschellte. Zwei konnten noch aufs Wasser hinaus, ehe sie herunter mußten. Sechs Männer kamen herunter, drei wurden geborgen, zwei wurden zweifellos getötet, als sie auf den Boden aufschlugen. Einer wird vermißt. Der Preis war viel zu hoch für den Erfolg, den Kavieng heute noch bieten kann.

Dienstag, 6. Juni
Die Invasion in Frankreich hat begonnen. Rom von den Alliierten genommen.

Radiomeldung, daß die Invasion in Europa begonnen hat, die Alliierten sind an der Nordküste von Frankreich gelandet. Die Nachricht verbreitet sich wie ein Wildfeuer über die Insel.

Ich gehe in die Nacht hinaus und schaue auf zum Himmel, dem Mond und den Sternen. Die Invasion in Europa — es ist unmöglich, sich das auf dieser Südseeinsel vorzustellen. Ich kann mich nicht halbwegs um die Erde versetzen und mir vorstellen, was „an der Nordküste von Frankreich" geschieht. Das Schicksal der Welt formt sich in der Schlacht, die jetzt dort tobt, die Hölle ist am Ärmelkanal losgebrochen. Millionen Menschen greifen an — verteidigen — sterben. Und hier ist es heute so friedlich — Palmen zeichnen sich im Mondlicht ab, weiße Wolken und Sterne am Himmel — der Abend für die Tropen kühl — und im Camp Stille.

Freitag, 9. Juni

Eben kam eine Meldung von COMAIRSOUTH: man ersucht mich, vor meiner Abreise aus dem Südpazifik das Versagen des Tragflächenfaltmechanismus bei den Corsairs im Bereich von MAG-11 zu untersuchen. Das führt mich nach Espiritu Santo zurück, ich werde wahrscheinlich morgen aufbrechen.

Auf Green Island habe ich alles vollbracht, was ich wollte, abgesehen von einem Nachtflug in einer F4U über Rabaul. Unseren „Nachtquälgeistern" zufolge arbeiten die Japaner vorwiegend nachts. Abgesehen von schlechtem Wetter, fliegt einer unserer leichten Bomber allnächtlich über Rabaul und wirft in unregelmäßigen Abständen einige Bomben ab. Die Japaner versuchen immer, diesen Bomber mit ihren Scheinwerfern zu erfassen und abzuschießen. Wenn der Bomber dann einen Scheinwerfer angreift, schalten die Japaner natürlich das Licht aus, ehe er darüber kommt und die Bombe abwerfen kann. Ich wollte den Bomber gern mit einer Corsair begleiten und die Lichter wegschießen. Aber ich kam mit meiner Idee nicht weit, weder Oberst Carleson noch Oberst Bunker sind dafür. „Zu riskant." Tatsächlich wäre es aber viel sicherer als so mancher unserer Tagesflüge. Es gibt Vorschriften, daß einmotorige Jäger in diesem Gebiet nachts nicht eingesetzt werden dürfen usw. usw. Tatsächlich wurde der Nachtflug mit Jägern auf traurige Weise vernachlässigt, daraus entwickelte sich ein Komplex, und als Ergebnis wurde manche Gelegenheit verpaßt, dem Feind einen Schlag zu versetzen. Der Durchschnittspilot ist für den Instrumenten- und Nachtflug einfach nicht ausreichend ausgebildet.

Um 8.15 Uhr in den Bereitschaftsraum. Um 8.45 Uhr zur Rabaul-Patrouille und zum Schutz des Angriffs gestartet, der heute morgen erfolgt. Vier Corsairs. Wir nehmen Kurs auf Rabaul und klettern langsam, aber stetig. In 600 Metern eine aufgerissene Wolkenschicht. Wir sind darüber, aber ich gehe zu einem Probefeuerstoß tiefer.

In 2000 Meter Höhe können wir über die Berge von Neuhannover bis zu dem vulkanischen Hafen von Rabaul in der Ferne sehen. Überall treiben Wolken — über, unter und neben uns. Im Norden ein Regenschauer. Alle Schattierungen von Grau, Blau, Grün und Weiß; hellblauer Himmel über Rabaul, über uns tiefblaue Flecken, graue neblige Wolken am Horizont — blendend weiße Wolken zu unserer Linken, wo die Sonnenstrahlen durchdringen, das blaue Wasser des Südpazifiks, die grünen, dschungelbedeckten Berge von Neuirland und die purpurnen Vulkane des fernen Rabaul. Und durch den grenzenlosen Raum des

Himmels, über dem Ozean und über den Gebirgen treiben unsere vier Corsairs wie Falken, sie durchbohren die Schönheit von Land, See und Luft – als einziges Zeichen des Menschen. Unter, über und rings um uns herrschen Frieden und Schönheit. Wir sind das Leben, wir sind der Tod. Am Fuß der Berge von Neuirland, im Grün des Dschungels versteckt, sind unsere Feinde, ihre Geschützrohre sind bereits nach oben gerichtet. In Rabaul, auf Neubritannien, Neuirland, auf Buka und Bougainville hinter uns befinden sich Tausende von japanischen Soldaten. Inmitten des Friedens und der Schönheit sind wir in unserem eigenen Element – in der dauernden Gegenwart des Todes, wie die Tiere des Dschungels. Wir leben, um über unsere Feinde herzufallen und von ihnen angefallen zu werden. Der Tod liegt verborgen ringsum – fast unmerkbar, wir können seine Anwesenheit nicht erkennen. Wie Kaninchen, die auf einer Lichtung spielen, oder wie Wildenten, die am Himmel dahinstreichen – wir ahnen nichts von dem kreisenden Falken, ehe er zustößt, wir sehen die Flinte des Jägers nicht, ehe sie spricht. Wir sehen nur die Einsamkeit des Himmels, die Freude und die Schönheit der Erde, wir fühlen nur die Kameradschaft füreinander – vier Corsairs, die graziös in der Luft hängen, wir bewegen uns im Verhältnis zueinander nur ganz leicht, zu hoch über der Erde, um uns viel mit ihr zu befassen oder die Schnelligkeit zu bemerken, mit der wir auf die japanischen Stellungen in Rabaul zurasen.

Wir treffen um 9.15 Uhr über Rabaul ein und kreuzen über der Nordküste von Neubritannien. Ich sehe eine Wassersäule aufsteigen – hundert Meter von der Landesspitze entfernt, ein weiter Fehlwurf. Dort sind die blauen Umrisse eines zweimotorigen Flugzeugs zu erkennen, das längs des Ufers entkommt. Die PV führen den Bombenangriff durch. Ein kleines Küstendorf, etwas weiter entfernt, scheint sich in Staub und Trümmer aufzulösen, als eine weitere tieffliegende PV mit einer 1000-Pfund-Bombe einen direkten Treffer erzielt. Wir kreisen, ich sehe von einem Berghang weiter im Westen eine hohe Rauchsäule aufsteigen. Es sieht wie der Rauch aus, der von einem abgestürzten Flugzeug aufsteigt. Ich benachrichtige die Patrouille, die zweite Abteilung fliegt weg, um nachzusehen. Inzwischen kreisen wir zwei anderen wieder über Rabaul.

Um 10 Uhr kommen die SBD und die TBF mit ihren Bomben. Die japanische Flak beschießt sie, als sie nach dem Abwurf über das Wasser zu entkommen versuchen. Die zwei Corsairs kommen zu uns zurück, die Rauchsäule stammt von einem Bombentreffer.

Um 10.30 Uhr greifen die P-38 und P-39 an. Die 39er im Tiefflug, die 38er im Sturzflug aus 3000 Meter Höhe. Ich sehe, wie die Bomben zwischen den Bäumen einer Plantage explodieren. Hier soll sich ein japanisches Vorratslager befinden, aber kein Brand bricht aus, anscheinend ist der angerichtete Schaden nur gering. B-25er bombardieren um 10.40 Uhr aus 3000 Meter Höhe. Wir sind in gleicher Höhe mit ihnen. Am Himmel erscheinen schwarze Sprengwölkchen, näher bei uns als bei ihnen, die PBJ bombardieren um 11 Uhr, dann ist der Angriff vorbei.

Dienstag, 13. Juni
Um 9.32 Uhr auf der Rennell-Insel gelandet (zweimotoriges Grumman-Amphibienflugzeug JFR 3).

Auf der Insel sind mehrere Eingeborenendörfer; keine Weißen. Ein Auslegerkanu half uns ans Ufer – einschließlich der Besatzung sind wir sechs. Captain Drain hielt dem Häuptling, der etwas Englisch verstand, eine Rede; er sagte ihm, daß wir Freunde seien und sein Volk beschützen würden, daß wir Handel treiben, aber ihm Geschenke geben wollten (sie bestanden aus Teilen von weiß-roten Schleppziel-Seiden, Zigaretten, Bleistiften, einer Schere usw.). Captain Drain zeigte dem Häuptling ein Magazinfoto von Präsident Roosevelt, nach vielen Erklärungen schlug er vor, der Häuptling möge unserem „großen, großen Häuptling" ein Geschenk schicken. Der Häuptling nickte und schickte nach zwei großen Kriegskeulen. Captain Drain schlug weiter vor, er solle einen Brief schreiben und Roosevelt die Keulen durch ihn, Captain Drain, präsentieren. Auch damit war man einverstanden. Nach der Rede und den Geschenken begann der Tauschhandel. Wir hatten alles mögliche mitgebracht, dabei war der rot-weiße Stoff der Schleppziele am auffälligsten.

Commander (Fregattenkapitän) Graves hatte mir einige alte Kleidungsstücke, Fadenspulen, Streichhölzer usw. gegeben, und ich hatte drei Kartons Zigaretten geliehen bekommen. Ich interessierte mich aber so für die Eingeborenen, daß ich erst später mit dem Tauschhandel begann. Sie waren die weitaus gesündeste Gruppe, die ich bisher auf meiner Reise gesehen hatte, gut genährt, klare Gesichter, ganz reine Haut. Von den sechzig Bewohnern des Dorfs hatte ein Mann eine Fußinfektion, ein Baby Fieber, und einige hatten (allerdings leichtere) Hauterkrankungen. Der Rest schien in erstklassiger Verfassung zu sein, obwohl es in dem Dorf einige Fälle von Yaws [syphilisähnliche endemische Hautkrankheit] geben soll.

Ihre Kleidung bestand hauptsächlich in ein bis zwei Meter Stoff, der um die Hüften gewickelt wurde – darüber für Männer und Frauen keine weitere Kleidung. Der Häuptling trug Khakishorts, seine Frau ein verblaßtes Khakikleid. Wenn sie sie erhalten konnten, trugen die Männer abgelegte Uniformen. Die anderen Männer und die meisten Frauen trugen nur einen Streifen Stoff, zumeist rot-weiße Zielseide – um die Hüften gewickelt. Ich sah nur ein Mädchen mit einem Eingeborenenkleid, gelb gefleckt und aus Baumrinde gefertigt. Diese Leute gelten als „gerissene Händler". Ihre Gesichter sind intelligent, einige sprechen einige Worte Englisch, genug für Handelszwecke.

Der Handel wurde in einer rechteckigen Hütte durchgeführt. Der Bambusboden ist etwa einen Meter über den Boden angehoben, ein geflochtenes Blätterdach und zum Teil offene Seiten. Zum Tausch hatten die Eingeborenen Kriegskeulen, geflochtene Taschen und einige Halsbänder aus Zähnen und Muscheln mitgebracht. Obwohl nur sehr wenige Maschinen auf der Insel gelandet sind, sind die Preise bereits in die Höhe geschnellt, da die Eingeborenen viel bessere Händler sind als die Weißen. Mit einem Päckchen Zigaretten kauft man nicht mehr viel, eine geflochtene Tasche kostete zwei Päckchen (vier wurden verlangt). Für ein Stück Zielseide bekam man nur eine der schlechteren Keulen; eine sehr abgenützte Shorthose, die mir Commander Graves gegeben hatte, brachte überhaupt nichts ein, dagegen erbrachte eine neue marineblaue Arbeitshose ohne viel Feilschen zwei gute Kriegskeulen. Ich handelte drei Keulen ein sowie mehrere Flechttaschen und ein Paar „Katzenaugen", die ich für Commander Graves' Frau hatte besorgen sollen. Auch Frauen stehen zu Verkauf – der Standardpreis beträgt 16,50 Dollar. Noch vor einigen Monaten hatte der Preis 3 Dollar betragen, es hat also einige Nachfrage gegeben. Wir nahmen keine Frau mit nach Hause!

Auf dem Rückflug folgte ich der Küste von Guadalcanal zum Henderson Field. Stellenweise ist die Küste mit gesunkenen japanischen Schiffen besät, Transporter, die in sinkendem Zustand an den Strand gejagt wurden, Dutzende zerstörter Schaluppen, zwei Zwerg-U-Boote, alle braun vom Rost – Zeugen der japanischen Besetzung.

Mittwoch, 14. Juni
Frühstück mit Admiral Gunther und Stab. Um 10.16 Uhr in viermotoriger Douglas-Transportmaschine nach Neuguinea gestartet. Ich flog die Maschine 30 Minuten. Landeten um 13.40 Uhr.

Zum Marinehauptquartier gefahren. Commander Graubert lud mich ein, die Nacht bei ihm zu verbringen. Diskussion der Operationen, die jetzt in Westguinea vor sich gehen. Graubert war bei Kriegsausbruch Marineattaché in Berlin.

Donnerstag, 15. Juni
Zum Flugplatz Gurney. Starte als Passagier der australischen Linie DAT um 6.13 Uhr und lande in Finschhafen, Neuguinea, 9.20 Uhr. Der australische Pilot versuchte, wie so viele amerikanische Piloten bei den Fluglinien ins Kampfgebiet, zu „paradieren", indem er ziemlich steil landete – und es sehr schlecht machte.
Um 11.39 Uhr Weiterflug von Finschhafen zur Armeebasis Nadzab, lande um 12.22 Uhr. Rief General Whiteheads Hauptquartier an. Er ist an der Front in West-Neuguinea, aber Oberst Cooper lud mich zum Lunch im Hauptquartier ein. Am Nachmittag Besprechung mit Oberst Guthrie und anderen Offizieren.

Sonntag, 18. Juni
Marineinfanterie landet auf Saipan. B-29 bombardieren Japan.

Beim Frühstück sprachen wir über russisches Roulette. Ich hörte zuerst auf den Salomonen von der Marineinfanterie von dem Spiel, dachte aber, es sei nur eine wilde Geschichte, die aufgebauscht und weitererzählt wird. Das russische Roulette soll, wie der Name besagt, von den Sowjets [soll heißen: von zaristischen Offizieren] erfunden worden sein und gilt bei den Teilnehmern als Mutprobe. Man sagt, daß dabei viel Geld gewettet wird. Kurz gesagt, der Soldat, der es spielt, nimmt einen Dienstrevolver, lädt ihn mit einer Patrone, wirbelt den Zylinder schnell, setzt die Waffe an den Kopf und drückt ab. Offensichtlich stehen seine Chancen, am Leben zu bleiben, 5:6. Gewöhnlich spielt man, wenn man schwer getrunken hat. Bei den Truppen in diesem Kampfgebiet ereignete sich kürzlich ein Fall. Sieben Soldaten beschlossen, den Revolver herumzureichen, doch das Spiel nahm ein Ende, als das Glück sich gegen den ersten entschied – er drückte ab und jagte sich die Kugel durch den Kopf. Der Vorfall wurde offiziell vertuscht und als Unfall deklariert.

Dienstag, 20. Juni
Französische Streitkräfte landen auf Elba. England weiter mit Raketen
beschossen.

Fuhr mit General Wurtsmith zum Flugplatz und kam an der langen
Reihe geparkter Flugzeuge vorbei. Die Billigkeit der Embleme, die
auf die Bomber und Jäger aufgemalt sind, erweckt bei mir manchmal
Übelkeit: zumeist nackte Frauen oder „Donald Ducks", Namen wie
„Fertile Myrtle" [etwa: „fruchtbare Myrtle"] unter der Gestalt einer
großen, schlecht gemalten nackten Frau.

Am Nachmittag Flug mit dem 35. Geschwader, 8. Gruppe. Vier
Lightnings. Eine Stunde und zwanzig Minuten in der Luft. In der
Nähe von Lae kamen wir offensichtlich der Schiffahrt im Hafen zu
nahe. Mehrere Flakgranaten barsten einige hundert Meter seitlich,
aber fast genau in unserer Höhe. Wir wurden von unserer eigenen
Marine unter Beschuß genommen! Die Heerespiloten sagen, die
Schiffskanoniere seien im Kampfgebiet sehr nervös. Wir kreisten um
die Sprengwolken und flogen wieder landeinwärts.

Mittwoch, 21. Juni
US-Truppen schließen Cherbourg ein. Raketen gegen England.

Der General berichtet von der Tötung eines japanischen Soldaten:
Ein Sergeant im technischen Dienst beklagte sich vor einigen Wochen,
daß er jetzt seit über zwei Jahren bei den Kampftruppen im Pazifik
sei und nie eine Chance bekommen habe, mit der Waffe in der Hand
zu kämpfen – er wolle doch wenigstens einen Japaner getötet haben,
ehe er heimkomme. Er wurde zu einer Patrouille ins Feindgebiet
mitgenommen. Der Sergeant sah keinen Japaner, den er hätte erschießen können – aber die Patrouille machte einen Gefangenen.
Man brachte den Japaner zu dem Sergeanten und sagte, jetzt hätte er
seine Gelegenheit, einen zu töten.

„Aber ich kann ihn doch nicht töten. Er ist gefangen und wehrlos!"

„Teufel, hier ist Krieg! Wir zeigen dir, wie man den Schweinekerl
umbringt!"

Einer der Soldaten bot dem Japaner eine Zigarette und Feuer an,
und als er zu rauchen begann, legte man ihm den Arm unter das Kinn
und schlitzte ihm die Kehle von Ohr zu Ohr auf.

Der General, der die Sache erzählte, billigte den Vorgang. Man betrachtete mich mit einer Mischung von toleranter Verachtung und Mitleid, als ich der Methode widersprach und sagte, wenn wir schon einen Gefangenen töten müßten, sollte es doch auf zivilisiertere Art geschehen. „Die Schweinekerle machen doch dasselbe mit uns. Man kann sie nur so behandeln!"

Montag, 26. Juni
Startete in einer P-38 um 8.38 Uhr und schlug über den Dschungel direkten Kurs nach Hollandia ein. Gutes Wetter. Über dem Tal und den Bergen aufgerissene Wolken. Passierte einen 5000 Meter hohen Berggipfel. Mein Kurs brachte mich an die von den Japanern gehaltene Küste. Zuerst Berge und Täler, dann Sumpf und schließlich die Küstenkette. Dann nach Hollandia. Unterwegs kam ich an mehreren Armeetransportern (C-47) vorbei. Am Boden verstreute Trümmer der japanischen Luftwaffe, sie waren auf dem Flugplatz durch Bulldozer aus dem Weg geräumt worden, um Platz für unsere eigenen Jäger, Bomber und Transporter zu schaffen. Überall zerschlagene Rümpfe, Tragflächen, Motore, die meisten mit dem roten Ball, dem japanischen Emblem der aufgehenden Sonne.

Landete um 10.05 Uhr, parkte die Maschine, füllte meinen Landungsbericht aus und rief General Hutchison an. Lunch mit dem General.

Fuhr zum Quartier der 475. Jagdgruppe. Konferenz mit Oberst MacDonald und mehreren seiner Offiziere, vereinbarte, am Morgen mit ihnen einen Einsatz zu fliegen. Ich wollte die Nacht bei General Hutchison verbringen. Oberst MacDonald sagte mir aber, daß wir bei Tagesanbruch zu einem Erkundungsflug und Tieffliegerangriff im nordwestlichen Neuguinea aufbrechen würden. Um die Transportfrage zu vereinfachen, nahm ich die Einladung des Obersten an, bei ihm zu übernachten.

An einer Wand der Hütte, in die wir gebracht wurden, hingen drei japanische Seidenfahnen, die den Leichen gefallener Soldaten abgenommen worden waren. Einer der Offiziere sagte mir, den Souvenirwert betrage etwa 10 Pfund (33 Dollar). Jemand, der das Schwert eines japanischen Offiziers erbeutet hat, fordert dafür 250 Pfund. Wir sprachen von Kriegsgefangenen und darüber, daß nur wenige Japaner in Gefangenschaft geraten. „Oh, wir könnten mehr gefangennehmen, wenn wir wollten", erwiderte einer der Offiziere. „Aber unsere Jungens machen nicht gern Gefangene."

„Wir hatten drunten bei ... zweitausend, aber nur ein- oder zweihundert wurden eingeliefert. Mit den anderen gab es einen Unfall. Die anderen geben sich nicht so leicht gefangen, wenn sie hören, daß ihre Kameraden auf den Flugplatz geführt und mit MGs niedergemacht werden."

„Oder wenn ein paar andere mit erhobenen Händen herauskommen und dann umgelegt werden", mischte sich ein anderer Offizier ein.

„Ach, nehmen Sie die ... te. Sie fanden einen ihrer Männer stark verstümmelt auf. Seither machten sie nicht mehr viele Gefangene."

Schließlich sprach man über Luftkämpfe und Fallschirmabsprünge. Alle Piloten bestanden darauf, daß es völlig in Ordnung sei, feindliche Piloten abzuknallen, die mit dem Fallschirm „ausgestiegen" waren. Einige sagten jedoch, sie selbst würden das nicht tun. „Die Japaner haben damit angefangen, wenn sie es so haben wollen, können wir es auch!" Man berichtete von Amerikanern, die, an den Fallschirmen hängend, von den Japanern erschossen wurden.

Dienstag, 27. Juni
Um 5.30 Uhr aufgestanden – Regen, ein typischer Neuguinea-Gebirgs-regen. Um 10.28 Uhr endlich gestartet – vier Lightnings mit vollen Tanks (Oberst MacDonald, Major Smith, Major McGuire und ich selbst). Wir schlugen einen direkten Kurs über den Dschungel und die Geelvink-Bucht zur Salawati-Insel und den japanischen Basen Jefman und Samata ein. Wir flogen in Kampfformation über dem Wolken-überhang und kamen dicht an Bergketten vorbei.

Ich schaute auf einen Bergbach hinunter, der durch den Dschungel in die Tiefe fiel – ein weißer Faden in einem grünen Tuch, im Herzen von Neuguinea, das zu Beginn dieses Krieges noch nicht einmal karto-graphisch aufgenommen war, ein Gebiet, das nur den Eingeborenen und den Forschern bekannt war, das Ziel langer, gefährlicher und sorgfältig organisierter Expeditionen. Jetzt fliegen wir ganz natürlich darüber weg, ohne auf die Strapazen und die Romantik, die Einsamkeit und die Schönheit dieser dschungelbedeckten Berge zu achten – vier Lightnings, die schnell auf die feindlichen Basen Jefman und Samate zubrausen und auf der der Heimat entgegengesetzten Seite der Welt den Tod durch den Himmel tragen. Wir erreichten die nordwestliche Halbinsel von Neuguinea südlich von Mawi und setzten unseren Kurs noch etwa eine Stunde fort, bis wir zur Küste der Kaiboes-Bai südlich von Jefman kamen. Dann ging es nach Norden, und nach wenigen Minuten lagen die japanischen Flugplätze vor uns. Wir hatten gehofft, einige japanische Maschinen zu erwischen, wir hatten aber kein Glück. Wir kreisten in etwa 3000 Meter Höhe und wechselten dauernd den Kurs, um den Flakkanonieren das Zielen zu erschweren. Die japanische Flak war aber sehr exakt. Viele der schwarzen Sprengwölkchen waren fast genau in unserer Höhe und allzu unbequem nahe. Wir kreisten einmal und suchten nach Maschinen am Boden und Schiffen im Hafen. Dann machten wir uns entlang der Nordostküste auf die Suche nach Schaluppen.

Die erste saß einige Meilen weiter auf dem Strand, sie war mit Laub und Ästen getarnt. Wir bildeten einen Tieffliegerkreis, jeder machte zwei Anflüge mit Kanonen und MGs. Mein erster Feuerstoß ging fehl, der zweite war besser und der dritte traf.

Zwei Schaluppen fanden wir hinter der nächsten Landspitze, beide waren mit Laub und Zweigen getarnt und etwa 60 Meter vor der Küste verankert oder auf Grund gesetzt. Sie waren so geschickt versteckt, daß man entweder im Sturzflug auf sie schießen oder nach dem Angriff einen steilen Berghang hochziehen mußte. Bei dem geringsten Fehler wäre man in den Berg gekracht. Ich kurvte über einen Bergkamm, huschte drei Meter über die Baumwipfel weg, richtete während des Schießens die Maschine gerade und zog sie in einer steilen Linkskurve auf See hinaus.

Das erste Boot, auf das wir uns konzentrierten, war für eine Schaluppe zu groß, wahrscheinlich war es ein Logger. Beim zweiten Anflug feuerte ich mit MGs und Kanonen und traf knapp achtern vom Mittschiff gerade über der Wasserlinie. Ich sah einen Feuerschein, schoß eine Sekunde weiter, und als ich zehn Meter über den Masten vorbeiflog, explodierten die Brennstofftanks. Wir machten zwei Anflüge auf die zweite Schaluppe, hatten aber Schwierigkeiten mit dem Zielen, weil aus der ersten dichte Rauchschwaden aufstiegen. Da die zweite Schaluppe nicht Feuer fing, ließen wir sie liegen und flogen weiter.

Alle paar Meilen schien es feindliche Schiffe zu geben. Der Schaluppenverkehr bietet den Japanern die einzige Möglichkeit, ihre Stellungen im Osten zu versorgen, da sie es nicht wagen, größere Schiffe auszuschicken. Hinter der nächsten Biegung fanden wir wieder zwei, aber nach dem zweiten Anflug klemmten drei meiner MGs Kaliber .50; das vierte schoß so verrückt, daß sich die Leuchtspurgeschosse in der Luft überschlugen. Ich verschoß meine Kanonenmunition und kreiste dann, während die anderen die Anflüge beendeten. Einer der Piloten schoß eine zweite Schaluppe in Brand.

Wir flogen heim, ich hatte eine Schaluppe in Brand geschossen, eine

zweite schwelte, zwei weitere rauchten schwach, und zwei oder drei
hatten sichtlich etwas abbekommen. Über dem Ransiki-Flugplatz stießen
wir auf leichtes und ungenaues Flakfeuer. Wir landeten nach einem
Flug von sechs Stunden und vierundzwanzig Minuten. Bericht an die
Nachrichtenabteilung, dann zum Abendessen.

Mittwoch, 28. Juni
Russischer Vormarsch. Die Deutschen bei Witebsk eingekesselt.

Am Abend bei den Offizieren der 475. Gruppe. Wir sprachen wieder
über den Krieg, über Gefangene und Souvenirs. Ich bin über die
Haltung unserer amerikanischen Soldaten schockiert. Sie haben keinen
Respekt vor dem Tod, vor dem Mut des feindlichen Soldaten oder vor
vielen selbstverständlichen anständigen Dingen im Leben. Sie denken
sich nichts dabei, die Leichen gefallener Japaner auszuplündern, und
nennen sie dabei „Schweinekerle". Während einer Diskussion sagte
ich, ganz gleich, was die Japaner getan hätten, könnte ich nicht einsehen, welchen Vorteil wir daran hätten oder wie wir behaupten
könnten, einen zivilisierten Staat zu vertreten, wenn wir sie zu Tode
folterten. „Na, einige unserer Jungen schlagen ihnen die Zähne ein,
aber gewöhnlich töten sie sie zuerst", sagte einer der Offiziere in einer
halben Entschuldigung.

Später am Abend, als ich mich schon schlafen legen wollte, zeigte
mir ein Offizier seine Souvenirs. Mehrere japanische Soldaten waren
zwei Stunden nach Mitternacht in das Camp gekommen. (Die Offiziere
hatten eine kleine Auseinandersetzung, ob die Japse gekommen waren,
um Proviant zu stehlen, oder ob sie sich hatten ergeben wollen.) Der
Offizier, der mir die Souvenirs zeigte, wachte auf, sah die Japaner,
faßte seinen .45er und erschoß zwei. Ein weiterer Offizier tötete den
dritten.

Ich kann ihnen daraus keinen Vorwurf machen. Schließlich kann
man es sich schwerlich leisten, Fragen zu stellen, wenn man während
der dunkelsten Nachtstunden japanische Soldaten im eigenen Lager
sieht. Was ich aber tadle, ist die Haltung, wie sie töten, und ihren
völligen Mangel an Respekt für die Würde des Todes. Die Souvenirs
bestanden in einer japanischen Seidenfahne mit den üblichen Emblemen,
japanischen Geldscheinen, einschließlich Invasionsgeld, einem Namens-
stempel, einem Postsparbuch, einer Anzahl bereits geschriebener und
adressierter Postkarten, mehreren anderen Gegenständen und einer Foto-

grafie einiger japanischer Soldaten, darunter derjenige, dessen Leiche man die Souvenirs abgenommen hatte – ein Junge zwischen fünfzehn und siebzehn.

Montag, 3. Juli
Die USA brechen die diplomatischen Beziehungen zu Finnland ab.

Zur Einweisung um 6.30 Uhr auf den Flugplatz gefahren. Die Gruppe gibt schweren Bombern, die heute morgen Jefman angreifen sollen, Jagdschutz. Ich führe wieder die „Weiße Kette" von vier Lightnings.

In Wakde zur Neueinweisung gelandet und gleich wieder gestartet, dann mit Höchstgeschwindigkeit nach False Cape, dem Treffpunkt mit den Bombern an der Nordküste des nordwestlichen Neuguinea. Es waren insgesamt sechzehn – vier Ketten von je vier B-24, unsere „Hades"-Kette von zwölf Lightnings tummelte sich auf dem Rest des Wegs zu dem japanischen Stützpunkt in Jefman rings um sie.

Die Bomber schlossen sich zusammen, als sie in 3000 Meter Höhe den Flugplatz anflogen. Ich brachte meine Kette in Position, um den Abwurf zu beobachten. Aus der Mitte des Rollfelds stieg eine einzige schwarze Rauchsäule auf, und dann schien die ganze Rollbahn in die Luft zu fliegen; die Bomben mit Verzögerungszünder blitzten inmitten des Rauchs und der Trümmer. Es war eine vollkommene Trefferreihe, kaum eine Bombe schien ihr Ziel verfehlt zu haben. Wir kreisten und folgten den Bombern ein Stück weit, dann folgten wir der Küste, um uns Ziele für unsere Bordwaffen zu suchen.

Oberst MacDonald führte die Kette zu den Waigeo-Inseln und in Formation durch ihre verwickelten Kanäle. Die Inseln sind gebirgig, mit ungewöhnlich steilen und spitzen Bergen, um viele Spitzen hingen weiße Wolken, die uns zwangen, niedrig über dem Wasser zu fliegen – durch klare Luftkanäle, die sich durch die Wolken und die Hügel hindurchzogen. Wir fanden auf diesen Inseln nur zwei Schaluppen, eine in einem inneren Kanal und die andere an der Außenküste. Die erste sah mir wie ein Eingeborenenboot aus, deshalb griff ich sie nicht an. Da wir zwölf Maschinen in einer Linie hatten, flogen wir die zweite nur einmal an, ließen sie aber fast sicher unbrauchbar zurück. Von den Waigeo-Inseln aus überquerten wir die Dornier-Straße zu der Nordküste und fanden in dem gleichen Raum, wo wir bei unserem früheren Flug hierher gejagt hatten, wieder gute Beute. Zuerst stießen wir auf eine einzelne, wieder mit grünem Laub getarnte Schaluppe.

Wir bildeten einen Tieffliegerkreis, und nach wenigen Minuten stand sie in Flammen. An der nächsten Landspitze fanden wir, sehr geschickt getarnt, einen großen Logger, eine beladene Barke und mehrere sehr kleine Boote, die unter das Laub am Ufer gezogen waren.

Der Logger und die beladene Barke hatten zu viel Tiefgang, als daß die Japaner sie hätten näher als 30 Meter an Land bringen können. Aber selbst bei dieser Entfernung waren die Berghänge so steil und der Einschnitt in die Küste so klein und tief, daß wir den ersten Teil unseres Anflugs in einer Kurve zurücklegten; so blieb nur Zeit für einen kurzen Feuerstoß, ehe wir die Maschinen wieder hochreißen mußten, um nicht auf der anderen Seite in die Bergwand zu krachen. Mit den kleinen Barken gaben wir uns gar nicht erst ab, wir schossen aber die beladene Schaluppe in Brand und den Logger so voll Löcher Kaliber 20 mm und .50, daß die Japaner ihn wahrscheinlich nicht mehr verwenden werden können.

Bei meinen Anflügen eröffnete ich das Feuer auf 350 Meter und feuerte bis auf sechs Meter weiter. Die ersten Geschosse treffen ihr Ziel — die 20-mm-Granaten blitzen, wenn sie im Ziel explodieren, und die roten Leuchtspurgeschosse prallen als Querschläger zurück. Die Geschwindigkeit der modernen Jäger ist so groß, daß man praktisch in die eigenen Querschläger hineinfliegt, wenn man über das Ziel weghuscht.

Einer der Piloten meldete Brennstoffknappheit und wurde heimbeordert. Zwei oder drei Minuten später folgte ein zweiter und dann ein dritter. Jetzt kehrte Oberst MacDonald mit seiner ganzen Staffel um. Ich hatte noch genug Sprit in den Tanks, da ich mit niedrigen Umdrehungszahlen geflogen war; mit meinem Rottenkameraden folgte ich daher weiter der Küste. Wir fanden eine große Schaluppe auf dem Strand und flogen sie zweimal an. Zuerst hatte sie wie ein Wrack ausgesehen, als ich aber in zehn Meter Höhe darüber wegflog, sah ich, daß sie beladen und geschickt getarnt war. Dann fand ich zwei sehr kleine und leere Schaluppen am Ufer und flog sie zweimal an.

Hinter der nächsten Landspitze sah ich in einem Einschnitt in den Bergen zwei große Schaluppen, vielleicht 1000 Meter auseinander. Der Meeresgrund fiel hier vom Ufer aus so steil ab und die Schaluppen waren der Hochwassermarke so nahe, daß einige Äste über sie hereinhingen. Es war nötig, in einer sehr schrägen Kurve längs der Küste anzugreifen, es gab auch keine Möglichkeit, für einen Anflug lange genug geradeaus zu bleiben. Wenn man sich aber seitlich abrutschen ließ, konnte man einen guten Feuerstoß anbringen; auch standen die

Schiffe gerade weit genug auseinander, daß man bei jedem Kreis beide angreifen konnte.

Nach meinem zweiten Anflug bemerkte ich jedoch, daß mein Rotten-kamerad einfach über mir kreiste. Auf meine Funkanfrage erwiderte er, er sei ebenfalls knapp an Sprit. Ich fragte ihn, wieviel er noch in den Tanks habe, und er erwiderte: „Etwa 600 Liter." Das war mehr als genug. Ich sagte ihm, er solle die Umdrehungszahl auf 1600 ver-ringern, die Mischungskontrolle auf „mager" einstellen und mit mir in loser Formation bleiben. Dann flog ich in 300 Meter Höhe in Richtung Owi. Als wir dort landeten, hatte er noch 250, ich noch an die 1000 Liter im Tank, obwohl wir am Morgen von der Wakde-Insel mit genau der gleichen Brennstoffmenge gestartet waren.

Das Schlimme ist, daß die jüngeren Piloten — und auch viele der alten — ihre Maschinen mit einer zu hohen Umdrehungszahl laufen lassen und oft ihre Mischung auf dem ganzen Flug auf „fettem Ge-misch" belassen. Sie haben es nie mit niedrigen Umdrehungszahlen versucht und können nicht glauben, daß das ihren Maschinen nicht schadet oder einen so starken Unterschied im Spritverbrauch ausmacht.

Um 17.02 Uhr in Hollandia gelandet. Ich sprach am Abend vor den Piloten über maximale Reichweiten und wirtschaftlichen Spritver-brauch.

Mittwoch, 5. Juli

MacDonald und ich fuhren zum Hollandia-Rollfeld, um uns um unsere Maschinen zu kümmern, alle paar hundert Meter kamen wir an einem zerstörten japanischen Flugzeug vorbei. Stellenweise waren sie, um Platz zu schaffen, von Bulldozern zu ganzen Stapeln zusammen-geschoben worden. Vom Platz fuhren wir den Hügel zu General Hutchisons Hauptquartier hinauf, wir wollten mit dem General über die Möglichkeit sprechen, bei dem nächsten Tagesbombenangriff auf Palau vier Lightnings mitfliegen zu lassen.

Wir haben auf Neuguinea keine japanischen Flugzeuge finden können, wissen aber, daß eine Anzahl Jäger — nach unseren letzten Nachrichtendienstberichten 73 — auf den Flugplätzen von Palau stationiert sind. Neben schwerem Flakfeuer stießen unsere Bomber über Palau auf feindliche Jäger. Wegen der Entfernung von Biak (dem nächsten amerikanischen Flugplatz) wäre es ratsam, unsere ganze Staffel hinüberzunehmen, auch wegen des Wetters unterwegs (auf dem Hin- und Rückflug muß man gewöhnlich drei Äquatorialfronten passieren). Vier Maschinen mit erfahrenen Piloten sollten jedoch ohne Mühe durchkommen. Leider sagte uns General Hutchison, daß für die nahe Zukunft keine Tagesangriffe geplant sind.

Zum holländischen Hauptquartier, von dort mit Leutnant Emeys Aufbruch zum nächsten Eingeborenendorf. Ich fragte den Leutnant nach seinen Geschäften mit den Eingeborenen. Er sah mich mit seinen blitzenden blauen Augen humorvoll an und sagte: „Wissen Sie, in Wirklichkeit bin ich Sklavenhändler. Wir brauchen Arbeiter für die Camps. Natürlich bezahlen wir sie, aber sie arbeiten trotzdem nicht gern. Es ist wie eine Steuer. Ich muß dafür sorgen, daß die Häuptlinge genug Männer schicken. Wenn sie sie nicht schicken, holen wir sie. Ich habe jetzt eine Patrouille draußen."

Unterwegs kamen wir an mehreren nackten Eingeborenen vorbei. Sie sahen uns alle an und salutierten. „Die Japaner haben sie das gelehrt. Wenn sie einen japanischen Soldaten nicht grüßten, wurden sie verprügelt."

Wir kamen zu einer zusammengebrochenen Brücke und mußten dort den Jeep stehenlassen, den Rest des Wegs gingen wir über einen gewundenen und an einer Stelle sehr steilen Pfad zu Fuß. Alle Hütten waren auf Pfählen über dem Wasser erbaut. In der Nähe war eine Anzahl Deckungslöcher, die sie ausgehoben hatten, als unsere Bomber die japanischen Flakstellungen in der Nähe angegriffen hatten. Wir gingen auf einem sehr wackligen Steg zu der Kapelle und der Schule, die von der holländischen Regierung unterhalten wurden, dort wohnte der intelligente und ziemlich chinesisch aussehende Pfarrer und Lehrer mit seiner sehr schönen und noch chinesischer aussehenden Frau. Sie luden uns zum Kaffee und zu gebratenen Bananen ein. Die Hütte, größer als die andern, war sehr sauber. Der holländische Leutnant sagte uns, daß das Essen und das Wasser in Ordnung seien, er sei sich dieser Leute sehr sicher. Wir nahmen die Einladung an und besuchten eine der Eingeborenenhütten, während das Essen zubereitet wurde.

Das Innere war dunkel, das hellere Wasser zeigte sich durch die breiten Spalten in dem Holzfußboden. In einer Ecke lag die Asche des Herdfeuers, das anscheinend gemacht wurde, ohne daß man daran dachte, wie der Rauch abziehen kann. Am Ende der Hütte, neben der Tür, befanden sich zwei halbprivate Räume, die durch eine Art Bretterzaun abgetrennt waren. Im Hauptteil der Hütte lag oder kauerte eine Anzahl Eingeborener, jung und alt, am Boden herum. Nahe der Mitte saß ein buckliger Kretin, wenige Fuß hinter ihm lag ein junger Mann, der im Fieber stöhnte. Im Raum herrschte ein äußerst unerfreulicher Geruch. Wir blieben nur zwei oder drei Minuten und waren froh, wieder im Freien zu sein.

Die Bananen waren köstlich – eine Sorte, die ich noch nie gegessen hatte. Ich gab jedem der drei kleinen Kinder des Paars eine Tafel Tropenschokolade. Ich trage sie immer in meinem Feldflaschenbeutel als Notration bei mir.

Wir setzten den Leutnant in seinem Hauptquartier ab, dann kehrten wir zur Gruppe zurück, zu spät fürs Abendessen.

In MacDonalds Hütte bereitete ich mir mein Abendessen aus einer der „Zehn-in-einer"-Rationsschachteln: Roastbeef, Speck, Limabohnen, Marmelade, Biskuits und für die, die ihn wollten, Kaffee. Als wir eben gegessen hatten, rief Oberst Morrissey aus General Hutchisons Hauptquartier an. Er sagte, er habe schlechte Nachrichten für mich; eine Meldung aus dem Süden (gemeint ist damit das australische Hauptquartier) besagte, es laufe ein Gerücht um, daß ich Kampfeinsätze in Neuguinea fliege. Wenn das wahr sei, müsse es aufhören. Morrissey war von Nadzab heraufgeschickt worden, um mir die Nachricht zu übermitteln. Ich fuhr im Jeep in General Hutchisons Hauptquartier. Morrissey wußte aber keine Einzelheiten. Ich beschloß, morgen nach Nadzab zu fliegen, um festzustellen, was passiert ist, es riecht nach Politik.

Freitag, 7. Juli
Start um 7.30 Uhr, um 7.55 Uhr in Nadzab gelandet.

Zu ADVON und General Whitehead. Augenscheinlich ist die Situation nicht so schlimm, wie ich gefürchtet hatte. Man hatte sich im australischen Hauptquartier lediglich nach meinen Befehlen erkundigt, sie hätten keinen Eintrag in den Akten. Bei meiner Ankunft in Nadzab hatte ich Oberst Cooper eine Kopie gegeben, er hat sie entweder verlegt oder vergessen. Es besteht also eine gute Chance, daß ich wieder in das Frontgebiet kommen und Einsätze fliegen kann.

Montag, 10. Juli
B-29 bombardieren wiederum Japan.

Gegen Mitternacht weckte mich Oberst Guthrie. Eben war eine Nachricht aus Brisbane gekommen, unterzeichnet mit „MacArthur";

ich wurde ersucht, mich dort zu melden. Eine B-25 fliege nach Australien, man habe eine Passage für mich arrangiert.

Dienstag, 11. Juli

Um 6.30 Uhr auf dem Flugplatz. Hatte Schwierigkeiten, die B-25 zu finden, kam zwanzig Minuten zu spät. Die Maschine war aber glücklicherweise eine halbe Stunde aufgehalten worden. Start um 7.54 Uhr. Ich flog als Passagier. Direkter Kurs über die Berge von Neuguinea und den Ozean nach Townsville (Australien).

Durch ein gelegentliches Loch in der Wolkendecke konnte ich das Große Barriereriff sehen. Wir mußten über die Wolken auf 3500 Meter steigen. Mir war ziemlich kalt, da wir die normale Baumwolltropenkleidung trugen. Die Wolken rissen auf, ehe wir um 11.51 Uhr in Townsville landeten. Der Wetterbericht auf der Strecke nach Brisbane war schlecht, wir beschlossen daher, in Townsville zu bleiben. In die Stadt zum Haarschneiden. Hier scheint es viel weniger Rassenmischung zu geben als in den meisten amerikanischen Städten — hauptsächlich britisches Blut.

Mittwoch, 12. Juli
Die Briten nehmen Caen.

Um 12.19 Uhr in Brisbane gelandet. Zu General Kenney im amerikanischen Armeehauptquartier. Kenney sagte mir, es habe sich eine Situation entwickelt, die einigen Offizieren im Hauptquartier schweres Kopfzerbrechen verursachte: daß ich es, ohne ihr Wissen, irgendwie fertiggebracht habe, in die Kampfzone Neuguinea zu kommen, daß Gerüchte durchgesickert waren, ich sei mit Armeegeschwadern Einsätze geflogen, und daß es natürlich gegen alle Vorschriften sei, daß ich als Zivilist Einsätze fliege. Er sagte mir weiter, die Japse hätten mir, wenn sie mich gefangen hätten, sofort den Kopf abgehackt, falls sie festgestellt hätten, daß ich als Zivilist Kampfeinsätze fliege. Kenney machte dann einige sehr unfreundliche Bemerkungen über die Marine, die mir die Erlaubnis erteilt habe, in diesen Raum zu kommen, ohne General MacArthurs Hauptquartier zu konsultieren, wozu sie, wie er sagte, keinerlei Recht hätte.

Ich erklärte, daß mir die Marine einfach auf mein Ersuchen hin Order gegeben habe, General Whitehead aufzusuchen, und daß ich eine Kopie dieses Befehls bei meiner Ankunft in Nadzab Oberst Cooper übergeben hätte. Ich sei unter dem Eindruck gestanden, daß alle Formalitäten zufriedenstellend erledigt seien. Ich sagte ihm, es sei das allerletzte, daß ich jemand im Hauptquartier Schwierigkeiten bereiten wolle. Kenney war sehr anständig, er sagte, er werde meine Papiere für die Zone legalisieren lassen, er werde mich aber bitten müssen, keine Einsätze mehr zu fliegen.

Ich sagte ihm, ich würde einen derartigen Befehl natürlich befolgen, wenn er ihn mir gäbe, ich wolle aber nicht nach Neuguinea zurück und am Boden herumsitzen, während die anderen Piloten Einsätze flögen. Kenney sprach wieder über die Armeevorschriften, die „Reaktion" daheim, wenn ich abgeschossen würde, usw. Ich fragte ihn, ob man die Vorschriften nicht irgendwie umgehen könne. Er wurde nachdenklich, und seine Augen funkelten. (Das Eis war gebrochen.) „Nun, man könnte Ihnen den Status eines Beobachters geben, das würde Sie nicht zum Gebrauch der Schußwaffe berechtigen. Aber wenn Sie den Status eines Beobachters haben, wird in den Staaten niemand erfahren, ob Sie die Waffen gebrauchen oder nicht." Ich erwiderte, der Status sei mir gleich, wenn ich nur weitermachen könne wie bisher.

„Wie gut kennen Sie General Sutherland?"

„Ich bin ihm begegnet, aber ich kenne ihn nicht sehr gut."

„Er ist der Mann, mit dem Sie sprechen müssen."

Kenney nahm den Telefonhörer ab und verlangte Sutherland. Im nächsten Augenblick hörte ich zu meinem Erstaunen, wie er bei General Sutherland meine Sache vertrat. Dann lief alles glatt. Wir gingen zu General Sutherland hinauf. Kenney mußte zu einer Besprechung, und ich blieb mit Sutherland allein.

Ich schilderte dem General die Arbeit, die ich gemacht hatte, und meine Gründe, mich in dieser Kampfzone aufzuhalten – das heißt, im Hinblick auf die Planung künftiger Typen die Jagdmaschinen im Einsatz zu studieren, besonders hinsichtlich der jeweiligen Vorzüge von ein- und mehrmotorigen Maschinen. Sutherland sagte, er werde mir in meinen Papieren den Status eines Beobachters geben, das würde es mir ermöglichen, praktisch alles zu tun, was ich wollte.

Dann sprachen wir über die Lage in Neuguinea und einige der Einsätze, an denen ich teilgenommen hatte. Ich berichtete, daß man bei keiner der Staffeln, bei denen ich gewesen war, die Frage der Sparsamkeit mit Sprit verstehe, daß man einen großen Teil des Benzins vergeude, indem man die Maschinen mit zu hoher Umdrehungszahl fliege, und daß ich glaubte, man könne mit P-38 einen Einsatzradius

von 1200 Kilometern erreichen, wenn die Piloten entsprechend unter-
wiesen und ausgebildet würden. Ich sagte, man könne sogar einen
Radius von 1300 Kilometern erreichen und dabei noch eine sichere
Landungsreserve – d. h. für eine volle Stunde – behalten. Sutherland
meinte, wenn ein Radius von 1200 Kilometern erreicht werden könnte,
so sei das für ihre Pläne in dieser Kampfzone von der größten Wichtigkeit. Ich berichtete ihm, daß meine Erfahrungen mit der 475. Jagdgruppe einen solchen Radius als durchaus erreichbar erscheinen ließen
und daß ich gern mit den Gruppen arbeiten und sie unterweisen würde.
Sutherland schlug vor, ich solle doch mit MacArthur sprechen.

MacArthur sah viel jünger aus, als ich erwartet hatte. Er war allein,
als wir eintraten, er begrüßte mich sehr herzlich und sprach von unserer
letzten Begegnung, als er noch Stabschef in Washington gewesen war.
Dann kam er sofort auf das Thema des Aktionsradius zu sprechen und
fragte, ob ich meinte, seine Erweiterung sei bei den gegenwärtigen Maschinen ohne Modifikationen möglich.

Ich wiederholte, was ich Sutherland gesagt hatte, daß ich dächte,
eine durchschnittliche P-38 könne nach etwas Unterweisung und Training des Piloten ohne Mühe einen Einsatzradius von 1200 Kilometern
erreichen und mit der gleichen Brennstoffreserve wie jetzt zum Aus-
gangspunkt zurückkehren.

MacArthur sagte, es sei ein Geschenk des Himmels, wenn das möglich
wäre – er fragte mich, ob ich wieder nach Neuguinea fliegen und die
Staffeln in den Methoden wirtschaftlichen Fliegens unterweisen könne.
Ich erwiderte, nichts wäre mir lieber und ich könnte sofort zurück.
Er sagte, ich könnte jede Maschine haben und fliegen, wie ich wollte,
der erhöhte Einsatzradius bei Jägern sei für seine Pläne von der aller-
größten Bedeutung. Dann führte er mich zu einer großen Karte des
Pazifik und zeigte mir seinen allgemeinen Operationsplan – die zukünftigen Schritte und die Beschränkungen, die diesen durch den der-
zeitigen Jägerradius auferlegt wurden.

Nachdem ich General MacArthurs Büro verlassen hatte, suchte ich
nochmals General Kenney auf. MacArthur hatte ihn schon gesprochen.
Er begrüßte mich lächelnd und sagte: „Na, jetzt haben Sie alles!" Er
sagte mir, daß er am Morgen nach Norden fliege, ob ich mitkommen
wolle. Ich erwiderte, daß ich gerne einen Tag in Brisbane bleiben
möchte. Ob ich am nächsten Tag mit einer Maschine fliegen könnte.
Kenney sagte, er könne mir, wann ich es wolle, eine P-47 geben. „Ich
wollte, Sie wären es zufrieden, mit einem Bomber statt mit einem
Jäger herumzufliegen, wenn Sie einmal dort sind." Ich erwiderte, ich

sei kein Bomberpilot, auch wenn ich Bomber getestet hätte. Er lachte und erwiderte, ihm persönlich seien Jäger auch lieber, aber man habe ihm kürzlich die Flügel gestutzt. „Aber Sie könnten aus einem Bomber genausoviel sehen, und ich müßte mich Ihretwegen nicht soviel sorgen. " Ich sagte, ich ließe mich nicht gern beschießen, wenn ich nicht zurückschießen könne, außerdem sei ich kein Bordschütze.

Donnerstag, 13. Juli
Roosevelt erklärt sich zur Annahme der vierten Kandidatur bereit.

Frühstück mit General Fellers. Am Vormittag allein in den Straßen und Geschäften von Brisbane spazierengegangen und die Menschen, ihre Gesichter, die Produkte usw. studiert. Kaufte einige unwichtige Dinge, Faden, Rasierapparat, Schuhcreme usw. In den australischen Zeitungen ist nichts von meiner Anwesenheit hier zu lesen gewesen, deshalb erkennt mich auch niemand, und ich kann mich in völliger Freiheit bewegen.

Für den Nachmittag lieh mir General Fellers seinen Wagen mit Fahrer. Ich fuhr in den Park, um mir die Koalabären, die Wallabys und die Känguruhs anzusehen. Der Wärter hatte einen Polizeihund, der mich sehr an Thor erinnerte, er folgte ihm und trug dabei einen kleinen Bären auf dem Rücken, der sich fest an sein Fell klammerte. Der Hund folgte gehorsam den Weisungen seines Herrn, aber mit der gleichen gelangweilten und angewiderten Miene, die Thor aufsetzte, wenn ich ihm befahl, sich auf den Boden zu legen, und Skean über ihn hin- und hersprang.

Abendessen mit Phil La Follette. Phil bereitete das Abendessen. Wir sprachen über die alten Zeiten, den Krieg und die politische Lage in der Heimat. Einmal wandte sich das Gespräch den Abscheulichkeiten zu, die von den Japanern und von unseren eigenen Leuten begangen wurden. Es wurde offen zugegeben, daß einige unserer Soldaten japanische Gefangene folterten und manchmal genauso grausam und barbarisch waren wie die Japaner selbst. Unsere Soldaten denken sich nichts dabei, einen japanischen Gefangenen zu erschießen oder einen Soldaten, der sich ergeben will. Sie behandeln den japanischen Soldaten mit weniger Achtung, als sie einem Tier erweisen würden, und diese Handlungen werden von fast jedermann gebilligt. Wir beanspruchen, für die Zivilisation zu kämpfen, je mehr ich aber von diesem Krieg im Pazifik sehe, desto weniger Recht haben wir meiner Ansicht nach für die

Behauptung, zivilisiert zu sein. Ich bin mir in der Tat nicht sicher, ob unser Niveau in dieser Hinsicht so sehr viel höher ist als das der Japaner.

Freitag, 14. Juli
Im Armeeauto zum Eagle-Farms-Flugplatz. Ich legte den Kurs auf der Karte fest und füllte die Papiere für Horn Island gerade vor der Südspitze von Australien aus. Die Armee wollte mir keine Nonstopfreigabe nach Horn Island geben. Der diensthabende Captain sagte, eine P-47 könne nicht ohne Auftanken von Brisbane nach Horn Island fliegen, er wisse das, weil er mehrmals mit einer P-47 geflogen sei. Ich fragte ihn nach seinem Brennstoffverbrauch. „Etwa 320 Liter die Stunde." Ich sagte ihm, daß der R-2800-Motor in der P-47 mit ungefähr 200 Liter pro Stunde auskommen sollte. Er sagte, er könne das kaum glauben, er habe nie mit einer nur annähernd so niedrigen Zahl auskommen können. Er war jedoch sehr freundlich und höflich und gab mir schließlich den direkten Flug nach Horn Island frei. Ich sagte ihm, wenn mein Brennstoff wirklich knapp würde, würde ich auf einem der dazwischenliegenden Flugplätze in Südaustralien landen.

Ich startete um 8.45 Uhr und schlug einen direkten Kurs nach Horn Island ein, der mich landeinwärts und ein beträchtliches Stück von der Küste wegführte. Über den Tälern von Nordaustralien ging ich auf 60 Meter herab, weil ich hoffte, wilde Känguruhs und Wallabys zu sehen; ich entdeckte aber nur Rinder und gelegentlich eine kleine Ranch.

Ich kam mit so viel Brennstoff über Horn Island an, daß ich Nadzab mit einer fast zweistündigen Reserve erreicht hätte. Ich versuchte erfolglos, Horn Island durch Funk zu erreichen und zu verständigen, daß ich meinen Flugplan nach Nadzab erweitern wollte. Landete um 15.11 Uhr auf Horn Island.

Abendessen und Abend mit australischen Offizieren – sie waren gastfreundlich und nett. Die australischen Camps sind viel einfacher als die amerikanischen. Der australische Offizier denkt noch an die Kosten, während der amerikanische ihnen keinerlei Beachtung schenkt. Das Prunkstück in dem Camp ist ein Reifen von der ersten Zero, die über Australien abgeschossen wurde. Unter meinem Bett fand ich einen etwa zwanzig Zentimeter langen Tausendfüßler!

Samstag, 15. Juli
Start um 8.30 Uhr. Ich hätte beim Start fast die äußeren Brennstofftanks abgeworfen, die Windrichtung zwang mich zu steilem Aufstieg
über Hügel. Ich stellte den Kurs nach der nächstgelegenen Küste von
Neuguinea. Um 10.15 Uhr auf Nadzab gelandet. General Wurtsmith
und Oberst Morrissey sind nach Owi geflogen.

Sonntag, 16. Juli
Um 9.57 Uhr mit der P-47, die ich aus Brisbane mitbrachte, gestartet.
Einer der P-47-Piloten von Wakde kehrte heute morgen zurück, wir
flogen also zusammen.
    Um 13.49 Uhr auf Owi gelandet. Auf schlechten Wegen zum Bom-
berkommando, wo sich General Wurtsmith aufhält, bis das Jägerkommando eingerichtet ist. Ich habe eine ziemlich große Hütte auf
der Korallenhöhe, etwa fünfzehn Meter vom Ufer. Am Nachmittag
schwamm ich mit meiner Taucherbrille.

Freitag, 21. Juli
Die japanische Stellung auf den Klippen von Biak soll am Morgen wieder
attackiert werden. Mehrere hundert Japaner halten noch in Höhlen
und Spalten in einem Streifen aus, der etwa 300 Meter breit und
3000 Meter lang ist. Bisher haben sie alle unsere Angriffe abgewiesen
und unserer Infanterie Verluste von hundert Mann zugefügt. Sie haben
eine so perfekte natürliche Verteidigungsstellung, wie man sie sich nur
wünschen könnte – scharfe Korallenkämme, die die Küste überschauen
und mit ihr parallel laufen, voll von tiefen, ineinander übergehenden
Höhlen und durch Korallenleisten gegen unser Artilleriefeuer geschützt.
Das Gebiet ist von der Höhe der Korallenklippen, drei Meter von der
Hintertür des Offiziersquartiers, wo ich wohne, deutlich sichtbar – ein
brauner, von grünem Dschungel umgebener Kamm an der Küste von
Biak, etwa fünf Kilometer von Owi aus über das Wasser.
    Das intensive Artilleriefeuer hat den Bäumen das Laub und die
Äste heruntergeschlagen, so daß sich die Umrisse des Korallenkamms
selbst silhouettenhaft gegen den Himmel abzeichnen. Seitdem ich auf
Owi bin, schallt der Lärm des Artilleriefeuers, mit dem die japanische
Stellung Tag und Nacht in unregelmäßigen Abständen belegt wird,
über das Wasser herüber. Heute nachmittag stand ich auf den Klippen
vor unserem Quartier (wegen der Typhusgefahr wagte ich es nicht,

mich zu setzen) und beobachtete, wie die Granaten auf dem Kamm zerbarsten. Seit Wochen hält sich die Handvoll Japaner – man schätzt, zwischen 250 und 700 Mann – gegen eine überwältigende Übermacht und die schwerste Beschießung, die unsere reichlich bevorratete Artillerie geben kann.

Wenn die Lage umgekehrt wäre und unsere Truppen so mutig und gut kämpfen würden, würde ihre Verteidigung als eines der glorreichsten Beispiele von Hartnäckigkeit, Tapferkeit und Opfermut in der Geschichte unseres Landes verzeichnet werden. In der Sicherheit und dem relativen Luxus unseres Quartiers jedoch höre ich, wie Offiziere der amerikanischen Armee diese japanischen Soldaten als „gelbe Hurensöhne" bezeichnen. Ihr Wunsch ist es, die Japaner rücksichtslos, ja grausam auszurotten. Seit ich hierherkam, habe ich noch kein Wort der Achtung oder gar des Mitleids für den Feind gehört.

Was mir auf seiten unserer Soldaten die meiste Sorge bereitet, ist nicht der Wille zu töten. Das ist ein untrennbarer Bestandteil des Kriegs. Es ist unser Mangel an Achtung selbst für die bewunderungswürdigsten Eigenschaften unserer Feinde – für den Mut, das Leiden und Sterben, für die Bereitschaft, aus Liebe zum eigenen Land und für den eigenen Glauben sein Leben hinzugeben, für seine Kompanien und Geschwader, die eine nach der anderen gegen unsere überlegene Ausrüstung und Ausbildung in die sichere Vernichtung gehen. Was bei uns Mut ist, ist bei den Japanern Fanatismus. Wir behaupten, daß ihre Greueltaten zum Himmel schreien, während wir unsere eigenen vertuschen und sie als Vergeltung für japanische Taten billigen.

Ein japanischer Soldat, der einem amerikanischen Soldaten den Kopf abschlägt, ist ein ostasiatischer Barbar, der „weniger wert ist als eine Ratte". Ein amerikanischer Soldat, der einem Japaner die Kehle durchschneidet, „tut das, weil er weiß, daß die Japaner so mit seinen Kameraden umgegangen sind". Ich bezweifle nicht, daß die ostasiatischen Grausamkeiten oft schlimmer sind als die unsrigen. Aber schließlich sagen wir uns und allen andern, die uns zuhören wollen, unaufhörlich, daß wir für all das eintreten, was „gut", „recht" und „zivilisiert" ist.

Ich stehe und schaue auf den Fleck verbrannten Dschungels, auf die dunklen Flecke an den Klippen, die die Höhlen bezeichnen, in denen die japanischen Soldaten Schutz gesucht haben. In diesem verbrannten Raum, unter der Erdoberfläche versteckt, ereignet sich ein Übermaß an Leiden – Hunger und Verzweiflung. Tote und Männer, die an

ihren Wunden sterben, Männer, die aber trotzdem weitermachen für
ein Land, das sie lieben, und für eine Sache, an die sie glauben, die
nicht wagen, sich zu ergeben, selbst wenn sie wollten, weil sie genau
wissen, daß unsere Soldaten sie sofort erschießen würden, auch wenn
sie mit erhobenen Händen herauskämen.

Wir müssen sie herausbomben, diese japanischen Soldaten, weil
jetzt Krieg ist und weil sie, nachdem wir selbst die Möglichkeit des
Ergebens beseitigt haben, uns töten werden, falls wir sie nicht töten.
Aber ich hätte mehr Achtung vor unseren Leuten, wenn wir sie
wenigstens anständig bestatten würden, statt ihren Leichen die Zähne
einzuschlagen und sie in Vertiefungen des Bodens zu stoßen, die
von Bulldozern ausgescharrt und wieder zugedeckt werden. Und dann
lassen wir diese Gräber ohne Bezeichnung und sagen: „Das ist die
einzige Art, wie man mit diesen gelben Schweinekerlen umgehen
kann."

Am Abend halbstündiger Vortrag bei der 35. Jagdstaffel über
sparsamen Brennstoffverbrauch.

Samstag, 22. Juli
Das japanische Kabinett tritt zurück.

Stand auf der Klippe und beobachtete den bisher schwersten Angriff
auf die japanischen Stellungen. Die B-24 – acht Maschinen – trafen
auf die Minute ein, erst zwei Bomber, dann zwei weitere Anflüge von
je drei Maschinen – in hinreichenden Abständen, daß sich der Rauch
von einem Angriff verziehen konnte, ehe die nächste Welle herankam.
Da es keinen feindlichen Flakwiderstand gab, konnten die Bomber
in der idealen Höhe von 2000 Metern anfliegen. Die Bomben waren
perfekt placiert, sie bestrichen die ganze Länge des Kamms. Ich konnte
mit bloßen Augen sehen, wie sie ausgeklinkt wurden – Punkte, die
graziös durch die Luft kurvten, der unwiderrufliche Tod im Flug.
Dann die blitzenden Erschütterungswellen, wenn sie trafen, und die
großen Rauchsäulen, die zum Himmel schossen. In sechs Minuten war
alles vorbei, der Rauch trieb langsam ab und zeigte die zerfetzten
Bäume und den zerschlagenen Korallenkamm. Dann begann die
Artillerie mit ihrer Beschießung, sie ließ kleinere Wölkchen aufsteigen.
Am Nachmittag wird unsere Infanterie angreifen.

Dann kam ein Bericht über das heute morgen bombardierte Gebiet.
Die Infanterie rückte nach der Artilleriebeschießung vor. Sie besetzten

das Gebiet, „ohne einen Schuß abzufeuern" — man fand in einer Höhle etwa vierzig tote Japse — „und verstreute Teile einiger anderer" Die wenigen, die lebend herumsaßen und -lagen, waren wie betäubt, sie machten keine Bewegung, als sie unsere Soldaten sahen. Nach dem ersten Bericht wurde ein Gefangener gemacht, ein Infanterieoberst sagte mir aber später, es habe keine gegeben. „Unsere Jungens machen einfach keine Gefangenen!"

Die Typhusfälle auf der Insel betragen jetzt etwa 200. Aus einem unerklärlichen Grund gibt es auf dem nur fünf Kilometer entfernten Biak nur wenige. Die Zahl der neuen Fälle nimmt jedoch täglich ab. Ich reibe mir den Körper jetzt täglich zweimal mit einem Insektenschutzmittel ein.

Montag, 24. Juli
Roosevelt und Truman von den Demokraten nominiert. US-Streit-
kräfte landen auf Guam. Attentatsversuch auf Hitler schlägt fehl.

Wollte in einer B-25 nach Biak fliegen, konnte die Maschine aber nicht finden. Wollte dann mit einer C-47 fliegen, die Maschine wurde aber zurückgerufen, um noch zweieinhalb Tonnen Sprenggranaten zu übernehmen. Die Munitionskästen waren nur sehr unzureichend festgezurrt. Wir landeten zehn Minuten später auf dem Mokmer Flugplatz, Biak.

Wir sollen am Morgen die Halmaheras angreifen, ich soll mit der 475. fliegen.

Major Stubbs, mehrere andere Offiziere und ich fuhren am Nachmittag im Jeep zu den Mokmer-Westhöhlen. Hier haben sich die Japaner am hartnäckigsten gegen unsere Truppen verteidigt. Eine grobe Militärstraße war hier angelegt, wir konnten also bis auf wenige hundert Meter an die Höhlen heranfahren, ehe wir aussteigen mußten. Der Weg führte an mehreren japanischen Nachschubbasen vorbei, es stank nach sauer gewordenem Reis und verwesenden Körpern.

Wir kletterten einen steilen Hügel hinauf, der schwer bombardiert und beschossen worden war; wir stolperten über gefallene Bäume und den rauhen Korallenboden. Nur wenige Bäume standen noch; japanische Ausrüstungsstücke lagen am Boden verstreut. Die Hügelkuppe war von flachen Schützenlöchern übersät, um die Ränder waren zwanzig bis fünfundzwanzig Zentimeter hoch Korallenstücke gehäuft. Viele der Schützenlöcher waren mit Zweigen bedeckt, über die man Laub geworfen hatte; die meisten enthielten Stücke weggeworfener japanischer Ausrüstung – einen Schuh, eine Feldflasche, einen Reisbecher, einen Stahlhelm, einen Ledergürtelbehälter, Uniformstücke usw. Neben der japanischen Ausrüstung sahen wir amerikanische K-Rationen, amerikanische Munition, amerikanische Magazine, vom Regen durchnäßt.

Beim Abstieg von dem Hügel stießen wir auf die Leichen eines japanischen Offiziers und von zehn bis zwölf Soldaten. Sie lagen in der schrecklichen Haltung, die nur verstümmelte Körper einnehmen können. Sie waren bei der Verteidigung des Passes gefallen und unbegraben liegengelassen worden. Da die Schlacht vor mehreren Wochen stattgefunden hatte, hatten die Hitze und die tropischen Ameisen ihre Arbeit bereits getan, an den Skeletten war nur noch wenig Fleisch. An einigen Stellen lag ein Körper zusammen mit zwei Köpfen, an anderen ein Körper ohne Kopf.

Einige der Körper waren so zerfetzt, daß nur wenige Bruchstücke übriggeblieben waren. Einer der Offiziere neben mir sagte: „Wie ich sehe, war die Infanterie wieder bei ihrer Lieblingsbeschäftigung." Das heißt, alle Zähne mit Goldfüllungen waren als Souvenirs herausgeschlagen worden!

Wir mußten einen Weg überqueren und wieder einen Hügel erklettern, um zu den eigentlichen Höhlen zu kommen. Am Wegrand kamen wir an einem Bombenkrater vorbei. Unten lagen die Leichen von fünf oder sechs japanischen Soldaten, teilweise waren sie mit einer Wagenladung Abfall zugedeckt, den unsere Soldaten auf sie geworfen hatten.

Nie habe ich mich meines Volkes mehr geschämt als in diesem Augenblick. Ich verstehe, daß man tötet, das gehört ganz einfach zum Krieg. Ich glaube auch, daß es gerechtfertigt ist, die wirkungsvollste Methode zum Töten des Feindes anzuwenden. Aber daß unser Volk durch Folterungen tötet und moralisch so weit absinkt, daß man die Gefallenen des Feindes in einen Bombenkrater wirft und dann Abfall darauf häuft, bereitet mir Übelkeit.

Auf dem Aufstieg zum Hügel mußten wir über die Leichen vieler weiterer Japaner wegsteigen, augenscheinlich war es Marineinfanterie, denn ihre blau-weißen Uniformen waren überall verstreut. Wir mußten vorsichtig sein, denn am Boden lagen noch viele Sprengfallen, sie waren zwar von der Infanterie entschärft, wir wollten aber kein Risiko eingehen.

Die Westhöhlen waren in einer Mulde jenseits der Hügelhöhe. Auch hier war der Hang von flachen Schützenlöchern und kleinen natürlichen Löchern in den Korallen übersät. Einige von ihnen waren mit Leichen von Japanern gefüllt, die unsere Infanteristen dort übereinander geschlichtet hatten. Am Grund der Mulde war ein großes Loch in den Korallen, vielleicht fünfzehn Meter lang, dreißig Meter breit und zehn Meter tief. Eine Leiter (offensichtlich japanischer Konstruktion – zusammengeschnürte Stangen) führte nach unten.

Wir kletterten, vorbei an weiteren Leichen, die Leiter hinunter und kamen zu dem Eingang einer der Höhlen. Das Innere war dunkel und naß. Ich leuchtete mit der Taschenlampe hinein. Die Höhle war groß, mit einer Anzahl von Seitengängen. Der etwa sieben Meter unter dem Eingang befindliche Boden war mit Munitions- und Proviantkisten, Säcken mit sauer gewordenem Reis und Sojabohnen, Kleidungsstücken und anderen Gegenständen bedeckt, alles war von dem von der Decke tropfenden Wasser durchnäßt.

Ich kletterte eine rauhe Stangenleiter hinunter. Die Sprossen waren vom Schlamm naß und schlüpfrig. In der Höhle war der Gestank furchtbar – faulende Lebensmittel und verwesende Leichen. Ich blieb nur lange genug, um den Platz mit der Taschenlampe abzuleuchten. Die Japaner hatten kleine Hütten in die Höhle gebaut, den Boden aus Planken und Stangen-Flechtwerkwänden, Laubdach. Die meisten waren eingestürzt und zum Teil durch unsere Granaten und Flammenwerfer verbrannt.

Die Höhle am anderen Ende des Lochs war größer und etwas tiefer. Ein steiler Pfad führte über Felsen und Schutt hinein. Im Innern Schmutz und Schlamm, überall lagen die Leichen japanischer Soldaten. Am Ende der Höhle hatten die Japaner ähnliche Hütten gebaut wie in der ersten Höhle. Sie waren besser erhalten, da sie so weit zurücklagen, daß sie von den Flammenwerfern nicht erreicht werden konnten. Eine war offensichtlich als Lazarett verwendet worden. Eine der Leichen am Boden lag, noch teilweise zugedeckt, auf einer Bahre. Das war offensichtlich die Höhle, wo die Japaner dem Bericht zufolge sich ergeben wollten, worauf ihnen unsere Soldaten sagten: „Zum Teufel, geht wieder hinein und kämpft es aus!" Am Ende der zweiten Höhle befand sich ein großes Loch, das ebenfalls mit Gefallenen übersät war. Wir konnten es nicht mehr aushalten und kehrten zu unserem Jeep zurück. Wir fuhren zum Ufer und badeten in dem kalten, klaren Wasser einer kleinen Quelle, die die Japaner wahrscheinlich noch vor wenigen Wochen benützt hatten.

Dienstag, 25. Juli
Russischer Vormarsch hält an. Aus Deutschland Säuberungen berichtet.

Am Abend zuerst Notizen. Etwa um 20.30 Uhr Alarm – heulende Sirenen, feuernde Flak, schreiende Männer, erloschene Lichter. Ich setzte den Helm auf, drehte das Zeltlicht aus und setzte mich auf den Rand des kleinen Deckungslochs wenige Meter neben unserem Zelt. Der Mond beleuchtete nur schwach den Boden. Rote Flakleuchtspurgeschosse stiegen zum Himmel auf. Scheinwerfer spielten herum und suchten den Eindringling zu erfassen, sie wurden aber immer wieder durch die dünne Wolkenschicht an dem teilweise aufgerissenen Himmel irritiert. Mehrere Soldaten kamen schnell vorbei, sie suchten nach einem Splittergraben. Eine entsetzte Stimme rief ihnen nach: „Wartet auf mich! Wartet auf mich!" Dann kam ein Mann stolpernd über die Korallen gerannt.

Auch das Loch, wo ich saß, war ein Schauplatz der Kontraste. Zwei Männer duckten sich zusammen, andere standen aufrecht und beobachteten das Flakfeuer. Einige Schritte entfernt beobachteten Oberst MacDonald und mehrere andere Offiziere den Himmel. Die Fla-Geschütze westlich von uns begannen scharf zu feuern, die Geschosse stiegen Tausende Meter in den Himmel. Wir hörten die Explosion von Bomben in der Gegend von Oni. Dann ist wieder alles ruhig. Ich kehre in mein Zelt zurück und lege mich auf mein Bett. Nach einer Viertelstunde feuert ein Fla-Geschütz noch einen Schuß ab, die Sirene heult einmal, die Lichter flammen wieder auf, und das normale Leben des Abends nimmt seinen Fortgang.

Mittwoch, 26. Juli
Nach dem Mittagessen fuhren Major McGuire und ich zum Fuß einer nahen Klippe, wo eine der japanischen Höhlen liegt, eine große Öffnung etwa in zwei Drittel der Höhe der Wand, überall in den Korallen ringsum sah man Granateinschläge. Wir kletterten einen steilen Weg hinauf, vorbei an einem japanischen Vorratslager, Dutzenden von Granaten und etwas, das offensichtlich der Schlauch eines amerikanischen Flammenwerfers gewesen war. Alle Bäume in der Umgebung waren zersplittert und entastet. Am Eingang der Höhle lagen mehrere zersplitterte japanische MGs, Munitionskisten und Kleidungsfetzen. Innerhalb des Höhleneingangs fanden wir einen toten japanischen Soldaten, er war aufrecht an einen Pfosten gefesselt.

Der Hauptteil der Höhle enthielt Proviantkisten und Säcke, verschlammte Uniformstücke, einen riesigen Vorrat Munition für Geschütze und MGs und Hütten, so wie in den Westhöhlen. Weitere Munition war in den Seitengängen gestapelt. Als wir etwa fünfundzwanzig Meter weit gekommen waren, konnte ich den Schein von Tageslicht am anderen Ende sehen. Die Sonne war aber bereits untergegangen, und wir waren einen Kilometer von den nächsten amerikanischen Truppen entfernt – vor uns nur das von den Japanern besetzte Gebiet. Da wir bloß zu zweit und nur mit Pistolen bewaffnet waren, hielten wir es für ratsam, eine weitere Untersuchung auf später zu verschieben. Wir kehrten in unser Camp zurück.

Freitag, 28. Juli
Um 5.30 Uhr aufgestanden und bei Dämmerung zum Rollfeld. Um 7.40 Uhr gestartet. Ich fliege Blau 3. Böen; Kumuluswolken bauen sich auf, als wir zu der Nordküste von Neuguinea fliegen. Wir steigen weiter, bei 5000 Meter setze ich die Sauerstoffmaske auf. Major Lewis stößt mit der Roten Kette durch ein Wolkenloch nach unten. Oberst MacDonald steigt mit der Blauen Kette weiter. Wir erreichen 6000 Meter. Debatte zwischen Jägern, Bergungsflugzeugen und Jagdbombern, ob wir umkehren oder versuchen sollen, das Ziel zu erreichen. Aufklärer melden gutes Wetter in der Gegend des Zieles, wir fliegen weiter.

Wir passieren Pisang, den Ort unseres Rendezvous. Das Wetter bessert sich, große Flächen der See und die Insel Ceram sind aber immer noch bedeckt. Über den Boela-Flugplätzen kein Flakfeuer oder Abfangjäger, obwohl die Japaner hier starke Jagdkräfte haben sollen. Das Innere von Ceram ist noch von einer dichten Wolkenschicht bedeckt. Wir überfliegen es in 3000 Meter Höhe. Etwa dreißig Kilometer rechts von uns bohren sich spitze Berge durch die Wolken. Wir nähern uns unserem Ziel – den japanischen Flugplätzen an der Südküste von Ceram. Die Wolken reißen auf, als wir näherkommen. Wir steigern die Geschwindigkeit auf über 400 Stundenkilometer, über uns könnten außer Sichtweite feindliche Jäger sein.

In Kettenformation tauchen wir über dem Flugplatz von Amahai auf. Das Rollfeld ist leer. Wir überfliegen die Bucht von Elpaputih. Auch die Flugplätze an der Westküste sind leer. Nach Südwesten zur Insel Haroekoe – kein Anzeichen japanischer Tätigkeit in der Luft, weder am Haroekoe-Flugplatz noch in Lianga oder Ambon. Der Feind hat offensichtlich nicht die Absicht, in der Luft Widerstand zu leisten.

Wir kreisen nach Norden und wollen nach Osten zurück, als der Funk, der nur müßiges Geplauder gebracht hat, plötzlich zum Leben erwacht. Die Captive-Staffel des 8. Jägergeschwaders hat Feindberührung und greift an. Wir hören zu, was sich die Piloten zu sagen haben. Augenscheinlich handelt es sich nur um einige wenige Feindmaschinen. Wir versuchen, die Position herauszufinden, aber sie haben zu tun.

„Da ist er jetzt, flieg hin und faß ihn!"

„Kann ihn denn niemand abschießen?"

„Verdammt, mir ist die Munition ausgegangen!"

„Mir auch!"

„Jemand, der Munition hat, soll ihn fassen."

„Der Hundesohn macht uns zu Affen!"

„Wer hat noch Munition?"

Eine ruhigere Stimme unterbricht, etwas verärgert, daß es unmöglich ist, die Position zu erfahren, und daß Captive die Luft mit Geschwätz blockiert.

„Captive, was ist los? Haben Sie Schwierigkeiten?"

Wir waren in der Zwischenzeit in die Wolken und wieder herausgeflogen und hatten versucht, die Captive-Jäger zu finden. Schließlich entdeckten wir sie über der Elpaputih-Bucht. Die Luft über dem Amahai-Rollfeld ist schwarz von Sprengwolken schwerer Flak. Unten sehen wir zwei Feindmaschinen, eine P-38 hat sie eben erfolglos angegriffen.

Jetzt stoßen wir zum Angriff hinunter. Ein japanisches Flugzeug kurvt scharf auf den Flugplatz und den Schutz der schweren Flak zu. Das zweite jagt auf den Nebel und die Wolken zu. MacDonald landet einen Treffer, es beginnt zu rauchen und muß seinen Kurvenflug ändern.

Wir fliegen im Abstand von 300 Metern. Captain Miller gibt einen kurzen Feuerstoß ohne sichtliche Wirkung ab. Ich schieße, als die Maschine die Kurve in meine Richtung vollendet. Ich sehe, wie die Leuchtspurgeschosse und die 20-mm-Granaten ihr Ziel finden. Er trimmt das Flugzeug aber aus und kommt gerade auf mich zu.

Ich ziele auf ihn, als wir uns gerade entgegenfliegen. Meine Leuchtspurgeschosse spritzen auf seine Maschine. Wir sind einander nahe, allzu nahe – und nähern uns mit 800 Stundenkilometern. Ich zerre an den Hebeln, plötzlich saust der Japaner steil nach oben.

Ich zerre mit aller Kraft an den Hebeln. Werden wir zusammenstoßen? Seine Maschine, eben noch ein zierliches Spielzeug, wird riesengroß. Eine Sekunde – zwei – drei – ich kann die Einzelheiten seiner Zylinder sehen. Ein gewaltiger Luftstoß, als er an mir vorbeisaust.

Um wieviel haben wir uns verfehlt? Wahrscheinlich um weniger als drei Meter. Es bleibt keine Zeit zur Überlegung oder um Angst zu empfinden. Ich steige steil und kurve nach links. Nein, das bringt mich in das schwere Flakfeuer – ich schwenke nach rechts. Das alles hat nur Sekunden gedauert.

Ich suche den Himmel nach Maschinen ab. Da sind nur P-38 und die Maschine, die ich abgeschossen habe, sie beginnt eben zu trudeln. Die Nase senkt sich, die Maschine wird schneller, als sie hinunter – hinunter – hinunter in die See stürzt. Eine Gischtfontäne schießt hoch. Wellenkreise ziehen von der Aufschlagstelle weg, es ist, wie wenn man einen Stein in einen Teich wirft – die Wellen vermischen sich mit denen der See – der Schaum verschwindet, und der Wasserspiegel ist wieder wie zuvor.

Mein Rottenkamerad ist bei mir, aber ich bin aus der Kette ausgeschoren. Sechs P-38 kreisen dort, wo der Feind abgestürzt ist . . ., sie sind aber alle von einer anderen Staffel. Ich rufe „Possum 1" und erhalte eine Antwort, die, wie ich glaube, besagt, sie seien über der Wolkenschicht. Die Schicht ist dünn, und ich durchklettere sie im Instrumentenflug. Ich habe meinen Rottenkameraden verloren – andere Maschinen sind nicht zu sehen. Ich gehe jetzt wieder tiefer, aber dort sind auch alle Maschinen verschwunden. Der Funkempfang ist so schlecht, daß ich keinen weiteren Kontakt herstellen kann. Ich steige also wieder und trete den Heimflug über den Wolken an; dabei halte ich scharf nach Feindflugzeugen Ausschau. Schließlich kann ich Kontakt mit „Possum 1" herstellen, ich sage ihnen, daß ich sie am Rendezvousplatz (den Pisang-Inseln) treffen werde.

Die schweren Bomber greifen die Flugplätze in Boela an, sie haben in dem Ölquellengebiet von Boela einen Brand verursacht – große schwarze Rauchwolken steigen immer höher in die Luft. Die Bomber sind außer Schußweite, und die Flak konzentriert sich auf mich – ringsum schwarze Rauchwölkchen, aber keines kommt nahe. Ich nehme wieder Kurs auf die Pisang-Inseln, wo wir uns treffen und nach Biak zurückfliegen.

Leutnant Miller, mein Rottenkamerad, erzählt, er habe die Leuchtspurgeschosse des japanischen Flugzeugs gesehen, das auf mich schoß. Ich war so auf mein Feuern konzentriert, daß ich es nicht bemerkte. Miller sagte, die Maschine sei außer Kontrolle geraten, als sie mich passiert hatte. Augenscheinlich hatten meine Schüsse entweder die Kontrollen zerschlagen oder den Piloten getötet.

Samstag, 29. Juli
Am Abend ein oder zwei Stunden nach Dunkelheit wieder ein Luftangriff. Der Himmel war bis auf eine dünne Wolkenschicht klar, der Mond fast voll. In der Gegend des Mokmer-Flugplatzes und herüber von der Owi-Insel besonders schweres Flakfeuer, schwere und leichte Kaliber. Das dumpfe Dröhnen der Bomben ist deutlich zu hören.

Dienstag, 1. August
Eine halbe Stunde vor der Dämmerung aufgestanden. Oberst MacDonald und ich bereiteten das Frühstück zu und fuhren zum Flugplatz. Das Wetter über Ceram ist schlecht, der schwere Angriff wurde abgesagt. Wir prüfen das Wetter in allen Richtungen und stellen fest, daß es über Palau ungewöhnlich gut ist. Wir beschlossen daher, mit vier Jägern die Inseln abzustreifen. Die neuesten Berichte melden etwa 150 feindliche Jäger in Palau, wir müssen also vorsichtig sein.

Wir starten um 9.27 Uhr und nehmen direkten Kurs auf den japanischen Flugplatz von Babelthuap. Die Maschine, die ich in letzter Zeit flog, ist für den Fünfzigstundencheck auf Dock gelegt, ich habe daher eine P-38 von der 31. Staffel ausgeliehen. Als wir die Nordküste von Biak erreichen, gehe ich herunter und probiere das Visiergerät meiner Bordwaffe gegen das Riff aus. Es ist perfekt, die Kugeln schlagen genau dort ein, wohin ich gezielt habe. Wir steigen langsam auf 2700 Meter Höhe und drosseln die Motoren. Längs unserer Flugrichtung wird eine Wetterfront gemeldet, „von Ost nach West, einen Grad nördlich des Äquators". Wolken ballen sich zusammen und steigen, als wir näherkommen, davor sind Sturmböen zu erkennen. Die Front ist eine solide Gewitterwand – dunkelgraue Regenstriche erstrecken sich zwischen Wolken und Wasser.

Wir biegen nach Süden und steigen durch ein Loch in den Wolken zu dem blauen Himmel darüber auf. Zwischen den Kumulusköpfen reißen Kanäle auf. Wir folgen ihnen und kommen binnen einer Viertelstunde durch den schlimmsten Teil der Gewitterfront. Die Wolken reißen weiter auf, als wir nach Norden fliegen. Oberst MacDonald navigiert hervorragend; wir liegen direkt auf Kurs.

Wir steigen auf 5000 Meter Höhe und folgen der Südostküste etwa acht Kilometer weit. Die Hälfte des Himmels ist von geballten Kumuluswolkenmassen bedeckt, aber es gibt eine Öffnung, durch die der Flugplatz Babelthuap auftaucht. Aus unserer Höhe und Entfernung können wir keine feindliche Lufttätigkeit feststellen.

Nördlich von Babelthuap biegen wir landeinwärts und fliegen zur Westseite der Inseln, wir tauchen in die Wolken und wieder heraus. Wir halten bei etwa 400 Stundenkilometern scharf nach feindlichen Maschinen Ausschau. Nachdem wir die Nordspitze der Hauptinsel umflogen haben, biegen wir wieder nach Süden und gehen herab, um tieffliegende Maschinen zu suchen. Wir überqueren die Lagune inmitten der Insel in etwa 15 Meter Höhe und streichen zur großen Überraschung und Besorgnis ihrer Insassen über eine mittelgroße Segeljacht weg. Vor der Ostküste entdeckten wir ein japanisches Patrouillenschiff von wahrscheinlich 300 bis 400 Tonnen, das nach Norden dampft. Wir beschießen es im Vorbeifliegen. Ich sehe die zerschmetterte Kabine unter mir, als ich keine 15 Meter darüber hochziehe. Ich schaue über die Schulter zurück. Das Schiff dreht, augenscheinlich außer Kontrolle geraten, nach links, eine dicker werdende Rauchsäule steigt zum Himmel auf.

Parallel mit den Korallenriffs fliegen wir weiter nach Süden. Vor uns ist ein weiteres Schiff. MacDonald kurvt darauf zu. Wir werden wieder angreifen – nein – er kurvt nach links. Die Abwurftanks fallen vor den ersten zwei Maschinen, sie gehen herunter und schießen nach vorn. Sie haben den Feind gesichtet! Ich drücke auf den Ausklinkknopf für die Tanks. Ich fühle, wie sie die Tragflächen streifen, als sie sich lösen. Fette Mischung, Umdrehungszahl 2600, 45 Zoll Ladedruck. Ich suche den Himmel nach feindlichen Jägern ab. Nur eine Maschine ist zu sehen, ein Wasserflugzeug rechts von uns tief über dem Wasser.

In noch gestaffelter Reihe drehen wir nach rechts. Zu unserer Linken entdecke ich ein weiteres Wasserflugzeug, aber wir müssen in Formation bleiben. Der Feind ist in Palau zu stark, wir dürfen nichts riskieren – 150 Jäger. MacDonald schlüpft hinter das Wasserflugzeug – es kurvt verzweifelt – die P-38 ist in Position – ein Strich von Leuchtspurgeschossen – eine Flammenbahn schlägt aus dem Feind – seine Maschine wird zu einem feurigen Kometen – sie überschlägt sich – kracht in die See – die Meeresoberfläche flammt auf, wo sie verschwunden ist. Es hat nur Sekunden gedauert.

Die zweite Maschine ist noch zu sehen. MacDonald und Miller kurven in unsere Richtung zurück. Ich kurve nach links und funke, daß ich angreifen werde. MacDonald wiederholt, daß er folgen wird. Ich gehe tief, in fünf weiteren Sekunden – da biegt eine neue Maschine von links herein, ein Landflugzeug, ein schneller feindlicher Jäger. Ich gebe das Wasserflugzeug auf und kurve hinein – noch zu weit weg – aber ich gebe einen Feuerstoß ab – jetzt noch eine Sekunde, aber das ist ja eine P-38! Es ist Smith. Aber er sollte doch meinen Rücken decken! Er war eben noch dort. Gott sei Dank, daß es ein weiter Schuß war, daß ich ihn nicht traf.

Die Versuchung war für ihn zu groß. Er hatte einfach nicht widerstehen können und war vorgeflogen, um das Wasserflugzeug anzugreifen. Er muß abgedreht haben, als ich noch MacDonald folgte, sonst hätte er nicht aus dieser Richtung kommen können. Ich sehe, wie er zu dem Wasserflugzeug aufschließt. Leuchtspurgeschosse. Der japanische Pilot geht tiefer, er will offensichtlich auf dem Wasser landen. Ein weißer Spritzer von seinem Schwimmer; er prallt 15 Meter in die Luft. Smith ist näher. Wieder ein Feuerstoß. Flammen schlagen aus dem Feind, und er stürzt in die See.

MacDonald funkt, daß er wieder angreife. Ich drehe rechtzeitig und sehe, daß er hinter eine feindliche Maschine zieht. Er schießt. Der Gegner brennt und stürzt ab. Ein Fallschirm, ein Mann der Besatzung ist ausgestiegen. Wir sind dem Flugplatz nahe. Wir sind dem Flugplatz zu nahe. Man kann nicht sagen, wie viele Jäger gestartet sind – für einen feindlichen Angriff sind wir in einer üblen Position, wir fliegen zu niedrig. Wir kurven auf die offene See hinaus.

MacDonald und Miller sind eine Meile vor uns. Ich schaue zu dem Spiegel auf. Ein feindlicher Jäger ist über uns und setzt zum Angriff an. Ich gebe Alarm – MacDonald und Miller kehren um. Die Zero setzt sich hinter Smith. Ich wende. Smith fliegt in eine Wolke hinein. Die Zero greift mich an. Ich habe zu schnell gedreht. Er ist zu weit über mir, als daß ich über ihn hinauf hätte klettern können. Ich wäre überzogen gewesen, ehe ich seine Höhe erreicht hätte, und das ist bei einer Zero tödlich. Ich kurve nach rechts, um MacDonald und Miller eine bessere Chance zum Eingreifen zu geben. Ich steigere das Tempo, die Propeller erreichen 3000 Umdrehungen, der Ladedruck steigt auf 60 Zoll. Der Japaner hat aber den Vorteil der großen Höhe. Er setzt sich hinter mich – er ist fast in Schußweite.

Zu einem Sturzflug bin ich nicht hoch genug. Ich gehe etwas tiefer und kurve, um ihm keine Gelegenheit zu einem Seitenschuß zu geben. Er muß die Waffe jetzt auf mich gerichtet haben, er ist in einer perfekten Position hinter mir. Ich ducke mich vor der Panzerung nieder und warte, daß die Schüsse treffen. Ich denke an Anne – an die Kinder. Mein Körper ist gespannt. Es dauert eine Ewigkeit. Die Welt war nie klarer. Aber der Motor beginnt nicht zu stocken, es fliegen keine Tragflächenteile weg, das Glas auf dem Armaturenbrett vor mir zersplittert nicht.

Die Zero klettert weg. MacDonald hat sie durch einen seitlichen Beschuß zum Abdrehen gezwungen. Smith feuert im Vorbeifliegen einen zweiten Feuerstoß ab. Miller kommt seitlich heran, die Zero hat eine Rauchfahne. Dann sehen wir sie nach oben in die nächste Wolke verschwinden.

Wir drehen nach Osten und formieren uns neu. Über uns ist noch ein Jäger, aber er sieht uns nicht. Augenscheinlich kommt er von einer Patrouille zurück.

Der Brennstoff wird knapp. Und jetzt könnte jeden Augenblick eine ganze Zero-Staffel auf uns herabfegen. Wir steigen schnell und fliegen weiter nach Osten.

Wir sind jetzt außer Sichtweite der Insel und fliegen zwischen den Wolken. Dann drehen wir nach Süden und nehmen Kurs nach Hause. Ich sehe mir meine Maschine an. Löcher sind keine zu sehen. Der Motor läuft normal. Soweit wir sehen können, ist keiner von uns getroffen worden. Um 16 Uhr landen wir in Mokmer.

Am Abend ein Anruf vom Jägerkommando auf Owi. Oberst Morrissey ruft Oberst MacDonald. Offensichtlich hat die Nachricht von unserem Einsatz über Palau beträchtliche Aufregung verursacht, sie wurde vom Jägerkommando keineswegs günstig aufgenommen. Anscheinend haben die Bomber für ihre Angriffe auf Palau seit beträchtlicher Zeit um Jagdschutz ersucht und wurden mit der Begründung abgewiesen, daß die Entfernung zu groß und das Wetter zu schlecht sei. Da unser Einsatz diese Behauptungen widerlegt hat, ist man beim Jägerkommando der Ansicht, durch uns in eine peinliche Situation gebracht worden zu sein, was man gar nicht gerne hat.

General Wurtsmith hat Oberst MacDonald für morgen früh zum Rapport befohlen. Er hat sich im Hauptquartier des Jägerkommandos einzufinden.

Ich bin für den Flug genauso verantwortlich wie er, unglücklicherweise muß aber er die Verantwortung übernehmen, da er die Gruppe befehligt. Vielleicht kann ich später etwas tun, um die Sache auszubügeln. Da ich General Wurtsmith kenne, mache ich mir über den Ausgang keine große Sorgen.

Mittwoch, 2. August
In der letzten Nacht neuer Luftangriff auf Owi — der Himmel war voll von kleinen Leuchtspurgeschossen und Sprengwolken der schweren Flak. Offensichtlich entstand etwas Schaden. Oberst MacDonald war

am Abend zurück – er wurde getadelt, aber nicht bestraft. Ich glaube, daß General Wurtsmith nach dem ersten Zornesausbruch mit dem Angriff auf Palau recht zufrieden war.

Donnerstag, 3. August
Heute morgen Anruf von Oberst Morrissey, Jägerkommando. Zuerst sagte er MacDonald, daß er für sechzig Tage Flugverbot habe. Dann sagte er ihm, daß er einen zweimonatigen Urlaub in die Staaten zum Besuch seiner Familie antreten könne. (MacDonald hat seinen kleinen Sohn noch nicht gesehen.) Große Freude. Major Smith wird inzwischen den Befehl über das Geschwader übernehmen. MacDonald wird sofort aufbrechen.

Freitag, 4. August
Alliierter Vormarsch in der Normandie hält an

Letzte Nacht wieder Alarm. Die Japaner nützen den Vollmond aus, glücklicherweise haben sie nicht viele Maschinen. Um 5.45 Uhr aufgestanden und zum Flugplatz. MacDonald bricht heute morgen nach Nadzab auf. Ich fliege Blau 3 bei einem Angriff auf den Flugplatz Liang auf der Amboina-Insel. Um 9.17 Uhr mit der 431. Staffel gestartet. Captain O'Brien führt die rote Kette, Major Smith die blaue, Leutnant Barnes ist Smith' Rottenkamerad, meiner ist Leutnant Reeves. Nach etwa hundert Meilen drehen Smith und Barne um. Ich frage, ob die Kette zur Basis zurückkehrt, und erhalte als Antwort „Roger". Ich schließe mich mit meinem Rottenflieger an. Dann geht eine Maschine wieder auf Kurs. Kein Funkkontakt. Ich kreise und sehe mir die zwei zurückkehrenden Maschinen an – keine ist die von Smith. Offensichtlich hat er es sich anders überlegt und fliegt den Einsatz weiter. Zwei Maschinen genügen, um sicher heimzukommen. Ich gehe wieder auf Kurs.

Alle Maschinen vor mir sind außer Sichtweite. Ich lasse meine Motoren mit voller Kraft laufen und nehme Kurs auf die Psang-Inseln, unseren Treffpunkt mit den Bombern. Ich hole die Jäger etwa auf halbem Weg zwischen den Pisangs und Ceram ein, kann aber die 431. Staffel nicht finden. Als wir uns dem Ziel nähern, hänge ich mich einer Dreierkette als Nr. 4 an; ich komme vorsichtig heran, damit sie erkennen, daß ich kein feindlicher Jäger bin.

Der Himmel ist im Zielgebiet fast völlig bedeckt — Stratus- und hochgetürmte Kumuluswolken. Plötzlich explodiert da vorne eine Phosphorbombe — weiße Strahlen schießen weg und fallen in einem graziösen Bogen. Fast gleichzeitig sehe ich zwei feindliche Jäger zu unserer Rechten, sie steigen schnell und zeichnen sich gegen eine große Wolkensäule ab. Ich gebe Alarm. Wir werfen die Tanks ab, und der Angriff beginnt. Die Feindmaschinen tauchen in die Deckung der Wolken, mindestens ein Dutzend P-38 sind hinter ihnen. Es gibt eine allgemeine „Kurbelei". Wir sind eine Meile vom Kampfplatz entfernt. Plötzlich zuckt eine große Flamme am Himmel. Aus dem Augenwinkel glaube ich gesehen zu haben, wie zwei Maschinen gegeneinanderstießen — zwei P-38? Eine unserer Maschinen und ein Gegner? Die Flamme erlischt, an ihrer Stelle bleibt eine dünne Rauchwolke. Kleine Trümmer fallen zur Erde, die schneller fallenden Teile müssen die Motoren sein.

Ein Feuerblitz — zwei Menschenleben sind ausgelöscht. Wir fliegen weiter, um die Bomber einzuholen. Sonst können wir nichts tun. Die Bomber können über ihrem Hauptziel nicht abwerfen, der Himmel ist völlig überzogen. Sie drehen nach Osten auf ihr Ersatzziel zu. Wir folgen ihnen, wir fliegen im Zickzackkurs. Weitere Feindjäger sehe ich nicht. Drunten, näher am Wasser, sehe ich eine P-38 auf dem Rückflug. Sie hat einen Motor verloren, ich höre die Funkunterhaltung des Piloten mit seiner Kette. Aber warum ist er allein? Warum schützen ihn keine anderen Jäger?

Wir begleiten die Bomber eine kurze Strecke. Dann funkt einer der Staffelführer, daß seine Kette knapp an Benzin ist und umkehren muß. (Ihre Marschgeschwindigkeit war zu hoch.) Der Bomberführer bedankt und verabschiedet sich. Alle Jäger gehen auf Heimatkurs. Ich habe genug Sprit und gehe tiefer, um nach dem beschädigten Jäger zu suchen, aber es ist neblig, und ich kann ihn nicht finden. Ich steige wieder, kehre um und lande um 15.12 Uhr auf dem Mokmer-Feld.

Die beschädigte Maschine versucht zu landen, als ich meine parke. Ich habe genug gedrosselt, daß er vor mir hereinkommt. Er hat Schwierigkeiten mit dem Fahrgestell, er kann eines seiner Räder nicht ausfahren. Er kurvt zu seinem dritten Landeanflug. Der Turm hat die Landebahn für ihn geräumt. Dieses Mal sind die Räder ausgefahren. Er kommt gut herunter und zieht auf die Seite der Rollbahn, solange er noch Tempo hat. (Eine P-38 läßt sich mit einem Motor nicht am Boden rollen.) Major Smith und ich fahren ihm entgegen. In der Haube seines linken Motors ist ein zackiges Loch. Da es keine Flak gab, wurde er wahrscheinlich von einem Splitter der Phosphorbombe getroffen. Der Pilot sagte, er sei der Explosion ziemlich nahe gewesen. Wir fuhren zum Bereitschaftszelt der 431. Staffel. Eine Gruppe von Piloten und Mechanikern stand draußen und suchte den Horizont mit Augen und Gläsern ab. Alle Maschinen bis auf die Captain O'Briens waren zurück. Mehrere andere Piloten hatten die Explosion über der Piroe-Bucht gesehen. Sie hatten alle den Eindruck, daß zwei Maschinen zusammengestoßen seien, aber keiner war sicher. Schließlich kamen zwei Piloten von der 9. herüber. Sie hatten den Zusammenstoß miterlebt und konnten Einzelheiten berichten. Captain O'Brien tauchte auf eine Zero herab. Das Feindflugzeug drehte einen Looping. Als es am Scheitelpunkt der Schleife war, krachten die zwei Maschinen von vorn gegeneinander.

Beide Piloten sagten, sie hätten zurückgeschaut, nachdem sie den Schauplatz der Explosion passiert hatten, etwa 1000 Meter tiefer hätten sie einen Fallschirm gesehen. Es ist kaum wahrscheinlich, daß jemand den Zusammenstoß und die Explosion überlebt hat, aber derartige Wunder haben sich tatsächlich ereignet. War O'Brien oder der Japaner herausgeschleudert worden und so weit bei Bewußtsein und unverletzt, um nach einem Sturz von vielleicht 700 Metern die Reißleine ziehen zu können? Oder stammte der Fallschirm von einem anderen japanischen Jäger, der ein oder zwei Minuten vorher in der gleichen Gegend abgeschossen wurde?

Ich ziehe in das alte Camp zurück. Nachdem Oberst MacDonald weg ist, komme ich von dort leichter zu den frühmorgendlichen Starts. Morgen wollen wir einen Sucheinsatz nach O'Brien unternehmen.

Samstag, 5. August

Letzte Nacht oder besser in den frühen Morgenstunden wieder ein Luftangriff. Die Sirene heulte. Ich zog mich an, legte mich aufs Bett und schlief wieder ein. Laute Explosionen in rascher Folge weckten mich. Mein erster Gedanke war, daß die Japaner eine Reihe „Blümchenschneider" (Splitterbomben, die dicht über dem Boden explodieren) abgeworfen hätten (wie die Splitterbomben, die letzte Nacht auf Owi mehrere Mann getötet hatten). In einem Sekundenbruchteil war ich durch das Moskitonetz gefahren und lag flach auf dem Boden, ich nahm mir nicht die Zeit, meine Decke abzuschütteln. Major McGuire brauchte kaum länger. Ich konnte die Detonationswellen in Brust und Leib fühlen — es war aber nur das Feuer einer nahen 90-mm-Flak.

Mittwoch, 9. August
Um 5.30 Uhr aufgestanden, um 7 Uhr in die Bereitschaftshütte der
433. Staffel. Um 8.47 Uhr gestartet. Major Lewis führt die Staffel. Wir
schützen die 90. Bombergruppe bei einem Angriff auf den japanischen
Flugplatz von Haroekoe südlich von Ceram.

Wir treffen uns um 10.18 Uhr mit den Bombern über den Pisang-
Inseln und fliegen über einer geschlossenen Wolkendecke zum Ziel. In
der Nähe von Haroekoe reißen die Wolken etwas auf, aber nicht genug,
daß die schweren Bomber ihre Bomben abwerfen könnten. Sie drehen
zu den Ölfeldern, ihrem Ersatzziel, ab.

Unsere Staffel teilt sich. Possum Blau und Grün begleiten die Bomber
als Schutz gegen einen kaum wahrscheinlichen japanischen Luftangriff.
Acht Jäger – Possum Rot und Weiß – stoßen durch die Wolken, um
nach feindlicher Luft- und Bodentätigkeit Ausschau zu halten. Wir
kreisen in einer losen Kampfformation durch ein Loch in den Wolken.
Wir sind über der Piroe-Bucht, vor der Nordküste von Amboina. Längs
des Ufers sind große Fischnetze; der Fischfang bedeutet eine der wichtigsten Nahrungsquellen des Feindes. Durch einen Paß in den Bergen
fliegen wir nach Amboina und dem japanischen Flugplatz.

Überraschend brechen wir über dem Flugplatz durch und sind fast
sofort von Flaksprengwolken umgeben, die Luft ist voll der tödlichen
schwarzen Wölkchen. Wir fliegen im Zickzack und ändern die Höhe,
die Japaner können unsere genaue Höhe nicht feststellen und präzise
feuern. Sie erfüllen aber die Luft vor uns mit Splittern und zwingen
uns, durch die Explosionen zu fliegen, sie hoffen wohl, daß ein Jäger
zufällig getroffen wird. (Ich erinnere mich an eine Unterrichtsstunde
in Molekularphysik: so viele Moleküle des einen Gases in einem Be-
hälter und so viele Moleküle eines anderen, die alle mit gewaltiger
Geschwindigkeit durch den Raum fliegen. Die Moleküle sind von der
und der Größe – wie groß ist die Wahrscheinlichkeit eines Zusammenstoßes? Acht P-38 rasen mit 500 Stundenkilometern im Zickzack hin
und her. Hundert Sprenggranaten zerbersten in einem rechteckigen
Luftblock, 800 Meter lang, 800 Meter breit und 300 Meter tief. Wir
benötigen fünfzehn Sekunden, um außer Schußweite zu kommen. Wie
groß ist die Wahrscheinlichkeit eines Zusammenstoßes?) Unsere
Maschinen werden aber nur selten von der Flak getroffen. Warum das
so ist, verstehe ich allerdings nicht.

Wir sehen, was sich im Hafen tut (zwanzig bis dreißig Boote verschiedener Größe), halten Ausschau nach feindlicher Lufttätigkeit
(nichts zu sehen), nach Flugzeugen in Splitterschutzboxen (ein oder

zwei Dutzend zweimotoriger Bomber deutlich zu erkennen) – und dabei ständig neue Flakexplosionen, die uns ablenken. Auch die kleinkalibrige Flak muß auf uns schießen, denn wir sind in ihrer Reichweite, wir sehen aber keine Leuchtspuren. Möglicherweise wird hier, ähnlich wie in Rabaul, Leuchtspurmunition nicht mehr verwendet.

Wir sind außer Schußweite. Die Flak hört auf. Wir formieren uns neu und fliegen über die Berge, über die Piroe-Bucht zurück. Wir stoßen auf 30 Meter über dem Wasser herab und fliegen an der Küste entlang nach Osten. Offensichtlich wollen uns die Japaner nicht abfangen, wir halten aber scharf Ausschau nach schwarzen Punkten in den Wolken.

Als wir in Sichtweite des Flugplatzes Liang kommen, sehen wir in der Mitte der Haroekoe-Straße ein großes Segelschiff. Fast im gleichen Augenblick spritzt das Wasser auf, es beginnt beim Liang-Flugplatz und erstreckt sich eine halbe Meile auf See hinaus in unsere Richtung. Ein neues japanisches Fla-Geschütz? Versucht man nur, uns zu verscheuchen? Nein, einige unserer Bomber haben eine Lücke in den Wolken gefunden, und einer von ihnen hat das Land mit seinem Reihenwurf völlig verfehlt. Wir bilden einen Tieffliegerkreis und gehen tiefer, um das Schiff anzugreifen. Lewis stößt bereits auf das Ziel herab.

Ein Schiff mit vollen Segeln gleitet graziös über die See – darüber ein Fleck blauen Himmels, in der Ferne erfrischende Regenschauer, geflecktes Sonnenlicht. Wind und Wellen. Die herrliche Umgebung von tropischem Land und Meer. Diese ewigen Sekunden einer fast schmerzlichen Klarheit zwischen Leben, Friede und Schönheit und der Gewißheit des Todes. Schaumspritzer steigen aus dem Wasser auf, Splitter fliegen vom Deck. Eine Rauchwolke hüllt das Schiff ein. Grelle Blitze bezeichnen die Treffer der 20-mm-Granaten. Rot 1 hat angegriffen, Rot 2 ist in Schußweite.

Das Schiff ist verwundet. Die gerade Heckwelle biegt sich. Die Segel beginnen zu flattern. Niemand steuert oder trimmt das Schiff, es wird zum Mittelpunkt weiterer Rauchwolken. Der Wind faßt die Segel, das Schiff holt nach Steuerbord über. Es wirkt wie ein lebendes, sterbendes Geschöpf, als ob es aus Fleisch und Blut und nicht aus Holz und Stoff sei. Es scheint sich in Qualen zu winden wie ein Tier, das zu entkommen versucht.

Rot 2 hat seinen Angriff beendet und feuert auf eine Schaluppe, die eine Meile weiter voraus ist. Rot 3 und 4 greifen an, meine Kette wird ihnen im Angriff folgen. An Deck kann nichts mehr leben. Das Schiff ist voll von Toten und Verwundeten. Die, die über Bord sprangen, schwimmen bereits eine Viertelmeile hinterdrein. Wahrscheinlich sind einige Mann der Besatzung noch unverletzt und ducken sich im Laderaum hinter die Ladung.

Rot 4 zieht wieder hoch, und ich stoße herab. Ich schaue zum Spiegel auf. Weiß 2, 3 und 4 sind in einem Kreis hinter mir. Zum letzten Mal suche ich den Himmel nach feindlichen Maschinen ab, 1000 Meter, 400 Stundenkilometer. Ich hebe das Visier zehn Millimeter über das Ziel und feuere einen Probestoß ab. Die 20-mm-Granaten blitzen am Rumpf gerade über der Wasserlinie auf. Sechshundert Meter. Ich halte das Visier auf die Mitte des Decks und drücke ab. Blitze der Kanonen, Leuchtspurbahnen. Rote Feuerbälle, die vom Rumpf abprallen, Stücke, die in die Luft fliegen. Alles von Rauch eingehüllt.

Es ist Zeit, hochzuziehen. Ich feuere nicht mehr und streiche über das Ziel weg. Das Deck ist von Trümmern übersät, zerschossene Luken, ein herabgefallenes Segel. Lewis kreist mit der Roten Kette weiter. Ein Logger fährt zur anderen Küste. Ich folge mit der Weißen Kette. Alle acht Jäger greifen an. Ich greife mit der Weißen Kette eine getarnte Schaluppe an, die wie wild zum Ufer strebt. Wir kurven scharf nach links und formieren mit der Roten Kette neu. Ich schaue über die Schulter zurück. Die Schaluppe und der Logger sind manövrierunfähig geschossen.

Noch einmal sehen wir uns nach feindlichen Fliegern um, dann steigen wir durch die Wolkenschicht zu der ruhigen Schönheit des oberen Himmels hinauf. Hier ist alles friedlich, kein Anzeichen eines Kampfes, nur die eleganten Konturen der Jäger, die durch den kristallklaren Himmel fliegen. Die gewellte weiße Wolkenschicht hat sich wie ein Bühnenvorhang zugezogen. Was darunter geschah, scheint jetzt wie ein Traum. Wir können jetzt nicht voll erkennen, wie nahe wir dem Tode waren, daß unsere Waffen Schiffe zum Sinken gebracht oder in Brand gesteckt haben, daß Männer tot oder schrecklich verstümmelt auf ihren Decks liegen und andere ertrinken, weil Rettungsboote es nicht wagen, vom Ufer abzulegen. Wir gehen auf Heimatkurs. Noch 800 Kilometer über feindliches Gebiet, doch wir fühlen uns sicher, als ob wir schon daheim wären. Vor wenigen Jahren hätte man, im Frieden, diesen Flug für gefährlich gehalten. Jetzt, im Krieg, denken wir uns nichts dabei. Um 14.27 Uhr landen wir in Mokmer.

Abendessen mit den Offizieren – neue Kartoffeln aus Australien. Ich habe nie gewußt, wie gut sie schmecken können.

Freitag, 11. August
Am Abend Notizen und mit Offizieren zusammen. Wir sprechen über
viele Themen, den Krieg, die japanische Fliegerei, die australischen
Frauen in Sydney, über Kriegsgefangene und Greueltaten auf beiden
Seiten. Wir überlegen, wo die Japaner wieder starken Widerstand leisten
werden und warum sie Bomber in den Splitterschutzboxen von Ambon
stehen haben, falls sie sie nicht zu Nachtangriffen gegen uns einsetzen
wollen. Wir sprechen über die wahllosen Geschlechtsbeziehungen der
„Aussie"-Frauen und vergleichen die Verhältnisse dort mit denen
daheim. Einige Offiziere sind der Ansicht, daß die Moral in Australien
schon immer schlecht war. Andere sagen, es sei nur dem Krieg zuzuschreiben und die Verhältnisse seien jetzt genauso schlecht — oder so
gut — wie zu Hause. Ein Major sagt, die amerikanischen Soldaten
hätten nie die besseren australischen Mädchen kennengelernt; unsere
Leute benehmen sich derart, daß ein Mädchen, das sich mit einem
Mann in amerikanischer Uniform sehen läßt, praktisch als Dirne gilt.

Vor mehreren Tagen sah ich, wie eine Gruppe von neunzehn japanischen Gefangenen von Eingeborenen von Biak in ihren Kriegskanus ein-
gebracht wurden. Einer — ein stolzer, aufrechter Junge — soll Offizier
sein. Die meisten hatten unintelligente Gesichter. Mehrere schienen
relativ gut genährt und gesund zu sein. Andere waren mit Schwären
bedeckt, sie waren niedergeschlagen und hinkten. Zwei sahen so aus,
als ob sie jeden Augenblick verhungern könnten, ihre Glieder schienen
nur aus Knochen zu bestehen; sie mußten von den Eingeborenen getragen werden, weil sie nicht allein stehen konnten. Das waren die
Männer, die in den feuchten und stinkenden Korallenhöhlen gelebt und
gekämpft hatten, in denen die Leichen ihrer Kameraden dort verfaulten,
wo sie gefallen waren. Unsere Soldaten stehen neugierig herum, als die
Gefangenen, von bewaffneten Eingeborenen umgeben, in Lastautos
gepfercht werden.

Auf Kisten und den Rändern der Betten in dem schwach erleuchteten
Zelt sitzend, sprechen wir über die Frage der japanischen Gefangenen.
Ich sagte, ich hielte es für einen Fehler, eine Kapitulation nicht anzunehmen, wo immer sie angeboten wird; dadurch könnten wir viel
schneller vorgehen, und viele amerikanische Soldaten würden am Leben
bleiben. Wenn die Japaner glauben, daß sie getötet werden, auch wenn
sie sich ergeben, werden sie natürlich bis zum Letzten weiterkämpfen
und die amerikanischen Soldaten töten, die sie selbst gefangennehmen
könnten. Die meisten Offiziere stimmen mir (nicht sehr begeistert) zu,
sie erklären aber, unsere Infanteristen sähen es nicht so.

„Nehmen Sie zum Beispiel das 41. Regiment, es macht keine Gefangenen. Die Männer prahlen damit."

„Die Offiziere wollten Gefangene, um sie zu verhören, aber sie konnten keine bekommen. Erst als man für jeden eingelieferten Gefangenen zwei Wochen Urlaub in Sydney anbot, bekam man mehr, als man brauchen konnte."

„Als sie aber keinen Urlaub mehr gewährten, kamen auch keine Gefangenen mehr. Die Jungens sagten, sie könnten keine fangen."

„Die Aussies sind noch schlimmer. Erinnert ihr euch, als sie die Gefangenen mit dem Flugzeug nach Süden bringen sollten? Einer der Piloten sagte, man habe sie einfach über den Bergen hinausgeworfen und dann gemeldet, sie hätten unterwegs Harakiri begangen."

„Erinnerst du dich, als unsere Truppen das japanische Lazarett nahmen? Als sie damit fertig waren, lebte niemand mehr."

„Die Japse haben das bei uns auch gemacht."

„Man kann die Aussies auch nicht allzusehr tadeln. Sie fanden einige ihrer Leute kastriert auf, aus anderen waren Steaks herausgeschnitten."

„Sie haben einen Ort erobert, wo die Japaner tatsächlich das Fleisch kochten." (Erst gestern war am Anschlagbrett ein Staffelbulletin angeschlagen worden. Auf Biak seien mehrere Japaner dabei gefaßt worden, als sie das Fleisch eines ihrer eigenen Kameraden brieten.)

Es steht ziemlich eindeutig fest, daß unsere Truppen in den frühen Stadien des Kampfes wenig Pardon geben und Greueltaten begehen. Später dann, wenn feste Stellungen bezogen sind, ist es für manche japanische Einheiten möglich, sich zu ergeben, ohne niedergemacht zu werden. So barbarisch unsere Leute manchmal sind, die Ostasiaten scheinen noch schlimmer zu sein.

Samstag, 12. August

Der heutige Einsatz ist um zwei Stunden verschoben worden, weil Owi bombardiert wurde. Wir holen etwas Schlaf nach. Um 9.34 Uhr mit der 433. Staffel gestartet, um die schweren Bomber beim Angriff auf Amboina zu decken. Das Ziel ist aber wieder in Wolken gehüllt, eine solide Schicht, so weit das Auge reicht. Wir kehren um und fliegen den japanischen Stützpunkt Babo, unser Ersatzziel, an. Plötzlich, einige Kilometer vor der Nordostküste von Ceram, Geräusche an meinem linken Motor. Ich drossele ihn herunter, aber binnen fünf Minuten hat die Kühlmitteltemperatur die obere Grenze erreicht, ich federe den Propeller und drehe den Schalter um. Der Generator ist auf dem linken Motor, ich muß also alle unwichtigen elektrischen Geräte abschalten.

Ich versuche, Funkkontakt mit den Mitgliedern meiner Kette zu bekommen, aber jemand hat den Mikrofonknopf niedergedrückt, und Kanal B ist gesperrt. Ich wackle mit den Tragflächen und schalte auf A. Die anderen Jäger desgleichen. Ich melde den Ausfall des einen Motors, alles andere sei o. k. Mein Rottenflieger will bei mir bleiben, der Rest der Kette kreist und fliegt weiter. Ich klettere und fliege mit den Bombern. Ich muß drosseln, um selbst bei Ausfall eines Motors bei ihnen bleiben zu können. Nachdem wir den McCluer-Golf erreichen, fliegen die B-24 nach Südwesten, nach Babo. Wir setzen den Kurs auf Biak fort.

Ich mache allmählich Pläne für meine Heimreise. In den Halmaheras und auf Ceram gibt es keine Anzeichen, daß sich der japanische Widerstand verstärkt. Von jetzt an wird wahrscheinlich jeder Flug stumpfsinnig werden, bis wir die Philippinen erreichen, und so lange kann ich nicht hier bleiben. Wir würden gern noch einmal mit vier Maschinen einen Einsatz nach Palau fliegen, aber die Generale denken nicht im Traum daran, das zuzulassen. Ich glaube, ich fliege morgen nach Owi und wahrscheinlich von dort nach Osten.

Sonntag, 13. August
Major Smith kam in mein Zelt und sagte, General Kenney sei gestern in Biak gelandet und habe Befehl hinterlassen, ich solle keine Einsätze mehr fliegen. Nun, ich will ohnehin nach Hause, es ist also nicht mehr so wichtig. Ich packe und verabschiede mich von den verschiedenen Offizieren. Jemand meldet eine große Rauchsäule auf dem Rollfeld. Wir treten ins Freie, die Säule ist bereits 300 Meter hoch, schwarzer, öliger Rauch. Kein Zweifel, ein Flugzeug brennt, jemand hat eine Bruchlandung gemacht. Ich fahre zu dem Platz. An einem Ende liegt eine kürzlich abgestürzte C-47. Auf der anderen Seite liegen die Trümmer einer B-24, die vor einigen Tagen abgestürzt und noch nicht zum „Friedhof" abgeschleppt worden ist. Auf der Mitte und etwas seitlich sehen wir eine noch brennende P-38. Das Cockpit ist schon völlig geschmolzen. Ein Krankenwagen und der Staffelarzt stehen dabei. Der Pilot ist ins Lazarett gebracht worden. „Ziemlich schwere Verbrennungen, aber wenn er keine Flammen eingeatmet hat, wird er durchkommen." Beim Start platzte ein Reifen, und er verlor die Kontrolle über die Maschine.

Ich fliege als Passagier in einer L-5 nach Owi. Joe Foss und Major
Carl sind in einer B-25 der Marine von Emirau hergeflogen. Ich treffe
sie am Ende des Rollfelds im Gespräch mit General Wurtsmith,
Oberst Morrissey und mehreren anderen Offizieren. Foss sagt mir,
daß seine Staffel mit den Corsairs viele Sturzangriffe geflogen sei und
daß sie eine beträchtliche Genauigkeit erreicht hat, daß seine Verluste
aber ziemlich hoch waren, kürzlich in Rabaul drei Maschinen in drei
Tagen.

Bob Morrissey kommt nach dem Lunch und sagt mir, General
Wurtsmith wünsche unbedingt, daß ich zur Noemfoor-Insel fliege
und bei der 35. Jagdgruppe (P-47) über wirtschaftlichen Brennstoffverbrauch spreche. Ich stimmte zu und will am Nachmittag aufbrechen.
Da Morrissey ebenfalls hinfliegen will, wollen wir eine P-61 nehmen.
Morrissey und ich fuhren zu Oberst Guthrie, der aus Nadzab gekommen, aber noch nicht bei dem neuen Jägerkommando eingezogen
ist. Ich bringe vor, daß ich bei der 35. Gruppe viel mehr erreichen
kann, wenn ich Kampfeinsätze mitfliege. Guthrie und Morrissey
stimmen mir zu, sagen aber, daß General Kenney sehr bestimmt
gewesen sei und daß sie beide ebenfalls Kampfflugverbot hätten.
General Kenney ist nicht auf Owi, also ist in der Sache im Augenblick
nichts zu unternehmen.

Morrissey und ich landen mit einer P-61 um 17.30 Uhr auf
Noemfoor.

Montag, 14. August
Frühstück und mit Oberst Doss zum Flugplatz, um die P-47 und die
neu errichteten Tarnungen anzusehen. Zwei Nachtjäger sind letzte
Nacht auf dem Rollfeld zusammengestoßen. Einer landete, der
andere rollte am Boden. Die Tragfläche einer Maschine schnitt das
Cockpit der anderen ab und köpfte den Piloten. Beide Maschinen
sind schwer beschädigt.

Am Nachmittag mit den Offizieren gesprochen und geschrieben.
Ich frage nach den Kämpfen, die noch auf Noemfoor vor sich gehen.
Es gibt noch einige japanische Widerstandsnester, eines ist vier
Kilometer vom Camp entfernt. Ich schlage vor, die Infanterie in dieser
Gegend aufzusuchen, der Vorschlag wird aber mit sehr wenig Be-
geisterung aufgenommen. Die Offiziere sagen mir, daß das Jäger-
Kontrollpersonal selbständig auf Patrouille geht und dabei schon eine
Anzahl Japse getötet hat. Bei der Einheit ist ein Halbblut-Cherokee-

Indianer, der sie führt. „Sie bringen oft die Schenkelknochen der Japaner mit, die sie töten, und machen daraus Federhalter, Papiermesser und ähnliches." Alle Offiziere beklagen die Tatsache, daß es in Reichweite der P-47 keinen japanischen Luftwiderstand gibt.

Am Abend Besprechungen über Sparsamkeit beim Spritverbrauch.

Dienstag, 15. August

Um 9.01 Uhr in einer C-45 gestartet. Als Kopilot nach Owi. Um 9.40 Uhr gelandet. Mit Oberst Russell in dessen Jeep zum Jägerkommando. Unterwegs berichtet er mir von dem Wert einer Flasche Gin. „Sie ist wirksamer als die Unterschrift aller Sterne (Generale). Als wir einen Bulldozer brauchten, konnten wir keinen bekommen – auf zwei Wochen steht keiner zur Verfügung –, aber für eine Flasche Gin war er sofort zu haben. Nirgends war auch nur ein Festmeter Bauholz zu bekommen, für eine Flasche Gin erhielten wir sofort 400. Genauso ist es mit Zement und anderen Dingen, die wir brauchen. Es ist eine widerliche Situation, aber ohne eine Flasche Gin kann man hier auf der Insel gar nichts erreichen – und wenn man eine hat, kann man einfach alles kaufen."

Am Frühnachmittag Besprechung mit General Wurtsmith. Er will, daß ich zu den Jagstaffeln auf Wakde und in Saidor spreche. Radio Tokio hat angedeutet, daß die Insel Owi mit Gas angegriffen werden könnte, überall überholt man jetzt die Gasmasken.

Am Nachmittag ersucht mich General Whitehead, ich möchte vor meiner Heimreise General Kenney in Brisbane aufsuchen.

Mittwoch, 16. August

Um 13.19 Uhr gestartet. Ich schaue auf die Inseln zurück, als wir nach Osten fliegen. Die Lücken, die der moderne Mensch in den Dschungel geschlagen hat – wie lange werden sie sich noch zeigen? Werden diese langen Korallenbahnen in weiteren zehn Jahren wieder mit Grün bedeckt sein? Wird die Insel Owi mit ihrem Typhus allein bleiben? Vor unserem Kommen wollten nicht einmal die Eingeborenen hier leben. Wird ein Archäologe der Zukunft in den Korallenhöhlen von Biak noch japanische Gebeine und Waffen finden? Als wir höher steigen, wirken die Spuren des Krieges in dem gewaltigen Dschungelgebiet wie bloße Kratzer einer Nadel. Man kann sich nur schwer vorstellen, daß auf diesen winzigen Rollfeldern Hunderte von Bombern und Jägern stationiert sind oder daß mehrere hundert Japaner in den wilden Dschungelgebieten noch für ihr Land und um ihr Leben kämpfen. Werden einige von ihnen zu Eingeborenen werden und den Krieg überleben? Werden sich einige von ihnen ergeben, nachdem sich die militärische Ordnung bei uns wieder etabliert hat und wieder Gefangene gemacht werden? Werden die meisten wie ihre Kameraden in den Höhlen bis zum Tod kämpfen und im Schlamm verfaulen? Hier, in der einsamen Schönheit des Himmels, scheint man von dem Lärm und dem Gestank des Kriegs gereinigt zu sein, frei von den Leiden, der Entehrung und dem Schmutz der Armee auf der Erde. Hier ist selbst der Tod rein wie ein stählerner Dolch, von der Würde der Wolken und des Himmels umgeben.

Vor uns macht die Küstenlinie eine Biegung. Wieder von den Japanern besetztes Gebiet – aber da unten sieht man kein Anzeichen von Krieg, nichts als Dschungel –, gelegentlich unterbrochen von Eingeborenengärten oder einer mit Palmblättern gedeckten Hütte. Auf einem See ist ein Dorf der Eingeborenen auf Pfählen errichtet. Wie wenig kenne ich doch dieses Land trotz all der Wochen, die ich in ihm gelebt habe, trotz der Tausenden von Meilen, die ich darüber geflogen bin. Die militärischen Gebiete, in denen ich gelandet bin, sind versengt, eines gleicht dem andern. Das Leben von Neuguinea spielt sich außerhalb von ihnen ab. Es hat sich vor dem Krieg zurückgezogen. Das ganze Innere, ja selbst die Küste, abgesehen von den militärischen Brückenköpfen, ist unverändert. Ich wollte, ich könnte über die Dschungelpfade zu einem Eingeborenendorf gehen. Wenn ich in Zukunft an Neuguinea denke, möchte ich es mir so vorstellen, wie es wirklich ist, und nicht so, wie es einem ausländischen Soldaten während des Krieges erschien.

Um 14.19 Uhr landen wir in Wakde. Dann zu Major Moores Quartier auf einer der kleinen Inseln. Der Major war irgendwo beim Schwimmen, also zog ich mich aus und nahm ein halbstündiges Sonnenbad. Dann watete ich zum Rand des Riffs, ich schwamm und beobachtete die Fische. Das Meeresleben ist hier auf jeder Insel etwas anders – die Seesterne sind hier purpurner, und die Seegurken haben andersfarbige Stacheln.

Bei meiner Rückkehr plauderte ich mit Major Moore. Zum Abendessen frische Milch, sie war eben mit der Fat-Cat-Maschine, die frische Lebensmittel brachte, aus Australien angekommen – es war die erste, die ich auf Neuguinea gesehen habe.

Sonntag, 20. August
Um 5.30 Uhr aufgestanden. Start durch Wetter verzögert. Schließlich um 8.15 Uhr als Passagier in einer C-47. Habe als „Kurier" fünfzehn Postsäcke übernommen, was bedeutet, daß ich sie nicht aus den Augen lassen kann, bis ich sie einem autorisierten Kurieroffizier übergeben habe. Einer soll die Maschine in Townsville erwarten.

Bei Start geschlossene Wolkendecke. Fast sofort zum Instrumentenflug übergegangen und über die Berge einen Kompaßkurs nach Lae geflogen. Über Dobodury wurde es klar, dann fast den ganzen Weg bis Townsville über den Wolken geflogen. Um 13.19 Uhr gelandet.

Die Post dem Kurieroffizier übergeben und um 14.40 Uhr mit neuer Besatzung wieder gestartet. Am Boden des Mannschaftsabteils gesessen und fast die ganze Zeit an *Spirit of St. Louis* gearbeitet. Eine Stunde vor Brisbane Zwielicht. Am Boden viele Grasbrände. Um 18.50 Uhr in Amerley Field gelandet und die Post dem Kurieroffizier übergeben. (Ich hatte neue von Townsville mitgebracht.)

Eine Weile beim Einwanderungsbüro, da ich keinen Paß hatte. „Sehr irregulär", aber der Beamte war gutmütig und half mir bei den Papieren. Dann fuhr ich in einem Bus voll Soldaten nach Brisbane, den ich unbeabsichtigt eine halbe Stunde hatte warten lassen, aber sie murrten nicht. Auf der ziemlich langen Fahrt nach Brisbane sprach ich mit einigen von ihnen. Es war ihr erster Urlaub seit vielen Monaten. Sie waren in Neuguinea stationiert.

Beim Lennon-Hotel aus dem Bus ausgestiegen. Ich bekam ein Zimmer und sogar ein spätes Abendessen. Nie hat frische Kost besser geschmeckt. Im Postamt an Anne telegrafiert.

Montag, 21. August
General Wurtsmith kam um 8.15 Uhr zum Frühstück in mein Zimmer. Wir sprachen über den Krieg und die zukünftige Lufttätigkeit in diesem Raum. Später am Vormittag zu General Kenney in das amerikanische Hauptquartier. Ich sprach über die Reichweite der Jäger und sah mir einen technischen Film über Raketen der Luftwaffe an.

Kenney: „Wenn Sie abgeschossen würden und den Japanern in die Hände fielen, würden sie eine öffentliche Hinrichtung veranstalten." (Weil ich als Zivilist Kriegseinsätze flog.)

Ich: „Man sagt, daß einem die Japaner auf jeden Fall den Kopf abhacken."

Kenney: „In der Heimat würde es ein höllisches Geschrei geben."

Ich: „Sie könnten ja sagen, daß ich als ‚Beobachter' abgeschossen wurde."

Kenney: „Damit kämen wir nicht durch." Usw. usw.

Lud am Abend Phil La Follette und General Fellers zum Dinner ein. Sie möchten, daß ich ein Patent als Oberst annehme und unter MacArthur in den Pazifik zurückkomme. Ich sagte ihnen, daß ich lieber meine gegenwärtige Arbeit beenden und in die Staaten zurückkehren möchte, ehe ich mich endgültig entscheide. Es gibt da politische Komplikationen, und ich weiß nicht recht, ob ich unter Roosevelt ein Offizierspatent annehmen soll, selbst wenn ich eines bekäme.

Dienstag, 22. August
Amerikanische Panzer erreichen Paris.

In der Stadt ein Paar Schuhe gekauft. Mein einziges Paar ist nach fünf Monaten Gebrauch ziemlich mitgenommen. Am Nachmittag eine Stunde durch die Straßen von Brisbane spazierengegangen. Nicht sehr attraktiv. Die Bewohner scheinen in mancher Hinsicht mitten zwischen den Bewohnern der Britischen Inseln und denen der USA zu stehen. Sprache und Gesichtszüge sind mehr britisch, die Gastfreundschaft mehr amerikanisch.

General MacArthur war allein, als ich ihn aufsuchte. Er fragte sofort, auf welche Reichweite er bei den P-38 rechnen könnte. Ich sagte ihm, meiner Meinung nach seien sie für einen Kampfradius von 1050 Kilometern bereit, bei etwas Schulung und bei vernünftigen Wetterbedingungen sollten die Staffeln, wenn sie ihre jüngsten Piloten wegließen, Aktionen in einem Bereich von 1150 Kilometern unternehmen können, erfahrene Piloten könnten bis zu 1250 Kilometer gehen. Ich sagte, diese zwei letzteren Zahlen (1150 für Staffeln und 1250 für Experten) basierten auf einer niedrigen Anfluggeschwindigkeit und der Möglichkeit, den Kampf sofort abzubrechen, wenn der dafür angesetzte Sprit verbraucht war. Wo die Gefahr feindlicher Abfangjäger groß ist, sei es nötig, schnell zu fliegen, was den Radius reduzieren würde. (Als ich nach Neuguinea kam, betrug der weiteste Kampfradius, zu dem P-38 ausgesandt wurden, 900 Kilometer.)

MacArthur befragte mich wegen meines Flugs nach Palau. Ich berichtete genau, was geschehen war, und umriß die Gefahren tropischer Gewitterfronten, die gewöhnlich zwischen Neuguinea und den Palau-Inseln auftreten.

Ich sagte ihm auch, Piloten, die solche Flüge unternehmen würden, sollten in Gewitterflügen erfahren sein. Er fragte mich, wieviele japanische Maschinen ich abgeschossen hätte, und ich antwortete: „Eine."

„Wo war das?"

„Vor der Südküste von Ceram."

„Gut. Ich bin froh, daß Sie einen erwischt haben."

MacArthur erzählte mir von seiner Reise nach Pearl Harbor, wo er Roosevelt getroffen hatte. Er sagte, er habe Roosevelt gefragt, ob er glaube, Dewey genauso leicht schlagen zu können wie Willkie. Roosevelt habe etwa erwidert, Dewey sei ein netter kleiner Mann. Nach Ton und Haltung habe Roosevelt gezeigt, daß er Dewey für keinen gefährlichen Gegner halte. Was mich am meisten interessierte, war MacArthurs Bericht über Roosevelts nächste Bemerkung. Sie besagte, daß er keine Chance hätte, wiedergewählt zu werden, wenn der Krieg vor November enden würde. MacArthur sagte, er habe gehört, Barney Baruch sei bereit, 100.000 Dollar auf Odds von 3:1 zu wetten, daß Roosevelt wiedergewählt werde.

MacArthur erklärte, seiner Meinung nach werde Roosevelt ziemlich sicher wiedergewählt werden, es sei denn, das Volk erfahre von seinem tatsächlichen Gesundheitszustand. Er sagte, der Präsident habe in Pearl Harbor seinen Stuhl nicht ein einziges Mal verlassen. MacArthur sagte, er habe Roosevelt eine Weile nicht gesehen und sei über sein Aussehen und seine schlechte Gesundheit betroffen. Er sagte, er glaube nicht, daß der Präsident vor der Wahl öffentlich in Erscheinung treten, sondern daß er den Wahlkampf über den Rundfunk führen werde. MacArthur sagte, Roosevelts Verstand sei so scharf und seine Stimme so gut wie nur je.

Samstag, 26. August

Rief das Lufttransportkommando an. Sie sagten, die Guadalcanal-Maschine würde um 10 Uhr fliegen. Am Pallikula-Flugplatz nachgesehen, wie die Neuseeländer mit den Corsairs zurechtkommen. Maschine hatte Verspätung, kam schließlich voll von Verwundeten aus Saipan. Um 10.49 Uhr mit einer Anzahl von Offizieren und Mannschaften und zwei Schwerverwundeten auf der Bahre gestartet. Um 15.45 Uhr in Guadalcanal gelandet. Admiral Gunther lud mich ein, bei ihm zu wohnen. Er erzählte mir Einzelheiten über meinen Einsatz in Neuguinea, die ich noch nicht gekannt habe. Anscheinend wartete das Armeehauptquartier, nachdem man um mein Kommen ersucht hatte, meine Ankunft in Brisbane nicht ab. Man sandte eine ziemlich brüske Nachricht an das Marinekommando, des Inhalts, es sei der Armee zu Ohren gekommen, daß „ein gewisser Mr. C. A. Lindbergh" mit einem Marschbefehl der Marine Neuguinea bereise; man wolle wissen, mit welchem Recht die Marine jemand in ein Gebiet schicke, das der Armee unterstellt sei, ohne zuerst deren Bewilligung einzuholen. Natürlich war das alles den alten Spannungen zwischen Armee und Marine und dem Umstand zuzuschreiben, daß Oberst Cooper vergessen hatte, eine Kopie meines Marschbefehls an das Hauptquartier in Brisbane zu schicken. Jetzt ist alles aufgeklärt, aber es scheint doch ein sehr unnötiger Sturm im Wasserglas gewesen zu sein.

Abendessen und Abend mit Admiral Gunther und seinem Stab.

Sonntag, 27. August
Die Alliierten nehmen Paris und Marseille ein.

Ich habe beschlossen, auf der Heimreise auf Guam haltzumachen. Dort liegen einige Corsair-Staffeln.

Mittwoch, 30. August
Frühstück mit Admiral Gunther und seinem Stab. Um 8.30 Uhr zur NATS-Station zu letzten Vorbereitungen. Verabschiedung von Admiral Gunther und seinen Offizieren. Um 10.18 Uhr in einer Douglas C-54 (viermotoriges Landflugzeug) gestartet. Blieb vorn bei der Besatzung. Wir machten einen Umweg von 150 Kilometern nach Osten, um den japanischen Stützpunkten auf den Inseln Nauru und Banaba auszuweichen. Um 16.24 Uhr auf Tarawa gelandet. Wenn man bedenkt, daß Tarawa der Schauplatz eines so entsetzlichen Blutvergießens war, ist es eine erstaunlich kleine Insel; kaum genug Platz für ein Rollfeld.

Nach dem Abendessen fuhr mich einer der Offiziere in seinem Jeep quer über die Insel. An den meisten Stellen sah man wenig Kampfspuren. Einige der japanischen Stellungen sind jedoch zusammengeflickt und werden von unseren eigenen Einheiten verwendet. An beiden Enden der Insel ließ man die japanischen Stellungen so, wie sie nach der Schlacht waren. Einige Stellungen von Marinegeschützen sind schwer mitgenommen. Der Boden ist mit kleinen Bunkern bedeckt, und überall sieht man amerikanische Gräber. Einige sind durch lange regelmäßige Reihen weißer Kreuze bezeichnet – Reihe auf Reihe bilden einen Friedhof; andere sind einzeln zwischen den Bunkern verstreut. Sie sind durch ein weißes Holzkreuz bezeichnet, vor dem ein Stahlhelm der Marineinfanterie am Boden liegt. Die japanischen Gräber, es sind mehrere tausend, sind unbezeichnet. Die Toten wurden in ein Loch geworfen, das durch einen Bulldozer ausgehoben wurde, dann wurden von dem gleichen Bulldozer Korallen darübergeschoben. Da die Insel so klein ist, mußten ja auch die feindlichen Gefallenen bestattet werden!

Der mich begleitende Offizier, der bald nach der ersten Landungswelle kam, sagte mir, daß die Marineinfanterie nur selten eine Kapitulation japanischer Soldaten auf der Insel annahm. Der Kampf war erbittert, wir hatten schwere Verluste gehabt, und allgemein war man darauf aus, die Feinde zu töten und keine Gefangenen zu machen. Selbst wenn man Gefangene machte, so berichtete der Offizier, stellte man sie in Reih und Glied auf und fragte, wer Englisch spreche. Die, die Englisch sprachen, wurden zu Verhören mitgenommen, „die anderen nahm man einfach nicht mit."

Am Abend Notizen, dann eine Stunde lang über den Strand und durch die japanischen Geschützstellungen am Ende der Insel spaziert. Im Mondlicht zeichneten sich halb gesunkene amerikanische Landungsfahrzeuge, die langen Rohre der japanischen Schiffsgeschütze und von Bomben zerschlagene Bunkerblocks ab.

Donnerstag, 31. August

Um 7.50 Uhr gestartet und um 12.32 Uhr in Kwajalein gelandet. Mit der Fähre zur Ebeye-Insel, um weitere Marschpapiere zu holen. Traf dort Captain Pearson. Captain Pearson und die Corsair-Staffeln auf Guam hatten keine Luftkämpfe erlebt. Die Trägerflugzeuge der Marine hatten mit allen japanischen Fliegern aufgeräumt. Auf Pearsons Rat beschloß ich, einige Tage bei den Corsair-Staffeln auf den Marshall-Inseln zu bleiben, statt nach Guam und Saipan weiterzufliegen. Admiral Bernhard lud mich zum Abendessen ein; er hatte auch General Wood und mehrere andere Offiziere zu sich gebeten.

Freitag, 1. September

Vereinbarte, die Marineinfanteriestaffeln auf der Roi-Insel zu besuchen.

Mit einem Boot der Marine nach Kwajalein und von dort als Kopilot nach Roi geflogen. Oberst Freeman lud mich zu einem Aufenthalt ein.

Sonntag, 3. September
Um 5.35 Uhr mit drei 1000-Pfund-Bomben gestartet. (Das erste Mal, daß von den F4U in dieser Gegend *drei* Bomben mitgenommen wurden.) Maschine startete leicht. Flog bei sparsamem Spritverbrauch zum Wotje-Atoll. Traf mich wenige Minuten nach der Ankunft mit der Staffel. Ich machte für jede der drei Bomben einen Anflug, ich begann bei 2700 Metern und löste bei 100 aus. Ziel: die Stellungen japanischer Marinegeschütze am Ufer der Wotje-Inseln. Direkter Kurs nach Roi zurück. Um 8.13 Uhr gelandet.

Abendessen, mit Oberst Freeman und Stabsoffizieren. Sie erzählten mir von der Einnahme der Insel. Wir begannen mit einem entsetzlichen Bombardement aus der Luft und von der See. Die Japaner kämpften wie üblich verbissen, und die Marineinfanterie machte, wie üblich, nur wenige Gefangene.

Montag, 4. September
US-Streitkräfte erreichen Belgien.

Mit Oberst Freeman die Möglichkeit sondiert, eine 2000-Pfund-Bombe an der F4U zu installieren, was ich als Ergebnis meines gestrigen Flugs mit drei 1000-Pfund-Bomben vorgeschlagen hatte. Ich arbeite mit einem jungen Leutnant namens Clark, wir planen, für die größere Bombe ein Bauch-Traggestell zu installieren.

Einer der Ärzte sagte mir, daß einige Marineinfanteristen japanische Leichen ausgruben, um Zähne mit Goldfüllung als Souvenirs zu bekommen.

Mittwoch, 6. September
Amerikaner in Lyon.

Probte 2000-Pfund-Bombenaufhängung. Sie muß noch verstärkt werden, da sich Stifte verbiegen.

Oberst Freeman und ich in das Quartier Commander Hunts, um auf seine telefonische Einladung Jack Benny, Carol Landis und ihre Truppe kennenzulernen. Sie beenden eine zweimonatige Tournee durch den pazifischen Kriegsschauplatz und haben eine Vorstellung für die Soldaten der Insel gegeben. Die Vorstellung begann um 20 Uhr, einige der Leute in den vorderen Reihen hatten trotz einer halben Stunde Sturm und Regen seit 15 Uhr dort ausgehalten. Warum? Um sich die Mädels auf der Bühne gut ansehen zu können. Die Männer hier draußen sehen oft Monate lang keine weiße Frau, und wenn sie eine sehen, stehen viele einfach da und starren sie an. An einigen Orten, wie Nadzab, wo das Lazarett Krankenschwestern hat, hat es Fälle von Attacken gegeben. Schließlich wurde ein Befehl ausgegeben, daß eine Frau nachts nur in Begleitung eines Offiziers ausgehen dürfe, und daß dieser Offizier bewaffnet sein müsse. Negersoldaten waren die schlimmsten Übeltäter.

Weder Oberst Freeman noch ich besuchten die Vorstellung, da er aber der diensthöchste Offizier auf der Insel und ich sein Gast war, konnten wir die Einladung schwerlich ausschlagen. Alle Schauspieler sahen sehr müde aus, ich glaube, sie wären, genauso wie wir, lieber ins Bett gegangen.

Freitag, 8. September
Rußland erklärt Bulgarien den Krieg.

Vorbereitungen für einen Test mit der 2000-Pfund-Bombe. Normaler Start, schnell aufgestiegen. Zehn Minuten vor der Staffel gestartet, die den heutigen Angriff fliegt. Direkter Kurs auf Wotje. Das Überraschungsmoment ist äußerst wichtig, die japanische Flak schießt genau und hat in den letzten Wochen zwei Corsairs abgeschossen. Sturzflug aus 2700 Metern – flacher als üblich, um zu verhindern, daß die 2000-Pfund-Bombe den Propeller trifft. Bei 1000 Meter Höhe ausgeklinkt und sofort hochgezogen, da ich direkt über einer Flakstellung war. Die Bombe traf etwa hundert Meter südlich des Gebäudes, wischte mehrere kleine Bauten weg und sandte eine riesige Säule Rauch und Trümmer in die Luft. Soweit ich weiß, war es die erste 2000-Pfund-Bombe, die von einem Jäger abgeworfen worden ist.

Blieb eine halbe Stunde über der Insel und beobachtete, wie die Staffel ein neu entdecktes Munitionslager an der Nordküste bombardierte. (Ein direkter und mehrere Nahtreffer.) Dann folgte ich der letzten Maschine der Staffel zurück nach Roi. Landete um 16 Uhr. Aufhängevorrichtung zeigte keine Spur von Überbeanspruchung, nur ein Stift war leicht verbogen. Ich ließ ein größeres Loch bohren und den Stift durch einen Bolzen ersetzen.

Samstag, 9. September
Britische Streitkräfte dringen in Holland ein. Brüssel und Antwerpen
genommen.

Sonntag, 10. September
Um 8 Uhr Bombenaufhängung überprüft und Zieleinweisung. Um
9.52 Uhr gestartet. Direkter Kurs nach Wotje. Um 11 Uhr über dem
Ziel. Es ist unmöglich, zu begreifen, daß sich japanische Soldaten in
Schützenlöchern und Bunkern verbergen und auf den Regen des Todes
warten, den wir vom Himmel fallen lassen. Es ist auch schwer, sich
vorzustellen, daß der Stachel des Todes in den MG-Gurten in den
kleinen, harmlos aussehenden Kreisen am Boden wartet. Man kann
nicht begreifen, daß man durch Druck auf den kleinen roten Knopf am
Knüppel die Bombe auslöst, die hundert Mann den Tod bringen kann.
    Man ist von der Oberfläche der Insel getrennt, so als ob man sie auf
einer Filmleinwand in einem Kino auf der anderen Seite der Erde sähe.
Ein Flugzeug am Himmel, eine Insel im Wasser – es gibt keinen Weg
des Erkennens, des Verstehens, des menschlichen Gefühls, das die beiden
verbindet. Im modernen Krieg tötet man aus der Ferne – und indem
man es tut, erkennt man nicht, daß man tötet.

Mittwoch, 13. September
Um 7.30 Uhr Bombenaufhängung an meiner Maschine inspiziert. Ich
starte mit einer 2000- und zwei 1000-Pfund-Bomben, einer Gesamtlast
also von 4000 Pfund – wahrscheinlich die größte Bombenlast, die je
von einem einmotorigen Jäger getragen wurde. Nach der Einweisung
Start um 8.23 Uhr. Kreise einmal über der Insel, bis Captain Clark mit
dem Fotografenflugzeug (F4U) zu mir stieß. Dann direkter Kurs zum
Wotje-Atoll – wir stiegen, um über die Wolken zu kommen, mit voller
Kraft. Zwei Jägerstaffeln sollten Wotje heute im Sturzflug angreifen.
Beide Staffelführer funkten und fragten nach der Wetterlage vor uns.
Wir hatten zu dem Zeitpunkt Wotje gesichtet und meldeten, daß das
Ziel frei sei. Wenige Minuten später kehrte eine der Staffeln wegen
Unwetters um. Ich flog im Aufwind über mein Ziel – einen kleinen
Betonbunker –, in 2700 Meter Höhe setzte ich zu meinem Sturzflug an.
Ich stieß in einem Winkel von 65° herunter – dem steilsten Winkel, den
ich bei einer so großen Bombenlast je geflogen bin. Ich trimmte die
Maschine schnell aus, als der Boden näherkam, dann legte ich die

Finger um den Auslöser der beiden 1000-Pfund-Bomben. Doch ich hatte das Höhenruder nicht weit genug nach vorn gerollt, und die Maschine wurde so schwanzlastig, daß ich im rechten Arm nicht mehr die Kraft hatte, das Visier auf das Ziel zu halten. Ich war fast auf 700 Meter heruntergekommen. Mir blieb nicht mehr die Zeit, das Höhenruder zu trimmen und die Finger wieder um die Ausklinkhebel für die Bomben zu legen. Die gegenwärtige F4U-1D hat Handausklinkhebel für die zwei Seitenbomben, während wir für die zentrale 2000-Pfund-Bombe einen elektrischen Auslöser installiert haben. Um daher alle drei Bomben als Salve loszulassen, muß man mit der linken Hand die beiden Auslöser für die Seitenbomben bedienen, während man mit der rechten Hand den Knopf für die Mittelbombe niederdrückt.

Mit einer leichteren Bombenlast hätte ich hochziehen und einen neuen Anflug machen können – mit 4000 Pfund schien das aber nicht ratsam. Glücklicherweise gab es in dem Gebiet zwischen dem Blockhaus und der Küste einige ausgezeichnete Ziele. Obwohl ich alle Kraft auf den Knüppel legte, kroch das Bordwaffenvisier schnell auf die Küste zu. Es ging sich gerade noch aus. Ich klinkte die Bomben aus und zog steil hoch.

Als das Grau vor meinen Augen verschwand, schaute ich auf die Säule von Rauch und Trümmern zurück, die über der Haupt-Marinegeschützstellung auf der Insel aufstieg – einem großen Betonbau, der etwas von der Uferlinie vorsprang. Selbst wenn ich es gewollt und reichlich Zeit zur Überlegung gehabt hätte, hätte ich kein besseres Ziel wählen können. Meine Bomben hatten den Südteil der Geschützstellung ausgelöscht und das Geschütz selbst wahrscheinlich ebenfalls umgeworfen.

Wir kreisten um die Insel, während die Staffel angriff. Captain Clark ging tiefer, um das bombardierte Gebiet zu fotografieren. Wir trafen uns über der Lagune und traten den Rückflug an. Die Wolkenschicht war dicker geworden, Gewitterfronten bauten sich auf. Der Rückflug glich oft dem Einfädeln einer Nadel – wir flogen auf einen schmalen Lichttunnel zwischen hochragenden schwarzen Wolkensäulen zu und mußten gleich darauf einen neuen suchen. Schließlich zeigte sich die Landebahn durch einen Riß in den Wolken. Steil stießen wir durch das Loch herab und landeten um 10.43 Uhr.

Der Start mit der 4000-Pfund-Bombenlast und der Abwurf hatten das Programm erfüllt, das ich vor wenigen Tagen aufgestellt hatte. Oberst Freeman fliegt am Nachmittag nach Kwajalein, ich beschloß, mit ihm zu fliegen. Um 15.53 Uhr dort gelandet. Am Abend mit der Fähre zur Insel Ebeye (eine Fahrt von zwanzig Minuten).

Donnerstag, 14. September
Die Marine greift Mindanao an. Schwere japanische Verluste an Schiffen
und Flugzeugen.

Freitag, 15. September
Hawaii. Als Kopilot von Oberst Young in einer JRB-3 zur Ford-Insel.
Am Nachmittag Weiterflug nach San Francisco arrangiert und mit dem
Vertreter von United Aircraft in diesem Stützpunkt gesprochen. Mittags
nach Honolulu. Am Nachmittag zuerst ein Spaziergang; habe mir
die Gesichter und die Schaufenster angesehen. Hier gibt es alle Arten
von Rassenmischungen — Amerikaner, Ostasiaten, Europäer und Eingeborene, untergetaucht in ein Meer von Uniformen.

Der friedliche Eindruck des Ortes geht unter dem Einfluß der Soldaten
und der Seeleute sowie dem leichten Geld und dem lockeren Leben, die
dazu gehören, verloren.

Um 6.35 Uhr als Passagier in einem Wasserflugzeug (NATS PB2
Y-3) gestartet. Einer der Passagiere war ein Matrose, der an Bord der
„Arizona" gewesen war, als sie versenkt wurde. Sein Kopf zeigt noch
die Spuren brennenden Öls, durch das er schwamm, um sich zu retten.

Er erzählte mir, er könne nicht verstehen, warum wir in Pearl Harbor
so völlig unvorbereitet überrascht worden seien; unsere Schiffe hatten
doch schon Tage vor dem japanischen Angriff Wasserbomben auf
japanische U-Boote geworfen, und der Befehl war durchgegeben
worden, auf Torpedoblasenbahnen zu achten. Daß wir schon vor dem
Überfall auf Pearl Harbor Wasserbomben auf ein japanisches U-Boot
geworfen hätten, wurde mir auch von mehreren Marineoffizieren
erzählt.

Samstag, 16. September
US-Streitkräfte landen auf Palau und den Halmaheras.

Bei Sonnenaufgang.Himmel bedeckt, reißt auf, als wir uns San Francisco nähern. Um 22 Uhr gelandet. Mit dem Taxi in das Hotel
Coronado, wo mir der Hoteldirektor ein Zimmer für die Nacht be-
sorgte.

Sonntag, 17. September
Anne und Mutter angerufen. Anne zieht eben in ein neues Haus, das
sie in Connecticut gemietet hat. Die Möbel aus Detroit sind noch
nicht eingetroffen. Ich will einige Tage nach Hause an die Ostküste
und meine Arbeit bei United Aircraft wieder in Gang bringen, dann
will ich nach Detroit fahren, um Mutter und B. zu besuchen.

Rief Russell Vought an. Im Hotel Lunch mit Oberst Gephart, der
auf meine Einladung herüberfuhr. Am Nachmittag mit Oberst
Gephart zu General Mitchell, um die Bombentests zu diskutieren,
die ich auf der Roi-Insel durchgeführt habe. Oberst Gephart will
sofort mit der Produktion einer Aufhängung für 2000-Pfund-
Bomben beginnen; General Mitchell glaubt, daß 2000-Pfund-Bomben
bei den Operationen der nächsten drei Monate, bei denen Corsairs
eine große Rolle spielen werden, sehr nützlich sein können.

Später am Nachmittag in die Marinefliegerstation von North
Island. Oberst Gephart zeigte mir dort die drei „zurechtgeputzten"
Corsairs, die den Transkontinentalrekord zu brechen versuchen, wobei
sie unterwegs nur einmal landen sollen. Sie „warten jetzt nur auf
das Wetter" und hoffen gegen Mittwoch auf eine günstige Wendung.
Man glaubt, daß sie den Flug in weniger als sechs Stunden schaffen.

Montag, 18. September
US-Luftarmee landet in Holland hinter den deutschen Linien. [Die
Armee bestand aus zwei amerikanischen und einer britischen Luft-
landedivision. Die Landung erfolgte aber in der britischen Offensiv-
zone.]

Man zeigt mir die Zeitungsartikel, die erschienen sind, seit ich im
letzten April die USA verließ — so unverantwortlich und ungenau
wie üblich. Da war der Artikel der *Times*, der besagte, daß ich über
den Gilbert-Inseln Höhenflüge unternahm. Zur Zeit, als der Artikel
erschien, war ich überhaupt noch nie auf den Gilberts gewesen, und
ich habe auf meiner Reise auch keine Höhenflüge unternommen, es
sei denn, man kann die Testflüge, die ich mit der F4U auf Espiritu
Santo bis 9000 Meter unternahm, „Höhenflüge" nennen. Erst einige
Wochen später verbrachte ich auf dem Weg zum Kwajalein-Atoll eine
Nacht auf den Gilbert-Inseln.

Dann ist da die Geschichte, daß sich Präsident Roosevelt geweigert
habe, „einem formellen Ersuchen" der Marine um meine Reaktivierung

als Offizier zuzustimmen. Das ist mir neu, und ich bezweifle sehr, daß die Marine einen derartigen Versuch unternommen hätte, ohne zuerst mit mir darüber zu sprechen. Weiter heißt es in dem Artikel, daß „er, obwohl er noch von Henry Ford als Konsulent bezahlt wird, als ziviles Mitglied im Stab von Admiral Chester W. Nimitz arbeitet". Es folgen weitere dumme Mitteilungen, darunter die, daß „ich demonstriert hätte, daß Bomber bis in Höhen von 18.000 Meter geflogen werden können, ohne die Genauigkeit des Feuers auf die Ziele zu beeinträchtigen". Der Artikel ist zwar recht wohlwollend, aber es wäre schwierig, ihn noch ungenauer zu machen.

Vor etwa einer Woche wurde eine andere Geschichte gedruckt, daß ich bereits in die Staaten zurückgekehrt sei. Ein anderer Artikel besagt, daß wir ein Haus in Connecticut gekauft haben.

Abendessen im Heim der Voughts. Sie bringen mich zum Flughafen. Flug nach New York, mit Zwischenlandungen in Las Vegas, Winslow, Albuquerque, Amarillo usw. Das Flugzeug ist natürlich voll besetzt.

Dienstag, 19. September
Kurz nach Tagesanbruch in Amarillo – beinahe zwei Stunden Verspätung. Pilot war L. J. Smith. Ich flog die Maschine eine Stunde unterwegs nach Chicago. Auf den amerikanischen Inlandfluglinien bekommt man ein ausgezeichnetes Essen. Wenn man die kriegsbedingten Verhältnisse in Betracht zieht, leisten die Fluglinien Hervorragendes und können darauf wirklich stolz sein.

In Pittsburgh um 17.40 Uhr bei klarem Himmel gelandet. Der Flug wurde aber wegen des schlechten Wetters über New York abgesagt. Mit dem Nachtzug nach New York.

Mittwoch, 20. September
Am Airport-Terminal an der 42. Straße aus dem Taxi gestiegen, um die Presseleute abzuschütteln, falls sie mir über den Taxifahrer folgen wollten. Hielt nur lange genug, um mir einen Fahrplan zu besorgen, dann ging ich zum Frühstück in den Engineers Club. Rief Anne in Next Day Hill an. Die Kinder sind alle dort, alles ist gesund. Das Haus in der Nähe von Fairchild ist fast zum Einzug fertig. Wir können heute schon dort übernachten, die Kinder kommen am Freitag.

Ich nehme den nächsten Zug nach Hartford. Gene Wilsons Fahrer erwartet mich am Bahnhof. McCarthy ist bei ihm, er ist erst vor ein oder zwei Tagen aus England zurückgekommen. Er erzählt mir, daß die Briten mit ihren Corsairs zufrieden sind, von seinem Aufenthalt in London, den deutschen V-Bomben usw.

Wir fahren zu den Büros der Firma in East Hartford, Lunch mit leitenden Angestellten der Firma. Telefonische Einladung von Eugene Wilson aus Washington, heute abend bei ihm zu essen. Ich lehne natürlich ab und sage ihm, daß ich meine Familie noch nicht gesehen habe, was er durchaus versteht. Besprechung mit Frank Caldwell wegen der letzten Forschungen und der Jägerprojekte. Dann mit dem Zug nach Westport und mit dem Taxi in unser neues Haus – das „Tompkins-Haus" an der Long Lots Road. Wir mußten zweimal fragen, ehe wir es fanden.

Anne war an der Tür – das Haus liegt abseits der Straße. Es ist von Bäumen umgeben und ziemlich attraktiv, etwas größer, als ich es gern haben möchte – aber mit etwa der richtigen Zahl von Räumen. Wir gehen es zusammen durch und dann durch das Gelände – Eichen, Pappeln, Birken, Ahorn, Zedern, Tannen und Fichten, ein unbenutztes Feld, ein alter Holzzaun, ein Bach an einem Ende des Besitzes – ein viel schöneres Heim für den Winter, als ich zu finden hoffte. Anne sieht, wenn auch von dem Umzug etwas müde, sehr gut aus. Den Rest des Nachmittags, das Abendessen und den Abend gemeinsam mit Anne verbracht.

Donnerstag, 21. September
Deutsche Streitkräfte umzingeln die (englisch-)amerikanischen (Luft-lande-)Streitkräfte in Holland. Die Russen stoßen in Estland vor.

Am Vormittag Anne beim Einziehen geholfen. Mit dem Zug nach Hartford zu Besprechungen mit Wilson und anderen Managern.

Den Spätnachmittag und Abend bei Anne. Pläne für die Ausgestaltung des Hauses gemacht.

Freitag, 22. September
US-Flugzeugträger greifen die Philippinen an, zerstören 205 Feind-flugzeuge und 37 Schiffe.

Mit dem Taxi zu den Chance-Vought-Werken. Konferenz mit Rex

Beisel, Paul Baker und Ingenieuren. Themen: Corsair und Jägerprojekte, neues Düsenprojekt, Spritreichweite, Steigfähigkeit, Schnelligkeit, Feuerkraft usw.

Der Versuch, den transkontinentalen Rekord durch drei Corsairs
von San Diego aus zu brechen, schlug wegen des Wetters östlich der
Alleghenies fehl. Eine Maschine lag über Floyd Bennett unter der
Rekordzeit, aber das Funkgerät versagte. Die Maschine mußte umkehren, bis sie ein Loch in den Wolken fand und fast ohne Sprit auf
einem kleinen, abgelegenen Flugplatz landete. Alle drei kamen glücklicherweise ohne Bruchlandung herunter. Als ich aus der Fabrik
heimkam, waren die Kinder bereits angekommen, und das Haus war
voll Leben. Am Nachmittag mit ihnen durch das Gelände gegangen
und Trauben aus einem alten Weingarten am Weg zum Bach gegessen.

Samstag, 23. September
Die Russen dringen in Reval ein.

Die wenigen Minuten, die ich gewöhnlich dem Tagebuch gewidmet
habe, gehören jetzt Anne und den Kindern sowie der reinen Freude,
wieder bei ihnen zu sein. In der Fabrik einige geschäftliche Einzelheiten
erledigt. Den Rest des Tages daheim, Anne geholfen und mit den
Kindern gespielt.

Sonntag, 24. September
Jon ist eine große Hilfe geworden, für sein Alter arbeitet er hart und
ausgezeichnet. Ich habe seinen Lohn auf 40 Cents die Stunde erhöht,
Land bekommt 20 Cents. Rief am Nachmittag Mutter an. Alle Kinder
bis auf Scott sprechen mit ihr. Ich fahre in etwa einer Woche wieder
nach Detroit.

Sonntag, 1. Oktober
Tag bei Anne und mit den Kindern gespielt. Klar und sonnig. Mr. und
Mrs. Sikorsky sowie ihr Sohn „Nicky" kamen zum Abendessen. Wir
sprachen über den Krieg und den wachsenden Einfluß Rußlands.

Die intensive Tätigkeit nach seiner Rückkehr aus dem pazifischen Kriegsschauplatz verursachte eine weitere Unterbrechung in Charles Lindberghs Tagebuch. Die Eintragungen beginnen wieder im Mai 1945, als er unmittelbar nach der deutschen Kapitulation in einer technischen Mission der Marine nach Europa aufbrechen will. Zweck dieser Reise, die er als Repräsentant von United Aircraft unternahm, war es, die deutschen Kriegsentwicklungen in der Fliegerei und dem Raketenwesen zu studieren.

EUROPA NACH DEM KRIEG

1945

Freitag, 11. Mai

Zug pünktlich. Bahnhof in Washington voll Uniformen – Armee, Marine, WACs, WAVEs [Angehörige der weiblichen Hilfskorps], Offiziere, Mannschaften. Ins Außenministerium, um meine Paßangelegenheiten in Ordnung zu bringen. (Um Zeit zu sparen, hatte man mir ein Ersatzdokument ausgestellt.) Um 14 Uhr ins Marinegebäude wegen der letzten Freigaben und medizinischer Fragen (Impfungen). Danach Besprechung mit Admiral Ramsey – hinsichtlich der Reise, der Entwicklung der japanischen Fliegerei usw. Zum Flugplatz Gravelly Point (NATS-Station), um einen Spezialausweis zu holen und das Gepäck wiegen zu lassen (insgesamt achtunddreißig Pfund). (Für Flüge ins Ausland sind fünfundfünfzig Pfund erlaubt. Man sagte mir, wenn ich wollte, könnte ich noch mehr haben! Anne und ich reisten früher monatelang mit einem Gepäck von je sechzehn Pfund.)

20-Minuten-Flug nach Patuxent. Besuch bei Captain Ramsey, dort Uniform angezogen. Bestieg um 23.15 Uhr eine R5D. Flog auf die Einladung des Kapitäns anderthalb Stunden – hauptsächlich nach Instrumenten. Auf einer Decke auf dem Kabinenboden etwas geschlafen. Von der Mannschaft für ein nachmitternächtliches Essen geweckt. Neues System – gefrorene Speisen, im elektrischen Ofen gewärmt. Nicht besonders gut. Gleicht zu sehr den dehydrierten Lebensmitteln in Neuguinea.

Samstag, 12. Mai

Schlief vor der Landung in Stephensville, Neufundland, eine weitere Stunde auf dem Boden. Um 6.41 Uhr mit neuer Besatzung zum Flug nach den Azoren gestartet. Zwölf Passagiere, alle in Uniform – Armee, Marine, Techniker. Sah sehr wenig von Neufundland – eine Fläche mit kümmerlichen Fichten, Sümpfen und Felsen. Dann waren wir in einer Wolkenschicht, die erst weit draußen auf dem Atlantik aufriß. Flog die Maschine fünfundvierzig Minuten lang in 3000 Meter Höhe. Auf der Meeresoberfläche einige Eisberge durch Risse in den Wolken sichtbar, große Brecher werfen Gischt auf ihre Luvseite.

Zwei oder drei Stunden auf dem Kabinenboden geschlafen, ich lasse den Unterkiefer etwas sinken, damit die Zähne nicht aneinanderschlagen. Die Kabine ist gut geheizt, manchmal zu gut. Die moderne Militärmaschine ist vom Standpunkt des Passagiers aus uninteressant – hoch über der Erde, oft über den Wolken, so daß man keine Einzelheiten sehen kann (abgesehen davon, daß die Kübelsitze und die schlecht placierten Fenster das Sehen ohnehin erschweren). Man kann also genausogut schlafen. Die Transportflugzeuge scheinen jedes Jahr den U-Bahnen ähnlicher zu werden.

Um 15.45 Uhr auf dem Lagens-Flugplatz, Terceira, Azoren, gelandet. Hübsches kleines Dorf und saubere Farmen. Mit der dritten Besatzung um 21.17 Uhr wieder gestartet – Zwielicht. Gespräche mit Passagieren und der Besatzung. Jeder fragt sich, wie sich das Kriegsende in Deutschland auf seine persönliche Zukunft auswirken wird. Einige werden in den Pazifik gehen, andere nach Hause und zurück in den Beruf, einige, besonders die jungen Militärpiloten, haben aber noch keine Stellung in Aussicht.

Sonntag, 13. Mai

Erwachte plötzlich durch laute Rufe und Poltern auf dem Kabinenboden. Sprang auf und preßte meinen Kopf an die nächste Luke. Unter uns, 2000 Meter tiefer, lag in dem sanften Morgenlicht Mont-Saint-Michel wie ein Edelstein in seiner Fassung. Dahinter erstreckte sich in sanftem Bogen die französische Küste – das üppige Grün der Frühlingssaaten, das tiefere der Wälder, das Braun der frisch bearbeiteten Felder. Die Küste der Bretagne! Die großen Wattebenen erstreckten sich kilometerweit.

Wenn ich nur früher erwacht wäre, hätte ich vielleicht Illiec und Saint-Gildas sehen können! Nein, wenn ich mir's überlege, waren wir dafür zu weit südlich. Was hätte ich darum gegeben, einen Tag auf Illiec zuzubringen und das Spiel der Gezeiten zu beobachten. Carrel ist tot; Mme. Carrel ist nicht da; aber die bloße Gedankenverbindung, nur die Erinnerungen und die Schönheit, die sie ebenfalls so liebten, wären genug. Illiec – eine halbe Flugstunde, sechs Jahre und einen Krieg von mir entfernt – und Gott weiß, wieviel mehr.

Bei dem ersten Blick auf Frankreich war keine Spur des Krieges zu erkennen. Mont-Saint-Michel war, wie er gewesen war, als ich ihn zuletzt sah – so, als ob Anne und ich einfach auf einem unserer Flüge mit der Mohawk von Illiec nach Paris waren. Nachdem wir die Küste überquert hatten, wo sie auf Cherbourg nach Norden biegt, zeigen sich Spuren der Kämpfe vor knapp einem Jahr – verbrannte Flächen in Feld und Wald, Bombentrichter und Gräben im Zickzack um strategische Hügel; die kleineren und zahlreicheren Spuren von Granatlöchern, hier und dort ein Haus, eingestürzt oder ohne Dach. Ich schaute durch eine Luke auf der Südseite der Maschine. Bis auf einen schwer zerbombten Flugplatz schien der Krieg wenig Schaden angerichtet zu haben. Die Männer, die durch die Luke nach Norden hinausschauten, meldeten jedoch zwei völlig zerstörte Ortschaften.

Orly, der Pariser Flughafen, wo wir landeten, war schwer bombardiert worden, um die Ränder der Rollbahn und auf unbenutzten Flächen waren noch viele Trichter – hellfarbige runde Flecke in der Nähe der Rollbahnen, dort, wo man die Trichter aufgefüllt hatte – Wracks von Hangars, verbogene Stahlverkleidung – beschädigte deutsche und alliierte Flugzeuge, neben denen einsatzfähige Transportmaschinen standen.

Wir landeten um 7.45 Uhr Pariser Zeit, ein altes französisches Taxi sollte mich zum Hauptquartier Frankreich der Marinestreitkräfte in die Hauptstadt bringen. Der Fahrer verstand kein Englisch, und ich spreche nur wenige Worte Französisch, aber wir konnten uns doch ohne viel Mühe verständigen. Ja, es ist lange her, seit ich die *Spirit of St. Louis* nach Paris geflogen habe. Sehen Sie sich die französischen Kriegsgefangenen an (ein Lastauto voll, das eben aus Deutschland zurückgekommen war): alte Uniformen, die Rangabzeichen fehlen, mit Reisestaub bedeckt, ziemlich ermüdete und für Franzosen ausdruckslose Gesichter, offensichtlich sind sie von den Jahren der Gefangenschaft noch wie betäubt. Diese Gesichter zeigten mehr ein geistiges als ein physisches Ausgehungertsein.

Die Straßen in den Vorstädten waren fast leer. Das Sonnenlicht sickerte durch das frühlingsgrüne Laub. Die Fenster mit Läden verschlossen, die Marktstände fast leer. Der geringe Verkehr war fast ausschließlich militärisch. Wieviel davon war dem Sonntagmorgen zuzuschreiben? Wieviel dem Krieg? Gegen die Stadtmitte zu war mehr Leben. Einige Karrenladungen Gemüse waren angekommen und wurden an den Marktständen ausgeladen, sie betonten noch die sonstige Leere. Schon bildeten sich kleine Käuferschlangen. Wo immer es Lebensmittel gibt, bilden sich Schlangen, Frauen und Männer stellten sich mit Körben und Einkaufstaschen an, um etwas zu ergattern.

Absperrungen wegen einer geplanten Parade zwangen uns, einen Umweg von einigen Häuserblocks zu machen. Paris wirkt wie ein Schneckenhaus, als ob seine jetzigen Einwohner die Stadt von deren wahren Erbauern übernommen hätten — etwa so, wie der Italiener von heute Rom übernommen hat. Als wir uns dem Arc de Triomphe näherten, erinnerte mich dieser an manch eine jener alten römischen Säulen. Von weitem zeigte er gar keine Kriegseinwirkungen. Von der Nähe allerdings konnte man die Einschläge von Gewehr- und MG-Geschossen sehen.

Die Sitze und Bänke längs der Champs Elysées waren besetzt — Zivilisten und Soldaten, die im Sonnenschein des Nachmittags tranken; braungesichtige Männer in den Uniformen verschiedener Nationen und weißgesichtige Familien aus Paris. Mir erschien das Ganze wie ein großes Krankenhaus, dessen Insassen sich von der Krankheit des Kriegs erholten.

Da ich keine weiteren Verabredungen hatte, beschloß ich, zu der Place de la Concorde zu gehen. Die Springbrunnen waren wieder in Betrieb, ihr Gischt weht auf den Gehsteig, so daß einige französische Mädchen lachend und kreischend wegliefen. Einen Augenblick lang war es wie im Frankreich vor dem Krieg. In diesem Augenblick vergaß ich den Militärverkehr auf den Straßen, die fremden Uniformen und die alten Kleider der Zivilisten.

Ja, fast jedermann in Paris trägt alte Kleidung — Männer, Frauen und Kinder —, alle außer den Soldaten, die nicht in Kriegsgefangenschaft waren. Manchmal erinnert es mich an die Städte Sowjetrußlands. Aber die Französin hat trotz ihrer Lumpen Stil und Farbe. Sie macht das meiste daraus und ist darauf stolz. Sie ist noch die Frau, die die Männer ansehen und bewundern sollen. Ich frage mich, warum sich der Franzose im Gegensatz zu ihr oft so schlecht kleidet. Selbst die französischen Soldaten schleichen die Straßen entlang — im Vergleich zu ihnen sehen unsere eigenen Soldaten, die in dieser Hinsicht oft schlecht genug wegkommen, geradezu martialisch aus.

Wie der Arc de Triomphe schien auch die Place de la Concorde vom Krieg unberührt, als ich sie zum ersten Mal sah. Aber wie der Arc de Triomphe wies sie beim Näherkommen die Narben von Gewehr- und MG-Geschossen auf. Eine Panzergranate hatte eine ganze Säule des Hotels Crillon umgeworfen, eine andere hatte in die Wand eines Gebäudes weiter entlang der Straße ein Loch geschlagen. Aber selbst diese Schäden konnten leicht repariert werden. Die Stadt Paris schien dem Krieg fast unversehrt entgangen zu sein.

Ich ging zum Arc de Triomphe zurück. Eine Menge versammelte sich um das Grab des Unbekannten Soldaten, sie wurde durch mehrere Dutzend Polizisten zurückgehalten. Nah beim anderen Ende der Champs Elysées begann eine Parade. Man sagte mir, daß seit der deutschen Niederlage täglich mehrere Paraden stattfänden.

Ich wartete eine Weile in der Menge, mußte aber weg, ehe die Marschkolonne kam, weil ich meine Verabredung zum Abendessen mit Commander Seiller im Royal Monceau einhalten mußte. Er ist ein junger Mann von vielleicht dreißig, aus den Bergen von Tennessee – fähig, ehrlich, religiös –, der Typ, bei dem man Hoffnung in die Zukunft fassen kann. Am Abend gingen wir durch die Straßen von Paris und einen der Parks spazieren.

Nachdem ich wieder im Hotel war, schrieb ich Anne einen Brief. Vor Mitternacht ging ich noch einmal zum Luftschöpfen zum Arc de Triomphe. Dort fand eine zwanglose Feier statt, ein Spiel, an dem Franzosen, Mädchen und ausländische Soldaten teilnahmen. Dutzende von Menschen gaben sich die Hände, marschierten im Kreis herum und teilten sich manchmal, um andere Leute einzuschließen. Ein Mädchen, daß so eingekreist wurde, konnte nur heraus, wenn es sich einen Mann in dem Kreis auswählte und sich von ihm küssen ließ.

Die Sache wirkte aber gezwungen und ganz unfranzösisch, so, als ob man die Vorkriegszeiten zurückholen könnte, indem man einfach die Bewegungen machte, als ob sich die Leute sagten, daß der Geist vielleicht folgen würde, wenn man nur die Gesten machte.

Montag, 14. Mai

Ging zum Haus der Marinestreitkräfte Frankreichs – etwa vier Häuserblocks. Am Vormittag Geheimdienstmaterial studiert – geheime Dokumente usw. – und meine Feldausrüstung gefaßt. Die Fenster des Büros der Technischen Mission, wo ich arbeite, gehen auf den Arc de Triomphe hinaus. Alle paar Minuten kommt eine amerikanische Maschine herunter, um den Triumphbogen im Tiefflug zu überfliegen, manchmal streifen sie ihn beinahe. Bis jetzt ist noch alles gutgegangen. P-38, B-26, P-47 und L-5 — sie alle kommen im Sturzflug herunter, so als ob der Krieg für jeden dieser Piloten nicht vorbei sei, solange nicht auch er darüber weggeflogen ist.

Lunch mit Admiral Kirk in seinem Quartier in einem Privathaus. Wir sprechen über Frankreich, die Zerstörung seiner Häfen, die Schwierigkeiten, das Land zu reorganisieren, die Gefahr, daß Frankreich kommunistisch wird, usw.

Um 17 Uhr zur Place de la Concorde zu einer Verabredung mit Botschafter Caffery. Wir sprachen über Frankreich und den Krieg, die Gefahr eines wachsenden sowjetischen Einflusses und die Notwendigkeit amerikanischer Hilfe, die Haltung in der Heimat usw. Besuchte kurz Douglas MacArthur II. Vor dem Schlafengehen war ich am Arc de Triomphe und ging durch die verdunkelten Straßen heim. Der Arc de Triomphe selbst ist strahlend beleuchtet.

Ein hoher Marineoffizier sagte heute: „Es hat mir wohl getan zu sehen, wie die Italiener Mussolini behandelt haben. Das war genau das Richtige, ihn und seine Geliebte aufzuhängen. Das sollten sie bei noch ein paar anderen auch machen." Und die übrigen anwesenden Offiziere stimmten zu.

Dienstag, 15. Mai

Am Vormittag Geheimdienstberichte über deutsche Jäger und Fragen der Taktik studiert. Zum Lunch mit General Spaatz und Offizieren seines Stabes nach Saint-Germain. Ich sprach mit ihm, um Kontakt mit Einsatzpiloten zu bekommen, die Erfahrung mit deutschen Düsenjägern haben. Sie sind praktisch alle in England stationiert. Ich hörte mir eine Unterhaltung zwischen General Spaatz und anderen Offizieren über das richtige Verhalten beim Verhör deutscher Offiziere an. Die Tatsache, daß Göring bei seiner Gefangennahme höflich behandelt worden ist, wurde in unserer Presse zu Hause so stark kritisiert, daß sich unsere Offiziere jetzt Sorgen machen. Tatsache ist, daß unsere Armee heute, ebenso wie unsere Politiker, Angst vor der Presse hat. Spaatz vertrat den Standpunkt, daß der Gruß des deutschen Offiziers „im Einklang mit der militärischen Tradition" von dem amerikanischen Offizier erwidert werden sollte.

Am Nachmittag Geheimdienstberichte studiert und die Reise nach Deutschland geplant.

Donnerstag, 17. Mai
Mit dem Lastauto nach Villacoublay. Um 11.05 Uhr in einer C-47 gestartet: mehrere Offiziere der Technischen Mission, ein Jeep mit Anhänger und unser Gepäck.

Wir tragen G.I.-Uniform, so daß wir auf deutschem Territorium so wenig wie möglich auffallen. Aus manchen Orten werden Heckenschützen gemeldet und natürlich sind da die Geschichten von deutscher „Werwolf"-Tätigkeit, die sich aber noch nicht bewahrheitet haben. Wir tragen schwere Feldstiefel, Khakiwollhose und Hemd, mittelschwere Feldbluse und Überseemütze. Statt der üblichen automatischen .45er Pistole trage ich eine .38er in einer Schulterhalfter unter der Dienstbluse. In unserem Gepäck befinden sich Stahlhelm, Extrauniform usw. Wir tragen Feldkoppel mit Feldflasche, Verbandspäckchen usw.

Zwei der drei Männer sitzen in dem Jeep und versuchen zu schlafen. Ich bin zwischen den Anhänger und die Wand des Rumpfs eingeklemmt, sitze auf einem Schlafsack und schaue durch eines der staubigen Fenster hinaus. Im Augenblick ist nicht viel von den Spuren des Kriegs zu sehen, aber hinten bei Villacoublay waren der Flugplatz und seine Gebäude schwer bombardiert worden. Überall Bombentrichter, einige schon aufgefüllt, die anderen noch offen, die Hangars Haufen von verdrehtem Stahl und zerschmettertem Beton. Die schönen, schlanken Flugzeuge sind jetzt Massen zerfetzten, verbogenen Metalls, überall sind die Farben von Rauch und Feuer.

Abgesehen von einem zerstörten Bahnhof und den zusammengestürzten Gebäuden in seiner Nähe, schien das Viertel von Paris, das wir überflogen, fast intakt zu sein. In dem weiter dahinterliegenden Land entdeckte ich überhaupt keine Kriegsspuren. Dann sahen wir hier und dort im Zickzack verlaufende Schützengräben, ihre Zahl nahm zu, als wir uns der deutschen Grenze näherten. Einige Ortschaften waren stark zerstört, der größte Teil der Kämpfe hatte aber im freien Gelände stattgefunden. Ein Hügel unter uns war schwer bombardiert und beschossen worden. Dutzende von gelben Spuren durch ein grünes Saatfeld bezeichneten einen Panzerangriff in Schwarmformation auf eine feindliche Stellung. Etwas weiter waren zwei große Bomber, kaum einen Kilometer voneinander entfernt, abgestürzt.

Als wir nach Deutschland kamen, wurden die Schäden schwerer – sie waren schrecklich, wo unsere Streitkräfte auf Teile des Westwalls gestoßen waren. Eisenbahnlinien waren alle hundert Meter durch tiefe Trichter unterbrochen – das Werk deutscher Sprengtrupps. Große Teile einer Stadt, die wir überflogen, schienen fast völlig zerstört und nieder-

gelegt. Aber die meisten Dörfer waren unberührt, und die Felder und
Bauernhäuser sahen fast genauso aus wie vor dem Krieg. Wenn man sich
die Städte ansah, hatte man das Gefühl, daß die Deutschen Jahrhunderte
brauchen würden, um sie wieder aufzubauen und zu organisieren. Bei
einem Blick auf die Dörfer glaubte man, hier würde es nicht lange
dauern. Ein interessanter Gedanke: die Stadt, die der Wissenschaft und
dem Krieg das Gerät lieferte, ist das Opfer des Wirbelsturms geworden,
den sie verursachte. Auf dem Lande liegen die Samen für neue Kraft und
der Boden für neues Wachstum.

Wir kreisten über Mannheim und landeten um 13 Uhr, um einen
englischen Fliegerleutnant abzusetzen, den wir mitgenommen hatten.
Die Stadt war schrecklich getroffen worden, sie ist voll Ruinen und
Schutt, auf den Straßen zeigt sich kaum Leben, alles ist umgeben von
zerstörten Fabriken mit stillstehenden Maschinen und Schornsteinen, die
nicht mehr rauchen. Vom Boden aus erinnert es mich an ein Gemälde
von Dali, das mit seinem Gefühl eines höllischen Todes so typisch für
die ungeheure Abnormalität unseres Zeitalters ist — Tod ohne Würde,
Schöpfung ohne Gott.

In die Betonhangars, die noch standen, waren große, klaffende
Löcher geschlagen, Granatlöcher durch die Mauern der Gebäude,
Bombenlöcher in den Dächern. Deutsche Schriftzeichen, auf den Beton
gemalt; auf Karton und Brettern amerikanische Schilder. Ein amerikanischer Mechaniker fuhr auf einem erbeuteten deutschen Motorrad
über das Feld. Auf der Straße hinter den Hangars kamen Jeeps und Lastautos der amerikanischen Armee vorbei. Gelegentlich sah man einen
Deutschen auf einem Fahrrad.

Auf dem Platz standen einige amerikanische Maschinen und in einer
Ecke auch zwei oder drei deutsche. In einem der Hangars befand sich
eine Focke-Wulf 190. Der Pilot hatte sie vor einigen Tagen aus der
Tschechoslowakei hierher eingeflogen, er wollte lieber von den Amerikanern als von den Russen gefangen genommen werden. Um dem
MG-Feuer zu entgehen, war er, wie er sagte, die ganze Strecke in
15 Meter Höhe geflogen. Die Maschine war in erbärmlichem Zustand
und mit Schlamm und Schmutz bedeckt.

Wir starteten in Mannheim um 14.58 Uhr. Mit wenigen Ausnahmen
war der Stadtrand schwer zerstört. In der Umgebung sahen wir zahlreiche Hütten, um jede war ein kleiner Garten angelegt. Die Hütten
sahen so aus, als ob sie mit aus den Ruinen der Stadt geborgenen Brettern errichtet worden seien. Augenscheinlich waren die Bewohner vor
den Luftangriffen hierher geflohen.

Auf weiten Strecken zwischen Mannheim und München sah man keinerlei Spuren des Krieges; die Bauern arbeiteten auf den Feldern, und die Häuser und Dörfer waren so friedlich, als hätte es hier nie Krieg gegeben. In den Wäldern wurde aber mehr als normal gefällt: zum Wiederaufbau von Deutschland wird Holz gebraucht.

Das Zentrum von München schien, aus der Luft betrachtet, ein einziger Trümmerhaufen zu sein – die Hüllen von Gebäuden, Mauern ohne Dächer, hohe Trümmerhaufen längs der Straßen – einige der Seitenstraßen völlig blockiert.

Um 16.06 Uhr landeten wir auf einem der Flugplätze, rollten über die runden Flecken, die auf aufgeschüttete Bombentrichter hinwiesen, und parkten neben einem kiesgefüllten Trichter an dem Mittelstreifen. Das Flughafengebäude war nicht schwer beschädigt – nur Stücke waren aus den Wänden geschlagen; überall zerbrochene Fenster. Amerikanische Soldaten hatten das Gebäude besetzt; Stahlhelme, Khakiuniformen und Gewehre in den Vestibülen, ringsum waren Lastautos und Jeeps geparkt. Ein oder zwei Dutzend amerikanischer und britischer Flugzeuge standen über das Feld verteilt, in einer entlegenen Ecke waren etwa fünfzig deutsche Maschinen aller Typen kunterbunt in einem ovalen Haufen abgestellt, sie schienen in einem äußerst schlechten Zustand zu sein. Ein Hangar in der Nähe war bombardiert, ein riesiger Gasometer etwas abseits aber völlig unversehrt.

Unser Jeep mit Anhänger wurde ausgeladen. Ein Sturm war aufgekommen, es regnete leicht. Ganz München schien in Trümmern zu liegen. Wir fuhren durch Straßen, wo der Schutt beiseite geräumt worden war, um Platz für den Verkehr zu schaffen, er türmte sich auf den Gehsteigen und stieg stellenweise hoch über unseren Jeep auf. Ganze Häuserblocks weit sahen wir kein Haus, in dem wir hätten wohnen können – eingestürzte Wände, verbranntes Inneres, gesprungene und vortretende Mauern, heruntergefallene Decken. Die wenigen Häuser mit unbeschädigten Fassaden waren, wenn man genauer hinsah, voller Schutt, wo Zwischenböden und das Dach in die Keller gestürzt waren. München ist eine zerstörte Stadt, aber man sagt mir, daß andere Städte noch weit schwerer getroffen wurden.

Die Bewohner von München scheinen mit wenigen Ausnahmen keinen Haß in den Augen zu tragen, sie haben aber auch nicht das geduckte, kriecherische Aussehen, wie es in einigen unserer Zeitungsartikel in der Heimat dargestellt wird. Da die Gehsteige zumeist von Schutt bedeckt sind, müssen die Menschen auf der Fahrbahn gehen und kommen dicht an unserem Wagen vorbei. Einige fahren auf Fahrrädern, die meisten gehen mit einer Einkaufstasche an der Hand. Dann und wann schaut ein Bürger absichtlich weg, wenn ihn ein Soldat ansieht, die meisten benehmen sich aber wie Bewohner einer Stadt im Frieden. Man sagt mir, es sei während der ersten Tage der Besetzung anders gewesen. Damals blieben viele Einwohner von München im Haus oder sie sahen die Soldaten in offensichtlichem Zorn oder mit mürrischen Mienen an. In diesen ersten Tagen wurde aber viel geplündert, sogar durch unsere amerikanischen Soldaten, die sich den Berichten zufolge aber viel besser benahmen als die Franzosen oder die Russen.

Ich sprach mit einem amerikanischen Techniker, der einige Tage, nachdem die Franzosen Stuttgart besetzt hatten, dort gewesen war. Er sagte, die französischen Soldaten hätten geplündert, vergewaltigt und gemordet, aber die Negertruppen im Gefolge der französischen Armee seien unglaublich viel schlimmer gewesen. Er hatte eine Frau gesehen, die siebzehnmal vergewaltigt worden war. „In Stuttgart ist praktisch jede Frau zwischen sechs und sechzig vergewaltigt worden." Seine Aussage wurde zum Teil durch einen Offizier der Armee bestätigt, der mir sagte, in Stuttgart seien 6000 Fälle von Vergewaltigung berichtet worden, die Deutschen hätten förmlich danach geschrien, die Amerikaner sollten kommen und die Franzosen ablösen.

Wo diese Menschen in den Münchner Straßen wohnen, woher sie kommen und wohin sie gehen, kann ich nicht feststellen. Man scheint nicht zu arbeiten, nicht einmal der Schutt wird weggeräumt. Jemand meint, daß diese Menschen in den Trümmern ihrer Stadt nach Freunden und Bekannten suchen, die sie während der Luftangriffe verloren haben.

Wir hielten am Sitz der Militärregierung im Haus der Deutschen Kunst — es ist wie durch ein Wunder relativ unbeschädigt geblieben, obwohl die Gebäudereihe auf der anderen Straßenseite zerstört wurde. Das Haus ist noch getarnt. Fast alle Glasscheiben auf dem Dach sind zerbrochen, und dabei besteht das Dach fast ausschließlich aus Glas. Einige der Zwischendecken sind eingestürzt. Der Mörtel der Wände hat Risse. Die Böden der Ausstellungsräume sind vom Regen mit Wasser bedeckt. Der Bau selbst scheint jedoch intakt zu sein, und die Schäden kann man reparieren.

Am Eingang stehen Posten unter Gewehr. Wenn man vom Eingang nach links in einen Gang mit Büros einbiegt, findet man ein Anschlagbrett für amerikanische Soldaten. Auf dem oberen Teil ist eine Karte von Europa angeheftet. Darüber ist ein weißes Papier geklebt, auf dem in großen Buchstaben steht: „ALLES GEHÖRT UNS." Die Büros des Ausstellungshauses werden jetzt von den verschiedenen Teilen der Armee besetzt.

Vom Haus der Kunst fuhren wir zu den BMW-Werken. Ein verschlossenes Tor, das aber vor unserem Jeep und den amerikanischen Uniformen schnell geöffnet wurde. Außerhalb des Tors schauten ein Mann, eine Frau und ein etwa zehnjähriger Junge durch das Gitter, alle sahen aus, als ob sie seit Monaten gehungert hätten – weiße schmale Gesichter und eingesunkene Augen. Keiner der amerikanischen Soldaten im Innern schien sie zu bemerken. Ein Sergeant, der auf einem Geländer saß, kaute geruhsam an einer Candystange.

Wir gingen zu einem Winkel der Fabrik, wo eine Anzahl von Motoren, Motorenteilen und Zubehör durch Angehörige der Technischen Mission auf einer Verladerampe zusammengetragen worden waren. Ein junger britischer Leutnant war bei ihnen. (Die Briten scheinen überall dort zu sein, wo man wissenschaftliche oder industrielle Informationen erhalten kann.) Commander Seiller wählte einige Gegenstände aus, die er in der C-47 mit nach Paris nimmt. (Er kehrt heute nacht zurück.) Auseinandersetzung mit dem Briten darüber, *etwas irgendwohin anders als nach England zu bringen*. Die Frage wurde dadurch erledigt, daß die Gegenstände in ein amerikanisches Lastauto verladen wurden.

Zum Flugplatz zurück, wo wir uns von Seiller verabschieden. Dann fuhren wir in das uns zugewiesene Quartier am Stadtrand von München, ein kleines Haus in einer Gegend, wo nur wenig Bomben gefallen waren. Dann in die Stadt zurück, um unseren Anhänger und unser persönliches Gepäck zu holen. Meilenweit zerbombte, zerstörte Häuser, hohe Schutthaufen, wo weiß Gott wie viele Menschen gestorben sind oder noch viele Tote begraben liegen.

Freitag, 18. Mai
Mit Oberst George Gifford nach Zell am See ins Hauptquartier der deutschen Luftwaffe. Überall längs der Straße die Wracks deutscher Autos und Lastwagen. Einige waren durch Tiefflieger zerstört worden. Andere waren liegengeblieben und von den Deutschen selbst auf die Seite geschoben worden. Die meisten waren aber einfach von Bulldozern weggeräumt worden, als die alliierten Kolonnen vorstießen. Die meisten waren nicht mehr zu reparieren, viele hatten gebrannt,

keines der Hunderten von Fahrzeugen, die ich sah, war ohne ernsten
Schaden.

Nachdem wir München verlassen hatten, sahen wir außer den
zerstörten Fahrzeugen und gesprengten Brücken längs der Autobahn
nur wenig oder keine Kriegsschäden. Oberst Gifford schlug vor, daß
wir zum Lunch an einem Gast- oder Privathaus halten sollten, da er
den Eindruck hatte, daß es in dem Raum südlich von München genug
zu essen gebe. (Ich hatte angedeutet, daß die Deutschen äußerst knapp
an Lebensmitteln sein könnten.) Wir hielten an der Tür eines Gast-
hauses. Drinnen kein Lebenszeichen. Schließlich kam, nach mehr-
maligem Läuten, ein alter Mann an die Tür und sagte in sehr schlechtem
Englisch einige Worte: „Kein Bier, kein Schnaps, kein Essen." Seine
Frau hatte ein Bein gebrochen und war im Krankenhaus (das deutete
er hauptsächlich durch Gesten an).

Wir fuhren zur Tür eines kleinen „Schlosses" wenige hundert
Meter von dem Gasthaus. Eine Frau und mehrere Kinder bewegten
sich in dem Torbogen. Ein junger Mann in grünem bayrischem
Janker und in Lederhose kam uns entgegen. Er sprach gut Englisch.
„Essen? Wir haben fast nichts." Die Kinder warfen uns im Vorbei-
gehen heimliche Blicke zu, sie hatten augenscheinlich etwas zu tun,
wollten aber sehen, wie sich diese fremden Soldaten benahmen. „Die
Polen, die Russen – und sogar die Amerikaner haben fast alles genommen, was wir hatten." Man hatte den Eindruck, daß noch Lebensmittel vorhanden waren und daß die Familie etwas herausgeholt
hätte, wenn wir es verlangt hätten, daß sich die Familie schon darein
geschickt hatte, von allen Bewaffneten, die vorbeikamen, ausgeplündert zu werden. Der Mann sagte, seine Mutter sei Amerikanerin,
und er habe selbst einige Jahre in unserem Land zugebracht.

Wir verabschiedeten uns und wendeten den Jeep. Der junge Mann
wollte schon ins Schloß, dann wandte er sich wieder uns zu. „Eine
Frage bitte. Ich möchte sie Ihnen gern stellen. Gestern kamen einige
amerikanische Soldaten hierher. Sie nahmen uns unsere Kameras und
unsere Feldstecher weg. Ist das erlaubt?" In der Tat sind unsere
Soldaten auf Beute aus, wo sie sie nur bekommen können. Wie ich
höre, gibt es einen Befehl, daß Kameras abgeliefert werden müssen,
aber selbst das scheint unbestimmt zu sein, ich konnte dafür keine
Bestätigung erhalten. Unsere Soldaten haben aber herausgefunden,
daß sie Kameras und Ferngläser bekommen, wenn sie, das Gewehr
über der Schulter, in ein deutsches Haus gehen und sie verlangen. Für
einen G.I. ist es ganz in Ordnung, zu zerstören und zu plündern.

Unsere Soldaten benehmen sich jedoch in dieser Hinsicht zivilisierter als die Russen oder Franzosen.

Wir hielten zum Lunch in einem amerikanischen Feldlazarett, das in Zelten südlich der Autobahn, auf der wir fuhren, aufgebaut war. Da die Straße nach Zell am See wenige Kilometer an Berchtesgaden vorbeiführt, entschlossen wir uns zu einem Umweg zu Hitlers Hauptquartier im Gebirge. Aus den Fenstern der Dörfer, durch die wir kamen, hingen weiße Fahnen, genauso wie in vielen Fenstern in München. An einer Stelle hielten wir, um bei einer Gruppe junger deutscher Soldaten – in Uniform, aber ohne Waffen und offensichtlich auf dem Heimweg – nach der Richtung zu fragen. Es war ein halbes Dutzend junger Männer, die nach bestem Wissen antworteten, sie zeigten keine Spur von Haß und Verstimmung, sie sahen aber auch nicht geschlagen aus. Sie schienen Bauernsöhne zu sein.

Wir waren auf der falschen Straße, also kehrten wir um. Als wir vorbeifuhren, ließ ich ein Päckchen Zigaretten fallen. Die Vorschriften verbieten, daß wir Deutsche im Auto mitnehmen. „Es gibt keine Verbrüderung." Man soll ihnen nicht einmal die Hand schütteln oder den Kindern etwa Lebensmittel oder Süßigkeiten geben. Ich halte diese Einstellung für falsch und glaube, daß sie mehr schaden als nützen wird. Ich glaube im Gegenteil, daß es nicht möglich sein wird, diese Vorschriften durchzusetzen. Wenn ich mich nicht sehr irre, wird ein amerikanischer Soldat mit einem hübschen Mädchen plaudern oder einem Kind den Kopf streicheln, ob es nun Vorschriften dagegen gibt oder nicht. Ich glaube auch nicht, daß das die richtige Art und Weise ist, um aus den Deutschen die Art von Menschen zu machen, wie wir sie uns wünschen. Ich glaube, es ist die beste Methode, die Saat für einen zukünftigen Krieg zu säen.

Ein kleiner Ort, wo wir die Straße nach Berchtesgaden einschlugen, war schwer bombardiert worden, offensichtlich hatte man versucht, den Bahnhof zu zerstören, und dabei auch die meisten Häuser getroffen. Überall ringsum ragten die Berge auf. Der gewundene, mit Steinen gepflasterte Weg zu Hitlers Hauptquartier war mit amerikanischen Militärfahrzeugen verstopft – Jeeps und Lastautos voll von Soldaten, WACs und Krankenschwestern der Armee, die offensichtlich alle sehen wollten, wo der „Führer" gelebt und gearbeitet hatte.

Hitlers Quartier und die umliegenden Gebäude waren schwer bombardiert worden, durchlöchert, die Dächer eingestürzt, zerschmettert. Etwa zwei Dutzend deutsche Soldaten in Uniform hatten damit begonnen, die Trümmer aufzuräumen. Auf dem schmalen Weg zu dem

Haus, in dem Hitler gewohnt, gearbeitet und viele Besprechungen abgehalten hatte, lag noch Schutt, aber für unseren Jeep war noch Platz.
Die deutschen Soldaten traten zur Seite, arbeiteten dann aber gleich
weiter.

Wir parkten den Jeep an einer Seite des Hauses und kletterten über
den Schutt zu einer klaffenden Türöffnung hindurch. Einige Meter den
Weg hinauf sah ich, wie ein deutscher Offizier (er beaufsichtigte die
Aufräumungsarbeiten) einem amerikanischen Offizier, der vorbeikam,
salutierte, er senkte dabei leicht den Kopf. Der Amerikaner schlenderte
vorbei, offensichtlich ohne ihn zu bemerken, obwohl der Deutsche
grüßte, bis er vorbei war. Ich werde den Ausdruck in den Gesichtern der
zwei Männer nie vergessen.

Die meisten Mauern des Hauses, die aus dicken Steinen gebaut waren,
standen noch. Drinnen war der Boden von Schutt bedeckt, ein Teil des
hölzernen Mobiliars war verbrannt. Wir gingen über den Schutt des
Zimmers, das Hitlers Arbeitsraum gewesen war, zu dem großen viereckigen Loch, dem ehemaligen Aussichtsfenster. Es rahmte fast vollkommen eine Hochgebirgskette ein – scharfe graue Zacken, weiße
Schneefelder –, schroffe Gipfel vor einem blauen Himmel – Sonnenschein auf den Felsen, während sich im Tal ein Gewitter zusammen-
braute. Es war einer der schönstgelegenen Ansitze, die ich je gesehen
habe. Wenn man näher ans Fenster tritt, wandert der Blick den steilen
Berghang hinunter – über Schneefelder und nackte Felsen zu den wohl-
gepflegten Feldern und Haufen von Bauernhäusern drunten im Tal.
Links verschwindet das Tal in den Bergen – dort brauen sich die
Gewitter zusammen, so wie gerade jetzt. Rechts sieht man durch eine
Lücke in den Bergen die bayerische Hochebene, die sich bis zum Horizont erstreckt.

Das also war die Umgebung, in der der Mann Hitler – jetzt der
Mythos Hitler – nachdachte und seine Pläne schmiedete, der Mann, der
die Menschheit in wenigen Jahren in die größten Erschütterungen warf,
die sie je erlebt hat und von denen sie sich erst in Generationen wieder
erholen wird. Vor wenigen Wochen noch stand er hier, wo ich jetzt
stehe, er schaute durch dieses Fenster und erkannte den Zusammenbruch seiner Träume, kämpfte aber immer noch verzweifelt gegen die
Übermacht. Diese Szene, das Tal und diese Berge traten in die Betrach-
tungen und die Pläne ein, die über die ganze Welt Unheil brachten.
Hitler, ein Mann, der über so viel Macht verfügte, der sie zum Heil der
Menschheit hätte verwenden können, der sie aber so verwendete, daß
so viel Unheil daraus entstand: die Blüte der Jugend seines Volkes tot,

die Städte zerstört, die Bevölkerung heimatlos und hungrig; Deutschland von den Kräften überrannt, die er am meisten fürchtete, den Kräften des Bolschewismus, den Armeen Sowjetrußlands; ein großer Teil seines Landes sowie sein eigenes Zimmer hier in Schutt – von Flammen geschwärzte Ruinen. Ich denke an die Kraft Deutschlands vor dem Krieg. Wir gingen wieder in das hintere Zimmer. Eine polierte Granitsäule kontrastierte seltsam mit dem Schutt um ihren Fuß. Hier verspürte man den Gestank des Todes – von Leichen, die irgendwo in der Nähe nur notdürftig verscharrt waren. Wir kletterten die mörtelbesäte Treppe hinauf, das offene Ende schien, wo das Dach weggeblasen war, in den Himmel zu führen. Wieder hinunter und zur Küche, vorbei an einer Reihe Soldaten, die, Gewehr über der Schulter, hereindrängten. Der Boden war mit zerbrochenen Gegenständen und zerschlagenem Geschirr bedeckt. Die Herde voller Schutt, der von der Decke heruntergefallen war. Kein Stück Porzellan war noch heil, die Scherben waren aber groß genug, daß man das Blumenmuster und die Herstellermarke sehen konnte.

Als wir uns Zell am See näherten, kamen wir in ein Gebiet, wo noch die deutsche Armee das Kommando hatte. Offiziere und Soldaten waren noch bewaffnet und lenkten den geringen Verkehr auf den Straßen. Gruppen von Soldaten starrten uns an, als wir vorbeifuhren, machten aber keine Geste. Ich konnte weder Freundschaft noch Feindschaft erkennen. Wenn wir nach der Richtung fragten, antworteten sie immer höflich. Wir beide in einem amerikanischen Jeep fuhren durch Divisionen der deutschen Wehrmacht, als ob es keinen Krieg gegeben hätte.

Bei der Ankunft in Zell am See hielten wir beim neu errichteten örtlichen amerikanischen Hauptquartier an, um uns Quartierscheine für die Nacht zu besorgen. Mehrere deutsche Offiziere verhandelten dort wegen der Übergabe der Truppen und Waffen nach der Kapitulation. Wir erhielten ein Zimmer in einem nahen Haus, das von einem deutschen Arzt bewohnt gewesen war. Die Familie hatte mehrere Stunden vorher den Räumungsbefehl erhalten. (Wenn unsere Armee eine Ortschaft besetzt, werden die wünschenswertesten Häuser ausgesucht und deren Bewohner hinausgeworfen. Sie dürfen Kleider und gewisse Haushaltsgegenstände und Möbel mitnehmen – aber keine wesentlichen Möbel und keine Betten. Wo sie essen oder wohnen sollen, interessiert die siegreiche Armee nicht. Einer unserer Offiziere sagte mir, die G.I.s in seiner Einheit würfen die Gegenstände, die ihnen in den belegten Zimmern nicht paßten, einfach zum Fenster hinaus.)

Als ich mein Gepäck durch die Tür schaffte, begegnete ich einer jungen deutschen Frau, die ihre Habe hinaustrug. Als sie mich ansah, entdeckte ich in ihren Augen keine Feindschaft, nur Traurigkeit und Resignation. Hinter ihr kamen zwei kleine Mädchen und ein kleiner Junge, alle unter zehn Jahren. Sie warfen mir verstohlene Blicke zu, zornig und etwas erschreckt, wie Kinder, die zu Unrecht bestraft worden sind. Ihre Arme waren voll Kinderhabseligkeiten oder leichter Gegenstände, bei deren Transport sie ihrer Mutter halfen.

Unser Zimmer lag oben – ein großes Schlafzimmer mit zwei frisch gemachten Einzelbetten, mit einem weißen Laken und einer „dänischen Steppdecke", einer der Decken, die Anne und ich zum ersten Mal in Grönland entdeckt haben und die mir, wenn ich die Füße zudecke, bis an die Brust reichen oder bis an die Knöchel, wenn ich die Schultern zudecke. Neben dem Schlafzimmer war ein großes Bad. Für meinen Geschmack waren die Möbel zu neu und zu modern.

Wir fuhren um den See zum Hauptquartier einer Luftlandeeinheit der 101. Division – dem 506. Fallschirm-Infanterieregiment – um mit dem Kommandeur, Oberst Sink, über die nahegelegenen Einrichtungen der deutschen Luftwaffe zu sprechen. Der Oberst lud uns zum Dinner und zu einer anschließenden Bootsfahrt auf dem See ein. „Warum sind Sie nicht auf der anderen Seite des Sees?" fragte Oberst Gifford. „Ach, verdammt, die Häuser, die wir hätten belegen sollen, sind voll verwundeter Deutscher und evakuierter Kinder. Wir hätten sie alle hinauswerfen müssen, aber wir tun es nicht." Hier war ein Soldat, der ein Beispiel dessen war, was meinen Glauben an Amerika ausmacht: ein echter Kämpfer (sonst hätte er nicht die 506. Fallschirmjäger befehligt) und doch ein Mann, dessen Blick durch den Haß des Krieges nicht getrübt war. Ich wollte bei Gott, wir hätten mehr von seiner Sorte.

In einem „befreiten" Motorboot fuhren wir bei Sonnenuntergang auf den See hinaus, die Farben auf den Berggipfeln waren sanft, der Himmel wurde dunkel, und die Nacht sank in das Tal.

In dem Haus, das als Hauptquartier benützt wurde, wurde ziemlich stark getrunken. „Görings Wein. Wissen Sie, wir haben ihn hier in der Nähe gefangen. Seine Frau lebt ein Stück weiter am Weg. Wir haben einige deutsche Soldaten, die sie bewachen, und einige amerikanische, die die deutschen Soldaten bewachen." Er lachte. „Görings Privatzug ist auch da drunten. Sie sollten sehen, wie der ausgestattet ist! Nun, die höchsten Dienstränge der deutschen Armee sind in der Gegend, mehr Generale, als Sie je an einem Ort gesehen haben." Wieder schenkte er Rheinwein ein, und ich kostete etwas – ganz ausgezeichnet, obwohl ich kein Kenner bin.

Der Oberst hatte Generaloberst Martini für eine Besprechung um 21 Uhr bestellt. Er wurde von Major Van Daum (von der amerikanischen Verhörabteilung für Kriegsgefangene) verhört; der Major saß am Schreibtisch, der General auf einem kleinen, geradlehnigen Stuhl davor. General Martini sagte, die Offiziere, die die Düsen- und Raketenstaffeln geleitet hätten (an denen ich am meisten interessiert bin), „seien im Norden".

Samstag, 19. Mai

Mit Oberst Gifford die nächsten Schritte besprochen. Bemühten uns, am örtlichen Flugplatz eines der deutschen Fieseler-Storch-Flugzeuge zur Verwendung durch Oberst Giffords Organisation freizubekommen.

Unterwegs zum Flugplatz am deutschen Luftwaffenhauptquartier haltgemacht – die deutschen Offiziere in Uniform, sie tragen noch Waffen. Major Van Daum verhört mehrere an einem Tisch. Zwei britische Offiziere sind ebenfalls anwesend.

Am Rande des Flugplatzes ist eine Anzahl deutscher Maschinen verschiedener Typen aufgereiht, es sind zumeist Kurzstrecken- und Transportmaschinen. Wir fahren durch ein bewachtes Tor, vorbei an vielleicht hundert besetzten deutschen Lastautos, die aussehen, als ob sie auf einen Befehl zur Abfahrt warteten, zu einer Reihe von Fieseler-Störchen. Eine Untersuchung zeigt, daß sie alle in ziemlich schlechtem Zustand sind und dringend der Wartung bedurften. Tatsächlich scheinen alle Maschinen auf dem Flugplatz in schlechtem Zustand zu sein – genauso wie die Lastautos und die Gebäude. Alles hat ein mitgenommenes Aussehen, die letzten Überbleibsel eines hart durchkämpften und verlorenen Krieges.

Ein amerikanischer Posten steht bei einem der Störche. Er zeigt Oberst Gifford die Maschine, die er für die beste hält. Ein deutscher Mechaniker sucht auf Giffords Frage eine andere aus. Ein junger deutscher Fliegeroffizier kommt heran, in voller Uniform mit allen Auszeichnungen, soweit ich herausbringen konnte, ein Stuka-Pilot mit etwa 300 Einsätzen: Anfang der Zwanzig, blond, blauäugig, aufrecht, höflich. „Wem diese Maschinen gehören? Im Augenblick sind sie Eigentum der deutschen Luftwaffe." Seine Worte kommen präzise, sein Geist ist nicht gebrochen. Aber der Krieg war vorbei, er macht Dienst als Offizier, der kapituliert hat. Er zeigte uns den Storch, den er für den besten hielt – einen anderen als diejenigen, die der amerikanische Posten und der deutsche Mechaniker ausgesucht hatten.

Wir brechen nach München auf und beschließen, über Innsbruck zu fahren. Wir halten, um zu tanken und zwei Kanister mit Benzin mitzunehmen. Der Offizier, der die Tankstelle leitete, gab mir ein Paar blaugrauer deutscher Luftwaffenhandschuhe. Er sagte, sie kämen aus Görings Vorräten. Sie hätten „eine Menge" davon. Fahrt durch die Berge, Sonnenschein auf Felsen und Schnee. Grüne, fruchtbare Täler, die Bauern arbeiten auf ihren Feldern, auf den Straßen Leute zu Fuß, auf Fahrrädern und Leute, die mit ihrer Habe beladene Karren ziehen oder schieben – zumeist kleine Karren, Kinderwagen. Man fragt sich, wie deren Spielzeugräder diese Lasten tragen können.

Ein Unwetter treibt von den Gipfeln links von uns herab. Starker Wind und Regen. Wir halten unter einem Baum, um das Verdeck hochzuklappen, obwohl das nicht viel nützt. Das Wasser sickert durch das Verdeck und bläst zu den offenen Seiten herein. Die Regenmäntel haben wir bereits angezogen. Viele der Menschen auf den Straßen haben keine Regenmäntel, sie trotten weiter, sie scheinen den Regen nicht zu bemerken. Es ist kalt, und die meisten Leute tragen nur dünne Kleidung.

Es geht an alten Schlössern und Burgen vorbei, die zum Teil an den Berghängen erbaut sind. Eine steht inmitten von älteren Ruinen – Erinnerungen an frühere Kriege. Eine kleine Kirche steht hoch über dem Tal – wahrscheinlich ist sie Jahrhunderte alt – am Rand einer Felsenschlucht. Straße führt keine hinauf, es ist ein wirklich einsamer Platz. Auf einigen Berggipfeln stehen Kreuze.

Wir fahren zu einem der Flugplätze von Innsbruck. Der Regen hat aufgehört. Der Platz ist von amerikanischen Truppen besetzt – lange Reihen von Jeeps, Lastautos und Ausrüstung. Weiter draußen stehen deutsche Fahrzeuge. Wir fahren zu einer Me 262, die an einer Seite steht. Die G.I.s sind am Werk gewesen. Sie ist völlig zerstört, Löcher und Risse, wo sie sie als Ziel für ihre Gewehre benützt haben, die Verkleidung ist abgerissen, wo sie hineinsehen wollten; die Instrumente wurden als Souvenirs mitgenommen, das kugelsichere Glas ist an Dutzenden von Stellen zerbrochen, wo jemand mit einem Hammer darauf schlug, um festzustellen, ob es vielleicht doch zerbrechen würde. Wir fahren hundert Meter weiter zu einer weiteren Me 262, sie ist in dem gleichen Zustand. Wir kommen an einer Reihe deutscher Fahrzeuge vorbei, auch sie sind ausgeplündert und zerschlagen. Kein einziges ist fahrbereit.

Durch die Stadt fahren wir zu einem anderen Flugplatz. Hier stehen weitere Me 262 – aber alle sind in dem gleichen Zustand, ausgeplündert und irreparabel beschädigt. Wir fahren nach Garmisch weiter. Überall längs der Straße sind Me 262 geparkt – Dutzende – und alle in der gleichen Verfassung. Einige sind ausgebrannt, bei vielen ist das Fahrgestell zusammengebrochen.

Wir hielten in Garmisch zum Abendessen mit Offizieren und Technikern. Sie sprechen über die Ausrüstung, die sie – sowohl für sich persönlich als auch in amtlicher Eigenschaft – „befreit" haben. Das Wort „befreien" wird hier in einem ganz anderen Sinn als daheim in Amerika verwendet. Daheim bringen unsere Zeitungen Artikel, wie wir unterdrückte Länder und Völker „befreien". Hier verstehen unsere Soldaten unter dem Ausdruck „befreien" soviel wie sich Beute beschaffen. Alles, was man einer feindlichen Person abnimmt oder aus einem Haus wegträgt, wird der Sprache der G.I.s zufolge „befreit". Leicas werden „befreit" (sie sind wahrscheinlich der begehrteste Artikel), Waffen, Proviant, Kunstwerke, einfach alles. Ein Soldat, der eine Deutsche vergewaltigt, hat sie „befreit".

Am Abend fuhren wir nach Oberammergau, wo eine von Oberst Giffords Einheiten eben ein Hotel als Hauptquartier „befreit" hat – und eine große Menge Bier. Während wir dort waren, brachte man zwei Angestellte von Messerschmitt herein. Einer erkannte mich. Wir hatten uns auf einer meiner Deutschlandreisen getroffen – 1938 in Augsburg, wie er mir später erzählte. Ich sprach mit ihm eine Viertelstunde über die Me 262 und 163.

Nachts fuhren wir durch Sturm und Regen in unser Münchner Quartier zurück, wir wurden alle vier bis fünf Kilometer durch Streifen aufgehalten, die unsere Marschpapiere sehen wollten. Mit einer Ausnahme bemerkte keiner, daß das Papier, das wir vorwiesen, für eine andere Fahrt und schon fast vor einem Monat ausgestellt worden war (Oberst Gifford hatte sich nicht die Mühe gemacht, für die neue Fahrt neue Papiere auszustellen). Ich rollte meinen Schlafsack für eine weitere Nacht auf dem Boden aus.

Sonntag, 20. Mai
Eine Stunde an meinen Notizen gearbeitet. Dann mit Leutnant Lee, einem englischen Techniker, zu den Münchner Flugplätzen. Wir fuhren in Dr. Heinkels Privatauto, das Lee zu seiner eigenen Verwendung „befreit" hatte, ein modernes Stromlinienmodell – Heckmotor, mit einer Heckflosse, die wie der Schwanz eines Flugzeugs vorragte, augenscheinlich um Stabilität bei großen Geschwindigkeiten zu erhalten

(oder bloß ein Verkaufstrick?). Der Wagen war armeebraun umge-
spritzt und trug das Abzeichen der Royal Air Force.

Längs der Autobahn südlich von München waren Dutzende deutscher
Luftwaffenmaschinen aller Typen aufgereiht: Heinkel-Bomber, Me-
Düsenjäger, Junkers-Stukas, Dornier-Bomber und andere. Sie waren
in Schutzstellungen in die Fichtenwälder gezogen und mit Ästen getarnt.
Sie stehen meilenweit auf beiden Seiten der Straße. Etwa die Hälfte
der Maschinen ist verbrannt, der Rest wurde durch unsere Soldaten
geplündert und zerstört – auseinandergerissen, zerschossen, die Instrumente „befreit". Wir hielten, um uns eine zweimotorige Dornier anzusehen, aus deren Bug das schwere Rohr einer ungewöhnlich großen
Kanone hervorragte.

Dann fuhren wir zu dem benachbarten Flugplatz, in seiner Nähe
waren noch mehr Maschinen in den Wald gezogen, auf nahen Baum-
stümpfen waren MGs montiert. Wir hielten und stiegen in eines der
großen viermotorigen Transportflugzeuge, dessen Bug ausgebrannt
war.

Auf einem weiteren Flugplatz aßen wir bei einer der amerikanischen
Einheiten. Während wir aßen, spielte eine ungarische Militärkapelle.

Zum dritten Flugplatz. Gewaltiger Schaden – Gebäude und Hangars
(alle aus Ziegeln und Beton) vernichtet, die Maschinen zerstört und
verbrannt. Rollbahnen von Bombenkratern übersät, nirgends ein Zeichen von Leben.

Zu einem vierten Flugplatz, wo wir eine Arado 234 fanden, die zu
einer Vierdüsenmaschine umgebaut worden war, eine Sonderanferti-
gung, die uns vor unserem Aufbruch beschrieben und deren ungefährer
Standort uns angegeben worden war. Diese Maschine stand, anders
als die meisten, im Freien und war von unseren Soldaten zerschossen
worden, wenn auch nicht sehr schwer. Wir entfernten einige ungewöhn-
liche Navigationsinstrumente, die nach England geschickt werden
sollten; ich nahm den Höhenmesser heraus, der in perfektem Zustand
war. Die vier Düsenmotoren waren bereits ausgebaut.

Ins Quartier zurück und eine Stunde an Notizen gearbeitet.

Am Abend sprach ich mit einem jungen Sanitätsoffizier. Wir sprachen
über die deutsche Entwicklung im Höhenflug usw. Er erzählte mir,
wie unsere Leute die Deutschen zum Sprechen bringen, wenn sie nicht
sprechen wollen – zuerst Einzelhaft bei Wasser und Brot und schließlich Einzelhaft *ohne* Wasser und Brot. Unsere Leute waren über den
Zustand einiger unserer Gefangener alarmiert gewesen, und er war
gerufen worden, um sie zu untersuchen.

Montag, 21. Mai
Nach dem Lunch mit Oberst Gifford in seinem Jeep nach Oberammergau. Unser erstes Ziel war es, Professor Willy Messerschmitt aufzusuchen. Wir fanden auch sein Landhaus, ein großes Haus mit Aussicht auf Hügel und Täler – es war von amerikanischen Truppen besetzt. Wir hörten, daß das Haus eigentlich einem amerikanischen Juden gehörte. Messerschmitt war in ein kleines Haus irgendwo in der Nähe gezogen. Wo er war, schien niemand zu wissen, aber man glaubte, er sei tagsüber nach Oberammergau gegangen. Wir fuhren zum Hauptquartier der Technischen Mission in Oberammergau, aber Messerschmitt war nicht dort gewesen.

Abendessen mit Offizieren der Einheit. Der Captain neben mir nahm die letzte Zigarette aus seinem Päckchen und zündete sie mit einem Seufzer an. Ich gab ihm ein Päckchen von meiner letzten Wochenration. Die Zigaretten werden, ein Päckchen pro Tag, ausgegeben, ob man nun raucht oder nicht. Der Einheit hier waren vor ein oder zwei Wochen die Rationen ausgegangen. Es ist erstaunlich, wenn ich sehe, wie abhängig die Menschen von diesen Dingen werden. Das allein wäre für mich Grund genug, nicht zu rauchen – selbst wenn es mir sonst schmecken würde.

Nach dem Abendessen machten wir uns auf die Suche nach Messerschmitt. In einer Scheune außerhalb des Ortes, nicht weit vom Haus, entdeckten wir seine Schwester. Auch sie war durch unsere Truppen evakuiert worden. Sie sprach etwas Englisch und sagte, Professor Messerschmitt lebe in einer kleinen Hütte auf einem nahen Hügel. Sie fuhr im Jeep mit uns. Es war ein sehr kleiner Bau. Ein junger Mann öffnete die Tür, als wir klopften. Hinter ihm stand eine junge Deutsche mit einem ein paar Monate alten Baby. Sie bereitete eben das Abendessen zu. Nein, Professor Messerschmitt sei nicht da, er werde aber in Kürze zurückerwartet. Wohin er gegangen sei? Wahrscheinlich in diese Richtung.

Wir fanden ihn und zwei oder drei andere vor einem benachbarten Stall. Seine langen Haarsträhnen wehten im Wind. Wir wurden in ein mittelgroßes Haus auf der anderen Straßenseite eingeladen, es gehörte einer jungen Frau, deren Mann Offizier bei einer Artillerieeinheit irgendwo in Deutschland war – wo, wußte sie nicht. Sie war eben in das Haus zurückgezogen, das von amerikanischen Soldaten besetzt worden war. (Sie war schon zweimal evakuiert worden. Das erstemal hatte man ihr zwanzig Minuten Zeit gelassen, um einige Kleidungsstücke und Proviant mitzunehmen. Als Folge sind zwei ihrer drei

kleinen Kinder, darunter ein sechs Wochen altes Baby, in einem Krankenhaus. Die zweite Evakuierung war nicht so schlimm, sie hatte vier
Stunden Zeit gehabt.)

Wir sprachen einige Minuten; da es Zeit zum Abendessen war,
fuhren wir dann Professor Messerschmitt und seine Schwester nach
Hause — wenn man das ein Zuhause nennen konnte — und sagten, daß
wir in einer halben Stunde wiederkommen würden.

Messerschmitts Schwester bat mich kurz einzutreten, damit ich sähe,
wie sie lebten. Ihr Bett bestand aus einigen Lagen Stroh, die auf den
Stallboden geworfen worden waren; die wenigen Habseligkeiten, die
sie hatten mitnehmen dürfen, waren am Boden verstreut. Hier schliefen
und lebten sie, ihr Mann und ihre Kinder. Sie hatten zu essen — gerade
genug.

Oberst Gifford und ich fuhren zum Hauptquartier der amerikanischen Einheit, die die Gegend eben besetzt hatte. Ihr Kommandeur,
ein junger Oberst, hatte sich am Ufer eines langen und schmalen Sees
eingerichtet. Ein schweres Unwetter kommt auf, als wir mit ihm sprechen — die Bäume biegen sich — hohe Wellen.

Wieder zu Messerschmitt, seiner Schwester und ihrem Mann, der
Englisch spricht und auch technische Ausdrücke versteht. Wir fahren
zu dem Haus zurück, wo wir vor dem Abendessen waren, und beginnen eine Diskussion über Düsen- und Raketenfliegerei. Messerschmitt
ist der Meinung, daß das reine Raketenflugzeug für militärische und
kommerzielle Verwendung eine große Zukunft hat. Er prophezeit weit
größere Geschwindigkeiten und Reichweiten, als unsere Planer und
Ingenieure daheim in Betracht ziehen — Überschallgeschwindigkeit
mit Passagieren — Europa nach Amerika in ein bis zwei Stunden usw.
Er sagte, die Me 262 (zwei Düsen) sei bereits 1938 fertig gewesen, aber
die Regierung „habe kein Interesse gezeigt". „Udet glaubte, daß der
Düsenjäger wichtig sei, nicht aber Milch."

Ich fragte Messerschmitt, wann er zum ersten Mal das Gefühl gehabt
hätte, daß Deutschland den Krieg verlieren werde. Er sagte, er habe
sich sehr große Sorgen gemacht, als er 1941 die amerikanischen Pro-
duktionsschätzungen für die Luftwaffe gesehen habe, weil er, im Gegensatz zu den meisten Leuten in Deutschland, der Meinung war, daß wir
sie erfüllen könnten. Auf eine weitere Frage sagte er, er wisse nicht, ob
die Me 262 an der russischen Front eingesetzt worden sei, er glaube das
aber nicht, weil der konventionelle Jäger gut genug gewesen war, um
sich allem zu stellen, was die Russen hatten produzieren können. Messerschmitt hielt den Mustang (P-51) für den besten alliierten Jäger. Der

P-47-Thunderbolt „sei nicht so gut". Die Me 262 war nicht für Bombenangriffe im Sturzflug gebaut, die Piloten wurden für diese Aufgabe auch nicht richtig ausgebildet. Er war jedoch der Ansicht, daß die Me 262 einen verhältnismäßig guten Sturzkampfbomber abgeben würde, wenn man sie richtig einsetzte. Messerschmitt sagte, seiner Meinung nach seien die Deutschen in den frühen Stadien des Kriegs zu einer Invasion Englands bereit gewesen, hatten aber für diesen Fall einen Angriff der Russen im Osten befürchtet; deshalb habe man schließlich Rußland angegriffen.

Messerschmitt fragte mich, wie München aussehe, ich erwiderte, es sei schrecklich bombardiert worden. Er sagte, den deutschen Berichten zufolge habe Dresden mehr gelitten als alle anderen deutschen Städte, man schätze 180.000 Tote. Er sagte, die Stadt sei voll von Flüchtlingen gewesen, und der Angriff sei unerwartet erfolgt.

Messerschmitt war erst kürzlich aus England zurückgekommen, wohin man ihn als Kriegsgefangenen gebracht hatte. Sowohl die Briten wie die Franzosen hatten ihn gebeten, als technischer Berater zu fungieren. Ich fragte ihn, ob er daran interessiert sei, in Amerika zu arbeiten, wenn sich die Gelegenheit bieten würde. Er erwiderte, das würde natürlich von den Bedingungen abhängen.

Wir fuhren Messerschmitt, seine Schwester und seinen Schwager wieder nach Hause; wir brachten sie an die Tür, da die militärische Ausgangssperre vorschrieb, daß sie ohne Sondergenehmigung um 21 Uhr im Haus sein mußten. Mit Oberst Gifford zurück nach München.

Man sagt, daß eine Me 262 mit zwei Turbojet-Motoren und Raketen als Steighilfe gebaut worden ist. Sie soll in drei Minuten 11.000 Meter hoch gestiegen sein, Maximalhöhe 17.000 Meter.

Dienstag, 22. Mai
Frühstück in der Offiziersmesse. Dann Abfahrt, um Dr. Helmut Schelp (Chef der deutschen Düsen- und Raketenentwicklung unter Bäumker) abzuholen. Schelp wohnt in einem kleinen, einstöckigen Haus. Ein amerikanisches Halbkettenfahrzeug mit geladenen MGs steht davor, die Besatzung duckt sich gegen den Regen unter eine Zeltbahn. Leutnant Robinson sagt mir, er habe sie als Vorsichtsmaßnahme herbefohlen, weil nebenan eine Anzahl Russen eingezogen sei und weil es Anzeichen gebe, daß die Sowjetregierung ihn wegen seiner wissenschaftlichen und technischen Erfahrung auf ihr Gebiet holen wolle. (Hier trauen nur sehr wenige Menschen den Russen. Die Deutschen fürchten sie, und die

Amerikaner denken, es sei nur eine Frage der Zeit, bis wir selbst gegen
sie kämpfen müssen.)

Schelp ist für die Position, die er innehatte, ein junger Mann, wahrscheinlich erst Ende der Dreißig. Er erwartet uns an der Tür. Drinnen
waren zwei weitere Deutsche, eine von ihnen die Baronesse, auf deren
Besitz sie wohnen. Sie fungiert als Schelps Sekretärin und tippt ein
Manuskript der Geschichte der Düsen- und Raketenentwicklung, die
Schelp auf Ersuchen Robinsons verfaßt. Ihr offensichtlich hochgebil-
deter Mann arbeitete an einem altmodischen Spinnrad. Sie sagten, sie
seien knapp an Socken und anderen Kleidungsstücken und hätten keine
andere Möglichkeit, sich welche zu beschaffen. Die amerikanischen
Soldaten hätten ihnen viel von dem, was sie hatten, genommen. Der
Mann sagte, wenn er seine ganze Freizeit arbeite, könne er in der Woche
etwa zwei Pfund Garn herstellen.

Unterwegs zu den Bayerischen Motorenwerken sprach ich mit Schelp
über das deutsche Düsenprogramm. Er sagte mir, viele deutsche Wissenschaftler seien in den Raum von München gekommen, um den Russen
zu entgehen. Er sagte, er selbst habe Pech gehabt, seine Frau und sein
sechs Monate altes Kind seien in Dresden. „Niemand dachte, daß die
Russen so weit nach Westen kommen würden." Schelp sagte, er
fürchte, daß die Russen, wenn sie herausfänden, daß seine Frau und
sein Kind in ihrem Gebiet seien, ihm sagen würden, wenn er sie wiedersehen wolle, müsse er kommen und für sie arbeiten.

Ich fragte Dr. Schelp, ob er glaube, daß man die Atomenergie als
Antrieb im Flugwesen werde verwenden können. „Ich glaube, daß das
schließlich kommen wird, aber wir beide werden es nicht erleben." (Er
spricht sehr gut Englisch.)

Wir blieben eine Stunde auf dem BMW-Gelände, während Leutnant
Robinson die Verschickung einer Anzahl neuester Düsenmotoren zu
Tests in Amerika arrangierte. Der Direktor hatte mich durch die Fabrik
geführt, als ich sie 1938 besuchte. Während wir sprachen, kam ein Mann
zu Leutnant Robinson, er war etwas weiß im Gesicht und zitterte, als
er sagte, ehe die Invasionstruppen gekommen seien, habe man ihm die
Zeichnungen für einen der Düsenmotoren gegeben und befohlen, er
solle sie vernichten. (Die BMW-Direktoren hatten vor einigen Tagen
gesagt, daß ihre Zeichnungen vernichtet worden seien.) Er hatte dem
Befehl aber nicht gehorcht, sondern die Zeichnungen auf einem Grundstück vergraben, das einem seiner Freunde gehörte. Ob wir sie haben
wollten? Er würde uns zeigen, wo sie seien. Der Platz sei etwa zweieinhalb Stunden mit dem Rad entfernt.

Nachdem wir unsere Gespräche beendet hatten, schnallten wir sein Rad vorn auf unseren Jeep und fuhren zu dem Grundstück, wo die Zeichnungen vergraben sein sollten. Wir mußten die letzten hundert Meter durch Fichtenwald gehen, wo zur Ablenkung von Radar abgeworfene Lamettastreifen mit den Fichtennadeln vermischt lagen. Unser Führer hielt schließlich unter einer hohen Fichte, tastete am Boden herum und verglich mit den Zeichen, die er sich wahrscheinlich beim Vergraben notiert hatte.

Ich sah mir sorgfältig den Boden an, wo er zu graben anfing, konnte aber nichts Ungewöhnliches sehen. Die Erde war anscheinend sehr vorsichtig wieder zurückgelegt worden, er hatte Nadeln darauf gestreut und die überschüssige Erde weggetragen. Bald stieß sein Spaten auf eine Metallkassette. Sie war hermetisch zugeschweißt. Eine andere Kassette war in einiger Entfernung vergraben, dazu ein großer Zylinder, der die größeren Zeichnungen enthielt. Wir luden alle drei in den Jeep, dann fuhren wir zum Tee zu dem Besitzer des Grundstücks. Er sagte mir, er sei 1927, als ich eben von meinem Flug nach Paris zurückkehrte, in New York gewesen.

Wir fuhren Dr. Schelp zu seinem Haus zurück und gaben ihm drei Lebensmittelbüchsen als Ausgleich für die Mahlzeit, die er versäumt hatte. (Ich hatte während des Gesprächs mit ihm festgestellt, daß er seit der Frühe nichts gegessen hatte und auch da nicht viel.) Wir arrangierten es in dem nächsten amerikanischen Camp, daß ihn das Halbkettenfahrzeug auch während der Nacht bewachte.

Das deutsche Luftfahrtministerium hatte beschlossen, eine neue Antriebsform für Geschwindigkeiten über 750 Stundenkilometer zu entwickeln. Dr. Schelp hatte daher 1938 alle Motorenhersteller zu einer Konferenz gebeten, um die Düsenentwicklung zu besprechen. Man beschloß, folgende vier Klassen von Düsenmotoren zu entwickeln:

Klassenschub (statische Meereshöhe)	Druckverhältnis	Turbostufen
1) bis zu 1000 kg	1–3,5	1
2) 1300–1700 kg	1–5	2
3) 2700–3200 kg	1–6	2
4) 3700–4200 kg	1–6,5, 1–7	3

Man hatte vor, die Klassen 2, 3 und 4 auf Propellerantrieb zu modifizieren und dann den Klassen 2 und 3 noch eine Turbostufe hinzuzufügen.

Mittwoch, 23. Mai

Gepackt, verabschiedet und aus dem Münchner Quartier ausgezogen.
Wir fuhren auf der Autobahn Richtung Ulm. Wir kommen an zusammengestürzten Häusern, offenen und aufgefüllten Bombentrichtern
und Geröllhaufen vorbei. Amerikanische Lastautos und Jeeps, entwaffnete deutsche Soldaten in Uniform, DPs, die mit Karren und
Bündeln am Rand der Straßen entlangziehen – ein Vater, der einen
Karren bergauf schiebt, die sechsjährige Tochter, die sich gegen ein
Bündel stemmt, das hoch über ihren Kopf ragt, eine Gruppe Männer mit
einem größeren Karren – vier sind angeschirrt und ziehen, vier gehen
daneben und stützen ihr Gewicht dagegen. Leute auf Fahrrädern, Leute
mit kleinen Fahnen – französischen, polnischen, tschechischen und
russischen.

Wir sprechen von Stuttgart und der französischen Besatzung. Gegen
unsere amerikanischen Soldaten hat es wenigstens nur einige Anklagen
wegen Vergewaltigungen gegeben. Aber die Franzosen mit ihren Sene-
galesen: Allein im Krankenhaus liegen über 3000 Fälle von Vergewaltigung. „Sie sind nicht wegen einer Abtreibung im Krankenhaus, sondern wegen der ihnen zugefügten Verletzungen. Und kleinere Verletzungen werden heute in deutschen Krankenhäusern nicht aufgenommen."

Wir sehen vor uns eine Rotkreuzstation und machen für eine Kaffeepause halt. Die Rotkreuzstation ist in einer leicht beschädigten und
völlig verlassenen Tankstelle an der Autobahn aufgebaut. Etwas stark
zurechtgemachte, hübsche, aber müde aussehende Rotkreuzschwestern
in Uniform geben die Verpflegung aus. Mehrere offensichtlich hungrige
deutsche Kinder stehen herum und schauen auf die angebissenen
Krapfen, die übrigbleiben. (Es ist gegen die Vorschriften, ihnen zu
essen zu geben.) Ich lasse, als wir gehen, einen Krapfen liegen. Sekunden
später schaue ich zurück, es ist fort. Zwei kleine deutsche Jungen stehen
ruhig in der Nähe.

Wir halten bei einer Fabrik außerhalb von Ulm wegen einiger Teile
für die Düsenmotoren, die von BMW in München gebaut werden sollen.
Dann fahren wir zu einer anderen Fabrik in Esslingen. Dann durch
viele Vororte von Stuttgart. Unterwegs gibt es viele Umwege wegen
zerstörter Brücken. Stuttgart ist schwer bombardiert worden. Französische Posten, französische Soldaten auf den Straßen. Wir fahren auf
der Autobahn nach Heilbronn weiter. Es ist kalt und bedeckt. Die
Brücke über den Neckar ist zerstört. Abendessen bei einer Einheit der
100. Division in Besigheim.

Deutsche Kinder schauen durch die Fenster herein. Wir haben mehr Proviant, als wir brauchen, aber die Vorschriften verbieten, daß wir ihnen zu essen geben. Es ist schwer, sie anzusehen. Ich schäme mich meiner selbst und meines Volkes, als ich esse und die Kinder beobachte. Sie tragen keine Schuld an dem Krieg. Sie sind einfach hungrige Kinder. Welches Recht haben wir, uns vollzustopfen, während sie zusehen – gutgenährte Männer, die essen und das Zuviel an Essen auf den Tellern zurücklassen, während hungrige Kinder zusehen. Welches Recht haben wir, die Nazis und die Japse zu verdammen, wenn wir selbst diese Verhärtung und diesen Haß im Herzen tragen. Aber sie sind noch nicht wirklich hungrig. Sie haben noch genug, um zu leben. „Wartet bis zum Winter!" Ja, ich weiß, Hitler und die Nazis sind die Ursache. Aber wir in Amerika sollten für andere Dinge eintreten.

Wir fahren auf ungepflasterten Wegen querfeldein und über eine Pontonbrücke nach Heilbronn. Die Stadt ist schwer bombardiert und beschossen worden – schlimmer als München. In einigen Straßen stehen fast keine Häuser mehr – nur Schutt. Nur einige Gebäude in der Stadtmitte können bewohnt werden. Wir erhielten ein Quartier in einem unterirdischen deutschen Krankenhaus, einem kellerartigen Bau unter Geröllhaufen. Deutsche Schwestern wiesen uns in einen Raum mit fünfundzwanzig Betten – sonst schläft niemand hier. Ich gehe vor dem Schlafengehen noch eine halbe Stunde spazieren. Es besteht keine Gefahr, in der Stadt lebt fast niemand mehr, es gibt dafür einfach keinen Platz. Der Mond beleuchtet die Schutthaufen und umreißt die wenigen noch stehenden Mauern. Fensterhöhlen, verbogene Gitter, Bombentrichter, die Stille des Todes.

Donnerstag, 24. Mai
Frühstück im Gebäude der Militärregierung. Russische Kellnerinnen. Zwei amerikanische Offiziere sprechen über einen Deutschen, der Informationen besitzen soll, die sich für die Zukunft als nützlich erweisen könnten. „Ich will ihn aus dem Camp herausholen. Er ist achtundsiebzig. Wenn wir ihn drinnen lassen, stirbt er uns am Ende noch." Anscheinend gibt es nicht hinreichend Unterkünfte für alle deutschen Gefangenen in dem amerikanischen Konzentrationslager... Einer der (amerikanischen) Offiziere sagt mir, daß die Gefangenen Tag und Nacht, bei Regen und Sonnenschein, im Freien sind und nur sehr wenig Verpflegung bekommen. „Verdammt, sie haben es ja so gewollt, denk daran, wie sie ihre Gefangenen behandelt haben."

Ein russischer Kapitän ist gerade beim Frühstück. Wir werden ihm vorgestellt. Ich glaube nicht, daß er meinen Namen erkennt, bin mir aber nicht sicher. Er reiste in dienstlicher Angelegenheit nach Norden, nach Berlin, stieg in den falschen Zug und landete in Heilbronn. Ob wir ihn bis Heidelberg mitnehmen könnten? Sein Gesicht gefällt mir nicht, aber wir sind einverstanden, ihn mitzunehmen. Ich beschloß, auf dem Rücksitz zu fahren.

Wir beladen unseren Jeep und halten wegen des russischen Kapitäns. Er erscheint mit einer jungen Blondine. „Meine Frau." Er hat etwas Gepäck – vier oder fünf Stück. Als ich nicht hinsehe, steigt der Russe auf dem Rücksitz ein und will nicht mehr heraus. „Sleepy", er stützt seinen Kopf auf die Hand und spricht dabei das einzige englische Wort, das ich von ihm hörte. „Très fatigué", sagte das Mädchen und zeigt auf ihn. Aber es ist unser Jeep, ich bleibe beharrlich und zwinge ihn auf den Vordersitz. Mir gefällt gar nicht, wie die Dinge ablaufen – zwei Russen in unserem Jeep und beide auf dem Rücksitz? Mir gefällt auch nicht, wie er mich ansieht. Ich lasse das Mädchen links von mir sitzen, so daß ich mit der rechten Hand leicht an die Pistole kommen kann. (Ich hatte bereits durchgeladen.)

Wir fahren los. Ich betrachtete das Mädchen. Sie scheint nicht gefährlich zu sein und ist bestimmt nicht seine Frau. Der Russe allerdings scheint zu allem fähig zu sein. Ich halte die Hand an meiner Pistole. Bald fällt der Kopf des Russen auf eine Seite – eingeschlafen? – und fährt wieder hoch. Die Bewegung scheint recht natürlich. Wahrscheinlich ist er wirklich „très fatigué". Trotzdem lege ich die rechte Hand an meine Pistole und halte mit der Linken seinen Schulterriemen fest. Die Straße ist so rauh, daß er sich im Schlaf aus dem Jeep lehnt und über Bord fallen könnte. Ich kann ihn also mit der rechten Hand erschießen und mit der Linken verhindern, daß er herausfällt und sich das Genick bricht. Eine wahrhaft russische Situation!

Wir halten an einem Salzbergwerk einige Meilen außerhalb von Heilbronn. Es enthält etwa „30.000 Kisten" mit Kunstwerken, Dokumenten und anderen Dingen von hohem Wert, die laut Mitteilung eines unserer amerikanischen Offiziere in Heilbronn aus Sicherheitsgründen dorthin verlagert wurden. Leutnant Robinson hat ein Verzeichnis von etwa zwanzig Dokumenten, die sich auf die neueste deutsche Luftfahrtentwicklung beziehen. Aber wir können nicht hinunter. Das Salzbergwerk liegt 180 Meter tief. Eine amerikanische Granate hat den Aufzug außer Betrieb gesetzt. Die Reparaturen werden etwa zehn Tage dauern.

Wir fahren nach Heidelberg weiter – vorbei an Menschen, die am Straßenrand gehen oder mit dem Rad fahren, hauptsächlich Frauen, Kinder und alte Männer. Die „russische Frau" friert. Ich gebe ihr meinen Regenmantel als Windschutz. Sie spricht einige Worte Englisch.

„Wo wohnen Sie in Rußland?" frage ich.

Sie scheint verwirrt.

„Wohnen Sie in Kiew?"

Erleichtert ergreift sie den Rettungsanker – „Ja, Kiew." Sie nickt, lächelt und spricht nicht weiter.

In Heidelberg haben wir etwas Mühe, die Russen loszuwerden. Die Militärregierung will sie nicht, sie verweist uns aber an den nur wenige Häuserblocks entfernten „russischen Verbindungsstab". Wir fahren hin, laden das Gepäck auf den Gehsteig ab. Ich warte neben dem Mädchen, während Leutnant Robinson den Kapitän zu dem russischen Verbindungsoffizier, einem Major, bringt. Ein oder zwei Minuten später kommt Leutnant Robinson heraus. „Los! Wir fahren ab, ich habe ihn dem Verbindungsoffizier vorgestellt und ihn erklären lassen, warum er hier ist. Der Verbindungsoffizier wußte nicht, daß er Gepäck und eine Frau draußen hatte."

Von Heidelberg fuhr ich zu dem Marinetechnischen Hauptquartier bei Bad Schwalbach (in der Nähe von Wiesbaden). Es ist in der Villa Lily untergebracht, dem Besitz des alten Adolphus Busch [ein prominenter Bierbrauer aus St. Louis, Mo.]. Vor der amerikanischen Besetzung wurden die Gebäude als Klinik für schwangere Frauen verwendet – hauptsächlich Mädchen zwischen fünfzehn und siebzehn, wie mir ein Marineoffizier sagte. „Die Deutschen benützten es als eine Art Babyfabrik."

Freitag, 25. Mai

Rief Oberst Warburg in Wiesbaden an. Sie haben einige deutsche Düsenpiloten in Gewahrsam, aber sie starten um 10 Uhr in einer Maschine nach Paris. Gehe allein durch das Grundstück und in den Wald hinaus. Noch keine Nachricht von der C-47, die vor Mittag in Wiesbaden eintreffen soll.

Nachricht, daß die Maschine (unangemeldet aus Paris) gelandet ist. Der Pilot (Armee) hat das Marinehauptquartier nicht angerufen. Er sagt, er habe heute abend ein Rendezvous in Paris, darum sei er in einer leeren Maschine gestartet, um es noch zu schaffen, und hatte

3000 Pfund Prioritätsdokumente sowie die wartenden Passagiere zurückgelassen. Das ist typisch für den „Fährdienst" der Armee – schlechte Disziplin und Verantwortungslosigkeit. Wahrscheinlich wird der Pilot für sein Vorgehen nicht einmal getadelt werden.

Ich fuhr zum Flugplatz, um ein Sonderflugzeug aufzutreiben, das heute abend Passagiere und Dokumente mitnehmen kann. Nichts zu machen. Wir fuhren zur Villa Lily zurück. Im Büro hängt eine Fotografie Hitlers mit der oberen Seite nach unten. Gehe allein durch den Wald spazieren. Der volle, klare Kuckucksruf erinnert mich an Long Bar und England. Spreche mit einem Marineoffizier über die Villa Lily. Er sagt, unsere Truppen hätten sie voll von schwangeren Frauen vorgefunden – sie gaben ihnen eine Stunde Zeit, das Haus zu räumen. Er weiß nicht, was aus ihnen geworden ist.

Samstag, 26. Mai
Leutnant Robinson und ich beschließen, nach Wiesbaden zu fahren, um dort in einer der Maschinen eine Passage nach Paris zu bekommen. (Jeden Tag fliegt eine ganze Anzahl, und sie haben gewöhnlich noch Platz für ein oder zwei Passagiere.) Das Wetter ist gut, also ist die Gefahr, mit einem unbekannten Piloten zu fliegen, nicht groß.

Am Flugplatz war alles im Zustand der Verwirrung. Wir konnten niemand finden, der uns zu sagen vermochte, wo die Maschinen landeten und starteten. Zwei C-47 sollten für Verwendung durch die Technische Marinemission kommen, es war aber ungewiß, ob sie Paris schon verlassen hatten. Als wir gerade wegfahren wollten, kam ein Sergeant angelaufen und sagte uns, daß das Postflugzeug starte und daß uns der Pilot gerne mitnehmen würde.

Wir starteten um 10.15 Uhr. Die Kabine war mit Postsäcken überfüllt. Wie üblich, sahen wir in den Dörfern, die wir überflogen, nur wenig Schäden, obwohl ein Flußufer völlig zerstört war. Etwas später überflogen wir eine schwer bombardierte Brücke – völlig zerstört. Man hatte eine gewaltige Zahl von Bomben abgeworfen, viele davon waren Fehlwürfe, einige davon um mehr als anderthalb Kilometer. Um 12.19 Uhr in Villacoublay gelandet.

Sonntag, 27. Mai
Lunch bei Botschafter und Mrs. Caffery in der amerikanischen Botschaft. General Clark und zwei oder drei andere Gäste waren anwesend.

General Clark sprach über die Situation in Italien: sie ist äußerst heikel, obwohl es seiner Meinung nach zu keiner Explosion kommen wird. Er hatte 70.000 Mann jugoslawischer Truppen hinter seinen Linien. Er war kürzlich von einem titoistischen General informiert worden, daß er (der Jugoslawe) in der Nacht angreifen würde, falls sich die alliierten Streitkräfte nicht zurückzögen. Statt sich zurückzuziehen, wurden die Alliierten verstärkt, und der Angriff fand nicht statt. General Clark sagte, natürlich stünden die Russen hinter den Tito-Truppen! Kürzlich sei ein Dutzend roter Pacht- und Leihpanzer durch eine der Städte paradiert, die unsere Truppen besetzt hielten.

Dienstag, 29. Mai
Abendessen mit Clark Millikan und anderen Mitgliedern der Technischen Mission. Wir sprachen von den Stapeln von Dokumenten, die aus Deutschland geholt wurden, es sind wirklich Tonnen. Die Armee, die Marine, die Briten, die Franzosen und die Amerikaner rivalisieren um die deutsche Beute – die Beute an deutschem wissenschaftlichem und industriellem Fortschritt.

Freitag, 1. Juni
In G.I.-Uniform – Feldbluse und schwere Feldstulpstiefel. Ich sollte das Hotel um 9 Uhr verlassen, wurde aber durch eine Verwirrung wegen Lastautos und Fahrern aufgehalten. Neuer Aufenthalt am Flugplatz, wieder Verwirrung. Startete schließlich um 11.26 Uhr mit Millikan und anderen Vertretern der Mission von Villacoublay aus. Leutnant E. H. Uellendahl kommt als mein Dolmetscher mit. Tiefflug unter der Wolkendecke. Habe gute Sicht auf den Boden und die Schlachtfelder. Neu aufgewühlter Boden: Zweiter Weltkrieg – von Gras überwachsene Narben: der Erste. Die Narben werden für Jahrhunderte bleiben – im Boden und in den Menschen.

Um 13.05 Uhr in Wiesbaden gelandet. Mit dem Jeep zum Marinehauptquartier in der Nähe von Bad Schwalbach. Leutnant Uellendahl und ich fuhren nach Wiesbaden, um die nötigen Marschbefehle für unsere Reise zu holen. Aufbruch nach Heidelberg, ich am Steuer. Die Brücke ist zerstört. Wir machen einen Umweg und verirren uns. Fahren durch Frankenthal und das schrecklich bombardierte Mannheim – eine Geisterstadt, im Zentrum nichts als Schutthaufen und zerstörte Gebäude. Weiter durch Ludwigshafen nach Heidelberg.

Leutnant Uellendahl und ich gehen am Abend durch die Stadt und steigen zum Schloß hinauf. Das Schloß war geschlossen, aber ich gab dem Aufseher eine Schachtel Zigaretten und seiner kleinen Tochter eine Stange Süßigkeiten, und er sperrte für uns auf. Der Aufseher führte uns und schilderte die Schloßgeschichte: zerstört und wieder-aufgebaut, nochmals zerstört und nochmals wiederaufgebaut. Jahr-hunderte von Kriegen entrollten sich. Wie groß die Zerstörungen auch seien, der Mensch baut immer wieder auf. In diesem Krieg wurden das Schloß und die Stadt nicht berührt, mit Ausnahme des gesprengten Mittelteils der alten Brücke und möglicherweise der Schä-den durch einige vereinzelte Bomben. Man sagte, zwischen den Briten und den Deutschen hätte ein Abkommen bestanden, wenn die Deutschen nicht Eton (oder war es Cambridge?) bombardierten, würden die Briten Heidelberg nicht angreifen.

Es ist fast Nacht, als wir durch die verdunkelten Straßen zu unserem Hotel zurückgehen. Das Gefühl der Sicherheit ist so stark, daß uns die Posten nicht einmal anrufen.

Samstag, 2. Juni
Im Jeep um 8.10 Uhr abgefahren. Auf der Autobahn nach Karlsruhe (schwer bombardiert) und weiter nach Stuttgart. Unsere Pioniere haben viele der von den Deutschen zerstörten Brücken repariert, aber wir mußten bei denen, die das nicht waren, doch häufig Umwege machen. Unterwegs nach Stuttgart kamen wir an französischen Senegaltruppen vorbei. „Sie erhalten von den Franzosen keinen oder nur wenig Sold, aber sie dürfen nach Belieben plündern und vergewaltigen – das ist ein Teil des Abkommens."

Vor einigen Tagen hatte man mir gesagt, daß in dem von den Franzosen besetzten Territorium an jedem Gebäude eine Liste der Einwohner, zusammen mit dem Alter, an der Tür angeschlagen werden mußte. Die französischen und die senegalesischen Soldaten gingen nachts betrunken von Tür zu Tür und suchten die Namen der Mäd-chen aus, die sie vergewaltigen wollten. Als wir durch Stuttgart fuhren, sahen wir, daß an dem Haupteingang jedes Gebäudes solche Listen angeschlagen waren, ein weißes Papier, eine Reihe Namen, eine Reihe Geburtsdaten. An den Gesichtern der meisten Frauen in Stuttgart sieht man, daß sie die Hölle durchgemacht haben. Die Stadt ist schrecklich bombardiert worden.

Wir aßen während der Fahrt K-Rationen. Wir hielten bei den

Messerschmitt-Werken in Augsburg – schwer beschädigt. Dann zum Flugplatz Lechfeld, wo eine Anzahl Me 262 zum Flug nach England zusammengestellt werden. Hielten lange genug, um die Maschinen zu besichtigen: mehrere Jäger, mehrere Aufklärungsmaschinen und ein Jäger, in dessen Bug eine 50-mm-Kanone montiert war. (Alles Me 262.) Der Flugplatz Lechfeld war bombardiert worden, aber weniger schwer als andere, die wir gesehen haben. Das Standard-Cockpit der Me 262 scheint mir nicht sehr gut konstruiert zu sein, Instrumente und Kontrollen könnten besser placiert sein.

Von Lechfeld fuhren wir über Landsberg nach München. Wir hielten am Haus der Kunst, um uns registrieren zu lassen, fuhren dann zu der Unterkunft der Technischen Abteilung. An einer Straßenecke bemerkten wir einen kleinen Aufruhr. Ein in schäbiges Zivil gekleideter Mann versuchte, einer Frau das Fahrrad wegzunehmen. Offensichtlich war er ein DP. Eine kleine Gruppe Deutscher hatte sich angesammelt. Das Gesicht der Frau war entsetzt, sie weinte. Ein amerikanischer MP kam heran und gab ihr das Fahrrad zurück, er schickte den DP weg. Dann machte der Militärpolizist eine Geste, als ob er seine Hände in Unschuld waschen wolle, und ging.

Leutnant Uellendahl und ich fuhren am Abend in die Stadt. Er hatte früher die Universität München besucht. Wir fanden das Haus, wo er gewohnt hatte. Die Fassade steht noch, dahinter aber liegt nur Schutt, keine Zimmer, keine Böden. Er zeigt auf die klaffenden Fensterhöhlen im zweiten Stock, hinter denen einst sein Zimmer lag.

Wir fahren weiter durch die Stadt, vorbei an einem Haus, in dem ein Mädchen gelebt hat, mit dem Leutnant Uellendahl befreundet war, das Haus ist ebenfalls ausgebrannt. Die Frauenkirche ist beschädigt und zum Teil ausgebrannt, die Universität ebenfalls. Das Museum ist beschädigt. Die Säulen und Statuen an der Feldherrnhalle, wo Hitler seinen Putsch begann, sind beschädigt, aber das Bronzereiterstandbild König Ludwigs I. scheint noch heil zu sein. Wir fahren weiter durch die Straßen, vorbei an dem zerstörten Opernhaus, und kommen zu der von Säulen umgebenen Gedenkstätte für die sechzehn „gefallenen Helden" des Putsches von 1923 – sechzehn Bronzesarkophage, die nebeneinander in Reihen in zwei vertieften Vierecken liegen; man muß daher den Kopf senken, um darauf herabzuschauen. Hier gab es keinen Bombenschaden. Auf jedem Sarkophag steht: „Der letzte Appell." Weiter unten dann der Name des Mannes, der in dem Sarkophag ruht, und zu allerletzt das Wort: „Hier!"

Wir hielten am Bahnhof, der schwer beschädigt, repariert und wieder

schwer getroffen worden war. Die Schienen waren aufgerissen und
verdreht, Eisenbahnwagen in die Luft gesprengt. Aber auf einer Seite,
wenige hundert Meter weiter, fuhren bereits wieder Züge. Auf einem
Schutthaufen auf einem der Bahngeleise lag eine Kinderpuppe – mit
ausgestreckten Gliedern, aber ohne Kopf.

Wir kehrten in unser Quartier zurück.

Sonntag, 3. Juni

Fuhren im Jeep um 8.30 Uhr zum Wörthsee, um Adolf Bäumker aufzusuchen, der, als ich vor dem Krieg zum letzten Mal in Deutschland war,
die DVL [Deutsche Versuchsanstalt für Luftfahrt] geleitet hatte. Er
soll in einem Haus auf dem Land am Südostufer des Wörthsees wohnen.

Wir finden Bäumker in einem kleinen Haus abseits von Straße und
See. Frau Bäumker ist bei ihm, dazu zwei kleine Mädchen, die sie
adoptiert haben, eines etwa sechs Monate und das andere etwa fünf
Jahre alt. Wir sprachen am Vormittag über die deutsche Fliegerei und
Forschung. Bäumker war in den letzten ein, zwei Jahren nicht recht
gesund gewesen. Offensichtlich stand er nicht allzugut mit der Nazi-
regierung. Er hat Differenzen mit Milch gehabt. Er sagt, die Regierung habe die Grundlagenforschung nicht genügend unterstützt,
aber die Einrichtungen der Grundlagenforschung zu anderen Zwecken
benützt. Er sagt, Entwicklungen wie die V-2-Bombe seien ohne jedes
Verhältnis zu ihrem wahren Wert überbetont worden, und zwar zum
großen Nachteil der deutschen Kriegsanstrengungen. Solche Dinge
hatten Bäumker zufolge auf Hitler große Anziehungskraft. Hitler
interessierte sich immer für derartige radikale Entwicklungen, Dinge,
die größer, schneller, stärker usw. waren.

Bäumker war sichtlich froh, uns zu sehen, und war auf jede Art zur
Mitarbeit bereit. Er nannte uns Namen von deutschen Wissenschaftlern
und Ingenieuren, die seiner Meinung nach für mich interessant waren,
er gab aber auch Hinweise, wo sie sich wohl aufhielten. Er sprach ausführlich über die Methoden, die aeronautische Forschung zu organisieren, und über ein Buch, das er über das Thema geschrieben hatte
und das nach Kriegsbeginn veröffentlicht worden war. Er glaubt, die
Grundlagen- und die Spezialforschung seien allzusehr miteinander vermischt worden, eine spezialisierte Forschung sollte durch die Industrie
und die Grundlagenforschung durch Laboratorien betrieben werden,
die ausschließlich diesem Zweck gewidmet seien.

Gegen Mittag wandte sich das Gespräch Ostdeutschland und den Russen zu. „Die russische Propaganda ist sehr clever", sagte Bäumker. „Ihre Sendungen laufen den ganzen Tag. Sie sprechen von den Institutionen, die in ihrem Land wieder geöffnet sind. Sie sagen, wie gut die deutschen Wissenschaftler und Arbeiter behandelt werden – so viel Kaffee, so viel Tee, so viel Lebensmittel. Ich möchte gern für die Amerikaner arbeiten, aber viele der jüngeren Leute sprechen bereits davon, auf russisches Gebiet zu gehen, wenn sie die Chance dazu bekommen."

„Vor Deutschland und vor Europa liegen schreckliche Zeiten", sagte Bäumker. „Heute sind wir in der Lage, die früher Polen einnahm." Unlängst hätten ihn ein amerikanischer und ein russischer Offizier aufgesucht; sie waren bewaffnet, stießen Drohungen aus, verlangten seine Papiere zu sehen und beschuldigten ihn, er sage nicht alles, was er wisse. Er machte sich auch Sorgen wegen einer möglichen Vergeltung durch die SS, möglicherweise versteckte sich jetzt noch SS in einem nahen Wald. Die SS-Männer seien „sehr übel".

Als Leutnant Uellendahl vorausging, zog er mich beiseite und berichtete mir von der Hinrichtung von Leuten, die er gekannt hatte, durch die Nazis. Der eine sei verschwunden, der andere „durch Hitler" aufgehängt worden. Er selbst sei in einer gefährlichen Situation gewesen, weil er ein Vetter Brünings war. Ich gab Bäumker zwei Zigarren und eine Büchse Fruchtsaft, Frau Bäumker zwei Päckchen Zigaretten und dem kleinen Mädchen etwas Süßigkeiten – alles von meiner Wochenration aus Paris. Gegen 13.30 Uhr brachen wir wieder auf.

Vom Wörthsee fuhren wir nach Allach, um nach Dr. Neugebauer zu suchen, dem Chef des Forschungszentrums in der Gegend von Hohenbrunn, das nie ganz vollendet wurde. Bäumker hatte gesagt, er sei einer der besten Männer in Deutschland, um einen Vergleich der Entwicklung und Verwendung der verschiedenen Motorentypen zu geben. Er wohnte mit seiner Familie in einem kleinen Holzhaus nicht weit vom Bahnhof Allach. Er sagte, er habe noch eine Woche Arbeit, um das Forschungsinstitut zu schließen. Dann werde er sich, da er elf Personen, darunter fünf Kinder, zu versorgen habe, um eine Stellung in einer Lokomotivfabrik bewerben.

Neugebauer interessiert sich in erster Linie für die Entwicklung einer Dieselturbine in Verbindung mit einem Kolbenmotor für Langstreckenflugzeuge mit einer Geschwindigkeit von 500 bis 550 Stundenkilometern. Dieser Motorentyp war für die unmittelbare Zukunft gedacht. Der Turbinenmotor wird Neugebauers Meinung nach später kommen, wenn wir es lernen, höhere Temperaturen zu nutzen. Die

Reihenfolge der Motoren, wie sie in Zukunft in der Luftfahrt verwendet werden, wird sein: 1. Diesel, 2. Turbinen mit Propeller, 3. Turbojet. Neugebauer glaubt, daß der Lorinjet für Geschwindigkeiten über 1000 Stundenkilometer verwendet werden wird. Er sagt, daß ein Einzylindermotor für sein Dieselprojekt fast fertig sei.

Ich gab Dr. Neugebauer den Rest meiner Süßigkeiten für seine Kinder, dann fuhren wir in unser Quartier zurück.

Montag, 4. Juni

Wir fahren nach Freising, wo die Dritte Armee einen „Käfig" oder ein Festhaltelager unterhält. Ich hatte gehofft, dort einige deutsche Düsenjägerpiloten zu finden, wurde aber enttäuscht.

Ich ging die Liste der Deutschen durch, die im „Käfig" waren, und wählte drei aus, die mit Arbeiten beschäftigt waren, die sie in den Besitz wertvoller Informationen hätten setzen können. Zwei besaßen keine bedeutenden Informationen. Der dritte, ein gewisser Ottokar Dietrich, hatte an Plänen für Langstrecken-Raketenturbinen für eine transatlantische Verwendung gearbeitet.

Er sagte, die Russen seien sehr stark an der Raketenentwicklung interessiert, sie versuchten, Deutsche mit Raketenerfahrung auf ihr Gebiet zu holen – aber er will nicht für die Russen arbeiten. Er sagte, die russischen Rundfunksendungen übten eine entschiedene Wirkung auf die Deutschen aus – sie versprechen den Menschen in der russischen Zone Lebensmittel und bessere Bedingungen. Ich fragte ihn, was er von uns zu essen bekomme. „Kaum genug, um davon zu leben", antwortete er. Kaffee und Brot zum Frühstück, nichts sonst (keine Marmelade usw.), zu Mittag und zum Abendessen nur Suppe, kein Brot. „Für mich ist es nicht so schlimm, aber dem Direktor unserer Gesellschaft geht es nicht gut. Er hat Zucker. Ich fürchte, er kann mit einer derartigen Kost nicht leben. Wir kamen freiwillig, wir kamen nicht als Gefangene."

Wir speisten mit dem amerikanischen Oberstleutnant, der das Festhaltelager leitete, er erweckte den Eindruck kalter Rücksichtslosigkeit. Ich fragte ihn, wie die deutschen Gefangenen verpflegt würden. „Wir geben ihnen, was die Deutschen bringen, wir werfen es in einen Topf, was immer es ist. Sie bekommen keine amerikanischen Lebensmittel und keine amerikanische Medizin. Das kann ich Ihnen sagen. Von uns und der Art, wie wir sie behandeln, können sie auf kein Mitgefühl hoffen."

Ich erwähnte den Mann, der an Diabetes litt.

„Was würden Sie tun?" fragte er kalt.

„Nun, ich glaube nicht, daß ich ihn sterben lassen würde. Letzten
Endes ist er freiwillig gekommen."

„Nun, wir wollen nicht, daß er uns unter den Händen stirbt. Wir werden sehen, daß wir ihn loswerden, ehe er stirbt."

Ich fuhr zu dem teilweise vollendeten Forschungslaboratorium süd-
östlich von München. Dort war außer Posten und Soldaten niemand.
Wir gingen durch einige der Gebäude und fuhren dann nach Prien weiter.
Leutnant Uellendahl und ich lösen uns bei einer längeren Fahrt am
Steuer ab.

General Ward von der 20. Panzerdivision ist Befehlshaber in diesem
Gebiet. Er war mein Lehrer im Pistolenschießen an der Universität
Wisconsin, als ich 1920–1922 Feldartilleriekadett war (wir verwendeten Colt-.45-Munition. Ich kam in die erste Mannschaft). Er denkt
über die Art, wie wir die Deutschen behandeln, das gleiche wie ich – er ist
angewidert.

Dienstag, 5. Juni

Zum Flugplatz Prien, um Dr. Kracht um 7.30 Uhr zu sprechen. Wir
unterhielten uns über Höhenraketengleiter und besichtigten das Modell
eines Nurflügelflugzeugs, an dem einige seiner Mitarbeiter arbeiten.
Kracht ist Leiter der DFS [Deutsche Forschungsanstalt für Segelflug].
Man hat dort an der Konstruktion eines Raketengleiters für experi-
mentelle Flüge in extremen Höhen (zwischen 25.000 und 35.000 Metern)
gearbeitet. Sie erwarten sich von ihm Flugdaten bei Überschallgeschwindigkeit, Daten über Kontroll- und aerodynamische Eigenschaften bei der Erreichung solcher Geschwindigkeiten, meteorologische
Daten usw. Sie haben vorgehabt, einen Raketengleiter in eine Höhe von
10 bis 12 Kilometern zu schleppen und ihn dann durch Raketenantrieb
auf 25 Kilometer steigen zu lassen. Sie schätzen, daß der Aufstieg von
12 auf 25 Kilometer vier Minuten dauern wird. Treibstoff wird für acht
Minuten vorhanden sein. Raketenflüge in dieser Höhe wurden noch
nicht unternommen, da das Projekt noch nicht beendet war, als die
amerikanischen Truppen kamen. Kracht erwartete in 35 Kilometer
Höhe Mach-Zahlen bis zu 2,6 zu erhalten – wobei zwei Raketen mit
einem Totalschub von 4000 kg verwendet werden sollen. Natürlich
waren die Tragflächen stark nach hinten gerichtet.

Die Pilotenkabine würde unter einem Druck wie bei etwa 8000 Metern
gehalten werden und so gut abgedichtet sein, daß der Sauerstoff, den
der Pilot, der eine reguläre Sauerstoffmaske trägt, noch ausatmet, jeden

Sickerverlust ausgleichen wird. Die Kabine ist durch Sprengbolzen an dem Rumpf befestigt. Falls es in großer Höhe Schwierigkeiten gibt, drückt der Pilot auf einen Knopf, die Bolzen explodieren, und die immer noch unter Druck befindliche Kabine trennt sich von dem Rest des Rumpfes und den Tragflächen. Ein kleiner Fallschirm, der sich automatisch öffnet, stabilisiert die Kabine bei ihrem Abstieg auf etwa 8000 Meter, wo der Pilot automatisch herausgeschleudert wird und sich sein eigener Fallschirm öffnet. (Der Pilot soll im Liegen fliegen, ähnlich wie bei der von Zimmerman entworfenen XF5U).

Kracht hat auch an einem Doppelrumpfgleiter gearbeitet, der den Tragflächenabschnitt zwischen den Rümpfen (etwa vier Meter Spannweite) als Testabschnitt verwenden würde, so daß verschiedene Tragflächenprofile bei hohen Mach-Zahlen ausprobiert werden könnten. Die Entwicklung wird bei Ainring in der Nähe von Salzburg durchgeführt.

Kracht glaubt, daß das Raketenflugzeug an Ausdauer und Reichweite so begrenzt sei, daß „transozeanische Flüge unmöglich sein würden". Man merkt aber, daß er mit den deutschen Plänen und Entwicklungen in dieser Richtung nicht allzu vertraut ist. Er glaubt, daß der Lorin- oder Preßluftjet bei Langstreckenflügen mit hoher Geschwindigkeit – wie beispielsweise Transozeanflüge mit Schienenstart – verwendet werden könnte.

Die DFS hat einige interessante Experimente mit Schwebeflügen in großen Höhen bei bestimmten Wetterbedingungen durchgeführt. Dr. Kracht sagt, daß man vertikale Strömungen, die einen Gleiter tragen können, in Höhe von 18 bis 22 Kilometern vorfindet. Bei der Entwicklung der Heinemann-Nurflügelflugzeuge, die die DFS durchführte, sollte Kohle als Brennstoff verwendet werden. (Wegen der Ölknappheit. „Wir hätten lieber Benzin verwendet.") Damit hofften sie, mit einem Preßluftjet eine Geschwindigkeit von 1200 bis 1300 Stundenkilometern zu erreichen. Huckepackstart.

Nach der Konferenz mit Dr. Kracht und seinen Mitarbeitern sah ich mir die deutschen Flugzeuge an, die auf dem Platz aufgereiht waren (dem gleichen Platz, wo Anne und ich 1938 landeten, als ich zur Teilnahme an dem Lilienthal-Kongreß nach München flog). Ich sah mir eine Me 109, eine FW 189 (Aufklärer) und eine Bücker 181 – Tiefdecker-Schulflugzeug – an (100-PS-Hirth-Vierzylindermotor, die Standardschulmaschine der deutschen Luftwaffe).

Am Nachmittag fuhren wir zu dem Flugplatz Ainring bei Salzburg. Unterwegs zum Flugplatz nahmen wir einen von Dr. Krachts Mitarbeitern mit. Das DFS-Institut war in ziemlich üblem Zustand, die

Plünderung dauerte noch an, obwohl amerikanische Truppen den Flugplatz besetzt halten: Schubladen liegen umgedreht auf dem Boden, Präzisionswerkzeuge sind verschwunden, Zeichnungen verstreut usw. Was noch schlimmer war – wir stellten fest, daß der Gleiter und die Druckkabine, derentwegen wir gekommen waren, gestern von einer technischen Mission der Armee auf ein Lastauto verladen und weggefahren worden waren – wohin, wußte niemand. Die Deutschen waren sehr entmutigt. Ein amerikanischer Offizier hatte ihnen gesagt, sie sollten ihre Experimente fortsetzen. Wenige Tage später schaffte ein anderer amerikanischer Offizier den Gleiter weg, an dem sie arbeiteten. In der Zwischenzeit durften sie nicht mehr hinüber auf den Flugplatz von Ainring, um zu bergen, was von ihren Werkzeugen und ihrer Ausrüstung noch übrig war, um weitere Plünderungen zu verhindern und ihr Institut wieder in Ordnung zu bringen.

Mittwoch, 6. Juni

Von Prien fuhren wir auf der Autobahn einige Kilometer nach Westen und dann über lange gewundene Landstraßen in Richtung Oberammergau. Heute saß ich am Steuer. Ein Jeep ist kein bequemes Vehikel, er verträgt aber schreckliche Stöße, bei denen ein normaler Wagen in Stücke fliegen würde. Wir fahren so schnell, als wir das mit verhältnismäßiger Sicherheit tun können.

Da eine Brücke gesprengt war, mußten wir einen langen, aber schönen Umweg über einen kleinen Paß machen. Bei der Auffahrt begegneten wir von Pferden gezogenen deutschen Armeefahrzeugen. Die Soldaten und ihre Fahrer starrten uns neugierig an. Abgesehen von diesen heimkehrenden Truppen – den Resten einer geschlagenen Armee – sah man keine Spuren des Kriegs – soweit man über das Tal sehen konnte, nur friedliche Dörfer und Bauernhäuser.

Wir aßen in einem von der Luftwaffe geleiteten Gasthaus unter dem Kofel. Dann fuhren wir zu den Messerschmitt-Werken auf den Berghängen auf der anderen Seite. Die Gebäude waren als bayrische Gasthäuser oder als Baracken getarnt. Die leitenden Angestellten des Werks waren zur Stelle. In Abwesenheit des Professors hatte ein blonder junger Deutscher mit offensichtlichen Fähigkeiten als Ingenieur den Vorsitz – Waldemar Voigt, Leiter der Projektentwicklung und anderer Abteilungen.

Bei Junkers in Dessau wurde die 163-C, eine verbesserte Ju 163, gebaut und, wie Voigt glaubt, auch schon getestet. Bei Messerschmitt

dachte man, daß die 163 (Raketen) wegen ihrer geringen Ausdauer
kein praktikabler Jäger war. Sie konzentrierten sich auf die Verbesserung der Me 262 (Turbojet), man hatte sie zu einem Nachtjäger, einem
zweisitzigen Schulflugzeug und einem Kanonenjäger weiterentwickelt,
der eine 50-mm-Kanone führte. Man war auch dabei, einen schnelleren
Jäger auf der Basis des He-001-Turbojet-Motors zu entwickeln. Voigt
zieht den Nurflügeltyp (163) für Langstrecken und hohe Angriffswinkel vor, aber nicht für hohe Geschwindigkeit und niedrige Angriffswinkel, Geschwindigkeitsberechnungen hinsichtlich der schwanzlosen
Typen werden aber noch durchgeführt. Während Voigt von dem
schwanzlosen Jägertyp abkommt, ist Messerschmitt noch unsicher.

Voigt sagt, daß die 262 mit etwa 182 Stundenkilometern landet.
Einmal versuchte man, die Oberseite der Tragflächen zwischen Motor
und Rumpf aufzubauschen, um weitere Treibstofftanks aufzunehmen.
Als Ergebnis verzeichnete man eine höhere Geschwindigkeit. Die 262
war für sechs 30-mm-Kanonen entworfen, sie war daher durch eine
50-mm-Kanone im Bug gut ausbalanciert. Eine 262 wurde auf Hitlers
besonderen Wunsch mit einer 50-mm-Kanone am Bug konstruiert,
sie führte achtundzwanzig Granaten mit. Sie wurde im Einsatz geflogen,
erzielte aber keinen Treffer. In der für sechs 30-mm-Kanonen entworfenen 262 ist Platz für je achtzig Schuß. Die 262 hat eine vordere Panzerung (12 mm). Bei der ersten Produktionsserie war die später zur Standardausrüstung gehörende hintere Panzerung noch nicht obligat.

Voigt sagt, daß zwei Männer im September oder Oktober die Messer-
schmitt-Werke mit Zeichnungen für die 262 und 163 in Richtung Japan
verlassen hatten. Er weiß lediglich, daß ihr U-Boot beschädigt und in
Norwegen aufgehalten wurde. Voigt betont, daß Deutschland seiner
Meinung nach Industrieführer fehlten, Männer, die ein ganzes Unternehmen, eine ganze Industrie hätten leiten können.

Nach der Besprechung in der Fabrik führte uns Voigt durch Tunnels
in den Berg, wo die unterirdische Fabrik errichtet werden sollte. Die
Tunnels waren nicht beleuchtet, und unsere Taschenlampen waren zu
schwach. Wir stolperten über Abfall, den die Plünderer zurückgelassen
hatten, und stießen gegen Bänke und neu installierte Maschinen. Die
Luft war feucht, alles tropfte vor Nässe.

Donnerstag, 7. Juni
Besprechung mit Voigt. Er sagt mir, daß Professor Messerschmitt vor
einigen Tagen von amerikanischen Soldaten aus seinem Haus abgeholt

wurde und jetzt wahrscheinlich im Gefängnis ist. Voigt sagt, er habe gehört, daß in einem von Messerschmitts Kellern eine SS-Uniform gefunden worden sei, und glaubt, das sei einer der Gründe für die Verhaftung des Professors gewesen. Voigt sagt, Messerschmitt sei kein Politiker gewesen, er könne aber „Ehrenmitglied" der SS gewesen sein. Voigt erwähnt auch die russische Propaganda; er sagt, sie übe eine entscheidende Wirkung auf die Deutschen aus (Versprechen von Lebensmitteln, Arbeit usw.).

Von Oberammergau fuhren Leutnant Uellendahl und ich nach Garmisch, um uns das Medizinische Forschungsinstitut anzusehen, das von Dr. Ulrich Henschke geleitet wurde. Es ist ein kleines Institut an einem Berghang, einfach gebaut und schlicht, aber gescheit geführt.

Dr. Henschke ist ein Mann Mitte der Dreißig. Wir sprechen über eine Anzahl von Henschkes Projekten: Geschützvisiere, künstliche Glieder, Hören für die Blinden, Zellstrahlungen usw. Er führt uns durch seine Laboratorien − kleine Gebäude wie Gebirgshütten −, durch die Fenster hat man einen Ausblick auf die Berge und die Täler − ein idealer Ort für schöpferische Tätigkeit. In einer Hütte testet er neue Methoden, Flugzeuggeschütze zu kontrollieren. „Es ist das beste, nur eine Muskelgruppe zu bewegen." Er hat einen (Piloten-)Steuerknüppel mit einer Querstange oben, die als Ruder dient, „es ist also überhaupt nicht nötig, die Füße zu benützen, um mit einem Jäger zu zielen". Ich protestiere, ich sage, meiner Meinung nach entfernen wir uns ohnehin zu weit von den Affen, ich könne nicht einsehen, warum wir nicht auch die Füße benützen sollten. Er bittet mich, das Gerät sebst auszuprobieren − eine ziemlich derbe Angelegenheit aus Brettern und Draht, schnell angefertigt. Ich nehme auf dem Sitz Platz, während der Apparat adjustiert wird.

An einem Ende des Raums ist ein rotierender Knüppel, an dessen Ende eine fotoelektrische Zelle befestigt ist. Ein Scheinwerfer ist an dem Knüppel befestigt; man soll den Lichtstrahl auf die fotoelektrische Zelle richten. Solange der Strahl die Hälfte der Zelle oder mehr erfaßt, arbeitet ein Zähler, der auf das Tempo eines feuernden MGs eingestellt ist. Wenn der Strahl weniger als die Hälfte erfaßt, arbeitet der Zähler nicht mehr. Mit einer Stoppuhr wird die Zahl der Treffer pro Minute festgestellt.

Ich sehe, daß ich ein viel besseres Trefferergebnis erziele, wenn ich den Knüppel allein benütze, was ich nie zuvor getan habe, als wenn der Scheinwerfer an Ruder und Knüppel wie bei einem normalen Jäger eingehakt ist. Der Unterschied betrug mehrere hundert Prozent

zugunsten der neuen Methode! Ich muß aber in aller Fairneß sagen,
daß die Ruderverbindung verkrampft und ruckartig war. Aber das
genügte nicht, den großen Unterschied in der Zahl meiner Treffer zu
erklären. Ich versuchte, meine schweren G.I.-Stiefel auszuziehen, und
verdoppelte meine Trefferzahl mit den konventionellen Kontrollen –
man hat ein viel besseres „Gefühl", wenn man die Schuhe ausgezogen
hat. Der Vorteil, alles mit den Armen, „allein mit einer Muskelgruppe"
zu kontrollieren, war aber offensichtlich immer noch groß.

In einem anderen kleinen Gebäude zeigte uns Dr. Henschke die von
ihm entwickelten künstlichen Gliedmaßen, die durch die Nerven und
Muskeln des Stumpfs aktiviert werden sollten. Er demonstrierte es bei
zwei deutschen Soldaten, von denen einer einen Arm und der andere
ein Bein verloren hatte.

Vom medizinischen Institut fuhren Leutnant Uellendahl und ich
nach München, wo wir mit Oberst Gifford in der Technischen Abteilung
zu Abend aßen. Nach einer halbstündigen Besprechung brachen wir
nach Nürnberg auf. Zuerst über Nebenstraßen. Hochstehende Saaten,
umgestürzte Lastautos, dahinziehende deutsche Soldaten – einzeln,
paarweise, in Gruppen, grüne Uniformen, blaugraue Uniformen, die
weißen Bänder der Kapitulation am Ärmel. Klarer Himmel und die
lange Junidämmerung.

Als wir die Autobahn erreichen, fahren wir 80 Stundenkilometer. In
Abständen amerikanische Einheiten auf dem Marsch. Die meisten
Brücken sind gesprengt, wir müssen Umwege machen. In Paris hatte
man von Heckenschützen und „Werwolftätigkeit" im Raum von
Nürnberg gesprochen – von Drähten, die gespannt wurden, um die
Köpfe von Jeepfahrern abzuschneiden. Aber es ist immer woanders:
In Deutschland, wenn man in Frankreich ist, im Harz, wenn man in
München weilt, in Nürnberg, ehe man dorthin kommt, immer hundert
Kilometer vor oder hinter einem – nie dort, wo man sich im Augenblick
befindet. Tatsächlich hat es nach der Kapitulation Deutschlands be-
merkenswert wenig Schwierigkeiten gegeben. Möglicherweise wird der
Widerstand mit der Zeit zunehmen. Einige unserer Offiziere glauben
das.

Es ist fast Nacht, als wir in Nürnberg eintreffen – nur noch ein
Lichtschein am Himmel im Westen. Eine tote Stadt, schwer bombardiert, Schutthaufen, ausgebrannte Häuser, nur hier und dort ein Licht,
wo ein Raum noch bewohnbar ist. Wir fahren Häuserblocks weit, ohne
ein Lebenszeichen zu bemerken, weder von einem Deutschen noch einem
Amerikaner. Schließlich halten wir vor einem großen Gebäude an der

rechten Straßenseite. Die Fenster sind erleuchtet, zwei amerikanische Lastautos stehen am Randstein. Das Gebäude ist durch Bomben angeknackt, die Fenster sind herausgeflogen, aber die Stockwerke sind nicht zusammengestürzt.

Wir treten ein und fragen nach einem Nachtquartier. Es stellt sich heraus, daß es das Post- und Telefonamt ist. Eine Handvoll unserer Soldaten ist hier, um es zu bewachen und den Routinenachtdienst durchzuführen. Ein Offizier heißt uns willkommen. Ja, es gibt einen Raum, den wir benutzen können, sie haben einen für Durchreisende, die die Nacht hier verbringen wollen. Er ist ziemlich unordentlich, aber wenn wir nichts dagegen haben, sind wir willkommen. Wir stellen unsere Feldbetten auf, dann trete ich ans Fenster. Der größte Teil ist mit Ziegeln zugemauert, aber eine kleine Öffnung ist freigeblieben, allerdings fehlt das Glas. Jenseits der Straße ist ein großer Schutthaufen, alles, was an ein ehemals großes Gebäude erinnert: Stücke einer Ziegelmauer, verdrehte Rohre und Gitter. Auf beiden Seiten des Schutthaufens – wahrscheinlich das Resultat des direkten Treffers eines „Blockknackers" – stehen nur noch Mauern, die Dächer sind weggeblasen und die Böden zusammengebrochen. Der Himmel und das letzte schwache Abendlicht zeigen sich durch die Fensterhöhlen. Unten ist der gegenüberliegende Gehsteig, so weit ich in beide Richtungen schauen kann, hoch mit Schutt überhäuft. Auf unserer Straßenseite ist er einige Häuser weit weggeräumt. Wenn ich den Kopf weiter hinausrecke, kann ich den Turm einer großen Kirche – beschädigt, aber immer noch schön – als Silhouette an dem Nachthimmel sehen. Darüber sind die Wolken aufgelockert, die Sterne treten hervor. Ich fühle mich vom Tod umringt. Nur im Himmel gibt es Hoffnung, nur in dem, was der Mensch nie angerührt hat und – Gott gebe es – nie anrühren wird!

Freitag, 8. Juni
Das klare Licht des Tages zeigt eine verwüstete Stadt – noch schlimmer, als es gestern abend geschienen hatte. „Keine unserer Einheiten ist hier untergebracht – für sie ist kein Platz. Die Stadt ist für Truppen unbewohnbar. Wir behalten nur genügend hier, um die Telefonzentrale zu besetzen." Das Telefonamt ist das intakteste Gebäude, das wir sehen können, und dabei würde man es in jeder Stadt daheim für zerstört halten: Löcher im Dach, herausgeblasene Fenster, Sprünge in den Mauern.

Wir starten um 8.15 Uhr, durch die Stadt und an der Hauptkirche vorbei. Ich sehe, daß eine geschnitzte Christusfigur noch auf einem Sockel an einer der inneren Säulen steht, sie schaut auf den Schutt auf den Bänken herab, wo die Gläubigen früher beteten. Wir halten, gehen zurück und sehen uns die offensichtlich unversehrte Statue an.

Als ich zu unserem Jeep ging, liefen ein Junge und ein Mädchen, etwa acht bis neun Jahre, über die Straße. Sie hielten und sahen uns an. Ich habe eine Sahnekaramelstange in der Tasche, breche sie auseinander und gebe ihnen je die Hälfte. „Danke schön! Danke schön!" Sie nehmen hastig die Süßigkeit und beginnen sofort, sie zu essen, nicht wie Kinder, die Süßigkeiten wollen, sondern wie solche, die wirklich hungrig sind.

Auf der Fahrt aus Nürnberg halten wir an dem Nazistadion. Es war nur leicht bombardiert und nur geringfügig beschädigt. Der mittlere Säulenbau war oben durch Netze getarnt, lose Ziegel lagen auf den Marmorstufen und Bänken. Die Figur, die den oberen Teil geschmückt hatte, war herabgestürzt und unten zerschellt.

Das Podium, von dem Hitler zu seinen Legionen sprach – leer und mit Marmor- und Ziegeltrümmern bedeckt –, erinnerte mich an einen der Mayatempel in Yukatan. Auch hier sah man keine Spur von Menschen, die die Bauwerke errichtet hatten – nirgends war jemand in dem ganzen Bereich zu sehen – nur ein amerikanischer Negermilitärpolizist, der den Verkehr auf einer angrenzenden Straße dirigierte, war durch eine der Türen sichtbar.

Die Sitze und Gänge der kleineren Galerien waren zur Tarnung mit Rasenstücken bedeckt, das Gras war ziemlich hoch, zusammen mit der rechteckigen weißen Architektur des Baus ließ es das Ganze noch mehr wie einen ausgegrabenen Mayatempel erscheinen. Das Innere des Hauptgebäudes war als Asyl benützt worden – wahrscheinlich von Menschen, die bei den Luftangriffen ihr Heim verloren hatten und nach der Kapitulation von den DPs. Die Böden, die einst so sorgfältig gepflegt und poliert worden waren, waren zolldick mit zerrissenen Lumpen, Papier und zerbrochenen Möbeln bedeckt. Die Glasscheiben der Telefonzellen waren zerschmettert. Jeder Raum, den ich betrat, war als Latrine benützt worden. Selten habe ich dort, wo einmal Menschen wohnten, so viel Schmutz gesehen, es roch wie in einer Kiste, in der Mäuse ihre Jungen aufgezogen haben, nur viel, viel schlimmer.

Wir benützten die Autobahn nach Leipzig. Wieder gingen Menschen am Straßenrand – eine barfüßige Frau, ein Mann, der an einem Fuß einen Schuh trug und am andern barfüßig war – die üblichen Kinderwagen, Fahrräder und kleinen, mit der Hand gezogenen Karren – ein glänzendes Pferdegespann, das wahrscheinlich bei einem deutschen Bauern „befreit" worden war, zog zwei oder drei polnische Familien, wie es schien, mit ihren Habseligkeiten. Wir begegnen einem Artilleriezug, der in die andere Richtung fährt — amerikanische Lastautos, Raupenschlepper und Geschütze. „Nach China", sagen die Soldaten.

Bald stoßen wir auf ein Schild, das den Verkehr von der Autobahn ableitet. Wir halten bei der Befehlsstelle eines Bataillons in einem kleinen Ort, um uns einen Reservereifen zu beschaffen. Lunch mit den Offizieren. Sie sprechen von den SS-Männern, die sie in ihrem „Käfig" haben.

„Als ich sie das letzte Mal sah, fegten sie die Straße mit den Händen sauber", sagte einer der Offiziere.

„Meinen Sie das buchstäblich oder bildlich?" fragte ich.

„Buchstäblich — sie haben es auch verdammt verdient —, etwas von ihrer eigenen Medizin, das sollten sie schlucken."

Die Offiziere schienen die Deutschen im allgemeinen und die SS vor allen anderen zu hassen. „Wir wechseln bei der Beaufsichtigung des Käfigs ab", sagte mir ein junger Offizier. „Die Boys versuchen, einander bei der Behandlung der SS zu übertreffen."

„Zum Beispiel?" fragte ich.

„Oh, eine der besten Methoden ist es, sie die Arme ausstrecken und sich so an die Wand lehnen zu lassen. Nach etwa einer halben Stunde fallen sie um. Dann fragen wir: ,SS gut?' Wenn sie antworten: ,SS gut', lassen wir sie wieder von vorn anfangen."

Am Nachmittag wechseln wir uns bei der Fahrt durch den schweren Regen ab. Wir schlagen das Verdeck hoch und ziehen die Regenmäntel an. Aber der Regen weht immer noch herein und sickert durch die Zeltbahn. Der Himmel klarte jedoch auf, ehe wir Leipzig erreichten. Die Stadt war nicht so schwer bombardiert, obwohl Teile völlig zerstört waren. Wir hielten am MP-Hauptquartier und versuchten, einen Vetter von Leutnant Uellendahl zu finden, der bei der Einheit ist. Er war irgendwo im Außendienst und konnte nicht gefunden werden. Uellendahl hinterließ einen Brief, dann fuhren wir nach Dessau und zu den Junkers-Werken.

Die Fabrik und der angrenzende Flugplatz waren schwer bombardiert worden, die meisten Gebäude sind zerstört. Der Flugplatz und die Rollbahnen sind mit Dutzenden verbrannter Maschinen verschiedener Typen bedeckt, die von den Deutschen in Brand gesteckt wurden. Tragflächen und Schwänze liegen am Boden, die Mittelteile sind verbrannt und geschmolzen. Klumpen der Motoren ragen durch die Trümmer auf. Durch die zusammengebrochenen Dächer der Fabrik und draußen in Reihen aufgestellt sieht man Dutzende – nein, Hunderte von Turbojetmotoren (Ju 004).

Wir fahren durch die schuttbedeckten Straßen und halten vor einer der Fabriken; ich klettere über den Schutt nach drinnen, um mir einige der Maschinen anzusehen. Etwas weiter finden wir die Rümpfe von zwei Me-163-Raketenmaschinen, die zu Statiktests verwendet worden waren und denen ein großer Teil der Ausstattung fehlt. Dann weiter, vorbei an verbrannten Huckepack-Ju-88, die Reste ihrer FW 190 liegen noch bei ihnen. Am anderen Ende des Felds finden wir den Waffenhangar und den Schießstand. Im Hangar stand der Rumpf einer Me 163, die von vorn und achtern beschossen worden war. Es war die intakteste Maschine, die wir bisher gesehen haben, der Raketenmotor war noch eingebaut.

Zu Dr. August Lichte in der Immelmannstraße zu einer Besprechung. Wir trafen Dr. Lichte beim Abendessen, Schwarzbrot, Marmelade und Kaffee. Er hieß uns höflich willkommen, wir baten ihn, weiterzuessen, während wir sprachen.

Bei Junkers habe man das 163er Raketenflugzeug nicht bauen wollen, Speer aber habe es ihnen befohlen. Die Leute bei Messerschmitt seien aus der Sache herausgekommen, weil sie mit dem 262-Programm voll beschäftigt waren – aber das Ju-88-Programm war gekürzt worden und sollte am 1. März überhaupt auslaufen. Daher standen bei Junkers die Fabriken zur Verfügung, sie erhielten Befehl, die 163er zu bauen. Dr. Heinz Schmitt hatte die Düsenentwicklung bei Junkers geleitet. Ob wir am Morgen mit Dr. Schmitt sprechen wollten? Wir vereinbarten das und brachen auf.

Commander Marchand, der bei unserem Eintreffen in der Fabrik war, erbot sich, uns Quartier in einem Haus zu besorgen, wo er bei einer seiner früheren Reisen nach Dessau gewohnt hatte. Er wollte mit mir auch über seinen Plan sprechen, zehn Techniker von Junkers mit ihren Familien in die amerikanische Zone zu bringen. (Dessau soll von den Russen besetzt werden.) Marchand sagt, die Maßnahme würde zwei Zwecken dienen. Erstens würden uns dann die Erfahrungen dieser Menschen zur Verfügung stehen. Zweitens würde man damit verhindern, daß die Russen eine Anzahl der besten Motorenbauer auf der Welt bekamen. Er schlägt vor, daß wir beide zu der Militärregierung in Dessau gehen und versuchen, dort den Plan vorzutragen. Ich erwiderte, daß ich den Plan für ausgezeichnet hielte, ich hätte nur einen „Verbesserungsvorschlag", nämlich hundert statt zehn Techniker in unsere Zone zu schaffen. Ich hielt es aber, der politischen Situation wegen für unklug, selbst mit ihm zur Militärregierung zu gehen. Ich sagte, ich sei bereit, meinen Kopf vorzustrecken, wenn es nützte, ich glaubte jedoch, daß es in diesem Fall unwirksam sein würde. Ich schlage vor, daß er es zuerst allein versuchen soll, wenn er dann glaubt, daß ich helfen könne, würde ich gern mitkommen. Er war einverstanden.

Dr. Lichte hat bereits seine Mitarbeiter verständigt und selbst gepackt und für seine Familie die nötigen Vorbereitungen getroffen, falls die Genehmigung zu erhalten ist. Die russische Propaganda hinsichtlich der Verpflegung und Arbeit hat hier, wo sich die Deutschen tatsächlich der russischen Besetzung gegenübersehen, wenig Wirkung. Zu viele Geschichten sind über die Grenze gesickert – Geschichten von Mord, Vergewaltigung und Plünderung. Die Deutschen sind entsetzt. Die meisten würden alles, das sie haben, darum geben, um in die britische oder amerikanische, ja sogar in die französische Besatzungszone zu kommen.

Als wir ins Quartier gehen wollen, schaue ich dort, wo unser Jeep geparkt ist, durch die offene Tür des gegenüberliegenden Hauses. Es kommt mir bekannt vor. Ich gehe die Stufen hinauf und schaue durch die Tür. Ja, es ist das Junkers-Museum. Da ist der Bugteil einer der frühen Maschinen von Professor Junkers – die geriffelte Konstruktion, die damals verwendet wurde. Daneben liegen auf einem großen Tisch Teile der damaligen Tragflächen. Hier sind Reihen von Schaukästen – an der Wand zeigen Fotos die frühe Geschichte der Fliegerei. Alles ist mit weißem Staub und herabgefallenem Mörtel bedeckt. Ich gehe hinaus und dann, als ich wieder eine offene Tür sehe, in den Keller. Offensichtlich wurde er als Archiv des Museums verwendet. Er ist in einem entsetzlichen Zustand – Filme, Drucke und Dokumente sind am Boden verstreut, sie sind zerrissen, die, die nahe den zerschlagenen Fenstern liegen, sind vom Wasser zerstört. Ich hebe einen der Filme auf, er zeigt eines der alten Junkers-Wasserflugzeuge beim Start, ein anderer eine Junkers-Maschine bei einer Expedition in den Norden. Tausende liegen da herum, die Schubladen wurden von den Plünderern einfach auf den Boden geleert.

Unser Quartier befindet sich bei einem deutschen Ehepaar mittleren Alters, ein mit Möbeln ziemlich vollgestopftes Holzhaus, das seltsame Dinge, wie etwa einen ausgestopften Affen in dem Schlafzimmer-Salon, in den wir geführt wurden, aufweist. Das Haus am Stadtrand von Dessau blieb von den Bomben verschont, obwohl mehrere hundert Meter weiter einige Häuserreihen völlig wegrasiert wurden.

Die zerbrechliche, traurige Frau spricht etwas Englisch. Der Mann ist fast taub, nur mit größter Anstrengung kann er ein wenig sprechen und hören. Wir tauschen drei K-Rationen gegen einige Scheiben Schwarzbrot ein. Dann stelle ich mein Feldbett auf einer kleinen abgeschlossenen Veranda auf und rolle meinen Schlafsack aus. Der sternenklare Himmel erinnert mich an die Veranda unserer Farm in Minnesota.

Samstag, 9. Juni

Gab Frau . . . ein Stück weißer Seife (im Bad war nur ein kleines Stück brauner Wäscheseife) und eine Büchse Fleisch- und Gemüsehaschee. Sie weint ein wenig. Sie haben nur einmal am Tag gegessen, sagt sie mir. Fleisch hat sie seit Wochen nicht mehr. „Zwölf Jahre lang sind wir von Hitler verraten worden." Sie sagte, niemand konnte etwas gegen das sagen, was damals geschah. Wenn es jemand versucht hat, wurde er weggeschafft, „und jetzt werden die Russen kommen. Wir werden auf der Straße liegen." Sie sagte Leutnant Uellendahl, daß die Nazis ihren Mann sterilisieren wollten, weil er fast taubstumm war.

Wir fahren zu den Junkers-Werken. Viele der leitenden Angestellten sind dort. Wir sitzen an einem Tisch in einem Zimmer und einem Gebäude, die den Bomben entgangen sind. Die Junkers-Werke hatten den Raketenjäger 163 nicht bauen wollen, weil man der Ansicht war, seine Maximalflugdauer sei zu gering, um daraus einen brauchbaren Jäger zu machen. Das Luftfahrtministerium befahl jedoch den Bau. Die Junkers-Leute erhielten auch Befehl, die 163 zu verbessern, und brachten auch einen fortgeschrittenen Prototyp heraus, den sie 263 nannten. Sie waren aber der Ansicht, daß die Maximalflugzeit für einen Jäger noch nicht genügte. Sie hatten drei 263 gebaut – aber keiner war mit Raketenantrieb geflogen. Jedoch hatte man Tests mit 263 gemacht, die von einer Me 110 geschleppt worden waren. Sie sagten, die Japaner hätten keine Pläne für die 263. Sie sollten Pläne nach Japan schicken, waren aber nicht dazu gekommen. Die Japaner könnten jedoch vielleicht die Pläne für die 163 haben. Sie hatten auf Befehl im Dezember 1944 und Juni 1945 Pläne für die neueste 163 an Messerschmitt geschickt, sie glaubten jedoch nicht, daß sie nach Japan gesandt worden waren.

Die Herren von Junkers zweifeln, daß das Langstreckenraketenflugzeug eine Zukunft hat. Sie glauben jedoch, daß der Langstreckenturbojet verwendbar ist, obwohl sie den Einsatz auf transozeanischen Strecken noch nicht studiert haben. Junkers baute nur zehn 163-Turbojetjäger. (Die meisten Leute in der Industrie scheinen über das Bauprogramm der anderen Firmen sehr wenig zu wissen, oder aber sie verschweigen einfach die Informationen, die sie besitzen.) Bei Junkers zieht man zweimotorige Turbojetmaschinen „wegen der Leistung" und viermotorige Turbojetmaschinen „wegen der Sicherheit" vor. Sie haben ein Projekt laufen, vier Turbojets in eine 287 einzubauen.

Die Ju 287 ist ein Zwillingsturbojet mit hochgezogenen Vorwärtstragflächen unter Verwendung des Rumpfes einer 177er.

Ein Prototyp wurde fertiggestellt und teilweise getestet (wie ich höre, wurde er vor der Kapitulation zerstört). Man hat ihn nur bis zu einer Maximalgeschwindigkeit von 600 Stundenkilometern geflogen. Bis zu dieser Geschwindigkeit hatte man keine Schwierigkeiten mit der Stabilität oder einem Flattern gehabt. Man erwartete, daß das Flugzeug in einer Höhe von sechs Kilometern eine Geschwindigkeit von 870 Stundenkilometern erreichen würde. (In Beantwortung meiner Frage sagte man mir, daß die 262 in einem Sturzflug 950 Stundenkilometer geschafft habe, und da habe es Schwierigkeiten mit dem Querruder gegeben. Sie glauben, mit nach vorn gezogenen Tragflächen könne man ungefähr die gleiche Mach-Zahl erreichen wie mit zurückgezogenen Tragflächen. Sie sind auch der Ansicht, daß nach vorn gezogene Tragflächen bei einem großen Angriffswinkel entschiedene Vorteile hätten, sie hätten „auch einen besseren Platz für das Fahrgestell im Rumpf, da unter den Tragflächen mehr Platz bleibe". Sie hatten jedoch ein Projekt mit zurückgezogenen Tragflächen, von dem sie eine Spitzengeschwindigkeit von 950 Stundenkilometern in sechs Kilometer Höhe und von 880 Stundenkilometern in Meereshöhe erwarteten (Turbojet).

Die Daimler-Benz-Gesellschaft hatte einen flüssigkeitsgekühlten „Doppelmotor" mit 3000-Start-PS entwickelt. Man nannte ihn den DB 610, er wurde in der He 177 verwendet. (Diese Information als Antwort auf meine Frage nach dem Doppelmotor, den ich in einem der zusammengestürzten Hangars gesehen hatte.) Nein, die Gesellschaft arbeite an keinem Überschall-Turbinen-Propeller-Projekt. (Auch das als Antwort auf meine Frage.)

Ich fragte nach den Huckepack-FW-190 – Ju 88, von denen eine Anzahl zerstört auf dem Flugplatz standen. „Meiner Meinung nach ist die Verwendung eines Bombers für eine einzige Bombe zu kostspielig, um praktisch zu sein", sagte ich. Sie erwiderten, sie hätten viele alte Ju 88, „zu alt zum Kampfeinsatz". Das Luftfahrtministerium hatte gesagt: „Findet einen Verwendungszweck", da sie sonst zerstört werden müßten. Die Huckepack-Ju-88 konnte zwischen 3500 und 4000 kg Sprengstoff tragen, da weder Bewaffnung, Panzerung, Besatzung noch Treibstoff für den Rückflug nötig waren. Der Pilot, der in der FW 190 flog, kontrollierte die Ju 88 elektrisch und löste sie auf einem flachen Gleitflug etwa drei Kilometer vor dem Ziel aus. Sie war nicht funkgesteuert, behielt aber durch die automatische Steuerung ihren Kurs bei.

Die Junkers-Leute sagten, es hätte fast ebensoviel gekostet, eine Ju-88 zu einem Huckepackflugzeug umzubauen, wie eine neue. Trotz der Kosten sind sie aber der Ansicht, daß ein richtig konstruierter Huckepack praktisch sein würde – ein größeres Flugzeug vom V-1-Typ für den Sprengstoff und einen Turbojetjäger für den Piloten.

Die Junkers-Funktionäre sagten, daß sie sehr wenig Informationen aus dem von den Russen besetzten Gebiet auf dem anderen Ufer der Mulde erhielten. Aber was durchkommt, „ist nicht gut. Die Russen sind, besonders wenn sie betrunken sind, sehr hart gegen die Deutschen. Sie nehmen einem Mann alle Kleidungsstücke bis auf einen Anzug. Wenn er gute Schuhe hat, nehmen sie sie ihm weg und lassen ihm ihre schlechten."

„Ich glaube, wir werden nicht bleiben, wenn die Russen kommen."

„Können Sie denn weg?"

„Nein, wir können nicht weg, aber wir gehen trotzdem."

Die Besprechung geht zu Ende. Ich frage nach dem Museum. „Wer hat hier geplündert?"

„Amerikanische Soldaten sind durchgegangen, aber es wurde schon vorher von russischen Gefangenen geplündert. Die Russen haben den größten Schaden angerichtet."

Gespräch mit Commander Marchand, ehe er mit seiner C-47 startet. Er sagt mir, er habe mit der Militärregierung vereinbart, acht der Junkers-Leute und ihre Familien in die amerikanisch besetzte Zone zu bringen. Sie werden Pässe erhalten und müssen selbst für ihren Transport sorgen. Offensichtlich erfuhren viele Deutsche erst in den letzten Tagen, daß der Raum Dessau von den Russen besetzt werden soll. Vorher glaubten sie, in der amerikanischen Zone zu bleiben.

Leutnant Uellendahl und ich fuhren zum Lunch zu der Panzereinheit zurück. Ich studiere die Gesichter der Menschen auf den Straßen – sie waren ernst und gespannt. Niemand lächelte. Ich erkenne, daß diese Männer an der Ecke wissen, daß sie in einer Woche bereits erschossen oder dem Hungertod in einem russischen KZ ausgeliefert sein können. Auf jeden Fall werden sie hungriger sein als heute, und sie sind alle hungrig. Das junge Mädchen, das auf dem Rad vorbeifährt – sie muß wissen, daß sie an dem Tag, an dem die Russen kommen, wahrscheinlich von einem Dutzend Soldaten vergewaltigt werden wird. Wann kommen sie? In Tagen? In Wochen? Das haben wir den Deutschen nicht gesagt. Das Mädel hat ein gutes Gesicht, wirkt hübsch in einem alten, aber sauberen bunten Kleid – wie die Tochter einer amerikanischen Familie des Mittelstandes. Es wird mir klar, daß wir Amerikaner sie hier in Dessau festhalten. Sie darf nicht in die Sicherheit fliehen. Wir lassen sie nicht an unseren Posten auf der Straße vorbei. Wir übergeben sie und Tausende ihresgleichen den Sowjetsoldaten als Spielzeug. Ich schäme mich. Welche Verantwortung hat dieses Kind für Hitler und die Nazis? Welches Recht haben wir, Deutsche und Japaner Barbaren zu nennen, wenn wir Frauen so behandeln? In einem gewissen Sinn ist es wahr, daß die Deutschen selbst daran schuld sind, aber diese Entschuldigung ist doch zu billig.

Am Nachmittag Besprechung mit Schmitt und Lichte. Schmitt sagt, daß die Junkers-Werke etwa 6000 Turbojetmotoren gebaut haben, von denen vor Kriegsende etwa 5250 an das Luftfahrtministerium abgeliefert worden sind. Er glaubt, daß in den letzten Phasen des Kriegs 200–300 Jäger vom Typ Me 262 in Kampfstaffeln im Einsatz waren. Er sagte, bei den Me 262 seien nur die Ju-004-Turbojets verwendet worden. Die ersten dieser Motoren wurden, von Prototypen abgesehen, von Junkers im Juli/August 1942 gebaut und etwa im September an das Luftfahrtministerium geliefert. Schmitt sagte, der erste Flug sei im Juni 1942 durchgeführt worden, man habe eine Ju-004-Testmaschine verwendet. Der erste Motor der Massenproduktion, ein 004-B-1, war im Oktober 1943 in der Luft.

Der 004-B-4 Turbojet-Motor wurde in den späteren 262 verwendet. Ihre Überholzeit wurde von den Kampfstaffeln mit 25 Stunden angegeben. Die Massenproduktion eines noch späteren Typs, 004-D-4, sollte im Mai beginnen.

Die geringe Überprüfungszeit von fünfundzwanzig Stunden für die Turbojet-Motoren war teilweise dem schlechten Material, das zur Verfügung stand, zuzuschreiben sowie den verwendeten Ersatzstoffen. Schmitt glaubt, daß Turbojet-Motoren schließlich länger zwischen den Überprüfungen arbeiten werden als Kolbenmotoren. Er erwähnt auch, daß die Überholung eines Turbojet-Motors sehr leicht sei.

Schmitt ist der Ansicht, daß die Verwendung einer ständigen Raketendüse in Verbindung mit einem Turbo-Strahltriebwerk für einen unterstützten Start unpraktisch und daß Experimente in dieser Richtung nicht zielführend seien. Zuviel Gewicht, zu viele verschiedene Tanks, zu viele Kontrollen usw. Man hatte eine BMW-Rakete in Verbindung mit einem Junkers-Strahltriebwerk verwendet.

Schmitt sagte, das größte Junkers-Strahltriebwerk, das Ende des Kriegs gebaut wurde, sei der 012 gewesen. Er wurde nie mehr erprobt. Er wäre im Mai fertig geworden. Schmitt war sich des Werts des Überschallpropellers gegenüber dem reinen Jet im Hinblick auf Geschwindigkeit, Reichweite usw. nicht sicher. Er sagte, Messerschmitt habe eine Vier- bis Sechsdüsenmaschine für eine Flugzeit von zehn Stunden mit 800 Stundenkilometern in einer Höhe von acht Kilometern geplant und dabei einen Junkers-004-Turbojet verwenden wollen, der einen statischen Schub von 1000 kg verlieh. Schmitt sagte, die Leistung der gegenwärtigen Turbojet-Motoren könne durch „Nachbrennen" um 25 Prozent gesteigert werden. Er ist der Meinung, daß das Lorin- oder Staustrahltriebwerk nur bei sehr hohen Geschwindigkeiten verwendet werden kann – wahrscheinlich von 1500 Stundenkilometern aufwärts. Dr. Schmitt sagte, der Junkers-Motor Jumo 213 (wassergekühlt) sei in einem Focke-Wulf-Jäger installiert worden, der FW 190-D-9. 200–300 dieser Maschinen seien gebaut worden. Der Motor habe die Geschwindigkeit der FW 190 um 40 Stundenkilomter gesteigert. Die Kampfstaffeln hätten die Überpüfungszeit des Motors auf 150 Stunden festgesetzt.

Dr. Lichte beschrieb dann einen Dieselmotor, an dem er sehr interessiert war. Die ersten Güsse waren in der Gießerei, als die Kapitulation erfolgte. Er wurde mit Jumo 214 bezeichnet. Dr. Lichte sagte, 1939 habe eine mit Jumo-205-Motoren ausgerüstete Ju 86 einen zweiundfünfzigstündigen Nonstopflug über Deutschland – in Vorbereitung eines Südamerikaflugs – durchgeführt.

Der Dolmetscher sagte uns, daß ihm sein Fahrrad gestern von sechs russischen Zwangsarbeitern weggenommen worden sei. Seiner Familie waren schon vorher zwei weggenommen worden.

Ehe wir Dessau verließen, fuhren Leutnant Uellendahl und ich zu der Brücke über die Mulde, die die amerikanischen und die russischen Armeen trennt. Die Straßen und die Gehsteige in der Nähe der Brücke waren mit DPs überfüllt. Sobald wir in ihre Nähe kamen, stießen wir auf den unvermeidlichen Mäusegeruch – Männer, Frauen und Kinder mit ihren Karren und Bündeln, die herumstanden und warteten, bis sie den Fluß überqueren konnten. Lange Kolonnen von Polen, augenscheinlich ehemalige Kriegsgefangene, marschierten in amerikanischen Uniformen, natürlich ohne Rangabzeichen, auf den Fluß zu. Ich studierte ihre Gesichter – sie waren zumeist jung, viele kaum mehr als Jungens. Es waren ausdruckslose Gesichter, die bestimmt keine Freude über die Rückkehr in ihre Heimat verrieten.

War etwa Furcht zu bemerken? Wenn es so war, konnte ich es nicht mit Gewißheit feststellen. Die Gesichter waren entschlossen, ja sogar grimmig. Die Polen marschierten im Gleichschritt auf die schmale Pontonbrücke zu, die die gesprengte Muldebrücke ersetzte. Ein junger Mann in einer Kolonne beginnt zu singen – auf Russisch. Oder ist es Polnisch? Es ist gezwungen – er schreit lauter, zwei oder drei fallen ein. Nein, der Versuch schlägt fehl, sie verstummen und marschieren schweigend weiter.

Ich erreiche die Brücke. Mehrere amerikanische Soldaten mit Stahlhelm und Gewehr stehen Posten. Ein oder zwei Meter hinter ihnen ist der gezackte Betonrand, wo die Sprengladung die Brücke von der Straße losriß. Die Lücke mißt vielleicht achtzehn Meter – der Fluß ist hier nicht breit. Dann wieder eine zackige Leiste und ein einzelner russischer Posten mit Stahlhelm und umgehängter MP.

Weiter am Ufer ist eine fast endlose Kolonne von DPs, wenn man es eine Kolonne nennen kann. Ohne Ordnung und zusammengedrängt wie eine Schafherde, könnte man sie besser als endlose Masse von Menschheit bezeichnen. Diese Menschen jenseits der Mulde sehen so aus, und ich fühle mich sicher, riechen auch so wie die auf unserer Flußseite; die gleiche trostlose Kleidung, die gleichen Bündel mit Habseligkeiten, sie schieben die gleichen Kinderwagen und ziehen die gleichen Karren.

Ich wende mich wieder den Menschen zu, die an mir vorbeimarschieren. Wieder versucht ein Soldat zu singen und hat keinen Erfolg. Die Kolonne biegt von meinem Standort flußauf, sie folgt dem Weg zu der Pontonbrücke, die einige Schritte neben der alten errichtet ist. An der anderen Seite der Brücke steht ein roher, in roten Stoff gehüllter Holzbogen mit dem Hammer-und-Sichel-Emblem auf dem Querstück. Die letzte Kolonne Soldaten marschiert vorbei auf den Fluß zu, eine Schar DPs drängt sich vor und wird von den Posten zurückgehalten.

Wir fahren zu der Stelle, wo alliierte Kriegsgefangene, die von der russischen Seite kommen, übernommen werden. (Ein amerikanischer Offizier sagt uns, daß wir sie mit Lastautos abholen, zum nächsten Flugplatz bringen und in die Heimat zurückschicken.) Es sind französische und belgische Soldaten, die von den Deutschen in Gefangenenlager in Ostdeutschland verschickt wurden. Die Befreiten lächeln breit, winken und sind außer sich vor Freude, als sie in die wartenden amerikanischen Lastautos klettern. Ein Soldat wirft den Stock weg, als er die Brücke passiert hat, eine Abschiedsgeste an seine Gefangen-

schaft. Zwei oder drei weitere folgen. Bald liegt ein Berg von Stöcken
da. Die Haltung dieser Soldaten ist mit der jener, die in die andere
Richtung gehen, nicht zu vergleichen. Zwar besteht auch in normalen
Zeiten ein großer Unterschied zwischen Franzosen und Polen, aber
kein so großer.

Alle ehemaligen Kriegsgefangenen erscheinen mir überraschend
gut genährt – sowohl die, die aus der russischen Zone kommen, wie
die, die dorthin gehen. Ihre Gesichter zeigen die Spuren jahrelanger
Gefangenschaft, daran besteht kein Zweifel. Aber ich sah nicht die
Zeichen der Aushungerung, die ich nach den Berichten darüber, wie
diese Menschen behandelt worden seien, erwartet hatte.

Wir drehen um und fahren durch die zerstörten Straßen von Dessau.
Die Stadt wurde schwer bombardiert. Wir müssen, um Magdeburg
zu erreichen und das russische Gebiet zu vermeiden, über Bernburg
ausweichen. Die üblichen Umwege wegen gesprengter Brücken. Auf
den Feldern arbeiten Frauen.

Etwa anderthalb Kilometer links von uns sehen wir etwas, was
wie die unbeschädigten Hangars eines großen Flugplatzes aussieht.
Der Platz wird durch eine Handvoll amerikanischer Soldaten bewacht,
aber unsere Pässe verschaffen uns Zutritt. Die Maschinen sind alle
zerstört, entweder durch Feuer oder durch Axt und Hammer. Wir
besichtigen eine Huckepack-Ju-88, auf der noch die FW 190 befestigt
ist. Beide Maschinen sind durch scharfe Instrumente irreparabel
beschädigt. Um die zusätzliche Last auszugleichen, hat man dem
normalen Ju-88-Fahrgestell ein drittes Rad in der Mitte angefügt.

In den Hangars steht eine Anzahl He-162-Düsenjäger – einzelner
Turbostrahlmotor über dem Rumpf – viel kleiner als die Me 262.
Ich untersuche die allgemeine Konstruktion mit dem Schleudersitz-
Cockpit. Die Maschine sieht mit dem niedrigen Rumpf, dem hohen
Motorgehäuse und den scharf gesenkten Tragflächenspitzen seltsam
aus. Der Flugplatz ist – wenn auch nicht schwer – bombardiert.

Wir fahren nach Braunschweig weiter und kommen durch Magdeburg. Hier sind trotz der Luftangriffe noch viele Häuser bewohnbar.
Für die Nacht im Ziel-Hauptquartier in Braunschweig. Wir kommen
rechtzeitig zum zweiten Abendessen – Hühnchen. Die amerikanische
Armee hat Überfluß an Lebensmitteln, nur wenige scheinen sich
darum zu kümmern, wie hungrig die deutschen Kinder vor der Tür
sind. Es erinnert mich an die Gleichgültigkeit der chinesischen Offiziellen (während des Yangtse-Hochwassers von 1931) gegenüber den
Tausenden, die vor den Stadtmauern verhungerten und starben.

Sonntag, 10. Juni

Zum DFL – Hermann-Göring-Institut. Es liegt in einem Wald außerhalb von Braunschweig, die Gebäude sind voneinander getrennt, um die Wirkung eines Luftangriffs zu verringern. Führer standen keine zur Verfügung, wir liehen uns also einen Plan des Geländes und stellten unsere Inspektionstour selbst zusammen. Hier gibt es nur sehr wenige Menschen, in den meisten Gebäuden überhaupt niemanden. Wir gingen einfach zu einer offenen Tür und dann von Raum zu Raum.

Das Institut ist – zumindest verglichen mit anderen – nicht sehr beschädigt. Wir sahen kein Zeichen einer Bombardierung, und wenn auch „Zwangsarbeiter" die Gebäude geplündert hatten (Schubläden waren auf der Suche nach Präzisionsinstrumenten und anderen wertvollen Gegenständen auf den Boden geleert worden), war der größte Teil der Ausstattung verhältnismäßig intakt. Wir gingen durch den Achtmetertunnel, den Höchstgeschwindigkeitstunnel, zwei Überschalltunnel, das Waffenlaboratorium und die Werkstätte, den ausgeräumten Tunnel für das Studium der Flugbahn von Geschossen in großer Höhe. Es ist ein gewaltiges Institut, der Himmel allein weiß, wieviel der Bau und der Betrieb gekostet haben mögen. Allein der Projektiltunnel war ein erstaunliches Unternehmen, von den mehreren Windtunneln ganz zu schweigen. Wie an fast jedem anderen Platz, den ich gesehen habe, waren die Bilder von Hitler und Göring bis zur Unkenntlichkeit verstümmelt. Es war seltsam, diese Bilder, die so prominent und so stolz gezeigt worden waren, als ich zum letzten Mal in Deutschland war, jetzt zerrissen und zertrampelt im Schutt auf dem Boden liegen zu sehen.

In einem Zeichenraum in einem der Gebäude sah ich auf einem Schutthaufen die Fotografie einer wundervoll geschnitzten Madonna – ich glaube, eine süddeutsche Arbeit – liegen. Es war überraschend, sie so rein und unversehrt inmitten des Schmutzes liegen zu sehen. Ich „befreite" sie für Anne, ich frage mich, wer dieses Bild wohl früher auf seinem Schreibtisch stehen gehabt haben mag?

Am Nachmittag besuchte ich die Testlabors. Auf dem Rückweg nach Braunschweig suchte ich dann Professor Hermann Blenk (Direktor des Instituts und Chef der aerodynamischen Abteilung) in seinem Heim auf. Dr. Zobel, der in der Nähe wohnte, war ebenfalls anwesend. Sie sagten, die Arbeit des Instituts sei durch die Stromkürzungen (der Strom wurde aus Braunkohle gewonnen) stark behindert worden, sie hätten die großen Windkanäle nur nachts benutzen können.

Zobel glaubt, daß die 163er Jägertype nur für den Start und zur Erreichung einer Geschwindigkeit von 400 bis 500 Stundenkilometern eine Rakete benützen wird. Die Fluggeschwindigkeit wird seiner Meinung nach durch ein Staustrahltriebwerk erreicht werden. Er glaubt, daß Staustrahltriebwerke die beste Antriebsmöglichkeit für Überschallgeschwindigkeiten sein werden.

Dann besuchten wir Professor Adolf Busemann, den Chef des Instituts für Gasdynamik. Schließlich packten wir und fuhren ab.

Teile von Braunschweig längs unseres Wegs waren schwer bombardiert. Ich saß wieder am Steuer, wir wollten die Nacht in Nordhausen verbringen. Unsere Route führte uns durch den Harz und mehrere Städte voll von deutschen Armeelazaretten. In großen Teilen des Gebiets, das wir durchfuhren, sahen wir keine Kriegsspuren. Die meisten Menschen in den Lazarettstädten sahen uns unfreundlich an. Die verwundeten Soldaten starrten unseren Jeep einfach ausdruckslos an, hinkend, ohne Arme, ohne Beine, verkrüppelt, die schlimmeren Fälle lagen wahrscheinlich in den Lazaretten.

Wir hatten mehrere Berichte erhalten, daß es gefährlich sei, durch den Harz zu fahren – er sei immer noch voll SS. Es war die übliche Geschichte, je näher wir kamen, desto ungefährlicher schien es zu werden, und die Offiziere, die wir fragten, sagten, sie hätten in der letzten Zeit nichts von „Zwischenfällen" gehört.

An gewissen Stellen waren jedoch neben der Straße kürzlich Schützenlöcher ausgehoben worden. Geschützstellungen, verbrannte Lastautos und gesprengte Panzer zeigten, wo noch vor wenigen Wochen gekämpft worden war; an einer Stelle fuhren wir an zehn oder elf frisch angelegten Gräbern mit deutschen Holzkreuzen vorbei.

An einem Hügelhang, nicht weit von Nordhausen, hielten wir und sahen uns eine mit Ästen getarnte Scharfschützenstellung wenige Meter neben dem Weg an. In der Nähe lag eine deutsche Handgranate. Der Wald war dicht. In den Ästen sahen wir mehrere Harzer Roller. Wir blieben nur einige Minuten – es ist klüger, nicht zu lange zu verweilen –, dann fuhren wir nach Nordhausen weiter. Da es noch hell war, beschlossen wir, die unterirdische Fabrik zu besichtigen, ehe wir unser Quartier aufsuchten. Wir fanden sie leicht, nachdem wir uns von einem deutschen Passanten die Richtung hatten zeigen lassen. Um den Eingang zu erreichen, mußten wir durch Lager Dora, ein ehemaliges deutsches Gefangenenlager, fahren, das einen großen Teil der Fabrikarbeiter stellte. („Man sagte ihnen, wenn sie einmal in die Tunnel gingen, würden sie lediglich als Rauch wieder herauskommen.")

Die Lagerbaracken waren mit DPs überfüllt, sobald wir in die Nähe kamen, verspürten wir wieder den „Mäusegeruch". Die Lagerinsassen schienen allen Nationen Osteuropas anzugehören. Ihre Kleidung war schmutzig, schien aber für die Jahreszeit angemessen. Ihren Gesichtern und Körpern nach zu schließen, waren sie nicht schlecht ernährt. Der Geruch, oder wenigstens ein Teil davon, war der Tatsache zuzuschreiben, daß die Männer im Freien urinierten und daß die Frauen die Abfälle nicht weit von der Küchentür wegwarfen. Einige Männer waren bewaffnet und standen am Tor. Offensichtlich unterhielt das Lager eine eigene Polizeiorganisation.

Hunderte von Teilen für die große V-2-Rakete lagen am Boden oder auf flachen Güterwagen auf den Nebengeleisen – Teile der Spitze, der Mitte und des Raketenschwanzes. Von diesen eigenartigen Dingen umgeben, hatte ich das Gefühl, als ob ich auf einem anderen Planeten erwacht sei, so sehr unterschieden sie sich von allem, was ich bisher gesehen hatte. Viele der Schwanzstücke wurden von den DPs als Wohnungen benützt, sie lagen flach auf dem Boden, die Flossen ragten nach hinten weg, alles glänzendes Metall – im Innern war ein Schlafsims eingebaut.

Der Posten am Tunneleingang sagte, wir bräuchten einen örtlichen Paß, wir fuhren also mehrere Kilometer weit zum Hauptquartier der Einheit. Da der Tunnel durch den ganzen Berg führte und das Hauptquartier näher am anderen Ende lag, fuhren wir mit unserem Jeep von dieser Seite hinein. Eine Vollspurbahn führte durch den ganzen Tunnel. Wir fuhren mehrere hundert Meter weit, vorbei an Seitentunnels, die mit Maschinen, Motoren und Raketenteilen angefüllt waren – ein gewaltiger, vollbeleuchteter Raum, der nur auf den Schichtwechsel zu warten schien, um mit der Arbeit wieder beginnen zu können. Wir konnten nicht über die Mitte hinausfahren, ein Güterwagen versperrte uns den Weg, er war von britischen Soldaten zurückgelassen worden, die einige V-2-Raketen abtransportiert hatten. Da es ziemlich spät war, arbeiteten sie nicht mehr. Soweit wir sagen konnten, war überhaupt niemand sonst in dem weiten Tunnelsystem.

Wir verließen unseren Jeep und folgten einem der Seitentunnel. Er enthielt ein Fließband für die Produktion von V-2-Motoren. Dutzende waren im Bau. Nachdem wir dem Tunnel an die hundert Meter weit gefolgt waren, kamen wir zu einem zweiten Haupttunnel, der mit dem ersten parallel lief. Hier fanden wir eine ganze V-2-Rakete, die – augenscheinlich von Fachleuten der Alliierten – derb, aber wirksam in Teile zerhackt worden war. Dann durch die Quertunnel hin und zurück.

Sie waren wohl Meilen lang, einige produzierten V-2-Teile, andere solche für Junkers-Motoren.

Als wir uns auf den Eingang zuarbeiteten, stießen wir wieder auf den Mäusegeruch und wußten, daß wir an eine Stelle gekommen waren, wo kürzlich DPs gelebt hatten. Der Unrat, auf den wir bald stießen, bewies die Richtigkeit unserer Vermutung. Sie mußten in einer Art Verbindung von Büro- und Lazarett-Tunnel, nicht weit vom Außeneingang, gelebt haben. Hier waren zwei Reihen mit vielen hölzernen Räumen, eine Weile gingen wir von einem zum anderen. Dann trennten wir uns. Leutnant Uellendahl untersuchte die untere und ich die obere Reihe.

Einer der Räume enthielt die Ausweiskarten der Arbeiter – Tausende. Wie fast alles, was man wegwerfen konnte, waren sie auf dem Boden verstreut. Jede Karte enthielt ein Foto und eine kurze Personalbeschreibung des Arbeiters.

Aus der unterirdischen Fabrik zur Stadtkommandantur von Nordhausen, um uns Quartierscheine für die Nacht zu beschaffen. Wir erhielten sie von einem Mann in amerikanischer Uniform, der ein gebrochenes Englisch mit starkem holländischem Akzent sprach. Er wies uns in ein großes Haus nahe der Stadtmitte ein, geführt wurde es von einer jungen Hausfrau, die etwas Englisch sprach.

Wir fanden sie in einem Haus auf der anderen Straßenseite. Sie beantwortete unser Klingeln in einem eher durchsichtigen Nachthemd. So gekleidet, begleitete sie uns zu unserem Nachtquartier und führte uns in ein großes Schlafzimmer mit zwei Einzelbetten mit weißen Laken und sauberen Steppdecken. Dann zeigte sie uns, wo wir unseren Jeep parken konnten, und beklagte sich – nicht allzu überzeugend –, als die Lichter eines anderen heranfahrenden Jeeps die Wirkung des Nachthemds, das sie trug, praktisch aufhoben.

Montag, 11. Juni
Hinter unserem Jeep parkten zwei weitere, die versperrt waren, wir mußten daher zu Fuß zum Frühstück gehen. Beim Essen sprachen wir von der unterirdischen Fabrik und vom Lager Dora. „Die Deutschen hatten dort Öfen, die zu klein waren, um eine ganze Leiche aufzunehmen, deshalb hackten sie Arme und Beine ab und stopften sie so hinein."

„Die Gefangenen waren so ausgehungert, daß Hunderte starben, als die Amerikaner kamen. Sie sterben immer noch."

Zurück in unser Quartier zum Packen – eine Sache von fünf Minuten. Unsere junge Hausfrau kam lachend herein und gab uns je eine Erdbeere aus dem Garten. Sie trug eine deutsche Frauenuniform.

„Was ist das für eine Uniform?" fragte ich.

„Deutsches Blitzmädel", antwortete sie immer noch lachend.

„Waren Sie im Krieg ein Blitzmädel?"

„Ich? Nein, ich bin Halbjüdin, ich hatte keine Kleider. Das gab man mir als Geschenk – als Witz – als der Krieg aus war." Sie lachte wieder.

„Lachen Sie immer?" fragte Leutnant Uellendahl. (Gestern abend und heute morgen, sie lächelte oder lachte immer, wenn wir sie sahen.)

„Ja, jeden Tag, denn ich habe zehn Jahre lang Angst gehabt."

Ich gab ihr ein Päckchen Zigaretten, die man in Deutschland jetzt fast nicht bekommen kann. Sie lief ins Eßzimmer und brachte uns eine Schüssel Erdbeeren. Wir nahmen nur je eine kleine, weil wir wußten, wie knapp diese Menschen an Lebensmittel waren. Sie sagte uns, ihr Vater sei vor zehn Jahren nach Buchenwald geschickt worden. Sie hatte seither keine Nachricht von ihm. Nach zehn Jahren würde es unmöglich sein, noch Eintragungen über ihn zu finden, und sie erwartete auch nicht, je wieder von ihm zu hören. Ihre Mutter war tot, und ihr Mann war erschossen worden, weil er, entgegen den Befehlen sie, eine Halbjüdin, geheiratet hatte. (Er hatte um eine Heiratsgenehmigung ersucht, sie war aber abgelehnt worden.)

Sie sagte, sie sei während des Kriegs viel gereist und alle paar Monate von einem Ort zum anderen gezogen, „um einer Kennzeichnung wegen ihres jüdischen Bluts" zu entgehen. Sie sagte, die deutschen Behörden seien im Papierkrieg fast erstickt, und jeder Ortswechsel hatte ihr eine Ruhepause verschafft, da mehrere Monate verstrichen, ehe sie sich wieder zur Registrierung melden mußte. Dann war sie aber schon wieder weitergezogen.

Wir hatten zuerst den anderen Teil der unterirdischen Fabrik besuchen wollen, beschlossen jedoch, zuerst durch Lager Dora zu fahren. Einige der Baracken – lange, niedrige Holzbauten – waren von Polen belegt, andere von Russen, Tschechen und wieder andere von Nationalitäten, über die wir uns nicht klar wurden. Auf dem Berghang sahen wir ein kleines, niedriges fabrikartiges Gebäude mit einem Schornstein, der für seine Höhe einen sehr großen Durchmesser hatte. Wir fanden keinen Weg, der dorthin führte, also fuhren wir mit dem Jeep zwischen den Baumstämmen direkt den Hügel hinauf. An einem Ende waren vielleicht zwei Dutzend schmutzige und blutige Bahren aufgestapelt, einige zeigten noch die Abdrücke menschlicher Körper, die darauf gelegen waren.

Die Türen des Gebäudes waren offen, und so traten wir ein. Zu unserer Linken, durch eine weitere Tür, lag ein schwarzer Bauernsarg mit einem aufgemalten weißen Kreuz. Daneben lag, achtlos mit einer Zeltbahn zugedeckt, eine menschliche Leiche auf dem Boden, daneben stand ein weiterer Sarg. Wir betraten den Hauptraum. Er enthielt zwei Verbrennungsöfen nebeneinander – die Stahlbahren, die die Toten aufnahmen, ragten zu den offenen Türen heraus. Die Tatsache, daß zwei Öfen nötig waren, steigerte das deprimierende Entsetzen von einer „Massenproduktion", das der Raum ausstrahlte. Die Feststellung, daß die Arme und Beine abgehackt werden mußten, war natürlich ein Märchen, denn die Türen waren groß und die Bahren lang genug. Aber was machte das schon aus?

Hier war ein Ort, wo die Menschen, das Leben und der Tod den tiefsten Punkt der Degradierung erreicht hatten. Wie konnte irgendein nationaler Fortschritt die Einrichtung und den Betrieb eines derartigen Platzes rechtfertigen? Was bleibt dem Menschen, wenn ihm der Wert des Lebens und die Würde des Todes weggenommen werden?

Eine Gestalt tritt durch die Tür – ein Mann in Gefängnistracht. Nein, ein Junge, für einen Mann ist er noch nicht alt genug. Die Gefängnistracht, die übergroß ist, schlottert sackartig um ihn. Er tritt in das hellere Licht, und ich kann sein Gesicht deutlicher sehen. Er gleicht einem wandelnden Skelett, er hat kaum Fleisch an den Knochen, seine Arme sind so dünn, daß sie nur aus Haut und Knochen zu bestehen scheinen.

Er spricht mit Leutnant Uellendahl Deutsch und weist auf die Öfen. „Fünfundzwanzigtausend in anderthalb Jahren." Er ist Pole und, wie er sagt, siebzehn Jahre alt. Er winkt uns, wir sollten ihm folgen, und geht in den Raum voraus, in dem wir schon gewesen waren. Er bückt sich und zieht die Zeltbahn von der Gestalt neben dem Sarg. Der Tote ist ein ehemaliger Gefangener, der noch dünner ist als er selbst, halb zusammengekrümmt liegt er auf einer Bahre. Man kann sich nur schwer vorstellen, daß der eine lebt und der andere tot ist, so sehr gleichen sie einander. Dunkle, tagealte Bartstoppeln, vom Hunger gemeißelte Züge, brennende dunkle Augen, denn auch die Augen des Toten sind offen. Der auffälligste Kontrast lag aber im Gesicht des Toten. Nie, so glaube ich, habe ich je eine solche Ruhe gesehen, es war, als ob er, nachdem er auf Erden eine Hölle durchlebt hatte, endlich Frieden gefunden habe. Als ich das Gesicht ansah, erkannte ich, daß der Geist im Tode über das von Menschen geschaffene Inferno triumphiert hatte, in dem wir uns befanden, daß nicht einmal ein Konzentrationslager der Nazis dem Leben und dem Tod jegliche Würde nehmen konnte.

„Es war schrecklich. Drei Jahre." Das Gesicht des jungen Polen verzog sich in dem Schmerz und der Qual seiner Erinnerungen. Er wies auf die Leiche. „Er war mein Freund – und er war *dick*!" Dann deckte er den Toten wieder zu.

Wir gehen hinaus. Ich bemerke nicht, wohin uns der Junge führt. Ich starre in die Ferne, aber meine Gedanken weilen noch bei den Öfen, dem Toten und den Menschen und dem System, die solche Dinge geschehen lassen. Plötzlich bemerke ich, daß Leutnant Uellendahl übersetzt: „Fünfundzwanzigtausend in anderthalb Jahren! Und von jedem blieb nur so viel!"

Der Junge legte die Hände in Becherform aneinander, um das Maß zu zeigen. Er schaut nach unten. Ich folge seinem Blick. Wir stehen vor einer wahrscheinlich zweieinhalb Meter langen und zwei Meter breiten, viereckigen Grube, vermutlich war sie etwa zwei Meter tief. Sie war bis zum Überfließen mit Asche aus den Öfen gefüllt – mit kleinen menschlichen Knochenresten – sonst mit nichts.

Eine Aschenspur fließt von der aufgefüllten Grube zu der Stelle, wo wir stehen. Die Asche wurde so achtlos hineingeworfen, wie wir daheim die Asche der Heizung wegschütten.

Die Grube wurde auch ganz achtlos ausgehoben, nicht weit von den Öfen, wo der Boden leicht aufzugraben war. In der Nähe waren zwei andere viereckige Hügel, wo weitere Gruben gewesen sein mochten. Der Junge hebt ein Kniegelenk auf, das nicht lange genug in dem Ofen gewesen sein mag, und hält es uns hin.

Natürlich wußte ich, daß solche Dinge geschehen waren, es ist aber eine Sache, das intellektuelle Wissen zu besitzen, ja, sogar Fotos anzusehen, die ein anderer aufgenommen hat, und eine andere, dazustehen und mit den eigenen Sinnen zu hören und zu sehen. Ich fühlte mich seltsam verwirrt. Wo hatte ich schon so empfunden? Im Südpazifik? Ja: die verwesenden japanischen Leichen in den Biak-Höhlen. Die Ladung Abfall, die auf gefallene Soldaten in einem Bombenkrater geschüttet worden war, die grünen Schädel, die aufgestellt worden waren, um Hütten und Zelte zu schmücken.

Es schien unmöglich, daß Menschen – zivilisierte Menschen – auf ein derartiges Niveau sinken konnten. Und doch war es der Fall. Hier im Lager Dora in Deutschland, dort in den Korallenhöhlen von Biak. Aber

dort waren wir Amerikaner es gewesen, die so etwas getan hatten, *wir,*
die behaupten, für etwas anderes einzutreten. Wir, die wir behaupten,
die Deutschen hätten durch ihre Behandlung der Juden die gesamte
Menschheit beschmutzt, haben mit unserer Behandlung der Japaner
bewiesen, daß wir um kein Haar besser sind. „Sie stehen wirklich
niedriger als Tiere. Man sollte sie ausrotten, einen nach dem anderen."
Wie oft hatte ich im Pazifik diese Worte aus dem Mund amerikanischer
Offiziere gehört. „Und warum siehst du den Splitter im Auge deines
Bruders und achtest nicht auf den Balken in deinem eigenen?"
   Ich sah den jungen Polen an. Wo hatte ich solche ausgehungerten
Menschen schon gesehen? Ebenfalls auf der Biak-Insel. Das Bild eines
Kriegskanus der Eingeborenen tauchte in meiner Erinnerung auf – es
paddelt langsam dem Ufer bei unserem Camp zu, die japanischen
Gefangenen, die von bewaffneten halbnackten Eingeborenen begleitet
werden – am Ende der Reihe einige, die so ausgehungert waren, daß sie
nicht einmal mehr stehen konnten – noch dünner als der Pole. Oh, wir
hatten sie nicht in einem Gefangenenlager ausgehungert, wie es die
Deutschen getan hatten! Dafür waren wir zu „zivilisiert", zu clever
gewesen. Wir ließen sie einfach im Dschungel verhungern (ihre eigene
Schuld!), indem wir ihre Kapitulation nicht annahmen. Das war einfach, und man wurde nicht durch die brennenden Augen des Hungers
und die Gefahr einer Krankheit belästigt. Einige Meilen Dschungel
überdeckten das alles. Man mußte nur einige Männer erschießen, die
sich mit erhobenen Händen hatten ergeben wollen. („Man kann einem
Japaner nicht trauen, wenn er sich ergibt. Er wird eine Handgranate
auf dich werfen. Das einzige ist, ihn gleich zu erschießen.") Oder man
konnte noch offener sein und, wie sich unsere Infanterie bei den Westhöhlen gebrüstet hatte, einem japanischen Parlamentär zuschreien:
„Zurück in die Höhlen mit euch und kämpft es aus, ihr Schweinekerle!"
   Eine lange Reihe derartiger Vorfälle taucht vor meinem geistigen
Auge auf: die Berichte von unserer Marineinfanterie, die auf unbe-
waffnete japanische Überlebende schoß, als sie in Midway zum
Strand schwammen; die Berichte, daß wir auf einem Flugplatz in
Hollandia unsere Gefangenen mit MGs erschossen haben; die Geschichte
von den Australiern, die ihre Gefangenen aus den Transportflugzeugen
stießen, die sie in Neuguinea über die Berge nach Süden bringen sollten
(die Aussies berichteten, sie hätten Harakiri begangen oder „Widerstand geleistet"); von Schienbeinen frischgefallener Japaner in
Noemfoor, aus denen Brieföffner und Federhalter angefertigt wurden;

von dem jungen Piloten, der entschlossen war, „sich ein japanisches Lazarett vorzunehmen"; von amerikanischen Soldaten, die aus dem Gebiß gefallener Japaner Goldplomben herausbrachen (die „Lieblingsbeschäftigung" der Infanterie!); von japanischen Köpfen, die in Ameisenhaufen vergraben wurden, um sie als Souvenir zu säubern. Von Leichen, die mit Bulldozern neben der Straße in den Boden gewühlt und zu Hunderten in flache, unbezeichnete Gräber geworfen wurden („wenn sie so nahe sind, daß wir den Gestank nicht aushalten, müssen wir sie begraben"); von Bildern von Mussolini und seiner Geliebten, die in einer italienischen Stadt an den Füßen aufgehängt wurden – unter der Billigung von Tausenden von Amerikanern, die behaupten, für hohe Ideale einzutreten. Soweit man in der Geschichte zurückgeht – immer ist es zu solchen Abscheulichkeiten gekommen, nicht nur in Deutschland mit seinen Dachaus, Buchenwalds und Lagern Dora, sondern auch in Rußland und im Pazifik, bei den Aufständen und der Lynchjustiz daheim, bei den weniger bekannten Revolutionen in Mittel- und Südamerika, den Grausamkeiten in China, vor wenigen Jahren in Spanien, bei den Pogromen der Vergangenheit, den Hexenverbrennungen in Neuengland, den englischen Folterplätzen, wo man die Menschen viertelte, den Scheiterhaufen, auf denen man Menschen zur Ehre Christi und Gottes verbrannte.

Ich schaue auf die Aschengrube (fünfundzwanzigtausend in anderthalb Jahren!). Das, ich erkenne es, ist nichts, das auf *eine* Nation, auf *ein* Volk beschränkt ist. Was die Deutschen den Juden in Europa angetan haben, tun wir den Japanern im Pazifik an. Wie sich die Deutschen entehrt haben, indem sie die Asche menschlicher Wesen in diese Grube geschüttet haben, haben wir uns entehrt, indem wir Leichen mit Bulldozern in seichte, unbezeichnete Tropengräber quetschten. Was auf der einen Seite der Erde barbarisch ist, ist es auch auf der anderen. „Richte nicht, damit du nicht gerichtet werdest!" Es sind nicht die Deutschen oder die Japaner allein, sondern Männer aller Nationen, über die dieser Krieg Schande und Schmach gebracht hat.

An dem offenen Stacheldrahttor vorbei fahren wir zum Lager Dora hinunter und in die unterirdischen Tunnels der Fabrik. Die Wände der Tunnels sind einfach der rauhe, unebene Fels, wie er nach der Sprengung zurückblieb, er wurde nur weiß getüncht, um das Licht zu reflektieren. An diesem Ende wurden auf Förderbändern die V-1 und V-2 zu Hunderten gebaut. Zwei Stunden lang inspizierten wir die Maschinen und die Raketenteile.

Am Nachmittag fuhren wir nach Bad Schwalbach. Wir lösten uns am Steuer ab. Nach der Ankunft Abendessen mit Marineoffizieren und Technikern. Ein üppiges Mahl: große Schweinekoteletts, Kartoffeln, Sauce, Mais, Rüben, Suppe, Brot und Butter, Marmelade, Kaffee, Sahne und Zucker, Ananasdessert, Rheinwein – zweimal gereicht. Ich muß immer an die ausgehungerten Gefangenen von Nordhausen und die hungrigen deutschen Kinder auf den Straßen der Städte denken. Heute abend „befreite" ich das Buch „Niederdeutsche Madonnen" für Anne. Die Marineoffiziere der Villa Lily haben es mir gegeben. Ich hatte versucht, jemand zu finden, dem ich es abkaufen konnte, „aber es gehörte der deutschen Regierung. Es gibt niemand, der es Ihnen verkaufen kann – es sei denn Hitler. Sie können es ihm ja bezahlen, wenn Sie ihn finden können."

Der Kilometerzähler unseres Jeeps zeigt, daß wir seit unserer Abfahrt am 1. Juni 2800 Kilometer zurückgelegt haben.

Mittwoch, 13. Juni
Am Nachmittag zum Flugplatz, vorbei an einem Müllhaufen, wo etwa zwei Dutzend Deutsche den Abfall nach Lebensmitteln durchsuchen. Die Verbindung mit Paris ist schlecht. Niemand weiß, wann unsere Maschine fällig ist oder ob sie Paris überhaupt schon verlassen hat. Wir warten. Die übliche Unsicherheit und Verwirrung. Schließlich steigen wir in eine C-47 und starten um 16.18 Uhr mit einundzwanzig weiteren Passagieren; um 18.28 Uhr in Villacoublay gelandet. Auf dem Flugplatz keine Transportmöglichkeit. Mußten lange warten, bis ein Marinelastauto aus Paris herausgeschickt wurde.

Donnerstag, 14. Juni
Im Marinegebäude Besprechungen und Ablieferung der Ausrüstung. Im Hotel Monceau Lunch mit Captain Hoffman.

Am Nachmittag wieder im Marinegebäude. Commander Marchand erzählte mir, daß es ihm auf einer seiner Reisen gelungen sei, fünfundzwanzig Kilometer tief in das von Russen besetzte Territorium zu kommen (er wandte verschiedene Methoden an, eine davon war, daß er einen russischen Offizier betrunken machte). Er sagte, daß viele Deutsche auf den Straßen nach Osten gingen, vermutlich zur Verwendung als Sklavenarbeiter in Rußland. Die Deutschen sollten sich vermutlich dabei auf einer Straßenseite halten, weil er an einer Stelle sah, wie ein deutscher Offizier auf die andere Straßenseite ging. Ein russischer Posten kam heran und schlug dem Deutschen, ohne ein Wort zu sagen, den Gewehrkolben ins Gesicht. Als Marchand ihn zum letzten Mal sah, lag der deutsche Offizier, wo er gefallen war, das Gesicht mit Blut überströmt und offensichtlich bewußtlos.

Marchand sagt, daß die Russen jeden erschießen, der versucht, den Fluß in das von den Amerikanern besetzte Gebiet zu überqueren – für Leute mit den entsprechenden Papieren gibt es vorgeschriebene Übergangspunkte. Er sagte, an den Flußufern lägen viele Leichen. Er hat an einer Stelle die von MG-Kugeln zerfetzte Leiche eines kleinen Mädchens von etwa sieben Jahren gesehen.

Um den Arc de Triomphe und längs der Champs Elysées wartete eine Menschenmenge auf die Eisenhower-Parade. Es war schwierig – ja manchmal unmöglich –, zwischen dem Marinegebäude und dem Monceau hin- und herzukommen. Die Büros der technischen Marinemission Europa haben über die dazwischenliegenden Gebäude einen freien Blick auf den Triumphbogen. Auf den Dächern stehen uniformierte französische Polizisten zur Sicherung gegen Heckenschützen.

Am Spätnachmittag kurzer Spaziergang auf den Champs Elysées. Besuchte später auf Einladung von Commander McDonald eine ziemlich hektische Cocktailparty und aß später mit ihm und mehreren Franzosen, seinen Gästen, zu Abend. Ich fragte einen der französischen Fliegeroffiziere nach Saint-Exupéry. Er sagte, Saint-Exupéry sei in einer Lockheed-Lightning (P-38) von Korsika aus zu einer Fotoaufklärung in 10.000 Meter Höhe über der italienisch-französischen Grenze gestartet. Von dieser Mission ist er nicht zurückgekehrt.

Freitag, 15. Juni
Um 14 Uhr in die amerikanische Botschaft zu einer kurzen Besprechung mit Botschafter Caffery über die Wirkung der russischen Propaganda auf die deutschen Wissenschaftler und Ingenieure und die Schritte, die dagegen zu unternehmen wären.

Am Rest des Nachmittags Vorbereitungen für meine Heimreise.

Nachwort

Die Tagebucheintragungen erfolgten handschriftlich in kleine, in Leder gebundene Bücher. Diese wurden dann von Sekretärinnen mit der Maschine übertragen; da zwei Personen gleichzeitig daran arbeiteten, war es möglich, das endgültige Manuskript mit den Originalen zu vergleichen und die Genauigkeit der Übertragung sowohl durch die Stenotypistin wie durch den Autor selbst bestätigen zu lassen. Es ist klar, daß General Lindbergh außerordentlich bemüht war, den Beweis für die Authentizität der Tagebücher anzutreten, obwohl er nicht geglaubt hatte, daß sie zu seinen Lebzeiten veröffentlicht werden würden. Die ursprünglichen handschriftlichen Tagebücher und eine Maschinenniederschrift wurden in einer Universitätsbibliothek deponiert, weitere Kopien in einem College und bei einem historischen Verein; alle diese Institute sind angewiesen, sie auf Grund von Bestimmungen, die für alle Papiere von Charles und Anne Lindbergh gelten, niemandem zugänglich zu machen.

Bei der Vorbereitung des Textes für die Veröffentlichung hatte Lindbergh eine Reihe persönlicher und redaktioneller Überlegungen zu bedenken. Seine Hauptsorge war folgende: daß der Text der Eintragungen nicht irgendwie umgeschrieben würde, daß die hauptsächliche Änderung am Text eine Kürzung sein sollte, um die Tagebücher lesbarer zu machen und sie in einem einzigen Band unterzubringen. Diese Auflagen wurden erfüllt. Nicht einmal die gelegentlichen Fälle einer unglücklichen Syntax der Sprachgewohnheit wurden korrigiert, obwohl Orthographie und Interpunktion, wenn nötig, geändert wurden. Die Redaktion des Texts wurde nach dem Prinzip durchgeführt, daß viele Einzelheiten des Alltagslebens als Routine unbedeutend sind – etwa Fahrten am jeweiligen Wohnort, ein Zusammentreffen mit Personen, denen man nicht wieder begegnet, die Bestätigung von Verabredungen, Eingehen auf private oder kirchliche Verpflichtungen, die für niemand außer für den Autor und vielleicht den Forscher von Interesse sind. Des weiteren wurde Material intim persönlichen Inhalts vom Autor gelöscht sowie eine Anzahl von Anspielungen auf Personen, die noch leben und vielleicht durch eine Veröffentlichung verletzt sein könnten. Bei eindeutigen Wiederholungen wurde gestrafft, relativ Unbedeutendes weggelassen. Die Übersetzung umfaßt etwa zwei Fünftel des Originals.

Dank des Autors

Ich bin meiner Frau, Anne Morrow Lindbergh, und meinem Freund William Jovanovich zu tiefem Dank für den unschätzbaren Rat und die Hilfe, mein Tagebuchmanuskript auf eine lesbare Qualität und Lage zurechtzuschneiden, verpflichtet; ebenso Ethel Cunningham, Mitherausgeberin von Hartcourt, Brace Jovanovich Inc., für ihre außerordentliche Anteilnahme und ihre monatelangen Bemühungen bei der Redaktion und Forschung, die nötig waren, um das Originalmanuskript über seine verschiedenen Zwischenstadien in eine endgültige Form zu bringen. Ich bin Roberta Leighton und Helen Mills von Harcourt, Brace Jovanovich, für ihre geschickte redaktionelle Hilfe und ihren Rat sehr verpflichtet.

Für Daten und Informationen möchte ich weiter folgenden Organisationen und Personen meinen Dank aussprechen: Amerikanisches Institut für Aeronautik und Astronautik, Tschechoslowakische Nachrichtenagentur, Historische Studienabteilung des Außenministeriums, der Nachrichtenabteilung von Ford Motors, der Informationsabteilung der französischen Botschaft, dem Nationalarchiv und der Dokumentationsabteilung der General Services, dem Institut für Zeitgeschichte, München, der deutschen Lufthansa, Public-Relations-Abteilung, der Mayoklinik, der Luftwaffenbasis McGuire, der Historischen Gesellschaft von Missouri, der NASA, der Marshall-Raumflug-Zentrale, der Marinegeschichtlichen Forschung, der Panamerican, dem Informationsbüro New York des Staatssekretärs der Luftwaffe, den Transworld Airlines, der United Aircraft, dem Informationsbüro des US-Marineinfanteriekorps, New York, der Luftwaffenbasis Weight-Patterson, dem Luftwaffenmuseum der Yale-Universität, der Sterlin-Memorial-Bibliothek, John G. Borger, George R. Brooks, Lt. M. Collett, Edwin S. Costrell, Karol Dlouhy, Pater Joseph T. Durkin, S. J., Sgt. Francis C. Fini, Royal D. Frey, Russell Fridley, Ester Goddard, Grace M. Grant, Sanford B. Kauffmann, Admiral Emory S. Land, Capt. W. Waldo Lynch, Josiah Macy jr., Erich W. Neubert, Judith A. Schiff, Oberst Richard S. Stark, Sgt. Douglas W. Stephens.

Die Tagebucheintragungen in diesem Buch entsprechen genau denen auf meinen handgeschriebenen Blättern – abgesehen davon, daß die Orthographie korrigiert, die Interpunktion stellenweise revidiert und die Datumsüberschriften standardisiert wurden. Bei der Kürzung der Tagebücher auf einen Band wurde nichts umgeschrieben.

Charles A. Lindbergh

TECHNISCHE DATEN

Flugzeugtypen

A-20: Leichter Bomber (Tiefangriffsflugzeug). Zwei Motoren. Mitteldecker. Besatzung drei Mann. Höchstgeschwindigkeit (HG) etwa 540 km/h. Gipfel 7600 m (1944). Douglas Aircraft.

Airacuda: XMF-Experimentiermaschine. Zweimotoriger Tiefdecker. Besatzung bis zu fünf Mann (1939). Bell Aircraft.

AR-234: Leichter Bomber und Aufklärer (DR). Hochdecker mit Doppelturbotriebwerk. Einsitzer. HG etwa 900 km/h. Gipfelhöhe 11.300 m (1944). Arado-Flugzeugwerke.

B-17 „Fliegende Festung": Schwerer Bomber. Viermotoriger Mitteldecker. Besatzung sechs bis zehn Mann. HG 480 km/h. Gipfelhöhe 10.600 m. Boeing Aircraft.

B-24 „Liberator": Schwerer Bomber. Viermotoriger Hochdecker. Besatzung neun bis elf Mann. HG etwa 480 km/h. Gipfelhöhe etwa 12.000 m. Consolidated Aircraft und Ford.

B-25 „Mitchell": Mittlerer Bomber. Zweimotoriger Mitteldecker. Besatzung vier bis sechs Mann. HG 500 km/h. Gipfelhöhe etwa 8000 m (1944). North American Aviation.

B-26 „Marauder": Mittlerer Bomber. Zweimotoriger Hochdecker. Besatzung fünf bis sechs Mann. HG etwa 500 km/h. Gipfelhöhe 10.500 m (1944). Glenn Martin.

B-34 „Ventura": Bomber. Zweimotoriger Mitteldecker. Besatzung fünf Mann. HG etwa 445 km/h. Gipfelhöhe etwa 8300 m (1944). Lockheed Aircraft.

---

* Abkürzungen: DR – Deutsches Reich; GB – Großbritannien; RF – Frankreich; ohne Kennzeichnung – USA.

Bristol Blenheim: Mittlerer Bomber (GB). Zweimotoriger Mitteldecker. Besatzung drei Mann. HG 440 km/h. Gipfelhöhe etwa 8000 m (1939). Bristol Aeroplane Co.

Bréguet: Bomber (RF). Zweimotoriger Mitteldecker. Besatzung drei Mann. HG etwa 480 km/h (1939). S. A. des Ateliers d'Aviation Louis Bréguet.

C-47 „Dakota": Transportflugzeug. Zweimotoriger Tiefdecker (als Marineflugzeug unter der Bezeichnung R4D, als Verkehrsflugzeug DC-3). Cockpitbesatzung zwei. HG 330 km/h (1944). Gipfelhöhe etwa 7300 m. Douglas Aircraft.

C-54 „Skymaster": Transportflugzeug (Marine: R5D, Verkehrsflugzeug DC-4). Besatzung drei bis vier Mann. HG 450 km/h. Gipfelhöhe 7500 m. Douglas Aircraft.

Canuck: Schulmaschine (Kanada). Variante der Curtiss JN4 („Jenny") mit etwas leichterer Bauweise und höherer Leistung.

DC-5: Kommerzielle Transportmaschine. Zweimotoriger Hochdecker. Cockpitbesatzung drei Mann. Platz für sechzehn bis zwanzig Passagiere. HG etwa 370 km/h. Gipfelhöhe 7000 m. Douglas Aircraft.

DH-4 de Havilland: Aufklärer (GB). Einmotoriger Doppeldecker. Besatzung zwei Mann. HG etwa 200 km/h. Auch als (einsitziges) Postflugzeug verwendet. De Havilland, Baujahr 1925.

DO-17: Bomber (DR). Zweimotoriger Mitteldecker. Besatzung drei bis vier Mann. HG 425 km/h. Gipfelhöhe etwa 8500 m (1939). Dornier-Werke.

F4U „Corsair": Marinejäger und Sturzkampfflugzeug. Einmotoriger Tiefdecker. Einsitzer. HG etwa 660 km/h. Gipfelhöhe etwa 8500 m. Chance Vought (United Aircraft). Baujahr 1941, laufend weiterentwickelt.

F6F-1 „Hellcat": Marinejäger. Einmotoriger Mitteldecker. Einsitzer. HG etwa 590 km/h. Gipfelhöhe 10.500 m (1944). Grumman Aircraft.

Fieseler Storch: Aufklärer und Verbindungsflugzeug (DR). Dreisitziger, einmotoriger Schulterdecker. HG 185 km/h (1938). Gerhard-Fieseler-Werke.

Ford Trimotor: Transportflugzeug (Verkehrsmaschine). Dreimotoriger Hochdecker. Ganzmetall. Cockpitbesatzung zwei Mann, 12 bis 15 Passagiere. HG etwa 200 km/h. Gipfelhöhe etwa 5500 m (1930). Stout Metal Airplane (Ford).

FW 189: Aufklärer und Tiefflieger (DR). Zweimotoriger Tiefdecker. Besatzung drei Mann. HG 375 km/h. Gipfelhöhe etwa 8000 m (1944). Focke-Wulf-Flugzeugbau.

FW 200 „Condor": Transporter (DR). Viermotoriger Tiefdecker. Cockpitbesatzung drei Mann, 26 Passagiere. Reisegeschwindigkeit etwa 320 km/h. Gipfelhöhe etwa 6000 m (1938). Focke-Wulf-Flugzeugbau.

Grumman Amphibian: Wasserflugzeug (kommerzielle Version der JFR der Marine). Cockpitbesatzung zwei Mann. HG etwa 320 km/h. Gipfelhöhe etwa 6000 m. Grumman Aircraft.

He 111: Bomber (DR). Zweimotoriger Tiefdecker. Besatzung vier Mann. HG 420 km/h (1939). Gipfelhöhe etwa 7200 m. Ernst Heinkel AG.

He 162 („Volksjäger"): Abfangjäger (DR). Manchmal auch als Ju 162 bezeichnet. Hochdecker mit Stahltriebwerk. Einsitzer. HG etwa 830 km/h. Gipfelhöhe 12.200 m (1944). Ernst Heinkel AG.

Henley: Bomber (GB). Einmotoriger Tiefdecker. Besatzung zwei Mann. HG etwa 410 km/h. Gipfelhöhe etwa 8000 m (1939). Hawker Aircraft.

„Hurricane": Jäger (GB). Einmotoriger Tiefdecker. Einsitzer. HG 540 km/h. Gipfelhöhe 10.300 m (1939). Hawker Aircraft.

JM-1: Marine-Zielschlepp- und Allzweckflugzeug. Vereinfachte Version des B-26. Glenn Martin (1944).

JN4D („Jenny"): Armeeschulmaschine (USA). Einmotoriger Doppeldecker. Besatzung zwei Mann. HG 120 km/h. Curtiss. Baujahr 1923.

JRB „Expeditor": Marine-Transportflugzeug. Zweimotoriger Tiefdecker. Cockpitbesatzung zwei Mann. HG 320 km/h. Gipfelhöhe 7500 m. Beech Aircraft.

JRF „Goose": Marine-Wasserflugzeug. Hochdecker. HG 320 km/h. Gipfelhöhe 6000 m (1944). Grumman Aircraft.

JRM-1 „Mars": Marinetransporter (Flugboot). Viermotoriger Hochdecker. Normale Besatzung elf Mann. HG etwa 340 km/h (1944). Glenn Martin.

Ju 52: Transportflugzeug (DR). Zweimotoriger Tiefdecker. Cockpitbesatzung zwei Mann. 16 Passagiere. Reisegeschwindigkeit 240 km/h. Junkers Flug- und Motorenwerke.

Ju 86: Bomber (DR). Zweimotoriger Tiefdecker. Besatzung vier Mann. HG 375 km/h (1939). Junkers.

Ju 87: Sturzkampfflugzeug (DR). Einmotoriger Tiefdecker. Besatzung zwei Mann. HG 390 km/h. Gipfelhöhe 7000 m (1939). Junkers.

Ju 88: Bomber, auch Nachtjäger (DR). Zweimotoriger Tiefdecker. Besatzung vier Mann. HG 560 km/h (1944). Junkers.

Ju 263: Abfangjäger (DR). Mitteldecker. Einsitzer. Eine Flüssigkeitsrakete (mit Hilfsverbrennungskammer). HG etwa 900 km/h (1945). Junkers.

L-5 „Sentinel": Aufklärer und Verbindungsflugzeug. Besatzung zwei Mann. HG 210 km/h. Gipfelhöhe 7500 m (1944). Stinson (Consolidated) Aircraft.

Lancaster: Schwerer Bomber (GB). Viermotoriger Mitteldecker. Besatzung sieben Mann. HG 420 km/h (1944). A. V. Roe & Co.

Lincoln Standard Touraboat: Umgebautes Schulflugzeug aus dem Ersten Weltkrieg. Doppeldecker mit einem offenen Tandem-Cockpit. Hispano-Suiza-Motor (150 PS). Der Pilot flog im hinteren Cockpit. Das vordere Cockpit konnte zwei Passagiere aufnehmen. HG etwa 150 km/h. Nebraska-Aircraft.

Me 109: Jäger (DR). Einmotoriger Tiefdecker. Einsitzer. HG 570 km/h (1939), 670 km/h (1944). Gipfelhöhe 10.600 m. Messerschmitt AG.

Me 110: Geleitjäger und Zerstörer (DR). Zweimotoriger Tiefdecker. Besatzung zwei Mann. HG 575 km/h (1940). Messerschmitt AG.

Me 163: Abfangjäger (DR). Manchmal als Ju 193 bezeichnet. Mitteldecker mit einer Flüssigkeitsrakete. Einsitzer. HG 950 km/h (1945). Messerschmitt AG.

Me 262: Jäger (DR). Zwillingsdüsen-Tiefdecker. Einsitzer. HG 840 km/h. Gipfelhöhe 12.200 m (1944). Messerschmitt AG.

Mohawk: Nach Oberst Lindberghs Angaben gebaut. Einmotoriger Tiefdecker. Besatzung zwei Mann. HG etwa 300 km/h. Landegeschwindigkeit 70 km/h (1937). Phillips & Powis Aircraft Ltd.

Monarch: Einmotoriger Tiefdecker. Pilot und zwei Passagiere. HG 230 km/h. Gipfelhöhe 6000 m. Phillips & Powis.

Morane: Jäger (RF). Einmotoriger Tiefdecker. Einsitzer. HG 480 km/h (1939). Aeroplanes Morane-Saulnier.

NC 4: Marineflugboot. Dreimotoriger Doppeldecker. Besatzung sechs Mann (für Transatlantikflug). HG etwa 140 km/h (1919). Curtiss.

P-35: Einmotoriger Tiefdecker. Einsitzer. HG 500 km/h. Gipfelhöhe 9000 m (1939). Republic Aviation.

P-36: Jäger. Einmotoriger Tiefdecker. Einsitzer. HG 480 km/h. Gipfelhöhe 9500 m (1938). Curtiss-Wright.

P-38 „Lightning": Jäger. Zweimotoriger Mitteldecker. Einsitzer (Doppelrumpf). HG etwa 650 km/h. Gipfelhöhe 11.000 m (1944). Lockheed Aircraft.

P-39 „Airacobra": Jäger. Einmotoriger Tiefdecker. Einsitzer. HG 600 km/h. Gipfelhöhe 10.600 m (1944). Bell Aircraft.

P-40, F und N „Warhawk": Jäger. Einmotoriger Tiefdecker. Einsitzer. HG 580 km/h. Gipfelhöhe 10.000 m (1944). Curtiss-Wright.

P-47 „Thunderbolt": Jäger. Einmotoriger Tiefdecker. Einsitzer. HG etwa 690 km/h. Gipfelhöhe 12.000 m (1945). Republic Aviation.

P-51 „Mustang": Jäger. Einmotoriger Tiefdecker. Einsitzer. HG etwa 700 km/h. Gipfelhöhe etwa 12.000 m (1945).

P-60 (XP 60): Jäger im Experimentierstadium. Einmotoriger Tiefdecker. Curtiss-Wright.

P-61 „Black Widow": Nachtjäger. Zweimotoriger Hochdecker. Besatzung drei Mann. HG 670 km/h. Gipfelhöhe 11.000 m (1944). Northrop Aircraft.

PB 2 Y-3R „Coronado": Marine-Patrouillen- und Transportflugboot. Viermotoriger Hochdecker. Besatzung bis zu zehn Mann. HG 300 km/h (1944). Consolidated Aircraft.

PBJ: Bezeichnung für die „Mitchell" (B-25) als Marinebomber. North American Aviation.

PBM „Mariner": Marine-Patrouillenmaschine oder Transporter (Flugboot). Zweimotoriger Hochdecker. Besatzung sieben Mann. HG 320 km/h (1944). Glenn Martin.

R4D: Marine-Transporter (als Verkehrsmaschine DC-3, im Fliegerkorps C-47, bei der RAF Dakota). Cockpitbesatzung zwei Mann. HG 330 km/h. Gipfelhöhe etwa 6600 m. Douglas Aircraft.

S-42: Flugboot (Verkehrsmaschine). Viermotoriger Hochdecker. Cockpitbesatzung vier Mann. Zweiunddreißig Passagiere. HG 300 km/h. Gipfelhöhe 4500 m (1939). Sikorsky Aircraft Division der United Aircraft.

SE-5: Jäger. Einmotoriger Doppeldecker. Einsitzer. HG etwa 200 km/h (1925).

SNJ: Marineschulflugzeug (im Fliegerkorps unter der Bezeichnung AT-6). Einmotoriger Tiefdecker. Besatzung zwei Mann. HG etwa 320 km/h. Gipfelhöhe 6000 m (1944). North American Aviation.

Spitfire: Jäger (GB). Einmotoriger Tiefdecker. Einsitzer. HG 580 km/h (1939). Gipfelhöhe 12.200 m. Vickers-Armstrong.

TBF „Avenger": Marine-Torpedobomber. Einmotoriger Mitteldecker. Besatzung drei Mann. HG 400 km/h. Gipfelhöhe 6000 m (1944). Grumman Aircraft.

V-1: „Fliegende Bombe". Ein-Impuls-Jet-Mitteldecker (DR). Unbemannt. HG 650 km/h. Gipfelhöhe 3000 m (1945).

V-2: Raketengeschoß (DR). Unbemannt. HG 5500 km/h. Reichweite etwa 350 km (1945).

Verville-Sperry Racer: Einmotoriger Tiefdecker. Einsitzer. HG etwa 300 km/h (1923). Lawrence Sperry Aircraft.

VS-300: Hubschrauber (Experimentiermaschine). Einmotoriger dreiblättriger Hauptmotor. Einsitzer. Sikorsky und Chance Vought (United Aircraft).

Wellesley: Bomber (GB). Einmotoriger Tiefdecker. Besatzung zwei Mann. HG 350 km/h. Gipfelhöhe 10.000 m (1938). Vickers-Armstrong Ltd.

Wellington: Mittlerer Bomber (GB). Zweimotoriger Mitteldecker. Besatzung fünf Mann. HG 425 km/h. Gipfelhöhe 7800 m (1939). Vickers-Armstrong.

XF5U: Zweimotoriges Nurflügelflugzeug im Experimentierstadium. HG 650 km/h. Landegeschwindigkeit etwa 50 km/h. Chance Vought (United Aircraft).

Zero: Alle japanischen Jäger („Zeke", „Hamp", „Tony"). Einmotorige Tiefdecker. Einsitzer. HG 540 bis 600 km/h. Gipfelhöhe 10.600 m (1944). Mitsubishi-Werke (Zeke und Hamp).

Flugtechnische Ausdrücke

Abwinken: Einem anfliegenden Piloten signalisieren, er solle bei diesem Anflug nicht landen.

Abwurftanks: Treibstofftanks, die so an den Tragflächen oder dem Rumpf angebracht sind, daß sie während des Fluges abgeworfen werden können. Verwendet zur Vergrößerung der Reichweite. Sie werden abgeworfen, wenn eine zusätzliche Flugleistung erforderlich wird, wie bei Beginn eines Kampfes.

Auflader: Kompressor, der zusätzlich Luft oder Treibstoffgemisch in den Motor bringt. Wichtig für Flug in großer Höhe.

Automatischer Pilot: Ein Mechanismus mit Gyroskopen, der automatisch in der Lage ist, eine Maschine in einem festgesetzten Flug zu belassen, d. h. auf einem bestimmten Kurs und einer bestimmten Höhe.

Bendix-Boden-Kanzel: Eine Geschütz-(MG-)Kanzel am Boden des Rumpfes. Hergestellt von Bendix.

Boden-Looping: Eine unkontrollierte Schwenkung oder Drehung eines Flugzeuges, daß sich am Boden bewegt. Gewöhnlich beim Ausrollen bei der Landung.

Bombenschacht: Raum zur Aufbewahrung von Bomben.

Bosch-Magnet: Magnetzünder, die von Bosch gebaut werden. Ein Magnetzünder ist ein Gerät mit einem rotierenden Element, zur Erzeugung von Hochspannungswechselstrom für Zündfunken bei Kolbenmotoren.

Dreiradfahrgestell: Dreirad-Fahrgestell, bei dem sich das kleinere Rad *vor* und die zwei größeren Räder *hinter* dem Schwerpunkt der Maschine befinden.

Duraluminium-Preßstück: Durch Stanzen aus Duraluminium (einer Aluminiumlegierung) geformte Teile – etwa einer Tragfläche oder eines Motors.

Einspritzung (Treibstoff): Die erzwungene Einführung von Treibstoff in einen Motor, gewöhnlich in flüssigem Zustand.

„Federn" (Segelstellung): Den Steigungswinkel des Propellers so ändern, daß eine Linie durch den „fahrenden" und den folgenden Rand jedes Propellerblattes ungefähr mit der Fluglinie parallel verläuft. Wenn ein Motor bei einer mehrmotorigen Maschine abgeschaltet wird, wird ihr Propeller gewöhnlich „gefedert", um den Luftwiderstand so klein wie möglich zu machen und den Motor am Drehen zu hindern.

Feuerwand: Eine Wand aus feuerfestem Material, die das Motorgehäuse von dem übrigen Flugzeug trennt. Der Zweck ist es, jeden Motorbrand zu isolieren.

Funkstrahl (Flug): Einem Funkstrahl folgen, der durch zwei schmale, sich überschneidende Bänder von Funk-Richtungssignalen gebildet wird. Im Überschneidungsraum hört der Pilot nur einen tiefen Einzelton. Wenn er den Überschneidungsraum verläßt, sagt ihm eine charakteristische Tonveränderung – ein „a" (Punkt-Strich) oder ein „n" (Strich-Punkt) – in welcher Richtung er von dem Funkstrahl abweicht.

(Steuer)-Flossen: Metallflanschen, die vom luftgekühlten Motorzylinder nach außen ragen. Sie leiten die Hitze von den Zylinderwänden in die vorbeiströmende Luft ab.

Gleitwinkel: Der Winkel zwischen dem Gleitweg und der Horizontalen. Der Winkel unter der Horizontalen, in dem die Maschine eine Höchststrecke ohne die Verwendung von Motorenschub zurücklegen kann.

Grenzschicht-Kontrolle: Die Kontrolle einer dünnen Luftschicht, die dicht über eine Tragfläche usw. wegstreicht, mit dem Zweck, die aerodynamische Wirkung zu steigern.

Hochgestufte Reihe: Bewegliche Angriffsformation (hintereinander) von Flugzeugen.

Hohe Seite: Ein Sturzangriff (oder Scheinangriff) auf die Seite eines Luftziels.

Höhen-Raketengleiter: Von Raketen angetriebenes Gleitflugzeug für Verwendung in großen Höhen.

Horizont (gyroskopischer): Ein Instrument, das ein Gyroskop enthält mit einem Zeiger, der dem Piloten von der Position seiner Maschine zu dem natürlichen Horizont informiert und so eine Beziehung auf den natürlichen Horizont unnötig macht.

Huckepackstart: Start einer Maschine, die starr über oder unter einer anderen befestigt ist.

Hydraulisches System: Ein System, das durch eine Flüssigkeit unter Druck aktiviert wird, z. B. Bremsen, Fahrgestell, Klappen usw.

Immelmann: Ein halber Looping, gefolgt von einer halben Rolle, wobei man die Flugrichtung umkehrt und Höhe gewinnt. (Benannt nach einem deutschen Jagdflieger des Ersten Weltkriegs, † 1916.)

Kampfschalter: Ein elektrischer Schalter, um ein Waffensystem (MGs usw.) einsatzbereit zu machen.

Knüppelkontrolle: Kontrolle von Höhen- und Querruder durch den Piloten mit Hilfe eines Steuerknüppels im Cockpit.

Kohlendioxyd-Aufblasflasche: Kleine Stahlflasche zur Aufbewahrung von Kohlendioxyd (CO_2), unter Druck, zum Aufblasen von Rettungsflößen usw.

Kompressibilitätslimit: Luftgeschwindigkeit, jenseits derer Kompressionsphänomene auftreten.

Kompressibilitätsvibration: Ein Zittern des Flugzeugs, das durch Kompressionseffekte bei einem Sturzflug nahe der Schallgeschwindigkeit, verursacht wird.

Kontrollkabel: Metallkabel, die von Kontrollhebeln zu Kontrollflächen führen.

Kontrollierbarer Steigungspropeller: Ein Propeller, der so konstruiert ist, daß die Neigung der Propellerblätter während des Rotierens geändert werden kann.

Kurven: Ein Flugzeug kippen und drehen.

„*Landung mit totem Stock*": Eine Flugzeuglandung, nachdem sein oder seine Propeller stehengeblieben sind oder während des Abstiegs keinen Schub ausgeübt haben.

Leuchtspurmunition: Geschosse, die Rauch oder Flammen ausstoßen, um die Flugbahn sichtbar zu machen und eine Zielkorrektur zu ermöglichen.

Link-Trainer: Ein von der Link Aviation Inc. gebauter Flugsimulator. Zur Ausbildung von Piloten besonders im Instrumentenflug verwendet.

Looping: Ein kontrolliertes Manöver, bei dem ein Flugzeug in einer vertikalen Ebene annähernd einen Kreis beschreibt. Bei einem normalen Looping steigt das Flugzeug an, fliegt mit der Oberseite nach unten, stürzt und kehrt zum normalen Flug in der ursprünglichen Richtung zurück.

Lorin-Preßluftjet: Ein nach René Lorin benannter Preßluftmotor. Ein Preßluftmotor ist im Grunde ein offenes Rohr ohne Kompressor oder Turbine. Die Luft wird durch die Vorwärtsbewegung der Maschine in das Rohr (den Motor) der Maschine gepreßt. Treibstoff wird in die komprimierte Luft injiziert und brennt fortwährend.

Magnesiumtraube: Bündel von Magnesiumbomben, die (oft zusammen mit Sprengbomben) abgeworfen werden, um ein Zielgebiet in Brand zu stecken.

Nachbrennen: Das Verbrennen weiteren Treibstoffs in den Gasen eines Düsenmotors, nachdem sie die reguläre Verbrennungskammer passiert haben, wobei der Schub gesteigert wird.

Niedrige Seite: Ein Angriff (Scheinangriff) im Steigen auf die Seite eines Zieles.

Nurflügelflugzeug: Ein Eindecker ohne kommerziellen Rumpf, es befördert Lasten und Passagiere in den Tragflächen.

Nutzlast: Die Last, die ein Flugzeug neben dem Treibstoff, der Besatzung und anderen zu einem regulären Flug nötigen Lasten befördern kann. Die Ladung, die im kommerziellen Flug Einkünfte erbringt. Passagiere, Fracht, Bomben usw. sind Nutzlast.

Propellerkappe: Eine konische oder runde Verkleidung, die über die Nabe eines Propellers angepaßt ist und sich mit ihm dreht. Auch Spinner genannt.

Querruder: Eine Kontrollfläche, die gewöhnlich einen äußeren Teil einer Tragfläche bildet und die Hinterkante einschließt. Es wird verwendet, um einen Flügel im Verhältnis zur Längsachse der Maschine zu heben oder zu senken, wie beim Kurven.

Reihenmotor: Ein Motor dessen Zylinder in einer oder mehr geraden Reihen angeordnet sind.

Rolle: Ein Manöver, bei dem ein Flugzeug eine volle Drehung um seine Längsachse beschreibt, wobei die Flugrichtung beibehalten wird.

(Langsame) Rolle: Eine Rolle um die Längsachse, die durch Betätigung der Querruder ausgeführt wird. (Auch Querrolle.)

(Schnelle) Rolle: Eine schnelle Rolle, die durch schnelle Bedienung der Kontrollhebel ausgeführt wird. Der Knüppel wird scharf zurückgezogen, während das Ruder voll in die Richtung der gewünschten Rolle gedrückt wird. Das Flugzeug macht eine volle Drehung um die Längsachse, ohne die Richtung zu ändern.

Schienenstart: Start eines Flugzeugs von einem Vehikel aus, das auf einer Schiene fährt.

Schleppflugzeug: Flugzeug, das einen Gleiter oder ein Ziel schleppt.

Schleppziel: Ein röhrenförmiger Stoffschlauch oder ein flaches Banner, das von einem Schleppflugzeug gezogen wird und als Ziel für die Waffen eines anderen Flugzeugs oder für Beschuß vom Boden aus dient.

Seitliches Abrutschen: Eine Bewegung eines Flugzeuges zur Seite und nach
  unten, dies (bei kontrolliertem Flug) wird erreicht, indem man das Ruder
  gegen das Querruder einsetzt.

Sperry A-5 Automatischer Pilot: Ein von der Sperry Gyroscope Company
  hergestelltes Gerät mit einem oder mehreren Gyroskopen, die in der Lage
  sind, indirekt die Kontrollen eines Flugzeuges zu betätigen, um einen festgelegten Kurs ohne Hilfe durch den Piloten beizubehalten.

Sprungflasche: Kleiner Stahlbehälter für Sauerstoff zur Verwendung bei
  Fallschirmabsprüngen.

Statischer Schub: Der Schub, den ein feststehender Motor durch Propeller
  oder Düse ausübt.

Steigung (Propeller): Der Winkel, den ein Propellerblatt in einem bestimmten
  Punkt zu der Rotationsebene bildet.

Trimmen: Adjustierung der Flächen oder Hilfsflächen eines Flugzeuges
  (oder der auf ihnen lastenden Spannungen), um die Flugbalance zu
  verbessern.

Turboauflader: Ein Auflader, bei dem die Turbine durch die Motorauspuff-
  gase aktiviert wird.

„Unter der Haube fliegen": Das Steuern eines Flugzeuges, wenn eine Haube
  oder ein anderes Gerät die Sicht nach draußen behindert und den Piloten
  zwingt, alleine nach Instrumenten zu fliegen. „Das Fliegen unter der
  Haube" ist eine Trainingsmethode beim Instrumentenflug.

Wasserinjektionssystem: Ein System, um Wasser in die Brennstoffmischung
  eines Motors einzuspritzen, angewandt, um beim Start oder in einer
  kritischen Kampfphase mehr Kraft zu erhalten.

Zweipunktlandung: Eine Landung, während derer die zwei Haupträder
  die Landefläche lange vor dem Schwanzrad berühren, deshalb eine ziemlich schnelle Landung.

Zweistufen-Auflader: Steigerung der Luft- oder Treibstoffzufuhr für einen
  Motor in zwei Stufen, oft durch einen Turboauflader, der Luft durch den
  Vergaser, und einen inneren Auflader, der die bereits komprimierte
  Treibstoffmischung in die Zylinder zwingt.

Register

Abbot, Dr. Charles G.; Astrophysiker, Sekretär des Smithsonian Institute, Washington, D. C.   123

Ackerman, Carl W.; Journalist und Schriftsteller, Dekan des Instituts für Journalistik an der Columbia-Universität   168 ff.

Ahrens, Adolf   16

Aiken, Frank   221 f., 229 f.

Alexander, Roy; Freund der Lindberghs, Journalist, später Chefredakteur von *Time* (1949–1960)   121

Ames, Dr. Joseph S.; Physiker, 1927–1939 Vorsitzender der NACA (National Advisory Committee for Aeronautics)   122

Appel, Monte; Anwalt und Vorsitzender von America First in Minnesota   226

Armstrong, Alan J.   378 f., 381

Armstrong, Dr. Harry; Autor eines bekannten Buchs über Luftfahrtmedizin (1939)   335

Armstrong, O. K.   170, 176, 203, 206 f.

Arnold, Henry H. („Hap"); General, 1938–1940 Chef des Flieger-

korps. Während des Zweiten Weltkriegs Chef der Heeresluftwaffe der USA   111, 113 ff., 117, 121 f., 124, 134 ff., 156 ff., 165 f., 267, 269 ff., 274 f., 303 f., 320 ff., 332

Arnold, William H.   374 ff.

Astor, Lord John Jacob; jüngster Sohn des 1. Viscount Astor, Vorsitzender der *Times* Publishing Co. und Unterhaus-Abgeordneter   25 f., 55 f., 96 ff.

Astor, Lady Nancy Witcher; Frau des 2. Viscount Astor. Wurde 1919 als erste Frau ins britische Unterhaus gewählt. Der Landsitz der Astors, Cliveden, war in den Vorkriegsjahren ein Zentrum für Literatur und Politik („Cliveden-Set")   25 ff., 55 f.

Astor, William; ältester Sohn des 2. Viscount Astor, parlamentarischer Sekretär des britischen Innenministers   96

Auden, W. H.   205

„B" *siehe* Land, Charles H. jun.

Bachmeteff, Boris; Techniker und Schriftsteller, 1917–1922 Bot-